SOUTHWEST UNIVERSITY FOR NATIONALITIES

西南民族大学 MBA案例集

——人力资源管理卷

西南民族大学MBA教育中心编

本卷负责人 刘晓红 袁 渊

中国社会科学出版社

图书在版编目（CIP）数据

西南民族大学 MBA 案例集／西南民族大学 MBA 教育中心编．
北京：中国社会科学出版社，2009.10
ISBN 978 – 7 – 5004 – 8274 – 1

Ⅰ. 西…　Ⅱ. 西…　Ⅲ. 工商行政管理－案例－中国
Ⅳ. F203.9

中国版本图书馆 CIP 数据核字（2009）第 186274 号

出版策划　任　明
特邀编辑　赵金孔
责任校对　曲　宁　王兰馨
技术编辑　李　建

出版发行　中国社会科学出版社
社　　址　北京鼓楼西大街甲 158 号　　邮　编　100720
电　　话　010 – 84029450（邮购）
网　　址　http://www.csspw.cn
经　　销　新华书店
印　　刷　北京奥隆印刷厂　　　　　装　订　广增装订厂
版　　次　2009 年 10 月第 1 版　　印　次　2009 年 10 月第 1 次印刷
开　　本　710×1000　1/16
印　　张　74.5　　　　　　　　　　插　页　2
字　　数　1202 千字
定　　价　125.00 元（全五卷）

前　　言

　　工商管理硕士（master of business administration，简称 MBA）是我国改革开放以后，经济建设快速发展过程中兴起的第一个专业硕士学位。我国 MBA 教育从无到有，从小到大，走过了不平凡的发展历程，取得了令人欣慰的斐然成绩。1991 年由清华大学等 9 所著名高校率先在国内试办 MBA 教育，截至 2008 年，全国已有 127 个 MBA 培养单位，每年招生从 1991 年的不足百人，发展到 2008 年 9 月累计招收 MBA 学生 21.2 万人，其中 10 万余人获得了 MBA 学位。MBA 教育已经成为我国培养现代化高层次管理人才的重要渠道，为提高我国企业管理水平和促进经济又好又快发展发挥了积极作用。

　　国务委员、国务院秘书长、全国第四届 MBA 教育指导委员会主任马凯同志在 2008 年 11 月 12 日召开的第四届全国 MBA 教育指导委员会会议上的讲话指出：“实现建设全面小康社会的目标，需要一大批掌握经济规律、精通市场规则、熟悉企业实情、恪守职业道德的经济管理人才。要立足国情，紧密联系改革开放的伟大实践，走出一条中国特色 MBA 教育发展道路，为世界管理教育作出贡献。”教育部部长周济同志对我国 MBA 教育也给予了高度评价，提出了更高的殷切期望。

　　办好 MBA 教育项目是高校实践“培养高层次人才”和“服务社会”的重要表现。作为民族高校，西南民族大学坚决贯彻落实胡锦涛总书记提出的“各民族团结奋斗，共同繁荣发展”这一新世纪新阶段民族工作的主题，根据国家“西部大开发”的战略部署，主动努力承担为西部地区少数民族和民族地区培养高层次人才的社会责任。作为首批民族高校的 MBA 培养单位，西南民族大学 MBA 教育按照国家民族事务委员会和教育部《关于进一步办好民族院校的意见》（民委发［2005］240 号）的精神和全国 MBA 教育指导委员会的要求，坚持正确的办学方向，遵循教育规律，逐步形成具有多民族 MBA 的教育特色，为西部地区培养更多的多民族的优秀 MBA 学员。作为新增 MBA 培养单位，我们面临机遇与挑战并存的形势。"西部大开发"关键是人才，我们的机遇是国家对西部开发和少数民族事业的帮扶政策，我们将通过 MBA 教育项目平台承担为少数民族和民族地区培养高层次经营管理人才的社会责任。同时，我们也面临着师资数量和教学经验相对不足等方面的挑战，对此，我们愿意在全国 MBA 教育指导委员会的指导和兄弟院校的帮助下，以尽可能短的时间和采取多种有效措施解决新增 MBA 培养单位面临的主要问题。

　　MBA 教育是一种职业性的专业学位教育，创新精神和能力的培养是 MBA 教育的灵魂。实践证明，案例教学法是 MBA 培养过程中常用的有效方法。为提高 MBA 培养质量，规范案例教学，西南民族大学 MBA 教育中心根据《工商管理硕士研究生培养过程的若干基本要求》和 MBA 的培养方案，组织和邀请老师编写了《西南民族大学 MBA 案例集》，共包括基础平台、战略管理、市场营销、人力资源管理和金融与财务五个分册。以此作为 MBA 课程案例教学的基本素材，在此基础上开展案例教学和不断提升案例教学的质量。

　　在案例库的编写过程中，各位老师按照课程和案例名称独立地完成案例素材收集、整理和编写工作。各分册负责人主要承担组织统稿和协调，并尊重各位老师的案例编写工作，对案例的内容未作实质性修改。各分册作者排序按姓氏笔画，排名不分先后。本案例库各分册的内容都参考了案例企业和国内外的一些相关文献，特向所涉及企业和作者表示感谢。中国社会科学出版社对本案例库出版提供了大力支持，责任编辑任明老师给予了很大帮助，并提出了许多宝贵意见，在此表示衷心感谢。由于作者经验和能力所限，书中错误之处在所难免，欢迎读者对本书的不足之处批评指正。

西南民族大学 MBA 教育中心

2009 年 8 月

目　　录

组织行为学

人力资源管理

绩效管理

薪酬管理

劳动关系管理

组织行为学

领导者性格特质对成功的影响

刘 帆

摘 要 兴隆车业有限公司董事长苏一清把生意做到了非洲，在非洲他并没有从事自行车制造这一本行，而是因地制宜地进入了矿山开发的领域。作为公司的领导人，他凭着敏锐的洞察力，加上敢于冒险的精神，从无到有，从小到大，在矿山开发领域取得了不小的成功。该案例主要分析领导者不墨守成规、随机应变等性格特质对成功的影响。

关键词 领导者 性格特质 成功

1 苏一清非洲买矿

2004 年 10 月 13 日这天，在宁波兴隆车业有限公司，"嘭"的一声，货柜被打开了，但卸货的工人们却有点犯愁，货柜里挤满了用编织袋包装的精矿，每包将近一吨重。这些大块头，铲车也无能为力。但和把这些玩意儿从非洲弄来相比，工人们碰到的问题显然不如他们的老板苏一清碰到的那样具有挑战性。

苏一清是位于浙江余姚的宁波兴隆车业有限公司的董事长。宁波兴隆车业有限公司是一家自行车制造企业，专业生产宝驹（colt）牌和外商各式自行车。这些年来，虽然车业一直做得相当兴隆，但是让这位温文尔雅的余姚人声名鹊起的，却是始自他的一次非洲之旅。

2004 年 10 月 13 日这天，他从刚果（金）收购的第一批铜精矿到货。这批铜精矿从遥远的刚果（金）出发，经过南非得班港，漂洋过海两个多月才来到余姚这个小地方，而在此之前，苏一清已经在刚果（金）漂了近半年时间。

那是 2003 年的下半年。从一位朋友的介绍中，苏一清了解到，被称为"非洲心脏"的刚果（金），有着丰富的铜、钴、铁等矿产资源，而且矿石品位普遍较高。相隔万水千山的刚果（金）竟有这么多"宝贝"，苏一清的眼睛立刻为之一亮。说做就做，有着浙商当机立断风格的苏一清，很快就办好了相关手续，带着两个助手，来到了刚果（金）的卢本巴希市。这里是刚果（金）矿产资源的主产区。他考察了卢本巴希市的大矿带，深入里加西、哥来迪矿区。考察结果让苏一清感到满意。在当地一位矿主的带领下，苏一清亲眼看到了刚果（金）传说中的丰富矿藏，"当时主要看的是铜矿，很多是露天矿，开采成本低，矿石品位高"。

资源没有问题，"入乡还要随俗"。在仔细了解了当地的风土人情、政策法规等后，苏一清做出了自己人生中的一次重大决定：在刚果（金）设立贸易办事处，从事铜矿石贸易。并逐步和当地的国际性矿业公司建立起了业务联系。在刚果（金）购买铜矿石，通过国际联运的方式，经陆路运至南非，再由海运到国内。从 2004 年 8 月发出第一批 200 吨铜精矿，到 11 月份刚果（金）的雨季来临之时，苏一清共陆续运回 800 吨铜精矿。这些铜精矿在国内全部顺利出手，通过这样的贸易方式，苏一清共获利 50 万美元。

在非洲"第一桶金"的收获超出了预期，但是，短暂的喜悦之后，苏一清却变得异常冷静。"简单做矿石出口，不是吃资源饭的最佳途径，对刚果当地的贡献也有限，要让初级产品具有更高的附加值"。苏一清开始思考新的发展模式。

思考的结果是另一次投资决策。从 2005 年开始，苏一清停下了铜精矿进口生意，他看上了刚果（金）价值更高的钴资源。苏一清开发钴精矿（各种高负荷的耐热部件以及原子能工业，蓄电池行业的重要金属材料）。经过一番谈判后，2005 年下半年，苏一清与刚果（金）当地一家大型矿产公司达成合作协议，"双方决定，在刚果（金）建立一家雇员达100 多人的铜、钴合金冶炼厂"。按照以前的做法，品位低于 8% 的矿石出口就无利可图，冶炼之后，1% 品位的矿石通过冶炼成铜钴合金，仍然可以做，价值反而提高了。

更让苏一清开心的是，他建的这个冶炼厂，采用的是一种有利于环境保护的冶炼工艺。"在刚果矿区，由于很多矿厂都以出口初级矿石为主，采用的是简单'水洗'的处理办法，对环境污染比较严重。我们的冶炼厂采用的是'火法冶炼'，用电炉进行冶炼，不需要用水。这样既充分利用了刚果（金）丰富的水电资源，又不影响当地环境。"苏一清得意地说。

　　走对了路，才能越走越顺利。2006 年底，已经在刚果（金）矿产业中颇具知名度的苏一清，又做出了一个让业内人士为之侧目的大手笔：投资 2 亿多元，建设一个年产 7 万吨的硫酸厂，建成后，苏一清在刚果（金）的冶炼厂，就将采用更加先进的"湿法"冶炼工艺，炼出附加值更高的铜、钴金属。"届时，年产值可达 1.5 亿美元，为当地创造 500 个左右的就业机会，税收贡献更不用说了。"苏一清充满憧憬。

2　买矿的门道

　　苏一清有着一张圆圆的、总是带着笑容的脸，说话时语调平缓。他说他的成功有很大的偶然性。他说"2004 年 4 月份，我去刚果（金）考察时，国内铜价在 26000—28000 元之间波动"。他有点得意地说："第一批铜精矿刚到国内，便碰上了上涨行情，上海金属网的历史数据显示，2004年 10 月 13 日，市场铜价为 30980—31180 元。折算下来，铜精矿比 4 月份每吨上涨了 4700 多元。"2004 年，价格疯涨的不仅是铜资源。钢材、铝材、塑料等几乎所有的原材料都在轮番涨价。快速发展的中国经济就像《财富》所说的那样：中国在全球的经济体中只是一个婴儿，但她却有着年轻力壮的运动员的胃口。这正是苏一清的机会。

　　2004 年 4 月，之前做自行车生意的苏一清前往刚果（金）的矿区考察。见惯了国内市场欣欣向荣的景象，刚果（金）矿区隐蔽的贸易氛围令他一时之间竟有点不适应。苏一清说："许多欧美大型矿产公司在开采，铁轨从工厂一直通到矿区，看得出以前的热火朝天。只感觉得到矿山有人在开采，但开采出来的矿石运到哪里了却不知道。"在刚果（金）投资矿产的中国人很多，真正是行业内的却很少，一些中国台湾、香港人在那里有点基础，或有亲属在那里，便合伙买矿石攒成一个集装箱运回国内，操作非常不规范。刚去时人生地不熟，也没有矿石行业的经验。考虑到收购矿石相对风险小一点，也容易把握，苏一清便在里加西、哥来迪矿区收购粗选过的，品位在 30% 以上的铜精矿。

　　第一次涉足矿石业的苏一清在当地租赁了仓库，雇用了一些当地人，开始了他的非洲淘金之旅。从 2004 年 6 月开始正式运作，到 8 月份向国内发出第一批 200 吨铜精矿，苏一清感觉他越来越难收到更多的矿石。"后来才知道当地的矿山都被欧美大型矿产公司控制着，我们只能收购一些散货。"苏一清说："慢慢才发现许多人主要是做钴精矿，因为钴精矿价值高，利润也高。"苏一清于是也试着转向了钴精矿。他将第一批钴精矿运到了赞比亚，卖给了当地的国际性大公司，获利较多。来回做了四五个批次后，他又发现了一个问题：收购散矿的不确定因素比较多。由于钴精矿品位低，出售后的利润比预计的要低。刚果（金）的产矿量受季节因素影响比较明显，当地 10 月后是雨季，矿石供应量马上就下来了。钴精矿价格随行就市，从刚果（金）运到赞比亚时间短，但运到国内要两个月以上，不确定因素太多，苏一清思索着如何才能得到有保障的矿石资源。

尽管遇到了诸多困难，但苏一清此行还是收益颇丰。刚果（金）矿产资源品位高，价格低廉，像铜矿收购价仅相当于国内市场价的 40%，即使加上运输费用、管理成本及税收，获利也相当可观。苏一清陆续在国内销售了超过 300 万美元的铜精矿，获利 50 万美元。

3　一种思路

2004 年 11 月，苏一清拿到了商务部同意其在刚果（金）设立兴隆车业刚果矿业公司的批复。当时商务部批了 150 万美元的境外投资外汇额度，苏一清在当地注册了贸易公司。刚果（金）矿产资源丰富，而中国国内市场需求旺盛。回到国内后，苏一清决定要调整战略，和当地的大型欧美矿产公司合作。当地共有 5 家大型欧美矿产公司，矿山资源都被他们控制着，完全是卖方市场。苏一清几经周折才与当地第三大欧美矿产公司联系上，最终达成了买矿协议。

为表诚意，苏采取先付款再取货的方式。从上述公司买矿，比苏一清自己直接从市场上收购散货价格要高出 15%—20%，但矿石的品质有了保证，贸易周期相应缩短，风险也相对减少。随着交往的深入，苏一清和欧美大型矿产公司的合作也不仅限于矿石买卖，通过为对方从国内进口采矿，粗加工设备，双方建立起了良好的合作关系。"目前我们的钴精矿进口量逐月上升，到今年底可达到每月进口 3000 吨。"苏一清说。

2005 年全国每月的钴精矿进口量为 1.5 万吨。苏一清每月要进口超过 400 万美元（约合 3280 万元人民币）的钴精矿，但他并不愿意透露从中得到的收益。不过，只要经过简单的测算，就可以得出一个非常巨大的数字。据上海夏商贸易有限公司报价，品位 10%—15% 的刚果（金）钴精矿每吨售价为 17 万元人民币。比照苏一清在铜精矿方面的投入产出，他在钴精矿上的获利是个十分吓人的数字。

4 闯荡出的经验

苏一清还认为，目前中国民营企业走出国门参与国际市场，尤其是非洲发展中国家的资源竞争，是非常有利的时机，但需要政府的引导和扶持。在非洲考察期间，他发现，刚果（金）铜矿资源丰富，并且刚果政府刚刚推出新政策，鼓励外商到本国办矿厂。于是他便随机应变，在刚果（金）干起了采矿生意。他说，刚果（金）是一个工农业发展相当落后的国家。工业产品主要依靠进口，农业则还停留在刀耕火种的状态。但这个国家的铜矿储量约 6500 万吨，是世界上铜的储量最多的国家之一。钴和钻石的储量分别为 400 万吨和 3 亿克拉，独占世界鳌头。并且，那里的铜矿都是露天开采，品味极高，20% 的铜矿石遍地都是。苏一清说，难得的是刚果（金）政府刚刚对外国人开放本国的矿产开采权，刚果（金）政府出台的政策鼓励外商到当地购买矿产开采权、办矿石市场和矿石洗选、冶炼等工厂。据苏一清介绍，他先是在当地租下三个矿石仓库，再找了一个小矿主，承诺给予固定回报，超额部分提成，再办理了一些经营执照，便正式进入了经营矿产的行业。这种模式，说穿了就是从 1980 年左右在我国开始大规模出现，并获得了实践验证的"承包制"和"租赁制"。苏一清说，现在的刚果（金）恰如我们国家的 20 世纪 80 年代，市场经济刚起步，制度不规范，用经济承包制进行市场运作，投资少见效快。

苏一清说，刚果（金）矿产最大的优势在于矿产品位高，而且价格极其低廉。以铜矿为例，当地每吨铜矿原料收购价仅相当于中国国内市场价的 40%，加上运费、人工管理成本及刚果（金）政府的税，一次能获利近 20%。如果资金一年能周转 10 次，那是 200% 的高回报了。他认为，投资国外要尽快实现企业的本土化，采用租赁承包，不但可以化解资本投入的初期风险，而且有利于把当地人和投资者的利益捆绑在一起，减少排外情绪，形成互补合力。据了解，苏一清聘请的承包头系当地白人居民，懂技术有经验，且与当地官员相处融洽，成为苏一清在刚果（金）的重要助手。

5　成功的秘密

"在非洲进行资源开发，诚心就是炼金术。我们不仅要唤醒当地沉睡的资源，更要用一种可持续发展的眼光进行开发，尽可能做长产业链，发挥资源的最大价值，为非洲人民创造最大福利。"苏一清说，他第一次跨行业投资便有所斩获，有"很大的偶然性"，因为他恰好赶上了一波金属原材料上涨行情。但这只是苏一清成功的因素之一。"大智若愚"是苏一清的一位浙江大学 EMBA 班同学对他的评价。凭借良好的经济基础，以及多年外贸经历练就的良好的沟通、说服能力，苏一清在刚果（金）摸索出了一条赢利之路。

"矿产资源都掌握在欧美公司手中，想要靠收购矿山得到矿石资源目前是件不可能的事情。这些公司都很现实，与它们打交道，只有逐步取得信任，再谈长远的合作。"苏一清说，"有很多人在刚果（金）零零碎碎地收购矿石，操作不规范，风险也大，常有上当受骗的事情发生。"

目前，在刚果（金）做矿产生意的中国人究竟有多少，还没有过具体的统计数据。宁波市外经贸局境外投资管理处表示："浙江有不少人去非洲开发资源，余姚当地也有不少企业去那里做矿石生意，但目前经过他们审批的只有兴隆车业一家。每个项目报上来，我们都要先征求中国驻刚果（金）大使馆经济参赞处的意见，由于审批周期比较长，许多民营企业便就自己先去干起来再说，这一部分数据根本无法统计。"

"刚果（金）矿产资源丰富，人工成本也很低，但经过多年的动荡，交通设施，物流都不畅通。"苏一清说，"我们在刚果（金）做矿石生意，但真正意义上的外贸其实是从南非开始的。我们将钴精矿先从刚果（金）通过公路运输到南非的约翰内斯堡，转运到南非的得班港，再在那里装箱出口到国内来。"

据悉，获准在刚果（金）设立矿业公司后，苏一清在南非设立转口贸易公司；在宁波市设立了宁波光大进出口有限公司。尽管行业跨度比较大，但苏一清建立起了稳固，畅通的物流渠道，使矿石进口贸易在短期内进入了良性循环。苏一清的优势是许多小公司特别是个人无法相比的。但中国巨大的原材料缺口就是商机，那些怀揣着淘金梦跨出国门的人，都能像苏一清一样成功吗？

思考与讨论

1. 苏一清非洲买矿为什么会成功？
2. 用五大性格模型分析苏一清的性格特质。
3. 苏一清的性格对他买矿的成功有怎样的影响？

动机与归因

刘 帆

摘 要 于凌罡在中国住房商业化改革的过程中提出了一个充满理想的建议——个人合作建房，他不遗余力地号召并组织个人合作建房这一行动，并成立了蓝城公司来具体实施。但是在拿地建房的过程中，出现了种种问题，使得他的设想一直无法实现。该案例主要分析于凌罡组织大家合作建房的动机，以及对这一行为最终失败进行归因研究。

关键词 于凌罡 个人合作建房 动机 归因

1 于凌罡和个人合作建房

2003 年 12 月，于凌罡，一个普通的工程师，以"蓝城木鱼"的名字发了一个帖子，说"大家可以组织起来集资盖楼，让开发商靠边站"。2005 年 1 月 15 日，在一所学校的礼堂里正式成立了合作建房联盟，大约有 300 人，每人交纳了 100 元成为正式会员。从此以后，于凌罡提出的合作建房的理念在中国的房地产界引起了强烈的震动，而更多的百姓因为他提出的理念中可以用低于现在市场近一半的房价买到自己的房子而把他视为英雄。但是由于在之后的几次土地购买的失利，于凌罡的合作建房计划一直处于筹划阶段。有人开始质疑他，认为他是骗子，是疯子；合作建房的同盟者从鼎盛时期的 500 人减少到了 100 多人。

于凌罡，1973 年出生于山西省祁县，母亲在车祸中去世后，1981 年随父定居北京。职高毕业后，他做过宾馆服务员、保安员等。后参加自学考试，获得计算机专科学历，进入 IT 领域，并在用友、联想等企业任职。于凌罡的母亲因为车祸而永远地离开了，于是他在很小时就幻想日后的城市交通多用安全的轨道交通，不用汽车。在 20 世纪 80 年代，北京的公共交通远没有现在这样发达,很多人在路上的时间甚至超过上学和上班的时间,于凌罡也身陷这种困境之中。职高毕业后,于凌罡曾在北京友谊饭店做迎来送往的门童。他觉得如果自己不做点别的研究,那一辈子就是一个服务员了,他不甘心这样能看得见的前途,就经常去北京图书馆(现国家图书馆)看书学习,一去就是 6 年。于凌罡说,这 6 年对他的改变非常大,知识结构变化了,学会了很多思考问题的方法,以至于后来自考时很容易就通过了。

自觉的阅读无疑帮助了于凌罡,他说他遇到问题时一定要去改变,研究轨道交通就是改变的途径之一。这些跟他读的书很有关系。他至今都记得《鲁滨孙漂流记》中的诸多情节,他说在荒岛上的鲁滨孙是善于改变现实困境的人。通过读书,于凌罡明白的道理还有:"人生活在社会上,第一,他必须有丰富的知识,所以我去不停地学习。第二,要努力去改善自己的生活环境,不是去默默地接受,如鲁滨孙在荒岛上建了几处房子,神秘岛上的人充分合作等,都是寻求改善的方式。而且他们都在更高效率地利用资源,这很重要。"

于凌罡说他这辈子就喜欢设计,他从上学起什么都想自己设计。现在,他开始了人生最重要的一个设计:联合 500 人,自己出资注册公司,然后再以公司的名义,购买土地,设计施工,盖好房子,再"卖"给自己。于凌罡表示,这绝不是打算为自己搞一套便宜的住宅,而是把买房变成建房兼管理的投资行为。合作盖楼追求的是在符合各方面利益而合理使用资源的模式。因为"解决争议,共同获利",才应是这个社会最需要的发展方向。于凌罡说,从这个意义上,这件事的价值已经超过了建房本身。

合作性的组织最早起源于英国,住房合作社(housing co-operatives)就是其中的主要类型之一。在住房合作社中,每个居住者都是合作社社员,在合作社管理和委员会选举中,具有均等发言权和投票权,社员负责住房的维护,并共同决定合作社的管理和运营方式。在住房管理中的盈余所得,用于社区建设、社员的教育和培训。合作盖楼是由一群志同道合,接受合作盖楼制度、并愿意遵循这个制度做事的业主共同实施的,一种在资金、权利、义务、责任等方面全方位合作的盖楼模式。合作盖楼打破了传统的以开发商为主体的经营模式,业主才是项目的主人。这种非营利、民主的方式是参与合作盖楼的人喜欢的。

2003 年 12 月 1 日，于凌罡在网上发帖倡导"合作建房"，应者众多，成为北京倡导合作建房第一人。2004 年 12 月 18 日，于凌罡正式发起"合作建房"，把它定义为住房人为争取"配套收益权、物业自主权、成本价住房"三项基本权利，以"政府规划管理、住房人出资、专业公司建设、金融机构监管"为特征的新开发模式。希望通过合作建房取得住房的参与人，为共同抵制开发商的暴利团结起来，自己当开发商。一群参与者于 2005 年 4 月 4 日共同成立了北京合作蓝城咨询服务有限公司，通过聘请专业的服务人员和机构，打理合作建房事宜。参加者要履行填写参加申请表、签署相关保密协议、交 500 元会费等义务。至今为止，于凌罡领导的合作建房还处在挖空心思的拿地阶段，距实质性的开发建房阶段还有很长一段距离。

2　于凌罡的"蓝城"梦想

由于工作时间早，于凌罡已经打下了一定的经济基础。他说："人一辈子不该累。最开始是身体的发育，然后是知识的发育，再就是财富的培育，最后是为理想奋斗。我 1990 年就开始工作，有一定的经济基础。所以，我可以旅游，比较悠闲。还不忘锻炼身体，身体好，心态好，在研究问题时，就能很轻松地去做。"尽管于凌罡的蓝城还在设想阶段，对改变大多数人的生活方式还很遥远，但是"蓝城"已经实实在在地改变了于凌罡自己的生活。2003 年，随着提出个人合作建房而逐渐广为人知的于凌罡，离开了联想集团，专门研究自己理想的"蓝城"模式。

于凌罡认为当前国人还是居住在落后的乡村和网状环形交通结构的城市，而这两种居住模式都存在非常严重的问题。乡村虽然安逸宁静，但往往伴随着赚钱难、教育难、就医难等贫穷和落后问题。城市则在繁华的背后有着交通堵塞的不治之症以及污染、高消耗等弊端。这两种传统的居住模式都不能满足现代人的需要，于是就设计了一种线形的城市规划，他起名叫 linecity，中文名字是"蓝城"，是一种"由一条地铁连接若干个居住区与功能区组成的线形城市"。于凌罡希望自己设计的"蓝城"方案在中国的城市化进程中得到运用。据称，有些政府官员曾经表示了兴趣。但是在更多的人看来，于凌罡的"蓝城"还是一种"乌托邦"。于凌罡自己倒不这样认为，他依然拿着文件包，四处会客，喋喋不休地跟人讲他关于

"蓝城"的故事和未来。即使合作盖楼几乎占用了于凌罡所有的业余时间，于凌罡也觉得为了自己的理想是值得的。他总强调，合作建房不是他的最终目的，建立"蓝城"才是他的目标所在。房子已经不是过去那种简单的概念了，现在的房子牵涉很多方面，比如交通、气、电等，任何一方面出现问题，都可能出现群体性事件，影响社会和谐，而他的"蓝城"如果实施，可能就会避免很多不和谐的因素。

读了不少历史书的于凌罡说，历史实际上不理人物的大小，而是对作为的大小情有独钟。于凌罡那种大作为的想法总是没有散去。在自己的蓝城网站的最上方，有一行不断出现的标语："愿所有的中国人都有自己的房子"。于凌罡相信，他找到了实现这一目标的捷径。

3 于凌罡弃地——芍药居甲 2 号地

2005 年 7 月 6 日，面积为 1.5 万平方米的朝阳区芍药居甲 2 号住宅及配套项目用地发布了挂牌公告："该宗地由北京住总市政工程公司完成'七通一平'工作后，以'熟地'的形式挂牌出让。"其中还特别注明，"一平"指场地平整。9 天之后，北京市土地整理储备中心发布补充文件称："出让该宗地建设用地范围内，有一座现状锅炉房……由于该锅炉房目前正担负着周边 10 多万平方米居民楼的供暖，未来还将为本项目供暖，因此需现状保留。"7 月 27 日上午 9 点多，一家名为北京隆华广厦房地产公司对该地块提出竞买报价，其喊价为公开的起价 9273.15 万元。

这块地位于北四环、北三环之间，与对外经贸大学和中日友好医院为邻，距离地铁 13 号线以及未来的 10 号线仅数百米。于凌罡认为不容错过，跟于凌罡志同道合的大部分出资人都希望把房子盖在北四环附近，如果能拿到芍药居地块，他们将心愿得偿。挡住于凌罡的，是这块土地上一座占地 405 平方米的锅炉房，这个为旁边社区提供采暖的设备无法拆除，而 405 平方米几乎是可以盖一幢楼的面积，这样的损失为什么要由拿地者承担呢？因为这座锅炉房，于凌罡也在犹豫。"住总（市政工程公司）拿出这块地来挂牌，说是七通一平、直接可用，但最后却冒出了一个锅炉房，那是不是应当把地价减免呢？结果是一分钱也不减，这是什么卖法？"

"我不是做这一行的，所以我不懂什么行规。"于凌罡说，他知道这块地直到最后都不会有第二家公司竞价。其实早有从事房地产开发的朋友对于凌罡苦口婆心。比如，有人这样告诫他："这块地你们最好别碰。你们要拿的话，会非常麻烦。土地上留了个'赘物'很有可能是他们自己想要。"这些国有企业控制的土地，得来时是以极其低廉的代价获取的，无论是开发什么或是粗放的利用，都比简单的卖地所得要巨大得多。如何拍而不失呢？给竞拍者设置"合理"障碍，是最常见的办法。

"我们倒是没有这个想法。"住总方面负责芍药居地块出让的王秀媛否认了这种猜测。王秀媛说，地块挂牌的主体已经变成北京市土地整理储备中心，所以她不方便发表更多看法。但由于财力、物力所限，北京市土地整理储备中心对所拍卖的地块是拍而不管。是土地中心的责任吗？如果看土地中心的人员编制、资金储备，提出每块都成净地的要求，似乎又显得苛刻。

尽管充满犹豫，但于凌罡不想放弃。8 月 8 日中午 12 点，是出资人表决的最后时间。超过 70% 的出资人已经签订了《合作建房宗地确认承诺及授权书》，并向指定银行存入了 15 万元。此时，距离芍药居甲 2 号地块竞价截止时间还有 51 个小时。芍药居地块并未出现第二个竞价者。晚上 10 点，于凌罡向外界表示"我们应该不会再作竞买的尝试了"。于凌罡说，赞成选择芍药居地块的出资人达到 72%，而在董事会上，股东们的意见产生了尖锐的分歧。"赞成、反对和弃权各占 1/3。"于凌罡说。董事会考虑到 3 件麻烦事：第一是这块地地价本身偏高；第二是在自有资金 5000 万元得以保证的情况下，剩余部分的资金缺口需要依靠融资，而目前融资的成本偏高，难以承受；第三是地块本身有些条件尚未明朗，尤其是锅炉房的问题。无论怎样依依不舍，还是放弃。于凌罡说，最"可怕"的是住总方面提出的资金支付周期。其对付款周期的规定要比土地储备中心的规定苛刻十倍以上。"其条件之苛刻，是你无法想象的，居然要求我们 7 天就付清那 7787 万元补偿款的 80%，30 天内付清剩余的 20%。我们根本无法达成。合同原本应该对双方都有利，但是现在的这个协议对原土地方太有利。"

由于在 7 月 27 日提出竞买报价之后，截至 2005 年 8 月 10 日下午 3 时，没有第二家公司竞价，北京隆华广厦房地产开发有限公司以挂牌起始价 9273.15 万元摘得芍药居甲 2 号居住配套用地。

4 于凌罡再次败走麦城

"我有一丝淡淡的失望。"当于凌罡听说北京土地整理储备中心最终没有把花园北路 25 号地批给 260 位合作建房参与者时,选择了平静地面对又一次失败。2007 年 3 月 19 日,华纺房地产开发公司、江苏恒佳置业有限公司的投标联合体最终以 1.23 亿元获得花园北路 25 号地的开发权,比于凌罡合作建房筹措的资金高出 2484 万元。这家投标联合体的出价在参与竞标的 8 家房地产公司当中排名并非最高,按投标金额仅排在第四位。地产大佬任志强的北京华远房地产开发有限公司则以 1.35 亿元最高报价空手而归。而这 8 家地产公司报价均在 1.1 亿元以上,于凌罡的失败也在意料之中。

于凌罡表示:"毕竟我们已经预付了 1800 万元的预付款,这些都是每个家庭的血汗钱,我们要尽早取回分发下去。"由于投标失败,260 个自建房的参与者要分摊投标的前期成本。这些前期成本主要用以发放工作人员的工资。目前,于凌罡的合作蓝城公司因竞标需要拥有大约 10 名工作人员。不过如果不在竞标期间,公司将保持最低的人数。"平均下来,每户要负担 500 元左右。"于凌罡对记者表示。

花园北路 25 号地的标书和以往的竞标书评分标准基本一致,满分为 100 分,其中土地报价为 30 分,还款进度为 30 分,资金实力为 20 分,综合分 20 分其中包括企业资质、评委印象、开发进度等。从标书的各项评分标准不难发现,这个对于于凌罡来说利处全无,首先他的报价在 9 家企业中是最低的,这个显然失去在价格上的优势,虽然承诺一次性付清地价款,但是后续的开发资金呢?其次,于凌罡的企业属于新成立的公司,根本谈不上什么资质,虽然能以建设低价房的口号得到一定的评委印象分,但是在如何掌握开发进度上于凌罡可谓是个新手。

根据以往的经验来看,北京市虽然采取了招标的方式确定土地的开发主体,减少了价高者的这种刺激地价快速上涨现场拍卖方式的使用,但是随着去年几块土地的成功交易,虽然不提倡价高者得,但是一般情况下报价处于中间的企业获胜的几率较大,处于两头的企业一般不会中标。

在经历过东四十条 1 号地、芍药居甲 2 号地、工体 4 号地、大屯地块的拿地失败之后,于凌罡一如既往地鼓励合作建房者:"请大家不要灰心，我们已经有 1 亿元的资金能力，北京有的是好地皮，只要我们心齐，很快就可以买到土地。"

5　合作建房瓶颈

一位开发商表示，虽然这次于凌罡凑齐了 1 亿多元的地价款，但是后期的开发资金却没有一点着落，只能把希望全部寄托在银行身上，但是在这样的情况下基本上很难从银行得到贷款，而建筑企业对于一个从来没合作过的开发商，根本不会垫资施工。此外，政府还担心由于缺乏继续开发的资金而导致土地闲置，甚至出现"烂尾楼"。这位开发商还称，合作建房在北京毕竟是第一次，而在全国也没几个成功的例子。一方面政府担心合作建房涉嫌非法集资，另一方面，如果默许了这种行为将会出现蜂拥的合作建房现象，一旦出现问题，这个黑锅只能由政府来背。该开发商还指出，按照于凌罡设计的最后的成品楼出让价为 6500 元/平方米，是根本不可能的。按照他的报价，土地价格就已经达到 5200 元/平方米左右，再加上 2500 元/平方米左右的建筑安装成本，最后的成品楼价应该在 7500 元/平方米以上。如果把建筑安装成本压到 1500 元/平方米左右的话，建成后的楼盘基本上是豆腐渣工程。

其实，最难的还在于最后的房屋分配上，于凌罡是以北京合作蓝城咨询服务有限公司的形式拿地，那么就意味着建成后房屋的所有权属于公司，而当初参与合作建房的人员想要获得产权就要从北京合作蓝城咨询服务有限公司手中购买，这样就牵扯到税务部门的监管。如果交易价格过低肯定涉嫌偷漏税问题，而且在这个过程中不能向银行申请按揭贷款，合作建房人只能一次性付清房款，压力可想而知。

在于凌罡再次失败的同时，建设部部长汪光焘就个人集资建房这一现象作出的高调提醒似乎也并不是没有道理——他提出要谨防个人集资建房成为"有钱"的另类阻击目标和"非法集资"。官方的担心不少：目前的预售制度无法解决合作建房项目如何保证"出资人"优先买到"集资房"；一次能拿出十万甚至几十万参与合作建房的这些合作建房人似乎不像都是低收入者；万一集资建房过程中哪个环节出了问题，集资人会面临巨大损失，更将产生严重的社会影响；万一"合作建房"的真相是非法集资……

思考与讨论

1. 促使于凌罡组织个人合作建房这一行为的动机有哪些？其中优势动机是什么？

2. 个人合作建房没有成功的原因是什么？哪个是最重要的原因呢？

3. 个人合作建房可能取得成功吗？

个体特征和环境对个体行为的影响

刘 帆

摘 要 张醒生这个原邮电部的干部，在旁人看来已经取得成功的时候，却出人意料地跳槽到了充满风险的外资通信企业爱立信。当他在爱立信博得一个很高职位后，却又一次冒险跳槽去了年轻的亚信。该案例介绍张醒生的个体特征，以及每次跳槽时所处的环境，以此来分析个体特征和环境变化是如何影响个体行为的。

关键词 张醒生 个体特征 环境变化 个体行为

1 告别爱立信：张醒生继续跳槽路

2003 年 2 月 25 日早上 7 点，即将卸任的爱立信（中国）执行副总裁兼首席市场官张醒生参加了平生开始时间最早的一次会议。1 个半小时后，也就是美国东部时间晚上 7 点半，他又召开了一个面向亚信科技（AsiaInfo）（中国）有限公司国际投资人的电话会议。4 月 1 日，张醒生将出任亚信 CEO 兼总裁。

2 跳槽事件

从公关经理到仅次于中国区总裁杨迈的执行副总裁，张醒生在爱立信工作了 12 年之久。张醒生表示："做这么一个大转弯，虽然不容易，但很值得。我有机会在爱立信实现从一个国企和国有机关工作人员到跨国公司高级管理人员的人生大转型，在余生之年希望再去拼搏一下。"

高层变动往往给人以"地震"的想象，但在爱立信（中国）强调："张醒生加入亚信是自己的决定"，不涉及任何人事纠纷。张醒生也证实了自己确因个人选择而离开："在亚信的机会更大一些，工作也更有挑战性，此次工作变动当作我的二次创业。"爱立信（中国）公关负责人褚雅梅则说："张醒生的离去对爱立信（中国）公司不会有很大影响，只不过时间赶得巧。"她所指的"巧"是指爱立信高层也于近日发生了人事更迭：斯万伯格接替柯德川出任爱立信 CEO。

爱立信（中国）透露出种种惋惜，称"张醒生在服务于爱立信期间尽心尽责尽力，极大地支持了爱立信在中国的业务和发展"。在一个重要的市场获得重要的进展，全球连续衰退中的爱立信显然希望维持中国业务的平稳发展。2002 年，爱立信全球业务依然没有翻身。2002 年第 4 季度，虽然爱立信财报显示其现金已实现正向流动，主要表现为裁员的成本削减也在推进之中，但公司仍然亏损 9.687 亿美元。自 2001 年初开始，爱立信遭遇了连续 7 个季度、亏损总额达 47 亿美元的衰退。业绩下滑导致爱立信总部多次换帅，斯万伯格已经是爱立信 5 年内第四任 CEO。但人事频变却少有影响中国，爱立信（中国）总裁杨迈、副总张醒生都已在位多年，而人事稳定的背后是业务的稳定。

2002 年，爱立信对中国合资企业动了"大手术"。2002 年 8 月，索尼爱立信中国公司成立；其后，爱立信将移动电话业务集中到北京爱立信移动通信有限公司，将移动通信基站、系统设备业务集中到南京爱立信熊猫通信有限公司，将南京爱立信熊猫移动终端有限公司转交南京熊猫经营。通过一系列眼花缭乱的重组，爱立信（中国）的业务与全球总部形成鲜明对比，在联通 CDMA 二期和移动 GSM 网扩容中接连中标。一位爱立信（中国）内部人士私下透露："今年公司肯定赢利。"张醒生曾在爱立信（中国）独自执掌过很多大业务部门，最为人熟知的就是爱立信手机部门，他也执掌过爱立信（中国）最大的业务——爱立信北方区。张醒生此时离开爱立信，自然令后者深感惋惜。

3 年轻的亚信

1993 年，田溯宁、丁健等留美学生在美国创建了 Internet 公司 Asiainfo（亚信）。1995 年，胸怀科技报国理想，田溯宁、丁健率公司主体回国，立志"把 Internet 带回家、为中国做事，做中国最好的企业"，亚信科技（中国）有限公司正式成立，先后承建了包括中国电信（ChinaNet）、中国联通（CUNet）、中国移动（CMNet）、中国网通（CNCNet）

等六大全国骨干网工程在内的近千项大型互联网项目。亚信科技还承建了全球最大的 VOIP 网、全球最大的宽带视频会议网以及上千项大型网络工程和软件系统。亚信不仅享有"中国互联网建筑师"的美誉，同时也被国家信息产业部认定为"中国重点软件企业"。

1997—1999 年，亚信成为中国最早引入风险投资的高科技企业，先后获得风险投资和战略投资 4300 万美元。风险资金的引入同时带来了规范的企业管理制度和体系，为公司长远发展奠定了科学的治理结构。1998 年，亚信预见随着硬件网络大发展已迈过巅峰，中国信息化建设亟须本土化应用，亚信开始大力发展软件业务，并通过收购杭州德康公司，正式进军软件业。2000 年，亚信公司在美国 NASDAQ 成功上市，成功融资 1.2 亿美元，成为第一家在 NASDAQ 上市的中国高科技公司。2002 年，亚信全资收购广州邦讯科技有限公司，一举成为国内最大的通信软件和方案提供商。

2003 年起，亚信公司计划围绕软件和服务的核心业务，向非电信行业多元化发展进行尝试与努力，并进一步扩大亚信的软件与服务的经验与能力，力争成为在中国互联网软件、电信软件方案、安全软件与服务领域无可争议的领导者。

4　亚信的希望

张醒生透露，从接触丁健、田溯宁到最终决定加盟，"其间只有一个多月"。由于他们都梦想打造一个堪称世界领袖的中国 IT 通信企业，志同道合成为双方迅速携手的基础，连续两次入围《福布斯》"全球最优秀的 300 家小型企业"评选的亚信对张醒生来说则是一个施展才能和抱负的新平台。

当 2002 年初亚信制定成为"全电信软件解决方案提供商"的战略目标后，这家以系统集成业务起家的公司就迫切需要一位精通全电信行业的管理人才，领导亚信跨入电信主流软件业务。丁健告诉记者："这大半年来我们也接触过其他一些人，甚至包括国外著名公司的亚洲 CEO，但我们和张总是一拍即合。"

快速增长的中国电信市场成就了中国移动、中国电信等一批世界最大量级的国有控股电信公司。它们若想成长为世界一流的电信运营商，光有网络设备的扩容是不够的，还必须要有强大的、本土化的和深入的运营支撑系统。像 AT&T、沃达丰和德国电信等这些国际电信运营商每年在运营支撑系统上的支出都占到整体支出的 15%—20%。目前，中国运营商在该系统上的支出从过去的不到 1% 增长到现在的 2%—3%，上升空间巨大。

平日不苟言笑的丁健在记者招待会上公布新 CEO 的时候，笑得喜气洋洋："我终于可以睡踏实觉了。"在专业素养和丰富经验之外，性格沉稳的丁健也希望张醒生把"朝气蓬勃"和"激情"带入亚信这个颇具"工程师文化"色彩的技术公司。张醒生则表示，目前仍在收集公司内外情况，还没有形成完整策略，但话语当中显示他很清楚要把亚信带到哪里："十六大报告提出'以信息化推动工业化、以工业化带动信息化'，这对 IT 和电信行业具有非常深远的影响。下一步亚信应该更加关注中国兴起的电子政府、电子社会等具有中国特色的信息化应用。"虽然张醒生表示自己来亚信对经济利益考虑不多，但他在亚信将得到与在爱立信时相当的薪水。

5 挑战的天性

张醒生承认自己比较喜欢挑战性的事物，"这可能是天性吧，"张醒生说，"从小就不太老实。"小时候基本上一有空闲时间肯定不在家里闷着，一定是出去跟小朋友疯的，上房揭瓦，下河摸鱼，爬树掏鸟窝，什么事都干过，经常摔得头破血流回到家里。但这不妨碍他下次继续做一些"危险"的事情。熟悉张醒生的人都说，张醒生比较适合做新事物。他自己也认为"我有点喜新厌旧，就是闲不住，喜欢琢磨新东西"。张醒生的另外一个特点是喜欢和人打交道，"所以无论与什么样的朋友打交道，我都能从他身上发现很多的闪光点，吸收不同的智慧和理念。"张醒生说。

张醒生的这些特点使其即使在同一家公司做的时候也会不断变换岗位。"在爱立信的 12 年中，基本上我也是每两年换一个岗位。"张醒生说。刚进爱立信的时候，张醒生从销售代表做起，随着爱立信在中国业务的发展，业务逐渐细分，并逐渐由模拟移动通信转向数字移动通信，于是张醒生转向负责战略和市场发展，为爱立信成为中国数字移动通信第一立下汗马功劳。随后手机业务的出现，让张醒生看到新机会而转去负责爱立信的手机业务。等到手机业务大发展的时候，张醒生又开始负责区域的系统销售。中国电信改革使一个运营商变成四个运营商，张醒生又开始做新运营商。当爱立信在中国的公司已经做到很大规模的时候，需要统一的市场、统一的战略，张醒生就又开始做首席市场官了。

加盟亚信也一样。"在国内做系统集成业务已经走下坡路了，亚信正处在向软件和服务转型的过程中"，这种转化基本上代表着很多 IT 企业的方向，由于做系统集成业务利润越来越低，为了寻找新的业务增长点，众多 IT 企业都开始向软件和服务业转型。张醒生说："我觉得这时候去亚信是有机会的。"

6　随势而动的职业生涯

事实上，这已经不是张醒生第一次出乎意料了。在张醒生履历表中的几次跳槽，每一次都出人意料，都意味着大转行，但同时每一次转行后所做的业务都意味着比前一次更新，需要更年轻的从业人员或者更年轻的心态。按照通常人们的看法，IT 是个属于年轻人的行业。张醒生在 48 岁的时候跳槽到亚信，"人不应该拒绝新鲜事物，既然它新就有它新的道理，"张醒生说："我非常喜欢年轻事物，我自己觉得我的心理年龄可能比我生理年龄要年轻很多。"

在谈到职业生涯的时候，张醒生以很简单的四个字归纳了一下自己：随势而动。"我曾经在政府机构工作过，1990 年我就加入了跨国公司爱立信，一直伴随着跨国企业在中国走过了 14 个年头。"

张醒生说："这几次改变中，怎么能够体现我的改变和社会环境的相关联系？我为什么不在 80 年代中到跨国企业？因为那时候其实有一些跨国公司已经在中国设了办事处，但是那个阶段基本上属于跨国公司在中国投石问路的阶段，它们设代表处，有一些关系联系，并没有在中国进行大规模的投资和产业布局的战略。90 年是属于邓小平南巡的前夜，这时候我自己做了一次选择，其实我在做这个选择的时候还是非常非常艰难的，因为当年我在政府机关也担任了一些很重要的职务，并且是在外人眼里看来是非常有前景的一些事业，但是我自己把自己考量了一下，我觉得可能我并不见得适合于走政途，因为我可能有太多的想法，太多的个人的这种思路，在政府机构中可能更多的是你需要严格地跟着上级领导的指示做事情，这对我自己来讲，个性、事业或者其他方面都会是一些束缚。"

"90 年代开始，跨国公司要在中国执行战略发展的时候，必须请专业人员，懂外语，又有一定的国际经验。因为当年我在政府的时候负责的是国际合作，在这种情况下，我发现我很可能就成为跨国公司在中国所需要的人才，所以，我试了一下。当时大概有十几家跨国公司都分别跟我交流，说希望请你过来做我们跨国公司在中国的一些高管，我自己又做了一些行业分析，后来认定未来是移动通信的天下，所以我分析了一下哪几个是中国未来全球移动通信中最强大的引导者，爱立信就进入了我的视线。爱立信我又去过，1988 年代表邮电部去爱立信做过访问，经过一番思考以后，我决定加入这家企业。很幸运，我这番选择和转变正好和未来的几点相吻合，一是中国的改革开放势头越来越大；二是外资企业在中国进行了大量的投资，1994 年爱立信成为首批允许在中国建立独资企业的公司。第三个，非常幸运地我选择了移动通信行业。我只能说我是幸运者，而不是因为我自己是有什么传奇的故事，幸运地搭上了这班车。"

"做了十几年的爱立信高管之后，在 2000 年之后，我因为和中国的企业界朋友接触了很多，我逐渐地感受到，民营经济在中国加入 WTO 以后并没有衰落，反而更强烈地以一种适应形式的发展和中国本土的元素，而成了 2000 年之后中国经济主要的驱动力之一，这时候我自己又做了一点分析，我认为未来中国肯定是一个混合经济的天下，跨国公司在中国仍然有非常强大的势力，但是它们所拥有的资金的优势、人才的优势、技术的优势都将不再具备 90 年代那种绝对领先的优势了，中国的企业从管理、研发、市场、生产、人才这几个必胜的企业要素的配备中已经崛起得很快，一大批中国新兴的企业又借助了互联网在中国后发的高速发展的优势闯进了世界的舞台，而传统的通信也在开始走下坡路，中国的通信制造业像大家都深知的华为、中兴，必然成为世界新的主题。在新旧交替之中，我自己在跨国公司工作了十三四年以后，就决定再做一次转变，这一次转变就是从传统的电信里面往互联网 IT 里面走了一步，去做中国第一个在纳斯达克上市的 IT 软件公司亚信科技的 CEO。"

7 成功与得失

每个人对成功的理解是不同的。张醒生对成功的定义就是能不能抓住机会，把自己的理想实现。"每个人都要走向同一个目的地，当走向这个目的地回忆这一生的时候，能够说一句我没白来这世上走一趟就算成功了。"至今为止，张醒生对自己职业生涯比较满意之处是，各种新的东西都尝试过，"我起码可以将各种企业体制都经过一遍，将来我起码可以说出中国不同类型的企业不同的方面在哪里，将来我可以把我自己一些体会跟我们的后人去一起分享"。

一个人如果不能够放弃一个旧平台，他就不会跳入一个新平台。"所以人一定要懂得放弃，人要有得才有失，有失才能有得，得失是一对孪生兄弟，如果紧紧抓住救生圈永不撒手，人永远学不会游泳。"但新的平台有可能在带来新机会的同时带来新的风险。

"这就要看你怎么对待风险了，第一，看你有没有抗风险能力，第二，看你认定不认定你看到的机会。"张醒生说道。任何一个新兴事物，大家发现是个机会，如果抓住了可能就会成功，但是也可能抓不住就漏失了机会，"能因为怕不成功就不去抓机会吗？一定要争取抓住机会"。

张醒生说："职业改变就是在得失之间做选择。1990 年时我 30 岁，邮电部的领导找我谈话，你现在是处级干部，我们正在盖新的楼，你如果不走，可能就分你两室两厅的住房，再加上你工作很好，奖励你一些，就可能是三室两厅的住房。100 多平方米，处级干部，这在 80 年代末 90 年代初是特别大的诱惑，那时候能有自己一间屋子就很好了，这很是赢得了一些人的羡慕。但是我觉得这个东西是国家给你的，你自己如果对未来没有信心，连一套这个两室两厅的房子都挣不出来的话，那我就坚决不做这个事，但是我要觉得如果我的目标不是两室两厅的房子，那我该失的就要失掉。包括我从爱立信到亚信，我在爱立信可以讲是爱立信在中国公司待遇最丰厚的，工作最荣耀的，如果我坐在那儿可以吃老本，没有人会说老了你走，就是可以一直养下去，做到退休为止。像一个最高级的职业经理人，不愁吃喝，比较好的薪水。但是你不可能有更大的一个平台，所以我到亚信，亚信是一家上市公司，它的薪酬和爱立信这样的公司不一样，它是一家上市公司，表面上看你会丢掉一些固定的部分，但是你进入了一个新的行业，接触了一个新的事业机会。所以我就又再次把物质的东西放在一边，然后面对人生的挑战，丰富自己的经验。"

从邮电部到爱立信，张醒生希望成为一个很好的跨国公司的高级职业经理人，这一点张醒生做到了，但那时他更多扮演执行者的角色。而在亚信这样一家上市中资公司，张醒生从执行者转变成决策者，有机会尝试独立执掌公司的运作。这意味着张醒生在有可能获得更多收获的同时面临更大的压力，如果这家公司出现大的波折，而在他这个年龄，更多看上去已经功成名就的高级职业经理人更愿意选择乐享天年。

"如果认定自己要做的事，你就会更加有勇气去做。我认定我们现在的方向是我们整个社会的方向，是下一个未来，下一个浪潮。"张醒生并非没有意识到这种风险，但是他仍然相信这次选择带来更多的是机会。张醒生的新一次惊险一跃，未来会告诉人们，风险与机会的天平将倾向何方。

思考与讨论

1. 通过两次出人意料的跳槽，可以看出张醒生具有怎样的个体特征？
2. 分别描述张醒生在两次跳槽时所处环境的特征。
3. 评述个体特征和环境变化是如何影响个体行为的。

价值观、组织承诺对职业选择的影响

刘 帆

摘 要 李开复脱离 Microsoft 加入 Google 竟引起了一场出人意料的官司。使得李开复即使上法庭也要加入 Google 的这一行为的原因值得研究。该案例分析个体的价值体系，以及该体系对组织承诺的影响，最终影响个体的职业选择。

关键词 李开复 Google 价值观 组织承诺

1 李开复加入 Google

Google 正以史无前例的速度成长为微软最可怕的竞争对手。在 Google 新设立的研发中心，微软员工可以见到不少他们曾经的同事。他们可以一起喝咖啡、聊天，其间再偶尔对比一下 Google 和微软。对微软来说，他们的全球副总裁李开复的新职位是一个极大的意外和打击。2005 年 7 月 5 日，正在休假中的李开复突然发送电子邮件给他的直接上级埃里克·拉德，告诉他自己不会再回微软了。李开复向拉德坦承，早在 4 月中，他就已经开始跟 Google 谈论受聘一事。李开复如实告知拉德，Google 愿意提供给他一个机会，将 Google 中国区事务从零到有地建立并领导起来。

李开复 1961 年生于台湾，曾就读于美国卡内基梅隆大学，获计算机学博士学位，后担任副教授，是语音识别和自然语言处理领域的大师级人物。曾在苹果公司工作了 6 年，主管该公司的多媒体部门。此外，他还曾担任 SGI 公司的多媒体软件子公司 Cosmo Software 的总裁。1998 年 7 月李开复加盟微软公司，并于 11 月出任微软中国研究院（现微软亚洲研究院）院长。

然而，李开复没有料到，通往 Google 和中国之路要从一场官司开始。微软高层得到李开复准备加入 Google 的消息大为震怒。就在 Google 于 7

月 19 日宣布李开复加盟的消息后，微软紧接着便向其总部所在的华盛顿州金县最高法院提起诉讼。微软在诉状中称，李开复此举违反了以及将会违反与微软签订的劳动合约里的不泄密、不竞争、不招募等条款，一并状告 Google 明知李开复违约还故意给其提供协助。

"我想回国工作，看到 Google 有合适的机会就打算过去。"李开复表示，他认为这个掀起轩然大波的跳槽事件是一个再简单不过的逻辑。"离开微软加盟 Google 不过是一个普通的跳槽，因为 Google 给我回国工作的机会，而创办工程研究院做高深技术的研究正是我希望的，加盟 Google 是'追随我心的选择'（follow my heart）。"这句话（I need to follow my heart）也是李开复辞职时对比尔·盖茨所说的。顿时，他卷入了现在和将来会影响新经济未来的两家伟大技术公司——微软和 Google 之间的战争。

2 Google 与微软的官司

官司一开始就对李开复不利，7 月 28 日的法庭裁定禁止李开复在 9 月 6 日前到 Google 报到。成功限制李开复在 9 月 6 日前加盟 Google 以后，微软的律师们计划申请永久禁令，让李开复在官司结束前都不能加盟 Google。李开复自从遇到官司后每天都要和律师在一起"准备材料、核实数据"，可是卖房子、举家搬迁的进度并未受到影响。

美国时间 9 月 13 日法庭再次举行听证会，对微软申请的永久禁止令进行裁决。微软提出了三个方面的指控，他们认为李开复违反竞业禁止条款，并且因为他是微软中国的"教父"，因而李开复不能去中国做任何事情，甚至"不能踏上中国的土地"。美国对"违反竞业禁止"没有联邦法律，各地的规定也各不相同，加州的政策是鼓励人员流动和竞争，不准有"竞业禁止"条款，华盛顿州虽然允许有类似条款，可是有时间和范围的限制。

李开复说，他和微软的确签了一份竞业协议，1 年之内不能去对手公司做语音识别和自然语言处理等工作，但这并不代表不能加盟竞争对手的公司。李开复向法庭澄清，去 Google 是负责其中国研究院，与微软的工作在地理和性质上都不同。为了反驳微软对他在中国地位的"夸大"，李开复称"我不是什么教父，在中国我是没有权利、没有人手、没有经费并且从来没有招聘，提出的建议也都没有被采纳"。

"Google 律师告诉我，我们当然可以去辩论搜索技术与微软视窗，但是向法院解释技术问题异常耗时，而陈述时间只有 5 个小时，所以把重点放在'可以来中国招聘'，其他等到审理时进行。"李开复对记者表示，他主动向法官建议，先不要考虑如何对他进行限制，他只请求法庭允许他在开庭前可以去中国只负责招聘工作。法庭在裁定中采纳了李开复的建议。裁定下达的当晚李开复很兴奋，他在家中拨通了 IP 电话接受中国媒体的采访，一直打到深夜，直到那张 IP 电话卡用完为止。

听证会结束 5 天后（9 月 18 日），李开复就飞到北京来主持 Google 的招聘工作，他表示"首先我要到各个高校演讲"（23 日在北大、26 日在清华），"然后和各地的编程高手面谈"，他计划在明年 1 月前招收 50 名研究员，形成 Google 中国研究院的雏形，"这个研究院的目标不是软件工厂，而是世界一流的实验室，我们计划用 10 年时间培养出百名世界一流的科学家，也能开发出像 Gmail 这样的产品"。

当时，对于尚未结束的官司，李开复说最坏也不会比现在的状态更差了，明年 7 月他和微软的"竞业禁止"条款已经到期，届时他不但可以加盟 Google，"而且，在 Google 继续语音识别这种我在微软的研究项目也将不受限制，当然我会保守微软的秘密，如同我到微软后依然保守苹果和SGI 的秘密"。

这场官司直到 2005 年 12 月 22 日才以和解告终。李开复在评价这段经历时开了个玩笑："在 Google 白拿了两个月的薪水，学了很多法律。"2005 年 12 月 31 日李开复证实："我已经开始做招聘以外的工作了，并且将来还会做更多。"实际上在 Google 与微软宣布和解前，李开复已经举家搬来中国。

3　Google：微软的古怪对手

李开复加入 Google 为什么让微软如此发怒？事实上，到 2004 年愚人节 Google 推出电子邮箱服务那天之前，微软与 Google 都没有正面冲突。这个全球最大的搜索引擎尽管已经演变成了酷、新、好、强大、技术先进等漂亮形容词的代表，在人们眼里它仍很少被视作一家软件公司。但是，在 2004 年下半年里，Google 与微软硝烟渐起。微软拥有全球最大的邮件服务 Hotmail，而 Google 的邮件系统却更快速、更简洁、更方便、更庞大。Google 的网络日志服务也与微软的 MSN Spaces 产生了冲撞。最令微软震惊的，是 Google 在 2004 年底推出的 Windows 桌面搜索软件。这表明 Google 正在将自己在网络上的影响力延伸到微软的领地里来。事实上，2003 年微软就发现，Google 招聘的人竟然都是微软的目标，尽管 Google 所需要的那些研究操作系统的工程师看上去与搜索引擎技术并不相关。与微软抢人都还不说，Google 甚至开始从微软内部挖人，而在这些人当中，包括研究网络浏览器的、研究图形系统的，甚至还有微软 XML 语言（微软 . NET 大战略的血液）先锋亚当·博斯沃思和微软服务器操作系统领军人物马克·路科维斯基。没有人知道 Google 要那么多与搜索无关的人才来做什么，但至少可以肯定的是，Google 正在不可避免地成为微软最大的对手之一。而李开复是语音识别领域的大师级人物，主导着微软自然人机界面的研发，也参与了微软搜索引擎的研发。同时，李开复也是微软亚洲研究院的创始人，亲手招募了大批优秀的人才，使得这个基础科学研究机构被麻省理工学院《技术评论》杂志誉为"世界最火热的实验室"。此外，李开复还是微软制定中国战略的直接参与者，微软中国区高层曾私下表示，李开复在微软总部是最积极地给微软中国区争取资源的人。毫无疑问，无论是中国战略、人才战略，还是搜索战略，微软的李开复都是 Google 能够设想到的最佳人选，Google 把设想变成了现实。

除此之外，Google 奇特的企业文化也颇耐人寻味。在 Google 公司所在的大楼，总是能看到一些"穿宽松大裤衩、身上刻刺青、奇装异服"的人进进出出，旁人总是闹不明白这是一家什么公司。后来才知道这就是 Google 的员工，这让许多人非常惊讶。而在 Google 首席执行官 Eric Schmidt 看来，这些正是 Google 充分尊重员工个性的企业文化的体现。在 Google 员工的办公室装修之前，公司发给每位员工 100 美元，让他们按个人喜好来装饰自己的空间。有的员工喜欢赤脚，就用 100 美元铺了一小块高级木地板，踩着它舒服地工作；有的员工在 eBay 竞价买到一个古董电话亭，也运过来摆在办公室一隅。

在 Google，员工可以选择在自己的"时区"里工作，或者清晨五点就开始忙碌，或者整晚不睡、白天休息。此外，Google 给每位工程师 20% 的自由支配时间，让他们将这些时间用于寻找、确定和争取通过自己的开发项目；其他还有 20% 的时间，员工则被要求用于面试外来的求职者——这样就有 40% 的时间被用于与传统"工作"完全不一样的更加灵活的空间。

当公司内部出现需要解决的规划、计划等任务时，公司大多时候会组织一个又一个工作小组，由它们分头负担起随时可能冒出来的专项工作。直到现在，Google 创始人之一 Larry Page 还经常把 Google 内部一些员工集中起来"头脑风暴"。这样一种尊重员工、发挥员工个性最大化的企业内部文化，打破了金字塔式的等级结构，打破了传统的管理内耗，打破了员工思维和自身工作范围的框架，打破了产生官僚主义和自私自利思想的土壤。也正基于此，李开复才用一句很朴实的话表达了自己对 Google 的感受："Google 公司对每个员工都非常好。"

当李开复建设 Google 中国时，也打算延续这样的思路。"有些员工开始抱怨说，长时间盯着电脑，肩、背、脖子都不好，手臂也很难受"，于是李开复打算为员工提供按摩的服务。此外令他最关心的"本地化福利"是招大厨，公司规定"200 人以上就可以招大厨了，所以我们打算等人够了，就开始招四大菜系的厨师"。李开复最喜欢川菜，已经开始去成都物色厨师了。据了解，Google 的员工也可以带朋友家人来食堂一起吃，在美国的食堂，经常看到 Google 的员工带着在雅虎等公司工作的朋友来吃饭，"在 Google 中国当然也可以。"李开复笑着说。

4　李开复的两个愿望

虽然很多人认为 Google 高薪聘请李开复是看重他的技术优势，事实上，促使 Google 任用李开复的最大原因还是看重其在中国高级 IT 技术人才中无可替代的号召力和声望。

1998 年，李开复加入微软，一手筹办并建立起中国研究院（后更名为亚洲研究院）。两年后调回总部任职后，李开复仍未停止帮助微软中国的发展。在李开复的积极倡导下，微软美国总部成立了中国事务委员会，聚集起在美国微软总部的华人员工的力量，为中国事务出谋划策。李开复组建并亲自负责一个专门负责沟通中国软件外包商和微软产品部门的项目，以培训和提升中国软件公司的能力。今天微软在华研究人员达到了1000 多人，微软近来在华的其他研发投资，如 MSN 研发中心、亚洲工程院等，都有李开复的功劳在里面。

李开复还是中国大学生心中的偶像。李开复曾经写过几封给中国学生的信，并开设了"开复学生网"，在很多中国工科学生的眼中，李开复的名字绝不仅仅是微软全球副总裁、亚洲研究院院长这两个头衔所能涵盖的，在他们看来，李开复在某种意义上起着自己人生导师的作用。于是，从李开复身上看到一个有意思的现象：大多数人对李开复的认知首先是李开复本人，是他在计算机教育方面的贡献及其在中国高端人才中的影响力，其次才是他在微软所担任的职务。

40 多岁的李开复戴着眼镜，面容清秀，风度儒雅，说话彬彬有礼，一副学者气，是所有跨国公司里最受研究者和学生喜欢的华人高管。外界普遍感到不解的是，李开复向来是微软最大的支持者，多次提到自己会为微软工作到最后，为什么此刻却突然站在了微软的对头那边？李开复明确表示，自己个人最大的忠诚就是对自己的理想、信念的至死不渝，而不是把自己跟某个公司画上等号，因此当 Google 比微软更能实现自己目标的时候，他毫不犹豫地选择了 Google。

李开复与谈论微软同样多次数的是"影响力"，以及中国的未来。李开复表示自己希望能影响周围的人，尤其是影响青年学生。"我不能改变教育，但我能改变对教育的看法。"这是李开复最常被引用的话。李开复甚至自己建立了一个中文简体网站，专门针对中国的大学生，亲自回答他们几乎从学习、工作到生活、情感的一切问题。在一次回答中，李开复告诉学生，他不会离开微软，但是如果有一天他真的离开的话，那只有两个可能：①会做更有影响力的事情，②退休全力帮助中国的学生。显然，极度崇尚技术、以整理全球信息为己任的 Google，目前的声望和影响力正如日中天。李开复主导建立 Google 中国研究工程院，不用退休就可以同时达到他的两个愿望。在 Google 的对外新闻稿中，李开复说："让先进的技术为大众所用所享，并投身于当今中国飞速蓬勃的发展创新，一直是我追求的目标。"这样的话，与他之前在微软时所反复表述的完全一致。

5 Google 中国的招聘

李开复的 50 名关门弟子已经招完，可是细心的大学生们发现 Google 中国的招聘仍在继续，并且到 Google 面试的大学生们都会大吃一惊，面试官居然是李开复本人。"50 名关门弟子本来就不是什么上限，"李开复说，"这个数字只是我本人当初的错误预测。"李开复承认制订计划时低估了中国学生的"动手能力"。在美国，学生的动手能力主要通过暑期打工，帮老师做科研项目学习得到，在中国很多学生通过网络学习麻省理工学院、哈佛大学的公开课程，然后在 CSDN 等网站互相交流。更重要的是中国学生屡屡参加诸如 ACM、Code Jam 等比赛，这种将基础、应用等糅合到一体的比赛极大地锻炼了中国学生。李开复甚至认为中国学生的动手能力已经略高于美国。Google 中国打算再招 20—30 名应届毕业生。李开复说，"前段时间研究生占了大多数，其实我们倒希望优秀的本科生加盟，Google 并没有设置学校和学历的门槛"。

在继续招聘本土毕业生的同时，Google 中国工程研究院的招聘范围已经扩大到其他公司的在职人员和海外的"领军人物"。在李开复看来，仅仅依靠他本人和一批天才的学生还不能让 Google 中国具有本土创新能力。"回顾微软亚洲研究院的成长，也不是我带一批学生就能做出一流的成绩，还是要有一批像张亚勤、沈向阳、张宏江这些领军人物和学生的共同成长。"因此跨国公司海外科研机构成功的秘诀是，不能只雇用一两个资浅的人让他去成长，而是雇一批领军人物，让他们把这个团队从小带大，现在李开复打算把这些在微软等公司成功的经验应用到 Google。

Google 中国研究院已经开始向一些世界级专家或者领军人物抛出了橄榄枝。李开复相信，2006 年将有 5—10 位顶级专家或领军人物加入 Google 中国。"这些领军人物的加盟往往会引起更大的连锁反应，他们的号召力远远超过我一个人。"李开复认为 Google 中国工程研究院成为 Google 海外最大的研究机构指日可待。

当然，"海外领军人物的加盟也必须符合 Google 的价值观"，Google 不久前放弃引入某"大教授"的原因就是，他到 Google 应聘时傲慢的责问考官"你这个刚毕业 2 年的学生怎么敢来问我"，"他不平等的看待考官，也就意味着他可能不会平等的看待公司里其他年轻人"，虽然李开复"非常欣赏，并且认为这个大教授会带来很多 Google 没有的思维方式"但是 Google 还是决定放弃。李开复表示，新老结合的体系固然重要，但是 Google 有别于任何公司的是其独特的管理体系，"项目是从下而上的，如果不客观、不平等，就没有人愿意放弃自己的想法而服从别人的想法，并且在合作中全身心投入"，因此 Google 衡量任何人的标准都是一样的，如果不符合"平等、客观"等价值，业务再强的人也可能被 Google 拒之门外。

"Google 公司欢迎那些可以和大家打成一片的专家",李开复表示并不是所有专家都傲慢,比如刚加盟不久的互联网之父温顿·科夫(Vinton Cerf)已经 60 多岁了还可以和 20 多岁的人打成一片。据李开复介绍,科夫曾经穿了一件特别奇怪的服装参加聚会,装得怪模怪样的像孩子一样,在 Google 很受欢迎和喜爱。

思考与讨论

1. Google 为什么对李开复有如此大的吸引力?

2. 分析李开复对微软的组织承诺的强度。

3. 通过案例,归纳出李开复的价值体系。评述个人的价值观对职业选择的影响。

冲突与决策

刘 帆

摘 要 张汝京这个把半导体工厂从台岛建到内地的商人，一路走来遇到了很多冲突。首先是台湾当局的政治压力，然后是行业霸主台积电的侵权诉讼，面对种种冲突，中芯国际的创始人张汝京一一应对。该案例分析张汝京是如何通过不同的方式来处理各种冲突。

关键词 中芯国际 张汝京 冲突

1 纷扰不断的张汝京

2005 年 4 月，台湾"经济部投审会"以"涉及违法赴大陆投资"对中芯国际的总裁兼首席执行官张汝京处以 500 万新台币罚款，但张汝京并未表现出过多的担心，他像往常一样强调，中芯国际发展的历史就是遭到台湾当局打压的历史。据称张汝京只有两种选择：撤回投资或接受罚款。

2 政治因素

半导体业是台湾地区的支柱产业，台湾当局一直对该行业设置多重限制，以避免资金、技术流向大陆。2002 年 7 月，台湾"经济部"规定"未来对于违法赴大陆投资者，最高可处以 2500 万元新台币的罚金，同时企业负责人最高可判其 2 年以下有期徒刑"。2004 年底台湾当局规定，"到大陆工作，并且在大陆工厂持有股份的台湾籍人员回台将被处以罚款"，该项规定被台湾媒体认为就是针对中芯国际制定的。

张汝京是国际芯片业界有名的"盖厂高手"。他 1948 年出生于内地，1 岁随父亲前往台湾的，2000 年 4 月，他筹措资金 14.8 亿美元在上海张江成立中芯国际，这是内地第一家 8 英寸（指硅晶片直径，直径越大则一个晶片可制造的芯片数量越多而单位成本越低），0.25 微米线宽（指芯片上晶体管之间的距离，越短则同一个芯片上可排列的晶体管越多，技术水平越高）芯片代工厂。而在此后不久，台湾当局宣布对中芯国际当时的台湾股东诚宇创投及全球策略投资管理公司各处以 100 万元新台币的罚款，还同时要求这两个公司从中芯国际撤出。

有着浓厚台湾色彩的中芯国际，全公司 7000 余名员工中约有 7% 是台籍人士。台湾当局对中芯国际的限制是出于对芯片产业的忧虑，尽管中芯国际的员工认为，台湾当局的这些罚单过于可笑，但台湾当局的这些举措是为了在资本市场造成中芯国际麻烦不断的形象，并借此打压。因为与台湾当局关系密切的台积电比起来，刚刚成立的中芯国际已经成了值得重视的力量。2004 年，芯片代工产业的霸主台积电的全球市场占有率为 46%，是 5 年来的最低点，同样来自台湾的联电以 26% 的份额居全球第二，而刚刚成立 4 年的中芯国际已经达到 6%，居全球第四。

中芯国际与全球前两大芯片代工厂比较

公司	2004 年销量（百万美元）	2004 年市场份额
台积电	7648	46%
台联电	3900	23%
中芯国际	975	6%

优惠政策的变化、环保压力、生产成本高企，众多因素使台湾芯片业巨头们纷纷梦想到大陆去发展。从 2002 年开始，台湾芯片代工业的创始人、台积电董事长张忠谋便提出向大陆投资的申请，2003 年 2 月得到了台湾当局的初步批准，可以进行总投资额 7%（即 6200 万美元）的投资，2005 年初第二阶段批准，台积电将把岛内的一条 8 英寸芯片生产线转移至上海松江并作出全部投资。按照其未来的 10 年规划，计划总投资达到 100 亿美元。这是迄今唯一一家获得台湾当局批准的台湾芯片业。由于官方股份的存在，台积电"一举一动都要得到批准"，他们无法采用直接竞争的方式遏制张汝京在中国内地市场的扩张，只能坐视中芯国际不断壮大。

3　中芯国际

中芯国际集成电路制造有限公司（中芯国际），是中国内地规模最大、技术最先进的集成电路芯片代工企业。中芯国际向全球客户提供 0.35 微米到 45 纳米芯片代工与技术服务。中芯国际总部位于上海，在上海建有一座 300mm 芯片厂和三座 200mm 芯片厂。在北京建有两座 300mm 芯片厂，在天津建有一座 200mm 芯片厂，在深圳还有一座 200mm 芯片厂在兴建中，在成都拥有一座封装测试厂。中芯国际还在美国、欧洲、日本提供客户服务和设立营销办事处，同时在香港设立了代表处。此外，中芯代成都成芯半导体制造有限公司经营管理一座 200mm 芯片厂，也代武汉新芯集成电路制造有限公司经营管理一座 300mm 芯片厂。

中芯国际的创建人张汝京，于 2000 年 4 月创办该公司，现任总裁、首席执行官兼执行董事，他拥有超过 27 年的半导体承包业务、芯片制造和研究及开发经验。张汝京毕业于台湾大学，于美国布法罗纽约州立大学获得工程学硕士学位，并在美国南方卫理公会大学获得电子工程博士学位。在美国完成学位后，张汝京在德州仪器工作 20 年，为该公司分布美国、日本、新加坡、意大利和中国台湾的 10 座半导体工厂及集成电路业务建立和管理技术开发及营运系统。1997 年，张汝京回到台湾，筹建世大集成电路公司（WSMC），使之成为台湾第三大芯片代工厂商。2000 年 1 月，芯片行业高潮之际，世大以 50 亿美元的作价被台积电购并。随后，张汝京开始来到大陆建厂。2003 年 12 月，张汝京被中国国家信息中心选为十大"2003 年度中国信息产业年度经济人物"之一，以表扬张汝京对中国信息科技产业发展所作的影响和贡献。2005 年 4 月，张汝京荣获中华人民共和国国务院颁发的国际科学技术合作奖。

张汝京持有美国护照，中芯国际的注册地在英属开曼群岛。项目的首期投资人实际上包括上海实业、高盛集团、汉鼎集团、华登国际创投、北大青鸟、以祥峰投资管理集团（Vertex Management）为首的新加坡财团以及美国半导体设计公司等。除此之外，中芯国际还获得批准，可以从内地银行融资 4.8 亿美元。目前，在港上市的中芯国际的第一大股东为上海实业，是上海市政府的全资公司。

张汝京总是通过与客户或者其他公司联手的方式，来获得自己想要的技术。比如中芯在开发 90 纳米技术时，就得益于与德州仪器签署的协议。而此前的很多项技术也受益于外援。自成立以来，中芯国际已经成功地从东芝、富士通、新加坡特许半导体、IMEC（欧洲半导体研发中心）、英飞凌、Elpida 及摩托罗拉等等国际大厂转移了自 0.21—0.10 微米的各项半导体工艺和技术。

4　新兴的中国内地市场

2005 年 3 月召开的中国半导体年会上，中国半导体行业协会理事长俞忠钰表示，自 2000 年旨在促进软件业和半导体业发展的国务院 18 号文颁布以来，中国半导体产业即进入一个高速成长期。5 年来，产业销售收入保持在年均 30% 以上的增长速度，产业规模扩大了 3 倍，成为名副其实的全球发展最快的地区。更重要的是中国市场的诱惑力，根据 ING 霸菱和中国信息产业部的预计，到 2005 年前，中国内地半导体市场将以 35% 的年复合成长率增长，规模将高达 400 亿美元，芯片需求量更达 170 亿片。2010 年时，中国将会成为世界第二大半导体市场。"台湾芯片业的最佳路径就是积极进入中国内地，从它的增长中获益。"美林银行驻香港的分析师丹尼尔·黑勒说。

"跨海西进"，台湾媒体这样形容台湾芯片业的动向，但是西进之路并非坦途。与锲而不舍的台积电相比，第二大芯片代工厂台湾联电西进的步伐更为艰难。2005 年，联电副董事长宣明智的住宅等 9 个地点遭搜查，大批电子资料和账册被查扣。同时位于苏州工业园区的芯片企业和舰科技董事长徐建华也在台北遭拘押。新竹地区检署称，"有人检举联电掏空人才、技术去'养'苏州和舰，影响股东权益，涉嫌背信"。随后，联电主席曹兴诚发表公开声明称，联电曾帮助组建和舰科技，并为其寻找客户出力，旨在遏制中芯国际的过度扩张，但联电对和舰科技并无投资，他指责这是台湾监察机关制造"白色恐怖"。实际上业界人士早已认为，和舰科技是联电绕过台湾当局政策壁垒，曲线西进的产物。

张汝京认为进入大陆市场对于台湾企业同样有好处，中芯国际建厂时，"很多承包的公司是台湾公司来做的。同样的，中芯协助台湾的 IC（集成电路）设计公司打进中国市场。如果不来参与的话，大陆市场将被别人占据，很多国家已经来抢大陆市场了"。这样的情况已经发生，由于台湾当局禁止位于产业链下游的封装测试厂商进入大陆,在具有国际竞争力的台湾封装测试厂商望海兴叹的时候,美国和新加坡的厂商都已经进入长三角。

半导体工业发展的历史是某个国家或地区每隔 10 年的轮番兴盛,中国的兴盛似乎来得有些突然。台湾芯片业似乎还没能为此做好准备,台湾当局的措施会使台湾芯片企业西进"步伐慢一点,但是产业链的转移是不以人的意志为转移的",上海交通大学芯片与系统研究中心主任陈进对中芯国际的前景表示乐观。

5　诉讼危机

2003 年,中芯国际成为全球芯片厂商最大赢家。中芯国际立足上海,凭借低成本优势,以低价与台积电、联电等芯片代工巨头抢单并屡屡得手。内地巨大的芯片代工市场以及低成本优势,为中芯国际的快速崛起提供了基础。中芯国际虽然在芯片制造技术上与台积电还有一定差距,但其通过与世界芯片巨头尔必达、东芝、英飞凌达成技术转让缩小了技术差距。中芯国际的芯片销售额从 5000 万美元激增至 3.6 亿美元,一跃而至全球第四大芯片供应商。根据美国权威 IT 调查公司 IC Insights 的统计,2003 年,台积电销售额为 58.8 亿美元,比上年同比增加 26%;中芯国际销售额 3.6 亿美元,同比增长 630%。且美国是两家公司的重要市场,都约占各自总销售额的 40%。尽管中芯国际的销售额仅为台积电的 7%,但是台积电已经在美国 3 次起诉中芯国际,告其知识产权侵权。台积电的诉讼请求有二,一是中芯国际窃取了台积电及其美国附属公司高级半导体制造技术及其他商业机密;二是中芯国际还通过提供股票和认购股权证等方式,延揽台积电部分关键雇员,并要求雇员"跳槽"时携带台积电关键资料。两个诉讼请求都指中芯国际"窃取"台积电的技术和商业秘密。

2003 年 8 月 18 日的第三次起诉是可能带来最严重后果的,台积电及其在美国的全资子公司 Wafertech 根据美国《1930 年关税法》,提请美国国际贸易委员会启动该法第 337 节规定的调查程序,称来自中芯国际所属的 3 家中国公司和一家美国公司的半导体装置及相关产品的进口及销售侵犯了其专利。依照芯片业跨年度下单的惯例,台积电此刻动用最严厉的337 调查,可获得一箭双雕效果:如果胜诉,可直接拦截中芯国际于美国市场之外；即便不胜诉，在美国国际贸易委员会为期 12—15 个月的审理期内，也能影响部分中芯国际的客户选择台积电，达到直接影响中芯国际的 2005 年订单的目的。尽管中芯国际的销售规模还不到台积电的零头，但在不到一年之内就发起 3 次诉讼，台积电的警惕之心可见一斑。

这之后，中芯国际通过一些私人关系及有关渠道，向台积电高层发出和解信号，并进行了相关商谈。半导体行业属资金、技术密集型产业，面对瞬息万变的市场，对于中芯国际来说，寻求一个公平的贸易环境和发展空间比什么都重要。2005 年 1 月 30 日，中芯国际在上海发表声明：已与台积电就有关侵犯专利与不当使用商业机密之法律的诉讼达成和解协议，中芯国际将在未来 6 年内分期支付 1.75 亿美元专利授权费给台积电（前 5 年每年 3000 万美元，第 6 年支付 2500 万美元）；台积电有条件性地撤回所有针对中芯国际的诉讼案件。

和解协议公布后第二天，中芯国际股价上涨 6% 至 1.59 港元，台积电上涨 4% 至 52 元新台币。证券市场普遍认为，中芯国际和台积电达成和解对双方而言都是利好，有助于避免未来的恶性竞争。但中芯国际 2005 年的经营利润率将大幅下降并有可能亏损，而台积电在中芯国际的低价抢单策略下毛利率将继续下降。

声明还表示，此协议中，双方的专利授权期限至 2010 年 12 月。台积电并不授予中芯国际使用商业机密的权利。如果中芯国际毁约的话，专利权的使用和这个协议将终止，并且原案可能再度被提出，而且可加速权利金的给付。

6　再起纷争

"我们有信心赢下和台积电的官司。" 2006 年 9 月 25 日，中芯国际总裁兼首席执行官张汝京在天津表示。一个月前的 8 月 25 日，台积电在美国对中芯国际提起诉讼，称中芯国际违反其在 2005 年与台积电达成的和解协议，继续侵犯台积电的专利，不当使用台积电商业机密，并对此提出相关赔偿及禁制令处分，追诉金额高达 1.3 亿美元。

20 天之后，中芯国际宣布，已经向法院对台积电提出反控状并要求赔偿。中芯除强烈否认台积电提出的指控外，并反诉台积电不但违反和解协议，而且违反双方应遵守的诚信义务及公平处理的协定，因此要求台积电赔偿。"我们可以找到更清楚的证据，证明台积电这次对中芯的控诉是骚扰性质。"张汝京称："每当中芯突破难关，进入新领域、新成长期，便会遭遇骚扰。"

张汝京表示，中芯的遭遇是国内芯片企业普遍遇到的问题。他认为，海外大企业经常通过三种手段对国内新生的或实力较弱的芯片企业进行打击。这三种手段包括：诉讼、骚扰客户和恶性竞争。"诉讼不一定告得倒竞争对手，但骚扰能力很强，往往官司一打几年，最后国内企业赢了，但发展却拖下来了；骚扰客户比较常用，对国内企业的客户进行恐吓和威吓，使他们与国内企业解除合作；为了同样的目的，海外企业也可能凭借资金，用杀价等方式打击国内的竞争对手。"张汝京说。他同时透露，本次诉讼双方仍存在达成和解协议的可能，"我们不排除协议和解的可能，不过，如果真打官司，我们能拿出更多证据，我们也有把握会赢"。

思考与讨论

1. 面对台湾当局的罚单，如果你是张汝京，你会怎么处理？

2. 台积电 2003 年对中芯国际的起诉，张汝京为什么要选择和解？

3. 和解后，台积电于 2006 年再次起诉中芯国际，这次又该如何处理冲突？

人力资源管理

百度的人力资源管理

刘晓红

摘　要　从中关村北大资源大厦里十几人的小团队，到全球最大的中文搜索引擎，百度仅仅用了 5 年的时间。这个年轻的成功企业，在声名鹊起之后，从管理到研发，都与从前的那个小团队不可同日而语。上市之后的百度依旧保持着稳健的发展步伐，这与百度适时而变的人力资源管理密不可分。

通过本案例，了解 IT 企业把握战略机遇的核心能力，思考因时因势调整人力资源管理。

关键词　创新　人力资源管理　百度

1　企业简介

首先请让我们通过百度集团的官方网站来了解该企业的基本情况：

百度（北京百度网讯科技有限公司 www. baidu. com，京 ICP 证 030173）2000 年 1 月创立于北京中关村，是全球最大的中文网站，最大的中文搜索引擎。

2000 年 1 月 1 日，公司创始人李彦宏、徐勇从美国硅谷回国，创建了百度。创立之初，百度便将"让人们更便捷地获取信息"作为自己的使命，并为此始终如一、不懈地努力奋斗。

2000 年 5 月，百度首次为门户网站——硅谷动力提供搜索技术服务，之后迅速占领中国搜索引擎市场，成为最主要的搜索技术提供商。2001年 8 月，发布 Baidu. com 搜索引擎 Beta 版，从后台技术提供者转为面向公众独立提供搜索服务，并且在中国首创了竞价排名商业模式，2001 年 10月 22 日正式发布百度（Baidu）搜索引擎。

2003 年 12 月，开创性地推出贴吧，开搜索社区化之先河。

2005 年 8 月 5 日，百度在美国纳斯达克上市，成为 2005 年全球资本市场上最为引人注目的上市公司。

2008 年 1 月 23 日，百度日本公司正式运营，百度全面启动国际化战略。

百度坚信，让人们更便捷地获取信息，让人类的智慧相互沟通与交融，即有利于人类智慧的发展，也有利于促进人们的平等，推动社会的进步。

2　案例事件——主要管理团队

2.1　董事长兼首席执行官——李彦宏

1991 年毕业于北京大学信息管理专业，随后赴美国布法罗纽约州立大学完成计算机科学硕士学位。在搜索引擎发展初期，李彦宏作为全球最早研究者之一，最先创建了 ESP 技术，并将它成功地应用于 INFOSEEK/GO. COM 的搜索引擎中。GO. COM 的图像搜索引擎是他的另一项极具应用价值的技术创新。

1999 年底，怀抱"科技改变人们的生活"的梦想，李彦宏回国创办百度。经过多年努力，百度已经成为中国人最常使用的中文网站，全球最大的中文搜索引擎，同时也是全球最大的中文网站。2005 年 8 月，百度在美国纳斯达克成功上市，成为全球资本市场最受关注的上市公司之一。

在李彦宏领导下，百度不仅拥有全球最优秀的搜索引擎技术团队，同时也拥有国内最优秀的管理团队、产品设计、开发和维护团队；在商业模式方面，也同样具有开创性，对中国企业分享互联网成果起到了积极推动作用。目前，百度也是全球跨国公司最多寻求合作的中国公司，随着百度日本公司的成立，百度加快了走向国际化的步伐。

以下按时间顺序展现了李彦宏的人生历程：

1996 年，首先解决了如何将基于网页质量的排序与基于相关性排序完美结合的问题，并因此获得了美国专利。

1998 年，根据在硅谷工作以及生活的经验，在大陆出版了《硅谷商战》一书。

1999 年底，携风险投资回国与徐勇先生共同创建百度。

2001 年被评选为"中国十大创业新锐"。

2002 年、2003 年荣获首届、第二届"IT 十大风云人物"称号。

2004 年 4 月，当选第二届"中国软件十大杰出青年"。

2005 年 8 月 23 日，荣获第十二届"东盟青年奖"。

2005 年 12 月 28 日，荣获"CCTV2005 中国经济年度人物"。

2006 年 12 月 10 日，当选美国《商业周刊》2006 年全球"最佳商业领袖"。

2007 年，入选《中国企业家》最具影响力的 25 位企业领袖。

2007 年，当选艾瑞新经济最佳人物奖。

2008 年 6 月，担任 2008 年北京奥运会太原站奥运火炬手。

2.2　首席财务官——李昕晢

2008 年 3 月 31 日加入百度，任首席财务官。

1990 年毕业于清华大学，1994 年获英属哥伦比亚大学工商管理硕士学位，同年加入美国通用汽车公司，工作地区为美国、加拿大、新加坡、中国内地，先后任职财务经理，司库，财务总监。2004 年，担任中国通用汽车的首席财务官，2005 年始，为全球最大的汽车信贷机构通用汽车金融服务公司北美区财务总监（controller），为将通用汽车金融服务公司打造成集团内部最具赢利能力的实体做出重要贡献。

2.3　首席运营官——叶朋

2008 年 4 月，出任百度公司首席运营官，负责公司的销售及运营。

叶朋博士不仅在销售、市场及商务运营方面经验丰富，而且有着软件开发等 IT、电信行业的深厚背景。加入百度之前，曾担任苹果公司中国区总经理，负责苹果公司在中国所有运营相关事务。此外，曾任摩托罗拉亚太区副总裁等职，并在北电中国及北电欧洲有过长期的工作经验。本科毕业于南京邮电大学，在中国国防科技大学获得硕士学位。拥有英国阿尔斯特大学信息及软件工程博士学位，并在中欧国际商学院获得 EMBA。

2.4　百度首席技术官——李一男

2008 年 10 月 6 日加入百度，任首席技术官。

在 IT 及电信领域，李一男拥有 16 年的科研、营销及管理经验，是一名杰出的科技企业管理者。16 年前，其在武汉华中科技大学获光学工程学士及硕士学位后，即供职华为公司，先后担任多项职位，从产品经理到研发总监，再及中央研究部总裁，带领超过 5000 位工程师的大规模技术团队，后任首席电信科学家和副总裁至入职百度。2001—2006 年期间，创建港湾公司，并任首席执行官。

2.5　首席科学家——威廉·张

2007 年 1 月，威廉·张（William I. Chang）加入百度，任首席科学家。

威廉·张为全球最具盛名的搜索引擎专家之一。威廉·张当年在哈佛大学取得数学学士学位，之后又以次线性文本匹配算法上的突破性成果获得美国加州大学柏克利分校的计算机专业博士学位。90 年代中，威廉·张即投身互联网搜索引擎技术研究，是这一新兴领域的开拓者之一。1996 年 6 月，威廉·张担任 Infoseek 的 CTO。期间，他主持研发的 Infoseek 的自然语言搜索引擎 Ultraseek，是最受欢迎的早期互联网搜索引擎之一，其企业应用版本至今还被广为使用。当 Disney 入股 Infoseek 后，推出了 Go Network，威廉·张担任 Go Network 的战略副总裁，具体负责制定新型媒体网络中市场、社区与商务的整合战略。2001 年夏天，他创建了 Affini 公司，继续将他对未来互联网的预见付诸实践。

3　案例事件——职业道德与行为规范

建立了适用于 Baidu. com, Inc. 及其所有子公司、关联公司（以下称"公司"或"百度公司"）所有普通员工、高管层、顾问和董事会成员（以下统称"员工"或"百度员工"）的《职业道德与行为规范》，它是百度公司得以运行的一套基本政策，是根据 2002 年颁布的 Sarbanes-Oxley 法案 406 条款及相关条款的要求而制定的，包含了指导公司运作的最高商业道德水准。较之一般商业行为水准或者适用的法律法规，《职业道德与行为规范》在一定程度上提出了更高的要求，而百度公司会遵守这些更高的要求，于 2005 年 7 月 1 日生效。

《职业道德与行为规范》基于下列一般原则：

- 遵守法律
  百度公司及其员工将遵守所适用法律和规章的条文和实质。
- 遵守诚实和道德标准
  百度公司保证在与股东、员工、客户、供应商、当地社团、各级政府和运营地的一般公众的商业交往中（包括当个人利益与公司利益产生冲突时），保持高度的诚信和职业道德水准。

- 充分和公正的披露

  百度公司承诺确保在百度公司向相关政府的监管机构和所有其他公众发布机构提交的报表中所披露的信息，均为完整的、公允的、充分的、准确的、及时的和可理解的。

任何员工，如果其对于某种情形是否违反适用的法律、法规、有约束力的政策或公司制度不能确定，其应该与公司的部门管理人员，公司人力资源、法务部门或首席执行官（CEO）就该情形进行讨论，以避免日后发生问题的可能。如果没有这样做，其本身即构成了对该规范的违反。

在员工关系方面的主要内容：

员工的权利和公司作为雇主的权利受雇用活动所在国的法律、用人单位和个人所签署的书面雇用合同的工作条例等的约束。

百度公司致力于营造一个所有员工都相互尊重和信任的高品质的工作环境。在我们所做的每件事上都保持诚实、良好的个性，积极的态度，强烈的道德责任感和高道德标准，形成一个有品质的工作环境。每个员工都有义务遵守这些标准。

公司保证提供这样一个工作环境，在这个环境中，所有个人均获得尊重并得到有尊严的对待。公司不能容忍任何形式的不尊重员工的行为，包括不适当的愤怒、暴力，或是任何在工作场所实施的导致胁迫，威胁或其他形式的敌对情形出现的行为。公司禁止对员工进行任何形式的骚扰，而无论该骚扰是口头上还是实际行动上的，是由上级管理层还是由非管理人员以及外部人士实施的。骚扰包括但不限于：冒犯性的调情，令人厌恶的性挑逗或者冒犯、辱骂，性别上或种族上的贬低言词，在工作场所展示黄色图品和物件。

该规范禁止除工作业绩因素外对公司人员进行不平等对待。我们的招聘、雇用、培训、晋升和薪金政策、不考虑种族、国籍、宗教信仰、性别、年龄、肤色、残疾、经验状况、婚姻状况或者其他受法律保护的特征因素。

为维护良好的办公环境，确保办公区域的安全，除吸烟室以外，公司任何区域包括卫生间严禁吸烟。办公时间饮酒只有在公司庆典和接待客户的情况下，并且在合理的限度之内时，可以获得允许。公司不允许在公司的场所内饮酒，除非在公司举办活动时或事先获得授权允许。

公司保证为所有员工保持一个安全和健康的工作场所，遵守当地的安全规范并且合理的消除已知的安全隐患。

公司坚信尊重员工的隐私的必要。对员工隐私的尊重排除了对员工下班后个人行为的任何关注，除非该行为削弱了员工的工作业绩或者影响了公司的声望或合法的商业利益。

公司在沟通过程中秉承开放性方针，在对待不满意见时，本着开诚布公的原则处理。

公司视员工为公司的拥有者，并实施公平和公正的评估和奖励机制，以期保持一个长期的、高效的工作环境。员工对于我们的成功非常关键。我们希望通过提供与员工的价值创造相结合的奖励和事业机会来保持公司的成功。

公司期望员工有道德地、诚实地、正直地，并且尽最高程度来实施和履行其义务。这就要求员工们避免实际的或明显的在个人与职业之间产生的利益冲突。当个体对公司承担的义务与其个人私利产生冲突时，"利益冲突"就存在了。作为公司的政策，利益冲突的情形是严格禁止的，员工应该避免任何可能出现个人利益和公司利益冲突的情形。关于避免利益冲突的详细规定请认真阅读《避免利益冲突制度》。除了《避免利益冲突制度》中规定的禁止的员工行为，也禁止作为上市公司的 Baidu. com, Inc. 直接或间接地（包括通过其任何子公司）以个人贷款的形式向其董事或高管层（或任何与之相当的高级管理人员）提供或维持信贷、或安排提供或延展上述信贷。

该规范禁止员工从事非法或不当行为，这些行为包括但不限于：

- 任何违反国家法律法规的行为，任何涉及违反公德的行为，或任何涉及不诚实或故意渎职行为从而构成违反法律的行为；
- 多次未能或拒绝履行员工的义务，包括服从来自于董事会或主管及经理的合法与正当的指令；
- 没有披露同代理商、客户、供应商或合作伙伴在合同条款以外所签订的附带协议或私下协议；
- 其他的已经或可能损害公司名誉或损害公司的不当行为；
- 向公司就个人经历及健康状况做出虚假或不实披露；
- 对公司和公司其他同事以及商业合作伙伴的行为在授权范围和正常程序外以个人或公司的名义妄加评论和诽谤。

所有员工必须意识到公司内部的欺诈行为或任何可以导致账簿或记录中出现虚假或误导性的登记，包括但不限于该规范以及《禁止私下协定制度》、《避免利益冲突制度》、《保密信息披露禁止制度》和《重大未公开信息与内幕交易管理规定》中禁止的行为。对于任何这样的行为根据该规范第8节所规定的《举报制度和程序》应该立即举报给本公司。

《职业道德与行为规范》还对反不正当竞争、非法及不正当付款、公共披露、会计管理、流程和记录、商业伙伴、供应商和客户、公司信息和财产的保密与保护、举报违规行为和反对打击报复、违反《职业道德与行为规范》的处罚、修改与豁免和疑问咨询等事项做出了规定。

4 社会反响

组织生命周期理论认为，一个企业发展要经过引入期、成长期、成熟期和衰退期4个阶段，每个阶段企业管理有不同的侧重点。人力资源管理作为企业管理中非常重要的部分，要在企业的不同阶段，制定符合企业现阶段发展需要的人力资源管理。

"企业在不同发展阶段对人力资源的要求是不一样的。百度在没有上市之前应该算不上一个特别公众的公司，上市之后，公司所有的机制政策，包括快速发展对人力资源的要求，以及社会对企业的期待可能都会不同，企业就要在人上下一些工夫和做一些文章。"百度人力资源高级经理鲁灵敏在接受《中国新时代》专访时，将百度的人力资源管理以上市的时间点为界，分为两个阶段。

对于处于成长期的企业来说，成功的关键在于是否能将成熟的产品推向市场。已经成功渡过引入期的百度，除了要专注于产品技术之外，对于市场的把握以及企业品牌的提升尤为重要。"我们之前大部分都是在做产品和技术。上市后，我们的员工不断增长，与此同时，百度不仅关注技术，同时对市场、对企业品牌都要去做一些相应的投入，同时吸引更多的人员来配合企业这一阶段的人力资源的需求。"鲁灵敏对百度上市前后的HR管理工作作出了如上分析。

目前，根据百度发展的需要，人力资源部门的主要的工作方向，一是如何使员工在百度获得成长；二是保证员工获得回报；三是针对百度未来的发展，把百度对于人才的理念传递出去。鲁灵敏举例说，在百度上市之前，百度主要在北京招聘专业技术人员和研发人员。现在，百度已经将眼光放到全国最优秀的计算机相关专业的院校里去。"这样的转变一是因为百度对人才的需求量大，二是在全国范围内招聘，对于百度品牌影响力有一定的提升。"

鲁灵敏说，上市公司与创业时最大的不同之处，在于公司的管理更加规范。百度的预算体系控制相对于之前更加严格了。但鲁灵敏说："这并不影响百度一直倡导的自由和创新的企业文化氛围。自由与规范之间有一个很好的平衡点。"

5　作者观点

IT 企业的人力资源管理非常独特。首先 IT 企业员工队伍非常年青化和知识化，其次 IT 企业的核心资源主要是依托于员工的知识和能力。做好 IT 企业人力资源管理，需要遵守行业规则和符合员工特点。IT 企业在创业初期，创业团队是关键，为吸引和稳定优秀员工，普遍使用股票期权的激励模式，职业道德和行为规范是企业成功上市的保障。事实上，股票期权制度并不是一个运用在企业激励制度中的新概念，欧美很多 IT 企业很早就开始实行了这一制度，正是这一制度在一定程度上促进了很多 IT 公司高速的发展。通过股票期权让员工感觉是在为自己做事，以增强员工的凝聚力。百度的创始人也制定了股票期权的激励制度。"百度是把创业的人捆绑到一块儿，共同创造未来，走共同富裕的道路，不管是做什么样的工作，大家都承担风险，每个人都能够享受到一种创业的成功。""上市前后，包括现在，我们的用人理念没有实质性的变化。其实在公司成立之初，李彦宏就一直在遵循一种用人理念——就是要找到聪明、愿意付出、有强烈的成功欲望、并愿意为自己的成功欲望付出行动的人。"

思考与讨论

1. 百度人力资源管理的主要特点是什么？如何学习和借鉴？
2. 企业如何根据发展阶段调整人力资源管理？
3. IT 企业如何引进人才？
4. 企业如何处理引进人才与创业人才的待遇差异？

参考文献

［1］http：//www. baidu. com，百度网站。

［2］http：//www. hrdm. net，人力资源开发管理网。

美的集团的创新用人之道

——"愿放弃百万利润，不愿失去一位人才"

刘晓红

摘　要　美的集团从 1968 年集资 5000 元创办企业，到如今拥有总资产超过 90 亿元，累计纳税 30 亿元，美的商标品牌价值达 117.01 亿元。美的空调、压缩机、电风扇、微电机等 9 大主导产品产销量均居全国前 3 名。2008 年 7 月美的集团董事局主席、美的创始人何享健对外界说："2005 年美的整体销售收入 350 亿元，2007 年 750 亿元，到 2010 年预计达到 1000 亿元，但今年我们就可能提前实现 1000 亿元的目标，因此我们做了调整，到 2010 年美的将实现 1200 亿元的销售目标，以此规模，美的将跻身世界 500 强企业之列。"

通过本案例，可以看出从企业创始人和最高决策层真正重视人才的重要性，思考和发掘企业做大做强的基本素质。

关键词　人才　人力资源管理　美的集团

1　企业简介

首先请让我们通过美的集团的官方网站来了解该企业的基本情况：

美的集团创业于 1968 年，是一家以家电业为主，涉足房产、物流等领域的大型综合性现代化企业集团，旗下拥有 2 家上市公司、4 大产业集团，是中国最具规模的白色家电生产基地和出口基地。

1980 年，美的正式进入家电业；1981 年开始使用美的品牌。目前，美的集团员工近 8 万人，拥有美的、威灵等 10 余个品牌。除顺德总部外，美的集团还在国内的广州、中山、安徽芜湖、湖北武汉、江苏淮安、云南昆明、湖南长沙、安徽合肥、重庆、江苏苏州等地建有生产基地；在国外的越南平阳基地已建成投产。美的集团在全国各地设有强大的营销网络，并在美国、德国、加拿大、英国、法国、意大利、西班牙、迪拜、日本、中国香港、韩国、印度、菲律宾、新加坡、泰国、俄罗斯、巴拿马、马来西亚、越南等地设有 21 个海外机构。

美的集团主要产品有家用空调、商用空调、大型中央空调、冰箱、洗衣机、电饭煲、饮水机、微波炉、洗碗机、电磁炉、风扇、电暖器、热水器、灶具、吸油烟机、消毒柜、电火锅、电烤箱、吸尘器等家电产品和压缩机、电机、磁控管、变压器等家电配件产品，拥有中国最大最完整的空调产业链和微波炉产业链，拥有中国最大最完整的小家电产品群和厨房家电产品群。

美的集团一直保持着健康、稳定、快速的增长。20 世纪 80 年代平均增长速度为 60%，90 年代平均增长速度为 50%。新世纪以来，年均增长速度超过 35%。

2007 年，美的集团整体实现销售收入达 750 亿元，同比增长 30%，其中出口额 31.2 亿美元，同比增长 40%，预计 2008 年将实现销售收入 880 亿元，其中出口 36.6 亿美元。在"2007 中国最有价值品牌"的评定中，美的品牌价值跃升到 378.29 亿元，位居全国最有价值品牌第 7 位。

2007 年 6 月，由广东企业联合会、广东省企业家协会评定的"2007 广东企业 100 强"中，美的集团名列第 3 位。2007 年 6 月，由《环球企业家杂志》和罗兰·贝格咨询公司发布的 2007 年度"最具全球竞争力中国公司 20 强"名单，美的榜上有名。2006 年 10 月，国家统计局公布的"中国最大 500 家企业"美的集团排名第 52 位。

在保持高速增长的同时，美的集团也为地方经济发展做出了积极的贡献，从 20 世纪 90 年代至今上缴税收超过 100 亿元，为社会福利、教育事业捐赠超过 1 亿元。

展望未来，美的将继续坚持有效、协调、健康、科学的发展方针，形成产业多元化、发展规模化、经营专业化、业务区域化、管理差异化的产业格局。拥有健康的财务结构和明显的企业核心竞争优势，并初步具备全球范围内资源调配使用的能力，以企业整体价值最大化为目标，进一步完善企业组织架构和管理模式，在 2010 年成为年销售额突破 1200 亿元人民币的国际化消费类电器制造企业集团，跻身全球白色家电制造商前 5 名，成为中国最有价值的家电品牌。

2　案例事件——企业的成功秘诀

1968 年，小学毕业的何享健和 23 位广东顺德北滘居民集资 5000 元，创办了"北街办塑料生产组"。经过多番演变，这个"生产组"变成现在的美的集团，并一直由何享健执掌。美的集团为何能够成功？其主要秘诀到底是哪些？陈庆春在《美的实施国际化战略成就"白电航母"》中为我们提供了有益的线索。

2.1　创新机制解放职业经理人

从企业性质来说，美的最应该成为一个纯粹的家族企业，但在这里却看不到一丝"家族"的影子。何享健甚至完全没有考虑他的接班人问题，他说："美的从来就不是家族式企业。""这就是美的的成功之处。"中国家电协会秘书长姜风在与记者的交谈中说到了自己对美的最深刻的印象，"美的改变了家族企业的性质，用 40 年的机制创新解放了职业经理人，让它的团队不断焕发光彩。"

美的第一次机制创新是成功上市。1992 年广东省进行股份制改革试验，当时比美的规模大、名头大的企业都观望、推托，何享健却对此颇为热心。1993 年美的上市获批，成为中国第一家上市的乡镇企业，股票简称"粤美的 A（0527）"，美的员工将其作为"任务指标"也入了股。何享健说："上市，可以获得融资，有了资金，有了好的机制，企业何愁不能发展？"

随后，何享健又多次推动美的产权改革，动员政府退出股份，并获得政府支持，顺利实现了企业产权改革，进而改制，最早推出了股权激励机制，2001 年完成 MBO（管理层收购）改制。40 年来，通过股份制改革，美的已经确立了产权明晰的企业制度，通过良好的激励机制建立了用人体制。

在业界，谁都知道何享健是最潇洒的企业家，他从不用手机，也没有手机，最大的爱好就是打高尔夫球。对此他曾笑言："办企业靠的是人才。我要做的只是掌控住这个体系。"美的用人体制的核心便是"放权"。"放权"始于 1997 年，当时何享健是美的家用电器公司总经理，所有部门都要向他汇报。

这种集权式的运作方式已严重阻碍了美的的发展，1996 年美的空调从行业前 3 名跌落至第 7 名，1997 年甚至有了科龙收购美的的传言。1997 年，何享健决定引入松下实行的事业部制，空调、家庭电器、压缩机、电机、厨具 5 个事业部相继成立。何享健下放权力，由事业部负责生产制造及销售，事业部总经理不仅拥有所负责产品的研发、采购、生产、销售等环节的全部权力，而且拥有一部分财权，比如，在产能扩张方面，一个总经理可以拥有几千万元的投资审批权。

事业部制不仅仅是企业组织架构的重组，也使得企业用人机制发生了相应的变化，今天的美的制冷集团总裁方洪波便在那时脱颖而出。方洪波 1992 年初来美的时，在《美的》企业报工作，顺便也给领导们写讲话稿。1997 年，何享健力排众议任命其为空调事业部国内营销公司总经理。2000 年出任美的空调事业部总经理，现在是美的制冷集团总裁。美的制冷集团是美的集团下设的两个"二级平台"中的一个，主要经营白色大家电产品；另一个则是美的日用电器集团，主要经营小家电。如今，美的集团的"权力"已十分"弱化"，"权力"尽在这两个二级平台上。

目前，美的还拥有 A 股市场有史以来最慷慨的高管激励方案：授予高管 5000 万份股票期权，占总股本的 7.93%。何享健在美的集团内将职业经理人分为内部企业家、职业经营管理者、专业经营管理者三部分，通过引入职业经理人平衡记分卡，以及系统的培训和激励，打造一个职业经理人梯队。何享健希望"集团最后的 CEO 都是企业家经理人，家族就是一个股东"。

当然，何享健能把职业经理人"放"得很"远"，也能"收"得很"紧"，每一个美的高管都要接受严峻的业绩考验。在一次与方洪波的交谈中，他说："我现在最大的幸福就是睡觉，因为那个时候我可以什么都不想，可以做梦。"方洪波每天都在高度紧张中工作着，并为美的不断创造价值。像方洪波这样的人，美的有很多，如美的日用家电集团总裁张河川、电风扇事业部总经理周正芳、生活电器有限公司总经理黄健、家用空调事业部总经理李东来等。

据了解，未来美的两个二级平台内部要实现资源的共享和事业部制之间的协同，这将打破美的运行了 10 年之久的事业部制吗？期间肯定有很多波折，也肯定还会再创新。当下美的要做的是，让所有实现赢利的业务全部登陆资本市场。

2.2 多次资本收购成就规模扩张

美的现在拥有 3 家上市公司：美的电器、华凌集团（香港上市）、小天鹅。美的电器拥有家用空调、中央空调、冰箱、洗衣机、压缩机 5 大产品业务，并于去年完成了对华凌集团的白电业务重组。今年初，美的电器以接近二级市场股价的价格，耗资 16.8 亿元收购了小天鹅，至此美的成为国内仅次于海尔的国内第二大滚筒洗衣机生产基地。

2008 年 8 月 28 日，美的电器发布了自己的中报：上半年，美的电器实现营业收入 274.80 亿元，同比增长 43.52%，整体毛利率由 18.6% 提高到 19.41%，实现净利润总额 13.83 亿元，同比增长 34.32%。美的电器再次给沉默的家电业界带来信心。很多证券分析师这样评价美的电器："在空调业务稳步发展的情况下，冰箱和洗衣机业务逐步成为新的利润增长点，未来两年美的电器将继续保持较高的增长速度和赢利水平。"

就在发布中报前，何享健向外界表示，原定于 2010 年，美的实现销售收入 1000 亿元，但 2008 年美的就可能提前实现了，因此 2010 年美的的目标改为实现 1200 亿元的销售收入，并以此规模跻身世界 500 强企业之列。其中，美的电器 2007 年的营业收入为 332.97 亿元。早在 1997 年，美的还在为难以突破的 30 亿元而奋力挣扎。直到 2005 年底，美的电器的市值还不足 50 亿元。

对于这样的跨越，何享健毫不避讳多次大手笔收购兼并的作用，并以此为傲："美的至今 10 余起并购项目，涉及数十亿元的投资，但收购一个成功一个，放眼广东甚至全国都是没有的，对此我很自豪。"

2004 年前后，国退民进、兼并重组的风潮盛起，唐氏兄弟、顾雏军、张海尚被业界看做打通实业与资本二脉的传奇人物，李东生则为中国打开了国际化之窗。这时的美的迎来了 MBO 改制后的第一个高峰年，经营收入从 2003 年的 175 亿元一下子冲到了 330 亿元。正是在这样喧嚣的外部环境下，何享健带领美的开始了资本并购的征程。

当时的美的野心很大，先后吞下了云南、湖南等地的客车企业，又并购了荣事达、华凌，进入的领域全部是美的陌生的领域。据了解，当时在谈的项目还有电力、高速公路、锅炉等。但很快别人的失败让何享健意识到风险的迫近，在之后的两年，美的投资战线全面收缩，甚至拒绝了美泰克的盛情邀约。

美的的并购原则逐渐明晰：绝不乱搞多元化，多元化只是与白电有关的多元化。这也是美的多次并购，又多次成功的根本原因。何享健说，美的拥有一整套并购的系统模式，没有十足的把握不会轻易出手。收购华凌进入冰箱业，并购荣事达扩张了冰箱的产能，同时切入了洗衣机业，收购了小天鹅则帮助美的确立洗衣机的行业地位，收购重庆美通让美的一举奠定国内中央空调行业的龙头地位。

数次并购之后，2008 年美的冰箱产能已经达到 650 万台，2009 年和 2010 年将分别达到 900 万台、1300 万台，美的旗下的荣事达、华凌和美的品牌上半年的销售量已接近行业第二的位置；洗衣机 2008 年的合肥生产基地产能将达到 1000 万台，小天鹅和荣事达两个品牌本身便位居中国洗衣机市场的前列，美的已经是仅次于海尔的中国洗衣机品牌。美的拥有美的、荣事达、华凌和小天鹅四个品牌，实行有序的多品牌梯次运营。

令人欣喜的是，美的在完成规模扩张的同时，也并没有忽视对技术创新的不断追求。今年美的已推出高端多门冰箱及对开门冰箱，在洗衣机领域也形成全系列的滚筒洗衣机产品阵营。最近美的空调一举推出 5 大系列的变频空调产品，并对外界正式宣布了自己的变频空调战略，更是透露出美的在变频技术领域的积淀。

美的集团品牌总监董小华向记者表示，2008 年 10 月，美的拿出 1000 万元奖励成绩突出的技术人员。记者还了解到，最近两年来美的强调技术创新的意图已越来越明显，为了技术创新，美的还成立了中央研究院，专门做一些前瞻性研究。美的正在做着"技术创新驱动型"的战略转型。

2.3　国际化战略水到渠成

全面开始实施国际化战略，是企业发展到某一阶段的必由之路。何享健说："美的走国际化是顺势而为，水到渠成。"

何享健为我们解释了这其中的 3 个原因：首先是内因，美的的目标是到 2010 年实现 1200 亿元的销售收入，光指望着中国市场肯定不够，必须在全球寻找新的增长点；其次，美的发展到今天的规模，除了市场空间，也需要通过整合世界各地、各行各业的资源来提高企业运营效率；最后，通过国际化可以降低经营风险，即使是某一地区或环节出问题了，也不会影响整个集团的运营。

正如何享健所言，美的的国际化之路，是一个循序渐进的过程，也只是在 2008 年初美的才明确提出了："2008 年美的将迎来'全球化年'。" 20 世纪 80 年代，美的最早引进国外设备和产品，立足提供 OEM（代工）

服务，逐渐在全世界建立分支机构，搭建信息收集、产品推销、客户服务的平台；20 世纪 90 年代中后期开始引进海外技术，陆续与日本、新加坡、美国、韩国等跨国公司进行技术合作、资本合作，建立的合资公司就有 10 多个；近年来，为防范国际贸易壁垒风险，降低生产成本，尝试在越南投资建厂，以出口到南美、欧洲等地区。

2008 年，小家电和空调产品相继已经在越南基地投产，日电微波电器白俄罗斯项目、环境电器泰国项目按计划推进，可以说，美的海外区域布局稳步推进。美的成立了全球化领导小组，将有计划、有步骤地推动全球化战略。

在 3 年的规划中，海外业务在集团版图中的地位愈发重要。目前在美的集团的销售中，40% 来自国际市场，2010 年的规划目标是做到一半的销售为出口，即实现 100 亿美元的出口销售，并且海外业务对集团的赢利贡献要超过 50%。美的规划要于 2010 年在白色家电业做到亚洲前两位，全球前五位。

在全面国际化的同时，何享健再次为其做了原则性的注释：务实、稳健，绝不做风险太大的事情，只做风险小、没包袱的项目。"首先，我们会继续加大在成本较低的发展中国家的投资，尝试在那里建立生产基地；其次，我们会更多地和国际大公司合作，并考虑在海外收购符合我们条件的、风险不大的当地企业。在全球家电产业转移的趋势下，欧美地区家电业将迎来新一轮的重组，这对美的是一个收购扩张的绝佳机会。"

而且，美的还十分谨慎地看待自有品牌出口问题。方洪波跟记者说，中国家电企业国际化分为三个阶段：第一个阶段，为国际市场代工，积累经验，过去 10 年做的都是这个事情；第二个阶段，学会去国际市场做本土化运作，学会开发当地市场；第三个阶段，推广自己的品牌，拥有当地持续稳定的市场份额。中国仍是处于全球化历程中第一个阶段向第二阶段过渡的时期。

目前，美的集团除了有针对性地在发展中国家使用自有品牌外，没有盲目地在发达国家使用自有品牌出口。美的的观点是：国内企业暂时还没有能力大张旗鼓地在海外运作自有品牌，如果冒进，可能会得不偿失。美的的规划是：首先为海外市场的当地品牌贴牌生产，时机成熟的时候收购当地品牌来运作当地市场。"收购的品牌同样是自主品牌。"何享健不忘提醒人们注意这一点。

美的国际化战略思路的清晰，更进一步佐证了美的集团整个发展战略的清晰。美的，是一个时刻对家电行业发展保持冷静的企业，并有能力适时做出动态调整和渐进式变革。

3　社会反响——美的集团的人才观

美的集团的人才观是一种创新的用人之道，尤其对于民营或家族企业而言更是如此。

美的集团董事会主席何享健曾说："我宁愿放弃100万元的利润，而不愿失去一个工程技术人员。"可见美的集团爱才如命。

谋事在人，成事也在人。经济的竞争、市场的竞争，归根结底是人才的竞争。谁拥有了一流的人才，在竞争中谁就拥有了主动权。

20世纪60年代用北滘人，70年代用顺德人，80年代用广东人，90年代用中国人，21世纪用世界人。这是美的集团的用人历程。美的人以其海纳百川的胸怀，与时俱进的胆略，开阔的人智视野，谱写了其人才与企业发展的辉煌历史。

1997年，美的遇到了历史上最大的一次危机，政府为搭建顺德家电航母，有意让科龙兼并美的，同时，美的的营收业绩在1996年突破25亿元之后，大幅下滑到20亿元左右。何享健坚决反对被兼并，正是借助这次危机，他通过事业部改制和分权经营，巧妙地劝退了一部分创业元老，组建了专业的职业经理人队伍，迅速扭转了经营危机，并且引导企业开始走向股东、董事会、经营团队"三权分立"的经营模式。何享健深知家族式经营行不通。在家里，何享健不准家人谈公司的事，两个儿子都没在公司任职，而太太作为当年23个创业者之一，1993年被他劝退时还只是一个仓库管理员。他多次强调，美的集团最后的CEO都会是职业经理人，家族只是一个股东。从1997年开始，何享健便基本上退出了对美的日常经营活动的管理，何享健认为："只要把激励机制、分权机制和问责机制建立好了，自然就会有优秀的人才来帮你管理。"何享健不但舍得在经理人身上花钱，同时还实施了世纪人才工程，在引进外国专家的同时，每年选派500名骨干出国深造。

美的集团的员工来自全国乃至世界各地，外地技术人员占了30%。据说原江西气压机厂就有30多名工程技术人员分布在美的集团的各个关键部门。在美的，企业人力资源战略的远景是致力于成为员工最佳雇主，打造保留与吸引员工的竞争优势，集团及下属单位严谨规划短、中期人力战略：对于基层岗位通过人才网站、现场招聘会、校园招聘、公司人才库搜寻、员工推荐等渠道吸入公司；对于中层岗位，公司建立内部竞聘制度，采取内部竞聘，为有才能之人提供发展机会；对于高层次人才，如国际化人才、高学历如博士、博士后与高层人员，侧重通过博士后工作站接收、行业与供应商推荐。处在 21 世纪这一经济全球化时代的美的，随着海外市场的拓展及在欧美地区等地分支机构的设立，集团人才世界化与国际化更成为美的人力资源最明显特征。据统计，美的近年从世界各地引进的外籍专家及具有海外留学和工作背景的高层次人才就有 80 人，硕士、博士和博士后有 300 多名。另外，美的还不断致力于提升本土人才的国际化素质，有效地培养国际化人才。

美的集团为什么能够留住人才？就是因为企业有一个好的机制和好的环境。美的开发新产品实行承包制和领衔制，拨给一定开发经费。新产品开发出来后，给技术人员股份，以后按股份分红，亏损了同样承担风险。这样，充分调动了科研人员的积极性，有的技术人员年收入可达到 1000 多万元。

美的积极营造鼓励人才干事业、支持人才干成事业、帮助人才干好事业的良好环境，敢于打破单一用人枷锁，不少技术人才从技术研发到管理经营，成为科研与管理兼备的复合型人才。为充分发挥他们的聪明才智，企业让其独当一面，担任企业重要职位。合理的人力资源管理机制不仅使美的引来"金凤凰"，也给了"金凤凰"施展才华的广阔舞台。

4 作者观点

"人力资源是第一资源"，这是大家公认的新的人力资源管理理念。然后，在企业实际运作过程中，企业家通常会面临各种资源的选择和利益平衡问题，真正落实"人力资源是第一资源"是有"难度"的。因此，有企业家说，一流的企业靠文化留人，二流的企业靠人留人，三流的企业靠钱留人。美的本着"以人才成就事业，以事业成就人才"的核心理念，全面促进人才与企业同步发展，实践了"人力资源是第一资源"的人力资源管理理念。采取了包括组建学院、开展多样化培训及学历教育、派遣高层管理人员到新加坡国立大学等世界名校深造、开展人才科技月专项奖励优秀科技人员与团体、通过薪酬福利政策向关键人才、科技人才倾斜等举措，扎实推进人才的素质与事业不断提升、发展，以及激励人才为企业前进与发展创造更大的动力，用实际行动诠释着企业留人的秘诀是靠企业文化，企业在用人上无疑是一流企业。

思考与讨论

1. 美的用人之道的特点是什么？如何学习和借鉴？
2. 企业应根据哪些主要标准来建立有效的用人观？
3. 企业如何发挥职业经理人的积极性？
4. 企业如何处理好"老板"和职业经理人之间的关系？

参考文献

［1］http：//www.midea.com.cn，美的集团网站。

［2］陈庆春：《美的实施国际化战略成就"白电航母"》，《中国电子报》2008 年第 9 期。

［3］http：//www.hrdm.net，人力资源开发管理网。

［4］汪洋、何享健：《不做家族企业》，《管理学家》2007 年第 9 期。

中国铝业公司人力资源管理

刘晓红

摘　要　在资源型海外扩张上，我国大型央企产业集团扮演着重要角色，如中铝、华能、宝钢、中石油、中海油等已积极地迈出了国门。中铝公司作为后者的典型案例，并购力拓公司。

通过本案例，可以看出企业在并购融合中做好人力资源管理工作的重要性，思考人力资源管理创新的思路。

关键词　购并重组　人力资源管理　中国铝业公司

1　企业简介

中国铝业公司（以下简称中铝公司）是中央管理的国有重要骨干企业，它成立于 2001 年 2 月，当年 12 月中国铝业的股票在纽约和香港上市，2007 年 4 月中国铝业 A 股成功回归，股票代码是 601600。

中铝公司是国家授权的投资管理机构和控股公司，是国有重要骨干企业，截至 2008 年 6 月底，公司资产总额达到 3777 亿元。固定资产增值保值率、净资产收益率在全国 100 亿元资产以上的国有企业中一直名列前茅，是全球第二大氧化铝和第三大电解铝生产商。公司控股的中国铝业股份有限公司分别在纽约、香港、上海上市，企业信用等级连续 3 年被标准普尔评为 BBB + 级。

中铝公司着眼于国际化多金属矿业公司的战略定位，立足国内面向海外，积极整合国内资源，加快开拓全球业务以及广泛的产品组合。依法进行国有资产的投资和经营管理；铝土矿采选，铝冶炼、加工及贸易；稀有稀土金属矿采选，稀有稀土金属冶炼、加工及贸易；铜及其他有色金属采选、冶炼、加工、贸易；相关工程技术服务。

公司自主研发和应用了选矿拜尔法、400 千安大型铝电解槽等新工艺、新技术。公司生产的特种铝合金、钛合金等已成为"长征"系列火箭、"神舟"系列飞船等国防军工的重要材料。公司拥有优秀的管理团队，以及门类齐全、技术精湛的技术人才队伍，目前已拥有多项具有自主知识产权的核心技术。

公司秉承"励精图治、创新求强"的精神和"严、细、实、新、恒、齐"的管理理念、"诚信为本，回报至上"的经营理念，不断推进改革发展，积极履行社会责任，努力创建生产安全型、资源节约型、环境友好型企业。面对新的经济形势和国际竞争环境，中国铝业公司将不断追求"世界一流、百年老店、和谐中铝"的共同愿景，以科学的发展理念、良好的发展业绩、先进的企业文化实现企业又好又快发展。

近几年来公司快速发展，2002年公司的总资产是358亿元，截至2007年底，公司的总资产是2330亿元。在这几年当中，公司的销售收入、利润都分别增长了7.9倍和9倍。公司的销售收入增长率和净资产收益率在中央企业当中一直是名列前茅。公司形成以铝为主的轻金属，以铜为主的重金属，以铝钛、木钛为主的稀有金属全面发展的格局，是全球第二大氧化铝生产商，全球第三大电解铝生产商。跻身于世界有色金属之名的大企业当中，公司下属35家成员单位，分布在全国22个省市自治区，同时在秘鲁、新加坡、澳大利亚都设立了分支机构。

2 案例事件

2.1 并购重组

回顾公司成长的历程，特别是近4年，公司根据国家产业整合的政策要求和国际矿业市场并购的特征，国内并购重组了24家企业。国外并购了2家企业，并购重组是公司得以快速成长的重要途径。在并购过程当中，大体可分为三个阶段。

一是重组改制上市阶段，2001年公司成立以后实施了重组改制境外上市、夯实基础的重大战略部署。通过改制、上市成立了上市和存续执行了精简机构。在重组过程当中，所属企业之前有252家，重组之后为196家，减少了22.2%，企业中中层管理人员直属由597名减少423人，减少了48.4%。为确保公司政策的统一性、优化配置资源，在中国铝业股份有限公司实施了集中统一管理的策略。既对人力资源、财务、供应、投资、研发五大职能实施集中统一管理。重组改制工作的顺利实施使中国铝业于 2001 年 12 月成功的在境外上市，曾为"9·11"事件以后在海外上市的第一家中国公司和在美国上市的第一家亚洲公司，也为公司转制和快速发展奠定了坚实的基础。

二是国内并购重组，做大做强完善铝产业链的阶段。2004 年 4 月，公司高管层审时度势抓住有利时机，对国内电解铝企业实施了并购重组，兰州铝业、焦作万发、包头铝业等 10 家国内知名的电解铝生产企业纷纷加盟中国铝业。电解铝的产能由 2003 年的 96 万吨增加到 2007 年的 356 万吨。与此同时，公司陆续对西南铝业等 7 家铝加工企业实施了兼并重组。铝加工生产能力从 2002 年的 18 万吨增加到 2007 年的 79.8 万吨，公司铝产业链进一步完善，经济效益和社会影响力得到了大幅度的增强。

三是多金属国际化并购重组，实施重大战略转型。这个阶段主要是从 2007 年开始，公司根据国家"走出去"的战略，培育具有国际竞争力的大公司、大企业集团的要求，紧紧把握国际矿业市场并购重组的机遇，提出并开始实施以单一的铝为主，以国内业务为主的公司，向国际化国际矿业公司重大的战略转型。在国内先后兼并了云南铜业有限公司、上海有色金属公司、洛阳铜加工厂等国内知名的铜企业。成功地收购了抚顺钛业有限公司，重组了中国稀土开发公司和中国新金属有限公司。通过整合公司所属的沈阳铝镁设计研究院组建了中国工铝有限公司，在国内外有色金属冶炼总承包当中发挥了重要的作用。

在国外的公司与澳大利亚签署了奥路昆铝合作项目，获取铝资源 4.6 亿吨，建设年产 210 万吨的氧化铝厂。出资 8.6 亿美元收购世界第九大加拿大秘鲁工业公司 100% 股权，获得资源量 1200 万吨。2009 年 2 月 1 日公司联合美国铝业公司成功收购世界第三大矿业公司，力拓英国上市公司 12% 的股权，交易总价值约 140.5 亿美元，这次交易是中国企业历史上规模最大的一次海外投资。也是全球交易金额最大的股票交易项目，在国内外产生了巨大而深远的影响。并购重组的顺利实施使得公司资产规模、销售收入效益迅速增加。产业链更加完善，推动了公司又好又快的发展，将公司推向了全球化的舞台，标志着公司向国际化、多金属、创业公司迈出了坚实的一步。

2.2　并购重组中的人力资源整合

在并购重组过程当中，由于并购企业发展的历史、所有制制度、企业文化、管理模式等各不相同，管理水平也参差不齐。给企业管理特别是人力资源整合带来了新的挑战和新的问题，公司管理层十分重视人力资源在并购重组当中所起到的重要作用。既整合在并购重组的过程当中，同时公司也发挥了人力资源在战略支撑和服务保障方面的作用。

中铝公司自 2001 年组建以来，随着加入公司的企业逐渐增多，公司的规模也迅速扩大，职工总数越来越多。2001 年为 11.6 万人，2002 年为 12.6 万人，2003 年为 13.4 万人，2004 年为 16.1 万人，2005 年达到 19.1 万人。与公司成立时相比，职工总数增加 7.5 万人，增幅为 64.7%。其中，在岗职工 5 年人数分别为 10.8 万人、10.6 万人、11.5 万人、14 万人和 16.9 万人。

首先是转变了人力资源管理理念，紧密围绕公司战略开展工作。中铝公司人力资源部门常说，人力资源业务一定要围绕战略服务，而不能让战略让位于人力资源业务。根据公司的发展战略来思考、并购、重组中的人力资源问题，前瞻性的、有针对性的开展工作，是实现有效整合的根本要求。在购并重组过程当中公司人力资源部门在人力资源规划组织架构设计、管理模式设计等方面紧密的围绕公司战略开展工作，在人力资源管理的理念和服务上强调了五个围绕。也就是：人力资源工作必须围绕工作的战略、围绕公司管理层的意图、围绕企业文化、围绕直线经理的要求，以及围绕员工的愿景开展工作。

在并购重组的具体工作中，主要做到以下三点：

一是并购重组人力先行。为了切实了解对并购企业管理人员的经营管理理念、发展思路、管理方法，充分把握对并购企业人力资源、尤其是关键岗位的情况，几年来人力资源部门主动的参与了每一项并购重组的前期工作。变过去消极被动的工作为积极主动的参与，负责收集整理有关人力资源管理方面的信息，为高层最终决策提出了自己的意见。

二是全程参与、专人负责。对每一项兼并重组的项目，人力资源部门都派人全程参与。在这个过程当中，如有重大问题和牵扯人力资源管理方面的问题，就发挥专家和团队的作用。

三是海外开发、前端思考。针对公司海外开发快速发展对人力资源管理提出新的要求，人力资源部与澳大利亚玛纳斯大学联合开展了中铝入澳人力资源课题的关门研究，获得了澳大利亚政府给予我们的同比例的投入。为了满足公司国际化的战略需要，公司加大了国际化人才的储备，在员工招聘上近两年来公司面向社会公开招聘了 40 余名具有法律、财务、商务语言、有色金属专业背景的商业人才和管理人才，这些人员学历高、外语好、专业技术扎实，他们在海外业务开拓当中发挥了重要的作用。特别是我们招进来的两名员工来了以后就赶上了收购力拓的大型项目，这两名员工确实起到了很大的作用，得到了公司管理层的高度赞扬。

这几年还举办了多期的英语培训班，每年有 200 多人参加外语培训。同时先后举办了五期企业业务骨干的英语脱产培训班，共有 260 人参加了培训。同时还有对需要外语作为工具的一些岗位采取了一对一、一对二和一对四专业的外语培训。此外，公司还挑选优秀的专业人才到澳大利亚、美国、俄罗斯进行业务培训和学历教育。

在并购过程当中，实现了六个转变，创新了工作机制。在并购中人力资源工作实现了六个转变，也就是从单纯的选配企业经营管理者向全面提高企业经营管理者素质转变。从单纯的管人向人力资源开发转变。从被动式的参与人力资源的调配和向主动围绕公司战略做好人力资源管理工作转变。从具体的事务管理向制定人力资源规划、政策引导转变。从运用行政方式向运用市场机制转变。另外，从面向公司内部向面向社会、面向国际转变。

比较突出的是在人才选拔机制上采用多种渠道广纳优秀人才，从公司高管到一般员工都采用多渠道、广泛吸纳各类优秀人才。除正常的组织选配以外，对公司战略转型需要的、奇缺管理和专业人才都采取面向海内外公开招聘的方式进行。公司有一名党组成员总经理，还有一名执行董事、副总裁、CFO，都是面向海内外招聘的。公司每年拿出一部分企业高管和一定数量的员工的职位面向社会和公司系统公开招聘。这几年公司总部共组织招聘 60 余名职位，其中中铝河南铝业有限公司和青岛再生铝加工公司整个经理班子都是面向全国招聘的，当时主要考虑公司是搞氧化铝，是搞铝冶炼的一个企业，要发展它的衍生产业高铝加工我们缺少人才。面对我们要做的业务怎么办呢？我们采取了从高管到一般员工全国招聘的方式，都取得了比较好的成绩，目前在企业管理当中发挥了较好的作用。

在创新机制上，创建了地区企业协调委员会，为企业改革发展提供了坚强有力的组织保障。主要是解决存续企业和上市部分之间的互相协调共同发展的问题。以核心文化为先导，实现人力资源整合，公司的企业文化是合金问题，它的内涵就是共融共生，融合以后会更精彩。文化管理是企业文化的最高境界，企业的文化管理最终要以人力资源管理的政策作为落脚点。因此，公司人力资源管理的理念是坚持以人为本，实行人力资源的本土化、市场化、国际化和系统化。

公司经营班子成员，作为中国铝业公司也好，作为中国铝业股份公司也好，成员来自五湖四海。既有组织任命的，也有面向全球招聘的。既有来自公司总部，也有来自下属企业。既有来自地方政府，也有来自其他的中央企业。尽管原有的身份不同，但为了一个共同的使命，始终能够高度团结精诚合作，充分体现了合金文化所有的强大的核心效应。中铝公司已向地方政府和各个兄弟单位推荐了四名主要领导，他们在新的工作岗位上都为地方的单位做出了重要的贡献。对于新进企业人力资源的整合，关键是对企业管理团队的有效整合。公司总经理多次讲到最了解企业的人就是企业自己的人，所以在这个过程当中，整合每一个企业不是要把企业的人换成公司的人。而是要把企业的人换成和公司企业文化趋同的这种思想、这种价值观。因此在公司企业文化的影响下，对并购新进入的企业，对它的经营管理层原则上不作调整，甚至委以重任。

比如说在焦作万方并购过程当中，原有的董事长、总经理都没动，董事长党委书记没有动。同时还让他兼任总经理，就是董事长、总经理、党委书记于一身，还是原有的人。但是在这个过程当中由于组织对他的信任，由于他接受到中铝公司的企业文化。他能够在工作当中自觉地把自己的企业融入中铝公司整个管理过程当中，公司定时举办新进入企业的主要负责人的培训班。他每一次都亲自上第一堂课，除了讲公司的发展，还用他自己把西南铝业公司，一个地方公司、地方企业，为了发展带入到中国铝业这种现身说法来提高新进入企业对中国铝业公司企业文化的认同。

在秘鲁铜业公司收购以后，中铝公司为了加速国际化的经营，希望把秘鲁铜业的所有现在的团队都留下，在商务谈判过程当中，做商务谈判的同志主要是跟这个团队谈薪酬和福利待遇。但是由于他们对中国不了解，由于他们对中国铝业公司不了解，对中国铝业企业文化不了解，使谈判迟迟没有进展。公司后来派人和秘鲁铜业公司的 CEO 谈合同的时候，希望他留在中铝工作，希望他把团队也都留下，他是加拿大人，他的团队里面有加拿大人、美国人、秘鲁人，都是目前全球顶尖的一些矿业老板。现在由于矿业这块他们的身价都非常高，在跟他谈的过程当中，从企业文化开始跟他谈，谈企业价值、谈对人力资源的管理政策，整整谈了一下午。到机场以后，谈具体业务的商务人员给公司人员发短信，他已经同意加盟中铝公司，他认为中铝公司留他不是权宜之计，而是什么呢？企业的文化要求他的人力资源管理政策是以人为本的，要求他的政策是本土化的。同时，他也理解要实现他自己的愿景必须和中国铝业公司合作。

为了帮助人力资源管理人员树立正确的思想观念，提高工作能力和服务水平，人力资源部提出人力资源和人事管理系统的同志，要实现提高系统能力，也就是学习能力、研究能力、创新能力、沟通能力、培训能力、专业能力、解决问题的能力，特别是解决复杂问题的能力。在这个方面，公司人力资源部主要开展了四个方面的工作：

一是组织学习，学习政治理论、发展战略、人力资源专业、企业文化等方面的培训。鼓励职工参加职业资格考试，目前公司取得高级人力资源管理师资格的有 88 名。

二是鼓励员工积极参与对外交流，类似这种大家共同切磋的机会，我们尽可能提供条件让我们的员工、让我们人力资源管理部门的同事去参与和交流，通过交流丰富专业知识提高解决问题的能力。

三是把学习理论知识与解决实际问题相结合，组织人力资源部门申报研究课题，撰写成果报告。

四是认真贯彻公司提出的严、细、实、新、恒、齐的理念。

3　社会反响

并购重组是中国铝业组建成立的基础，是公司成功上市的依托，是公司发展壮大的助推器，更是公司实现重大战略转型的审慎决策。在并购重组过程中理念转换、文化融合、体系建立、制度创新、素质提高是人力资源管理的核心。以企业文化为精髓的人力资源整合是中国铝业公司并购重组取得巨大成功的内在要求，是公司发展壮大的基本条件，是公司走出国门波及全球的有力措施，是公司创建一流企业打造百年老店构建和谐中铝的重要保障。

2004 年以来公司启动了人力资源体系的工作，开展了人力资源架构、工作分析、岗位评价、绩效考核、薪酬设计、培训开发等各个业务板块的工作。初步建立起来一套符合现代企业制度，适合中国绿叶公司发展需要的人力资源管理体系。当时就提出三项制度改革，但在企业当中怎么进行三项制度改革呢？大家在讨论的时候达成共识，就是以构建人力资源管理体系为主要抓手去建立好现代的人力资源管理体系。

中铝公司在发展过程中，不忘承担的社会责任。中铝公司成立以来，秉承"做强中铝、报效国家、回报股东、造福员工"的经营理念，不但努力做最大的企业、最强的企业，还努力做最好的企业。这方面中铝公司获得了社会好评。

4 作者观点

并购重组案件很多，但能够做到真正成功的并不多。在购并重组中，文化冲突是首要的，每方都容易通过已有的价值观和标准思考和决定行为。有效解除文化冲突是企业购并重组成功的关键，也是人力资源管理工作的重点。对于中铝公司，每当购并重组一个铝企业，对新进入的企业公司的人力资源部都按照构建人力资源管理体系的要求实现管理上的对接，换人要换思想，要换制度。重视加强新进入企业各类人员的培训，主要是为了新进入企业尽快融入公司，公司非常重视新进入企业的培训工作，主要是多次举办新进入企业各个层级人员的培训班。通过对新进入企业、对购并重组的企业执行构建人力资源管理体系这项工作，统一新进入企业的人力资源政策、岗位设置和薪酬标准是中吕公司人力资源管理成功的经验。

思考与讨论

1. 中国铝业公司人力资源管理的主要特点是什么？有哪些可供借鉴之处？
2. 企业应根据哪些要素来调整人力资源管理？
3. 企业如何制定人力资源战略？
4. 企业在并购重组过程中，怎样留住人才？

参考文献

［1］http：//www. chalco. com. cn/，中国铝业公司。

［2］毛远建：《并购整合中的中铝人力资源管理》，http：//finance. sina. com. cn，新浪财经。

［3］http：//www. hrdm. net，人力资源开发管理网。

苏宁电器的人力资源管理

刘晓红

摘　要　面对越来越稀缺的人力资源，许多企业已经意识到：知识经济时代的竞争实际上已转变为一种人才的竞争。未来能够持续发展的企业，将是那些时刻都能聚集人才并不断寻求变革、以适应商业环境变化的企业。在 2007 年 8 月 1 日建军节这天，SAP-HR 系统在苏宁电器正式上线，并继 SAP/ERP 系统上线后再次开创了实施范围、项目规模和上线周期几个方面的世界纪录，这不仅是苏宁和 IBM 实施"蓝深计划"后合作完成的第一项管理系统开发工程，同时对于苏宁人力资源管理来说也是一个划时代的事件。

通过本案例，可以看出信息化对企业人力资源管理和企业发展的重要性，思考和发掘企业在信息化进行中做大做强的项目。

关键词　信息化　人力资源管理　苏宁电器

1　企业简介

首先请让我们通过苏宁网站 http：//www.cnsuning.com/来了解该企业的基本情况。

苏宁电器股份有限公司原名为苏宁电器连锁集团股份有限公司，经公司 2005 年第二次临时股东大会决议通过更名，苏宁电器连锁集团股份有限公司前身是江苏苏宁交家电有限公司，于 1996 年 5 月 15 日成立，注册资本 120 万元，2000 年 7 月 28 日经江苏省工商行政管理局批准更名为江苏苏宁交家电集团有限公司，2000 年 8 月 30 日经国家工商行政管理局批准更名为苏宁交家电（集团）有限公司。2001 年 6 月 28 日经江苏省人民政府苏政复〔2001〕109 号文批准以苏宁交家电（集团）有限公司 2000 年 12 月 31 日净资产整体变更为苏宁电器连锁集团股份有限公司，股本总额 6816 万元，于 2001 年 6 月 29 日领取营业执照，注册号为：3200002100433。经中国证券监督管理委员会证监发行字［2004］97 号文《关于核准苏宁电器连锁集团股份有限公司公开发行股票的通知》核准，公司于 2004 年 7 月 7 日公开发行人民币普通股股票 2500 万股，每股面值人民币 1.00 元，每股发行价人民币 16.33 元，股本总额变更为 9316 万元。2005 年 5 月 22 日，公司 2004 年年度股东大会通过了以资本公积转增股本 9316 万元。经此次转增后，股本总额变更为 18632 万元。2005 年 9 月 29 日，公司 2005 年第二次临时股东大会决议通过了以资本公积转增股本 14905.6 万元。经此次转增后，股本总额变更为 33537.6 万元。经中国证券监督管理委员会证监发行字［2006］21 号《关于核准苏宁电器股份有限公司非公开发行股票的通知》核准，公司于 2006 年 6 月 20 日向特定投资者非公开发行 2500 万股人民币普通股（A 股），每股面值人民币 1.00 元，每股发行价为人民币 48.00 元，股本总额变更为 36037.6 万元。2006 年 9 月 13 日，公司 2006 年第二次临时股东大会决议通过了以资本公积转增股本 36037.6 万元。经此次转增后，股本总额变更为 72075.2 万元。

苏宁的经营范围：

许可经营项目：互联网信息服务（按许可证规定的范围经营），音像制品直营连锁经营，普通货运。以下限指定的分支机构经营：电子出版物、国内版图书、报刊零售。

一般经营项目：家用电器、电子产品、办公设备、通信产品及配件的连锁销售和服务，计算机软件开发、销售、系统集成，百货、自行车、电动助力车、摩托车、汽车的连锁销售；实业投资、场地租赁；柜台出租；国内商品展览服务，企业形象策划，经济信息咨询服务，人才培训，商务代理，仓储，微型计算机配件、软件的销售，微型计算机的安装及维修。

2　案例事件——苏宁人力资源管理信息化之路

"苏宁作为国内领先的家电连锁企业，在规模扩张的过程中，一直在寻求通过业务整合发挥资源优势，提升核心竞争力。在与 IBM 公司过去两年的合作中，通过 ERP 系统的成功上线以及后期的项目优化取得的创新与突破，使苏宁相信 IBM 正是苏宁成功打造国际化管理平台的最佳战略合作伙伴，我们期待在双方今后的深入合作中创造更多价值。"

——苏宁电器总裁孙为民

2.1 SAP ERP 系统

SAP/ERP 是全球排名第一的 ERP 管理软件，以管理集成度高、流程控制严密著称于世，世界 500 强企业中有 70% 采用该系统。但由于该系统对企业基础管理要求很高，在中国推广 10 多年，目前仅有 1500 家用户，其中零售业中使用 SAP/ERP 系统的仅有百安居、金海马和苏宁 3 家公司。

苏宁的 SAP/ERP 项目是由 IBM 的顾问团队规划实施的，该系统在运营效率上爆发出的威力在苏宁的五一黄金周得到了充分的验证。

苏宁以信息化构建企业核心竞争力的主要内容是：

（1）以 SAP/ERP 为核心的国际化信息平台；

（2）BtoB、BtoC、银企直联构筑的行业供应链；

（3）视频、OA、VOIP、多媒体监控组成企业辅助管理系统；

（4）总部—省会级大区—子公司三级架构三网合一的强大网络体系。

新上线的 SAP/ERP 系统实现了全会员制销售和跨地区、跨平台的信息管理，统一库存、统一客户资料，实行一卡式销售。目前苏宁已经实现了 20000 多个终端同步运作，每小时处理 10 万笔销售订单，加上与此相应的物流、售后、客服系统同步操作，达到了每小时 40 万次的处理能力，相当于每秒钟处理 100 多次的交易请求，大大提高了公司的管理效率。

SAP ERP 人力资本管理（SAP ERP HCM）解决方案具有先进的人力资本管理功能，支持各种行业各类规模的组织显著提高劳力潜能，同时满足今后创新、发展和灵活性的要求。SAP ERP HCM 可帮助您吸纳胜任工作的人员，将他们的能力与企业目标挂钩，留住表现优异的员工。这一解决方案有助于您将具备所需技能的正确人员、在正确的时间安排在正确工作岗位上。

SAP ERP HCM 可实现人才、工作流程和劳力部署的自动化管理，提高工作效率，遵从全球及地方不断变化的监管规定。SAP ERP HCM 面向全球业务设计，支持 47 个国家的工资单功能、监管规定和最佳实践。SAP ERP HCM 可与您现有业务系统集成，而且可以根据您的具体要求进行定制。

快速而轻松地对人力和 IT 投资进行调配。由于员工将更多时间投入到以价值增值为目标的行为上来，因此，生成效率大大提高。SAP ERP HCM 支持整个招聘、部署、潜能开发、激励并最终留下有价值员工的过程，从头到尾对这些流程进行改善。

mySAP ERP HCM 为您提供完整的、覆盖整个企业的功能：

优化 HCM 流程并将它们在全球业务范围内无缝集成；

提供实时信息访问，加快人力决策过程；

使您在最佳时间将最佳人选分配给最佳项目；

在员工任职周期内支持员工和管理人员；

授权员工在合作环境下对流程进行管理。

SAP ERP HCM 面向全球业务设计，支持全球 50 多个国家的工资单功能、规章要求和最佳实践。SAP ERP HCM 与现有业务系统集成，可通过定制满足您的要求。因此，全球有 9000 多家公司依靠 mySAP ERP HCM 来管理 5400 多万员工也就不足为奇了。

2.2 SAP 系统锦上添花，"蓝深计划"首战告捷

苏宁电器是中国 3C（家电、电脑、通信）家电连锁零售企业的领先者。早在 6 年前，当其他家电零售商还没有信息化的意识的时候，苏宁已开始着手企业管理信息化建设和开发基于部门应用的人力资源管理系统。但随着公司的迅速发展，苏宁管理层开始意识到，过去以考勤、档案、资料管理为主的记录型人力资源管理系统已不能胜任企业发展需求，只有以实现企业人才成长为主线进行全面系统管理的现代人力资源管理系统，才能对苏宁的长远发展起到推动和提升作用，而 2006 年 4 月上线的 SAP/ERP 系统为此打造了一个最合适的平台。

作为 2006 年 4 月上线的 SAP/ERP 项目后续的开发项目，SAP-HR 系统还是苏宁与 IBM 签署战略合作协议——"蓝深计划"后实施上线的第一个大型项目，是苏宁和 IBM 共同在 SAP 核心系统的基础上，针对苏宁管理需要进行个性化调整开发后的成果，整体耗资近 3000 万元。为此，IBM 之前专门派出了包括 4 名海外顾问、10 位国内顾问在内的项目团队，和苏宁内部 30 名骨干技术人员组成 SAP-HR 核心项目组，同时还牵动了苏宁 800 名人事实施专员共同进行紧张而有序的调研、设计、开发和实施，最后在 3 个多月的时间里，实现了全国 190 多个城市，涉及 8 万名员工基础数据的同时上线，继 SAP/ERP 上线后再次创下了在 SAP-HR 系统在实施范围、项目规模和上线周期上的多项世界纪录。

苏宁电器总裁孙为民表示，此次 SAP-HR 系统成功上线，是 SAP 系统的后续工程，也是 2008 年 6 月苏宁与 IBM 签署"蓝深计划"合作协议后合作完成的第一个大型管理系统开发项目，项目的实施过程和结果再次证明了苏宁信息化策略的正确性，尤其是进一步坚定了以信息促管理的信心，看到了 IT 技术运用在企业管理上的巨大前景。该系统的上线标志着"蓝深计划"正在不断深入，未来双方还将继续围绕数据挖掘、企业 SOA 平台、财务组织优化、会员服务、仓储配送等项目展开进一步合作。

2.3　八大功能模块推动苏宁人力资源革命

对于苏宁的许多员工来说，SAP-HR 系统的上线最初似乎只意味着打卡机旁一张提示最新打卡规则的 A4 纸，但其实，一场人力资源管理的革命在苏宁正式拉开了大幕。

苏宁 SAP-HR 系统正式上线，在现有基础上建成了高科技的管理平台，将 8 万多名员工放在同一平台上进行人力资源管理，实现高效及时的信息查询和共享，为今后进行跨部门、跨行业人才的系统化全面培养提供一个信息化的管理平台，这在 SAP-HR 系统企业用户中是一个大的突破。最关键的是，这一系统将使得苏宁的人才规模化优势逐渐向个体化优势转变，使每一位员工在量身订制的职业生涯规划下实现综合能力和专业素养的同步提高，同时使苏宁人才培养周期大大缩短，这势必使苏宁的人力资源进一步具备国际化竞争力。

据苏宁 SAP-HR 项目经理介绍，SAP-HR 是基于"以个人为成本效益单元"管理的人力资源系统，包括基础管理层面的组织模块、档案模块、时间管理模块、薪酬模块，员工职业生涯设计层面的招聘模块、培养模块、晋升模块、职业生涯模块。它帮助人力资源人员从单纯地进行人事信息维护、组织信息维护、考勤和休假等日常事务性管理，转变为日常事务性管理与进行人事成本控制、员工训练和发展、战略招聘等所有培养人才体系的战略性管理相结合，从而实现了在中国家电行业和被称为"劳动密集型"的商业两大领域内的管理平台大飞跃。

有关机构研究表明，世界上 50% 以上的人力资源部门没有起到应有的作用，就是由于缺乏现代化的管理平台而被日常事务牵绊从而成为后勤性质的部门。而从国内外众多优秀企业的成功范例可以看出，高效的人力资源管理往往将重点放在"为公司创造价值"这个战略性的层面上，将人力资源管理作为提升企业整体竞争力、生产企业"效益"的部门。

SAP-HR 系统内的基础管理模块，将使苏宁 HR 部门的行政性事务实现规范化和无纸化，为苏宁 HR 部门实现数据的标准化、自动化集中管理、共享，优化人力资源流程，提高工作效率，提升业务水平提供了强有力的支持，让 HR 部门人员从烦琐的日常事务处理中摆脱出来，专注于战略决策层面。

而 SAP-HR 系统内的员工职业生涯设计模块则旨在建立高效率和高绩效的管理与激励机制，按照企业发展需求和员工专业特长制定专属的培训计划，进行员工职业生涯的全面设计，最大限度地挖掘人才的潜能，塑造卓越的企业文化，提升员工归属感，维持企业的创新能力，推动组织的变革等，最终提升苏宁 HR 部门的"底线价值"。这样一种管理目标和能力的提升，在一直被称为"劳动密集型"的家电连锁行业无疑是一次革命，推动整个行业朝"专业人才密集型"的方向发展。

3 社会反响——HR 跨入国际顶尖企业行列

作为全球最大的管理软件厂商 SAP 公司 SAP 商务套件中的一个重要组件，SAP-HR 是全球市场占有率最大的人力资源管理软件，支持和集成人力资本管理的三大方面——员工职业生涯管理、员工关系管理和员工事务管理，迄今已经有 70％ 的世界 500 强企业、超过 7800 家企业选用它来搭建 HR 管理平台，管理的企业员工数超过 3200 万。

对此南京大学商学院赵曙明院长表示，对处于快速发展阶段中的成长型企业，如何管理并开发人力资源，营造符合企业与个人共同发展的环境，提高员工的技术素质和对企业的满意度、忠诚度，已成为现代企业继续经营的关键，SAP-HR 系统以人为本的全方位人力资源管理功能，和针对不同用户提供的各种必要工具，很好地满足了成长型企业的需求。

苏宁一直高度重视人才的培养，自 2002 年启动"1200 工程"开始，每年招聘的大学生都在 1000 多人，五年来已经累计招聘 6000 多名大学生，形成强大的人才梯队，再加上"店长工程"、"蓝领工程"、"销售突击队工程"等专业人才项目，苏宁已经在人力资源上完成了充足的准备，并建立了包括海外培训在内的完善的培养体系，已经在业内形成巨大的人才优势。

此次苏宁 SAP-HR 系统正式上线，在现有基础上建成了高科技的管理平台，将 8 万多名员工放在同一平台上进行人力资源管理，实现高效及时的信息查询和共享，为以后进行跨部门、跨行业人才的系统化全面培养提供一个信息化的管理平台，这在 SAP-HR 系统企业用户中是一个大的突破。最关键的是，这一系统将使得苏宁的人才规模化优势逐渐向个体化优势转变，使每一位员工在量身订制的职业生涯规划下实现综合能力和专业素养的同步提高，同时使苏宁人才培养周期大大缩短，这势必使苏宁的人力资源进一步具备了国际化竞争力。

对此孙总表示：SAP-HR 系统上线将成为苏宁人值得纪念的一刻，选在"八一"建军节上线既是一个巧合，也预示着苏宁团队全面"成军"，组织化、专业化、科技化特征将更加明显，团队战斗力也将有一次质的飞跃，为百年苏宁的发展奠定百年人才基础。

苏宁的信息化内涵远远超乎一般人想象。每一次管理系统优化都让苏宁更明晰了自己的战略定位。由于 ERP 系统的实施，苏宁拥有了会员系统，每个苏宁的顾客都拥有一张荣誉卡，卡中记录着该客户的信息，包括家庭住址、电话等。以前，顾客如果购买了电器，需要送货的电器要填写送货单，而现在用户刷一下卡，就可以在系统里自动记录顾客相关信息，这些信息直接传递到后台仓库，由仓库负责送货。可以说，苏宁基本实现了无纸化销售。2005 年，苏宁买发票和送货单的费用是 1200 万元，现在节省了 80%，也就是 900 多万元。按照目前的销售发展速度，到 2010 年只买纸这一项苏宁就可以每年节约 1 个亿。

使用了新的 EPR 系统后，上游厂商的仓库变成了苏宁的仓库，苏宁的渠道极度扁平化。在节省成本、凝缩物流周期的同时，苏宁能够灵活安排货源，无须冒积压货物的风险。并且苏宁的系统已经实现和大部分供应商系统的直连，供应商可以进入苏宁的系统里，随时察看自己产品的销售进度和库存情况，减少业务沟通成本和劳动强度。同时，利用苏宁与消费者直接接触得来的市场信息，供应商可以更快地清除库存，生产适销对路的产品，供应链在这种循环当中得到完善。举例来说，在实施新的 ERP 系统之前，苏宁电器每亿元的销售额需要 1000 平方米的仓储面积来支撑。而项目实施后，苏宁的供应链实现了高度一体化，优化了仓储流程，有效地降低了成本。目前，苏宁仅需要 600 平方米仓储面积就足以支撑亿元的销售额，这为苏宁节约了 40% 的成本。

4　作者观点

长期以来，信息化是企业人力资源管理的短板。早期的人力资源管理系统是从单纯的人事信息维护、组织信息维护、考勤和休假等日常事务性管理。基于 SAP/ERP 的人力资源信息系统显著提升了人力资源管理水平，把人力资源的日常事务性管理与人事成本控制、员工训练和发展、战略招聘等所有培养人才体系的战略性管理相结合。苏宁的 SAP/ERP 系统实现了在中国家电行业和被称为"劳动密集型"的商业两大领域内的管理平台大飞跃。在 SAP/ERP 系统中，员工职业生涯设计模块有助于建立高效率和高绩效的管理与激励机制，按照企业发展需求和员工专业特长制定专属的培训计划，进行员工职业生涯的全面设计，最大限度地挖掘人才的潜能，塑造卓越的企业文化，提升员工归属感，维持企业的创新能力，推动组织的变革等，最终提升苏宁 HR 部门的"底线价值"。

思考与讨论

1. 苏宁电器人力资源信息化管理的主要经验是什么？
2. 企业建立人力资源管理信息系统是否有必要？
3. 企业如何建立人力资源管理信息系统？
4. 企业运行人力资源管理信息系统应注意的关键问题有哪些？

参考文献

［1］http：//www. cnsuning. com，苏宁电器网站。
［2］http：//www. hrdm. net，人力资源开发管理网。

惠姿化妆品公司的员工招聘工作

汪　虹　乌素田男

摘　要　惠姿化妆品有限公司是当地规模最大、专业程度最高、销售产品品种最全的区域性化妆品零售与服务型企业，一直奉行低成本战略，公司追求的目标是规模经济，公司员工的年龄结构呈现年轻化特征。自公司成立以来，经营规模不断扩大，但优秀人才的缺乏和员工的高流动性制约了公司稳定快速发展。公司管理层认为解决问题的关键是搞好员工招聘工作。为此，在认真分析公司员工招聘工作现状的基础上，公司找出问题的症结所在，提出了相应对策，并将其落实到行动上，在实践中取得了一定的效果。

关键词　化妆品公司　员工招聘　人力资源管理

1　企业简介

惠姿化妆品有限公司①创立于 1998 年。自创立以来，公司发展迅速，短短 10 年间，已经从创业之初的不足 10 平方米的零售店铺，发展成拥有数十家门店，销售与服务网络辐射甚广的企业。作为一家区域性企业，惠姿化妆品有限公司是当地本行业中规模最大、专业程度最高、销售产品品种最全的零售与服务型企业，公司的销售与服务范围涉及护肤、彩妆、洗涤、护发、日用品等，在公司所在区域拥有大批对公司的忠诚度很高的消费者。

"正品、满意与实惠"是惠姿化妆品有限公司对消费者的承诺。为了践行自己的承诺，公司长期以来与供应商建立起了牢固的战略伙伴关系。

惠姿化妆品有限公司一直奉行低成本战略。公司追求的目标是规模经

---

① 应公司要求，本文隐去了公司的真实名称，谨此向读者表示歉意。

济，稳固其区域性行业龙头地位，并力争成为国内同行业的精英。

目前，惠姿化妆品有限公司本部拥有员工 227 人，其中男性 32 人，女性 195 人。一线营业员 162 人，基层管理人员 16 人，仓库及配送中心等后勤人员 23 人，办公室管理人员 14 人，高层管理人员 8 人。

公司管理层认为，追求美丽的强烈欲望主要在年轻女性身上体现。因而在人力资源招聘中，公司一直十分注重录用年轻女性员工，希望以此来缩小员工与客户之间的距离。因此，公司现有员工普遍年轻，绝大部分集中在 19—30 岁年龄段，充满活力。

公司全体员工中，高中（含中专等）学历的占 53.0%，大专及以上学历的占 34.1%。公司高层管理人员全部为大专及以上学历，半数为本科学历。

2　案例事件

2.1　公司员工招聘工作中存在的问题

公司成立 10 多年来，规模不断扩大。尽管不停的有新员工加入到公司员工队伍中来，企业的快速发展仍使得适合企业的人才供不应求，尤其是中高级管理人员与骨干技术人员的匮乏使得公司的发展后劲不足。优秀人才的缺乏已开始成为制约公司稳定地快速发展和保证公司实现自己战略目标的瓶颈。

公司管理层意识到了问题的严重性，并下决心要解决这一问题。为此，公司将人力资源管理工作从行政事业部独立出来，成立了人力资源部，专司人力资源管理之职。与此同时，在对公司人力资源管理的现状进行分析后，结合公司经营业务的特点，公司管理层认为解决问题的关键是搞好员工招聘工作，希望能以较低成本解决公司面临的优秀人才匮乏问题。为集思广益，公司于 2009 年初在内部发放了《员工招聘调查问卷》，进行了抽样调查。

2.1.1　调查问卷的反馈信息及分析

从调查问卷反馈回来的主要信息如下。

关于公司目前员工招聘体系的评价，有 10% 的员工认为"非常完善合理"，58% 的员工认为"较完善合理"，25% 的员工感到"不确定"，7% 的员工认为"不够完善和合理"。

　　关于公司员工招聘体系的科学性和客观性的评价，8%的员工认为"非常科学和客观"，63%的员工认为"较科学和客观"，23%的员工认为"一般"，6%的员工认为"不够科学和客观"。

　　关于公司现行员工招聘体系的规范化程度的评价，5%的员工认为"具有非常好的标准化和规范化过程"，67%的员工认为"有一定的标准化和规范化过程"，有23%的员工认为"有些随意"，6%的员工认为"不标准、不规范"。

　　关于公司现行员工招聘体系对员工与岗位之间匹配程度的评价，17%的员工认为"总能及时为缺员岗位招聘到合适的人"，63%的员工认为"基本能招聘到合适的人"，15%的员工感到"不确定"，5%的员工认为"不能及时招聘到合适的人"。

　　从以上反馈的信息来看，尽管公司的招聘工作不尽如人意，但似乎并不存在极其严重的问题。公司现行员工招聘体系比较完善合理，也较科学和客观，在标准化和规范化方面也还是基本令人满意，基本能招聘到合适的人选。公司管理层对此感到困惑，为什么公司经常都在进行招聘，却总是感到人才缺乏呢。

　　2.1.2　人力资源部的诊断

　　为了进一步摸清问题的症结所在，公司要求新成立的人力资源部对公司的人力资源管理状况进行诊断。人力资源部在深入剖析公司现状的基础上，给出了下面的诊断结果。

　　（1）缺乏有效的人力资源规划。

　　公司人力资源管理工作原来由公司行政人事部负责，而行政人事部因事务繁多，把薪酬、绩效、招聘、培训等工作都分放到各业务部门去做，自己的工作几乎仅仅是"追认"各业务部门在人力资源管理方面的工作。这样一来，公司上下没有形成一个完整的工作体系，没有建立起一套适合公司情况的标准化招聘体系，员工招聘工作既无规划，也无长远目标。比如，公司运营部因业务繁忙，注重的重点是公司日常业务能否开展，在员工招聘中存在明显的短期行为。

　　（2）招聘工作缺乏科学、规范的实施过程。

　　公司缺乏人力资源整体规划，这就导致公司关于招聘的准备工作存在许多缺陷。如公司的人力资源需求分析、招聘流程的设计、招聘后的效果评估、招聘成本核算等工作没有做好，部分工作甚至没有做，结果使招聘工作缺乏科学、规范的操作流程做指导。

外部招聘方面。招聘旺季，应聘者众，招聘工作很快完成，几近草率；招聘淡季，应聘者寡，就降格以求，更加草率。

内部晋升方面。当中、高层管理岗位空缺时，往往由高层领导直接任命，没有公布职位空缺的内部晋升信息，开展竞争上岗。原本属于内部招聘的工作变成了行政人事调动，使公司"科学选拔人才"沦为空话。

（3）工作分析不充分，岗位说明书不规范。

尽管公司已经制定了一套企业管理制度，但过于笼统，到面不到点，与工作的实际情况吻合不够好，有的甚至相差较大。部门职责、岗位说明书基本都是大众模板，工作清单一列到底。招聘考官难以准确了解空缺岗位的具体工作职责和具体工作内容，更无法据此对空缺岗位进行必要的分析，以至于在招聘工作中缺乏可以遵循的标准，无的放矢，以主观感觉为主。

（4）招聘人员缺乏必要的培训，专业水平不高。

公司的招聘工作主要由各业务部门自行负责。各业务部门的管理人员中有的是从优秀员工选拔而来，有的则由公司高级管理人员"钦定"。虽然其中不乏佼佼者，这些佼佼者希望能为公司招聘到优秀人才的愿望也毋庸置疑。然而，丰富的工作经验并不能替代人力资源管理方面的专业培训。招聘时，他们对应聘者的取舍常常在自觉与不自觉中就带上了浓厚的个人色彩。工作分析的不充分，岗位说明书的不规范又进一步助长了这一现象。另外，在招聘过程中，使招聘考官难以抉择的往往不是显然不符合要求的应聘者，而是那些能达到职位要求但因过于紧张而没有充分表现自己的潜在合格者。这种情况下，倘或招聘考官的专业功底不足，很容易使公司与优秀人才失之交臂。

（5）缺乏有效的录用反馈和评估。

劳动力的流动是计划经济体制下劳动力市场上的正常而合理的现象，已成为一种常态，员工资源招聘工作也就顺理成章地成为公司的一项经常性工作。但公司没有清楚地意识到这一点，因而很少对公司的招聘工作进行总结。在公司员工的年龄构成上，因公司业务特点和公司的管理思想所致，公司中的年轻员工较多。年轻员工可塑性较强，发展潜力较大，但问题的另一方面是年轻员工大多处于职业生涯的选择期或适应期，并且通常缺乏必要的工作经验，流动性也较高。公司奉行的低成本战略限制了员工的薪酬，缺乏吸引力的薪酬又推高了年轻员工的流动性。市场经济体制下劳动力的合理流动与年轻员工的高流动性相叠加，就更使得公司的人力资源招聘工作成为一项经常性的工作。作为经常性工作，要提高其绩效，相应的评估、反馈、持续改进就非常重要。而在此前的招聘工作中，各业务部门常常是将人员招聘到位便万事大吉，究竟哪种招聘渠道的绩效更好，成本更低，各业务部门对招聘来的新员工的工作的满意度如何，新员工对公司、对自己的工作岗位的满意度又如何，公司很少进行这些方面的跟踪与评估工作。

（6）没有建立合理、有效的人才储备体系。

迄今为止，公司一直忽视人才储备工作，一般都是现缺现招。一次招聘工作结束后，未录用人员的资料立即就地处理，也不再联系，下次出现职位空缺时再重头做一次招聘准备。招聘来的员工素质完全取决于当期劳动力市场供给状况，每次招聘都不得不被动接受当期的劳动力质量。比如，公司需要的彩妆护肤类特殊人才就没有和当地的职业学校挂钩，没有建立起一种长期稳定的劳动力供求业务联系。

2.2 解决问题的方案

人力资源部在认真分析了公司在人力资源管理方面的情况后，向公司领导层提出，关键问题出在招聘环节。基于这一认识，公司管理层决定采取以下措施来大力改善公司的人力资源管理工作。

2.2.1 在健全人力资源管理制度的基础上做好人力资源规划

惠姿化妆品有限公司领导层决定根据公司发展战略制定一套完整的人力资源发展战略，同时大力支持人力资源部及各职能部门搞好人力资源管理工作。人力资源部根据公司的人力资源发展战略制订人力资源管理工作规划，进行职位分析，员工招聘、员工培训和绩效考核，以及其他人力资源管理方面的事务性工作，并认真地通过面谈等各种方式与员工沟通，加强反馈，体现公司在员工招聘上的公开、公平、公正和持续改进的原则。

2.2.2 建立健全工作分析及岗位说明书

人力资源部提出，为纠正员工招聘工作中的无的放矢现象，应首先解决缺乏岗位说明书的问题。公司领导意识到，工作分析涉及公司内部所有部门，只有得到各部门的充分重视和支持才能顺利完成。因此决定，成立由公司领导牵头、各部门领导参与的领导小组，在领导小组下再设立负责具体工作的工作小组，并外聘专家为领导小组顾问。工作小组由人力资源部负责牵头，成员来自人力资源部及各业务部门，搜集各工作岗位的工作条件、该岗位对人员的个性特征、所需专业知识等方面的要求，以及该岗位的工作职责等，在此基础上进行工作分析，编写出岗位说明书。

2.2.3　推行结构化面试并建立人才测评机制

公司还决定在招聘工作的面试环节推行结构化面试，要求面试考官根据事先拟定好的面试提纲逐项对应聘者进行测试，不得随意变动面试提纲，应聘者也必须针对问题给出自己的回答，力求使面试结构严谨，层次性强，评分标准统一。公司希望此举能避免考官的主观感觉左右招聘工作的局面，保证招聘工作的标准化和规范化。公司还准备进一步建立有效的人才测评机制。

2.2.4　选拔面试考官并对面试考官进行培训

公司还决定从熟悉公司业务的员工中选拔面试考官，并对考官进行员工招聘工作方面的专门培训，要求他们在招聘面试时对应聘者保持客观、公正的心态，对每个应聘者一视同仁，以岗位招聘标准为唯一选拔依据，努力克服首因效应、晕轮效应、对比效应等各种影响招聘公正的心理因素。

2.2.5　加强录用反馈及试用跟踪工作

公司领导层针对公司以往招聘工作结束后就一了百了的现象，要求人力资源管理部门在招聘时做好记录，总结经验，为以后的招聘工作提供参考，还要求人力资源管理部门对招聘来的新员工进行跟踪，为员工建立业务档案。在新员工培训阶段及分配到工作岗位之后，都要及时与其直接上级做好沟通工作，交换新员工的个人技能和心理素质等方面的情况。

2.2.6　建立合理、有效的人才储备体系

由于公司规模日益增大、员工人数不断增多，为了能将优秀员工选拔到管理岗位上，并能及时从外部补充人才，公司决定建立公司人才库。

一方面，充分利用公司对现有员工的技能、知识、能力的综合记录（甚至包括离职原因）为公司的人员配置、岗位轮换及招聘流程和方法的改善提供有效指导。

另一方面，公司通过校园招聘、公司网站等多种渠道发布公司所需人才的相关信息，并与当地职业学校建立起稳定的联系。每当公司因员工跳槽或因市场开拓而出现新的职位空缺而需要招聘员工时，就及时把空缺职位及空缺职位的岗位说明书中的主要信息向公司内部和公司外部发布，充

分保证公司内部员工都能看到招聘信息，公司外部的应聘者也能看到招聘信息，既鼓励公司内部员工根据自己的特长在不同岗位间流动，也吸引公司外部的人才来公司工作，力求使所有候选人员都有机会进入甄选程序。这样一来，不仅提高了公司内部员工的积极性，也能方便地从公司外部引进人才，使公司的招聘工作更加有效。

3 社会反响

自公司改革人力资源管理工作以来，根据跟踪调查的结果，公司员工对公司招聘工作的满意度明显提高，在社会上的应聘者中的反响也比较好。招聘工作的改进效果非常显著，新员工的质量有了明显提高，对缩小员工培训的工作量和降低培训成本都有很大的帮助。

4 作者观点

我们认为，惠姿化妆品有限公司对症下药，在人力资源管理方面的改革为公司以后的招聘工作的开展拓宽了渠道，对公司的进一步发展具有明显帮助。同时，我们还认为，惠姿化妆品有限公司的人力资源管理工作仍存在不少有待改进之处。

思考与讨论

1. 你认为惠姿化妆品有限公司的几项改革措施中哪些改革措施最重要，请阐明理由。

2. 是否所有企业都必须建立人才储备体系，请阐明理由。

3. 你认为惠姿化妆品有限公司的人力资源管理工作在哪些方面还有待改进，请阐明理由。

成都地铁公司的员工培训工作

汪　虹　陈震宇[*]

摘　要　成都地铁有限责任公司是成都市从事城市快速轨道交通建设、运营、开发的国有独资企业，目前正处于高速发展阶段，公司创新性地提出了"运营前置"、"经营前置"、"保障前置"等发展理念。成都地铁有限责任公司非常强调人力资源是企业的核心资源，高度重视人力资源管理工作，紧密结合企业自身的实际情况，将分类培训、重点提升和统分结合、分级培训以及校企联合、培训前置等员工培训模式有机地结合在一起，在实践中收到了良好效果。

关键词　成都地铁　员工培训　培训前置

1　企业简介

成都地铁有限责任公司设立于 2004 年 10 月，是成都市从事城市快速轨道交通建设、运营、开发的国有独资企业。国务院于 2005 年 8 月 9 日批准了《成都市城市快速轨道交通建设规划》。同年 11 月 21 日，国家发改委行文正式批准成都地铁 1 号线一期工程开工建设。2005 年 12 月 28 日，隆重的开工仪式在 1 号线南三环站举行。目前，成都地铁已经开工建设的地铁 1 号线工程线路全长 18.5 公里，工程总投资约 78 亿元，预计 2010 年建成试运营。地铁 2 号线于 2007 年 12 月 29 日开工建设，预计 2012 年建成试运营。

2007 年 6 月 7 日，国家发改委下发《关于批准重庆市和成都市设立全国统筹城乡综合配套改革试验区的通知》。国家发改委要求成渝两市从实际出发，根据统筹城乡综合配套改革实验的要求，全面推进各个领域的

---

* 本文作者陈震宇单位为成都地铁有限责任公司。

体制改革，并在重点领域和关键环节率先突破，大胆创新，尽快形成统筹城乡发展的体制机制，促进两市城乡经济社会协调发展，也为推动全国深化改革、实现科学发展与和谐发展发挥示范和带动作用。为实现成都市"城乡统筹"的发展目标和建设"全域成都"的宏伟蓝图，成都地铁公司积极开展了市域轨道交通线路规划相关工作。

成都地铁有限责任公司的经营宗旨是"科学和高质量地组织规划、建设、运营轨道交通；一业为主、多种经营，努力发展成为集地铁、城市轨道交通和综合开发为一体的多功能、多元化的综合经济实体，为社会提供优质的服务和创造良好的经济和社会效益，为促进成都市交通运输事业的发展和社会经济繁荣与进步做出贡献"。随着地铁建设的开展，成都地铁有限责任公司不断探索自己的发展之路，并在国内同行中率先提出"运营前置"、"经营前置"、"保障前置"等发展理念，以及以"运营为主线，开发为辅助；以主促辅，以辅补主，主辅并进"的经营思路。

2 案例事件——公司的员工培训工作

成都地铁有限责任公司成立时间不长，但发展很快，大量新员工不断进入公司。为了应对企业快速发展，公司非常重视员工培训工作，制定了《成都地铁有限责任公司员工培训制度》作为指导培训工作的纲领性文件，坚持培训工作应具有针对性、实践性、共享性、系统性。

2.1 新员工入职培训

在成都地铁有限责任公司的整个培训体系中，新员工培训非常系统化。公司在培训过程中注重思想引导，帮助新员工快速融入公司并顺利开展工作。

2.1.1 公司领导见面会

新员工入职后，以总经理为首的公司领导层就通过各种渠道，以灵活的方式与新员工面对面交流，向新员工介绍公司的企业文化内涵等，并对新员工今后的工作提出要求，让新员工感受到领导的重视。比如，2006年3月9日，从上千名报名者中脱颖而出的45名新员工到公司报到，并从下午开始进入为期5天的岗前培训。在迎新会上，公司董事长、总经理伍勇对新员工的加入表示欢迎。公司副总经理肖中平向新员工介绍了公司组建历史、公司机构、业务范围、成都地铁项目等。

2.1.2　课堂讲授

课堂讲授的内容包括公司情况及公司发展理念介绍、公司人力资源政策介绍、通用职业技能传授、专业基础知识讲解等。课程内容丰富、结构合理，让新员工从公司发展历程和公司管理制度中所体现出的思想导向、通用职业技能课程中所要求的作为一个职业人应当具备的基本职业道德以及专业基础知识课程中所要求的作为一个地铁人所必须具备的专业品质等各个方面去体会公司的企业文化，明白公司提倡什么、反对什么。2006年3月11日，公司举办了"员工自我定位和职业生涯规划"专题讲座，旨在帮助新员工树立良好的职业心态，明确自己的角色定位，设计好个人的职业生涯规划，教育员工敬业爱岗，在各自的岗位上做到"杰出做事，平凡做人"。

2.1.3　课外活动

课外活动的内容十分丰富，包括地铁建设工地参观、拓展训练等。这些活动的重要特征是集体参与，让新员工在共同面对困难的过程中培养团队意识，增进相互了解和相互信任，达成心灵上的默契。2006年3月18和19日，公司在龙泉驿对新员工进行拓展训练，用看似简单的游戏培养新员工的协作能力、领导能力、执行能力以及信息沟通、创新等方面的能力，也帮助新员工快速融入成都地铁这个朝气蓬勃、团结友好的大家庭。实践证明，每一批新员工对拓展训练等集体活动都留有深刻印象，员工间许多工作上的默契合作关系正是发端于最初的团队活动。

2.2　分类培训，重点提升

成都地铁有限责任公司在员工培训方面提出了"分类培训，重点提升"的基本思路，其要点是将员工分为三类：第一类是新员工，第二类是干部，第三类是员工。公司针对每类员工的培训重点不同。

2.2.1　对新员工采用"导师"制度，培训工作侧重于工作的快速适应

成都地铁有限责任公司非常重视新员工的培训工作，制定了《新员工培养及考核管理办法》对新员工进行管理，主要目的是促使刚进入公司的新员工尽快地适应工作环境，更好地投入到工作当中。每位新员工一进入公司，公司就为其安排符合要求的指导人。指导内容包括：①引导新员工熟悉工作环境、部门业务流程及相关业务接口人；②与新员工共同制定试用期工作目标及工作计划，合理安排新员工的日常工作和阶段目标；

③定期和新员工面谈，根据新员工工作计划的完成情况和表现，及时总结成绩和找出不足，适时给予鼓励和指导；④试用期满，对新员工在试用期间的表现进行考核和总结，并为其直接上级提供参考意见。

2.2.2 对干部采用"共享"制度，培训工作侧重于管理能力的提升

要促进公司快速发展，人才是关键，尤其是管理人才。成都地铁有限责任公司制定了相关制度和办法，目的在于提升干部的管理能力。干部作为公司管理的中坚力量，对公司发展起着至关重要的作用，公司对干部的培训常抓不懈。2007年5月24日，公司举办了"如何当好一线主管"专项培训。这次培训是公司为帮助各级管理者提升管理意识与技能而开展的系列培训之一，重点在解决主管们"每日忙碌不停，回首却发现工作成效不高"的困惑。成都地铁有限责任公司以经理座谈会的形式为干部交流管理经验搭建了平台，还将干部年终述职等形式视为培训工作的一项重要内容，这些措施都有助于干部间共享管理经验。

2.2.3 对员工采用"学习"制度，培训工作侧重于业务技能的提高

地铁建设需要各类专业人才，但我国大规模的地铁建设历史并不长，拥有丰富的地铁相关工作经验的人员较少。针对这一特点，成都地铁有限责任公司实施了"学习"制度，目的在于提高员工的业务技能。"学习"制度采取的主要措施包括：①自学。要求每位员工制定业务技能自学计划，其直接上级定期跟踪员工的自学情况；②相互学习。要求相同或相关专业岗位之间的员工相互学习，技能强、经验多的员工帮助技能弱、经验少的员工，力求使员工共同快速成长；③调研学习。定期派员工到兄弟地铁单位调研，学习业务技能知识，开阔视野，借鉴经验，提高技能；④培训。培训主要采用将老师请进来和将员工送出去两种方式，对员工所在岗位需要的重要技能、技术等进行专项培训，提高员工的业务技能水平。2007年11月17日，公司请来管理咨询公司专业人员为公司员工举行了危机公关专项培训。2008年4月29日，公司邀请成都市政府办公厅干部为员工讲授行政公文写作及会务组织等方面的知识。2008年8月4日，公司邀请广州地铁咨询有限公司为80余名管理人员进行岗位说明书设计培训。近年来，成都地铁多次与广州、南京、沈阳、武汉、大连、西安、杭州、深圳等地铁公司以及部分省会城市的轨道交通公司交流经验，相互学习。

2.3　统分结合，分级培训

在"分类培训，重点提升"的基本框架下，成都地铁有限责任公司还把培训按层级分为统筹性培训和针对性培训。统筹性培训为公司级培训，主要由人力资源部完成；针对性培训为部门级培训，主要由各业务部门完成。人力资源部除负责制定公司员工培训的总体计划，完成公司级培训外，还负责监督和指导各部门完成部门级培训。

2.3.1　公司级培训

公司级培训的培训内容包括三类：一是关系公司长远发展的重点培训，如领导干部培训；二是适用范围较广、需求量较大的通用知识技能培训，如团队建设与管理；三是由部门单独开展起来比较困难或成本较高的培训，如外派培训和公开课培训。2006 年 12 月 7 日，地铁公司举行了内容为"公司行为管理"的首期员工集体培训。公司副总经理肖中平表示，此次培训是公司培训工作的开端，今后将把这项工作坚持下去，并形成制度。2007 年 4 月 5 日，为保证全面预算管理制度顺利实施，公司组织了全面预算管理财务培训。2008 年 12 月 3 日，公司举办了"城市轨道交通概况及相关产业"培训。近两年来，成都地铁有限责任公司相继进行了《非人力资源经理的人力资源管理》、《公文写作》、《震后心理干预》、《如何当好一线主管》、《工作目标与计划管理》等一系列公司级培训。

2.3.2　部门级培训

部门级培训由各业务部门自行计划和组织，主要是针对部门具体业务开展的培训。通常，部门级培训的培训内容专业性较强，由业务部门根据自身实际情况开展的效率会更高。部门级培训主要分为两类：一是部门内部培训，如运营事业部组织的《车辆工作原理及车辆相关知识》培训和计划合约部举办的《工程索赔案例》培训；二是各部门在开展业务工作时需要其他部门了解有关知识的对外培训，如人力资源部在推进职位评估项目时对各部门人员进行的《职位说明书编写方法》培训。又如，2008年 10 月 16 日，公司信息中心举办了第三期地铁工程竣工档案管理培训，讲座吸引了来自 30 多家地铁参建单位的 100 多人参加，取得了令人满意的效果。

近年来，成都地铁有限责任公司开展的二级培训在数量上和质量上都较高。以运营事业部为例，2008 年组织了部门新员工培训、机车司机外派跟岗培训、电客车调度人员培训以及《项目管理》、《运营管理》等培训。据统计，各部门在 2008 年开展的部门级培训共计 610 余课时，参训人数达 2400 余人/次。同时，人力资源部非常重视对部门级培训的督导，各部门的培训计划、每一次培训的相关记录和资料、培训完成情况等都必须报人力资源部备案，并将各部门好的培训经验进行总结、推广和共享。

2.4　外派培训，注重实践

外派培训是成都地铁有限责任公司培训工作的重要形式之一。近年来，成都地铁有限责任公司不断组织人员到其他地铁公司及相关单位学习，不搞闭门造车，让员工亲身体验其他兄弟地铁单位的建设和运营的实际情况，形成自己的独特感受和独立判断。对于专业技术人员，成都地铁有限责任公司的外派培训则进一步着眼于长期跟岗培训，让员工到兄弟单位从事实际工作。2007 年，成都地铁有限责任公司派出员工到香港地铁接受了为期半年的跟岗培训。2008 年，运营事业部派出 5 名机车司机到南京地铁接受跟岗培训。

实践证明，外派培训具有很好的效果。外出培训归来的人员，常常能够带回很多好的思路、经验和方法。他们将跟岗培训学到的东西，通过内部交流学习的方式传授给更多的员工，这样既节约了培训成本，又扩大了培训成果。

2.5　校企联合，培训前置

西南交通大学是拥有轨道交通强项学科的全国重点大学，成都地铁有限责任公司建设事业部、运营事业部、总工程师办公室有 53% 的员工、全公司有 33% 的员工毕业于西南交通大学。近年来，已有多批次西南交通大学学生现场参观成都地铁的建设工地。每次参观，成都地铁有限责任公司都会派出负责人为学生做耐心细致的讲解，分析施工中的具体案例，播放视频材料，回答学生的问题。从效果看，学生在参观后都更加关注地铁建设的进展情况，其中有相当部分学生希望将来能参与到成都地铁的建设中。

2008 年 7 月 22 日，成都地铁有限责任公司与西南交通大学签署了人才培养战略合作协议。根据协议，成都地铁有限责任公司将从西南交通大学的学生中优选 41 名学生成立两个"成都地铁班"，对口培养地铁建设及运营方面的人才。公司与学生、学校三方签订就业协议，明确各方责任及相关要求。"成都地铁班"采取"3＋1"教学模式，学生前 3 年按所学专业的教学计划正常学习，最后 1 年中，学生除完成原计划课程外，还需完成公司与学校所确定的"地铁班"课程内容。

2.6　建设学习型组织

公司董事长、总经理伍勇认为"企业发展壮大的根本之道在于不断学习"。伴随着成都地铁事业的不断发展，公司领导班子深刻认识到，要想公司尽快做大、做强，能有效应对各种挑战，根本应变之道在于学习。公司把员工个人进取与团队学习结合在一起，把建设学习型组织作为公司的长远目标。为此，公司制定了资助员工利用业余时间学习的制度，鼓励员工不断学习，提高自身知识水平和业务技能。公司领导班子还带头建立了学习日制度。

2007 年，随着地铁 1 号线土建工程各施工站点陆续封顶，公司运营部门的工作日渐接近实际开展阶段。为了充分利用现有人力资源，进一步挖掘部门在各个专业领域的优势，促进员工专业素质和综合素质的整体水平提高，运营事业部在充分了解员工专业发展需求的基础上，开展了"专业互融性学习活动"。公司领导层相信"专业互融性学习活动"能更好地适应公司人才培养战略，值得学习和推广。根据反馈，"员工个人特长及专业缺陷"、"能为其他专业提供的支持"，以及"希望得到的培训"等信息在员工中得到了较好反响。2008 年 6 月 6 日，公司赴港培训归来的员工在公司举办的专题报告会上详细介绍了香港地铁的运营机构设置、运营维护模式、企业资产管理、仓储管理特色等，并与同事交流沟通，实现了培训资源共享。

3　社会反响

成都地铁有限责任公司处于我国高速发展的轨道交通行业中，突破了传统管理办法，按现代企业制度组建，用人上采用全员聘用制。成都市政府举数年财力建地铁，因而对此高度重视。"成都地铁，生活一脉"，成都市民也热切关注着成都地铁的发展。

4　作者观点

面对责任重大的建设与运营工作，成都地铁有限责任公司领导层创新性地树立了一套运营管理理念，将人的因素摆在首位，狠抓员工培训与开发。成都地铁有限责任公司在培训工作实践中将重点培训、分类提升和统分结合、分级培训较好地有机结合在一起，分层次而有重点。公司"导师"制度将重点放在新员工的思想引导上，从实践效果看，能有效促进试用期员工尽快熟悉工作环境，更快投入工作，少走弯路。公司在干部管理方面实行的"共享"制度对提升干部管理能力能收到事半功倍的效果。成都地铁有限责任公司让员工从实践中来，到实践中去的外派培训讲究"干中学"以及建设学习型组织的做法亦与公司的高速发展态势丝丝入扣。校企联合、双向选择、定向培养的培训前置模式开了全国之先河。

成都地铁有限责任公司在人力资源管理方面的大力投入为公司快速发展提供了有力支撑，在成都市民中和全国地铁行业内树立起了良好形象。"老地铁看广州，新地铁看成都"绝非偶然。

5　成都地铁有限责任公司的最新发展情况

2008 年 7 月，成都地铁有限责任公司的规模进一步扩大，注册资本金由 10 亿元人民币变更为 20 亿元人民币。

根据新修订的成都市城市快速轨道交通线网规划，成都市快速轨道交通网由 7 条线路组成，线路总长度 274.15 公里，其中地下线长度 144.24 公里，地上线长度 129.91 公里。

2009 年 4 月 21 日，成都市公共交通集团公司和成都市地铁有限责任公司合并成立为成都公交地铁集团有限公司。公交和地铁的合并重组在我国并无先例，这次探索没有现成的成功经验和做法。

2009 年 5 月 28 日，成都地铁 1 号线"全线洞通"。

思考与讨论

1. 你认为拓展训练在员工培训中能起到哪些作用？

2. 培训前置适用于所有企业吗？为什么？

3. 建设学习型组织对新兴产业中高速发展的企业是否至关重要？为什么？

4. 请结合成都地铁有限责任公司的最新发展情况，为其规划下一步的人力资源管理工作。

参考文献

http：//www. cdmetro. cn。

绩效管理

博联农科的"强制分布"考核办法

袁　渊　田　爽[*]

摘　要　成都博联农业科技发展有限公司是 2006 年建立的一家中小企业，企业现处于创业期，为力争完成年产量及销售量，保证年利润率，公司领导层充分意识到运用现代管理方法的必要性和重要性。公司运用目标管理，建立了科学的考核指标，对传统的强制分布法进行了改良，将个人绩效与部门绩效相结合，解决了部门之间的比较问题，又增强了员工的团队精神，取得了良好的效果。从成都博联农业的绩效管理体系我们可以看出，没有任何的绩效管理方法是完美无缺的，企业要想取得良好的绩效管理效果，必须将绩效管理方法与企业自身的实际情况相结合，不断创新，不能盲目照搬，这样才能得到实效。

关键词　强制分布　绩效考核　成都博联

1　企业简介

1.1　公司基本情况

成都博联农业科技发展有限责任公司始建于 2006 年，是一家集研发、生产和销售生态、健康营养食品"速冲银耳羹"的食品科技发展公司。本公司拥有生产"速冲银耳羹"的发明专利证书（发明名称：一种速泡快餐干银耳的制备方法；专利号：ZL 02113746.3，2004 年 9 月 22 日向国内公布），获 2002 年香港国际专利技术博览会金牌奖，被载入纽伦堡国际发明博览会并授予和颁发"国际发明先锋金奖"，同时列入绿色环保技术范畴，取得《绿色环保技术资质认定证书》。公司的优势体现在核心技术

---

*　田爽：四川大学公共管理学院研究生。

研发和科技成果的转化能力。公司注册资金为 100 万元。公司年产 20 吨规模的单体生产加工基地于 2009 年在成都青羊区蛟龙工业园区投资建成并进入生产阶段。

银耳又名白木耳，质量上乘者称为雪耳，自古以来，银耳以"补品"面目出现，它具有强精补肾、滋阴润肺、生津止咳、健脑益气、补气安神之功效，现代药理研究则发现银耳还具有改善心肌功能、抗肿瘤、抗放射、抗炎症及促进蛋白质核酸合成的作用。但是，由于银耳成品的饮用需要人们经过数小时熬煮，既费时也麻烦，阻挠了人们的消费热情和购买意愿。博联农业科技发展公司经过多年潜心研究发明了"速冲银耳羹"技术（是国内外唯一拥有独立知识产权的技术发明）解决了银耳几千年熬制的难题，并经过中试、检测和制定企业标准后大量投产，该产品不含任何防腐剂和添加剂，消费者食用时不煮不熬，只需沸水冲泡 5 分钟后即可食用，不但保持了银耳的原始形态，也保证了银耳的原汁原味和丰富营养，长期适用于家宴、旅游、早点饮用。

成都博联科技是具有强大经济实力支撑的实践经验丰富、技术力量雄厚及销售网络健全的食品科技公司。秉承科技发展观的理念，围绕"专业引领、科技发展"为主题，该公司一直将"科、工、贸"有机结合，确立了"用 3—5 年时间把博联科技培养成国际领先、国内一流的银耳食品专家"的发展战略。凭借国内外食品科技领域知名教授专家的领衔技术力量、西南地区生产基地的产能规模和销售团队的开拓能力，公司目前已经达到了年产 20 吨、产值数千万的经济实力，由于发明专利的技术优势，本公司制订了"速冲银耳羹"企业标准，标准代号为：Q/79494070-6.1-2007，并经四川省质量技术监督局批准颁发给了执行标准证书，编号为：510123-0408。

1.2 公司组织结构

公司组织结构如图 1 所示。

成都博联农业科技发展有限责任公司成立于 2006 年，是在快速发展中的科技公司。公司组织结构设计本着结构精简、保障有利的原则，能简化的尽量简化，采用直线职能制组织模式。鉴于公司成立之初，业务单一，所以每个部门员工人数较少，仅有 2—3 名。所以在一定程度上也避免了直线职能制的组织结构所导致的部门沟通困难这一问题。

总经理：全局负责公司平稳较快发展，制订公司发展战略并综合协调

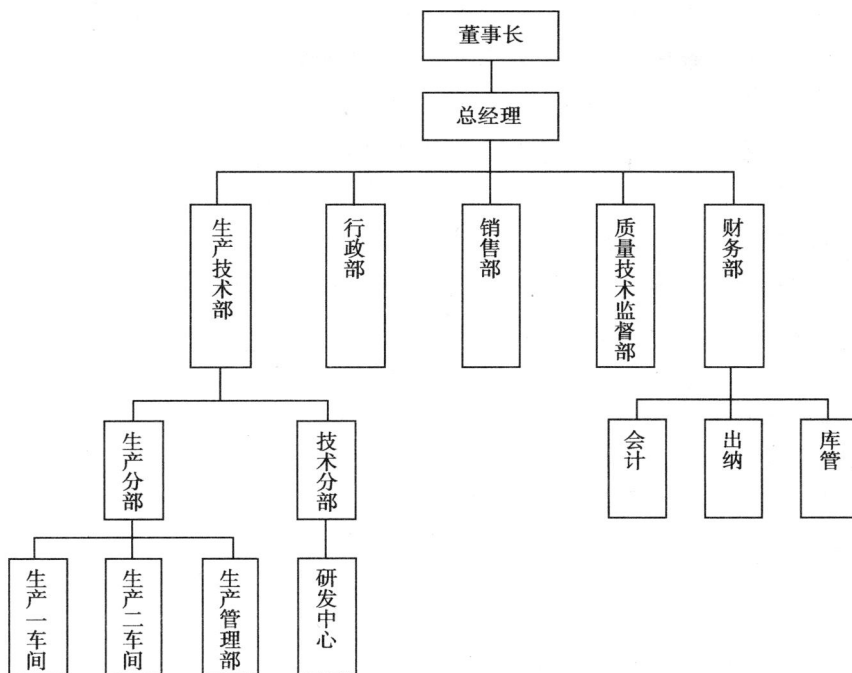

图1　成都博联农业科技发展有限公司组织结构

各部门工作。

生产技术部：严格按照产品工艺，保质保量完成生产任务；下设研发中心，负责产品的研发升级及新产品的开发。

行政部：处理公司相关行政事务，为公司正常运转提供人力资源保障。

销售部：完成公司制定的销售任务，积极开拓市场，做好售后服务工作。

质量技术监督部：制定质量管理计划、工艺流程，从事原材料及成品的化验、计量及监控工作。

财务部：负责公司财务相关工作。

在简洁高效的组织结构保障的同时，公司管理层在公司发展壮大初期就非常重视采用现代企业管理手段进行公司的运营，并通过企业的组织结构、经营发展战略、企业所处的行业特点等信息进行了初步的工作分析，制订了一个粗略的工作分析文件，为以后的人力资源管理工作，诸如招聘工作的开展、绩效考核的进行、薪酬体系的建立等奠定了基础（因篇幅有限，工作分析资料略去）。

2　成都博联的"强制分布"的绩效考核办法

2.1　绩效计划——采用目标管理，科学设定指标

成都博联实施目标管理，将企业的战略目标分解到各个部门，部门目标再分解到各个岗位，使部门的工作目标和员工的工作任务与企业的目标达成一致。公司还派专人负责目标管理体系的建立、维护和检查关键事项的完成情况，并在管理职能上层层落实，使目标管理深入人心。这样，以目标管理为基础，设定的部门绩效考核指标和各个岗位的绩效考核指标就非常明确了。员工将自身的绩效管理指标与目标管理分配下来的任务相对照，更加清楚明白自己要完成的任务、要达到的标准，以及自己的工作对公司目标的达成所作的贡献。公司在设定绩效指标时，特别注意将绩效指标量化，避免领导在对员工进行考核时，根据个人印象打分。

2.2　"强制分布"考核办法——部门和员工两个层次的考核

成都博联按部门和员工两个层次进行绩效考核，部门考核的标准是部门目标的实现情况，员工的考核标准是岗位职责的完成情况。部门考核由直接上级和相关的职能部门根据各部门的月度表现和关键目标实现情况进行打分，再由总经理办公室进行评议，不同的分数对应不同的绩效考核系数。各个岗位由直接上级进行考核，行政部负责审查，并接受员工的投诉，员工的得分按照 A、B、C 三个等级分级，每个级别对应不同的绩效考核系数。个人绩效考核结果与部门绩效和岗位绩效相关，以提高员工的协作和配合意识，提高管理者整体意识。

成都博联部门中员工的考核是按照强制分布法来进行的，即不管部门业绩的好坏，部门内部员工都会有 A、B、C 三个等级，只是比例不同。因为成都博联各个部门内部人员较少，各个部门的管理人员大都为 2—3 人，所以公司在考虑运用强制分布绩效考核办法时，首先想到的是各部门内部强制分布是没有意义的。因为部门内部人员较少，如果设定的强制分布的比例是 20% 的 A—优秀，60% 的 B—良好，20% 的 C—尚待改进，部门主管就会永远不让员工得 C，因为只有 0.6 人，无法操作。而事实上，部分员工确属于公司业绩最差的，应该评为 C。因此，成都博联在运用强

制分布的绩效考核办法时，将部门绩效与岗位绩效相结合，同时将公司内部所有部门员工放在一起排序，从而确定在整个公司范围内员工的绩效水平。将公司内部员工打通排序首先避免了部门内部因为人少而不能简单强制分布的问题；其次将部门绩效与岗位绩效相结合，使不同部门的员工可以进行横向比较，在一定程度上做到了公平合理的评判不同部门员工的绩效水平。实施步骤如下：

第一，公司将部门整体绩效得分引入排序过程。用以排序的数据除了员工个人的绩效考核得分外，还有部门的绩效考核结果，以体现业绩表现较好部门与较差部门的区别。

第二，将部门与员工个人的绩效考核分数转化为对应的绩效考核系数。由于各部门间评分标准不好统一，成都博联采用的是绩效系数考核方法，来比较相对成绩，而非绝对成绩。部门考核系数由部门绩效考核得分转化而来。甲部门考核分数为90分，其考核系数为0.75，乙部门考核得分为110分，其考核系数为1.0（见表1）。

表1　　　　　部门考核分数与系数转化表

考核得分 / 考核系数	A≤80	80<A≤100	100<A≤120	A>120
P	0.5	0.75	1.0	1.25

员工绩效考核系数根据员工绩效考核分数在部门内部的排序转化而来。如甲部门有3名员工A、B、C，分别的绩效考核分数为95分、90分、88分，则经过排序，分为A、B、C三类。乙部门有3名员工D、E、F，分别的绩效考核分数为96分、92分、86分，经过排序，分为A、B、C三类。则甲部门、乙部门员工的绩效考核系数Q（见表2）。

表2　　　　　员工个人考核分数与系数转化表

考核等级	A	B	C	A	B	C
员工	A	B	C	D	E	F
考核系数Q	1.2	1.0	0.8	1.2	1.0	0.8

第三，计算最终排序结果，强制分布个人绩效等级。

员工个人绩效考核最终值W=部门绩效考核系数P×员工绩效考核系

数 Q，根据强制分布比例：20% 的 A—优秀，60% 的 B—良好，20% 的 C—尚待改进，进行强制分布（见表3）。

表3 企业所有员工绩效考核结果

员工	甲部门			乙部门		
	A	B	C	D	E	F
Q	1.2	1.0	0.8	1.2	1.0	0.8
P	0.75	0.75	0.75	1.0	1.0	1.0
W（P×Q）	0.9	0.75	0.6	1.2	1.0	0.8
等级	良好	良好	尚待改进	优秀	良好	良好

2.3 充分的绩效反馈

考核的目的是提高组织绩效，因此绩效反馈非常重要。成都博联在绩效考核后，要把考核结果反馈给被考核人，总经办负责将部门绩效与部门负责人进行沟通，指出上期部门表现优异之处和需要改进的地方，同时布置下期工作任务及预订目标。各部门领导负责与员工个人沟通，面对面交换意见，解决实际工作中遇到的问题，同时将部门任务分配到岗。

2.4 运用绩效考核结果

成都博联将员工个人的绩效考核最终值与个人的绩效工资相结合，员工个人绩效工资＝员工个人绩效考核最终值×员工绩效工资基数。同时，绩效考核结果还作为公司员工培训、晋升、转岗、调薪、淘汰的依据。

3 社会反响

成都博联在绩效考核中主要运用"强制分布"的绩效考核办法。采用这种方法的主要原因在于公司成立初期，绩效管理的氛围比较淡，员工尤其是管理人员对绩效考核的重视程度不够。再加上部门主管"好面子"，不愿意得罪自己的下属，经常是随便打个分数交给行政部了事，这样导致绩效考核流于形式，不能体现出员工之间的绩效差异。强制分布法主要是想通过给管理人员施加一定的压力，营造一种氛围，让各级管理人员从公司建立之初就树立绩效管理的观念，避免绩效考核中出现的"集中效应"、"轮流坐庄"等"老好人"的做法。有了强制分布，就意味着对管理人员多了一种要求，迫使管理人员重视绩效考核工作。

鉴于成都博联成立之初，各个部门人数较少，不能在部门内部简单的使用强制分布这一做法，公司巧妙的更新了这一技术，将部门绩效与个人绩效相结合，并取得了良好的效果。这一改进的绩效考核办法的优势有以下几点：

第一，解决了部门之间的横向比较问题。传统的绩效考核强制排序，都是在部门内部进行，通常部门内部优、良、差的比例也相同，这样导致的问题是业绩突出、表现优异的部门评优的员工个数与表现一般的部门相等，这样业绩突出的部门和员工自然感觉不平等。成都博联将部门绩效系数与个人绩效系数相乘所得出的绩效最终值，既考虑了员工个人在工作中的表现，同时又考虑了部门整体的绩效，解决了部门之间横向比较不公平的问题。

第二，增强了部门管理者的责任意识。成都博联这种绩效考核办法，使得员工不仅仅关注自身的绩效水平，提升自身的绩效能力，同时更多的关注本部门的绩效水平，对部门管理者给予了更多的期望。希望部门管理者能更有效的发挥管理能力，提升部门绩效，自然增强了部门管理者的责任意识，也使得部门管理者不断的提升自身的业务能力，更出色地完成部门任务，完成关键业绩指标，从而有利于公司整体战略目标的实现。

第三，树立团队意识。传统的部门内部强制排序最大的弊端就是破坏部门内部的团结，成都博联所实行的强制排序，是在整个公司内部进行，跳出了部门这一狭窄的范围，这样就避免了部门内部人员相互比较，矛盾丛生。不仅如此，经过改良的强制排序方法将部门绩效与个人绩效相结合，因此，绩效考核的最终排名是部门绩效好、个人绩效好的排在最前面，相反，部门绩效差、个人绩效差的员工排在最后面。所以，有利于树立团队意识，统一思想，提升部门绩效水平。

总而言之，成都博联这种"强制分布"的绩效考核办法是值得其他企业借鉴的。但是，先进的方法能否取得良好的效果，还要看部门及个人绩效考核原始得分的合理性和科学性。

4　作者观点

"强制分布"的绩效考核办法在企业推行绩效考核初期是很有必要的一种方法，说到底，它仍是一种主观评价法，虽然成都博联将其进行了改良，但仍然存在不足之处。有学者认为，随着公司绩效管理推进的深入，随着公司绩效管理文化的形成，公司可以逐步淡化强制分布的硬性要求或不直接提强制分布的概念，这样才能凭借管理人员的自主性去对下属实施考评，其考评结果的客观性可能会更强些，在员工绩效考评应用方面（培训、晋升、调薪、奖金及淘汰等）才会令员工和公司更满意。

由这一案例我们可以看出，企业在引进各种绩效管理办法时，需要发动脑筋根据自己的需要进行创新性的改良，而非机械式的照搬，只有这样才能发挥绩效管理办法的优势，符合自身的需要。

思考与讨论

1. 成都博联的"强制分布"的绩效管理方法将部门绩效系数与个人绩效系数相乘所得出的绩效最终值作为绩效考核最终得分，有何优势？

2. 结合自己所在的公司，谈谈运用"强制分布法"时所遇到的问题及解决方法。

3. 结合案例，谈谈如何对传统的绩效管理方法进行创新，以使其更加适合企业自身的要求和特点。

参考文献

［1］林彬：《绩效考核中的"强制分布法"》，《人力资源》2004 年第 8 期。

［2］韩召和：《绩效考核能强制分布吗？》，《管理@人》2007 年第 12 期。

［3］柯学民：《别让"强制分布"搁浅中小企业考核》，《人力资源管理》2007 年第 7 期。

［4］缪华：《强制分布，个人与团队业绩怎样挂钩？》，《科技创业》2008 年第 11 期。

［5］赵永乐等编著：《工作分析与设计》，上海交通大学出版社 2006 年版。

康索管理咨询公司项目
团队的绩效管理

袁 渊 田 爽

摘 要 康索管理咨询公司作为20世纪90年代末创建的现代管理咨询公司，以其专业化、实用性在行业内树立了良好的口碑。康索咨询在建立健全自身管理团队的同时，制订了完善的绩效管理方案。康索咨询在项目团队的绩效管理上主要采取了项目团队绩效和个人绩效相结合的方式，侧重于对项目团队整体的考核，项目团队的绩效会直接影响到个人最终的绩效考核得分。对项目团队的考核采用多维度，主要有客户的重要程度、咨询量的完成情况以及客户满意度等，也取得了满意的效果。但是，对于康索咨询的长期发展来看，是否应该将短期指标与长期指标相结合，制定更多的利于企业发展的长期考核指标？

关键词 绩效管理 考核指标 康索管理咨询公司

1 企业简介

1.1 公司的发展历程

"精义入神，以致用也"，四川康索管理咨询有限公司，源于20世纪90年代末以来公司合伙者们在中国管理咨询之路上的探索，自成立以来赢得了众多企业朋友的信任和支持，成为一家立足本土文化、富有专业特色的管理咨询公司。

"直谏多闻、拾遗斥谬"，康索咨询公司以"实文、实行、实体、实用，率为天下造实绩"为经营理念，研究本土传统文化和现代管理理论，传播现代管理方法和工具模式，协助企业解决实际管理问题，志为中国中小企业发展中的挚友。

康索管理咨询公司的核心优势在于该公司洞悉本土文化，以系统观、整合观、动态观为指导，以实效为目的，以两库（数据库和专家库）为基础，以现代科学工具为手段。康索咨询立志为客户提供高标准的服务，只接受胜任的任务；不会在可能损害其项目独立性、客观性和正直性的条款和条件下为客户服务；确认自己对专业以及对自己和客户负有这样的责任：保证更新其知识和技能，并为达到这一目标做出必要的努力。

1.2 公司的组织结构

公司在成立初期得到迅速发展，已经具备一定的经济实力和市场地位。基于咨询公司的业务特点，四川康索管理咨询公司采用了小型组织和项目组织中常用的矩阵制结构（见图1）。

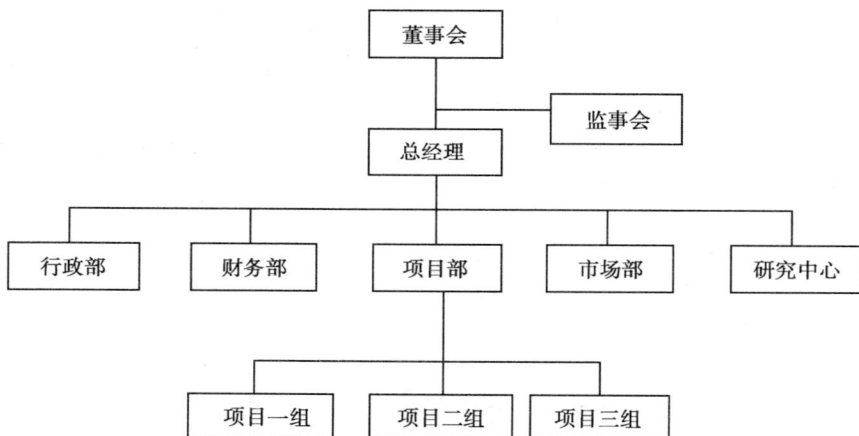

图1 四川康索管理咨询公司组织结构图

（1）行政部：经理/人力资源专员/行政后勤专员，主要负责公司行政、人事、绩效管理中事务处理、后勤、办公场所等事务。

（2）财务部：经理/会计/出纳，主要负责公司财务事务。

（3）项目部：项目部由咨询师组成，按照各自行业划分为项目一部、二部、三部。按照项目要求组成项目团队，选择项目经理，实施咨询服务。

（4）市场部：经理/市场开拓专员/客户服务专员，市场推广、业务洽谈、顾客联络、客户服务。

（5）研究中心：外部专家管理、咨询师内部交流和培训、项目资料归档整理和知识库管理。

1.3 公司的主营业务

（1）组织管理咨询：组织管理诊断、组织结构设计、组织权责体系设计。

（2）企业教育培训：领导艺术培训、管理者素质培训、员工职业素质培训、管理者专业知识培训、拓展培训。

（3）人力资源管理咨询：人力资源管理诊断、定编定员设计、人员招聘与甄选、人员素质测评、人员竞聘测评、管理流程再造、绩效考评体系设计、薪酬体系设计、员工激励体系设计、企业培训制度设计。

（4）企业文化咨询：企业文化诊断、企业核心理念设计、企业系统做事原则设计、企业管理制度设计。

（5）企业战略咨询：企业战略诊断、企业战略规划、理念识别体系设计、行为识别体系设计、视觉识别体系设计。

1.4 公司咨询顾问的构成及特点

（1）公司特点：康索管理咨询公司是典型的知识技术性组织、企业成长很快。公司成立之初规模小，管理上也在逐步完善中。公司具备学习型组织的特征，随着外部环境的变化不断的完善自己，适应环境，健康发展。

（2）公司咨询顾问的构成。

康索管理咨询公司以多年来从事管理咨询业务的职业管理咨询专业人士为核心，汇聚众多具有实践经验和理论研究能力的 MBA；以洞悉本土文化、解决企业管理实际问题为标准，形成能力优势互补结构的人员组成。经过几年的发展，公司现有签约咨询师 50 多名，员工的基本素质特别是学历水平都比较高，全部为本科以上学历，具备 3 年以上中层干部工作经历，8 年以上特定行业的工作经验。

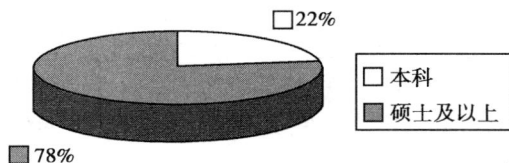

图2 康索公司咨询顾问学历分布图

从公司咨询顾问构成图可以看出，康索咨询公司员工具备两个特征。

（1）员工整体素质较高。公司员工全部具备本科以上学历，其中硕士及以上学历的员工占78%，本科学历员工有22%。

（2）公司员工以30—39岁员工为主，占52%，年富力强，精力充沛。40岁以上员工占32%，经验丰富，业务熟练。

不难看出，康索公司员工普遍比较年轻且学历较高，属于典型的专业知识型员工。公司咨询顾问具有较高的人力资本优势，个体素质较高，喜欢咨询行业；成就动机强烈；能力强，潜力大。

2　绩效管理实施

2.1　公司项目团队的咨询实施的过程

康索管理咨询公司为客户开展一系列为实现期待的目标和变革所必须施行的活动。这些活动有明确的起点，即双方关系的建立和咨询工作的开始。同时，也有明确的终点，即合约完成，咨询顾问离开。在起点与终点之间，康索咨询又将咨询项目划分为几个阶段，从而有助于咨询顾问和客户更加系统、有条理地从一个阶段进展到另一个阶段（见图3）。

2.1.1　咨询接洽

康索咨询公司在与客户的首次接触中，主要了解客户所存在的问题，澄清双方的问题和期望。在大多数情况下，客户对自身存在的问题没有形成较为清晰的认识，他们只是知道存在的问题很多，但是错综复杂没有头绪，同时他们也会借与咨询师会谈的机会听取咨询师的看法，帮助理清自己的思路，同时了解咨询师的能力，决定是否达成协议。康索咨询顾问通常将客户所描述的具体情况、个别实例归纳概括，将其结构化，帮助客户梳理清楚所存在的问题，它们之间的关系是什么，哪些是当务之急，应该从哪一块下手解决。然后，康索咨询根据项目的规模和范围，确定

```
┌──────────┐
│ 咨询接洽 │
└────┬─────┘
     ↓
┌──────────┐
│ 初步诊断 │
└────┬─────┘
     ↓
┌──────────┐
│ 正式咨询 │
└────┬─────┘
     ↓
┌──────────┐
│ 方案实施 │
└────┬─────┘
     ↓
┌──────────┐
│ 总结追踪 │
└──────────┘
```

图3　康索公司
咨询项目的阶段

公司是否有足够的资源和能力来完成该项目，康索咨询公司对所服务的客户始终抱着绝对负责的态度，在咨询接洽的源头上，康索咨询首先确定的就是公司是否具备充足的资源和能力来完美地完成该咨询项目。其次，公司就项目的费用开支、支付方式、适用法律及风险承担方式等具体条款与客户谈判并达成协议。咨询接洽的最后一步是提交并演示项目建议书。康

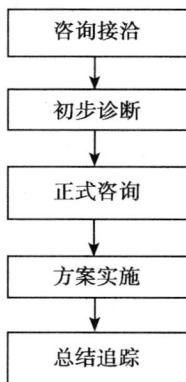

索咨询所提交的项目建议书除客户所要求解决的问题以外，同时提供咨询师在了解客户情况后，发现的一些其他问题。

2.1.2 初步诊断

在初步诊断中，康索咨询扩大与客户的接触范围，有重点的访问目标客户的高层领导，对客户的实际情况和存在的问题进行分析和综合。在这期间，需要不断的与目标客户进行沟通，进一步确认项目范围和所达成的目标，确保咨询公司与客户对客户的问题和所要实现的目标理解一致。初步诊断最后一步即咨询合同的签订。咨询程序也进入到正式咨询阶段。咨询合同所要求的目标即作为康索咨询项目团队的绩效计划，并进入执行阶段。

2.1.3 正式咨询

正式咨询开始，项目团队的绩效管理也进入到绩效执行这一环节。康索咨询项目团队在正式咨询阶段分为四个部分，首先是深入的调查和分析，其次是设计方案，再次为提交和评价方案，最后提出实施计划并辅助实施。

（1）深入的调查和分析。

正式咨询开始后，咨询师首先开展深入的调查和分析。康索咨询为确保对目标客户的全面了解和问题的详细认识，采用访问到岗的方法。即对每一个岗位都访问到位，有必要时，甚至对某些关键岗位访问多人，以了解问题的真实情况。在这一环节中，康索咨询项目团队全部成员都参与深度访谈工作，在具体的访问过程中，针对客户的高层管理人员及关键岗位负责人（总经理、副总经理、各部门经理），项目组全部成员都参与访谈，以使项目组全部咨询师对公司的整体情况和关键岗位有清晰的了解，也方便各咨询师在设计部门方案时能够密切配合，从全局考虑问题。对执行层面的管理者和其他岗位，项目组采用的是按照部门的不同进行分工，从而提高工作效率，节省人力物力。在访问开始前，康索咨询都会与访谈对象进行先期的沟通，将访谈的目的先行告知，并请访谈对象就自己工作上遇到的问题进行思考，以便使访谈达到更好的效果。

（2）设计方案。

深入的调查和分析完成后，项目团队各咨询师会对客户整体的情况和问题进行归纳整理，并向客户提供调查报告。针对调查报告中反映的问题，项目团队提供解决方案。在前期调研阶段中，项目团队对执行层面的管理者和一些岗位进行分部门的访谈，即每个咨询师负责不同部门的访谈，正因如此，在方案设计阶段，项目团队也是采用谁访问谁负责方案的分部门负责的工作方式。中小企业业务相对简单，部门少，问题也相对容易暴露，各个咨询师之间沟通简单，采用分部门负责的工作方式可以达到效率高，运作快的效果。但是，对于大型企业集团，这一分部门合作的项目运作方式就暴露了它的局限性。一位咨询师向笔者反映，在康索咨询所承担的成都双流机场××项目中，项目团队采用分部门负责的工作方式，不同的咨询师负责不同部门的方案设计，但因为双流机场机构庞杂，部门众多，咨询师每人负责不同的部门，导致各个部门设计的方案格式非常凌乱。只是统一各个部门方案的格式这一项工作，就需要大量的人力精力。另一位咨询师反映，每个咨询师负责一个部门，在给大型企业做整体性的方案，例如组织结构的调整，就需要各个咨询师做大量的沟通工作，不利于咨询师从全局考虑问题。分部门负责制这些问题暴露之后，康索公司咨询总监认为，不管哪一种工作方式，都是为了提高项目团队的工作绩效，不妨改变原来的分部门负责的工作方式，尝试新的分板块负责工作方式。在新的项目工作方式中，每个咨询师都参与对各个岗位的访谈，例如在人力资源管理咨询项目中，在设计方案时，每个咨询师负责不同的板块，工作分析、薪酬、绩效等各个板块由不同的咨询师承担。这样倒是解决了分部门工作的一些不足，但是又有咨询师认为分板块的工作方式给项目团队的配合提出了新的难题。

（3）提交和评价方案。

咨询方案完成以后，项目团队提交方案，康索咨询公司项目团队目前通常在咨询方案中提供两种解决问题的方法，方案提交后，项目团队与客户一同对两种方法进行评价，并通过大量的沟通论证工作，来选择其中一种。在提交的咨询方案中，项目团队还会提交具体的实施计划。即变革先从哪个部门开始，从哪些环节开始，从上而下还是从下而上。在项目团队提交的方案中拟定两种解决问题的方法，可以使方案更加的灵活，能多方位多侧面的解决问题。

2.1.4　方案实施

在具体的方案实施阶段，康索咨询项目团队要协助客户公司各个部门实施变革。通过培训来指导各个岗位依据咨询方案进行变革，并且依据具体情况来对咨询方案进行调整。

2.1.5 总结追踪

方案实施顺利进行，变革顺利完成后，咨询合同所约定的权利义务即终止。在咨询合同终止前，项目团队通常会对此次咨询过程进行总结和评价。合同终止后，项目团队仍然会对客户进行追踪计划，定期回访客户，为客户解决方案实施或者经营活动中遇到的新问题。

2.2 项目团队的绩效管理

一个好的绩效管理体系对项目团队的良好运行是必不可少的。康索咨询制定了一套完整的绩效管理方案，包括绩效计划，绩效执行，绩效考核，绩效反馈四个方面，康索咨询重视的是对项目团队整体进行绩效管理，而非单一的进行针对咨询师个人的绩效考评。为更好的对项目团队进行绩效管理，康索咨询成立了由总经理、项目总监、专家组组成的绩效管理委员会，考核委员会是对项目本身的进展和成果进行考核，同时也对项目团队进行绩效管理。

2.2.1 绩效计划

咨询合同所约定的任务即为项目团队的绩效计划。这一计划的制订是项目团队在与客户充分沟通和对自身资源的恰当评估后拟定的。项目团队所有成员都对该计划达成共识，在此基础上，项目总监确定分解到各个团队成员的工作职责和工作目标，从而界定成员绩效，作为团队成员考核的依据。

2.2.2 绩效执行

康索咨询项目团队在绩效计划实施过程中，绩效管理委员会在项目进程中对团队成员进行绩效辅导，对发现的问题及时反馈、沟通解决，以便更好的完成项目，同时提高成员的知识、技能和态度。绩效管理委员会还负责对绩效计划进行调整，随着绩效管理工作的开展，绩效计划也有所调整。

2.2.3 绩效考核

康索咨询在对项目团队进行的绩效考核，侧重于对项目团队整体绩效进行考核。对项目团队整体考核坚持多维导向，主要从基础绩效（计划完成情况）、能力（团队的方案解决能力、协同能力）、客户满意度、工作态度等几个维度进行考核，针对每个项目的不同，赋予每个维度不同的权重。在对咨询师个人的考评中，结合部门和个人两方面进行，并分配以不同的权重，而项目团队整体的考核结果在个人考评结果中占有较大比重，团队绩效的好坏直接影响个人的考核结果。这种方法更多的强调团队合作能力，但也可能会忽视个体成员的贡献。

2.2.4　绩效反馈

绩效考核完成后，绩效管理委员会就考核结果同项目团队成员进行沟通，使项目团队成员了解考核者对他的期望，认识到自己优秀的一面和有待改进的地方。咨询师个人也可以提出自己在工作中遇到的困难及自己的建议，以提高项目团队的工作绩效。康索咨询非常重视绩效考核结果的运用，绩效考评的结果可以识别对团队成员绩效有不利影响的缺陷，现实团队成员对培训方面的需要，从而制定有针对性的培训方案，增强团队成员的工作胜任能力，以提高将来的绩效。再者，绩效考核结果也可以显示团队成员的优缺点和潜力，从而帮助团队成员制定职业发展规划。

3　社会反响

本案例主要介绍了四川康索管理咨询公司的业务开展流程和项目的运作方式以及该公司的绩效管理办法。综上所述，康索咨询作为专业的人力资源咨询公司，在绩效管理方面有着卓越的优势，也取得了良好的效果。

4　作者观点

作为正在发展壮大的咨询管理公司，康索咨询的项目运作与绩效管理体系仍然存在着亟待完善的问题。

首先，由于康索咨询为本土的管理咨询机构，发展时间短，客户来源还主要依靠业界口碑，与国内外大型咨询公司相比，竞争力还远远不够，对于业务的选择的自主性还不够大，在现阶段，康索咨询只有不断培养自身的专长技能与核心能力，明确战略方向，做到产品差异化、客户专业化，才能获得成功。

其次，康索咨询在绩效管理体系的核心部分——绩效考核中实施的是团队绩效与个人绩效相结合的考核办法。员工个人的绩效与团队绩效紧密结合。但是在不同的项目和不同的团队中，团队绩效在个人绩效考核中所占的比重如何界定？如果比重过高，会不会影响个人的积极性，而导致群体不作为？如果比重过低，会不会导致咨询师更多的关注自身而非整体？

第三，康索咨询现阶段的考核以客户的重要性和完成的咨询量为主要的考核指标，重视短期指标，重视对结果的考核。但是从咨询公司的长远发展来看，是否应该将短期指标与长期指标相结合？古语说得好，"不谋全局者，不可谋一域，不谋万世者，不可谋一时"。世界著名的麦肯锡公司就打破了建立在客户规模和重要性基础上的评价体系，取而代之的是以知识贡献率为衡量标准的评价体系。这是因为麦肯锡公司认为不断保持知识的创新是长期的维持竞争优势的关键。

思考与讨论

1. 结合案例，谈谈运用个人绩效与团队绩效相结合的绩效考核办法时，在不同的项目和不同的团队中，团队绩效与个人绩效考核在考核结果中所占的比重如何界定？

2. 结合案例，谈谈该公司绩效考核方法是否适应公司战略目标，应该如何支持公司战略？

参考文献

［1］徐旭珊、黄玉清、吴碧英：《企业项目团队的绩效管理研究探析》，《现代管理科学》2003 年第 6 期。

［2］沈郁诚：《项目团队绩效管理研究》，《新西部》2008 年第 6 期。

［3］谢东海：《AH 管理咨询公司咨询顾问的绩效管理体系研究》，西北工业大学硕士论文。

［4］杨廷钫、杨从杰：《管理咨询顾问胜任力结构分析》，《科学学与科学技术管理》2005 年第 4 期。

［5］菲利浦·萨德瑞：《管理咨询优绩通鉴》，中国标准出版社 2001 年版。

联想集团的双指标考核体系

袁　渊　田　爽

摘　要　经过 20 多年的发展，联想从一个诞生在传达室的小企业一步一步终于成为在中国乃至全球个人电脑的领先企业。其间，联想的技术攻关是其成功最重要的因素，同时，扎实的基础管理工作也是其成功必不可少的因素。本文中，笔者讨论了联想的绩效管理体系，指出了联想绩效管理体系中可供借鉴的优秀之处，例如双指标考核、个性化的指标体系以及持续不断的沟通等。同时，笔者也针对双指标考核中部门考核结果与个人考核结果的权重分配问题、计分制是采用加分制还是扣分制等问题进行了讨论。

关键词　双指标　考核体系　联想集团

1　企业简介

1.1　发展历程

1981 年，IBM 设想在一个新的层面——个人层面——上发展计算能力，以便将信息技术的潜能和生产力从大型机扩展到人们的家庭和工作中去。

1981 年 8 月 12 日，IBM 正式发布了历史上第一台 PC，从此人类就进入了个人电脑时代。1992 年，一个传奇而响亮的品牌——ThinkPad 诞生了！20 多年来，IBM 个人电脑事业部在个人计算机领域中不断发展和创新。

1984 年，在世界的东方，柳传志带领的 10 名中国计算机科技人员前瞻性的认识到了 PC 必将改变人们的工作和生活。怀揣着 20 万元人民币（2.5 万美元）的启动资金以及将研发成果转化为成功产品的坚定决心，这 11 名科研人员在北京一处租来的传达室中开始创业，年轻的公司命名为"联想"（legend，英文含义为传奇）。在公司发展过程中，联想勇于创新，实现了许多重大技术突破，其中包括了研制成功可将英文操作系统翻译成中文的联想式汉卡，开发出可一键上网的个人电脑，并于2003年，推出完全创新的关联应用技术，从而确立了联想在3C时代的重要地位。凭借这些技术领先的个人电脑产品，联想登上了中国IT业的顶峰，2006年时联想已然连续10年占据中国市场份额第一的位置。

1994年，联想在香港证券交易所成功上市；4年后，联想生产了自有品牌的第一百万台个人电脑。

2002年8月27日，由联想自主研发的每秒运算速度达1.027万亿次的联想深腾1800计算机，打破国外厂商对于万亿次机的垄断。

2003年，联想中标863计划国家网格主结点，成功研制出每秒运算速度超过四万亿次的"深腾6800"超级计算机，并由科技部作为国家863计划的重大专项成果对外进行发布。在2003年11月16日公布的全球超级计算机500强（TOP500）排行榜中，"深腾6800"运算速度位居全球第14位，这也是迄今为止中国超级计算机在这一排名中取得的最好成绩。同年，联想将其英文标志从"Legend"更换为"Lenovo"，其中"Le"取自原标志"Legend"，代表着秉承其一贯传统，新增加的"novo"取自拉丁词"新"，代表着联想的核心是创新精神。

2004年，联想公司正式从"Legend"更名为"Lenovo"。

联想在2005年5月完成对IBM个人电脑事业部的收购，新联想的梦幻组合由此形成。

目前联想的总部设在纽约的Purchase，同时在中国北京和美国北卡罗来纳州的罗利设立两个主要运营中心，通过联想自己的销售机构、联想业务合作伙伴以及与IBM的联盟，新联想的销售网络遍及全世界。联想在全球有19000多名员工。研发中心分布在中国的北京、深圳、厦门、成都和上海，日本的东京以及美国北卡罗来纳州的罗利。作为全球个人电脑市场的领导企业，联想从事开发、制造并销售最可靠的、安全易用的技术产品及优质专业的服务，帮助全球客户和合作伙伴取得成功。

1.2 联想的使命及价值观念

联想集团将自己定位为：从事开发、制造及销售最可靠的、安全易用的技术产品。联想的成功源自于不懈地帮助客户提高生产力，提升生活品质。

联想的使命是："为客户利益而努力创新"，创造世界最优秀、最具创新性的产品，像对待技术创新一样致力于成本创新，让更多的人获得更新、更好的技术，最低的总体拥有成本，更高的工作效率。

联想的核心价值观："成就客户，我们致力于每位客户的满意和成功。创业创新，我们追求对客户和公司都至关重要的创新，同时快速而高效地推动其实现。诚信正直，我们秉持信任、诚实和富有责任感，无论是对内部还是外部。多元共赢，我们倡导互相理解，珍视多元性，以全球视野看待我们的文化。"

2　案例事件

2.1　个性化的考核

联想集团针对每位员工和每个部门的实际情况，实施不同的考核方式。

对于员工，联想每个员工都有短期和中长期两个目标。短期的目标都是公司采取目标管理的方法根据企业的目标分解到员工头上的，而中长期的目标则是每个员工自己对未来的描述。每年年初，联想的员工都要向部门领导交一份自己的中长期发展规划，如果这份规划和部门领导对员工的判断一致，该规划就生效，人力资源部门也会创造各种条件、提供尽可能多的资源帮助员工；而如果员工对自己中长期的发展规划和部门领导对其的观察、定位不一致，双方就一定要坐下来沟通，联想认为不管是什么样的考核方式，调动员工的积极主动性和创造性都是最终目的，而不是完全按照上级的意思办事。

对于公司的各个部门，联想也尽力使得绩效考核办法符合该部门的实际情况。对于销售部，联想为每个销售人员都建立了一套销售系统，登录该系统就可以看到自己年度内的所有计划、完成情况等信息。针对绩效考核的难点——研发部门，联想也力争个性化，作为科技化的企业，联想每年在研发上的投入很大，在考核的过程中也运用了大量的人力和物力，联想把研发部门分为研究院和二级研发机构，对这两个研发机构的考核方式也有所区别。

作为研究院，多从事基础性和前瞻性的研究，以保障联想未来的竞争力，二级研发机构多从事产品的更新换代工作。在考核二级研发机构的时候，联想会根据市场上同类产品的淘汰周期以及联想集团想要得到的业界标准确定研发周期。研发周期反映在市场就是一个企业的市场反应速度，直接决定着企业是否能够跟上消费者的步伐。而工程化指标则包括研发转化成产品的时间、件数以及一次生产成功率等，是衡量研发成果转化成市场价值的有效手段。除了这两个硬性指标，客户满意度也是衡量二级研发机构的重要指标。研究院的考核指标与二级研发机构不同，专利数是考核研究院的重要指标，还有论文发表数和国家课题的参与数。在联想，研发人员是可以换岗的，如果研发人员喜欢从事基础性的研究工作，可以申请调动。

2.2 个人和团队的"双指标"体系

联想集团的绩效考核是公司按照年度部门业务目标和部门对个人提出的工作目标，对一定时期内部门业务目标完成情况及员工的工作业绩、工作表现和工作能力进行全面、客观的评价。因此，在考核的时候应该结合部门和个人两方面的绩效成绩，并分配以不同的权重。部门考核方面以引导并推动部门沿公司战略轨道前进为出发点，激励部门工作，体现部门价值。个人考核则侧重于工作业绩、工作表现和工作能力，以业绩考核为主，这一方法集合了目标管理与关键业绩指标的优点，产生了 $1+1>2$ 的效果。

双指标体系共存是联想集团绩效管理的措施之一，对于一些部门，任务指标不便于细化到每一个人的身上，联想集团认为这种任务强调团队合作能力，部门业绩的好坏直接影响个人的绩效。而对于指标极其明确，很容易分配到个人头上去的产品或者销售部门，联想集团则尽量考核到人，销售部门的年度销售任务，通过层层分解，每个销售人员都非常清楚，集团无须再为某个销售团队设立考核指标。双指标体系共存在于它使员工不仅仅关注自己的业绩，而且也注重团队合作。

2.3 重视绩效沟通

联想集团在设置绩效考核指标时，沟通就开始了，沟通融入了绩效管理的每一个环节。制定绩效指标时，沟通是方便员工准确、清晰的明确自己的目标；帮助员工实现目标时沟通，让员工感受到组织对他的关心与支持；考核实施时要沟通，是让员工对考核过程和结果有明确的认识，严格执行考核的要求，避免中庸"老好人"现象；分析考核结果时，更要沟通，让员工知道自己的不足和改进的途径。如果把绩效管理比喻成一张错综复杂的渔网，沟通就是抓在渔夫手中的收网线，联想深信这一点。联想的绩效沟通不只停留在事前让员工知道为什么考核和如何考核上，也不只停留在事后分析上，更重要的是事中的纠正和完善。

2006 年第四季度最后一个月，联想的一个销售团队的考核目标发生了改变，原因是联想市场部门发现远程教育迅速崛起，伴随而来的肯定是大规模的采购，但在制定第四季度考核的时候并没有发现这样的现象，于是和员工沟通后删改绩效考核指标成为必然。该部门的绩效考核表里立即增加上了远程教育项目的内容，类似的事件在联想的绩效考核过程中常有发生。当然，并不是在发生变化的时候，绩效沟通才开始运行，员工随时可以向人力资源部门反映问题，人力资源部门也随时期待着和员工面对面讨论绩效。联想集团招聘总监卫弘一再提醒员工，绩效结果出来后的沟通一定不能大而化之，因为这直接关系着员工的积极性和下一阶段工作的正确与否。联想还同时要求沟通要做到面面俱到。了解联想的人都知道，联想部门内给员工强制排序，把员工强制性的分成 A、B、C 三等，虽然不同团队之间的这种分级是保密的，但拿到 C 的员工都会黯然。这个时候的人力资源工作者必须很努力的向 C 级别的员工说明这样分级的目的是为了更有效的利用资源，团队会根据他所处的级别给予他相匹配的资源，以及合作者极有针对性的帮助和指导等。

3　社会反响

目前，我国不少企业也在实施绩效管理，但是存在多种误区。首先，我国很多企业将绩效考核等同于绩效管理。绩效考核最大的用处就是和奖金、工资挂钩，没有充分发挥系统绩效管理的效力；其次，中国的传统中庸文化也使得绩效考核在我国的实施效果不尽如人意，在我国，考核是管理者、员工都头疼的一件事情，中国人爱好"面子"，认为绩效考核是很伤面子的事情，尤其是对结果不好的员工，管理者也只好打出"人情分"；再次，我国从事人力资源管理的员工专业能力薄弱，这方面的积累和知识还很欠缺，也导致很多企业的绩效考核水平低下。其实很多企业也曾像联想一样，尝试过很多种绩效考核的方法，但由于多种原因，并没有达到应有的效果，我们从联想的例子，可以读出一些启示。

第一，联想对多种绩效考核方法进行了整合，并不单一的运用某一种方法。各种绩效管理方法都有其长短，也不是万能的。联想在绩效考核的实施过程中，很好的将目标管理和关键绩效指标结合在一起，二者互为补充。

第二，联想采取个性化的考核方案，每个员工结合自身情况为自己设定中长期目标，在完成公司短期目标的同时，又发展了自己，起到了很好的激励作用。各个部门，像销售部和研发部，都有符合自身的考核指标，指标经过充分的沟通，使得每个员工都清楚的了解自己的工作标准和关键绩效。双指标共存的绩效考核，保证了员工、部门、公司的利益一致性。

第三，重视绩效沟通。沟通贯穿在联想在整个绩效考核过程中，员工对考核的整个过程都清楚的知道公司的要求，在工作中不断向公司反馈，得到帮助。有的企业在绩效考核实施时，员工只知道有这个考核，却不知道公司要考核什么，什么时候考核，考核的意义在哪里，当然得不到好的效果。

4 作者观点

第一，采用双指标考核体系，员工的最终绩效结果将由两部分绩效结果构成，一是部门绩效考核结果，二是个人绩效考核结果。在计算员工的最终绩效结果时，需综合考虑上述两个考核结果，这就涉及两者的权重配置问题。权重分配需确定权重分配的方式，另外还需明确权重分配的依据。

第二，绩效考核评分采用的计分方式，是采用扣分制，还是采用加分制？通常，员工对扣分制容易产生不理解，引起员工的反感和抵触，但对确保考核指标的整体完成有积极的作用；而采用加分制，员工容易理解并认可，但在确保考核指标的整体完成上存在问题。

各种绩效管理方法都有其优点和自身的局限，能否最大限度地发挥优点，克服局限，能否将它与企业自身特点相结合，通过人力资源管理部门公正有力的执行下去，使之发挥作用，是绩效管理成败的关键。

思考与讨论

1. 绩效考核方法主要有哪些？请讨论各种方法的优缺点。

2. 结合案例，讨论联想绩效考核方法是如何相互整合、相互补充的？

3. 结合联想的双指标绩效考核体系，谈谈如何确定部门绩效考核结果与个人绩效考核结果的权重配置？

4. 请讨论加分式和扣分式的绩效考核评分方法各自的优缺点及其运用。

参考文献

[1] 吴昊：《多种绩效管理方法的有机整合——以联想集团为例》，《企业研究》2007 年第 8 期。

[2] 王小华：《绩效考核的方法及其应用》，《企业改革与管理》2008 年第 11 期。

[3] 张一君：《联想绩效管理：巧走平衡木》，《卓越管理》2007 年第 3 期。

[4] 葛新：《浅析联想集团的人力资源管理》，《辽宁商务职业学院学报（社会科学版）》2004 年第 2 期。

[5] 李平：《业绩导向下的销售激励与绩效考核——访联想集团人力资源总监张瑾》，《中国劳动》2006 年第 6 期。

摩托罗拉的绩效管理

袁 渊 田 爽

摘 要 摩托罗拉具有鲜明的绩效管理观念,摩托罗拉将企业管理等同于人力资源管理,将人力资源管理等同于绩效管理,可见绩效管理在摩托罗拉的地位。同时,摩托罗拉的绩效管理有着完善的绩效计划、重视持续不断的沟通、注意事实的收集、观察和记录、定期召开绩效评估会议、坚持绩效的诊断和提高。在绩效结果的运用上,摩托罗拉采取强制分布、论功行赏。摩托罗拉的绩效管理取得了巨大的成功。但是,任何的绩效考核办法都有其局限性,笔者在本文中针对摩托罗拉的强制分布法和考核周期进行了评述。

关键词 绩效管理 人力资源管理 摩托罗拉

1 企业简介

摩托罗拉公司创立于 1928 年,世界财富百强企业之一,是全球芯片制造、电子通信的领导者。在中国,摩托罗拉公司为客户提供无缝移动通信产品和解决方案,业务范围涵盖宽带通信、嵌入式系统和无线网络等领域。无论是在家里、在车里、在办公地点还是其他任何地方,无缝移动通信让你随时随地联系到想联系的人、事物和信息。无缝移动通信最大限度地发挥了技术融合的力量,使通信变得更加智能、快捷、灵活,而且成本更低。摩托罗拉 2005 年的全球销售总额为 368 亿美元。公司现任董事长、首席执行官是爱德华·詹德。

公司的英文名为 MOTOROLA,INC,总部地址在美国伊利诺斯州。摩托罗拉(Motorola)因在无线和宽带通信领域的不断创新和领导地位而闻名世界。摩托罗拉公司现有四大业务集团,分别是移动终端事业部、网络事业部、政府及企业移动解决方案和宽带联网事业部。

移动终端事业部提供引导市场潮流的个人通信产品，并将我们熟悉的手机转变成生活中无所不在、必不可少的设备。作为多模多频通信技术和产品的领导者，移动终端事业部设计、生产、销售用于蜂窝系统的终端设备、便携式电子设备的能源产品、相关软件和配件。移动终端事业部还为上述产品和技术提供相应的服务。

网络事业部提供蜂窝系统、无线宽带和有线接入技术。在无线 IP、无线软交换、IP 多媒体子系统、核心网的整合等领域是全球领导者，网络事业部正在通过创新性技术解决方案来推动无缝移动通信。同时，网络事业部还扩展了服务范围，在技术支持、系统整合、应用和系统管理等方面已经获得巨大成功。

政府及企业移动解决方案部是世界无线电通信及信息集成解决方案的领先提供商，在满足全球公安、政府及企业客户的通信保障需求方面有着 65 年以上的丰富经验。本部门还设计、生产和销售汽车及工业电子系统和车载智能通讯系统，该系统可以使汽车自动得到路旁支持、导航和先进的安全性能。

宽带联网事业部提供可升级的、集成的端对端系统，其宽带服务可以让广大的消费者获得丰富的信息和娱乐项目，享受信息社会相互沟通的乐趣。不论是网络运营商、业务代理还是用户，都可以通过我们提供的革新技术和面向未来的产品以及服务，达到双赢的最终目标。

摩托罗拉公司于 1987 年进入中国，首先在北京设立办事处，于 1992年在天津注册成立摩托罗拉（中国）电子有限公司，目前主要产品有手机、对讲机、无线通信设备、汽车电子等，产品销售到中国和世界其他市场。目前，在中国内地有 3 家独资企业，1 家控股公司，16 个研发中心，5 家合资企业和 22 家分公司，员工 9000 多人。截至目前，摩托罗拉公司在中国投资总额约为 35 亿美元，是中国最大的外商投资企业之一。

2　案例事件

2.1　树立鲜明的绩效管理理念

作为世界上最大的通信、电子业跨国公司之一，摩托罗拉认为"创新、利润、人才是公司生存的保障"。公司强调，要实现公司目标，首先要赢得员工，公司需要吸引、培养和留住令人满意的人才，才能期待员工有令人满意的作为。为了做到这一点，摩托罗拉把绩效管理作为实现其人才战略的管理工具。认为只有通过完善的绩效管理，才能把公司最好、最聪明的员工用于最有意义的工作。

科学的绩效管理理念是树立良好的绩效导向文化的核心，摩托罗拉公司有一个观点，就是企业＝产品＋服务，企业管理＝人力资源管理，人力资源管理＝绩效管理。由此可见绩效管理在摩托罗拉公司的地位的重要性。摩托罗拉公司将绩效管理上升到了战略管理的层次，并给予高度重视。也正是因为这样的重视程度，摩托罗拉的绩效管理才能成为业界的楷模。

摩托罗拉给绩效管理下了这样一个定义，绩效管理是一个不断进行的沟通过程，在这个过程中员工和主管以合作伙伴的形式就下列问题达成一致：

（1）员工应该完成的工作；

（2）员工所做的工作如何为组织的目标的实现作贡献；

（3）用具体的内容描述怎样才算把工作做好；

（4）员工和主管怎样才能共同努力帮助员工改进绩效；

（5）如何衡量绩效；

（6）确定影响绩效的障碍并将其克服。

从这个并不繁琐的定义里可以看出绩效管理在摩托罗拉的地位，绩效管理关注的是员工绩效的提高，而员工绩效的提高又是为组织目标的实现服务，这就将员工和企业的发展绑在了一起，同时也将绩效管理的地位提升到了战略的层面，战略地看待绩效管理，战略性地制定绩效管理的策略并执行策略。

另外，定义还特别强调了员工和主管是合作伙伴的关系，这种改变不仅仅是观念的改变，更是深层次的观念创新，给了员工更大的自主和民主，也一定程度上解放了管理者的思维。随着这种观念的深入，员工和主管的关系将更加和谐，之间将会有更多的互助，互补提高，共同进步，这也正是绩效管理工作致力要做到和完成的任务。

同时，定义也强调了具体的可操作性，工作内容的描述要具体，衡量的标准要具体，影响绩效的障碍要具体，只有具体的东西，才有解决的操作性，因此，具体两个字包含着极其深刻的内涵。

2.2　绩效管理的五部分

一个完美的绩效管理理念需要通过完善的管理体系才能最终实现。摩托罗拉的绩效管理体系有 5 个组成部分：

2.2.1　绩效计划

在这个部分里，主管与员工就下列问题达成一致：

（1）员工应该做什么？

（2）工作应该做多好？

（3）为什么要做该项工作？

（4）什么时候要做该项工作？

（5）其他相关的问题：环境、能力、职业前途、培训，等等。

在这个过程中，主管和员工就上述问题进行充分的沟通，最终形成签字的记录，即是员工的绩效目标。它是整个绩效管理循环的依据和绩效考评的依据，其作用非常重要，需要花费必要的时间和精力来完成（在摩托罗拉大约用一个季度的时间）。摩托罗拉的第一个日历季度就是绩效目标制定季度。

摩托罗拉公司的绩效目标由两部分组成：一部分是业务目标（business goals）；一部分是行为标准（behavior standard）。这两部分组成了员工全年的绩效目标，相辅相成、互为补充，共同为员工的绩效提高和组织绩效目标的实现服务。

2.2.2　持续不断的绩效沟通

沟通应该贯穿在绩效管理的整个过程，不仅仅是年终的考核沟通，仅仅一两次的沟通是远远不够的，也是违背绩效管理原则的，因此，摩托罗拉强调全年的沟通和全通道的沟通，这一点在摩托罗拉手机的广告词中也有体现：沟通无极限。

它主要包括如下几个方面：

（1）沟通是一个双向的过程，目的是追踪绩效的进展，确定障碍，为双方提供所需信息。

（2）防止问题的出现或及时解决问题（前瞻性）。

（3）定期或非定期，正式或非正式，就某一问题专门对话。

在这个过程中也要形成必要的文字记录，必要时主管和员工签字认可。

2.2.3 事实的收集、观察和记录

为给年终的考核做准备，主管需要在平时收集事实，观察和记录必要的信息。包括以下两点：

（1）收集与绩效有关的信息；

（2）记录好的以及不好的行为。

收集信息应该全面，好的、不好的都要记录，而且要形成书面文件，必要的要经主管与员工签字认可。以上两个过程一般在二三季度完成。进入四季度，也就进入了绩效管理的收关阶段，是检验一年绩效的时候。

2.2.4 绩效评估会议

摩托罗拉的绩效评估会议是非常讲究效率的，一般集中一个时间，所有的主管集中在一起进行全年的绩效评估。它主要包括以下4个方面：

（1）做好准备工作（员工自我评估）；

（2）对员工的绩效达成共识，根据事实而不是印象；

（3）评出绩效的级别；

（4）不仅评估员工，而且解决问题。最终形成书面的讨论结果，并以面谈沟通的形式将结果告知员工。

2.2.5 绩效诊断和提高

这个过程是用来诊断绩效管理系统的有效性，改进和提高员工绩效，主要包括以下4个方面：

（1）确定绩效缺陷及原因；

（2）通过指导解决问题；

（3）绩效不只是员工的责任；

（4）应该不断进行。

摩托罗拉通过设计10项非常实际有效的问题进行衡量，每一项有5个评分标准，这样通过打分可以得知一年以来的绩效管理的水平如何，差距在哪里，从而做到拾遗补阙，改进和提高绩效管理的水平。

2.3 绩效考核的结果运用

摩托罗拉员工的薪酬和晋升都与评估紧密挂钩，但是摩托罗拉对员工评估的目的绝不仅仅是为员工薪酬调整和晋升提供依据。摩托罗拉评估的目的是：使个人、团队业务和公司的目标密切结合；提前明确要达到的结果和需要的具体领导行为；提高对话质量；增强管理人员、团队和个人在实现持续进步方面的共同责任；在工作要求和个人能力、兴趣和工作重点

之间寻找最佳契合点。具体来说，摩托罗拉在绩效结果的设置和运用上有以下三种做法：

（1）考核结果强制分布。

摩托罗拉的绩效考核表里没有分数，而是运用等级法实行强制分布，这样既能分出员工绩效的差别，又尽可能地避免了在几分之差上的无休止争论。在与薪酬管理挂钩上，摩托罗拉也采取了简单的强制分布，而不是绞尽脑汁去精确联系。因为这样既耗费时间，也偏离了绩效管理的方向。绩效管理致力于员工绩效的提高，而不仅仅是为薪酬管理服务。

（2）论功行赏。

摩托罗拉年终评估在 1 月份进行，个人评估是每季度一次，部门评估是一年一次，年底对业务进行总结。根据 Scorecard 的情况，公司年底决定员工个人薪水的涨幅，也根据业绩晋升员工。摩托罗拉常年都在选拔干部，一般比较集中的时间是每年二三月份，公司挑选管理精英到总部去考核学习，到五六月份会定下管理人选。

（3）薪酬与绩效挂钩。

摩托罗拉的薪水中有一大部分是基本工资，占的百分比很大，还有年终奖金。从 2000 年开始，摩托罗拉的工资结构有所变化，增加了一些可变动的工资，并将以前每年一次的奖金改为每季度发放。以前奖金与全球市场挂钩，2000 年以后以一个国家单元的业绩作为奖金考核依据。初到摩托罗拉工作时，学历上的差别会在工资中体现出来，例如研究生和本科生会有差别。工作后，本科生比研究生高是非常可能的。随着时间的推移，老员工可能经过几年涨工资，基数变得很大，那么应届毕业生的涨幅就会比老员工高。对有创造性的员工摩托罗拉会破格调级。

3　社会反响

摩托罗拉在绩效管理上取得的成功，值得我们借鉴的有以下三点。

首先，摩托罗拉对绩效管理工作十分重视。摩托罗拉公司有一个观点，就是企业＝产品＋服务，企业管理＝人力资源管理，人力资源管理＝绩效管理。由此可见绩效管理在摩托罗拉公司的地位的重要性。摩托罗拉在全公司树立这一观点，为绩效管理工作的开展打下了坚实的基础。公司在开展绩效管理的同时，人力资源部应该尽力得到高管的支持，提高全公司上下参与的积极性。才能保证绩效管理工作的顺利开展。

其次，重视绩效沟通。沟通贯穿摩托罗拉在整个绩效管理过程中。摩托罗拉倡导"沟通无极限"，强调全年的沟通和全通道的沟通。沟通也是一个特别强调的词语，没有沟通的绩效管理无法想象，没有沟通的管理也不能给我们希望，因此，强调沟通，实施沟通在绩效管理中显得尤其重要。

第三，摩托罗拉的绩效管理是一个完整的系统。摩托罗拉强调绩效管理是一个系统，用系统的观点看待绩效管理，将绩效管理置于系统之中，使其各个组成部分互相作用，并以各自独立的方式一起工作去完成既定的目标。

4 作者观点

笔者认为摩托罗拉的绩效管理体系仍然有值得商榷的地方。

第一，摩托罗拉对员工绩效运用等级法实行强制分布，强制分布确实给公司解决了很多麻烦，也在一定程度上避免了由于考核者的态度和行为所导致的考核结果不能合理分布的问题，有利于培育公司的绩效管理文化氛围。但是强制分布也是一把双刃剑，在实现组织管理目标的同时，也给员工造成了很大的心理阴影而在无形中阻碍着组织目标的实现。强制分布是一种主观性行为评价法，它在对员工进行强制分级中，忽视了同一等级内员工间绩效的差异。其实，在绩效考核中能否采用"强制分布"一直是业界争议不断的话题，"强制分布"实施的成功与否，与企业自身的绩效管理水平和组织文化氛围息息相关。

第二，摩托罗拉绩效考评周期过长。摩托罗拉对部门的评估是一年一次，年终才对业务进行总结。笔者认为摩托罗拉的考评周期有过长之嫌。一年一次的部门考评，如果日常工作中没有完整、详尽的工作记录，那么年底的考评就很容易根据近期印象来进行，容易产生"近因效应"，也会使员工失去对绩效考评的关注，从而忽视日常工作中存在的问题，绩效考评结果的真实性也不能让人信服。笔者认为，对于日常工作业绩类指标的考核以每月或者每季度为宜，而对于工作能力和工作态度指标类的考核则应该相对较长一些，以半年或一年为宜，平时要注意这方面信息的积累。

思考与讨论

1. 人力资源管理与企业文化密切联系。在摩托罗拉的绩效管理体系中，企业文化在哪些方面对绩效管理起到了支持性作用，摩托罗拉的绩效管理对企业文化的塑造起到了哪些作用？

2. 摩托罗拉是如何开展绩效沟通的？全年的、全通道的绩效沟通对绩效管理的开展和实施起到了哪些作用？

3. 基于案例，谈谈强制分布法，在培育企业良好绩效考核的氛围的同时，如何避免因强制分布而导致的忽视同一等级内员工间绩效的差异这一问题。

4. 如何设定绩效考核的周期，摩托罗拉一年一次的考评周期设置是否合理？

参考文献

［1］赵日磊：《摩托罗拉的绩效管理》，《人才瞭望》2004 年第 2 期。

［2］小方：《"摩托罗拉"的绩效管理》，《中国质量技术监督》2008 年第 5 期。

［3］韩城彬：《摩托罗拉绩效导向的文化解析》，《通信企业管理》2004 年第 4 期。

［4］林彬：《绩效考核中的"强制分布法"》，《人力资源》2004 年第 8 期。

［5］韩召和：《绩效考核能强制分布吗?》，《管理@人》2007 年第 12 期。

新浪的绩效管理

袁 渊 田 爽

摘 要 1993 年以来，新浪（NASDAQ：SINA）发展成为一家服务于中国及全球华人社群的领先在线媒体及增值资讯服务提供商。新浪在全球范围内的注册用户超过 2.8 亿人，日浏览量超过 9 亿次，是中国及全球华人社群中最受推崇的互联网品牌。新浪的成功，优秀的人力资源管理起着不可磨灭的作用。新浪的人力资源管理部门先后完成了部门重新定位、成功实施绩效管理方案、e-HR 引进等措施，充分调动了员工积极性，起到了极大的激励作用，为新浪的成功奠定了扎实的基础。笔者意在讨论新浪人力资源管理中的成功之处，以资借鉴，同时提出笔者关注的问题，以供大家讨论。

关键词 绩效管理 人力资源管理 新浪

1 企业简介

1993 年 12 月 18 日，新浪前身"四通立方信息技术有限公司"在北京正式成立。

1996 年 4 月 29 日，四通利方国际网络部正式成立，SRSNet. eom 中文网站建设启动。

1998 年 2 月 1 日，四通利方并购海外最大的华人网站公司"华渊资讯"（sinanet. com），成立全球最大的华人网站"新浪网"（sina. com）。

1998 年 5 月 8 日，四通利方"98 法国足球风暴"站点开通，并被法国官方指定为唯一的中文站点。这次网络播报抢尽了传统媒体的风头，奠定了四通利方在论坛、体育报道和媒体中的地位。

2000 年 3 月 29 日，新浪网成为中国第一家在美国 NASDAQ 成功上市的门户网站。同年，成为国内首批拥有登载新闻资格的商业网站。

2001 年 9 月 11 日，新浪网发出国内第一条报道美国"9·11"恐怖袭击事件的消息，并创下了流量新纪录。

2003 年 1 月，新浪公布财务报告净营收 1290 万美元，首次全面赢利。

2005 年 6 月，新浪第二次荣获由北京大学管理案例研究中心和《经济观察报》评出的年度"中国最受尊敬企业"称号。

16 年来，新浪（NASDAQ：SINA）发展成为一家服务于中国及全球华人社群的领先在线媒体及增值资讯服务提供商。新浪在全球范围内的注册用户超过 2.8 亿，日浏览量超过 9 亿次，是中国及全球华人社群中最受推崇的互联网品牌。

新浪在多项调查中被评为中国最具品牌价值和最受欢迎的网站。2003—2007 年，新浪连续荣获由北京大学管理案例研究中心和《经济观察报》评出的"中国最受尊敬企业"称号。中国互联网协会发布的《2007 中国互联网调查报告》中，新浪在门户、博客、汽车、体育、新闻、财经等重要领域的用户到达率指标中高居榜首。2007 年，新浪还被北京大学新闻与传播学院、信息产业部分别评为"十大创新媒体"及"中国互联网年度成功企业"。

2　案例事件

2.1　新浪的人力资源管理部门角色的转变

和大部分国内企业的人力资源部一样，新浪的人力资源部在早期也是按照职能模块分工，提供招聘、发工资等基本的人事行政服务，在绩效管理方面基本上没有涉足。在新浪发展壮大的过程中，新浪发现，作为一家高科技、知识型的网络公司，自己最大的资源就是人才，自己的竞争优势也应该是人才。因此，如何吸引人才、激励人才、留住人才就成了人力资源部门的当务之急。其次，在公司不断发展过程中，人力资源部在全面支持公司经营战略方面，承担着不可忽视的作用。所以，新浪的人力资源管理必须完成从传统的人事部门向主动为业务部门的业绩提升提供相关人力资源服务支持的战略合作伙伴的转变。

这样，新浪的人力资源部被定位为一个"绩效导向、人才为本"的战略人力资源管理部门。为了适应新的角色定位，人力资源部的组织结构也做了相应调整，分为两大部分：

一部分继续执行人力资源各职能模块的人力资源管理工作，如招聘、培训、薪酬福利、员工关系等；一部分深入业务部门，了解业务部门潜在的需求，贴身提供人力资源管理支持，这也就是业务单元人力资源管理。新浪更重视业务单元的人力资源管理，在中国大陆地区，这两部分的人员比例是1：2。

人力资源管理部门新的角色定位要求人力资源管理部门担负起以公司的业绩为导向的各种流程管理、绩效改进、人力资源各种政策的调整和优化。HR面临重大挑战。新浪人力资源总监段冬认为，HR首先要成为一个业务工作者，然后才可能成为一个合格的人力资源工作者。只有当与业务部门的业务事情相结合，提出更专业化的解决方案建议，业务部门才会认可HR。在新浪早期，一说人力资源管理，业务经理往往说那是人力资源的事情，和人力资源部没有关系，自从人力资源部实施新的组织结构后，提出了"人才管理"、"业绩管理"等通俗的说法，这样业务经理会认为是人力资源管理部门在帮助他们解决问题。对人力资源的工作也认识的更加清楚，为绩效管理的实施提供了良好的环境。

2.2　绩效管理的实施

2.2.1　绩效管理的准备

2002年，新浪实施过绩效管理，请知名的咨询公司设计了很好的方案，推行了半年时间，结果不了了之。因为之前有过一次失败，所以新浪在重新开展绩效管理之前，做了慎重的调查。调查发现，咨询公司设计的方案流程过于复杂，没有和日常的工作任务结合起来，使得大家觉得像是一场运动，参与程度不高。在调查过程中，一半的主管反应希望做绩效管理，还有一半不希望做，不希望做的理由是网络公司目标变化太快了，每个季度都不一样，无法跟踪，甚至个别人还带有明显的抵触情绪。针对这种情况，人力资源部首先分层次召集管理人员和骨干员工进行了相应的讨论和培训，以统一思想，统一行为。沟通后一把手参与了进来，新浪第一个定绩效管理指标的就是CEO汪延，人力资源部获取了高层管理人员的参与支持和承诺。其次，大家也普遍认识到，只有一线的业绩考核数字才能告诉大家今后该怎么走，如果不做绩效管理，公司不可能撑得久。人力资源管理总监段冬认为绩效沟通最关键的就是给他们说清楚这样做有什么好处，不做有什么不好的地方。如果不做，人员的晋升和选拔用什么标准？谁是优秀员工？有什么业绩来证明？做了之后公司对人员的赏罚升降，都有了明确的依据。

他给新浪的主管举了一个例子，即老鹰抓小鸡的游戏。老鹰为什么很难抓到小鸡？因为队伍的头一摆，尾巴甩得很远，老鹰根本就抓不到。绩效管理也是一样的道理——小鸡就像公司的目标，老鹰就像员工。如果你的员工只知道今天做什么、这个星期做什么，不知道这个月做什么；如果你的主管只知道这个星期、这个月做什么，不知道今年做什么——那么，公司的未来在什么地方？

段冬在和业务部门的沟通中，发现大家每天都很忙，但是所做的很多事情不是高层或者公司需要优先关注的。个人的任务和部门、公司的目标没有结合起来。

新浪的绩效管理先从高层开始做。当时的 CEO 等高层管理人员都非常支持。公司高层每个人要写这个季度要做的"七件事"：其中包括五个业务指标，两个管理指标。高层组成的新浪管理委员会要讨论每个人的七件事是不是和公司战略和年度的规划相一致，一旦经过讨论确定下来，每个人的七件事就分解到他们的下一层，下一层再写七件事，层层分解一直到基层员工。基层员工也要写七件事，他们不是管理者，没有那两个管理指标，但是有相关的行为指标，比如某个员工这个季度可能要提高自己的沟通能力，那么他就要计划怎样去提高，或者参加培训，或者要参加一个研讨会，或者要到别的部门去见习等。七件事给人的感觉不太像一个绩效考核，不太正式，但是很简单实用，最重要的一点是和员工的日常行为结合起来。

2.2.2 绩效管理的实施

在绩效管理实施阶段，最难的就是做"强制分布"。从 2003 年第二季度开始实施，最开始是在两个部门做试点：一个是运营中心，这是新浪的内容部门；另外一个是新浪无线，这是新浪最大的事业部。关于"强制分布"，新浪有一个基本正态分布比例：经过绩效评估之后，5% 的人是远远超标的，10% 的人是超标的，70% 是达标的，10% 是接近目标的，5% 是远远不达标的。对于远远超标的 5%，新浪会发放丰厚的奖金，而且这会有助他参加季度的创新奖或者优秀员工奖的评选。对于远远不达标的 5% 的员工，人力资源部门会要求他们提出改进计划，包括希望公司提供什么样的资源支持，在什么期限内改进等。如果有两次被评为远远不达标的 5%，这名员工就会被淘汰掉。从整个年度来看，新浪要淘汰 7% 左右。另外，在做"强制分布"确定最后 5% 的时候，新浪遵循这样一种原则，就是通过评估团队，奖励个人的方法。首先评估部门的整体绩效，并且在一定规模的人群中做正态比例分布，并不是说这个组只有 5 个人，也要有一个人排到最后的 5% 里面去，新浪是在一个部门里面做分布。如果部门远远超过目标就可以调整整个部门的正态分布比例。绩效考核的结果是奖励选拔优秀员工的基础，公司并不是不想奖励员工，关键是要知道谁做得好，什么地方做得好。

"强制分布"一开始在高层当中讨论的时候就有阻力，业务部门开始实施后抵触也很大，他们说大家都很努力，如果业绩不好是市场变化的原因。段冬说，如果大家很努力，公司业绩却不好，那就是主管的责任，主管没有预测到未来发生的变化——你们是愿意独自挨这个板子呢？还是希望每个员工也承担起他们应有的责任呢？

在两个部门试点以前，人力资源部花了大量的精力和他们讨论：先要把这个部门今年的和每个季度的关键绩效指标确定下来。到底应该把哪些指标放进去？这些目标是不是和公司的整体目标相关？确定下来之后要对其进行定义：比如你说销售额，什么是销售额？定性的标准是什么？然后每个季度就用这个标准来衡量你的业绩，比如目标是销售额要提升 20%，那么你要根据这个目标来确定要做哪些事情：可能是要拜访多少家客户，可能要做一些系统的改进工作等。最后确定的目标都是和业务部门经过共同讨论提出来的。

实施之后很重要的一点是要对执行情况进行跟踪，主管每个月要和员工总结一下，关键的事件要记录下来，并要在每个月末进行回顾。如果月度不总结，到季度末发现目标变化很大，但是没有在执行过程当中指出并记录，执行效果就要打折扣了。一开始有些主管做沟通的技巧还不成熟，没有记下关键的事情，到季度末和员工谈的时候，说员工哪里做得不好，员工的反应会是：你当时为什么不告诉我？因此，主管应当在执行过程当中就指出员工哪里做得不好，让他及时改正并予以记录。必须使业务部门的主管和员工自己能够了解和操作绩效管理的基本工具，不能从上往下压。

新的绩效管理方案试行了两个季度后，开始在更大的范围内推行，这时候曾经对"强制分布"有强烈排斥心理的一个部门经理主动提出：能不能帮助本部门也开始做？因为他已经看到了做绩效管理的好处。现在整个公司都实行了绩效管理。并且从去年开始已经将整个绩效考核过程通过 e-HR 系统来进行了。

2.2.3　绩效管理的反馈

许多员工一开始觉得绩效管理没有用，但是现在觉得绩效管理是很好的工具，这种方法赏罚分明，可以证明自己的价值，而不是每天很忙碌但是不知道自己对公司的贡献是什么。

对于新浪，绩效管理还有一个很大的意义，就是把新浪的人力资源管理从基础的人事管理提升到战略性人力资源管理。这是一个比较大的跨越。之前的人力资源工作限于管理人事档案、日常的招聘等服务职能，基本上属于人事管理。但是绩效管理使得每个人所做的工作和公司的整个战略目标紧紧相连，也使得人力资源部和业务部需要经常沟通，联系更加紧密。许多人力资源的工作是通过业务部门的执行体现出来的，人力资源要乐于担当幕后英雄。

2.2.4　e-HR 的引进

从 2004 年开始，新浪已经将整个绩效考核过程通过 e-HR 系统来管理和操作了。其实，e-HR 上马最初开发的就是绩效考核模块，目的是为了将员工的日常工作计划和绩效管理结合起来。因为工作计划是每天要写、每月要写的，将日常行动计划跟看起来挺复杂的绩效管理工具结合起来，是顺理成章的事。这样员工在日常工作中就能很方便地使用到绩效考核、绩效评估工具，进而提升了绩效管理的效率。

绩效管理不再是 HR 部门自己的事了，业务主管和员工都要参与操作，这样逐渐地绩效管理和目标管理就成为三方都能听得懂的共同语言，而基于 HR 的绩效管理模块，也不再只是 e-HR 软件的一部分，而成了内部沟通管理的一个平台。目前培训体系、薪酬管理、能力模型等也都集合在了 e-HR 中，实际上是把咨询成果、技术管理成果、实践经验等都集成在 e-HR 这个系统平台上，不仅仅 HR 自身使用，而且员工也在利用这个平台管理着自己的日常工作。e-HR 平台的有效运用大大提高了内部管理的效率。

3　社会反响

新浪绩效管理取得成功，主要在于新浪绩效管理体系实施过程注重员工工作目标与公司的战略目标相结合，只考评七件关键业绩指标。并且七件事与员工的日常行为相结合，简单实用，没有让员工觉得增添很多负担，但是却取得了显著的效果。强制分布使部门员工各自承担起自身对工作应负的责任，使得绩效管理的结果落到实处，使员工明确自己在团队中的地位。也在一定程度上解决绩效考核中经常出现的"老好人"现象。绩效考核结束后，与员工充分的沟通也让员工明确了自己的优势与不足，明确了自己对公司的贡献，也明确了自身的发展方向。

4 作者观点

任何一种绩效管理方法都不是万能的，新浪绩效管理在取得成绩的同时，有一些问题还是值得大家进一步的探讨。

首先，新浪的绩效考核指标——开门七件事，采用的是关键绩效指标考核。公司高层用七件事考核，基层员工同样用七件事考核，那么公司高层的七件事是否与基层员工的七件事一一对应呢？根据七件事设立考核指标是否能够完全涵盖该岗位所要求的关键任务？是否会有遗漏而导致考核指标的完整性不足？

其次，新浪的绩效考核结果运用强制分布法，经过绩效评估之后，5%的人是远远超标的，10%的人是超标的，70%是达标的，10%是接近目标的，5%是远远不达标的。在一个团队中，若工作任务是由团队成员紧密联系完成，每位员工都很出色，那么强制分布的比例如何调整？

当然，任何的绩效管理办法都不是万能的。最重要的是找到自己企业所适合的绩效管理办法。我们在新浪的绩效管理中可以借鉴很多东西。同样，新浪的绩效管理也不能完全照搬到自己的企业中，企业还是应该结合自身特点，同时借鉴优秀企业的做法，制定适合自己的有特色的绩效管理方法。

思考与讨论

1. 新浪绩效管理过程中，人力资源管理部门承担的角色与其他公司有何不同？这样做是否利于处理人力资源管理部门与业务部门的关系？请讨论新浪人力资源部定位的优势与不足。

2. 新浪的绩效考核指标的设计，高层与低层同样运用"七件事"进行考核，公司高层的七件事是否与基层员工的七件事一一对应呢？根据七件事设立考核指标是否能够完全涵盖该岗位所要求的关键任务？是否会有遗漏而导致考核指标的完整性不足？应该如何避免？

3. 结合案例，请讨论在绩效考核中应该如何有效的运用强制分布法。

参考文献

［1］刘兴阳：《绩效导向，人才为本——新浪的人力资源管理》，《人力资源管理》2006 年第 2 期。

［2］柯丽菲、柯丽佳：《人力资源管理与组织绩效水平》，《国际经济合作》2006 年第 5 期。

［3］西乡：《新浪——人事变动背后的治理痼疾》，《当代经理人》2006 年第 4 期。

薪酬管理

联想并购后的薪酬整合

李云雀

摘　要　联想一直把建立科学合理的薪酬福利体系作为公司治理的一个支点。自 2004 年联想宣布并购 IBM 的 PC 业务之后，一直致力于构建国际化薪酬架构以实现薪酬的"软着陆"，然而在具体实施过程中，薪酬文化的冲突仍然是并购中令人头痛的难题。

关键词　并购　薪酬　联想

1　公司简介

联想集团成立于 1984 年，集团创立者柳传志带领 10 名中国计算机科技人员前瞻性的认识到了 PC 必将改变人们的工作和生活。怀揣着 20 万元人民币（2.5 万美元）的启动资金以及将研发成果转化为成功产品的坚定决心，在北京一处租来的传达室中开始创业，年轻的公司命名为"联想"（legend，英文含义为传奇）。在公司发展过程中，联想勇于创新，实现了许多重大技术突破，其中包括了研制成功可将英文操作系统翻译成中文的联想式汉卡，开发出可一键上网的个人电脑，并于 2003 年，推出完全创新的关联应用技术，从而确立了联想在 3C 时代的重要地位，凭借这些技术领先的个人电脑产品，联想登上了中国 IT 业的顶峰。联想将其英文标识从"Legend"更换为"Lenovo"，其中"Le"取自原标识"Legend"，代表着秉承其一贯传统，新增加的"novo"取自拉丁词"新"，代表着联想的核心是创新精神。2004 年 12 月 8 日，联想宣布收购 IBM 全球 PC 业务。2005 年 5 月 1 日，完成全球业务交接。2006 年 3 月，提前实现全球组织整合。目前新联想的总部设在美国罗利，在全球 66 个国家拥有分支机构，在 166 个国家开展业务，在全球拥有超过 25000 名员工，年营业额达 146 亿美元，并建立了以中国北京、日本东京和美国罗利三大研发基地为支点的全球研发架构。2006 年时联想连续 10 年占据中国市场份额第一的位置。

2　案例事件

2.1　并购前联想的福利薪酬体系

2.1.1　并购前的联想定薪原则

（1）以岗定薪：为岗位付酬（pay for position）

（2）以业绩定薪：为业绩付酬（pay for performance）

（3）以能力定薪：为能力付酬（pay for person）

2.1.2　岗位定级

（1）进行岗位评估。

利用 CRG 评估工具从以下 7 个方面进行评估：对企业影响，监督管理，责任范围，沟通技巧，工作复杂程度，解决问题难度，环境条件。

（2）确定岗位定级。

岗位定级是定薪、股权分配、福利待遇的基础。

2.1.3　个人定级

岗位定级、员工个人定级、员工个人级别工资、员工能力。

2.1.4　薪酬调查与调整

工资调整取决于三个方面：一是进行市场调查，修订个人定级对应的工资，以保证具有竞争力的薪酬水平，二是根据公司组织结构和岗位的调整，确定新的岗位定级；三是根据员工的适岗程度，确定员工的个人定级。

2.1.5　薪酬构成

（1）现金收入。

$$月薪 = P \times Q \times 个人级别工资$$

P：部门季度业绩系数；Q：季度绩效考评个人表现系数。

奖金奖励：

$$红包 = T \times Q \times H \times 个人级别工资$$

T：时间系数，T = 工作月数/12

$$工作月数 = 到岗月数 - 病、事确定月数$$

Q：年度绩效考评表现系数；

多元化的薪酬制度和激励措施

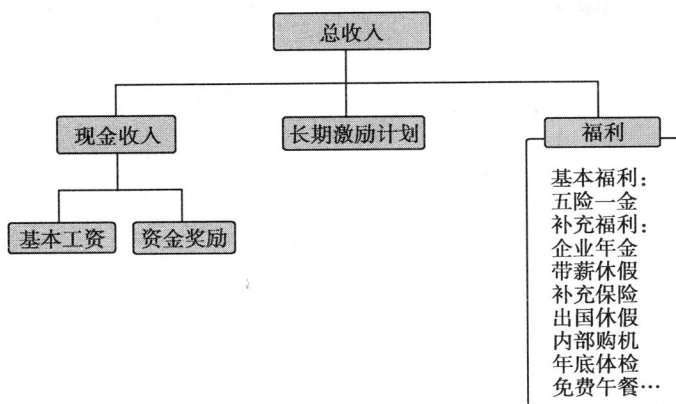

```
                      ┌──────────┐
                      │  总收入  │
                      └──────────┘
           ┌──────────────┼──────────────────────┐
      ┌─────────┐   ┌──────────────┐        ┌─────────┐
      │ 现金收入 │   │ 长期激励计划 │        │  福利   │
      └─────────┘   └──────────────┘        └─────────┘
       ┌────┴────┐                      ┌──────────────────┐
  ┌─────────┐ ┌─────────┐              │ 基本福利:        │
  │ 基本工资 │ │ 资金奖励 │              │ 五险一金         │
  └─────────┘ └─────────┘              │ 补充福利:        │
                                        │ 企业年金         │
                                        │ 带薪休假         │
                                        │ 补充保险         │
                                        │ 出国休假         │
                                        │ 内部购机         │
                                        │ 年底体检         │
                                        │ 免费午餐…       │
                                        └──────────────────┘
```

H：年度公司业绩系数。

表彰奖：公司级事件性表彰和公司年度表彰；部门级表彰、部门级事件性表彰以及部门季度评优津贴、外派津贴，包括长期外派津贴和短期外派补助，补贴数额与岗位工资呈线性关系。

（2）长期激励计划：认股权。

（3）福利。

2.2 并购后联想在薪酬整合方面所做努力

联想和IBM的薪酬激励体系存在极大差异。并购之后的薪酬整合成为摆在新联想面前的主要问题。为新联想全新薪酬体系设计提供咨询的韬睿咨询公司咨询师柴敏表示，"联想的薪酬可分为两部分：一是临时措施，在并购整合这一特殊期间的保留计划中体现；另一个就是在未来，全公司统一的薪酬系统。两套薪酬体系有一个过渡期"。为了"让更多的联想员工满意，特别是让前IBM员工满意"，联想对其薪酬制度进行了调整。

2.2.1 联想薪酬调整的方向

联想集团全球消费人力资源副总裁乔健表示，收购前需要确认的是薪酬不会成为并购的风险因素，收购完成后需要确认的是，新的薪酬体系需要哪些技术细节实现。而这些技术细节包括两方面：一是薪酬体系本身的技术细节，二是两套薪酬体系平稳过渡的技术细节。

联想薪酬调整的大方向是，在原联想薪酬体系上（或对原联想员工），增加固定工资比例，降低可变薪酬比例；在原IBM工资的体系上

（或对原 IBM 员工），降低固定工资比例，增加可变工资比例。同时，逐步上调联想员工整体收入。最终，所有联想员工实现薪酬一体化。

2.2.2 薪酬理念的变化

联想自 1998 年就开始了和世界接轨的薪酬体系规划和设计。联想所倡导的以 3P 为基础的薪酬理念，即 Pay for position （为岗付酬）、Pay for person （为人付酬）、Pay for performance （为绩效付酬）。融合后新的薪酬架构要将原来联想的 3P 改为"P Three"，即 Priority （KPI 的优先性）、Performance （绩效沟通和反馈），Pay （报酬），根据 KPI 优先指标的达成，对员工的绩效进行反馈，然后据此支付其薪酬和奖金。

2.2.3 基本薪酬和福利

通过沟通和薪酬调查之后，联想集团华东区域总部人力行政总监曹金昌了解到中国和美国两边员工的不同疑问：中国员工普遍感觉并购后公司前景更好，因而对薪酬也抱有更高预期；而国外员工则担心自己会否被降薪。对此联想对国内员工的基薪和福利都进行了调整和补充，比如增加年金、养老金、补充医疗保险。而对国际员工，基薪不降，联想的策略是原 IBM 员工薪酬在 3 年内（至 2008 年）不变。但在激励上更兼顾挑战性和可实现性。联想原来所实行的部门考核和个人考核相结合的员工绩效考核方式也将在联想全球中逐步推行，将考核绩效分为优、中、尚待改进三等，比例分别为 20%、70%、10%，每年会有 5% 的末位优化，对于这 5% 的员工，会考虑给予换岗或不再续签劳动合同。

2.2.4 薪酬水平

对于联想目前的薪资水平，曹金昌表示不便于透露。大体上来说，职能部门员工的基薪高、奖金少；销售人员的基薪相对低些，奖金和业绩挂钩；研发人员的基薪高些，奖金更多地和员工的发明专利、完成项目的情况挂钩。中国和美国两边的员工互相都会外派，外派员工的薪酬按照各国的国际惯例执行。

"新的薪酬体系出来后，国内和国外员工的薪酬水平肯定还是有差别。"曹金昌解释说，这与不同国家的生活水平相关，同时也在考虑市场的竞争性。比如某个岗位是全球性的，则该岗位的薪酬制定就参照全球性的调查数据；如果只是一个地域性的岗位，则只在该地域去比较。此外，还会选定一些公司做参照，过去的联想会圈定一些国内比较知名的 IT 公司，新联想则会更多地圈定一些直接竞争对手的薪酬进行调查。

2.2.5　长期激励

在长期激励方面，原来的联想基本上是全员持股，后来发觉市场大势不好时，期权对基层员工的激励作用相对较弱，于是便将股权计划覆盖的范围缩小了。自 2004 年之后，联想取消全员持股制度，仅向那些对联想有较大贡献的员工分配期权。而包括企业年金在内的社会福利、员工期权等则主要按在公司工作的年限、为公司作出的贡献、在公司所担任的职务分配。

2.2.6　增设年金计划

2006 年 7 月 5 日，联想集团正式对外发布了"企业年金"计划，联想是国内第一家推出"企业年金"计划的企业。该计划主要目的是为员工提供退休后的保障资金，具体操作模式为，联想将按照员工自愿原则，以 1:1 的比例拨款构成企业年金并交予专业的服务供应商管理运营，所产生的收益将返还给参与该计划的联想员工。据专家预测：按照 5% 的投资收益率和 5% 的工资增长率计，一个加入年金计划后在联想工作 30 年的员工，若退休前月平均工资为 6000 元，则退休后获得的社会养老保险和联想企业年金的养老金收入之和约为 4000 元/月。如果没有加入企业年金计划，只领取社会基本养老保险，退休后所获得的养老金每月只有1300 多元。企业年金计划吸引的是那些开始追求生活稳定的员工。一些刚刚毕业加入联想的年轻人觉得还是"及时行乐"比较重要，这些员工多不加入联想的企业年金计划，而是将手头的钱用来买车、买房，或是娶妻生子。"联想在海外通过并购方式吸纳的员工一直都享受这样的保障机制，此前在国内的员工也享受其他的社会保障。"联想副总裁乔健说，"在年金计划执行之后，联想也全面实现了与国际接轨，联想超过 70% 员工（包括原 IBM 员工）加入了企业年金计划"。

3　社会反响

自从联想集团宣布收购 IBM 的 PC 业务之后，关于新联想的发展人们做出了种种猜测，也提出了许多疑问。

3.1　并购后的薪酬平衡问题

新联想无法规避这样的问题：如何平衡拿着高薪却从事一般工作的原 IBM 雇员与拿着低薪却从事高层管理工作的联想雇员？如果维持高工资，

IBM PC 的亏损局面没法扭转，如果实事求是地降薪，又面临着人员大规模出走的被动局面！虽然 IBM 表示员工薪酬将保持，但很多人仍怀疑这种政策在以降低成本为第一目标的联想，能否真正得到贯彻。据原 IBM 员工透露：以基本工资计（不加奖金、员工福利与员工期权），IBM 员工 7 倍于联想员工。

此外，联想和 IBM 公司长期以来形成了自己独特的激励方式。拿联想来说，其薪酬的可变性部分是非常大的，不仅仅有销售佣金、年终奖、红包，连工资也是浮动的，每个季度都会有体现，而且执行起来非常严格。在薪酬激励上有奖有罚，就连总裁的工资都可以降。而 IBM 是一种激励文化，一般不会让员工有被罚的感觉，对员工基本上没有惩罚的方式，全是激励——工作干得好，在薪金上就有体现，否则就没有体现。这种情况下员工的自我认同感很强，如果自己的工作一直没有得到激励，就意味着自己存在的价值受到忽视，许多员工在这种情况下都会主动调整自己。

3.2 薪酬激励体系的变更可能会削弱联想并购的品牌延续效应

联想并购 IBM 的 PC 业务，客户的认可对于品牌的延续性认可至关重要，并且在很大程度上决定了联想并购成功的可能性。一旦改变 IBM PC 业务已有的薪酬激励体系，必将导致人员大批离职，从而影响品牌的社会效应，这种负面的社会效应会逐步影响客户的消费选择，形成客户选择的"马太效应"，会进一步削弱联想并购 IBM 的品牌延续效应。

3.3 员工的疑虑

虽然联想声称不会改变公司的薪酬福利，但是，两个公司薪酬体系的迥异却是事实，员工们虽然都明白这两套体系终将融合，不过对融合的方式抱着怀疑的态度。

另外，对联想的不信任也困扰着员工们。曾经拿过 IBM 大中华区销售大奖的张小姐对中国新时代的记者说："以前，我总是对客户说'联想的 PC 质低价廉'，以后我怎样才能拿着联想生产的 PC 去跟客户讨价还价？另外，我对联想的薪酬水平也不满意，IBM 对销售等人员执行的是一种高奖金政策，人均薪酬几乎相当于联想的 2—2.5 倍。当初我之所以从惠普跳到 IBM 就是冲这种高奖金政策而来的。"一位打算跳到惠普或戴尔去的 IBM 员工，则对并购本身就不看好，他对《中国新时代》说："我并不看好联想和 IBM 的 PC 业务的整合。当初康柏是因为经营不下去才被惠普合并的。联想不是惠普，我们也不是康柏，而 IBM 的 PC 一直是很坚挺的。说真的，就算是利润薄，但是怎么也要比联想强上很多倍。"

有媒体称，自从被联想收购后，IBM PC 大中华业务团队有超过三成的员工选择了离开。原 IBM PC 大中华业务团队共 120 余人，但在联想宣布收购后至今，已有多位原负责 IBM 华东、华北、华南等地区的二线主管挥别新联想，出走人数高达 40—50 人，超过原团队总人数的三成。上海的情况也大致相同，并购前后有 1/4 的人选择了离开。联想宣布正式收购 IBM 全球 PC 业务的当天早晨，IBM 上海团队的员工都在位于瑞安广场的办公室收听网络现场直播，"员工们大多神情黯淡，很多新来的大学生在看完直播之后当场就哭了"。一位 IBM 员工透露，当初他们都是冲着 IBM 作为跨国公司的光环而来的。

4　作者观点

20 世纪 90 年代以来，随着全球一体化加快及贸易投资壁垒的消除，并购已成为一种国际化的行为。越来越多的企业都试图通过并购来构建更高层次的核心竞争力，以期实现企业的持久竞争优势。2000 年的并购交易额达到了 3.4 万亿美元以上，而当年中国企业并购数量也达到了 445件，交易价值 440 亿美元，名列亚洲区前茅。然而引人深思的是多数并购案例以失败告终。在导致并购失败的多种原因中，人力资源整合，包括薪酬整合不够重视，是一个非常重要的原因。

企业并购作为企业变革的一种形式，会带给员工巨大的压力，导致员工非常关心工作的变动、职业生涯、工作汇报关系、职位差异、工作地点变动、适应新组织文化、人力资源标准等问题。并购发生后，对于双方企业的大多数员工来说，其最关心的是自己的实际利益是否会因并购而有所变化，因为企业的薪酬原有机制各有所异，背后则是不同的薪酬文化。而明确公平的薪酬方案在减少员工的猜测和不安情绪方面意义非常，进一步会影响到并购的成功与否。

无论是思科还是联想，其并购战略得以成功，在很大程度上归功于它们对被并购企业在并购前的考察以及并购后的整合。而薪酬体系的整合是企业在并购中"头痛"的一个难题，因为薪酬问题千差万别，不可能有统一的解决方案。不过，薪酬整合中最重要的还不是薪酬体系的整合，而是人的思想和行为习惯（企业文化）的融合，而融合不会是一蹴而就的，必须经历一些冲突和恰当地解决这些冲突，才能真正融合。

思考与讨论

1. 联想为什么要改变薪酬模式？
2. 联想该如何应对薪酬文化的冲突？
3. 并购企业应如何使双方的薪酬体系顺利接轨？
4. 企业并购能否成功取决于哪些因素？
5. 谈谈你对并购中的人力资源整合的认识。

参考文献

［1］联想官方网站：www. lenovo. com. cn／。
［2］《重组与并购周刊》，2000 年 1 月 9 日。
［3］骆潇：《联想收购 IBM PC 业务后的薪酬对接》，中国人力资源开发网。
［4］侯继勇：《联想薪酬大调整 7 倍收入差距下寻找平衡》，《21 世纪经济报道》。
［5］谢扬林：《解读收购 IBM PC 的薪酬公式》，《中国经营报》，2005 年 5 月 23 日。
［6］姚富英、林英：《浅析企业并购整合中的薪酬冲突》，《经济与管理》2008 年第 8 期。

江铃汽车的日薪制度

李云雀

摘 要 国有企业用工及分配制度的改革一直以来是改革的难点，江铃汽车股份有限公司管理创新注重科学利用人力资源，大胆尝试创新用工及分配方式，开创了在国企实行一种全新的用工制度——日薪制，利用市场资源为企业吸纳充足的人力资源。外来的竞争和内在的激励的双重作用有效激活了企业劳动力，人事运行机制的活力，对国企用工制度改革无疑具有很强的借鉴意义。

关键词 日薪制 薪酬管理 江铃汽车

1 公司简介

江铃汽车股份有限公司（"江铃"），中国商用车行业最大的企业之一，连续 4 年位列中国上市公司百强。江铃于 20 世纪 80 年代中期在中国率先引进国际先进技术制造轻型卡车，成为中国主要的轻型卡车制造商。1993 年 11 月，公司成功在深圳证券交易所发行 A 股，成为江西省第一家上市公司，并于 1995 年在中国第一个以 ADRs 发行 B 股方式引入外资战略合作伙伴。美国福特汽车公司（"福特"）现为公司第二大股东。作为江西较早引入外商投资的企业，江铃凭借战略合作伙伴——福特的支持，迅速发展壮大。1997 年，江铃/福特成功推出中国第一辆真正意义上中外联合开发的汽车——全顺轻客。公司吸收了世界最前沿的产品技术、制造工艺、管理理念，并以合理的股权制衡机制、高效透明的运作和高水准的经营管理，形成了规范的管理运作体制。

目前公司建立了研发、物流、销售服务和金融支持等符合国际规范的体制和运行机制，成为中国本地企业与外资合作成功的典范。公司产品有"全顺"汽车、"凯运"轻卡、"宝典"皮卡、"宝威"多功能越野车，这些产品已成为节能、实用、环保汽车的典范。

2　案例事件

2.1　日薪制在江铃

日薪制，是企业改变传统用工制度，在参与市场竞争中应运而生的一种新型的、开放灵活的用工制度。它是企业根据生产需要，以日薪为计酬标准，按照实际工作日每月支付工资报酬的一种短期用工形式。2000 年，江铃在江西省国有企业中首家实施了日薪制。

江铃日薪制员工不同于"临时工"，也与正式职工有明显的区别。日薪制员工的劳动关系不进企业，而由企业委托的中介机构来管理。江铃根据生产的需要，提出日薪制员工的招用计划，明确录用条件，交委托的人事代理机构组织招聘。人事代理机构根据用工需要，公开组织招聘，并对应聘人员把关，将合格者推荐给江铃，一经录用，应聘者即与人事代理机构签订劳动协议。一线操作工试用期为 1—3 个月，具有较高学历的技术人员、技术工人试用期为 1 年，试用期底薪 400 元/月，干满一年加至480 元/月，比同期进厂的固定工高出一档（40 元），此后每年享受与固定工同等的按比例加薪待遇。试用期满，每 3 个月或 1 年根据生产经营的形势以及用人单位对日薪制员工的工作评价，与人事代理机构续签劳动协议。劳动协议一经确立，江铃按《劳动法》规定，为日薪制员工缴纳社会保险，包括基本养老、医疗、失业、工伤保险等费用。日薪制员工在工作期间的劳保用品，都按同工种固定工标准发放。同时，在用工协议期间，可以享受与用人单位固定工同等的带薪假、婚丧假，在加入工会、入党、技术等级评定及相关培训、加薪晋级等方面，与固定工待遇完全相同。

自 2000 年 10 月江铃集团招收了第一批 35 名日薪制工人以来，江铃集团公司现已有员工 1.8 万人，其中江铃汽车股份有限公司 6500 名员工中就有日薪制员工 2508 人，占 38.6%。他们平均年龄 25 岁，具备高中以上学历，绝大部分从事生产操作岗位。日薪制员工已经成为企业职工队伍的重要组成部分。

2.2 日薪制带来的变化

2.2.1 劳动生产率显著提高

在江铃集团，目前已有近千名日薪制员工活跃在生产一线的各个岗位上，形成了企业固定职工与日薪制员工双工并存的局面，并出现了一些可喜的变化。日薪制员工进公司后勤奋敬业，各显其能。车桥厂日薪制员工陶志伟在人员少任务重的情况下，一人主动同时对开5台机床，月月超额完成任务；同是车桥厂一车间小件班日薪制工人陈雪平，别人每月5200台的生产任务，他仅用15个工作日就完成了；合资总装车间内饰五组的熊辉，一人掌握了全组27道工序的操作技能……用人单位评价，日薪制工人不仅技能水平高，而且劳动纪律好，责任心强，竞争意识明显超过企业固定职工。2001年，江铃集团全年退休员工2000多人，聘用日薪制工人1200多人，人员绝对数减少1200多人，减幅达60%，而这一年，江铃集团全员劳动生产率同比提高85%，单台成本下降16%。还是这一年，江铃集团销量增长43.5%，利润增长107.2%，税金增长51.7%。

2.2.2 市场化的人力资源配置方式降低了企业的人力成本

日薪制这种市场化的用工机制，还解决了传统的用工制度在人力资源配置上的诸多弊端。企业可以完全从市场订单需求出发来配置人力资源，旺季时大量招进，淡季时自然裁减。2002年6月，汽车销售市场进入淡季，江铃集团迅速裁减了96名日薪制工人；同年9月，销售市场回暖，被暂时解聘的工人90%以上又回到原来的工作岗位上，并连续累计其工作时间。

2.2.3 打破了国企员工"铁饭碗"观念，增强了企业的经营活力

据江铃集团劳资部门负责人介绍，日薪制员工虽然是合同制工人，但只要他们真正有本事，有能力并且愿意干，公司都会想办法留住他们。江铃集团从深层次入手改革分配制度，打破工龄、资历界限，多劳多得，并让技术参与分配，加大浮动工资比例，实行计件工资制等，同时规定，日薪制员工工作满一年后，只要工作业绩突出，即可与江铃固定职工同水平竞争，享受同等的加薪待遇，还可委以重任，给予重奖并参加企业评选先进。这些措施，不仅有利于留住优秀的日薪制工人，而且对固定工人冲击很大。原来许多固定工少做事，甚至不做事，但工资少了可不干，日薪制工人进公司后，一人开多机，一人会多岗，不仅增强了企业的经营活力，也使那些平时吊儿郎当的固定工渐渐失去了市场。他们觉得，再不好好干，就有坐"冷板凳"待岗的危险，于是纷

纷投入到学技术、比产能的劳动竞赛中来。许多固定职工虚心向技能高的日薪制工人学习，"两工"互动，取长补短，员工的劳动观念和整体素质开始步入良性循环的轨道。

2.3　员工维权体系的构建

日薪制员工已经成为江铃一支新型的产业工人队伍，他们吃苦耐劳，有竞争意识，为传统的职工队伍带来了新的观念、新的气息。但是，日薪制员工因为缺乏对企业的归属感而造成的短期行为，也给企业职工队伍的团结稳定带来了一些不利影响。针对这种情况，江铃工会按照"组织起来、切实维权"的工作方针，着力构建日薪制员工的维权保障体系，在企业规范公正管理中切实维护日薪制员工的合法权益，让员工"招得进，安得稳，用得好"，成为日薪制员工的贴心人。

2.3.1　创新用工制度，规范公正管理

2000 年 11 月，江铃经董事会讨论出台了《江铃日薪制员工管理办法》，日薪制员工从此纳入规范化公正有序管理。该办法规定了日薪制员工试用期为 1 — 3 个月；其中高学历的技术人员、技术工人试用期为 1 年。试用期满，每 3 个月或 1 年根据生产经营的需要以及用人单位对日薪制员工的工作评价，与人事代理机构续签劳动协议。劳动协议签订后，日薪制员工享有同正式员工同样的福利待遇。通过规范公正管理，使日薪制这一新型用工制度在企业得到了长效发展。

2.3.2　把日薪制员工组织起来

在党政的领导支持下，江铃工会于 2003 年元月下发了《关于在公司范围内发展日薪制员工加入工会的有关规定》，规定凡已按要求签订了书面劳动合同、并已在集团公司所属企业连续工作满 1 年的日薪制员工均可加入工会。但由于日薪制员工存在着种种心理障碍，加入工会的积极性并不高。为此，集团公司工会于 2004 年 12 月再次下发了《关于重新制定在公司范围内发展日薪制员工加入工会及入会后要求退会的有关规定》，规定符合条件的日薪制员工入会自愿，退会自由。由于工作到位，大大提高了日薪制员工入会的积极性，仅仅两个月的时间，江铃股份 2508 名日薪制员工全部成为江铃工会会员。有的基层工会还为日薪制员工集体加入工会举办了隆重的"我、工会、职工之家"入会仪式。

为进一步在日薪制职工中营造归属感，江铃工会还把有关日薪制员工享有的生活与劳动保障条款编进《职工劳保法规手册》中，人手一册，

让每位日薪制员工明明白白地清楚自己享有的合法权益。有的基层工会还编制了《日薪制员工服务指南》，组织起来的日薪制员工开始真正融入江铃这个大家庭。

2.3.3 切实维权，构建立体型网络状保障体系

江铃工会高举"维护职工合法权益"的旗帜，为日薪制员工送政策、送温暖、送保障，使各级工会组织成为日薪制员工的贴心人。

（1）坚持源头参与，维护日薪制员工的合法权益。

江铃公司与16个独立核算子公司每年坚持召开两次以上职代会，关系到日薪制员工管理的重要规定都必须经过职代会审议通过。公司制定《日薪制员工管理办法》，多次征求工会的意见与建议，确保了对日薪制员工管理的公正规范。

（2）维护日薪制员工的劳动收益权。

在江铃，日薪制员工工作满1年后，享受与原固定工同等的加薪待遇，奖金、加班费等收入完全按实际贡献支付。一系列公平、公正、公开的分配政策充分调动了日薪制员工的生产积极性。全顺厂焊装车间调整工吴兆云，凭着娴熟的氧焊手艺，进厂不久就一举夺得工会组织的岗位技能竞赛焊接比赛第一名。车间不仅为他加了工资，而且增加了他的奖金系数。同样都是焊工岗位，吴兆云比干了几十年的老工人拿的奖金数额还高。

（3）出台激励政策，调动日薪制员工的积极性。

江铃规定：特别优秀的日薪制员工可提拔到管理岗位、当选劳模、标兵与首席员工。

合资车身厂秦燕，为本单位创建了文控和培训体系，被调到综合管理科任企管员。合资总装厂熊辉掌握了全组27道工序操作技能，工作突出，不到1年便被提拔到班长的岗位上。车桥厂有"五机对开"绝活的陶志伟不仅荣获厂劳模，而且成为全集团公司唯一的日薪制员工标兵。车架厂日薪制焊工熊峰被评为首批"首席员工"，每月享受可观的津贴和评先、培训，休假的优先权，劳动合同得到相应的延长。

（4）坚持送温暖，解除日薪制职工的后顾之忧。

江铃各级工会为日薪制员工建立了与原固定工同等的解困基金、救急济难基金、日常困难补助、住院慰问帮扶等一整套立体型网络状生活与劳动保障体系。合资车身厂某生产线日薪制员工按规定领发的劳保用品，因

为岗位特殊，工作衣不够换洗，经常穿湿衣服上班。工会得知此情，及时建议有关部门为他们增发了一套。车桥厂日薪制员工刘志成进厂 1 年，不幸身患绝症，公司工会为他发放了最高标准的救急济难补助，厂工会发动员工捐款 1 万余元，并多次到医院和家里走访慰问。

2.4　日薪员工权益维护的效果

（1）江铃各级工会组织为日薪制员工全方位的切实维权，对于团结稳定日薪制员工队伍，建立和谐稳定的企业劳动关系协调机制发挥了十分重要的作用。

（2）切实维护日薪制员工合法权益，激发了日薪制员工的工作积极性与创造性，达到了企业和员工双赢的成效，为江铃二次创业，做大做强作出了应有的贡献。

（3）为日薪制员工成才、成长营造了一个"机会人人均等，舞台个个争优"的广阔天地，为造就一支乐于奉献的高素质员工队伍发挥了重要作用。

维权保障体系的建立，为日薪制员工成才、成长营造了一个"机会人人均等，舞台个个争优"的广阔天地，为造就一支乐于奉献、充满活力的高素质员工队伍发挥了重要作用。

3　作者观点

日薪制是一种开放性的用工制度。在这种用工机制下，企业可以从市场订单和生产经营的需求出发来配置人力资源，生产旺季时按合同大量招进，生产淡季时自然削减。这种企业根据生产或工作需要，以日薪制作为计酬的用工制度改革，一是科学合理地配置了人力资源，二是使企业从过去传统的用工制度拖累中解脱出来，减轻了负担。江铃集团自实行日薪制并充分保障日薪制员工的合法权益以来，企业得到了飞速发展。日薪制把市场作为企业用工调剂的平台，既疏通了生产对劳动力资源的需求渠道，又保证了劳动力资源对生产的正常供给，对国企用工制度改革无疑具有很强的借鉴意义。

不过日薪制也有其潜在的缺陷：

其一，日薪制会给企业带来较大的直接和间接成本支出。工人的聘用招募、薪酬谈判、薪酬支付人工成本支出，工人技能水平、工艺熟悉测试成本支出，生产管理难度增加的管理成本支出，因技能水平、工艺熟悉等问题导致对产品质量影响的间接成本支出，以及潜在的生产安全问题成本支出，每日结算带来的现金流影响等。

其二，企业和劳动者缺乏安全感、归属感带来的效率影响。在日薪制模式下，企业与劳动者是完成纯粹的雇佣关系，对于企业，可以随时解除雇佣关系，但也同时面临着随时缺少劳动力的问题；对于劳动者而言，可以今天来了明天走，哪里薪水高就去哪儿，使其工作具有很强的不稳定性，同时社保等长期性保证也得不到落实。这种单纯的劳动力市场交易关系，并不能形成企业和个人的利益共同体，企业缺乏凝聚力，最后也只能是"大难临头各自飞"。

其三，日薪制也容易让员工失去该得到的出勤奖、补贴等非基本工资酬劳。

其四，一些企业用日薪制为解聘找借口。"日薪制"以当天劳动当天结算的工资支付方法，遏制了恶意拖欠、克扣员工工资的行为，也易于调动员工的积极性，但也有业内人士认为，一般实行日薪制的单位都不和员工签订劳动合同，用人单位可以随意地解聘员工，员工的一些权益得不到保障。

思考与讨论

1. 江铃公司的日薪制度有何特点？
2. 实行日薪制的难点是什么？
3. 江铃汽车公司的日薪制的确定方式综合考虑了哪些因素？你认为还可以怎样进行改进？
4. 工会在日薪制推行过程中扮演了什么角色？
5. 什么样的企业适合推行日薪制？

参考文献

[1] 江铃汽车股份有限公司网站：http：//www.jmc.com.cn。

[2]《谈判工资的尝试和运作》，中国劳动网：http：//www. labournet.com.cn/qingkuang/fileview.asp? title = % CC% B8% C5% D0% B9% A4% D7% CA% B5% C4%

B3% A2% CA% D4% BA% CD% D4% CB% D7% F7&filename = al012460. txt。

［3］杨德林、陈耀刚、高蓓:《北人集团"谈判工资制"的调查和分析》,《经济管理》2003 年第 3 期。

［4］《谈判工资在国企》,中国劳动咨询网:http://www.51Labour.com/。

［5］李旭红:《谈判工资:撬动薪酬的支点》,《市场报》2004 年第 6 期。

海尔集团的薪酬管理制度

李云崔

摘　要　薪酬制度与企业发展战略有着密切的关系：薪酬制度越是支持公司战略的关键成功因素，员工们就越能够更好地理解和评价公司的战略。海尔在几十年的发展过程中坚持"以人为本"的管理理念，一直把分配工作列为人力资源管理工作的重中之重，提出"所有出现的问题都是分配问题"，并不断在原来的基础上进行战略性地调整薪酬体系使薪酬制度与经营战略相匹配，建立了富有特色的薪酬管理制度。

关键词　即时激励　薪酬管理　海尔集团

1　公司简介

海尔集团是在 1984 年引进德国利勃海尔电冰箱生产技术成立的青岛电冰箱总厂的基础上发展起来的国家特大型企业，是世界第 4 大白色家电制造商、中国最具价值品牌。海尔在全球建立了 29 个制造基地，8 个综合研发中心，19 个海外贸易公司，全球员工总数超过 5 万人，已发展成为大规模的跨国企业集团，2008 年海尔集团实现全球营业额 1220 亿元。

海尔集团在首席执行官张瑞敏确立的名牌战略指导下，先后实施名牌战略、多元化战略和国际化战略，2005 年底，海尔进入第 4 个战略阶段——全球化品牌战略阶段。创业 24 年的拼搏努力，使海尔品牌在世界范围的美誉度大幅提升。2008 年，海尔品牌价值高达 803 亿元，自 2002年以来，海尔品牌价值连续 7 年蝉联中国最有价值品牌榜首。海尔品牌旗下冰箱、空调、洗衣机、电视机、热水器、电脑、手机、家居集成等 19个产品被评为中国名牌，其中海尔冰箱、洗衣机还被国家质检总局评为首批中国世界名牌。2008 年 3 月，海尔第二次入选英国《金融时报》评选的"中国十大世界级品牌"。2008 年 6 月,在《福布斯》"全球最具声望大企业 600 强"评选中,海尔排名第 13 位,是排名最靠前的中国企业。2008 年 7 月,在《亚洲华尔街日报》组织评选的"亚洲企业 200 强"中,海尔集团连续 5 年荣登"中国内地企业综合领导力"排行榜榜首。海尔已跻身世界级品牌行列,其影响力正随着全球市场的扩张而快速上升。

2　案例事件

2.1　海尔的发展战略

海尔发展很快,其成功得益于战略更替和转移的成功,在于它能够根据内外环境的变化不失时机的以新战略替代旧战略,顺利实现不同阶段的战略转移。

2.1.1　名牌战略阶段(1984—1991 年)

企业发展初期,在"要做就做最好的"战略理念指引下,专注于冰箱专业化生产,实施名牌战略。此时海尔刚刚起步不久,属于开创市场、打造品牌的时期,产品和服务的质量是经营环节的重中之重,战略重点放在产品和服务的质量上面,历时 7 年建立了全面质量体系。

2.1.2　多元化战略发展阶段(1992—1998 年)

这一时期,海尔在电冰箱单项业务发展已经比较成熟的基础上,转向多元化发展。这样做的主要原因在于:第一,规避单业竞争带来的风险;第二,使网络和产品形成互补,使效用发挥到最大。海尔随即采取所谓的"吃休克鱼"的办法来扩展。当时许多企业属于那种硬件比较好但软件不行、管理不行(即所谓"休克鱼"),海尔就积极地把这些企业兼并过来,先后兼并了 18 个当时账面都亏损的企业。海尔的做法是,为每个企业差不多派 3 个人,一个人全面负责,一个抓质量,一个抓财务,不是靠再投资,只是把海尔企业文化、管理模式移植过去,使这些企业起死回生。从冰箱,到空调、冷柜、洗衣机、彩色电视机,每一到两年做好一种产品。海尔只用了 7 年的时间,其重要家电产品线已接近完整。通过企业文化的延伸及"东方亮了再亮西方"的理念,成功地实施了多元化的扩张。

2.1.3　国际化战略阶段(1998 年以后)

企业在本土化经营成功之后,将企业的经营范围拓展到全球。国际化经营要求企业结合自身特点和实力,到国际市场上寻求更广阔的发展空间，为企业在世界范围内营造品牌优势和竞争优势。海尔从 1998 年开始实施国际化战略，目标是实现由"海尔的国际化"升华为"国际化的海尔"。"国际化的海尔"就是要把中国名牌转变为国际名牌，把中国海尔变成国际的海尔，在国际市场上融资、融智、融文化，创世界名牌。海尔是国内最早开始国际化的企业之一，也是在国际上影响力最大的中国家电企业。这一时期海尔成功地将市场链管理模式引入企业的内部管理。

在总裁张瑞敏"走国际化的道路，创世界名牌"的思想指导下，海尔集团通过实施名牌战略、多元化战略和国际化战略，取得了持续稳定高速的增长，其品牌价值不但稳居中国家电业榜首，在国际市场的美誉度也越来越高。1997 年，国家经贸委确定海尔为重点扶持冲击世界 500 强的 6 家试点之一。海尔的国际化经营驶入快车道，在国际市场赢得越来越多的尊重。

2.2 与企业发展战略相匹配的薪酬战略

2.2.1 名牌战略阶段的薪酬制度

全面质量管理是 20 世纪 80 年代国际企业的经营管理主题，也是海尔名牌战略阶段的主导任务。与此相适应，人力资源战略的核心也就以质量观念教育、敬业爱岗培训、质量考评和奖酬为主要内容。薪酬管理制度的重心强调改变员工的质量观念。企业的薪酬制度特点是把工资考核制度的重点放在考核质量上。由此，海尔建立了质量价值券考核制度，要求员工不但要干出一台，而且要干好一台产品。海尔把以往生产过程中出现过的所有问题，整理、分析汇编成册，针对每一个缺陷，明确规定了自检、互检、专检三个环节应负的责任价值，质检员检查发现缺陷后，当场撕价值券，由责任人签收，每个缺陷扣多少分全都印在质量手册上。对操作工互检发现的缺陷，经质检人员确认后，当场予以奖励，同时对漏检操作工和质检员进行罚款。质量价值券分红券和黄券，红券用于奖励，而黄券则用于处罚。质量价值券在生产过程中的实行，使海尔上下工序建立起严格的质量监督机制，每个工人都把下道工序当作用户，质量指标日益提高。

考核重点是遵章守法。凡是企业的规章制度，不是摆样子，而是建立一项就执行一项、考核一项、兑现一项。所以，此时的分配制度主要同质量挂钩，谁出质量问题，就按考核规定扣掉谁的工资，这种做法对后来进入国际市场非常有利。

2.2.2   多元化阶段的薪酬制度——多种工资模式

为配合实施多元化的企业发展战略，海尔提出"挑战满足感、经营自我、挑战自我"的人力资源战略管理理念并且实行分层、分类的多种薪酬制度和灵活的分配形式。海尔工资分档次发放，岗位工资标准不超过青岛市职工平均工资的 3 倍。岗位工资 + 国家补贴 = 工资总额。每月无奖金，年终奖金不超过两个月的工资。在工资分配政策的制定和执行上，海尔坚持"公开、公平、公正"的原则，对每一个岗位、每个动作都进行了科学的测评，计点到位，绩效联酬。

（1）一线员工的工资。

在海尔的日常管理中，一线员工可以根据劳动成果自己算出工资的数额。每位员工都有一张三 E 卡（三 E——每人：everyone，每天：every-day，每件事：everything），劳动一天，员工就可根据当天的产量、质量、物耗、工艺等 9 大项指标的执行情况计算出当日的工资，即所谓"员工自己能报价"。例如，海尔电冰箱将生产过程分解为 160 道工序，540 项责任，具体落实到每一个员工。这种计酬方式使一线员工的收入与其劳动数量与质量直接挂钩，激发了员工的工作热情，也减少了管理的难度，避免了互相扯皮等现象的发生。对于一线员工，在质量价值券的基础上，推行计点到位，绩效联酬的全额计点工资制。这里的"点"是指员工在劳动过程中的体力和脑力消耗的基本计量单元。本着"工资总额增长低于企业利税增长、平均工资增长低于劳动生产率增长"的"两低于"原则，确定员工的工资总额与增长幅度，然后根据预计的点数总和来确定点值。岗位点数是根据工作的操作复杂程度、岗位体力要求、工作危险程度等来确定。接着，岗位点数工资单价 = 点数 × 点值，从而算出岗位计件工资额 = 岗位工资单价 × 产量 ± 各种奖罚。

（2）管理人员的报酬。

在海尔，高素质、高技能获得高报酬，人才的价值在工资分配中得到了真正的体现，极大地调动了员工的生产积极性。管理人员根据目标分解为：年度目标—月度目标—日清，计算出当月的应得工资。人人的工资都公开透明，只按效果，不论资历，由同岗同酬观念转变为同效同酬观念。

（3）科研人员的报酬。

对于销售及科研人员的工资确定，海尔一直坚持向市场要报酬的做法，并较早地实行了年薪制。对研发人员，采用以科研成果的市场化率和市场效益为衡量标准的奖酬制度，一方面给科研人员以很大的工作压力，迫使他们不断创新，不断有新成果，不仅如此，还必须进行卓有成效的研发，减少无效劳动和资金浪费，同时多劳多得的切实利益也给了他们无穷的动力，使他们有了很高的工作热情和研发积极性。

（4）销售人员的报酬。

"主副联酬"是海尔对销售人员采取的特有的工资奖惩制度。即将业绩分为主项（如卖货量）、副项（如产品均衡率），两者联系起来综合考查具体的工作业绩。通过严格的量化指标，真正实现了有市场才有效益；对于研发人员，薪酬的多少并不是以进行了多少项改造创新为衡量标准，而是决定于其科研成果的市场转化率和市场效益。

（5）特殊绩效认可计划。

海尔采用"即时激励"的方式，设立了多种多样的特殊绩效奖励计划，如，为鼓励员工搞技术发明，设立了"合理化建议奖"；根据对企业创造的经济效益和社会效益，海尔集团还颁布了《职工发明奖酬办法》，分别设立了"海尔奖"、"海尔希望奖"。

2.2.3　国际化战备阶段——市场链

海尔清醒地认识到，在全球化的新经济环境下，要想成为国际化的名牌，每一位员工首先要成为国际化的人才。因此，在人力资源管理与开发方面，海尔根据"赛马不相马"、"人人都是人才"的理念，推出"部长竞聘上岗"、"农民合同工当上车间主任"等选才方式，构造"人才自荐与储备系统"、"三工并存，动态转换"、"末位淘汰"、"四级动态考核"和"多元化的工资福利激励"等完善的人力资源管理体系。

市场链是增强职工的市场竞争观念，并在工资分配中加以体现的一种机制。海尔认为企业有内、外部两个市场，内部市场就是怎样满足员工的需要，提高他们的积极性，外部市场就是怎样满足用户的需求。在海尔内部，"下道工序就是用户"，每个人都有自己的市场，都有一个需要对自己的市场负责的主体。每位员工最主要的不是对他的上级负责，更重要的是对他的市场负责。市场链的操作采取"两索一跳"模式，即索酬、索赔、跳闸。索酬就是通过建立市场链为服务对象服好务，从市场中取得报酬；索赔体现出市场管理流程中部门与部门，上道工序与下道工序间互为咬合的关系，如果不能履约，就要被索赔。如果既不索酬也不索赔，第三方就会跳"闸"，就是发挥闸口的作用"闸"出问题来。例如，在"索酬、索赔与跳闸"的市场关系中，如果由于上级服务不好出现问题，下级员工可以理直气壮地向其索赔。张瑞敏希望海尔由此形成共赢的企业理念，就是领导帮助员工成功，员工帮助客户成功，"大家都成功才是真正的成功"。

通过市场链，张瑞敏在海尔造就了一种"电击式"环境。海尔对员工的评价体系是个人的（团队工作不被评价）、即时的（工作完成后即时奖惩）、定量的（依据完成工作的多少和造成损失的大小予以评价，很少考虑个人努力、态度、动机等因素）、公开的（评价的规则和结果对所有人公开，工人可以算出自己的工资，管理层的主观评价少有分量），以结果为导向，注重金钱的正激励和"负激励"（海尔用语，等于是惩罚，目的在于教育员工不要再犯同样的错误，而不仅仅是简单地让其付出代价），根据目标达成度/市场业绩来计算员工工资，年龄、性别、学历、工龄等都不是报酬的基本决定因素。在人事升迁和变动上，实行竞聘上岗、动态转化，重视与依赖市场机制的杠杆，而很少从上级或人事部门的一己判断出发。推行"10/10 原则"，每年选择最优的 10% 作为典型、作为标准，把最差的 10% 淘汰。第一年是最后 10%，公司送你去培训，第二年如果还是 10%，你自己花钱去培训，第三年还是 10% 的话你就得走人了。

对管理人员，海尔完全不以职务为中心，而是以市场为中心，实施"三个彻底主义"，即：在市场上是彻底的订单主义，在分配上是彻底的成果主义，在目标上是彻底的第一主义。其中所谓彻底的成果主义，就是改变分配关系，每个人的价值体现在他为用户创造的价值之中，而不取决于他的职务。

通过市场链的内部模拟市场进行分配的形式，促进了企业的管理，使人与人之间的责任环环相扣，增强了员工的岗位责任感，也提高了企业的市场竞争力，为全面进军国际市场打下了基础。

2.3　海尔薪酬制度的设计原则

在具体的薪酬制度设计中，海尔重点掌握了以下原则：

（1）静态与动态相结合的原则（如动态的工资考核，静态的补贴、津贴等）。

（2）直接与间接相结合的原则（直接：工资、津贴、奖励等；间接：住房、班车、休假、福利等）。

　　（3）显性与隐性相结合（显性：现金部分；隐性：投保、福利部分）。

　　（4）整体与部门、部门与个人相结合的原则（按效益计算到整体，按效率考核到部门，按效果兑现到个人）。

　　（5）品行与技能相结合的原则（处理问题的观念与效果）。

　　（6）主要与次要相结合的原则（主指标与辅指标）。

　　（7）定性与定量相结合的原则。

3　作者观点

　　现代人力资源管理理论一般都认为薪酬是对员工贡献的承认或回报。但是，在现实中，薪酬制度已经不再仅仅是对员工贡献的一种补偿。薪酬的作用逐渐转变为：不仅是因为公司需要这个体系来回报员工的贡献，而更重要的是因为公司要通过它来解决公司某些特定的问题。

　　企业战略是企业经营方向与目标决策过程与活动，是企业总的指导方针。企业战略决定了企业人力资源制度的结构与规模，从而决定了企业薪酬支付的结构与规模。薪酬制度与企业发展战略有着密切的关系：薪酬制度越是支持公司战略的关键成功因素，员工们就越能够更好地理解和评价公司的战略。一个良好的并具有导向性的薪酬制度应当是与企业发展战略相适应，并且支持着企业战略的实现。然而，企业在进行薪酬制度的设计和改革时，往往不是从企业的发展战略和人力资源战略出发进行的，而总是把公平、合理的分配薪酬本身当成一种目的，因此导致各种薪酬管理措施最终收效甚微。海尔在以人为本的人力资源管理实践中，不断在原来的基础上进行战略性地调整薪酬体系使薪酬制度与经营战略相匹配，对员工做到了最有效的"与时俱进"的管理和激励。

　　从海尔薪酬设计所遵循的原则中我们可以看到：海尔企业在薪酬方面确实抓住了重点，有效地利用各种资源，实现具体问题具体分析，在实践中总结经验，针对不同问题有各自的解决方法。使员工在薪酬方法达到满意的效果，同时这样的薪酬制度也将为企业带来更大的利益实现最终的目标。不管是静态与动态相结合的原则还是显性与隐性相结合的原则最终都是为企业发展做铺垫的，只要企业有正确的制度良好的管理那么企业一定会发展迅猛、和谐快乐。而且也为其他的企业作出表率，起到一个领头羊的作用。海尔薪酬管理的经验证明，任何企业的薪酬管理不能以不变应万变，而是必须适应环境的变化和企业战略的变化。

思考与讨论

1. 企业在设计薪酬制度时，应该综合考虑哪些因素？
2. 海尔根据其发展战略目标来设计薪酬制度的意义何在？
3. 海尔针对不同的人员，如一线工人，管理人员，销售及研发人员等设计不同的薪酬模式，有必要吗？
4. 如何理解海尔市场链的分配机制？
5. 薪酬战略应该如何驱动企业战略？

参考文献

［1］海尔官方网站：http：//www. haier. cn。

［2］潘云良、苏芳雯：《海尔管理教程》，中央党校出版社 2007 年版。

［3］《海尔：薪酬制度是企业发展的保障》，中国劳动咨询网：http：//www. 51labour. com/learn/show. asp？id＝36901&page＝2。

［4］《海尔"巧玩斜坡球"》，资料搜索网：http：//www. 3722. cn/listknowhow. asp？articleid＝1869。

［5］《海尔的人力资源发展战略》，中人网：http：//www. chinahrd. net/zhi_sk/jt_page. asp？articleid＝54406。

［6］刘昕：《薪酬管理》，中国人民大学出版社 2007 年版。

上海贝尔的薪酬福利政策

李云雀

摘　要　企业要留住人才，不仅要提供给员工有市场竞争力的薪资，优厚的福利也是必不可少的。上海贝尔公司就是凭借着其优厚的福利，吸引了大批人才，培养了一支一流的员工队伍，造就了一个内部富有良性竞争的上海贝尔大家庭。

关键词　全面报酬　薪酬管理　上海贝尔

1　公司简介

上海贝尔直接隶属于国务院国有资产监督管理委员会，是中国高科技领域的第一家外商投资股份制公司。公司拥有强大的本地化专业技术和广泛的全球资源，是具有数十亿美元规模的电信技术领先厂商。公司提供端到端的电信解决方案和高质量的服务，产品覆盖固定网络、移动网络、宽带接入、智能光网络、多媒体解决方案和网络应用等领域。上海贝尔拥有数个重要的全球研发中心，可全面进入阿尔卡特朗讯全球技术库，开发应用服务于中国和阿尔卡特朗讯全球客户的独创技术。公司拥有技术先进、制造能力达到世界一流水平的生产制造平台，公司销售服务网络遍及全国和海外 50 多个国家。上海贝尔以客户至上为宗旨，是能够真正满足中国客户国际化业务需求的公司。自 1984 年成立以来，上海贝尔本着"引进，消化吸收，再创新"的原则与中国电信行业共同成长，从电信设备供应商成功转型为一个面向固定和移动运营商客户、企业和专网市场客户的全面通信解决方案的供应商。2002 年 5 月 28 日，中国通信行业的第一家外商投资股份制公司上海贝尔阿尔卡特股份有限公司正式成立。这标志着阿尔卡特在上海贝尔有限公司中的股权调整，并将上海贝尔转制为股份有限公司的法律程序已经完成。这也标志着阿尔卡特在中国的主要业务与上海贝尔的整合已经完成。

2　案例事件

2.1　上海贝尔的福利政策

众所周知，中国科技行业的人才短缺，员工流失率居高不下，根据有关资料显示，高科技企业员工流失率平均在 15% 左右，而上海贝尔的员工流失率却能长期保持在 5% 左右的良性水平上，为其在激烈的市场竞争中构筑了一个坚实的人才高地。究其原因，上海贝尔并非以高薪吸引、保留人才，而是在支付具有竞争力的工资的基础上建立了一套极富特色的福利制度。用曾任上海贝尔总裁的谢贝尔（Gunther Strobel）先生的一句话说"深得人心的福利，比高薪更能有效地激励员工"。

上海贝尔把人才当作是公司的第一财富。公司在日常经营管理中始终贯彻"以人为本"的经营方略，而这一理念自然也体现在公司的福利政策上。

2.1.1　福利政策的制定与其战略相匹配

谢贝尔认为，公司的福利政策应该是公司整体竞争战略的一个有机组成部分。吸引人才，激励人才，为员工提供一个自我发展、自我实现的优良环境，是公司福利的目的。上海贝尔在经营初期为外部环境所限，公司福利更多地承袭了计划经济体系下的大锅饭形式。随着公司的发展和与国际的接轨，上海贝尔在企业福利管理方面日趋成熟。其中重要的一条就是真正做到了福利跟随战略，摆脱了原先企业不得已而为之的被动窘境，公司主动设计出别具特色的福利政策，来营建自身的竞争优势。上海贝尔众多的福利项目包括优厚的奖金、法定福利、衣食住房补贴、完备的员工培训、购房购车无息贷款、补充性养老保险、有薪假期、特殊福利、员工俱乐部活动等。可见公司福利政策应该是公司整体竞争优势战略的一个有机组成部分。入世后，为加强与国际企业的竞争，我国企业也必将不断推出多元化的符合中国特点的福利项目，为员工提供一个自我发展、自我实现的优良环境。

2.1.2　富有市场竞争力的薪酬待遇

上海贝尔阿尔卡特的薪酬待遇是基于全面报酬的理念，提供包括薪资，福利，职业发展和良好的工作环境在内的全面报酬以吸引、激励和挽留人才。其薪资是按照 3P + 2M 原则，反映出实际业绩（performance），岗位职责（position），个人能力（people），参照行业市场（industry market）和人才市场（talent market）而制定的，是一套先进、全面、符合国际标准和充满活力的体系。除基本的薪酬福利外，公司还提供补充养老保险，车贴，房贴，驻外工作津贴等优厚的待遇。

2.1.3　重视员工培训，将员工培训视为福利薪酬的一种形式

在上海贝尔的整个福利架构中，培训是重中之重。公司位于青浦的上海贝尔阿尔卡特大学是国内通信产业中最大的专业培训基地之一，拥有 20 个不同类型的教室，600 平方米实验室，以及 5000 平方米、可同时容纳 200 人的学员宿舍。为学员提供各种文化、体育和娱乐设施。除了硬件设施以外，上海贝尔阿尔卡特大学拥有超过 40 名专职培训讲师，主要培训课程分为产品、技术和管理三大类。广泛地运用多种现代教学手段，开展课堂教学、实验室教学、现场培训，学员还可以在自己方便的时间和地点参加网上学习，通过精心制作的多媒体课件获得如临现场的远程培训。

上海贝尔形成了一整套完善的员工培训体系。据上海贝尔阿尔卡特 HR 总监范星介绍，公司具有较系统的培训架构。公司会根据不同的人群，职位的类别，如研发人员，市场人员，技术服务人员，财务和生产制造等进行管理和相关岗位的培训。员工可根据公司提供的培训目录，有针对性地选择感兴趣的课程。

新员工进入上海贝尔后，必须经历一个为期一个月的入职培训，紧接着是为期数月的上岗培训；针对应届毕业生，一进公司会有一个"橙色起点"培训的项目，这个项目是每一个新员工，包括校园招聘，包括社会招聘，每一个新员工都必须接受的一个项目，它的实施是由上海的阿尔卡特大学来操作的。这个培训主要是针对公司的核心价值观、公共的技能，包括沟通技巧、演讲、团队合作等方面做的一些培训。之后进入不同的岗位，在岗位上有师傅带徒弟的过程，基本上是 3 到 6 个月，这会由部门直接安排，根据岗位还会有不同的脱产培训。

转为正式员工后，根据不同的工作需要，对员工还会进行在职培训，包括专业技能和管理专项培训。上海贝尔还鼓励员工接受继续教育，如 MBA 教育和博士、硕士学历教育，并为员工负担学习费用。

另外，上海贝尔的各类技术开发人员、营销人员都有机会前往上海贝尔设在欧洲的培训基地和开发中心工作，少数有管理潜质的员工还会被公

司派往海外的名牌大学深造。中国的同事每年都会有这样的机会，可以派遣到国外公司 6 个月到两年，如果有家庭，可以带着家属一块去工作。这对我们中国的同事和中国的本土人才实现国际化的发展是非常好的一个途径。

　　为了保证培训体系的运转，公司每年至少有一次主管与员工关于个人发展方面的面谈，这个面谈的结果会写在员工的个人发展计划里面，是每年作为员工的业绩考评的目标对象之一，也会放在每年的年终考评里面的，从这个制度方面也保证了每个员工都会有志于个人发展的机会。

2.1.4　将绩效评估与福利政策薪酬挂钩

　　在上海贝尔，员工所享有的福利和工作业绩密切相连。不同部门有不同的业绩评估体系，员工绩效评估结果决定他所得奖金的多少。例如年终考评优秀的员工可享受 20 万元无息的购房购车贷款，其中半数款额可以通过服务年限抵扣，另外一半可通过公司本来应支付给员工的房贴按月扣除的方法作为偿还。为了鼓励团队合作精神，员工个人的奖金还和其所在的团队业绩挂钩。在其他福利待遇方面，上海贝尔也是在兼顾公平的前提下，以员工所作出的业绩贡献为主，尽力拉大档次差距。目的就在于激励广大员工力争上游，从体制上杜绝福利评价主义的弊端。

2.1.5　满足员工最迫切的需要

　　上海贝尔的特色福利是在员工福利设立方面加以创新，改变以前员工无权决定自己福利的状况，给员工一定选择的余地，满足员工最迫切的需要。例如，上海贝尔员工队伍的年龄结构平均仅为 28 岁，大部分员工正值成家立业之年，购置房业是他们的首选事项。在上海房价居高不下的情况下，上海贝尔及时推出了无息购房贷款的福利项目，员工工作满规定期限后，此项贷款还可以减半偿还。当公司了解到部分员工通过其他手段已经解决了住房，有意购置私家车时，又为这部分员工推出了购车无息专项贷款。如此一来，公司既解了年轻员工燃眉之急，也使那些为企业服务了多年的资深员工得到了回报，无形中加深了员工和公司之间的心灵契约。公司如此善解人意，员工当然投桃报李，对公司的忠诚度也由此得到大幅提升。在上海贝尔，和员工的沟通是公司福利工作的一个重要组成部分，详尽的文字资料和各种活动使员工对公司的各种福利耳熟能详，同时公司也鼓励员工在亲朋好友间宣传上海贝尔良好的福利待遇。

2.1.6 员工服务中心

员工服务中心是员工关系部门的主要功能。它的宗旨是为员工服务、加强与员工的交流和沟通，通过对员工的有效沟通及时为员工解决工作、学习、生活等方面的实际问题，搭建公司和员工之间的桥梁，增强公司凝聚力。

除了提供一流的办公条件外，上海贝尔还提供了一个完全开放的企业环境，将信息共享放在了优先位置。员工可通过公司大会、网站、报刊等各种渠道及时了解公司的运营现状，也可通过各种途径积极参与公司的建设，如公司建立 QCC 小组、开设总裁信箱等。对员工提出的合理化建议，公司还进行相应的奖励。

人力资源部员工沟通平台的 BBS 是一个热闹的天地，员工们可以对各种自己关心的问题讨论交流，可以是与员工福利息息相关的问题，如年终奖税金的计算方法，公积金的转移；也可以是轻松的兴趣爱好，如英语角，求购与转让，求医问药，等等。

员工沟通的另一个好渠道是工会组织的大大小小的俱乐部，如汽车俱乐部，法语俱乐部，瑜伽协会，射击沙龙，住房理财爱好者沙龙，网球协会，太极爱好者协会，游泳爱好者协会，旅游爱好者沙龙，等等。大家在此一方面可以发展自己的兴趣爱好，另一方面可以广交朋友，不亦乐乎。

2.1.7 全球人才流动计划

阿尔卡特的全球流动计划是阿尔卡特的主要人事政策之一。通过该计划，既保证了阿尔卡特调配人员满足其覆盖了全球 130 多个国家的业务需要，也满足这些员工对于个人职业发展，追求挑战与国际经验的渴望。全球流动计划是一个灵活的计划，短则两三个月，长则两三年，设计的岗位包括了研发、管理等各个领域。作为一个将国际资源与本土经验充分结合的电信支柱企业，上海贝尔阿尔卡特每年都派出大批研发人员驻海外短期工作，同时负责解决被派遣员工的住宿，个人安全等生活问题。上海贝尔阿尔卡特每年共有 3000 多人次出国培训或工作（公司总人数 6000 人）。

2.2 上海贝尔的福利菜单

（1）奖金：各种与业绩挂钩的奖金，包括公司利润指标完成后和员工分享的红利。

（2）法定福利：国家规定的各类福利。如养老金、公积金、医疗保险、失业保险和各类法定有薪假期。

（3）衣食住行津贴：每年发服装费，免费提供工作餐，丰厚的住房津贴，公司免费提供上下班交通工具，管理骨干提供商务专车。

（4）员工培训：完备的培训内容包括：入职培训、上岗培训、在职培训、各类技术培训、管理技能培训、工作态度培训、海外培训、海外派驻、由公司支付费用的学历教育。公司每年用于培训的现金支出在千万元以上。

（5）专项无息贷款：主要有购房贷款和购车贷款。

（6）补充性保险福利：主要是商业补充养老保险。按员工在公司工作年限，在退休时可一次性领取相当于数年工资额的商业养老金。

（7）有薪假期：除法定有薪假外，员工享受每年长达 14 天的休假。

（8）特殊福利：对有专长的人才，公司提供住房，其配偶在上海落实工作、子女解决就学问题。

（9）员工业余活动：上海贝尔有 30 多个员工俱乐部，如棋牌、网球、登山、旅游等。由公司出资定期举行各类活动。

以上所列不一而足，仅是上海贝尔公司众多福利项目的主要部分。就是凭借优厚的福利，上海贝尔吸引了大批人才，培养了大批人才，留住了大批人才，建立了一支一流的员工队伍，造就了一个内部富有良性竞争的上海贝尔大家庭。

3　作者观点

福利是薪酬体系的重要组成部分，是员工的间接报酬。从世界范围看，随着经济的发展、组织间竞争的加剧，深得人心的福利待遇，比高薪更能有效地激励员工。因为许多高薪只是短期内人才资源市场供求关系的体现，而福利则反映了组织对员工的长期承诺。然而，正是由于福利的这一独特作用，使许多在各种各样组织中追求长期发展的员工，更认同福利待遇而非仅仅是高薪。上海贝尔富有激励性的福利政策给我们的启示是：

（1）良好的福利：让心灵契约更人性化。

福利是薪酬体系的重要组成部分，是员工的间接报酬。随着经济的发展、组织间竞争的加剧，深得人心的福利待遇，比高薪更能有效地激励员工。高薪只是短期内人才资源市场供求关系的体现，而福利则反映了组织对员工的长期承诺，正是由于福利的这一独特作用，使许多在各种各样组织中追求长期发展的员工，更认同福利待遇而非仅仅是高薪。

（2）福利制度应该与组织战略目标，组织文化和员工类型相匹配。

随着福利种类的增多和福利覆盖范围的扩大，摆在企业面前的福利计划的种类会越来越多。但是并非所有的计划都适合组织中的任何员工群体，因此企业在制订福利计划时，不仅要考虑市场上流行什么样的福利计划，也要对自己的组织进行深入的分析，以设计出有助于实现组织目标、强化企业价值观和满足员工需求的福利项目。

（3）提供多样化的培训是吸引和保留员工的重要手段。

各种各样的培训项目提高了公司对各类专业人士的吸引力，也极大地提高了在职员工的工作满意度和对公司的忠诚度。对于企业来说，通过培训能够提高员工的工作绩效，传递公司的经营理念以提高企业的凝聚力；而作为员工，通过培训可以不断更新知识技能，使自己的市场价值不断增值，这也是众多企业在培训员工方面投入巨资，而员工对自己进入企业后能接受的培训十分看重的相通之处。

（4）建立或整合零散的福利项目，并直接与薪资系统连接，特别是福利项目与绩效考核结果联系起来有效激励骨干员工。

福利作为一种长期投资，管理上难在如何客观衡量其效果。在根据企业的经营策略制定福利政策的同时，必须使福利政策能促使员工去争取更好的业绩。否则，福利就会演变成平均主义的大锅饭，不但起不到激励员工的作用，反而会助长不思进取、坐享其成的消极工作习惯。

（5）积极构建沟通渠道，创新福利项目以满足员工不同层次的需求。

许多组织对福利的投入很多时候不被员工认同，这主要表现在企业提供的福利不是员工想要的，不能满足员工的需求。卓有成效的企业福利需要和员工达成良性的沟通，要真正打动员工的心，组织必须通过构建各种形式的沟通渠道了解员工内心的需求。根据激励理论，不同员工有不同的需求和爱好。所以提供创新性的、多样化的福利项目，使福利的效用最大化，以最终实现薪酬管理的支持和激励功能，增强员工对企业的归属感。

（6）福利越趋弹性。

员工更重视拥有选择权，期待能由自己选择自己需要的福利制度，尤其在福利金的运用上。一旦员工在某种程度上拥有对自己福利形式的发言权，则工作满意度和对公司的忠诚度都会得到提升，同时也提高了公司用于福利开支的资金的使用效率。

思考与讨论

1. 上海贝尔—阿尔卡特的福利制度有哪些值得借鉴的地方？
2. 如何理解福利管理也是企业薪酬管理的一个重要方面？
3. 企业在设计福利项目时应综合考虑哪些因素？
4. 你认为当前福利创新的重点和难点是什么？

参考文献

［1］上海贝尔官方网站：http：//www. alcatel-sbell. com. cn。

［2］《上海贝尔福利新策：激励第一》，《世界经理人文摘》1999 年第 12 期。

［3］《上海贝尔：员工是公司的宝贵资产》，《中小企业管理与科技·中旬版》2009 年第 2 期。

［4］上海贝尔阿尔卡特的用人政策，劳动咨询网：http：//www. 51Labour. com 2006 – 11 – 7。

［5］刘昕：《薪酬管理》，中国人民大学出版社 2007 年版。

北人集团的谈判工资

李云崔

摘　要　员工薪资的确定一直是企业激励机制的一个重要方面。由于技术人员在企业发展中的特殊作用以及他们工作的特殊性，使得该类人员的薪资确定特别重要而又具有相当难度。谈判工资制是发达市场经济国家的企业确定员工薪资的主要方法。为了增强企业竞争人才的能力，北人集团第四印刷厂成了敢吃螃蟹的第一人，成为中国第一家实行"谈判工资"的国企，依靠这种"激励机制"帮企业走出了人才困境。

关键词　谈判工资　薪酬管理　北人集团

1　公司简介

北人集团公司（简称北人）建于 1952 年，现已发展为中国著名的印刷机械制造企业集团，国家重点扶植的 520 家企业之一，也是首批在香港上市的 9 家企业之一。主要生产平张纸胶印机、卷筒纸胶印机和印后包装设备。主要产品对开单双色胶印机与同类产品相比较国内市场占有率 60%，在国内同行业竞争中以品种、质量、市场、规模、效益 5 大优势成为行业的"龙头企业"。北人集团第四印刷机厂是拥有 1000 余名职工、以生产印刷机械为主的中型国有企业，每年销售收入 1.6 亿元，利润在 1800 万元左右。产品不仅在国内有良好的市场，还远销海外。进入 21 世纪，北人提出了新的企业发展战略：运用数字化技术提升传统印刷机制造水平，使主导产品胶印机做到国内领先并创国际知名品牌，同时向印前、印后发展，做到印前、印中、印后一体化，向行业的上下游及相关相近的产业发展，做印刷机行业的系统供应商，在搞好产品运营的同时，搞好资本运营，使北人获得超常规发展。

2000 年下半年，北人集团公司把属下的优质资产——北人集团第四印刷厂的卷筒纸胶印机系列置换给北人股份。通过这一步运作，使北人股份的经济效益大幅增长，北人股份获得了优质资产和上市增发资格，而对集团公司得到了充裕的资金，为后续的资本运营打下了基础。

2　案例事件

2.1　传统工资制度导致员工大量流失

1991 年之前北人和全国的企事业单位一样实行的是单一工资制。从1991 年后开始了薪酬制度变革的尝试，实行岗位技能工资制。谈判工资制度推行之前，四厂实施的是传统的结构工资（由岗位工资、工龄工资、技能工资及以奖金为主的附加工资组成），这种分配制度计划经济的色彩较浓，在考虑各类人员的工资水平时，往往只考虑职工的资历、企业的效益，脱离市场，缺乏竞争观念和长期平均主义的影响，各类人员工资数额大大背离劳动力市场价格，在形式上则是一种套级制，限制太死，很不灵活。

企业对外缺乏竞争力。如四厂效益很好，职工收入相对高出社会平均水平 20%—25%。但据 1996 年市场调查，支付科技人员的工资却比人才市场价格低将近一半，社会上 3—5 年工作经历大学生当年人才市场价位1.8 万元，三资企业更高，而四厂仅 7000—8000 元，收入太低自然招不进人，也留不住人

对内缺乏公平感，拉不开差距，显不出档次，难以体现干好干坏、水平高低的区别。这在科技人员中表现尤为突出。同一年进厂的大学生，3年后有的挑起大梁，承担了主设计，有的还不能独立工作，而他们的收入中，岗位工资、工龄工资、技能工资都完全一样，区别仅在于奖金中相差20—30 元。

尽管企业稳步发展，在国企普遍不景气的情况下，该厂职工人均年收入仍然保持在 12000 元以上，却面临着人才流失的严重状况，连续 2 年，有 22 名经验丰富的技术人员远走高飞，给企业造成巨大损失。1995 年，进了 4 个大学生，走了 8 个技术骨干；1996 年，进了 11 个大学生，走了14 个技术精英。

主管人事的副厂长王建中认为人才流失就像水土流失，走的不仅是人

才，还有养分，企业的养分流失尽了，企业也就完了。当时有一个姓陈的大学毕业生，在机械业有着突出专长，加上勤奋好学和爱钻研的劲头，自己能够搞出复杂的计算机管理软件程序。他为了钻研业务，除去生活费，一个月700块的工资全部买了工具书。王建中得知这个消息之后，当场就奖励了他1000块钱。这件事情在厂里引起了强烈反响，都认为四厂重视人才。然而没过多少时间，这个人还是交给王建中一份辞呈，原因很简单：四厂的工资实在太低了，而准备接纳他的一家三资企业给他的月薪是3000元。

从1991—1996年，为了挡住人才流失的潮水，四厂筑了四条"堤坝"：劳动合同一签就是10年；收取高额违约金；扣留档案；不转人事关系。然而，要走的人才还是留不住。无奈之下，出台了所谓的"三不要"政策：名牌大学毕业生不要，发达地区和城市生源不要，成绩太好的学生不要。即使这样，人才流失还是相当严重。

2.2 科技人员率先实行谈判工资制

痛定思痛之后，厂领导找到了问题的根源：人才市场已经放开，国企传统分配模式下的结构工资对人才已经失去吸引力，行政手段"围追堵截"不解决本质问题，要留住人才，就应该给人才相当的市场价位。为此厂领导决定，在知识分子集中、思想活跃、人才流失最严重的技术科率先试行谈判工资。

2.2.1 谈判工资制的核心思想及原则

（1）"一个核心"。

"一个核心"是强调一个"谈"字，即一对一的协商，允许谈不成解除劳动关系，避免传统工资调整中的"评比"、"竞争"及承包的做法。他们认为，谈判的过程是劳动力有偿转让的公平交易过程，劳动力的价值只能在市场交换过程中才能实现。只有这样，才能体现职工工资不是企业单方面确定的，是在职工参与下，根据职工实力、企业实力，由市场竞争机制确定的。

（2）"三大原则"。

市场定位原则：确定职工工资水平首先要依据劳动力市场价格，随行就市，该升的升，该降的降，而不是仅根据企业的效益或职工资历来确定。这样才能在保证企业基本竞争力和理顺职工工资分配关系的基础上，实现工资资金的合理有效使用。

与企业财力相适应原则：在市场价格的基础上，考虑本企业财力，确定本企业适当的工资整体水平，求得与企业实力相适应的市场竞争力。

联系职工实际的原则：根据每个职工具体状况，拉开档次，体现按劳分配原则。

（3）"四个因素"。

技术因素：包括业务能力，岗位适应能力，技术全面性及承担重要复杂工作的能力及潜能等。

成果因素：包括实物成果，理论成果，方法创新，工作质量，差错率等。

态度因素：主要指勤奋程度，遵纪守法情况和敬业精神。

替代因素：主要指缺员时的替代率高低，包括学历高低、紧缺专业、特别技能和特殊需要等。

（4）"八字方针"。

升优——在前一年工资水平的基础上只有四个因素均优者方能升资加薪，表现平平者不能加薪。

保老——考虑我国长期实行低工资的历史因素，保证不使老职工因年龄、身体原因减少收入，即保前一年工资、奖金水平，但不保升资。

引新——解放思想，打破资历，对技术水平高、表现好的青年同志不计资历、学历，较多地增资。

促进——对于表现不好或工作不适应的人员，要降低工资水平，促进人才正常流动。

（5）"一个关键"是公平。

主要的做法：一是制定了比较符合企业实际和社会主义特点的谈判工资的规则；二是对参加谈判工资制范围的人员进行专门考察了解，准确掌握个人表现情况，使得技术人员工资的确定客观上准确，公平合理；三是坚持集体决定，减少主观随意性和片面性；四是做好思想政治工作，消除操作过程中不公平感；五是欢迎监督，请工会参加工资审定。所以尽管个人的收入差距很大，但仍为大家所接受，61名参加工资谈判的人员没有一个向领导提出不同意见，也没有一个要求调走。

2.2.2 谈判工资制的实施程序

（1）在技术科全体人员范围内将原享受的岗位技能工资全部冻结。

（2）确定企业方面的谈判意向，先由企业确定技术科的总体工资水平，再由技术科在企业审定的工资总规模内，根据技术人员每个人的不同情况，参照社会劳动力市场的相应工资水平，逐一单独确定一个新的工资，经劳动人事科审核，厂务会议批准，征求工会意见后执行。

（3）企业授权由技术科总代表企业与技术人员逐个协商，一对一谈判。在谈判过程中，技术人员有权提出加薪要求。

（4）谈判工资为单一工资形式，只设工资一项，不再设奖金、津贴、补贴、非实物性劳保、福利等。

（5）谈判工资数额保密。

（6）双方意向无法达成一致时，一个月之内，职工可以调离，企业为职工调离提供方便。一个月后职工没有调离的，视同接受企业的谈判意向。

（7）谈判工资一年审定一次，根据技术人员表现情况，有升有降，长期保持压力，促进提高工作水平。技术人员如完不成工作任务，发生差错给企业造成重大损失或严重违章违纪行为，必要时企业可随时进行工资调整。职工休病假、倒休，按新工资的一定比例扣发工资，休产假按原工资标准和国家有关规定处理。

（8）实行谈判工资制后，企业财务实行分账制，按国家规定分别计入工资总额，福利支出等项做财务处理。职工工资中扣除福利费等，其余依法照章纳税，并支付各项保险费用。

王建中说，为了摸清楚人才的市场价位，负责谈判的领导班子经常去人才市场调查信息，经过对人才市场信息研究后定出的人才价位，放在人才市场上也很有竞争力。所以，在谈判的过程中，工资档次虽然拉得很大，但没有一个人找领导对谈判工资提出异议。"谈判工资"的推行也出乎意料的顺利和平静。到今年为止，全厂660多名职工中，已经有100多人实行"谈判工资"，这100人中，一半是技术人员，一半是工人。

2.3 谈判顺利进行，成效显著

2.3.1 收入差距拉大，严格奖优罚劣

1997年第一轮谈判的结果是，61名职工重新确定了工资数额，月薪最高2100元，最低的700元，月增资500元以上11人，占技术人员的20%，100元—500元的32人，月增资100元以下、未达到职工当年平均工资额的14人，占全科人数的20%，未升级的1人，降级的3人。谈判工资的最大特点在于平均主义被打破，完全凭个人的能力和实绩说话，具

体体现在骨干增资多，最多月增资达 765 元，工资月差由原来的 20—30 元上升为 400—500 元，最高相差 900 元。

1998 年第二轮谈判，64 人参加，54 人升级，最高月薪升 400 元，8 人未变动，2 人降薪各 100 元，其特点一是职工承受能力大大加强，更加平稳顺利；二是职工谈判意识加强，有 3 位职工不同意厂定工资意向，提出自己的要求，结果，1 人如愿，1 人重新协商数额，1 人要求未得满足，实现了企业领导意图与职工行为的良性互动；三是职工收入差距进一步拉开，由原月差别 900 元扩大到 1200 元，最高工资达 2300 元；四是在行政主导的前提下，增加了群众测评。不足之处是平均主义的影响下市场定位原则体现不充分，低技能岗位调升过多。

2.3.2　谈判工资制为国企注入了新的活力，引凤还巢

"谈判工资"从 1997 年出炉之后，不仅遏制了人才的流失，也促进了科技人员的合理流动。原来千方百计"卡"，人才想方设法"飞"，如今"闸门"大开，明确宣布凡不接受"谈判工资"的均可申请调走，真正的技术人才队伍反而空前稳定。原来想调走的技术人员打消了念头，已经跳了槽的又想吃回头草，而原来那些赶都赶不走的不能胜任工作的职工由于工资降了一大块而毫无意见地走了，形成了现在"优秀人才留得住，一般人员流得动"的局面。许多技术人员说，"谈判工资"打破了"结构工资"，改变了在薪酬方面往往论资排辈的传统，使他们体现了自己的价值，找准了自己的位置，既有了成就感，又有了风险感，干多干少、干好干坏真的不一样了。

2.3.3　调动了技术人员的积极性，使他们有了紧迫感、风险感和成就感

尽管目前该厂给科技人员的报酬与三资企业相比相差甚远，但由于在分配机制上彻底打破了原国有企业的"大锅饭"，进一步体现了按劳分配的原则，拉大工资差距，承认了个人贡献与价值，再加上原有企业的优势，科技人员心理平衡多了，他们说，实行谈判工资制，不仅使我们具有紧迫感、风险感，更使我们具有成就感，真正体现了能力大小不一样，干好干坏不一样，让人干着有劲头，那些增资不多甚至减薪的技术人员也有较大转变。一方面感到确有压力，技能较差者有机会即主动寻觅新职，为企业分流不适用人员增加了职工方面的积极性；另一方面由于工资中拉开差距较过去在隐形奖励中拉开差距透明度要大，他们的心理反而平衡，也

使这部分同志注意力由过去对别人进行猜忌，转移到努力提高自己的业务水平上来。

2.3.4 管理简单了，领导好当了

实行谈判工资制后，技术科的领导反映，领导好当了，对技术人员的管理变得简单了，工作好分配了，分下去后也不用领导督促，都能尽心尽力去干。科领导的工作方式也从过去量化管理、人盯人的管理转为模糊管理，主要靠技术人员的自觉和敬业精神，更多的体现对技术人员的信任和尊重。一月一次的奖金分配取消了，这些都使领导可以从繁忙的日常管理中解脱出来，更多的考虑产品开发等重大问题。

2003年3月，第四厂第七轮谈判工资结束，技术科28%的人增资。月薪最高4100元，最低1500元。增资的13人中，2002年有突出贡献的3人，市场紧缺的电气人才2人，工作适应能力强，很有培养前途的8人。这一年对技术开发有突出贡献及销售市场开发有特殊贡献的人才，和毕业几年但很有潜力的大学生格外优待。收入分配向关键岗位和业务骨干倾斜，合理拉开了收入差距。受"谈判工资"这种灵活激励机制的感召，一位出国的高级工程师重新回到了厂里，而每年新接受的大学毕业生当中，北京生源的占了很大一部分，现在来自清华的学生就有3名，其中1名还是研究生。厂子与技术人员签订的劳动合同也从10年改为3年。四厂也有了新的"三不要"：不是名牌大学的学生不要，学习成绩不好的不要，大专生不要。企业有了人才，效益自然一年比一年好，2001年新产品所占的比重已经达到了80%，这都是研发技术人员齐心协力的结果。据清华大学经济管理学院对北人谈判工资一项调查显示，对谈判工资持基本满意态度的技术人员占73%。

面对今天的这种情况，"谈判工资"的创始人王建中说，"谈判工资"起了巨大的作用。

3 社会反响

员工薪资的确定一直是企业激励机制的一个重要方面。谈判工资制是发达市场经济国家的企业确定员工薪资的主要方法。其基本含义是职工工资数额完全取决于劳动双方的意愿，在劳动力市场交易法则指导下，由企业与职工自愿协商确定。其特点是运作简单，可以自由灵活地给各类骨干

最大幅度的加薪，在竞争中实现职工工资水平分布的自然合理。集体谈判增强了员工民主参与管理的意识，有助于企业劳动关系的稳定。

北人集团第四印刷机厂 1997 年率先将谈判工资引入国有企业以来，企业的整体效益得到了极大的改善，员工的满意度也增强了，同时也引起了社会各方广泛关注。有人说这是深化改革，继续打破大锅饭；有人怀疑它姓"社"还是姓"资"。但无论人们如何评价，谈判工资已实行了 7 轮，它冲击着传统的工资制度，冲击着人们的头脑和心灵，带给企业的则是全新的发展。

我国早在 1994 年就开始在"三省五市"（广东、山东、福建三省，深圳、成都、北京、青岛、大连五市）开展集体合同试点，在非国有企业和部分改制的企业中试行了多种形式的工资集体协商制度。劳动和社会保障部在 2000 年 11 月公布了《工资集体协商实行办法》。到现在，我们对工资集体谈判制度的探索也已有了 10 多年的积累。截至 2003 年 8 月，全国范围内，平等协商、集体合同制度覆盖的单位达 127 万家，覆盖职工达 9500 万人。世纪之交，江苏传出"区域性"推广工资集体谈判机制的喜讯，并被一些行家冠以"淮阴模式"和"昆山模式"等。

4　作者观点

总体上讲，集体谈判制度在我国尚处于初级阶段，集体谈判的机制还没有真正形成。工资集体协商制度实践的举步维艰，主要的障碍在于：

其一，由于劳资双方权利地位不对等、信息不对称，劳动者缺乏劳动力的定价权。2008 年 8 月 19 日广州市总工会联合广州大学发布《工资集体协商调研成果》显示：54.2% 的职工对工资集体协商制度一点都不了解；100% 的劳动者期望涨工资，但知道如何与老板"谈薪"的人，只有 7.2%！且不说过半职工根本不了解工资集体协商制度，就是有的劳动者知晓了有关制度，在工资协商方面，往往也处于弱势地位。

其二，工会的力量薄弱，腰板硬不起来。

《工资集体协商试行办法》规定，企业内部工资分配制度、分配形式、收入水平、职工年度平均工资水平及调整幅度、工资支付办法等事项，由企业工会代表或职工代表，与企业行政部门，"平起平坐"地进行协商。然而大多数企业的工会组织力量薄弱，形同虚设，非公有制企业甚至出现了"老板工会""老板娘工会"。

集体谈判工资制度作为市场经济体制下，制定工资水平协调劳资双方利益的主要方式，有着其自身的优越性，随着劳动力市场市场化改革的不断深入、法律制度的不断健全、经济体制改革的不断深化，集体谈判工资制必将成为中国调节各类企业工资水平，协调劳资矛盾的主要方式。

思考与讨论

1. 分析北人集团在设计谈判工资制时考虑了哪些因素？
2. 北人集团的谈判工资制有哪些值得其他企业借鉴的地方？
3. 企业推行谈判工资制的难点是什么？
4. 在实施谈判工资制的企业，工会应该扮演什么样的角色？

参考文献

［1］北人集团公司网站：http：//www. beiren. com/。

［2］《谈判工资制：撬动薪酬的支点》，《市场报》2003 年 4 月 18 日。

［3］《新快报》2008 年 8 月 20 日。

［4］《新华每日电讯》2008 年 8 月 22 日。

［5］《北人集团"谈判工资制"的调查和分析》，国研网：http：//www. drcnet. com. cn/DRCnet. common. web/DocViewSummary. aspx？docId = 167958&leafId = 86&chnId = &viewMode = content。

［6］蒋晓光、周常玉：《推行企业集体谈判工资制存在的问题及对策》，中国劳动保障科研网。

劳动关系管理

《中华人民共和国劳动合同法》案例

——"华为辞职门"事件引发的思考

刘晓红

摘　要　《中华人民共和国劳动合同法》（以下简称《劳动合同法》）于2007年6月29日经第十届全国人民代表大会常务委员会第二十八次会议通过，自2008年1月1日起开始施行。《劳动合同法》是继1995年1月1日施行《中华人民共和国劳动法》（以下简称《劳动法》）之后，是事关每位劳动者切身利益的重要法律。对此，不同的企业采取了相应的对策，一些专家也给予了特别的评论。

本案例以深圳市华为技术有限公司的"辞职门"为案例，介绍国内学者对此事的分析。通过本案例，思考企业在《劳动法》、《劳动合同法》要求下的法制人力资源管理。

关键词　法律　人力资源管理　深圳华为技术有限责任公司

1　企业简介

深圳市华为技术有限公司成立于1988年，是由员工持股的高科技民营企业。华为从事通信网络技术与产品的研究、开发、生产与销售，专门为电信运营商提供光网络、固定网、移动网和增值业务领域的网络解决方案，是中国电信市场的主要供应商之一，并已成功进入全球电信市场。2003年，华为的销售额为317亿元人民币，目前有员工22000多人。

华为在全球建立了30多个分支机构，在美国达拉斯、印度班加罗尔、瑞典斯德尔摩、俄罗斯莫斯科以及中国北京、上海等地建立了研究所。华为产品已经进入德国、西班牙、法国、英国、日本、巴西、俄罗斯、埃及、泰国、新加坡、韩国等40多个国家和地区。

华为每年将不少于销售额的10%投入研发。华为坚持在自主开发的基础上进行开发合作，现在已经与 TI、摩托罗拉、英特尔、AT&T、AL-TERA、SUN、微软等世界一流企业广泛开展技术与市场方面的合作。

从 1997 年起，华为开始系统地引入世界级管理咨询公司，建立与国际接轨的基于 IT 的管理体系。在集成产品开发（IPD）、集成供应链（ISC）、人力资源管理、财务管理、质量控制等诸多方面，华为与 Hay Group、PWC、FhG 等公司展开了深入合作。经过 5 年多的管理改进与变革，以及以客户需求驱动的开发流程和供应链流程的实施，华为具备了符合客户利益的差异化竞争优势，进一步巩固了在业界的核心竞争力。

华为产品和解决方案涵盖移动（HSDPA/WCDMA/EDGE/GPRS/GSM，CDMA2000 1xEV-DO/CDMA2000 1X，TD-SCDMA 和 WiMAX）、核心网（IMS，Mobile Softswitch，NGN）、网络（FTTx，xDSL，光网络，路由器和 LAN Switch）、电信增值业务（IN，mobile data service，BOSS）和终端（UMTS/CDMA）等领域。

华为在印度、美国、瑞典、俄罗斯以及中国的北京、上海和南京等地设立了多个研究所，8 万多名员工中的 43% 从事研发工作。截至 2008 年 6 月，华为已累计申请专利超过 29666 件，连续数年成为中国申请专利最多的单位。华为在全球建立了 100 多个分支机构，营销及服务网络遍及全球，能够为客户提供快速、优质的服务。

目前，华为的产品和解决方案已经应用于全球 100 多个国家，以及 35 个全球前 50 强的运营商。

2　案例事件

2.1　事件回顾

2007 年 9 月 30 日，华为公司内部讨论通过一份题为《关于终止、解除劳动合同的补偿规定》的文件，要求包括总裁任正非先生在内的所有工作满 8 年的员工（共计 7000 多名）在 2008 年元旦之前逐步完成"先辞职再竞岗"工作；废除现行工号制度，所有工号重排序。

2007 年 10 月下旬，各大媒体披露此事并引发社会各界热议。

2007 年 11 月 2 日，深圳市劳动和社会保障局对此事展开调查。

2007 年 11 月 5 日，华为发表声明，否认规避新《劳动合同法》"10 年大限"，此次属公司正常人力资源调整。

2007 年 11 月 7 日，华为表示集体辞职事件结束，绝大部分员工会通过竞岗回到原来岗位，另有 100 多人未能续约。

2007 年 11 月 9 日，广东省总工会主要负责人在省总工会约见华为有关负责人，就维护职工合法权益、妥善处理事件达成共识。

目前，华为公司已中止部分员工辞职再竞岗工作，近期筹备召开职工代表大会，对原已制定的直接涉及员工利益的暂行规定，提交职代会审议。

2.2　媒体观点

2.2.1　政府介入调查认定相当谨慎

2007 年下半年，离《劳动合同法》正式实施只有 50 多天的时间里，中国最大的私营企业，也是中国最大的通信设备制造商——深圳华为技术有限公司启动了自成立 20 年来最大规模的人力资源调整方案，此举立即引起全社会的高度关注。

"华为辞职门"是为了应对新《劳动合同法》带来的挑战，还是趁此机会甩掉包袱"逃避社会责任"？各界众说纷纭，引来无数争议。这次华为不仅将自己推到风口浪尖上，而历来都很低调却颇受争议的华为掌舵人任正非先生也同时成为舆论焦点。

2.2.2　是无奈之举还是逃避责任

"华为辞职门"事件的影响，迅速蔓延全国，不少人指责华为此举存在"逃避社会责任"之嫌。

一位网友表示，华为应对新劳动法，开了一个恶劣的先例。还有一些网友认为，华为这一举动，为一些企业名正言顺地清理老员工指明了方向，炒掉员工可以美其名曰为"自动辞职"。但对于处于弱势地位的员工来说，"主动辞职"却实为无奈之举。

有资深人力资源专家认为，华为这样的做法是不妥当的，从道义和企业的社会责任来讲，这是一种不负责的行为，不但有损企业的良好形象，更会伤了员工的心，从而必将降低了企业的凝聚力和竞争力。而从法律的角度来看，这种规避法律责任，是带有一定的"故意"成分的行为。

但华为官方人士对此不愿过多置评，认为正在实施的人力资源体系调整相对提高了员工的福利，"员工们都非常满意"。处于舆论焦点中的华为掌舵人任正非说得更加明白，不管是干部还是普通员工，裁员都是不可避免的。华为从来都没有承诺过，像日本一样执行终身雇用制。内部流动是很重要的，这个流动有升有降。

有分析人士认为，华为此举明显是对 2008 年 1 月施行的新劳动法的变通应对。新劳动法第十四条"可订立无固定期限劳动合同"的规定显然与华为强调"保持激情"、"危机意识"、"来去自由"的企业文化相左。

华为公关部人士承认，公司希望通过这次人力资源变革破除工号文化积习。此前公司这个积习影响了新老员工的和谐。据悉，华为 7 万多名员工中，工作 8 年以上的工号基本都在 20000 号内，未来这些代表资历、地位的原工号将取消并重新排序。华为总裁任正非的工号或许也不再是可畏的"001"。有老员工称这是一记"一次了断"的凶猛出手。

2.2.3　打破终身雇用制引发争议

"连任正非都要改工号了，我们老员工的卡号、ID 都被注销，需要等待重新竞聘上岗。"华为员工黄明对记者称，2008 年元旦之前在华为工作满 8 年的职工，都要办理辞职手续，然后再与公司签订 1 到 3 年的劳动合同。初步估计，此次解除合同的人数有万人之多。

华为多名员工提供的信息显示，此次"先辞职再竞岗"时，所有自愿离职的员工将获得华为公司相应的补偿，补偿标准优厚于《劳动合同法》规定。离职员工保留所持有公司的虚拟受限股资格。也就是即使解除了劳动合同，但仍与员工保持股权的关系。

而不少华为员工亦表示，此次"革命性"的做法，符合公司一向行事风格。任正非惯用运动的方式解决干部管理中面临的难题。知情人士认为，此前的两次集体辞职或降薪运动，其目的和规模都与本次大不相同，"前两次都是针对干部，解决'干部能上能下'的问题，是干部管理体系的问题，解决的是短期的问题；而这一次则涉及整体人力资源管理体系的调整，它解决的是今后长期的人力管理问题"。

但知情人士认为，华为本次大刀阔斧地进行人力资源体系的变革，冒的风险不小。一方面，要做好众多员工的沟通工作，以尽可能降低由此带来的管理风险，以免影响到公司整体运作效率；另一方面，公司对外的公共形象是否受影响，包括员工家属在内的公众是否充分理解？

记者获悉，华为某地研究所约有 30 人需递交辞职申请，"没有听说有人因为这个要离职的"。大部分员工依然保留公司虚拟受限股资格——华为 2002 年公布的虚拟受限股执行价每股净资产 2.62 元，2006 年已达

3.94 元。

2.2.4　政府介入调查此事

日前，华为高层在接受媒体采访时称，此举的目的不是为了规避新《劳动合同法》的"10 年大限"，而是公司正常的人力资源调整，不过是在时间上和新《劳动合同法》的生效比较接近引发"联想"，华为否认在处理此事过程中存在失误和过错。

广东一位资深劳动法律师提醒华为离职员工，这种"离职"的方式是不被法律承认的。这位律师表示，在华为目前离职竞岗的做法下，所谓的"离职"员工并未真正离开华为，而是继续工作，并非真正离职，在法律上，离职的标志是：办理工作交接收回工卡、停止工资发放、停止社保、档案转移、办理失业登记，而不是员工递交一个辞职报告就算数的。

据悉，深圳有关政府部门已经开始介入调查此事。记者就此事向深圳市劳动和社会保障局有关负责人求证，一名不愿意透露姓名的负责人向记者透露，目前该局劳动关系处已经前往华为调查此事，但是由于此事的重大，因此调查和认定相当审慎，"因为华为这个企业在深圳的标杆作用，因此华为的此举以及对于此事的处理都是牵一发而动全身"。相关部门，将在调查之后再得出相关结论。

2.3　中止辞职再竞岗工作

2007 年 11 月 9 日，针对深圳华为技术有限公司近期 5100 名员工辞职再竞岗事件，广东省总工会主要负责同志约见华为公司高级副总裁。华为公司迅速中止部分员工辞职再竞岗工作，近期筹备召开职工代表大会，对原已制定的直接涉及员工利益的暂行规定，提交职代会审议。

据全总介绍，全国总工会、广东省总工会和深圳市总工会高度关注"华为事件"，认为华为公司近期 5100 名员工辞职再竞岗，在《劳动合同法》实施前夕进行，引起了社会各种猜测、议论和评价，客观上造成了一定的负面影响。华为公司必须采取相关措施以消除影响，在出台涉及员工切身利益的规章制度时，听取广大员工意见，尊重员工民主权利。

广东省总工会主要负责人与华为公司高级副总裁在约谈中，就如何切实维护职工合法权益、妥善处理事件等进行了认真磋商，最后达成三项共识：

一是企业进一步建立健全员工保障机制，完善员工权益保障、医疗保障、人身保障等治理规定，加大员工维权举措。

二是企业制定、修改或者决定直接涉及员工切身利益的规章制度或重大事项，遵守有关法律规定，听取员工意见，并与工会协商确定。近期筹备召开职工代表大会，对原已制定的直接涉及员工利益的暂行规定，提交职代会审议。

三是企业与工会开展平等协商，就劳动报酬、工作时间、休息休假、劳动安全卫生、保险福利等事项订立集体合同，共同构建和谐稳定的劳动关系。

华为公司表示，愿意在广东省总工会和深圳市总工会的帮助下，认真做好维护员工权益工作。

3　社会反响

在《劳动合同法》争论中，华东政法大学的董保华教授于 2007 年 11 月 20 日接受了《南方周末》的专访。

董保华，教授，男，博士生导师，兼任中国劳动法学研究会理事、上海劳动法学研究会副主任、上海市总工会法律顾问委员会委员，主要从事劳动法、社会法研究。曾参加《中华人民共和国劳动法》的论证和起草工作。著、编《劳动的法律保障》、《社会法原论》等著作 10 余部。在《中国法学》等刊物上发表《社会保障法与劳动法的界定》等论文 100 余篇。主持各类课题十余项，获上海市哲学社会科学成果等奖多项。曾赴美、加、比等国多次参加国际研讨会。

南方周末：近日的华为辞职事件，引起对劳动合同法的重新讨论，您怎么评价？

董保华：华为的行动，是劳动合同法造成的双输结果的率先体现。华为显然不违法，而且因为给予了远高于法律规定的补偿，没有引起员工投诉。华为不得不花 10 亿之巨买回本就应该属于它的用人机制，而且还只能是一段时间里的机制，很快它又会遇到工龄是否连续计算、两次签订固定期限合同等问题。这部法律，尽管在用人机制上也留下了一些法定条款，比如员工跟企业捆绑在一起，似乎重回"铁饭碗"与"铁交椅"。随着法律的实施，条款的作用真正发酵，将会是一个可怕的结果。像华为这样探索如何在这部法律下更好生存的企业，应该值得人们尊重。他们难以改变既定事实，只能想方设法应变。

南方周末：对企业用人机制的固化，主要体现在哪里？跟世界上其他国家相比，中国的标准处在怎样的水平？

董保华：我国的解雇制度可以说是世界上最紧的。解雇制度包括两部分：解除（指合同提前）和终止。对于解除，世界各国通常采用三个指标：解雇理由、解雇程序与解雇待遇（即补偿金）。在美国，通常只需要履行解雇程序，提前通知。英国则是三选一，要么有解雇理由，要么提前通知，要么支付补偿金。而在中国则三者都是必需的，解雇理由还必须是法定理由。至于终止，本来是企业唯一的生命线，原本我国的规定比较宽松，合同到期就自然终止。但这次劳动合同法进一步收紧，规定了好几种情况，即使合同到期企业也只能继续签订无固定期限劳动合同。劳动力市场好比是一个蓄水池，强制推行无固定期限合同的规定，会把蓄水池的出水阀门关闭，只进不出会变成一池死水，劳动力市场无法自由健康地流动。

南方周末：为什么会这样？当初法律起草时是否考量过这一影响？

董保华：法律的基本定位有问题。尽管经过四次修改，但具体条款的修改只是五十步与一百步的问题，基本定位依然没有改变，以构建稳定和谐的劳动关系为宗旨。可以看到，与劳动法相比，这个定位已经从"建立和维护适应社会主义市场经济的劳动制度"发生了改变。但是和谐其实并不等于稳定，过于稳定只会产生僵化，维持劳工制度的一定灵活性是非常重要的。僵化的结果是损伤企业、损伤经济、影响就业。我国正处在70年代知青返乡、90年代国企下岗以来的第3次就业浪潮中，就业受到影响将会对整个社会产生影响，劳动者也受到伤害。之所以会出现这样的问题，是因为在劳动合同法制定过程中，对立意识非常浓重，很多制定者都认为过去一直是强资本弱劳工，现在扶持劳动者就必须抑制资本。这是一种单极思维。事实上，许多时候，劳资双方更是双赢关系，一损俱损，一荣俱荣。这跟整个国家社会思潮的变化也有关系。在改革开放多年以后，经济、社会形势都发生了很大变化，也出现了许多血汗工厂、黑砖窑之类的问题，整个社会都在进行重新思考和调整。在和谐社会的鼓召下，保护劳工、保护弱势群体的呼声日高。在这种背景下制定的劳动合同法，不能不受到影响，最后实行的是对劳动者的单保护。而在立法过程中，也缺乏充分博弈。立法者中并没有企业界的代表，尽管一些机构尤其是外资机构积极参与，但事实上发言权有限，他们最初连意见都不知道可以送到哪里去，因为要求发表意见时不能超过 1000 字。当时，因为发表了许多不同意见，我被贴上了资方代表的标签。但事实上，我不是任何人的代表，我只是作为一个学者，基于我的研究，提出独立的观点而已，但能影响和改变的也都有限。

南方周末：如何维持一定的灵活性？如何在劳工制度的灵活性与经济发展阶段之间取得平衡？过去相对更灵活的劳工制度实际上引发了非常多的现实问题。

董保华：过去是出现了许多问题，就像我们脚上生了疮，但处方却把手给剁了。而且要警惕的是，华为的行动可能会刺激立法者将缰绳越拉越紧。这样一来，将进一步堵死中国经济的活力。要维持一定的灵活性，需要寻找劳动者与企业之间的平衡点。因为一直帮助劳工维权，在接触大量底层劳动者的过程中，我发现，并不是说所有劳动者都需要你保护，对有的人来说是束缚而非保护。首先要看劳动者由哪些部分组成：最上端的一层是总经理、董事长，他们本来就很强势；第二层是一些白领员工、科技人员或者是较高层次的员工，他们有相对较强的"用脚投票"的自由；第三层是工人，只有这个才需要行政的干预；最后一个层次，是没有就业或者半就业的人，他们需要就业岗位。他们没有被覆盖，怎么受保护？我国的劳动合同法应该"雪中送炭"，也就是在广大中下层劳动者中实现广覆盖，将雇主从劳动者中排除，将非标准劳动关系纳入劳动法律调整范围，才能真正落实对弱势主体的保护。只有低标准，才能做到广覆盖。这种低标准也是用人单位完全应当，也完全可以遵守的。只有在此基础上国家才能进一步追求严格执法。因此，劳动者与企业之间的平衡点，我认为应该是低标准、广覆盖、严执法。这是一个普通劳动者、正常企业、国家行政部门都能接受的平衡点。但最后，立法者的选择跟我的平衡点背道而驰。

南方周末：不管有多少不同意见，现有法律已是既定事实，您怎么看待它实施之后的未来？

董保华：由于抑制企业，整体经济活力将受到损伤。即便是立法者保护劳动者的初衷，也很难达到，因为没能将劳动者这个整体分拆得更为仔细，没有准确清晰地找到法律最需要保护的那个部分。很简单，对企业来说，是"一次定终身"，比如说签完一年合同后，第二年你必须考虑要不要这个员工，因为如果继续签订第二份固定期限合同，等到合同到期，你就必须跟员工签无固定期限合同。也就是说，企业只有一次选择的机会。这会让企业非常慎重，因为风险太大了。对广大低层劳动者来说，这将会是一个灾难，除非他有不可替代的核心价值，否则就将被放弃。更糟糕的是，长此以往，我们可能会走上法国的道路。在法国，长久以来的福利制度使得整个经济失去活力，社会畸形，分裂成两大阵营：高福利既得利益者与经济界。而整个国家因此走上一个怪圈，失业率高达9%，背负着巨大就业压力的政府不得不不断征税以致成为全球税负最重的国家，而只要试图刺激经济，哪怕触动高福利的既得利益者一点点，他们都不能容忍。前段时间《首次雇用法》与对退休制度的一点点微小改革，都引发大罢工。所以法国总统萨科齐被媒体评价说"离爱丽舍宫很近，离凯旋门很远"。如果我们走到那一天，才是最可怕的。而那时候，调整与修正都将变得异常艰难，我希望我的预言不会变成现实。

4 作者观点

我国提出建立社会主义市场经济体制的时间相对较晚，在1992年党的十四大上首次正式提出建立社会主义市场经济体制。市场经济体制对我国社会经济和劳动关系等诸多方面都有深刻而全面的影响。我国劳动用工制度的形成有复杂的历史独特性，如新中国成立之后的大规模招工，1962年的大规模精简职工，1966—1976年十年"文化大革命"期间的工业停顿不前，1984年首次试行"劳动合同制工人"，1987年国务院发布《国营企业劳动争议处理暂行规定》，1990年试行全员劳动合同制，1993年国务院发布《中华人民共和国企业劳动争议处理条例》。与之相适应的劳动法律体系建设起步晚于劳动用工实践，1995年1月1日实施《中华人民共和国劳动法》，13年之后才实施《中华人民共和国劳动合同法》。劳动争议案件数量增多，呈"群体化"和"维权式"的特点。

"华为辞职门"事件是劳动关系领域中的新问题，属于隐性劳动争议的范畴。实际上，企业行为与法律要求之间经常会有不一致的地方。企业在法律规定之内，寻求经济利益最大化是市场经济条件企业的合理行为，同时，企业如何承担社会责任也是企业面临的新课题。

思考与讨论

1. 《劳动合同法》对华为公司的影响主要有哪些？
2. 企业如何适应《劳动法》及《劳动合同法》等有关法律的规定？
3. 企业应如何应对劳动关系中的社会公共事件？
4. 企业应如何承担稳定劳动关系和适应增加就业的社会责任？

参考文献

［1］http：//www.huawei.com.cn，深圳市华为技术有限责任公司网站。

［2］任正非：《华为总裁管理智慧》，《文苑》2008 年第 1 期。

［3］胡嘉莉：《"华为辞职门"事件愈演愈烈》，《中华工商时报》2007 年 11 月 5 日。

［4］杜宇：《华为公司中止部分员工辞职再竞岗工作》，《中国证券报》2007 年 11 月 12 日。

［5］肖华、董保华：《华为事件是第一个双输案例》，《南方周末》2007 年 11 月 22 日。

竞业限制的对与错

——腾讯与 51. com 人才之争

罗　霞

摘　要　腾讯与 51. com 作为同行业的竞争对手，在 2008 年掀起的人才争夺战引起了社会的广泛关注，同时也使人们对竞业限制有了更多的了解和认识。

关键词　竞业限制　腾讯　51. com

1　企业背景

1.1　腾讯背景[①]

腾讯公司成立于 1998 年 11 月，是目前中国最大的互联网综合服务提供商之一，也是中国服务用户最多的互联网企业之一。成立十多年以来，腾讯一直秉承一切以用户价值为依归的经营理念，始终处于稳健、高速发展的状态。2004 年 6 月 16 日，腾讯公司在香港联交所主板公开上市（股票代号 700）。

用互联网的先进技术提升人类的生活品质是腾讯公司的使命。腾讯 QQ 的发展深刻地影响和改变着数以亿计网民的沟通方式和生活习惯，它为用户提供了一个巨大的便捷沟通平台，在人们生活中实践着各种生活功能、社会服务功能及商务应用功能；并正以前所未有的速度改变着人们的生活方式，创造着更广阔的互联网应用前景。

目前，腾讯以"为用户提供一站式在线生活服务"作为自己的战略目标，并基于此完成了业务布局，构建了 QQ、腾讯网（QQ. com）、QQ 游戏以及拍拍网这四大网络平台，形成中国规模最大的网络社区。在满足用户

---

　①　摘自腾讯公司官方网站。

信息传递与知识获取的需求方面，腾讯拥有门户网站腾讯网（QQ. com）、QQ 即时通讯工具、QQ 邮箱以及 SOSO 搜索；在满足用户群体交流和资源共享方面，腾讯推出的 QQ 空间（Qzone）已成为中国最大的个人空间，并与我们访问量极大的论坛、聊天室、QQ 群相互协同；在满足用户个性展示和娱乐需求方面，腾讯拥有非常成功的虚拟形象产品 QQShow、QQ 宠物、QQ 游戏和 QQMusic/Radio/Live（音乐/电台/电视直播）等产品，同时，还为手机用户提供了多种无线增值业务；在满足用户的交易需求方面，c2c 电子商务平台——拍拍网已经上线，并完成了和整个社区平台的无缝整合。截至 2008 年 4 月 30 日，腾讯即时通讯工具 QQ 的注册账户数已经超过 7.834 亿，活跃账户数超过 3.179 亿，QQ 游戏的同时在线人数达到 400 万，腾讯网（QQ. com）已经成为中国浏览量第一的综合门户网站，电子商务平台拍拍网也已经成为中国第二大的电子商务交易平台。

面向未来，坚持自主创新，树立民族品牌是腾讯公司的长远发展规划。目前，腾讯 60% 以上员工为研发人员。腾讯在即时通信、电子商务、在线支付、搜索引擎、信息安全以及游戏方面等都拥有了相当数量的专利申请。2007 年，腾讯投资过亿元在北京、上海和深圳三地设立了中国互联网首家研究院——腾讯研究院，进行互联网核心基础技术的自主研发。腾讯的自主创新工作已经进入企业开发、运营、销售等各个环节中。腾讯正逐步走上自主创新的民族产业发展之路。

成为最受尊敬的互联网企业是腾讯公司的远景目标。因此，腾讯一直积极参与公益事业、努力承担企业社会责任、推动网络文明。2006 年，腾讯成立了中国互联网首家慈善公益基金会——腾讯慈善公益基金会，并建立了腾讯公益网（gongyi. qq. com），专注于辅助青少年教育、贫困地区发展、关爱弱势群体和救灾扶贫工作。目前，腾讯已经在全国各地陆续开展了多项公益项目。腾讯正以自身努力去不断为"和谐社会"的建设作出贡献，成为一个优秀的企业公民。

1.2　51. com 背景①

51. com（以下简称"51"）成立于 2005 年 8 月，是目前中国最大的社交网站。51 致力于为用户提供稳定安全的数据存储空间和便捷的交流平台。注册成为 51 用户，不但可以方便地发布照片、日记、音乐等，还

---

① 摘自 IT. com. cn（IT 世界网）。

可方便地将这些数据与朋友分享。截至 2008 年 6 月，51 已拥有 1.2 亿注册用户，月独立用户超 3150 万。51 是由美国红杉资本中国基金（Sequoia Capital China）、巨人网络集团（Giant Interactive Group）、海纳亚洲创投（Susquehanna International Group）、英特尔资本（Intel Capital）、红点创投（Redpoint Ventures）等国际著名的企业和风险基金联合投资而成。

官方网站：http：//www. 51. com 51 个人主页：http：//Cqpk. 51. com

发展史：

2005 年 8 月，著名互联网人士庞升东先生于上海浦东创建 51. com。

2006 年 5 月，51. com 与美国红杉资本中国基金、海纳亚洲创投完成首轮 600 万美元投资协议。

2006 年 7 月，51. com 入围全球著名风险投资业媒体 Red Herring 2006 年亚洲最具发展潜力百强排行榜。

2006 年 9 月，51. com 位于 IWebChoice 排名之全球华语网站第 21 名。

2006 年 11 月，51. com 注册用户破 5000 万。

2007 年 5 月，51. com 成功并购虚拟形象平台"Pixoart"。

2007 年 6 月，51. com 注册用户突破 7000 万。

2007 年 7 月，51. com 与英特尔资本、红点创投、美国红杉资本中国基金、海纳亚洲创投完成第二轮超过 1500 万美元投资协议。

2008 年 1 月，51. com 注册用户突破 1 亿，月独立用户超过 2500 万。

2008 年 1 月，百度发布《2007 中国空间社区（博客）研究报告》显示，51. com 总体流量次于腾讯位居第二，用户活跃度（以独立 IP 平均页面浏览量为标准）居国内首位。

2008 年 5 月，51. com 上海总部迁居至浦东新区张江高科技园区。

2008 年 7 月，51. com 与巨人网络集团、上海浦东科委等投资者完成第三轮超过 5000 万美元投资协议。

2 案例事件[①]

2.1 事件的缘起

2008 年 11 月 7 日，腾讯公司确认正式向深圳福田法院起诉 15 名涉嫌

---

　　① 本节选自《21 世纪经济报道》2008 年 11 月 13 日第 22 版报道《争议"竞业限制"，腾讯首度起诉离职员工》报道，记者：程久龙。

集体跳槽的员工，原因是这些员工违反竞业禁止义务。

腾讯 CEO 马化腾 2008 年 11 月 11 日向本报记者表示："我们有个底线，不允许把企业的商业秘密带到（竞争）对手的公司，去直接开发同类型的产品。"

"（腾讯）是第一次用这样的方式（法律诉讼）对待离职员工。"11 月 11 日，面对记者关于"腾讯员工离职风波"的提问时，腾讯首席行政官陈一丹言语激动。11 月 6 日，"腾讯 QQ 把员工告上法庭，两年内不许踏足互联网"的帖子在天涯等各大网络论坛上悄然现身，发帖人自称是腾讯的离职员工，目前他和部分腾讯离职员工均收到了腾讯提起的违反竞业禁止义务诉讼，并称诉状已寄到这些员工家中，给他们的工作与生活造成麻烦。11 月 7 日晚，腾讯发表声明，证实确已对 15 名前员工提起违反竞业禁止义务诉讼，并称"某公司为了谋求便捷发展，不断对腾讯员工进行恶意挖角，给腾讯公司正常的经营活动造成了极大困扰，并导致了腾讯所投入巨资的一些研发项目搁浅、商业机密流失"。

一石激起千层浪。作为腾讯的竞争对手之一，社区网站 51.com 随之浮出水面，"51.com 对腾讯恶意挖角"的说法在业内不胫而走。

"员工的流动本是一个很正常的行为，腾讯对此保持开放性态度。"腾讯 CEO 马化腾 11 月 11 日向本报记者表示："但我们有个底线，不允许把企业的商业秘密带到（竞争）对手的公司，去直接开发同类型的产品。"马认为，此次"恶意挖角"对腾讯带来了较大的伤害，腾讯是不得已才动用法律武器维护权益。

事实上，在互联网业界，由于业务重合度较高，人员流动性较大，公司与员工之间签订"竞业限制"协议已属惯例，由此引发的诉讼也屡见不鲜。然而长期以来，由于"竞业限制"的边界模糊，加上取证难等问题，使得遭遇类似司法诉讼的公司和个人都倍感尴尬。此前，即便是轰动全球的微软诉李开复跳槽谷歌案，最终也是以庭外和解的方式不了了之。

在此背景下，腾讯针对 15 名离职员工"违反竞业禁止义务"的集中起诉自然备受关注。

2.2 "恶意"挖角

"截至目前，公司确认有 13 名从腾讯过来的员工被腾讯起诉。"11 月 12 日，"挖角门"的另一主角 51.com 打破沉默，公司新闻发言人黄绍麟在接受本报记者采访时表示，公司正考虑聘请律师团队替被诉的腾讯前员工应诉。

成立于 2005 年 8 月的 51.com 号称是目前中国最大的社交网站，其创始人 CEO 庞东升在多个公开场合表示，依靠 QQ 黏性用户群构建庞大社区网络的腾讯，"是（51.com）最大的竞争对手"。

2006 年 5 月，51.com 与美国红杉资本中国基金、海纳亚洲创投完成首轮 600 万美元投资协议，公司进入招兵买马的扩张期。

"正是从 2006 年下半年，51.com 就开始从腾讯挖人。"有知情者对记者透露，"形式很直接，一个电话打过来，直接开出两到三倍的工资待遇。"

面对种种诱惑，两年来先后有超过 70 名腾讯员工跳槽到 51.com。据记者了解，这些跳槽员工中，有的连腾讯的期权甚至都未完全兑现便撒手走人。"51.com 待遇之丰厚可见一斑"。上述知情者表示，"这对于腾讯基层，尤其有着一定经济压力的年轻研发人员诱惑最大"。

更令腾讯恼火的是，部分离职员工甚至将原单位研发部门的通讯录带走，然后鼓动尚未离职的员工跳槽。一位腾讯内部员工对记者透露，"我们有的研发部门，几乎每一个员工都接到过（51.com 方面）挖角的电话。"

对此，黄绍麟在接受本报记者采访时表示，两年来的确有不少原腾讯公司的员工先后加盟 51.com，但也有很多是来自其他互联网公司，"我们是按照公司发展的需求来招揽人才，并非针对某一家公司恶意挖角"。

据黄绍麟介绍，在 51.com 的用户中存在大量对休闲类游戏的需求，而公司也正在为此酝酿推出棋牌类休闲游戏，"我们预计年底会推出一个公测版本，目前一个超过 40 人的网游研发团队正在加紧赶进度"。

截至 2008 年 11 月，腾讯拥有中国最大的休闲游戏运营平台，而据上述知情人士透露，"51.com 挖的人便主要集中在网游和社区这两大研发部门，此次被起诉的 15 名员工均来自原腾讯这两个部门"。

2.3 "竞业限制"的尴尬

此次"挖角门"争议的焦点集中在对"竞业限制"的理解和界定。

腾讯方面认为，上述被诉员工将原属腾讯的技术和商业秘密带到竞争对手公司，并直接开发同类产品，违反了当初与腾讯签订的"竞业限制"协议。

根据一名离职员工提供的资料，腾讯与员工签署的"竞业限制"协议具体内容为（在双方劳动合同的第 7 页）：乙方无论因何种原因离职，自离职之日起 2 年内不得在研究、生产、销售或维护甲方经营范围的同类产品与服务（包括即时通信软件产品、通信聊天交友服务、移动通信增值服务、网络电子游戏、网络娱乐、互联网信息资讯、其他网络产品、其他通信产品、其他软件产品等）的企业事业单位或与甲方有竞争关系的企业事业单位工作，也不得以任何方式直接间接地为这些企业事业单位工作或提供服务。

离职员工颇感委屈地认为，由于上述协议几乎涵盖了绝大部分互联网业务，这意味着签署"竞业协议"的离职员工"在两年内不许踏足互联网"。

对此，上海中汇律师事务所知识产权律师游云庭接受记者采访时表示，公司从自身利益最大化考虑，在设定"竞业限制"的范围时，肯定倾向越宽泛越好，"但法院肯定也会根据员工在腾讯工作期间的工作性质，以及其新工作的性质来确定两者是否存在利益冲突，如果确实存在，才会适用相关的竞业限制法规"。

"事实上在'竞业限制'的界定上，本身也存在一定的难度和漏洞。"游云庭对记者透露，有的公司从对手挖角后，将被挖员工的劳动关系转入另一家第三方公司，这样一来，"虽然明显是为竞争对手开发同类产品，但却从法律上规避了'竞业限制'"。

此外，更大的困难在于司法取证上。腾讯方面认为，被诉员工有将原属于腾讯的技术和商业机密带到竞争对手的行为。"即便是基层研发人员，对很多腾讯产品的源代码构成也都了熟于心。"上述知情者透露，但很多技术泄露并不是以"物理的、现成的"形态出现，所以导致在取证上存在很大难度。

"很多技术很难界定是否属于从原东家转移出来的，除非找到了'物理'上的证据。"游云庭举例，在前段时间沸沸扬扬的富士康诉比亚迪侵权案中，富士康获得了员工转移商业机密的邮件，"但在一般情况下，这种取证很难"。

多位业内人士在接受采访时均认为，包括腾讯针对离职员工等类似的关于"竞业限制"的诉讼，都颇有"醉翁之意不在酒"的意味。而一位腾讯内部员工私下透露，"公司这样做，主要也是想对现有员工起到警示作用"。

不过，在游云庭看来，"竞业限制"犹如一把双刃剑，在威慑公司现有员工的同时，也会对欲加盟者造成一定的心理影响，甚至会打击现有员工的士气，"这也是尽管互联网业内恶意挖角的事件频繁发生，但真正被原东家诉之法律却并不多的重要原因"。

3　社会反响

"企业不能太腾讯！"这是 2008 年在流行语中的热词，可见腾讯与 51. com 之间的纷争对社会的影响之大。多家报纸连续报道以及数家知名网站整版的讨论让此事件始终处于风口浪尖上。在这场源于核心员工跳槽而后又引发出的广为人知的"彩虹门"等一系列事件中，腾讯和 51. com 双方企业都损失不小。其实在同一个行业里，竞争者向领先者模仿借鉴本无可厚非，但是借鉴的方式就有待谨慎决策。

4　作者观点

竞业限制是指为避免用人单位的商业秘密被侵犯，员工依法定或约定，在劳动关系存续期间或劳动关系结束后的一定时期内，不得到生产同类产品或经营同类业务且具有竞争关系的其他用人单位兼职或任职，也不得自己生产与原单位有竞争关系的同类产品或经营同类业务。中国的相关法律中没有对竞业限制的对象做出明确限定，因此，雇用双方自愿签订的竞业限制条款，作为劳动合同的一部分，具有法律效力。但由于竞业限制协议限制的是员工的劳动权，而劳动权属于宪法保障的公民基本权利之一。因此，竞业限制合同的合法有效关键在于是否有损员工的基本生活利益。作为竞业限制协议生效的一个基本条件，企业必须对员工的竞业限制行为做出经济补偿，竞业限制协议中必须同时写明补偿金的数额和发放办法，否则就是无效协议。对于竞业限制的补偿金数额，法律上也没有一个明确和权威的规定，按照深圳和珠海的相关规定，补偿金的数额须不少于该员工年收入的 2/3 和 1/2，如果补偿金支付的数额较少，法院通常也会判决该竞业限制协议无效。

2008 年 1 月 1 日生效的《中华人民共和国劳动合同法》对竞业限制作出如下规定：

"第二十三条　用人单位与劳动者可以在劳动合同中约定保守用人单位的商业秘密和与知识产权相关的保密事项。"

"对负有保密义务的劳动者，用人单位可以在劳动合同或者保密协议中与劳动者约定竞业限制条款，并约定在解除或者终止劳动合同后，在竞业限制期限内按月给予劳动者经济补偿。劳动者违反竞业限制约定的，应当按照约定向用人单位支付违约金。"

"第二十四条　竞业限制的人员限于用人单位的高级管理人员、高级技术人员和其他负有保密义务的人员。竞业限制的范围、地域、期限由用人单位与劳动者约定，竞业限制的约定不得违反法律、法规的规定。"

"在解除或者终止劳动合同后，前款规定的人员到与本单位生产或者经营同类产品、从事同类业务的有竞争关系的其他用人单位，或者自己开业生产或者经营同类产品、从事同类业务的竞业限制期限，不得超过二年。"

竞业限制并不是中国一国独有，世界上许多国家都采用这样的方法来维护市场经济的正常运行。竞业限制合同要求劳动者承担竞业限制义务，虽然可以起到保护用人单位利益的作用，但客观上又在一定程度上限制了劳动者择业自主权。而自主择业权是我国法律赋予劳动者的一项基本权利。因此作者认为，竞业限制只是企业留住核心员工、保护商业秘密的消极手段。长期来看，竞业限制会增加员工的心理压力，降低员工对企业的忠诚度，还会对欲加盟者造成一定的心理影响。这些并不是企业想看到的结果。企业应当从采取有效的激励措施、解决好企业内部公平、公正，建立有效的沟通机制等方面去更好地解决核心员工流失的问题。

思考与讨论

1. 腾讯和 51.com 人才竞争的动机是什么？
2. 企业如何实施竞业限制？
3. 怎样解决核心员工的跳槽问题？

参考文献

[1]《中华人民共和国劳动合同法》。

［2］《21 世纪经济报道》2008 年 11 月 13 日第 22 版报道《争议"竞业限制"，腾讯首度起诉离职员工》。

［3］新浪网 2008 年 11 月 7 日报道《腾讯起诉 15 名离职员工跳槽竞争对手》。

［4］深圳经济特区《企业技术秘密保护条例》。

［5］珠海市《企业技术秘密保护条例》。

谁该为东航"返航门"事件买单

罗 霞

摘 要 东航云南分公司 18 个省内航班"集体返航",导致大面积航班延误,千余名旅客滞留机场。事件一出,整个社会一片哗然!这场由劳资纠纷、飞行员自由流动受限、中国民航体制等多方面原因促成的事件引人深思。

关键词 劳动合同 劳动争议 东航

1 企业背景①

中国东方航空集团公司于 2002 年 10 月 11 日在北京人民大会堂宣告成立。中国东方航空集团公司(以下简称东航集团)是以原东方航空集团公司为主体,兼并原中国西北航空公司、联合原云南航空公司组建而成,是国务院国资委监管的中央企业,我国大三骨干航空运输集团之一。

东航集团总部设在上海,英文全称:China Eastern Air Holding Company,英文缩写:CEAH。注册资本 25.58441 亿元人民币,截至 2007 年底,东航集团总资产为 733 亿元人民币,从业人员超过 5 万人,拥有运输飞机221 架,经营国内外客货航线共 467 条,通航亚、欧、美、非、五大洲 53个国际著名城市。

东航集团经营业务包括:公共航空运输、通用航空业务及与航空运输相关产品的生产和销售(含免税品)、航空器材及设备的维修、航空客货及地面代理、飞机租赁、航空培训与咨询等业务以及国家经营的其他业务。

作为东航集团核心主业的中国东方航空股份有限公司是中国民航业内

---

① 摘自中国东方航空集团网站。

第一家上市公司，于 1997 年分别在纽约、香港和上海的证券交易所挂牌上市，为建立现代企业制度，实施大集团、大公司战略打下了重要基础。

东航集团旗下共有 17 家投资公司。经过几年来的调整优化和资源整合，基本形成以航空食品、进出口、金融期货、传媒广告、旅游票务、酒店集团、机场投资等业务为辅助的航空运输服务体系。

2 案例事件

2008 年 3 月 31 日，东航云南分公司 18 个省内航班"集体返航"，导致大面积航班延误，千余名旅客滞留机场，事件一出，整个社会一片哗然！

昨天一天内，中国东方航空云南分公司从昆明飞往大理、丽江、西双版纳、芒市、思茅和临沧六地共 14 个航班返航，航班飞到目的地上空后，乘客被告知无法降落，又都飞回昆明，这导致昆明机场更多的航班延误。东航方面给出的解释是"因天气原因"，而同一天飞往上述地区的其他航空公司航班则正常降落。据东航的一名工作人员透露，航班集体返航事件，诱因可能是两天前在飞行员的宿舍流传的一封公开信。

"不知道与两天前的那封信有没有关系。"一名该航空公司的工作人员告诉记者，两天前，飞行员的宿舍、飞行楼里，贴出了很多封"致东航云南公司全体飞行员的一封信"，这信还塞进了一些飞行员的房间里。

信中，历数了四条"应该警醒"的理由：一是相对同行而言，待遇太低；二是一些针对飞行员的检查使"飞行员的自尊心受到了巨大的伤害"；三是工资和补贴标准没有与税收标准接轨；第四条中，提到了"郑志宏"事件，质疑他曾遭到的天价索赔"这难道是公平之举吗"？

原中国东方航空云南分公司飞行员郑志宏曾因跳槽遭公司索赔 1257 万元，在国内创下飞行员跳槽遭索赔金额新高。

——《南方都市报》2008 年 4 月 1 日

被媒体称为"罢飞"的东航"集体返航"事件有了新进展。日前，东航向媒体发了一封致歉信，对于 3 月 31 日航班返航事件给旅客带来的诸多不便表示诚挚的歉意。同时，东航仍表示，返航缘由是"天气原因"，该公司正在开展进一步调查，如若查实是人为原因，将视情节依法依纪严肃处理。

该事件的真相早已明了，而今却还拿着"天气原因"遮遮掩掩、招摇过市，这究竟是在道歉，还是以愚弄公众为能事？

而这一切积弊，最终又将负面危害加诸于处于服务终端的乘客身上。据悉，30 余名乘客正收集材料拟起诉东航商业欺诈。这是他们的权利。如果不能直陈事实真相，赔偿他们的损失，并坦诚道歉，而依然拿着"天气原因"混淆视听的话，必将使公众对东航继续丧失信任感，没有哪一个傻子敢冒着生命危险去领教人为的"天气原因"。东航自欺欺人的理由，恰恰只能说明自己的无知，若把这份无知以无畏的姿态加诸于乘客，无异于是在自残。

——《重庆时报》2008 年 4 月 7 日

中国民用航空局 4 月 17 日公布了对东方航空股份有限公司云南分公司航班返航事件做出的调查结论，认为这是一次东航云南分公司少数飞行人员无视旅客权益所造成的一起非技术原因的返航事件，同时对东航做出处罚决定。

民航局有关负责人介绍说，经过技术调查，调查组认定，东航云南分公司 3 月 31 日和 4 月 1 日返航的 21 个航班中，因飞机故障原因返航的 1 班；因天气原因返航的 2 班；非技术原因故意返航的 4 班；听到前机返航，处置不当，盲目返航的 5 班；因译码设备工作不正常，QAR（飞行数据快速存取记录器）无数据或数据错误，无法从技术上判定返航原因的 9 班。据此民航局认为，此次返航事件，主要是东航云南分公司少数飞行人员无视旅客权益所造成的一起非技术原因的返航事件。

这位负责人表示，民航局依据《中华人民共和国民用航空器适航管理条例》、《大型飞机公共航空运输承运人运行合格审定规则》、《适航指令》及《飞行品质监控工作管理规定》等法规规章的有关规定，决定对东航做出两项处罚：一是停止东航云南地区部分航线、航班的经营权，交由其他航空公司经营。具体执行事宜由民航西南管理局安排；二是对东航处以人民币 150 万元罚款，上缴国库。责令东航在 3 个月内完成相关设备的改装升级，恢复 QAR 译码设备的正常工作。

——《人民日报海外版》2008 年 4 月 18 日

7月2日，东航对云南分公司"3·31"返航事件责任人员进行了严肃处理。同时，为认真吸取深刻教训，东航结合抗震救灾表彰活动，在党员和员工队伍中深入开展责任和义务教育活动，大力强化飞行队伍建设，切实履行社会责任，全力投入奥运保障工作。

在上级有关部门的直接指导下，东航经过对"3·31"返航事件认真调查，本着"实事求是、依法依纪严肃处理"的原则，对所认定的11次人为返航的13名飞行人员进行了严肃处理。对在返航事件中情节较重的1名机长停飞，给予开除党籍处分；3名飞行教员分别停飞1—2年，给予留党察看处分。对于另外2名飞行教员和2名机长，分别取消教员和机长资格、降为副驾驶，并给予党内严重警告或警告处分。其他5名参与返航情节较轻的飞行人员也已暂停飞行，经教育整顿和严格检查后重新认定从业任职资格。针对此次事件暴露出的管理问题，东航严肃追究了8名相关领导人员的责任。对云南分公司总经理、党委书记和分管副总经理给予党内警告处分，两名主要领导免去原任职务；对云南分公司飞行部、相关飞行分部5名领导人员分别给予党内严重警告或警告处分，其中4人免去职务。

与此同时，东航集团公司党组按照中央领导指示，贯彻国务院国资委党委的部署，在广大党员中认真开展了以"共产党员和中央企业在抗震救灾中的义务和责任"为主题的专题组织生活，充分运用抗震救灾中涌现出的先进事迹和"3·31"返航事件的深刻教训进行正反两方面教育。

——《人民日报》2008年7月3日

3　社会反响

东航集体返航事件在社会上引起了轩然大波。国内多家媒体，甚至《人民日报》都对此事件进行过追踪报道，并且纷纷发表社论，一时间百家争鸣，好不热闹。诸如"罢飞事件是一次挑战行业底线的丑闻"，"天气原因遮不住罢飞事件的真相"，可窥见一斑。中国社会调查所对北京、上海、广州、哈尔滨、大连、郑州、成都、武汉、杭州、西安等地的一千名公众最新进行了访问调查。当问及"您如何看待此次事件中飞行员'劫持'乘客来达到目的的行为？"时，有八成五的被访者表示"不支持"。"返航门"事件于2008年3月31日发生，可其震荡出的回声一直在延续。

《羊城晚报》2008 年 4 月 8 日报道：一位不愿公布名称的广州旅行社订票中心负责人告诉记者，东航集体返航事件近日成为全国关注焦点，受这一事件影响，很多旅客订票时都指明不愿乘坐东航航班。"在广州飞上海的航线上，东航的价格还算比较便宜的，处在较低的国航、上航和较高的南航之间。有乘客表示，宁可价格贵一点也要保证安全"。在一些订房订票的网站论坛里，部分网友在发帖"抵制东航"。"除了返航事件本身以外，要不是民航局彻查，东航还在不停地说谎想要掩盖矛盾。这样的航空公司谁还敢坐？"网友"怒气冲冲"表示。

总之，东航的返航事件给社会留下的思考是深刻的，同时引起各方对中国民用航空事业管理的反思！

4 作者观点

静中细思，东航集体返航事件表面上是"挟乘客以令公司"，但实际上所折射出来的沉疴并非"一日之寒"。诚然，乘客是直接的受害者，可是谁为"返航门"事件买单就不单单是一方的问题！

首先，东航此次集体返航事件的直接诱因是劳资纠纷，最终以隐形罢工的形式呈现。亚当斯经典的公平理论告诉我们：员工们对自己是否收到公平合理的待遇十分敏感。他们的工作动机不仅受到所得报酬的绝对值影响，更受其相对值的影响。飞行员是一种稀缺资源，物以稀为贵，飞行员的工资是一般员工的十倍以上，而在中国飞行员的工资是远低于国际水平的。更为重要的是，东航飞行员的工资是不及国内同行业其他公司的，这就造成了外部不公平；再看内部，中国东方航空集团公司是以原东方航空集团公司为主体，兼并原中国西北航空公司、联合原云南航空公司组建而成。与上海总公司相比，云南分公司赢利较好，但他们的收入水平却比总公司的员工水平低，内部不公平油然而生；由于税收标准变化，飞行员的实际收入减少，同时在云南航空与东航航空合并的几年中，几乎没给员工涨过工资，从时间上看，员工认为他们的实际收入与过去相比是降低了。当然，除了收入上的因素，还有员工个人情感的因素，员工们认为工作强度大，云南的飞行环境差等，这些也为返航事件埋下了伏笔。

其次，中国民航体制存在缺陷导致飞行员人才市场不能充分的自由流动，飞行员培训体系不健全。2004 年，中国民航总局允许民营资本进入民航业，从此中国民航事业呈现国有资本、地方资本、民营资本"三足鼎立"之势，而中国的飞行员市场却没有根据时代需要实现市场化。飞行员培训具有高资本，高技术，周期长的特点，高速发展的民航事业对飞行员的需求与飞行员的供给缺口犹如"天堑"，使飞行员成为"香饽饽"。我国的飞行员培训模式与国外不同，大多是企业或国家出钱培养。根据"十一五"规划，我国对飞行员需求量的缺口很大。于是，民营航空公司纷纷从国有航空公司挖人，而国有航空公司又拼命留人。民航总局联合五部委发文要求"飞行员辞职必须征得原有单位的同意"，而且要赔偿原有单位"70万—210万元不等"。同时国有航空公司与飞行员签订终身合同。飞行员面对民营航空的高薪诱惑，同时受制于高额的赔偿费。如东航返航事件中，有媒体报道与之有关的郑志宏事件，就是因为他辞职遭东家索赔1250万元，最后法院判决赔偿130万元违约金并退还7万多元工资。此类事件在民用航空事业里屡见不鲜。在东航集体返航事件中，对飞行员职业道德的教育问题也应当引起重视，不管怎样，利用消费者来与公司博弈是不可取的。

再次，劳资博弈非制度化，管理者缺乏危机管理意识。由于集体协商的机制缺失，东航集体返航事件的爆发只是一个时间问题。东航管理者在事件发生后对危机的管理意识也是值得商榷的。他们先是用"天气原因"当"遮羞布"，而后又说存在人为因素，如挤牙膏一般。东航管理者对潜在的危机可谓"麻木"，其实在东航集体返航事件发生之前，江苏分公司，青岛分公司，就出现了集体辞职事件，绝食抗议事件。而东航管理者没足够重视，认为天价的"转会费"是限制员工流动的最佳手段。

最后，解决之道。在体制层面上，实现航天员市场人才的自由流动，同时加大对飞行员的培养，根据市场需求有计划的培养，避免航空公司之间的恶性竞争；建立行业工会和行业雇主组织，通过集体协商，确定行业劳动标准和流动准则；重视飞行员职业道德的教育。在公司层面上，设计公平的薪酬，树立危机意识，建立危机预警机制，正确面对危机。在飞行员个人层面上，要寻求争取利益博弈渠道，尊重消费者。

思考与讨论

1. 东航"返航门"事件的主要原因是什么？

2. 飞行员人力资本具有什么特点？

3. 应该如何对飞行员进行管理？

参考文献

[1]《人民日报》2008 年 7 月 3 日。

[2]《南方都市报》2008 年 4 月 1 日。

[3]《重庆时报》2008 年 4 月 7 日。

[4]《人民日报海外版》2008 年 4 月 18 日。

[5]《中华人民共和国劳动合同法》。

[6] www. sina. com. cn 新浪网相关报道。

中石化的劳务派遣风波

罗 霞

摘 要 劳务派遣是随着我国劳动力市场的变化发展起来的一种新的非典型劳动关系。近年来无论学术界还是企业界都对它褒贬不一，类似中石化的劳务派遣风波也层出不穷。《劳动合同法》对劳务派遣进行了特别规定，为劳务派遣真正发挥应有的作用奠定了基础。

关键词 劳动派遣 劳动争议 中石化

1 企业背景①

中国石油化工集团公司（简称中石化）是 1998 年 7 月国家在原中国石油化工总公司基础上重组成立的特大型石油石化企业集团，是国家独资设立的国有公司、国家授权投资的机构和国家控股公司。中国石化集团公司注册资本 1306 亿元，总经理为法定代表人，总部设在北京。

中国石化集团公司对其全资企业、控股企业、参股企业的有关国有资产行使资产受益、重大决策和选择管理者等出资人的权力，对国有资产依法进行经营、管理和监督，并相应承担保值增值责任。中国石化集团公司控股的中国石油化工股份有限公司先后于 2000 年 10 月和 2001 年 8 月在境外境内发行 H 股和 A 股，并分别在香港、纽约、伦敦和上海上市。2007 年底，中国石化股份公司总股本 867 亿股，中国石化集团公司持股占 75.84%，外资股占 19.35%，境内公众股占 4.81%。

中国石化集团公司主营业务范围包括：实业投资及投资管理；石油、天然气的勘探、开采、储运（含管道运输）、销售和综合利用；石油炼制；汽油、煤油、柴油的批发；石油化工及其他化工产品的生产、销售、

---

① 摘自中国石油化工集团公司网站。

储存、运输；石油石化工程的勘探设计、施工、建筑安装；石油石化设备检修维修；机电设备制造；技术及信息、替代能源产品的研究、开发、应用、咨询服务；自营和代理各类商品和技术的进出口（国家限定公司经营或禁止进出口的商品和技术除外）。

中国石化集团公司在《财富》2008 年度全球 500 强企业中排名第 16 位。

2　案例事件①

2.1　缘起

还有 3 年就要退休了，47 岁的中石化老员工陈星（化名）突然发现自己被公司"抛弃"了。这让已经有 30 多年工龄的陈怎么也接受不了。

2007 年 10 月底，中石化山东潍坊石油分公司通知陈星，公司将解除此前和他签署的劳动合同，让他和一家劳务公司签署劳动合同。按照程序，分公司与这家劳务公司签署用工协议，然后他由劳务公司输出到潍坊石油分公司。

也就是说，陈星还在原来的公司工作，但已经不是公司的人了。公司要求，如果陈在 2008 年 1 月 1 日仍不同意签署新合同，就得"走人"。而那天正是新劳动合同法实施的日子。

和陈星一样被要求和劳务公司签署合同的正式职工总计 627 名，大约占该公司在岗职工的 1/3。职工们群情激奋，反应激烈，认为此举是公司规避新劳动合同法而伤害老职工的举措。

但该公司高管并不这么认为。11 月 27 日，潍坊石油分公司的孙经理在电话中告诉记者，这是 2003 年中石化进行改制分流后的一部分职工再次续签劳动合同，只是主体变成了劳务公司，不再是分公司而已。

2003 年，中石化进行改制分流。当时中石化认为，随着中石化的海外上市，必须深化用工合同的改革，主要实现长期合同工、短期合同工、其他形式的用工的"三工并存"、以短期合同工为主的形态，这样才能提高企业的竞争力。

---

① 本节摘自《南方周末》2007 年 12 月 13 日第 C14 版报道《中石化的劳务派遣风波》，记者曹海东。

　　对于潍坊石油分公司而言，一个特殊的背景是，当年参加改制的职工中，很多都是在1992年就和分公司签署了长达15年的劳动合同。陈星就是他们中的一员。

　　2003年，分公司采取的方式是职工保持原有岗位，同时予以一定补偿——以2003年为截止时间，按照工龄长短，每年1880元。

　　"领导们都说，这是充分利用国家优惠政策，对我们也是最后一次实惠。"陈星说。

　　在一系列保证、鼓动、实惠之下，这些正式职工和潍坊石油分公司签署了3年的短期合同。

　　不过，公司的中层干部不竞争上岗，并未再次签署劳动合同。

　　2006年4月，3年合同期满之后，这些职工并没有发现公司找上门来出示书面终止合同的文件，也没有提及继续签署合同。他们认为，即使不签合同，但事实上在该单位工作，公司和员工的事实劳动关系就应该一直存在，也算签订了合同。

　　而且他们认为，当年改制中，并没有提及以后和劳务公司签署合同，而且公司一再申明用工改制不是将正式工变成临时工，而是规范的"合同工"。如果和职工的3年合同期满之后，经双方协商还可以续签。

　　至今，陈星纳闷的一点是，他们当年改制既不算买断工龄，也不算真正和劳务公司签署合同。

　　如果像很多地市公司一样，进行彻底改革也可以，为何要拖这么久？

　　潍坊石油分公司的孙经理告诉记者，之所以2006—2007年一年没签署协议，是因为他们在等待新劳动合同法的出台，看新的精神。而且当时潍坊市也没有劳务中介，只能由分公司"代签"。

　　一年以后，2007年10月，当这条签署劳动合同主体变化的消息传到这些职工耳边的时候，这些职工认为是"公司抛弃了他们"。他们甚至写出了《职工十问》，表达着自己的情绪。

　　他们心里从来都认为自己是正式职工。如果按照正式职工退休，那他们每月有1800元左右的退休金，比当地工人的平均退休金高800元。

2.2　解决

　　由于职工的反应过激，为了打消职工顾虑，中石化潍坊石油分公司向中石化山东省石油总公司做了请示。11月22日，分公司给这些群情激奋的职工做出了三条"保证"：

其一，坚持"政治上同样看待，生活上同样关心，待遇上同工同酬，使用上同样安排"的四同原则，对改革用工形式人员一视同仁，各项社会保险待遇按照地方标准执行；

其二，职工与劳务公司签署合同中的权利、义务、工资、保险、福利等，由潍坊石油分公司履行；

其三，与劳务公司签署合同到期后，没有违纪的，可以与劳务公司续签，并与石油分公司签订上岗协议，直到退休。

潍坊石油分公司的孙经理一再表示，他们这是为了保护职工利益。他说，他们也不愿意辞退这些熟练工人，而且委托给劳务公司，石油分公司还要一个职工一个月交 30 元。

记者从该公司获知，目前，已经签署的职工有 400 多人，剩下的各个片区经理正在做工作。

3　社会反响

案例中描述的事件是中石化山东潍坊石油分公司要求约 1/3 的在岗正式职工在 2007 年年底前改由劳务派遣，该事件引起在岗正式职工的强烈不满，也引起诸多媒体的报道和转载。与此类似的事件还包括《法制日报》报道的《42 名农民工状告中石化虚假劳务派遣》。其实不仅在中石化存在由于劳务派遣引发的争议，由于长期缺乏规制所产生的类似争议一直以来都阻挠着我国和谐劳动关系的构建。《劳动合同法》的正式实施使这种状况开始改变。

4　作者观点

劳务派遣，也称劳动派遣，指合法的劳务派遣单位与接受派遣的单位签订劳务派遣协议，将与之建立劳动合同关系的劳动者派往用工单位，接受用工单位的指挥和管理，以获取一定收入为目的的一种新型用工方式。劳务派遣是随着我国劳动力市场的变化发展起来的一种新的非典型劳动关系。近些年来，无论学术界还是企业界都对劳务派遣褒贬不一。

传统用工形式下的劳动关系只涉及劳动者与用人单位双方主体，而劳务派遣涉及了三方关系。即劳务派遣单位与被派遣劳动者订立劳动合同

后，由劳务派遣单位与用工单位通过签订劳务派遣协议，将被派遣劳动者派遣到用工单位工作，用工单位实际使用被派遣劳动者，并向劳务派遣单位支付管理费而形成的关系。劳务派遣对用人单位而言，用工方式灵活，和劳动者之间不存在劳动关系，人们将其形容为"招之即来，挥之即去"，没有"后遗症"，因而在近些年发展迅速，同时在发展过程中也暴露出许多问题。主要由于缺乏规制，劳务派遣对劳动者极容易造成侵权伤害。近年来表现突出的一些问题包括：一是劳务派遣门槛过低，劳务派遣机构没有足够的资金承担起责任；二是劳务派遣的使用范围几乎没有限制，劳务派遣几乎无处不在，甚至政府机关都在大量使用劳务派遣工；三是同工不同酬，差别待遇普遍存在；四是侵犯了职工参加工会和民主参与的权利，等等；五是在劳务派遣过程中出现的"转派遣"、"再派遣"现象，它使得劳动关系复杂化，严重干扰了我国劳务派遣市场的正常秩序。这些问题的受害方无一例外都是劳动者。

为了解决这一现状，维护劳务派遣工的合法权益，《中华人民共和国劳动合同法》用了专门一个小节对劳务派遣做出了特别规定。在随后的《中华人民共和国劳动合同法实施条例》中又补充了专门一章。这些条款围绕劳务派遣的定位、适用范围、劳务派遣各方的权利义务等重要问题进行了明确。一是规定了劳务派遣的适用范围，劳务派遣一般在临时性、辅助性或者替代性的工作岗位上实施；二是就劳务派遣单位而言，劳务派遣单位应当依照公司法的有关规定设立，注册资本不得少于 50 万元，这大大提高了劳务派遣企业的门槛。同时，合同法要求劳务派遣单位最低要和劳动者签订两年的劳动合同，被派遣劳动者在无工作期间，劳务派遣单位应当按照所在地人民政府规定的最低工资标准，向其按月支付报酬。并且劳务派遣单位不得以非全日制用工形式招用被派遣劳动者；三是就用工单位而言，合同法要求被派遣劳动者享有与用工单位的劳动者同工同酬的权利。用工单位无同类岗位劳动者的，参照用工单位所在地相同或者相近岗位劳动者的劳动报酬确定，这打消了一些企业以为使用劳务派遣就可以节约用工成本的念头。同时规定用人单位不得设立劳务派遣单位向本单位或者所属单位派遣劳动者，这就使一些用人单位一直以来以自己给自己派遣员工从而达到逃避相关责任的想法落空，同时，合同法还规定了连带赔偿责任，即劳动者在劳务派遣中权益受到损害的，劳务派遣企业与用工单位要承担连带赔偿责任；此外，法律还规定了用工单位的法定义务，如告知被派遣劳动者工作内容和劳动报酬，支付加班工资、绩效奖金、提供与岗位有关的福利待遇，实行正常的工资增长机制，不得将劳动者再派到其他用工单位等。由此可见《劳动合同法》对劳务派遣的限制是十分严格的，这为我国的劳务派遣提供了法律保障，为劳务派遣真正发挥其应有的作用奠定了基础，也是构建和谐劳动关系的重要组成部分。

思考与讨论

1. 中石化劳动派遣风波的原因是什么？
2. 探讨我国劳务派遣未来的发展方向。
3. 在《中华人民共和国劳动合同法》以及《中华人民共和国劳动合同法实施条例》实施以后，劳务派遣还可能存在哪些问题？

参考文献

[1]《南方周末》2007 年 12 月 13 日第 C14 版《中石化劳务派遣风波》。
[2]《中华人民共和国劳动合同法》。
[3]《福建之窗》2008 年 3 月 6 日《探索劳务派遣发展之路》。
[4]《中华人民共和国劳动合同法实施条例》。
[5] www.zhaopin.com 智联招聘网。

西南民族大学
MBA案例集

——公共平台卷

西南民族大学MBA教育中心编

本卷负责人 刘晓鹰 陈丽琳

中国社会科学出版社

图书在版编目（CIP）数据

西南民族大学 MBA 案例集／西南民族大学 MBA 教育中心编.
北京：中国社会科学出版社，2009.10
　ISBN 978 – 7 – 5004 – 8274 – 1

　Ⅰ. 西…　Ⅱ. 西…　Ⅲ. 工商行政管理 – 案例 – 中国
Ⅳ. F203.9

中国版本图书馆 CIP 数据核字（2009）第 186274 号

出版策划　任　明
特邀编辑　赵金孔
责任校对　曲　宁　王兰馨
技术编辑　李　建

出版发行　中国社会科学出版社
社　　址　北京鼓楼西大街甲 158 号　　邮　编　100720
电　　话　010 – 84029450（邮购）
网　　址　http：//www.csspw.cn
经　　销　新华书店
印　　刷　北京奥隆印刷厂　　　　　装　订　广增装订厂
版　　次　2009 年 10 月第 1 版　　印　次　2009 年 10 月第 1 次印刷
开　　本　710×1000　1/16
印　　张　74.5　　　　　　　　　　插　页　2
字　　数　1202 千字
定　　价　125.00 元（全五卷）

凡购买中国社会科学出版社图书，如有质量问题请与本社发行部联系调换

前　　言

　　工商管理硕士（master of business administration，简称 MBA）是我国改革开放以后，经济建设快速发展过程中兴起的第一个专业硕士学位。我国 MBA 教育从无到有，从小到大，走过了不平凡的发展历程，取得了令人欣慰的斐然成绩。1991 年由清华大学等 9 所著名高校率先在国内试办 MBA 教育，截至 2008 年，全国已有 127 个 MBA 培养单位，每年招生从 1991 年的不足百人，发展到 2008 年 9 月累计招收 MBA 学生 21.2 万人，其中十万余人获得了 MBA 学位。MBA 教育已经成为我国培养现代化高层次管理人才的重要渠道，为提高我国企业管理水平和促进经济又好又快发展发挥了积极作用。

　　国务委员、国务院秘书长、全国第四届 MBA 教育指导委员会主任马凯同志在 2008 年 11 月 12 日召开的第四届全国 MBA 教育指导委员会会议上的讲话指出：“实现建设全面小康社会的目标，需要一大批掌握经济规律、精通市场规则、熟悉企业实情、恪守职业道德的经济管理人才。要立足国情，紧密联系改革开放的伟大实践，走出一条中国特色 MBA 教育发展道路，为世界管理教育作出贡献。”教育部部长周济同志对我国 MBA 教育也给予了高度评价，提出了更高的殷切期望。

　　办好 MBA 教育项目是高校实践“培养高层次人才”和“服务社会”的重要表现。作为民族高校，西南民族大学坚决贯彻落实胡锦涛总书记提出的“各民族团结奋斗，共同繁荣发展”这一新世纪新阶段民族工作的主题，根据国家“西部大开发”的战略部署，主动努力承担为西部地区少数民族和民族地区培养高层次人才的社会责任。作为首批民族高校的 MBA 培养单位，西南民族大学 MBA 教育按照国家民族事务委员会和教育部《关于进一步办好民族院校的意见》（民委发〔2005〕240 号）的精神和全国 MBA 教育指导委员会的要求，坚持正确的办学方向，遵循教育规律，逐步形成具有多民族 MBA 的教育特色，为西部地区培养更多的多民族的优秀 MBA 学员。作为新增 MBA 培养单位，我们面临机遇与挑战并存的形势。"西部大开发"关键是人才，我们的机遇是国家对西部开发和少数民族事业的帮扶政策，我们将通过 MBA 教育项目平台承担为少数民族和民族地区培养高层次经营管理人才的社会责任。同时，我们也面临着师资数量和教学经验相对不足等方面的挑战，对此，我们愿意在全国 MBA 教育指导委员会的指导和兄弟院校的帮助下，以尽可能短的时间和采取多种有效措施解决新增 MBA 培养单位面临的主要问题。

　　MBA 教育是一种职业性的专业学位教育，创新精神和能力的培养是 MBA 教育的灵魂。实践证明，案例教学法是 MBA 培养过程中常用的有效方法。为提高 MBA 培养质量，规范案例教学，西南民族大学 MBA 教育中心根据《工商管理硕士研究生培养过程的若干基本要求》和 MBA 的培养方案，组织和邀请老师编写了《西南民族大学 MBA 案例库》，共包括基础平台、战略管理、市场营销、人力资源管理和金融与财务五个分册。以此作为 MBA 课程案例教学的基本素材，在此基础上开展案例教学和不断提升案例教学的质量。

　　在案例库的编写过程中，各位老师按照课程和案例名称独立地完成案例素材收集、整理和编写工作。各分册负责人主要承担组织统稿和协调，并尊重各位老师的案例编写工作，对案例的内容未作实质性修改。各分册作者排序按姓氏笔画，排名不分先后。本案例库各分册的内容都参考了案例企业和国内外的一些相关文献，特向所涉及企业和作者表示感谢。中国社会科学出版社对本案例库出版提供了大力支持，责任编辑任明老师给予了很大帮助，并提出了许多宝贵意见，在此表示衷心感谢。由于作者经验和能力所限，书中错误之处在所难免，欢迎读者对本书的不足之处批评指正。

西南民族大学 MBA 教育中心

2009 年 8 月

目　　录

管理经济学

区域经济学

经济法

企业文化

管理信息系统

管理沟通

管理经济学

民族企业的典范[*]

——豪吉 SWOT 战略分析

李海峰　郑长德

摘　要　本案例介绍了四川豪吉食品有限公司通过 20 多年的努力，摸索出了一套行之有效的管理模式和营销手段，发展成为"国家级扶贫龙头企业"，并成为农业部首批全国农产品加工示范企业。目前面对行业内外压力和消费者的偏好选择，豪吉如何发挥自身的优势，抓住机遇，迎接挑战，值得考虑。该案例采用 SWOT 分析法对豪吉鸡精的发展状况进行了详细分析，提出了相关的战略选择，并且对豪吉的市场定位问题进行了探讨。

关键词　鸡精市场　市场定位　品牌形象　SWOT

引言

在人民日报社人民网为盘点 2005 年度中国经济的发展，打造中国消费市场知名品牌组织发起的首届中国"最受网友信赖与尊重的 10 大名牌/100 强品牌"调查活动中，"豪吉"凭借自己长久以来所坚持的诚信与包容以及在鸡精行业的特殊地位和在整个食品行业内罕有的"三标识"优势，与中国工商银行、中国移动通信、海尔集团等众多优秀企业一同入选"中国网友信赖与尊重的 100 强品牌"，这不仅是共同展示百强名牌作出的突出贡献，更见证了豪吉作为百强名牌体现的庄重承诺。

---

* 本案例根据公开信息编撰而成，信息来源包括：四川豪吉食品有限公司网站，食通商务网等，以及中国食品行业相关信息资料。

1　案例背景

1.1　公司概况

四川豪吉食品有限公司——大凉山彝族儿女的民族企业。豪吉立足农业产业化，围绕农产品深加工，以科技创新为钥匙，开启可持续发展的财富大门。豪吉食品取自大凉山无污染的高山鸡、乌骨鸡及鸡蛋，是大凉山上所哺育的优良食物之一。

1987 年，豪吉在总经理严俊波的带领下，独立研发出了全新的产品——豪吉鸡精，是中国第一包鸡精，填补了国内鸡精市场的空白。到 1997 年，已成为"四川名牌"和"中国公认名牌产品"的豪吉提出要尽快制定鸡精产品的国家标准，规范鸡精行业，并率先通过 ISO9002 国际质量体系认证。紧接着在 1998 年，公司产品在全国同行业中第一且唯一经中国绿色食品发展中心许可使用"绿色食品"标志，为产品在市场上赋予了强有力的竞争力。在获得绿色产品称号后，在 2005 年荣获了中国名牌产品称号，并被评为"国家级扶贫龙头企业"。同年 12 月，豪吉再获"中国驰名商标"，成为农业部首批全国农产品加工示范企业。2006 年，借助中央电视台金牌栏目《星光大道》等强势媒体宣传，整合绿色营销的推进，豪吉名气日益"火爆"起来，销售量也大大增加。12 月中旬在凉山州举行的四川省第二届冬季旅游博览会上，"豪吉——中国味道，味道中国"品牌形象深入与会客人心中。20 多个春秋，豪吉一路走来，依托大凉山及四川的优质资源，通过科学求实的管理，实施与时俱进的营销战略，取得了骄人的业绩，成为全国知名的品牌企业，并且为当地农民奔小康做了许多有益的工作。

1.2　产品介绍

四川豪吉食品有限公司主要生产：豪吉鸡精、豪吉鲍鱼鸡粉、豪吉松茸精、豪吉鲍鱼松茸粉。

其中豪吉鸡精是该公司的招牌产品，它不添加任何化学添加成分如抗结剂和防腐剂，决不收购任何养鸡场的鸡，是以凉山无污染的农家自然敞放的高山乌鸡为主要原料，经过高温灭菌和现代食品工程技术精制而成，再配以盐、糖、味精、香辛料、I＋G 等辅料，经混合、制粉和干燥等工艺加工而成的，属于第三代鲜味剂（第一代为味精、第二代为味精 I＋

G）。本产品是风味型与营养型有机结合的高品质调味品，其色、香、味独特，不可模仿。并且耐高温蒸煮，其鲜度突破了普通味精的局限，给调味品市场带来了一场"革命"，广泛用于做汤、炒菜、火锅、腌制等，用于烹饪程式菜肴和作为食品加工的原材料。严格的要求和苛刻的条件，让豪吉成为行业唯一获得"绿色食品"称号的企业和中国同行业中唯一具有"三标识"（中国名牌＋绿色食品＋中国驰名商标）的产品，使得豪吉品牌成为同行业中的佼佼者。

2　豪吉鸡精 SWOT 分析

SWOT 分析法也称 SWOT 态势分析法，最早由美国哈佛商学院安德鲁斯教授在 20 世纪 60 年代初提出的，已成为战略管理的一种分析方法。SWOT 分析是对研究对象密切相关的内部优势因素（strengths）、劣势因素（weaknesses）、外部机会因素（opportunities）和威胁因素（threats）进行深入比较分析和识别，据以制定发展战略和实现目标的步骤。我们利用SWOT 方法，对豪吉鸡精进行分析。

2.1　豪吉的优势（S）

2.1.1　配方优势

从原料上来讲，取自大凉山无污染的高山鸡、乌骨鸡及鸡蛋，将鸡的香味与鸡的鲜味合而为一，相比味精更鲜、更有营养，更受消费者喜欢，是全国同行业中唯一的"绿色食品"。从鸡精的化学成分上讲，它是核苷酸与谷氨酸钠复合而成，具有耐高温、不串味、吃了不口干的特性。这是其他调味品无法比拟的。

2.1.2　企业文化优势

（1）豪吉的企业理念为"容"，包含着其竞争哲学，希望与竞争对手建立和谐的商业生态竞争，共同携手将蛋糕做大。"豪吉与您心连心"的企业精神和"勿以善小而不为，勿以恶小而为之"的产品文化和产品质量文化，使其认真分析市场盲点，实现市场创新。

（2）坚持"先利他后利己"的利他人本文化和"人贵"的人本文化，提出了"三不亏"理论和"两不"的承诺，即"一不亏国家，二不亏员工，三不亏合作方"和"在企业困难时不过分依赖国家，在企业富了时千万不忘国家"。从而让全体豪吉人来之能战、战之而胜并增加了消费者的信心。

（3）豪吉在管理文化上坚持"一二一，出真理"，注重细节。"一二一"包含着一种态度，态度和认识决定了在市场中的行为。这种管理文化使得豪吉鸡精成为同行业中唯一具有"三标识"的产品。

2.1.3　营销模式优势

（1）豪吉坚持"文化先行，人格关键，诚实巩固，形象推进"的方针，让广告富有人情味来传播文化。从"豪吉鸡精，调味更新"到"绿色调味品、幸福好家庭——豪吉鸡精"再到"豪吉鸡精——中国味道，味道中国"的宣传语，让豪吉的品牌形象在实践中不断提升，不断升华，不断丰富。

（2）豪吉持"全员人格形象营销"观点，实现一种稳定持久的营销战略。在营销理念上豪吉不主张"赢—输"的竞争手段，倡导"赢—赢"的双赢竞争方式。在营销体制上，豪吉人推出了新的"扁平式"市场营销体制。在营销关系上，豪吉集团推崇战略伙伴关系，力求把"你我"关系变成"我们"关系。

（3）区域领导品牌在家庭消费方面占上风。从广告宣传、营销水平、品牌号召力到消费者选择偏好，豪吉作为区域领导品牌已经完成了消费引导和认知，因此在家庭消费层次上创造了很大的销量。

2.2　豪吉的劣势（W）

（1）鸡精市场高度垄断，要想渗透对方的市场、扩大占有率难上加难。

（2）消费者的消费习惯的改变是一个长期的过程，目前在市场上保鲜性的味精销量走势还很强劲，并且在经济欠发达地区甚至不知道什么是鸡精的消费者还比比皆是，因此鸡精企业还要受到味精的威胁。

（3）鸡精的宣传与消费者接受的信息不对称，使许多消费者认为鸡精具有毒副作用，而放弃使用鸡精的念头。

（4）由于鸡精行业在中国作为一个新兴的领域，行业标准、成分指标等检测还刚刚起步，所以目前在市面上许多小品牌在质量方面令人忧虑，市场比较混乱，竞争没有秩序。

（5）豪吉深处四川大山深处，区位地理位置不佳导致了产品销售不畅。

2.3　豪吉的威胁（T）

（1）当先进的技术、强势的品牌、完善的渠道、雄厚的资本结合在一起时，对鸡精领域的任何一个企业来说都是一种威胁。太太乐对华东、华北等多个地区的绝对控制力对豪吉的威胁巨大。

（2）在成都市场，有终端铺货的鸡精29种，在餐饮业竞争的不下20种鸡精，品牌繁杂，良莠不齐，豪吉面临的品牌竞争日益激烈。

（3）行业领域里的假冒伪劣产品是成熟鸡精品牌面临的一大课题。作为全国同行业中率先获得国务院绿色食品发展中心"绿色食品"称号的豪吉，成为一些小作坊模仿的对象。

（4）鸡精行业管理标准刚实行，成分含量、质量检测标准等游戏规则的制定，直接关系企业的生死存亡。

2.4　豪吉的机会（O）

（1）从外部宏观环境来看，2008—2010年随着人们生活水平的提高和食品工业的迅速发展，随着快速消费品流通渠道的不断变革，调味品的生产和市场出现了空前的繁荣兴旺。鸡精行业作为一个新兴的产业，它有广阔的市场容量，对于鸡精企业来说机会是客观存在的，为鸡精行业的发展创造了一个良好的外部环境。豪吉应该充分抓住这个机遇。

（2）鸡精企业从一开始就将鸡精定位成绿色食品，实施健康无污染的战略。品牌是鸡精行业决胜的关键。目前鸡精品牌的竞争刚刚开始，对于豪吉在鸡精市场发展壮大是最佳时机。另外，很多大品牌的销售通路末梢停留在中心城市、二级城市，这给了豪吉很大的契机。

（3）自中国加入WTO以后，豪吉努力学习国际先进的管理，引进国际先进的理念，主动出击，谋求与国际性大公司合作。

2.5　豪吉SWOT分析及策略矩阵

通过对豪吉的优势、劣势、机遇和挑战的分析后，为了更直观地了解其特点，以表格形式示之（见表1）。

表1　　　　　　　　豪吉SWOT分析及策略矩阵图

SWOT分析及策略矩阵	S（优势） 配方优势 文化优势 营销优势	W（劣势） 鸡精市场高度垄断 消费习惯 产品与消费者信息不对称 鸡精市场紊乱 区位地理位置

续表

O（机会） 良好的外部环境 产品定位 广阔的市场容量 其他鸡精的渠道短 发展空间大 品牌战略 国际通道打开	SO 策略 在广阔的市场空间里大力发展管理，营销优势实施品牌战略 利用行业优势和营销优势获得更大的发挥空间，获取更大利润 发挥自身优势打通国际通道	WO 策略 逐渐改变消费者的消费习惯，扩大市场容量 加大市场宣传力度消除信息不对称，改进鸡精销售渠道 规范鸡精市场，充分利用外部环境和国际环境打响品牌战略
T（威胁） 竞争激烈 品牌繁多 假冒伪劣泛滥 行业管理标准不明	ST 策略 努力发挥文化、管理、营销优势，增强在激烈的鸡精市场中的竞争力 加强行业管理能力发挥行业优势	WT 策略 制定标准的鸡精行业标准，打击假冒伪劣，改进信息不对称的状况，增强消费者对鸡精的信心

纵观目前的国内鸡精行业，作为第三代调味品，豪吉应以其独特的优势（S），抓住各种机会（O），在宽阔的市场空间里打出自己的品牌，迅速占领消费者的胃口，并通过战略性联盟，走强强联合之路，打通本企业的国际通道，跨入"国际营销高速公路"。豪吉与国际知名品牌雀巢闪电结合，成立了文章开头介绍的四川豪吉食品有限公司。这对于资金匮乏的豪吉和需要拓展国际市场的雀巢都无疑是个双赢的战略选择。这也是豪吉走向全国、走向世界的第一步，相信豪吉会让全世界的人尝到中国产品的鲜味。

3　反响

通过调查发现：城市消费者认识到长期使用味精无益，并已培养起消费鸡精的习惯，其中经常购买者占 48.89%，偶尔购买者占 48.15%，只有 2.96% 的人从来不购买。从长远来说，目前味精消费者有相当大的部分会转到鸡精的消费中来，并且消费群年龄结构明显趋于年轻化，市场潜力极大。但鸡精企业任重而道远。

在这个大的市场环境下，豪吉应该旗帜鲜明地表明立场、树立品牌：

第一，表明消费指向。针对鸡精的消费群趋于年轻化的特点，豪吉应参与到家庭消费的竞争，以三口之家为突破口。

第二，表明产品性质。与味精划清界限，打健康、自然、纯净的概念，利用品牌已经提出的"鲜"概念，诉求看得见的新鲜和闻得到的香味。开发细分产品，塑造品牌个性。凸显豪吉鸡精天然原材料的价值，向全社会倡导绿色健康的生活方式。

第三，树立企业形象。以前豪吉热衷公益事业，在凉山投资了近两个亿兴办了"国内一流，西部第一"的西昌一中俊波外国语学校，还先后拿出数百万元赠给四川的社会公益事业。在广阔的鸡精市场里，豪吉还要继续积极参与各种公益事业去，塑造一个对社会真诚负责、为人类幸福而工作的企业形象。

第四，明确市场定位。豪吉以健康、活力、新生活为品牌形象，在现有网络的基础上，应以成都为西南重点市场，做大品牌，强化品牌；以华北、华东为重点市场，树立品牌，延伸品牌，做鸡精名牌；在稳住阵脚之后，走向全国，打通国际道路。

第五，在与同行业的竞争中，豪吉鸡精应在包装上独具匠心。鸡精产品色彩分明，虽有识别上的共性，但是包装上凸显了个性。包装袋上"美食生活的伴侣"突出了豪吉鸡精的市场定位，抓住了女性消费者的消费心理，并通过广告宣传抓住了女性喜欢口头传播的特点，将吸引广大家庭妇女的光顾。

著名经济学家熊彼特在他的经济发展理论中说过：产生利润有五个条件，就是"引进新产品；新技术、新方法；开辟新市场；控制原材料的新供应来源；实现企业的新组织"。豪吉在发展中要不断引进新的东西，打出自身特点。目前产业行情、产品市场不断进步，给了豪吉很好的成长机会。并且预期鸡精行业在不久之后会有一场改革更新浪潮，只要豪吉注重自己品牌的培养，保证质量，保持现有优势，配合鸡精市场的发展，豪吉会在调味品市场上大展拳脚，相信豪吉将不再沉默！

思考与讨论

1. 豪吉在扩充华东、华北两个市场时，发展战略应该如何选择？

2. 豪吉的营销渠道的选择依据是什么？还应该考虑哪些问题？

3. 你觉得豪吉是个什么样的品牌？你认为豪吉的品牌策划与其他的品牌有什么不同？

4. 你能为豪吉的发展提出什么好的建议？

参考文献

［1］王雪华：《管理案例研究》，大连理工大学出版社 2006 年版。

［2］四川豪吉食品有限公司网．http：//www. haoji. com. cn/home. asp.

［3］食通商务网．http：//zhgzh128. b2b. hc360. com.

［4］博锐管理在线．http：//www. boraid. com/darticle3/first. asp.

［5］365 优·中国办公网．http：//www. 365u. com. cn.

［6］《京华时报》2002 年 4 月 2 日，第 B28 版。

老干妈麻辣酱的成功秘诀*

——老干妈 PDC 战略分析

文 斌 郑长德

摘 要 本案例介绍了贵州南明老干妈风味食品有限责任公司通过十年的努力，摸索出了利用地方资源优势和传统工艺相结合，从而提高农产品附加值，提高农户收入，尽最大可能地对农业资源进行开发利用作为企业的经营发展之路，并逐渐发展成为"农业产业化经营国家级重点龙头企业"。目前面对经济滑坡和经济危机的影响以及同行业的竞争，老干妈将如何发挥地方资源及经营理念的优势，抓住机遇，开拓市场，值得深究。该案例采用 PDC 分析法对老干妈麻辣酱的创业之路进行了详细的分析，提出了相关的战略选择，并对老干妈的市场前景问题进行了探讨。

关键词 龙头效应 PDC 战略分析 多元化 市场竞争战略

引言

作为"农业产业化经营国家级重点龙头企业"的老干妈公司早在成立之初，就一直将利用地方资源优势和传统工艺相结合，从而提高农产品附加值，提高农户收入，尽最大可能地对农业资源进行开发利用作为企业的经营发展之路。据对原材料使用情况的统计，十年来老干妈公司用于采购农作物原材料资金达 16 亿元之巨，极大地带动和提高了贵州省农民的经济收入。这不仅为地方经济的发展起到了龙头效应，更重要的是创造了民族企业的价值和特色。

＊ 本案例通过公开信息编撰而成，信息来源包括：贵州南明老干妈风味食品有限责任公司网站，中国食品商务网等，以及中国食品行业相关信息资料。

1 案例背景

1.1 公司简介

贵州南明老干妈风味食品有限责任公司——一个没上过一天学、仅会写自己名字的农村妇女——陶华碧，白手起家，居然在短短的 10 年间，创办出了一家资产达 13 亿元的私营大企业，名列中国私营企业 50 强排行榜的第 5 名。她的成功不能说是一个神话，但却是一个传奇。老干妈牌风味豆豉油制辣椒是贵州的风味食品，几十年来一直沿用传统工艺精心酿造，具有优雅细腻、香辣突出、回味悠长等特点，是居家必备、馈赠亲友之良品。

1996 年 7 月，陶华碧借南明区云关村村委会的两间房子，招聘了 40 名工人，办起了食品加工厂，开始专门生产麻辣酱，定名为老干妈麻辣酱，并于 1997 年 8 月正式挂牌上市。几年来，老干妈公司在销售市场领域已取得了突破性进展，逐步形成了"以国内市场为依托，积极拓展国际市场"的经营战略指导思想，产品畅销全国各地，并在北京、天津、上海、重庆、广州、长沙、成都、武汉、南京、大连、石家庄、哈尔滨等 65 个大中城市建立了省级、市级代理机构。1997 年以来，欧盟、美国、澳大利亚、新西兰、日本、南非、韩国等国家和地区的海外客商通过各种途径寻求合作，2001 年，老干妈公司产品已出口上述国家和地区，产品还通过了美国 FDA 体系认证，为该公司产品走向国际市场提供了有力保障。

1.2 产品介绍及企业的龙头效应

贵州南明老干妈风味食品有限责任公司风味系列产品已达到了 20 多种，主要有：风味油辣椒、鲜牛肉末豆豉、风味腐乳、风味豆豉油制辣椒、风味火锅底料、风味香辣菜、风味香辣脆油辣椒、风味干煸肉丝油辣椒，等等。

创业期间仅从干辣椒、菜油、黄豆三种主要原材料的采购情况分析，在 1997 年至 2006 年的十年时间内，企业累计使用干辣椒 6 万吨，菜油 15 万吨，黄豆 8 万吨，仅通过对此三项原材料用料的统计，按贵州省人均耕地面积 1.1 亩的水平，1997—2006 年，老干妈公司解决了 350 万农户的农产品销路，2006 年一年企业就消化了 105 万亩耕地的农作物，带动农户 95 万人/次。同时，在从事老干妈事业发展的近 2000 名员工当中，绝大部分来自农村剩余劳动力，这些农民工虽然文化较低，但是通过老干妈公司这一经济舞台，每一位农民工人均创造产值 65 万元/年，为国家创造税收 8 万元/年，在建设和繁荣社会主义市场经济的舞台上最大限度地体现了其个人的价值。为带动更多的农民致富，老干妈公司大力扶持和扩大原材料种植基地，目前企业建立的原材料基地已达 23 万亩，并聘请专家对基地农户进行农作物种植技术指导，提高农作物质量和产量，在保证自身原材料品质的同时，加大力度帮助农户发展生产，与农户建立了"双赢"的基地建设运作机制。老干妈企业在多年的发展中，不仅自身取得了长足的发展，更为地方农业产业发展、农户致富增收和解决就业等方面作出了积极的贡献，起到了地方龙头效应。

2 企业成功的三大法宝

大企业多方面求发展的主要原因，就是避免把所有的鸡蛋放在同一个篮子里。谨慎的公司规划者在制定多元化发展路线时，会极力避免因某一产品的崩溃而元气大伤。总之，有任何的收入总比完全亏损的好。

2.1 创业绝招第一法宝——因势利导地抓住机遇就事半功倍

1989 年，陶华碧用自己所有的积蓄，在贵阳市南明区开了一家小餐馆，专卖凉粉和冷面。未受过一天教育的她，全凭着朴素的想法琢磨经营之道。为了赢得顾客，她冥思苦想，琢磨出了别人没有的独到的"绝点子"：别人不过是加点胡椒、味精、酱油和小葱什么的，她却特地制作了专门拌凉粉的作料麻辣酱。并且通过偶然的机会发现顾客并不是喜欢吃凉粉，而是喜欢吃她做的麻辣酱！机敏的她一下就看准了麻辣酱的潜力，从此潜心研究起来……经过几年的反复试制，她制作的麻辣酱风味更加独特。1997 年 6 月，"老干妈麻辣酱"经过市场的检验，在贵阳市稳稳地站住了脚。精明的她心想：水深水浅都试出来了，我"老干妈"还怕什么？老话不是说要"趁热打铁"吗？于是开始扩大规模，创办公司！

2.2 创业绝招第二法宝——"感情投资"拥有超强的凝聚力

陶华碧明白这样一个道理：帮一个人，感动一群人；关心一群人，肯定能感动整个集体。贵州过年过节时，有吃狗肉的习俗，她就特地建了个养狗场，长年累月养着几十条狗，每到冬至和春节就杀狗供全公司会餐。

公司现在拥有 2000 多名员工,她竟然能叫出 60% 的人名,并记住了其中许多人的生日;每个员工的生日到了,都能收到她送的礼物和一碗长寿面加两个荷包蛋;每个员工结婚时,她必定要亲自当证婚人;每当有员工出差,她还总是像老妈妈送儿女远行一样,亲手为他们煮上几个鸡蛋,一直把他们送到厂门口,直到他们坐上了公交车后,才转身回去……

果然,这种亲情化的"感情投资",使陶华碧和"老干妈"公司的凝聚力一直只增不减。在员工的心目中,陶华碧就像妈妈一样可亲可爱可敬;在公司里,没有人叫她董事长,全都叫她"老干妈"。公司的员工来自五湖四海,生活习惯各异,他们每天吃、住、工作在公司,时间久了,相互间难免发生摩擦,但只要陶华碧一出面,问题就迎刃而解。就这样,公司全体员工在她"亲妈妈"一样的呵护下,团结一心地为"老干妈麻辣酱"的迅速发展拼搏起来……

2.3　创业绝招第三法宝——"诚信经营,质量第一"诚得别人不忍欺骗

陶华碧始终认为人要讲信用,说出去的话就像泼出去的水,不负责任怎么取信于人?她觉得对员工、对合作企业都是与人打交道,都要讲感情。对员工,这感情要体现在"真"上;对合作伙伴,这感情恐怕就要体现在"诚"字上了。只要你赚钱,也保证让别人赚钱;不坑人,不骗人,愿意与你合作做生意的就多,你就能搞好销售。于是,她专门召开经营管理大会,对员工们说:"都说无奸不商,我就偏偏不信,我偏偏要'宁可人人负我,我决不负客户'!请大家一定牢记这一点,在市场竞争中以诚信经营立足,取胜!"诚信让她赢得了好声誉,也尝到了甜头,这使她更加把诚信经营当作企业发展的法宝。她自信地说:"我不懂什么时髦的管理方法,我就靠诚信,我要诚得别人不忍心骗我!谁要是骗了我,别人就会说:'你连她都忍心骗啊?'谁就在同行中臭名远扬,难以立足!"

3　老干妈麻辣酱 PDC 战略分析

PDC 分析法即为产品开发十字架战略分析,现已成为战略管理的一种分析方法。PDC 分析主要分为四类战略,对应了公司发展的四个阶段,我们利用 PDC 分析方法,对老干妈麻辣酱公司逐步扩大规模的发展进

行分析。

首先，根据老干妈风味食品有限责任公司 1998—2007 年的相关资产以及纳税资料进行对比，具体了解一下该公司的规模扩展情况。

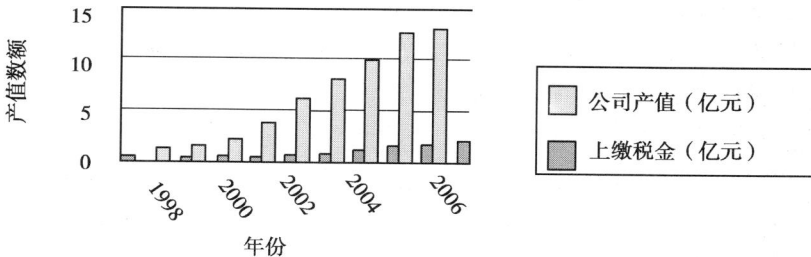

老干妈麻辣酱公司产值

分析：总资产显示公司规模的大小，虽然规模经营并非必然体现为赢利能力，但是一个公司的规模大说明在竞争上是处于比较优势的。从上图我们可以看出该公司 10 年来的总资产都处于稳步上升的状态。

3.1 第一类战略——低端科技产品与服务单一化

此战略对应了公司组织开发科技含量低的单一产品或者服务。优点：研发费用低，成本低，生产批量大，容易形成规模产业。集中资源（管理，技术，财务，领导精力）于单一领域。产品或服务价格低。缺点：竞争者多，产品单一化使顾客选择的余地少，不能满足有不同需要和求新求异的顾客需要。科技含量低，容易被竞争者模仿。用该战略参与市场竞争可采用市场竞争战略中的成本领先战略与集中一点战略。

从 1989 年的小餐厅到 1996 年 7 月拥有四十个工人的食品加工厂，适合上述策略的运行，企业小成本低，产品单一化，仅有一种麻辣酱，但是由于地方市场的空白，使企业得到迅速的发展。由于市场的供不应求，麻辣酱加工厂规模迅速扩大，但是由于科技含量比较低，很容易引入竞争者，故为了持续的发展，第二类战略的实施迫在眉睫。

3.2 第二类战略——高科技产品与服务单一化

该类战略就是企业组织开发科技含量高的单一产品或者服务。优点：科技含量高，不容易被竞争者模仿。竞争者少，可取得高科技带来的高额利润。生产批量大，容易形成规模产业。集中资源（管理，技术，财务，领导精力）于单一领域。能够迅速占领市场。能形成核心事业。缺点：研发费用高，初期成本高。产品与服务的价格高。产品单一化使顾客选择的余地少，不能满足有不同需要和求新求异的顾客需要。该战略参与市场竞争可采用市场竞争战略中的集中一点战略。

1997 年 8 月，"贵阳南明老干妈风味食品有限责任公司"正式挂牌，员工一下子扩大到 200 多人。小工厂扩大成公司后，一切就走上了正轨，产供销等"五脏六腑"俱全。公司在前进中不断规范企业内部管理，完善基础设施建设，持续加大技术改造力度，除新增生产能力外，对原有生产线进行技术改造，企业综合生产经营能力得到大幅度提高。在管理上引入了现代化管理体系，并行之有效地组织实施，企业竞争能力和管理水平不断提升。在产成品和原辅料质量监控方面，公司建立了技术手段较为齐全的质量监控中心，提高并强化了原辅料及产成品的自检、自测能力，做到每批次产品都严格按操作规程要求生产，出厂前抽样送省内质量检测及食品检验的权威机构进行检测。几年来，由于企业质量管理体系的建立和质量管理工作的有效实施，使历年来产品的各项指标都达到国家卫生、质量标准，产品出厂合格率始终都位于同行业榜首，先后被授予"全国食品行业质量效益型先进企业"、"检验合格企业"、"全国乡镇企业质量管理先进单位"、"农业产业化经营国家级重点龙头企业"称号，并顺利通过了 ISO9001：2000 质量体系、ISO14001：1996 环境管理体系，HACCP 认证，产品"油辣椒"通过了"绿色食品"认证，"油制辣椒"系列食品获得"中国名牌"称号，并由该公司作为标准的主要起草单位发布了国内首个"油制辣椒"国家标准。但是产品始终处于单一化，不能满足各个地方顾客的口味及需求。

3.3　第三类战略——低端科技产品与服务多元化

此类战略就是企业组织开发科技含量低的多元化产品或者服务。优点：用剩余的资源去创造价值，从而形成不同的业务。共用企业的资源与能力，实行范围经济性。产品多元化使顾客选择的余地多，能够满足不同的需要和求新求异的顾客需要。研发费用低，成本低。产品或者服务的价格低。缺点：每种产品与服务的生产批量不大，不能形成规模经济。不能集中资源（管理，技术，财务，领导精力）。多元化浪费的价值超过其所创造的价值。科技含量低，容易被竞争者模仿。竞争者多。该战略参与市场竞争可采用竞争战略中的成本领先战略与差异化战略。

但是老干妈麻辣酱责任有限公司得到了政府的大力支持，资金供给充足，并且对地方企业具有龙头效应，在高科技含量的保证下，使得企业并没有失去市场，而且市场进一步扩大，故该公司并没有经过该战略实施而是直接向第四类战略迈进，实现了跨越式的发展。

3.4 第四类战略——高科技产品与服务多元化

最后一类就是企业组织开发科技含量高的多元化产品或者服务。优点：用剩余的资源去创造价值，从而形成不同的业务。共用企业的资源与能力，实行范围经济性。产品多元化使顾客选择的余地多，能够满足不同的需要和求新求异的顾客需要。科技含量高，不容易被竞争者模仿，竞争者少。可取得高科技带来的高额利润，能够迅速占领市场。缺点：研发费用高，成本高。每种产品与服务的生产批量不大，不能形成规模经济。不能集中资源（管理，技术，财务，领导精力）。多元化浪费的价值超过其所创造的价值，不能形成核心事业，产品与服务的价格高。该战略参与市场竞争可采用竞争战略中的差异化战略。

如今，"老干妈"公司累计产值已达 13 亿元，规模仍在继续扩大，在技术改造方面推陈出新，建立了设备齐全的检验化验室，安装了集洗瓶、消毒、灌装、旋盖为一体的机械化流水线，实现了由手工操作机械化加工的转化；在风味产品系列方面，根据各地的风俗习惯和口味研发了 20 余种风味产品，已经得到了消费者的认可；在销售领域方面，全国 65 个城市建立了销售网络，产品已出口到美国、澳大利亚、加拿大、新西兰等 30 多个国家和地区，"老干妈"已发展成为全国知名企业，辣椒制品生产和销售的龙头企业，原本是贵州特色调味品的"老干妈"，成了风味辣椒调味制品的代名词，成了全国和世界众多消费者佐餐、烹饪必备佳品。陶华碧，这个没上过一天学的农村"老太太"，把一个民营公司办到这种程度，创造了新时代一个令人难以想象的真实童话。

现在老干妈麻辣酱有限责任公司的发展有了更为宏大的目标，那就是开发高附加值的辣椒系列，打造辣椒加工业的"航空母舰"，让我们拭目以待。

4 反响

规模经营是市场竞争的客观要求，在竞争性的市场经济下，企业应当选择适应自己的策略和不断发展改善自己的经营策略，才能够生存下去。一个企业生产规模由小到大，一般要先后经历规模收益递增、不变、递减三个阶段，上述案例通过公司资产表发现，老干妈麻辣酱公司正处在规模报酬递增的阶段，所以规模在不断扩展，但是同时也引进了先进的设备。由于随着社会的发展，科学技术日新月异的进步，科学技术已经成为第一生产力，对企业的生产经营起着越来越重要的作用，于是老干妈公司风味产品系列的销售也将持续增长。

在这种处于动荡的市场环境和经济危机的影响下，老干妈麻辣酱坚定自己的公司理念——创民族品牌、立千秋大业，诚信经营、质量第一；并且注重了自己企业在不同阶段的策略选取，适应了市场竞争的变化，在市场竞争中处于优势地位；公司成功的三大法宝，保证了企业的信誉，创造出了自己的品牌效应，为自己的市场开拓打下了坚实的基础；龙头效应的带动，赢得了政府的资金供应，满足了技术革新的要求，有利于推动自身企业的新产品开发；明确市场定位，老干妈不仅在国内的 65 个省市建立了网点，树立了很好的品牌信誉，稳固了国内市场，而且还开拓了国际市场，走向了国际化道路，现已成功地进入了 30 个国家的调味市场，为走向全国，打造世界品牌奠定了基础；在与同行业的竞争中，充分利用了地方风俗习惯和口味的特长，研发了风味系列产品，满足各个地区的消费者的口味，在同业竞争中占据了有利因素，稳固了自己的市场份额。

可以说，战略的阶段性制定及其合理的跳跃、对市场变化的充分了解及其公司理念的三大法宝，这些管理上的融洽相适是造就老干妈麻辣酱有限责任公司步步为营逐渐实现辣椒加工业的"航空母舰"的最主要原因。

思考与讨论

1. "老干妈"的成功秘诀说明了什么问题？

2. 在竞争的市场上，"老干妈"采取了什么样的发展道路，其结果如何？

3. 你能为"老干妈"产品附加值的开发提出什么好的意见和完整的实施策略？

4. 假如你现在是老干妈风味食品有限责任公司的总经理，你会怎样进一步扩大市场？

参考文献

［1］贵州南明老干妈风味食品有限责任公司,http://www.laoganma.com.cn.

［2］南方周末网，http：//infzm.southcn.com.

［3］《MBA智能百科》，http：//wiki.mbalib.com.

［4］《PDC战略发展》，《管理周刊》2008年第72期。

［5］《亿元老板只识3个字，她的起家秘诀是什么?》，《管理周刊》2008年第72期。

［6］张新民：《企业财务报表分析——教程与案例》，对外经济贸易大学出版社2004年版。

［7］《哈佛商学院管理全书》，中国致公出版社2001年版。

雷曼兄弟破产的原因

杨晓龙　郑长德

摘　要　具有 158 年历史的雷曼兄弟，于 2008 年 9 月 15 日向美国联邦法庭递交破产申请。雷曼兄弟的破产始于 2007 年夏天次贷危机的延续。本文重点探讨了雷曼兄弟破产的原因，有外部原因也有内部原因，外部原因主要包括虚假谣言与"恐慌风暴"大大降低了人们的信心，政府对衍生品市场监管不力等；内部原因主要包括业务过于集中、杠杆率太高及投资了过多的次债产品等。

关键词　雷曼兄弟　破产　次贷危机　金融危机

引言

美国第四大投资银行雷曼兄弟控股公司于 2008 年 9 月 15 日根据美国破产法，向美国联邦破产法庭递交破产保护申请。以资产衡量，这将是美国金融业最大的一宗公司破产案①。雷曼兄弟的破产是始于 2007 年夏天次贷危机的延续，美国金融危机的发生在某种程度上是因为美国政府以泡沫治泡沫，通过在房地产行业的泡沫刺激经济来挽救互联网泡沫破碎后的危机。金融危机宣告了 20 世纪 80 年代末由"华盛顿共识"所确立的新自由主义经济理论的基本破产。因此，对内我们要严格控制金融混业经营带来的连锁风险，对外更要控制金融开放的业务范围和节奏，防止国外金融危机对本国金融体系的传染。

---

① 背景资料：雷曼兄弟公司简介，新华网，www.xinhuanet.com，2008/9/16。

1　案例背景

雷曼兄弟公司由德国移民雷曼三兄弟亨利、埃马努埃尔和迈尔于1850年在美国阿拉巴马州蒙哥马利城创建，目前已拥有158年的历史（表1）。其主要业务包括投资银行、私人投资管理、资产管理等。雷曼兄弟公司总部设在美国纽约，在英国伦敦和日本东京设有地区总部，在世界上很多城市都设有办公室和分支机构。它在很多业务领域都居于全球领先地位，包括股票、固定收益、交易和研究、投资银行业务、私人银行业务和风险投资。

表1　　　　　　　　　　　　　　雷曼兄弟简史

1850	来自德国巴伐利亚的移民亨利·雷曼、埃马努尔·雷曼和迈尔·雷曼三兄弟在阿拉巴马州的蒙哥马利创办了这家公司，从事大宗商品交易业务
1984	雷曼兄弟公司的投资银行家和交易员之间的争斗导致该公司被出售给了 Shearson 公司
1990	Shearson Lehman Hutton 重新启用了雷曼兄弟这一公司名称
1993	美国运通公司（American Express）将 Shearson 分拆出去，获得独立的雷曼公司再次以雷曼兄弟的名字著称于世
1994	该公司以雷曼兄弟控股公司（Lehman Brothers Holdings Inc.）的名称在纽约证交所上市
2003	雷曼兄弟收购了资产管理公司 Neuberger Berman
2008	饱受按揭贷款市场问题打击的雷曼兄弟公司申请破产保护

资料来源：WSJ research；雷曼兄弟。

2　案例事件

2007年夏美国次贷危机爆发后，雷曼兄弟公司因持有大量抵押贷款证券，资产大幅缩水，公司股价在次贷危机后的一年之内大幅下跌近95%。2008年9月11日，雷曼兄弟宣布第三季度的亏损将达39亿美元，雷曼股价暴跌46%至每股4.22美元。截至2008年第三季度末，总股东权益仅为284亿美元。

为筹集资金渡过难关，雷曼兄弟公司被迫寻找收购方。2008年9月14日，美联储明确表示不会伸手给雷曼兄弟以救援和资金保障，巴克莱银行退出谈判，美洲银行转而与同样陷于困境的美国第三大券商美林达成

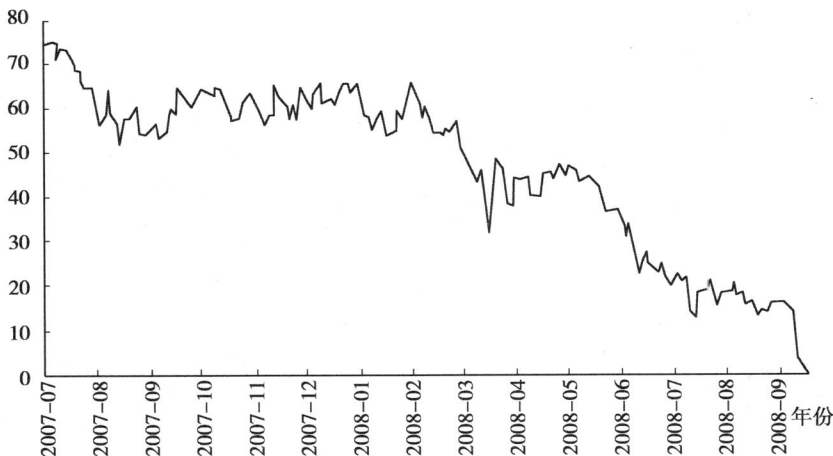

图 1　雷曼兄弟股票价格走势

资料来源：Bloomberg，2008/9/16。

收购协议；同时，高盛、摩根士丹利、巴菲特控股的伯克希尔哈撒韦也表示没有兴趣收购雷曼；雷曼兄弟命悬一线。

无奈之下，2008 年 9 月 15 日，雷曼兄弟依照美国银行破产法第 11 章，向纽约南部的联邦破产法庭提出破产保护。雷曼兄弟的所有从事经纪业务的分支机构及雷曼兄弟的子公司等不受此影响，继续正常交易和营业；当天，雷曼的股票价格暴跌 94% 至每股 0.21 美元。

3　雷曼破产的影响

有 158 年悠久历史的美国第四大投行雷曼公司的轰然倒闭，以及接踵而至的拥有 94 年历史的美林公司在美联储的压力下以近 440 亿美元匆忙出售给了美国银行，表明次贷危机所带来的金融风暴正愈演愈烈。美国金融企业在这次风暴中可以说涉水很深，多米诺骨牌效应正在波及美国众多小型金融企业，未来一段时期美国金融行业将面临一次阵痛性的洗牌。

受其影响，美国房地产价格进一步下行，股市、居民消费能力亦难以抽身。美国正陷入的"百年一遇"的金融危机势必会极大冲击美国经济的基本面，可以说美国经济真正意义上的衰退警报已经拉响，全球经济因此会走向低增长的边缘，全球经济整体不景气的预期正不断加强。全球经济增速放缓，导致对能源需求的下降，原油价格下跌的趋势已经形成，随着大量投机资金撤离原油期货市场，油价将逐步回归理性，后市价格若有反弹也难以长久，全球油价的"盛宴"基本已经宣告结束。与此同时，未来一段时期内其他大宗商品价格变化因素将更加取决于供求层面，目前资金炒作力量明显已经得到一定程度的释放。全球经济泡沫正不断被挤压，商品市场投资者人气会有一段很长时间的积聚，在这一时期里商品价格出现疲态亦无法避免。

继前期国际资本回流美国后，美元强势得到持续，美元标价的商品一路下行。然而，雷曼兄弟破产事件是继贝尔斯登之后美国本土又一轮更大金融危机，后者得到美国政府的支持而幸免于破产，但这次美国政府已无力再救了，因为谁都知道，此类危机还将不断爆发，政府能救多少？在经济环境变得异常恶化之下，投资者担心全球经济将陷入远比预期更长的衰退期，对商品的需求还将持续下降。前期高涨的国际商品自然还有延续挤泡沫的必要，国际游资持续做空以原油为主的商品是必然的选择。

而值得留意的是，黄金逆市上升，成为市场一个非常耀眼的亮点，其原因主要是美国为了拯救经济使得美元存在减息的预期而重挫，黄金作为金融市场危机当头的避难所，迅速发挥了作用，预期短期内金价将持续企稳，但随着全球经济越来越朝着衰退的边缘迈进，黄金对抗通胀而走高的预期正不断弱化。

短期观察，美国金融危机事件的影响还将持续，原油价格跌穿 100 美元/桶后，牛市气势已荡然无存，金融危机、经济不振、需求下降，成为原油下跌的最大杀手；金价虽然因美元不稳定而起到资金避难的作用，但市场一旦回复到经济层面上，衰退的阴影依然困扰着黄金走强；同样的基本面还有有色金属、天然橡胶等；至于农产品方面，我们预期短期还将深受金融事件的影响所左右，但随着各品种的基本面的作用，农产品后市将会摆脱当前齐升齐跌现象，但能否走强还有待观察。

4　雷曼兄弟破产的原因分析

雷曼兄弟破产的原因是多方面的，有整个市场基本层面的变化和不稳定而导致的系统性风险，也有雷曼公司自身的问题带来的风险，同时也与美国证券监管部门的监管失误有关。

4.1 雷曼兄弟自身的原因

4.1.1 进入不熟悉的业务，且发展太快，业务过于集中

作为一家顶级的投资银行，雷曼兄弟在很长一段时间内专注传统的投资银行业务（证券发行承销，兼并收购顾问等）。进入 20 世纪 90 年代后，随着固定收益产品、金融衍生品的流行和交易的飞速发展，雷曼兄弟也大力拓展了这些领域的业务，并取得了巨大的成功，赢得了华尔街"债券之王"的美誉。

在 2000 年后房地产和信贷这些非传统的业务蓬勃发展之后，雷曼兄弟和其他华尔街上的银行一样，开始涉足此类业务。这本无可厚非，但雷曼的扩张速度太快。近年来，雷曼兄弟一直是住宅抵押债券和商业地产债券的顶级承销商和账簿管理人。即使是在房地产市场下滑的 2007 年，雷曼兄弟的商业地产债券业务仍然增长了约 13%。这样一来，雷曼兄弟面临的系统性风险非常大。在市场情况好的年份，整个市场都在向上，市场流动性泛滥，投资者被乐观情绪所蒙蔽，巨大的系统性风险给雷曼带来了巨大的收益；可是当市场崩溃的时候，如此大的系统风险必然带来巨大的负面影响。

雷曼兄弟虽然在债券市场赚了个盆满钵满，但业务过于集中于固定收益部分也使其承受的风险不断增大。近几年，虽然雷曼也在兼并收购、股票交易等方面有了进步，但缺乏其他竞争对手所具有的业务多元化，其业务结构不合理的状况并未从根本上获得改观。相比之下，摩根士丹利、高盛和美林的业务结构更为合理。花旗、摩根大通和美国银行虽然也有投资银行业务，但它们抵御风险的能力明显强于雷曼兄弟。这就是为什么同样面临困境，美林可以在短期内迅速将它所持有的彭博和黑岩公司的股权脱手换得急需的现金，实现自我救赎，但业务模式相对单一的雷曼兄弟就没有这样的应急手段[①]。

4.1.2 自身资本太少，杠杆率太高

华尔街投资银行的自有资本太少，资本充足率太低。为了筹集资金来扩大业务，它们只好依赖债券市场和银行间拆借市场；在债券市场发债来满足中长期资金的需求，在银行间拆借市场通过抵押回购等方法来满足短期资金的需求（隔夜、7 天、一个月等）。然后将这些资金用于业务和投

---

① 张传勇：《雷曼兄弟：轰然倒下的金融帝国》，《销售与市场》2008 年第 11 期。

资，赚取收益，扣除要偿付的融资代价后，就是公司运营的回报。借贷越多，自有资本越少，杠杆率（总资产除以自有资本）就越大。杠杆效应的特点就是，在赚钱的时候，收益是随杠杆率放大的；但当亏损的时候，损失也是按杠杆率放大的。杠杆效应是一柄双刃剑。近年来由于业务的扩大发展，华尔街上的各投行已将杠杆率提高到了危险的程度。

表2   雷曼兄弟2007年下半年和2008年上半年各季度的杠杆率

	2008 年第二季度	2008 年第一季度	2007 年第二季度	2007 年第三季度
总资产 （百万美元）	639432	786035	691063	659216
总净资产 （百万美元）	26276	24832	22490	21733
杠杆率%	24.3	31.7	30.7	30.3

资料来源：雷曼兄弟资产负债表。

从表2中可以看出，雷曼的杠杆率一直维持在较高的位置。比如，在2008年第二季度末，雷曼的杠杆率为24.3（年初的时候曾高达32），其总资产为6394亿美元，但其负债也到达了6132亿美元。区区的263亿的净资产，当然无法帮助雷曼在紧急时期渡过难关。

4.1.3　投资了大量的与次贷有关的证券产品

雷曼兄弟所持有的很大一部分房产抵押债券都属于第三级资产（Level-3 Assets）。雷曼作为华尔街上房产抵押债券的主要承销商和账簿管理人，将很大一部分难以出售的债券都留在了自己的资产表上（30%—40%）。这样的债券评级很高，所以利率很低，不受投资者的青睐，卖不出去。雷曼将它们自己持有，认为风险会很低。但问题是，这些债券并没有一个流通的市场去确定它们的合理价值。持有者所能做的就是参考市场上最新交易的类似产品，或者是用模型来计算损益。但计算的准确度除了模型自身的好坏以外，还取决于模型的输入变量（利率、波动性、相关性、信用基差等）。因此，对于类似的产品，不同金融机构的估值可能会有很大的差别。业务部门的交易员和高层有将此类产品高估的动机，因为如果产品估价越高，售出的产品越多，那么本部门的表现就越好，年底的时候分得的奖金就越多。因此，很多人往往只顾及眼前利益，而以后的事情以后再说，甚至认为很可能与自己没有什么关系。

市场情况好的时候，以上所述的问题都被暂时掩盖了起来。可当危机来临的时候，所有的问题都积累在一起大爆发。所以业内人士把这样的资产称为"有毒"资产。雷曼兄弟在 2008 年第二季度末的时候还持有 413 亿美元的第三级资产（"有毒"资产），其中房产抵押和资产抵押债券共 206 亿美元（在减值 22 亿美元之后）。而雷曼总共持有的资产抵押则要（三级总共）高达 725 亿美元。在这些持有中，次贷部分有约 2.8 亿美元。住宅房产抵押占总持有的 45%，商业房产抵押占 55%。这种情况和花旗银行及美林有所不同。下表（表 3）列举的是雷曼兄弟在 2008 年第二季度末（5 月 31 日）资本市场部资产表上所持有的各类金融产品，及其负债表上对应的金融产品。可以清楚地看到，雷曼的资产和负债之间有很大的错配：其资产有大量的三级资产（413 亿），而负债表中几乎没有（3.4 亿）；同时资产表上的一级（最优）资产（456 亿）要少于负债表中此类（1049 亿）的一半。不仅如此，随着市场的恶化，其所持二级资产和金融衍生品也会受到较大的影响。

表 3　　　　雷曼 2008 年第二季度末资本市场所持资产和负债合理价值

资产合理价值（截至 2008 年 5 月 31 日）				
单位：百万美元	一级	二级	三级	总共
房产抵押和资产抵押债权	347	51517	20597	72461
国债和政府机构债	11002	15986	—	26988
公司债及其他	77	44332	5590	49999
股票	26785	10606	10158	47549
商业票据和其他倾向市场产品	4757	—		4757
金融衍生品	2597	39395	4999	46991
总共	45565	161836	41344	248745

负债合理价值（截至 2008 年 5 月 31 日）				
单位：百万美元	一级	二级	三级	总共
房产抵押和资产抵押债权	—	351		351
国债和政府机构债	60869	3042	—	63731
公司债及其他	5	8339		8344
股票	42356	828	—	43184
商业票据和其他倾向市场产品	12	—		12
金融衍生品	1799	20653	3433	25885
总共	104861	33213	3433	141507

资料来源：雷曼兄弟财务报表 10Q，2008 年第二季度。

国际投行瑞士信贷结构性金融产品交易部主任 Jay Guo 说："美林银行及雷曼兄弟等大型投资银行之所以纷纷在瞬间倒下，本质上是因为他们投资了大量的与次级债有关的证券产品，而且这些产品的投资原则一般都有大比例的投资杠杆，也即这些产品的投资收益与亏损都是被大比例放大的——赚就会赚得更大，亏也会亏得更多。现在哪家银行能在这场金融危机中生存下来，取决于他们与次级债有关的金融产品的距离。"[①]

4.2　雷曼破产的外部分析

雷曼兄弟破产和自 2007 年夏天开始的美国次贷危机是分不开的。政策引导的房地产泡沫、泛滥的次级房屋抵押贷款以及利益驱使的基于次贷的华尔街金融创新和杠杆化扩张，是这次美国金融危机的根源。

4.2.1　虚假谣言与"恐慌风暴"大大降低了人们的信心

雷曼破产的直接原因，是市场对雷曼产生恐慌的情绪，导致短期内客户将业务和资金大量转移，对手停止与雷曼的交易和业务，市场上的空头方大规模做空雷曼的股票导致其股价暴跌，进一步加剧市场的恐慌情绪和雷曼业务的流失。同时，债权人调低雷曼的信用等级，导致其融资成本大幅度上升，业务模式崩溃。这些因素不是独立的，也难言孰先孰后，而是交织在一起，相互影响、相互加剧，形成一个在市场处于极端情况下难以解决的死循环，直至雷曼无力支撑，在找不到买家的情况下，只得宣布破产。

法国的 MEESCHAERT 的基金经理 YANN AZUELOS 则对记者表示："现在市场的信心是真正在崩溃。之前房地美、房利美被接管时，我们以为最差的时期过去了，但是现在的情况证明并非如此。因为市场担心还会有更多银行的减记没有被公布出来。"[②]雷曼兄弟随着房地美、房利美的被接管，股价跌于谷底，一些投资"两房"股票的银行等机构的资金都将打水漂，而它们本身的资金压力已经很大，这是典型的雪上加霜。截至 2008 年 9 月 15 日，随着次贷危机的爆发，美国已有十几家大大小小的银行破产，接下来，估计还会有上百家银行加入这一行列，这其中并不是每家银行都会有接盘者的，而且结局很可能是大部分的银行没有人来购买。

4.2.2　美国证券风险监管的不足

此前已有多名经济学家指出，美国次贷危机发生的主要原因之一就是

---

①②　《美金融业近几年内都会差的可怕》，《广州日报》2008 年 9 月 16 日。

监管不力，美国金融业众多机构遭受惨重损失的原因，也同监管机制和工具的缺失有关。近年来，金融产品的日趋复杂，市场参与者的日趋增多，美国的金融监管机制有它的不足之处。

美国金融界的从业者们认为，市场有它自己的发展模式和规律，因此不应过度干预；恰当的干预是允许的，但过度的干预不但会大幅增加成本，而且会制约市场按其内在规律良性地发展。在 20 世纪末，随着金融市场的发展，去监督浪潮成了主流。于是有了 1980 年的储蓄机构去监督和货币控制法案及 1999 年的 Gramm-Leach-Bliley 法案。后者允许商业银行涉足投资银行业务，投资银行可以接受个人储蓄。投资银行等证券公司和对冲基金等金融机构在业务方面几乎不受任何实质性的约束。业务的发展不受约束，加上美联储实行宽松的货币政策，终于使事态发展到了不可控制的地步。本来监管机构对银行等金融机构的准备金是有严格要求的，但近年来随着金融产品的推陈出新，尤其是金融衍生品的井喷式增长，旧的准备金要求等体制难以达到确保流动性和控制杠杆率的目的。

在分析了雷曼兄弟自身的问题和其破产时的市场情况后，我们可以对雷曼风险的形成和破产的原因进行一个总结。雷曼兄弟的风险是伴随着 2002 到 2007 年间全球资本市场流动性过大，美国房地产市场的泡沫而形成的。在这个过程中，雷曼进入和发展房地产市场过快、过度，发行房产抵押等债券失去控制，而又对巨大的系统性风险没有采取必要的措施。另外，雷曼净资本不足而导致杠杆率过高，所持不良资产太多，不良资产在短期内大幅贬值，并在关键时刻错失良机、没有能够采取有效的措施化解危机。

思考与讨论

1. 20 世纪 80 年代以来，以各种衍生工具为代表的金融创新在西方世界呈高速发展的态势。经过近 20 年的发展，目前全球金融衍生产品的总量已经达到各国 GDP 的 8～10 倍。雷曼破产的原因之一就是雷曼大举进入衍生品领域，使风险过于集中。就我国当前衍生品市场的现状，请谈谈我国衍生品市场的未来发展趋势和要注意的问题。

2. 雷曼破产启示我们，在市场经济发展过程中，国家在加强金融制度、金融体系建设的同时，进行有效的金融市场监管和防范金融风险。请简述发展社会主义市场经济需要加强国家宏观调控的必要性。

3. 雷曼等投资银行的杠杆率一直很高，在赚钱的时候，收益随杠杆率放大；但当亏损的时候，损失按杠杆率放大。试讨论企业的杠杆率处在什么位置上是最优的。

4. 雷曼破产波及全球，中国也受到了一定的影响，试讨论中国企业在危机面前应如何应对。

参考文献

[1] 雷曼兄弟公司简介，新华网，http：//www. xinhuanet. com/，2008/9/16。

[2] 彭博社，http：//www. bloomberg. com/，2008/9/16。

[3] 和讯网，http：//www. hexun. com/，2008/9/16。

[4]《销售与市场》2008 年第 11 期。

[5]《广州日报》2008 年 9 月 16 日。

[6]《哈佛经典案例全集》，中国标准出版社 2004 年版。

北京宅急送的突破与转型

郭玉坤

摘　要　本文介绍了北京宅急送股份有限公司的发展改革进程，描述了宅急送在企业的不同发展阶段遇到的种种困难，突出了企业转型对企业自身发展的影响。本案例有助于学员加深对管理经济学中市场结构、企业行为、企业战略等概念和理论的理解与掌握。

关键词　宅急送　转型

引言

苦心经营 15 年后，陈平从他一手创办的北京宅急送快运股份有限公司（简称"宅急送"）全身而退，"从创建宅急送的那一天起，我就从未想过离开。真的告别时，心里多少有一些伤感、委屈，也有一种解脱的感觉"。在"知天命"之际二次创业，继续追寻在宅急送屡屡被现实击碎的快递梦。

1　宅急送的发展史

宅急送 1994 年 1 月 18 日成立。截至 2004 年，宅急送总资产超过 2 亿元，员工 8000 名，车辆 1500 台，年货物周转量 3200 万件，年递增率超过 65%，为"2003 年中国成长企业百强"第 4 名，"2004 中国最具竞争力的物流企业"。

2　结缘快运

说起宅急送，我们不得不先从宅急送的创始人陈平说起。陈平，1990

年赴日本富士国际语学院读书。有一次一个国内的朋友到东京拜访陈平，因为走得急，将给大阪亲戚的礼物忘在陈平那里。从大阪到东京一趟花钱又要花时间，而当时陈平一没时间、二没钱，于是想到了"飞腿"——"宅急便"。当时的"宅急便"实行24小时昼夜服务，东京到处都有连锁店。工作人员看陈平是个穷学生，特意告诉他，可以对方付款。这种灵活周到的服务实在让陈平感动。两天后，陈平接到了大阪打来的感谢电话。"宅急便"快捷的服务给陈平留下了深刻印象，而"宅急便"与陈平的缘分也由此开始。

1993年，陈平想回国发展，首先想到了"宅急便"。

3　东瀛移花

1994年1月，陈平回到北京，成立宅急送北京双臣快运有限公司，当时只有一间狭小的办公室，七个人三辆车，在偌大的北京并不显眼。那时"快运"在京城人的脑中还没有很清晰的概念，可以说当时机遇与挑战并存。

开业之初，尽管陈平在北京的国贸中心、赛特购物中心等繁华地点设了宅急送代办处，但第一天没有生意，第二天还是没有生意。第三天陈平坐不住了，把司机和车赶到马路上"扫街"，生意不好靠吆喝，自己给自己作宣传。

在中关村一带，宅急送的车沿途揽活，每当看到有人抱着电脑或大件他们就上前主动招呼，帮人家送到家或单位。第一笔业务只有一元钱，一个路人要到亚运村，将货运车当成了中巴车，给了他们一元钱。

起步艰难，为了生存，宅急送几乎什么活都接，代取衣服、修冰箱、换煤气、送蛋糕、送烤鸭、运鱼缸、接送小孩，甚至摩托车坏在半路上了，也要宅急送去拉。但宅急送坚持一个原则，只要一个电话，一切不用牵挂，把服务延伸到社会每一个角落。

可以说宅急送是从亏本生意开始做起的。比如修冰箱，取货送货往返4次收费才70元，而每次往返就得一台大车、一个司机、两个搬运工，光工时费就不够。宅急送开张半年多，把精力花在老百姓身上，虽然没有什么经济效益，但是却创造了良好的社会声誉。这是一笔无形的财富，它为宅急送以后的高速发展打下了坚实的基础。接下来，陈平开始把经营目光转向了大企业，并先后与松下、东芝、惠普等知名企业建立了业务关系，宅急送的经营出现了重大转机，业务量急剧增加，月营业额很快突破一万元，宅急送前途开始出现光明。

4 成功引资

与企业的合作使宅急送的业务量急剧上升，可还没等陈平高兴起来，新问题又出现了。当一个又一个客户找上门来的时候，调度面对空空的车库只能无比遗憾地说"无车可派"，陈平深感宅急送的规模已不能满足客户不断增长的业务需求，资金匮乏已经严重制约了公司的发展。可是此时他已把所有能筹到的钱都用上了，从哪弄钱？巨大的资金缺口使陈平心急如焚。

1995 年 3 月，日本交通新闻访问团来中国访问时，顺便参观了宅急送公司。借此机会，陈平表达了想引进外资的意愿。访问团成员被陈平诚恳的言辞及艰难创业的经历所打动，表示愿意帮助引进外资。访问团回国后，在日本的多家媒体上对宅急送的创业经历及计划引进外资的想法予以报道，日本长野县一城株式会社社长小林利夫在五六家意向投资企业中脱颖而出，因为他熟悉中国投资环境，熟悉快运市场的运作。经过洽谈双方很快达成协议。1995 年 10 月，"宅急送北京双臣快运有限公司"更名为"宅急送北京双臣一城快运有限公司"，成为中日合资企业，小林利夫注入了 100 多万元资金。

此后宅急送的业务有了突飞猛进的发展，1995 年年终财务报表显示，宅急送的各项业务发展状况良好，小林利夫得到了 16% 的投资回报，这让他感到十分满意。1998 年小林利夫增加投资 200 多万元，2001 年又追加投资 300 多万元，大笔资金的注入为宅急送的发展奠定了坚实的基础。

随着大笔资金的注入，宅急送业务量大增，公司当即就在全国开设了 40 多家分公司和营业网点，业务模式由门到港向门到门转变，实现了仓储、分拣、派送一条龙服务，1996 年营业收入突破 350 万元，1998 年营业收入突破 1000 万元，2000 年营业收入突破 4000 万元，2001 年营业收入突破 7500 万元，小林利夫每年都有 15%—18% 的投资回报，而宅急送的业务发展也真正驶上了快车道。

5 两次突破

宅急送在其发展的道路上，经历过许多次艰难的选择，其中有两次重大的选择，决定宅急送走上了快速发展之路。

在创业之初的一两年里，宅急送的业务大都以零、散、小的客户为主。服务的范围也相对狭窄，多是些送鲜花、修冰箱、换煤气这样的碎活，虽然经过一段市场开拓后，经营上开始有了些起色，但这离陈平的构想还差得很远。在陈平的脑海里，是要把宅急送打造成一个规模化、集团化、制度化的大型现代化企业，要实现这个理想，就不能满足于已有的经营规模，必须摒弃眼前的一些短期利益，进一步拓展业务空间，大刀阔斧地进行二次创业。

1996 年情人节，正是送鲜花最火的时候，各家快递公司都抢着做送花的生意。"两天 20 万元也不干！"陈平却如是说。从这一刻起，宅急送彻底放弃了过去的一些主打业务，把触角伸向更加广阔的市场。

为了实现公司的转型，陈平亲自上阵，与同事们四处出击，到各大企业进行公关。最先认可宅急送的是那些享受过快运服务的外资企业，松下是宅急送的第一个外企客户。随后，宅急送又与东芝、柯达、宝利来、惠普、IBM 等大型外企建立了业务关系。同时宅急送又寻求与国内的企事业单位的广泛合作，渐渐地宅急送知名度日益高涨，找上门来发货的企业也越来越多。宅急送的营业额逐月上升，业务范围也从为老百姓代修电视、冰箱、洗衣机，代送鲜花、蛋糕，转向为企业取货、发货、仓储配送上。这是一个艰苦的探索过程，也是一个重要的转轨关头。

服务由零散客户向大型企业转型，使宅急送抓住了业务发展的增长点；而大力发展网络建设，形成完整的快运体系使宅急送朝着陈平的理想又迈出了坚实的一步。

随着人们生活水平的提高及社会的进步，港到港的发货方式已不能满足客户的需求，他们需要一种能够上门提货、上门送货及长久储存物品的服务方式，在这种情况下，门到门服务就诞生了。陈平对此是十分清楚的，他对日本的快送服务的网络化运营模式有着深刻的体会。因此，当宅急送在北京取得巨大成功的时候，陈平并未因此而满足，在他的心中，已开始筹划着一张覆盖全国、以网络实现门到门服务的宏伟蓝图。因为只有门到门服务，才能更贴近客户，更好地满足客户的个性化需求，这也是快运市场发展的必然趋势。

要做到门到门服务，就必须有星罗棋布的网络，这些网络覆盖的范围要涵盖客户业务要求的每一个区域。为此，陈平从与日方合资开始，就开始大力着手营建覆盖全国的网络。宅急送的网络结构分为四级，即子公司、分公司、营业所、营业厅。子公司是按照中国的地理位置并结合宅急送实际设立的，分公司是以子公司为中心向周边区域扩展或延伸的分支，营业所和营业厅位于比较繁华的地段，主要是为了方便客户，并能提高派送及取货速度。

1997 年宅急送初步完成北京局域网建设，紧接着 1998 年宅急送进军上海，到 2000 年 8 月，宅急送建立了北京、上海、广州、沈阳、成都、西安、武汉七个全资子公司，并组建起自己的传统运输网络，覆盖全国七大区，在深圳、厦门、东莞、宁波、大连、天津、南京、杭州、长沙、株洲、郑州、济南、青岛、绵阳、贵阳、重庆等城市设立了全资分公司，网络从沿海到内地呈扇形分布。

目前，宅急送在全国已设立 40 多家直属机构及 80 多家营业所，快运业务覆盖了全国 400 多个城市和地区，使异地发货、到付结算成为现实，最大限度满足了客户的需求。

6　强行转型导致宅急送严重亏损

2007 年，为提高宅急送的竞争力及市场规模，陈平不顾公司其他管理层反对，决定推进由项目物流为主向小件物流转移的战略转型。经过半年多的时间，宅急送在全国建网点近 3000 个，新增 300 辆地面物流班车，新包租航空线路 200 多条，新招小件操作人员 6000 多名。

宅急送内部员工透露，陈平此次不计成本的扩张，加剧了规模和收入的失衡。2007 年宅急送人数为 9000 多人，到了 2008 年 9 月，员工总数已达 21000 多，而 2008 年的营业收入仅比 2007 年增加 7%，远远低于过去十几年一直保持的 40% 以上的增幅。

知情人士透露，宅急送 2008 年的营收入是 13 亿元，该数据与 2007 年营收入 43 亿元的顺丰已存在很大差距。而且（宅急送）从 2007 年 10 月便一直亏损，直至 2008 年 12 月才扭亏。

2008 年 10 月初，宅急送就开始了"优化裁员"工作，有 5000 多名员工确定将被"优化"。据了解，宅急送 2008 年共招了 1 万多人，主要都是小件员，是为转型做零散生意准备的。以前宅急送的客户以企业、项目客户为主，因准备转向零散客户决定招人。但受全球经济不景气的影响，上市融资失败资金链断裂后，宅急送大面积亏损，并开始裁员。

在公司内部人员看来，宅急送当年的成功与如今面临的窘境都离不开该公司总裁陈平，"陈平是个很好的人，但宅急送目前的困境，很大程度上是他的管理决策失误造成的"。

7　陈平的自信与自负

1998 年，宅急送进军上海，迈出了走出北京的第一步。那个时候宅急送还不到 1000 名员工，但陈平很自信，他想把宅急送拓展到全国，大家都觉得风险很大，之后宅急送的发展思路完全是按照陈平的想法进行的。

陈平一直有一个梦想，就是把宅急送打造成为中国的联邦快递。短期之内，他曾为宅急送确定了"公司上市、飞机上天、500 强上榜"的目标，但这些目标至今没能实现。

陈平布局全国的策略让宅急送获得了飞速发展，旗下运输网络遍布全国。目前，宅急送已在全国几乎所有地级市设立了分公司。2000 年至 2004 年，是宅急送事业的第一个高峰，营业收入逐年飙升，到 2004 年时已接近 8 亿元。

1999 年和 2000 年是宅急送的第一次转型，陈平抓住了当时手机市场飞速发展的机遇，为当时几乎所有的大型手机公司如摩托罗拉、诺基亚、LG 等品牌做大型仓储配送。可以说，抓住大客户，是这一段时间宅急送成功的关键。宅急送是国内第一家敢于提出 24 小时门到门快运服务的公司，这是对陈平的自信性格最好的诠释。

陈平的思维极度超前，正是这种异于常人的思维给宅急送带来飞速发展，但也使陈平过度自信。2004 年 5、6 月时，宅急送出现了首次亏损。当时全国网点铺得实在太大，新建了百余个网点，要投入几千万的资金，新增了大量的员工，购买车辆的费用，这些一下子让公司成本急剧上升，亏损现象出现了。另一种说法则是，当时因为竞争对手掀起了价格战，让宅急送始料不及。其后，陈平与陈显宝各地奔走，并暂缓各地网点的建设，宅急送才摆脱了亏损。

宅急送出现亏损的情况，也让公司开始反思，不少人觉得陈平太高调，喜欢演讲，所有的颁奖晚会都要出席、所有的奖都要拿，即使是并没有十足把握的事情，也是信手拈来，但始终并没有实现。"早年的宅急送，如果没有他的'异想天开'，就不会有今天，但如今他的再一次'异想天开'，却给企业带来重负。"

这里所说的"再一次异想天开"，指的是宅急送自 2007 年下半年以来的转型，即宅急送将改变策略，从原先以企业客户为主，转向"做老百姓的零散生意"。"基本上是放弃了原来的主营业务，推倒重来，一度甚至想和邮局 PK，在邮局边上建宅急送网点，后来看看不可能，又放弃了这样的想法，类似这样的决策失误太多了。"公司内部人员说，"现在转型进行得很痛苦，很艰难，做零散生意、做快件，想要保障质量，就要不惜血本，不达到一定规模就无法盈利。与此同时，宅急送基本上放弃了原先的大客户，这样下去，企业的生存都会成问题。不少人都劝陈平，转型可以，但要一点一点来，宅急送这么大的企业，强行掉头，显然是行不通的。"

8　陈平离职

从 2008 年 10 月中旬开始，在创办宅急送 15 年后，49 岁的陈平进入"休息"状态。岁末年初，他辞去了宅急送总裁、董事、法人代表职务，带着用自己全部股份换回的 2000 多万元资产，从宅急送全身而退，在"知天命"之际二次创业，创办自己控股 51% 的北京星晨急便速递有限公司，继续追寻"公司上市、飞机上天、500 强上榜"的快递梦想。

据 2009 年初宅急送发布的一篇新闻稿报道，经过两个半月的优化调整，宅急送收入呈现大幅增长的趋势，成本下降30%，2008 年 12 月恢复到了历史常规水平，不仅收支平衡，并且有很大的赢利。

宅急送的"优化调整"，主要是指收缩战线，削减人员，并将公司创始人陈平 2007 年下半年开始推行的普件、快件拆分，市场、运营、保障三大体系重组，分公司管理权上收等改革举措进行调整。一位知情人士称，经过调整，宅急送基本回到了陈平推行改革前的状态，这意味着陈平历时一年、斥资数千万元所实施的改革以失败告终。

思考与讨论

1. 分析快递市场的市场结构与企业行为。
2. 试分析陈平主导的宅急送转型战略是否正确。
3. 快递业在我国发展的前景如何?

参考文献

[1] 陈平:《陈氏家族打拼快递天下》,《京华时报》2008 年 10 月 6 日。
[2] 陈平:《宅急送的中国式发展》,《新物流》2006 年第 2 期。
[3]《宅急送:背水一战》,《经济观察报》2008 年 10 月 10 日。
[4]《宅急送:从一元钱到一个亿》,《中国物流与采购网》2009 年 1 月 8 日。

方便米线市场的进入与阻击

郭玉坤

摘　要　本文介绍了四川白家食品有限公司进军方便米线市场的过程，描述了白家进入方便米线市场的原因、策略及面临的种种困难。本案例有助于学员加深对管理经济学中市场结构、进入壁垒、企业购并等概念和理论的理解与掌握。

关键词　方便米线　进入　阻击

1　背景

方便米线，一个有着巨大潜力的产业，缺乏一支独大的龙头企业，产业蛋糕被切割得支离破碎，呈现出群雄割据之态。

作为方便食品市场的细支分流，米线行业一直以来都以低调的姿态前行。经过十多年的发展，米线行业诞生了一批优秀的中型企业。从西南的马老表过桥米线、小城故事白家砂锅米线，到华东的江苏龙嫂，再到米线热销地华南的秀和、皇子、陈村，米线企业抓住南方人好米的喜好高速发展，虽然没有诞生能将产品铺满全国的品牌，但还是出现了称霸区域的"地方豪强"。

南方人以米为主食，因此当今方便米线的市场主要集中于南方地区。其中，整个方便米线南方市场又呈现出较为明显的四大板块，珠三角、云南、四川、江苏与福建。这四个市场板块又各有特色：云南米线历史最为悠久，珠三角米线市场竞争最激烈、产品销售最火，四川和江苏、福建则处于市场扩张、奔进之列。

2　四川白家食品有限公司简介

四川白家食品有限公司位于成都龙泉驿区成都经济技术开发区白家路9号，成立于2001年6月，是一家专业从事特色方便食品研发、生产、加工和销售推广的大型专业食品企业，属国家级农业产业化重点龙头企业。白家食品旗下主要产品为白家方便粉丝、小城故事砂锅米线、努力餐川菜烹饪料和抢抢吃风味佐餐菜，其中白家方便粉丝面市七年来畅销全国，并出口到包括美国、加拿大、日本、英国等海外30个国家和地区，成为国内最大的方便粉丝企业。

白家食品在成都龙泉、四川宜宾和北京密云建有三大生产加工基地。2007年，白家粉丝销售收入突破3亿元。与方便面不同，白家方便粉丝以红薯淀粉为主要原料，一改方便面传统的高温油炸工艺，在国内率先掌握"高温蒸熟—速冻开粉"的"非油炸"生产技术，并全线运用于白家方便粉丝各系列产品的生产加工，食品安全保障水平达到国际先进水平。运用这套技术生产出的白家方便粉丝最大限度地保留了红薯均衡丰富的营养成分，成为新一代方便食品的代表。

在粉丝行业，白家是一个厉害角色，只用了短短不到5年的时间就超过了先辈光友粉丝，将产品做到了3个亿。如今，白家切入米线市场，看中的就是这片方便食品的蓝海。"这个市场就如同6年前的粉丝市场一样，处于战国纷争时代，但一个做得好的企业很容易突围，白家的目标就是成为行业老大。"白家总裁陈朝晖先生毫不掩饰自己内心对这个市场的看好。

小城故事砂锅米线，是白家切入米线市场的第一款产品，于2008年春季糖酒会之际推出。目前已经将货铺到了四川、北京、上海、广州、重庆等地，该款产品依然延续白家致力于四川饮食文化、四川风味名小吃的拓展。

3　四川白家进军云南米线市场

2008年3月27日，国内最大的方便粉丝生产企业——白家粉丝在昆明宣布：欲斥资5000万元进入云南市场。

白家粉丝表示，进入云南市场后，将通过兼并、重组、收购的方式，与云南过桥米线餐饮企业和加工企业进行深入合作。

如果这一计划成功，将成为川滇有史以来最大规模的一宗食品合作并购案，而此次白家粉丝入滇则瞄准了云南的传统饮食——过桥米线。

"我们是有备而来，志在必得。"盛家武说，从两年前开始，白家粉丝就开始关注云南的过桥米线产业。

"但是通过详细的市场调查发现，云南过桥米线产业虽然闻名遐迩，历史悠久，但是总体上有声势没气势，拿得出手的大企业和大品牌几乎没有。"

目前云南规模以上的过桥米线企业有 45 家左右，年产值却不超过 6000 万元。曾有业内人士呼吁：若不快速整合提升，云南过桥米线将在愈加激烈的市场竞争中逐步走向衰亡。

盛家武称："云南过桥米线最大的失败之处是地方企业没有在品牌上进行深加工，导致过桥米线只有产品上的差异性而没有品牌上的差异性。"

很显然，白家粉丝或许就是看到如此现状，才透露出进军过桥米线的"野心"。

"正是在这样一种情况下，白家粉丝经过前期周密的考察，毅然决定斥巨资整合云南过桥米线产业，打造白家粉丝综合性后方基地。"

盛家武说，由于云南本土还尚未出现过桥米线的大型企业，因此，如果有巨额资金注入，对其进行工业化加工、品牌化经营和产业化运作，云南过桥米线有可能一飞冲天。

"公司将在生产规模和品牌推广上做足功夫，将传统的云南过桥米线打造成特色方便食品——方便米线，使白家牌过桥米线成为一个在非油炸性食品市场占绝对优势的品牌。"

盛家武还透露，白家粉丝进入云南并不是要开店，而是以工厂加工的形式，收购一到两家企业作为生产车间，控股一家企业用来培植地方品牌，同时还将与一些连锁企业展开深入合作。

4　遭遇阻击

但令白家意想不到的是，自先遣部队在云南发布"英雄帖"后，却遭到了大多数本土过桥米线企业的集体抵制。2008 年 4 月 7 日，昆明江氏兄弟桥香园过桥米线连锁店总经理王艳放下手头工作，急赴吉鑫园。云南排名靠前的几家过桥米线餐饮企业吉鑫园、新世界美食、过桥都等紧急集会，各家企业董事长或总经理都到场。

王艳介绍说："我们四家的态度一致，对白家抛出的橄榄枝，没有任何合作意向，对其他云南过桥米线企业的做法，也不发表任何评论。"过桥都董事长陶鑫国认为，白家其实看中的就是"过桥米线"这块牌子，来安在干米线的包装上面，是对云南过桥米线的真实风格的歪曲和亵渎，是一种"偷梁换柱"行为。

昆明市餐饮协会会长兼秘书长孙强说："过桥米线的关键在于汤，以鸡汤为主的鲜汤，如果变成了白开水，就不是过桥了，叫米线可以。在用料上，过桥米线用的是酸浆米线，口感柔软，而方便米线采用的是干浆米线，方便携带，所以，不能冠以'过桥'两字。"

曾经的"云南米线大王"、原过桥都掌门人陶鑫国召开新闻发布会，慷慨激昂地对白家粉丝欲打造"方便过桥米线"的行为予以抨击，并表示已经开始进行"过桥米线"的品牌保卫工作。

陶鑫国声称："白家整合云南米线是骗局！""白家粉丝来云南的真正目的，实际上是收购一些有土地、有厂房、有米线生产线的企业，迅速上马开始生产干米线。所谓整合云南过桥米线，实际上是借'过桥米线'之名，行'方便米线'之实，从而为自己谋取巨额利润，这是个大骗局！"陶鑫国说，他已经离开米线产业两年多，但在看到白家粉丝高调入滇的言行之后，心里很堵，"再不出来说两句，过桥米线的牌子都要被他们糟蹋了！"

陶鑫国说，云南做方便过桥米线已经有七八年历史，但由于干湿米线口味的巨大差异，做出来的过桥米线效果都非常差劲。因此，白家粉丝根本不可能做出原汁原味的过桥米线。他提醒那些正在与白家粉丝接洽的企业：不要为了眼前利益——其实也是得不到的，毁了地方品牌。"云南过桥米线这个品牌不是过桥都的，也不是桥香园的，而是全云南人民的无形资产！"

作为一名企业家，陶鑫国虽然反对白家粉丝做方便过桥米线，但对于云南米线这么多年缺乏大品牌企业的事实无法否认。

陶鑫国也认为云南米线产业这么多年未能做大做强的原因在于众多企

业都没有绝对的经济实力，"但从根本上说，这也是因为餐饮行业没有得到各方面的有力支持，比如说，在贷款和土地供应上给予支持!"他举例说，在外地，经常会看到一些大的餐饮企业会有自主产权的高楼大厦作为经营场所，但"在云南这太难了"!

在新闻发布会的过程中，陶鑫国反复提及"云南过桥米线标准化"的问题。他说，几年前他曾经和云南的两位餐饮企业家探讨过这个问题，并制定了详细的方案。但后来因为一些相关部门作交接以及过桥都拆迁等诸多事情，此事被搁置下来。他认为，白家粉丝敢这么高调地进军过桥米线，一方面是因为云南过桥米线没有实施标准化，另一个重要原因则是有关部门一直没有将"云南过桥米线"在国家商标总局注册，使得白家粉丝有机可乘。

据孙强介绍，云南早在 20 世纪 90 年代就出台了过桥米线生产地方标准，并在全国第三届艺术节上的菜谱得到了公认。全省只有几百家米线生产企业是正规的，但由于近年来管理混乱，才出现了米线企业乱打"过桥米线"牌子的现象。

对白家对过桥米线的入侵，一直没有表态的老字号"建新园"终于坐不住了。其母公司昆明饮食服务公司副董事长王元寿在接受采访时说："我们不想和白家接触，为什么做粉丝的企业来做米线？只能叫包装米线，要做米线方便食品也要我们过桥米线企业自己来做，建新园就正在规划。"2007 年，建新园营业收入近亿元，是云南省产值最高、连锁规模最大、历史最悠久的米线餐饮企业。

然而，尽管云南过桥米线餐饮企业中，已诞生了四五家著名商标企业，但云南本地企业拼命捍卫的"过桥米线"却没有原产地保护，更谈不上注册证明商标。

云南博安商标代理有限公司有关人士说，该公司成立于 20 世纪 90 年代，没听说"过桥米线"注册过商标。云南省工商局商标处人士称，过桥米线是否应该受原产地的保护，这就要看它是否符合产品的独特品质、自然环境，以及人文因素等地理标志。云南省工商局也曾意向性地和当地过桥米线企业讨论过商标保护等相关问题，但由于过桥米线不具备地理标志的特征，因此搁浅了。

目前，云南有九件商品是受商标法中地理标志保护的，如普洱茶、文山三七等，但过桥米线没有。

因此，盛家武认为，米线的生产肯定有国家标准、行业标准、企业标准等，但"过桥米线"应该没有完整的标准。"为什么过桥米线云南的企业可以做，白家就不可以做呢？"因此，在诸多过桥米线企业的反对声中，云南"过桥园"董事长陈宗康就和白家开始了第一次接触。

"对方不一定是白家，我们自己也可以来生产方便过桥米线。"陈宗康认为，过桥米线应该分餐饮型和商场型包装食品两种，只有两条腿走路，云南过桥米线产业才能做到更大、更强。

据陈宗康称，白家第一次来就提出两个合作条件：一是要转让过桥园的注册商标；二是生产方便过桥米线，由白家控股。他表示，只要双方双赢就可以合作。

为避免商标被抢注，2008年4月7日，陈宗康到工商局扩大了企业原有商标的使用范围，成为全国第一个受理了"方便过桥米线"商标范围的企业。

5 阻击失败

就过桥都、吉鑫园、桥香园等云南米线巨头联手抵制"白家方便米线"事件，有媒体记者采访了白家粉丝新闻发言人胡远强。

胡远强说，三巨头联手抵制"白家方便米线"的事件，根本就是无稽之谈，没说在点子上。他们这种所谓的抵制行为丝毫不会影响我们的收购计划。他们所说的诸如烹饪方法、口味等问题根本就站不住脚。

胡远强还说：除了与过桥都、吉鑫园、桥香园这三家餐饮企业外，目前，已经与十多家米线生产企业或过桥米线餐馆进行过洽谈，而且进行得十分顺利，比如过桥园、建水米线厂、红河老家等企业，很多企业都很支持并欢迎我们。如果我们愿意，几分钟可以与合作企业签订协议。但目前我们还在考察阶段，因为与过桥米线这个市场的接触面还不够开阔，还想再多了解一些。

针对一些业内人士和市民担心以方便食品的形式出现的过桥米线会失去原有传统风味的问题。

胡远强说，口味问题我们早就解决了。过桥米线的关键是调料，有好的调料，传统口味便不会走样。这两天我们正在与云南当地一些知名餐饮企业接触，调料的配方也已经基本敲定。

对云南过桥米线产业缺乏标准化的问题。

胡远强说，"快餐食品"更具有优势。因为即便是在大型连锁过桥米线餐饮企业中，调味仍是由人工操作，即使是再熟练的员工也不可能调出两碗同样口味的汤。而在"快餐食品"工业化的运作模式下，配比统一，口味也更容易按照标准执行。

对寻找怎样的突破口攻破市场的问题。

胡远强说，目前，一切均在掌控之中，我们计划将以合资控股的形式来发展企业，收购米线生产企业，并在众多知名过桥米线餐饮企业中，挑选出一家进行合作，利用其品牌效应推广产品。初步计划 4 月建厂，6 月将开始推出产品。在营销推广方面对于我们更不是问题，因为在做"快餐食品"方面我们太有经验了，3 个月就可以把一个全新的产品推向国外市场，更不用说本地市场。

6　收购无果，自行建厂

因为和当地企业谈判并没有取得一个理想的效果，白家粉丝改变了原先以收购方式进入云南过桥米线领域的战略，将自行投资建厂。

2008 年 3 月，白家粉丝曾宣布将斥资 5000 万元整合云南过桥米线产业，欲通过工业化加工、品牌化经营和产业化运作，将传统云南过桥米线打造成与方便面、方便粉丝相鼎立的特色方便米线，并计划收购一到两家企业作为其过桥米线培植基地。

但白家在经过近两个月的多方接触和详细考察后，发现云南当地有很多的米线企业，然而其规模和档次却并不是很高，白家曾先后接触的各类过桥米线企业超过 20 家，但最终由于收购价格等问题没有谈拢，白家正式决定以投资建厂这一方式切入过桥米线领域。

据白家粉丝公关部主任胡远强透露，白家最快将在 2008 年 6 月确定在云南的生产厂址，先期投资大概在 1200 万元，而后白家会根据市场的需求量再增加投资。按规划，工厂建成后，将首先满足云南、贵州、广西和西藏等西南市场的需求，预计年销售额在 1 亿元左右。而同时其相应的产品研发、设备制作和包装设计等工作也已经接近尾声，产品名称取名叫"滇香园"。

思考与讨论

1. 方便米线市场的市场结构分析。
2. 进入壁垒的构成分析。
3. 企业并购的目的与障碍分析。
4. 试预测白家进军方便米线市场的前景。

参考文献

[1]《争夺"过桥米线"云南企业联合狙击白家》,《21 世纪经济报道》2008 年 4 月 8 日。

[2]《白家粉丝整合云南过桥米线产业》,人民网食品频道,2008.3.28。

[3]《三巨头挡不住"白家方便米线"》,《昆明日报》2008 年 4 月 10 日。

区域经济学

社会责任促进民营企业发展

——通威集团快速发展案例

刘晓鹰　王亚清

摘　要　通威集团自成立以来，在取得稳健快速发展的同时，时刻不忘回报社会。通威集团为我国慈善和公益事业所作出的贡献，得到了社会的广泛赞誉和认可。在为社会尽责的同时，有力地促进了自身的发展。本案例详细研究了通威集团的具体运作方法。

关键词　通威集团　社会责任　民营企业发展

引言

哪个企业是改革开放 30 年来带动中国经济腾飞的千里马？谁又是改革开放 30 年来影响中国经济发展的领军人物？2008 年 12 月 20 日，在北京人民大会堂隆重举行的"改革开放 30 年中国经济百人榜"系列评选颁奖典礼正式揭晓了这一谜底。通威集团董事局刘汉元主席凭借带领通威集团参与、见证改革开放特别是中国水产养殖事业的发展、壮大和深入，并在变革中国养殖业和建设社会主义新农村中作出的积极贡献，深受各大经济研究机构、社会各界专家学者、广大媒体及网民的推举，荣获"中国改革开放 30 年农林牧渔业十大领军人物"称号。通威集团也再次荣登 2008 中国（内地）民营企业创富榜，位列第 39 位。这充分说明，多年来，求得自身稳健发展的通威集团一直坚持"追求卓越，奉献社会"的企业宗旨，在积极参与并促进中国新农村建设、中国农业产业升级、中国食品安全保障体系建设等国家、行业的相关工作的同时，为国家贡献税收、解决社会就业、推动社会公益事业发展等方面作出了积极贡献，并不断得到社会的高度认同。

1　公司的基本概况

由全国政协常委、民建中央常委刘汉元先生创建的通威集团，经过二十多年的发展，已发展成为全球最大水产饲料企业及主要的畜禽饲料生产企业，是中国淡水鱼第一品牌、中国国内宠物食品第一品牌，更是中国饲料行业唯一的标志性品牌。

通威企业集团的核心企业——通威集团有限公司，最初以饲料及饲料添加剂、浓缩料生产驰名全国。1992 年，它成功地达到了国家规定的各种资格标准，成为集团公司。产业涉及饲料、电子元器件、汽车、进出口贸易等。饲料年生产能力逾 100 万吨，成为中国最大的淡水鱼用饲料生产供应基地及重要的畜禽饲料生产企业。

通威集团依靠科技，奉行"诚、信、正、一"的经营理念，坚持以"人"为本，以质量为基础，以市场为龙头的经营原则。目前在国内外拥有：四川、重庆、涪陵、山东淄博、湖北沙市等饲料子公司，以及通威（美国）有限公司等十余家子公司和分支机构。

通威集团开发、生产的"通威"牌系列饲料产品先后十余次荣获国家级新产品新技术金奖及星火科技金奖，被公众推举为"中国十大名牌饲料"；除主销西南地区外，还通过通威各地的子公司、分支机构，销往全国各地及东南亚地区。集团人均产值和人均利税在全国同行业中名列前茅，跻身中国饲料工业行业百强企业前十强，位居"中国 500 家最大私营企业"第二位。

通威集团在不断取得良好经济效益的同时，还积极参与和支持社会公益事业。为国家的"希望工程"、"扶贫攻坚工程"、"大农业工程"等作出了长期而有效的贡献。集团正以迅猛发展之势屹立于中国民族工业和世界饲料工业之林。

2　企业的文化

通威宗旨：改善人类生活品质，成就世界水产品牌
通威使命：
　　经济使命：不断壮大自身实力，使通威事业枝繁叶茂

社会使命：丰富社会物质财富，提高全民生活质量

文化使命：倡导良好社会风尚，推动中国文明化进程

通威理念：

经营理念：诚、信、正、一

诚：诚字当头，以诚相待

信：信用、信义为本

正：正当合法经营

一：事事争创一流

文化理念：以责任谋求共进；通力合作，创造卓越；必须以责任为前提。

每个人的行为必须对自己负责，对他人负责，对公司负责；

公司经营行为必须对员工负责，对用户负责，对社会负责。

管理模式：

长期以来，通威形成了独特的管理模式，即"通威模式"，它是在其宗旨、使命、经营理念、文化理念指导下，通威发展壮大过程中所有成功的、可行的、有效的一系列管理原则、行为规范在管理方面的文字化、手册化、规范化、程序化、系统化表现的总和，还包括了在此一贯原则和规范指导下，管理过程中对相关内容的不断发展和完善。

企业目标：

一流的服务（first – class service）

"随时随地服务于您"，通威集团各个公司对每位客户随时提供热情、周到、规范的服务。公司市场销售人员和技术服务人员常年奔波于全国各地，随时为用户提供全面的售前、售中、售后服务。公司举办的各种养殖技术培训班常年不断，被广大用户称为"致富学校"。迄今，接受过培训的用户累计已超过 200 万人次。

"优质产品，一流服务"，不仅是通威集团的座右铭，更是广大用户对它的评价。

公司领导及有关人员经常深入用户和养殖现场，听取意见、提供各种有效的技术支持。

良好的效益（social and economic effects）

高速发展的通威集团连续四年生产规模、产值、利润每年均以接近翻番的速度增长。良好的经济效益使之在激烈的市场竞争中始终保持旺盛发

展的态势。

通威集团还十分重视社会效益，累计出资逾 200 万元积极参与和支持各项社会公益事业，塑造了良好的企业形象。

多元化发展（diversified development）

四载耕耘，硕果累累。通威集团在饲料领域业已取得了令世人瞩目的巨大成就，完成了自己的"第一次创业"。但通威人并不满足于此，义无反顾地开始了更具挑战性的"第二次创业"，视经济使命（企业发展）、社会使命（社会进步）、文化使命（社会文明）为己任，立志在"第一次创业"奠定的坚实基础上，再跨出稳健的一步。

拥有 13 亿人口的中国，农业是根本，也是最重要的产业之一。而其传统的经营模式已难以适应国民经济的高速发展。通威急国家之所急，借鉴发达国家的先进经验，结合我国的实际情况，提出了"实施贸工农一体化，促进农业产业化，积极发展以高产、高效、优质为标志的现代大农业"的现代农业发展思路，与其他企业共同发起组建成立了中国"西部农业发展有限公司"。计划投入 10 亿元人民币，用于粮食、养殖、棉花、水果、农用车基地建设、农作物品种结构优化、绿色食品、保健品开发等项目。

21 世纪，人类社会将全面进入高科技、信息化时代。作为各种信息设备的"心脏"，IC（集成电路）起着不可替代、至关重要的作用。以发展民族经济为己任的通威，决心开中国民营企业涉足微电子行业之先河，跨出国门，高起点、规模化地向微电子产业拓展，为民族微电子工业的振兴，更好地迎接信息时代的到来竭尽全力。该微电子项目计划投资 5 亿德国马克。目前正在紧锣密鼓地进行。项目完成后，将为国内通信、汽车、彩电等行业提供各类急需的 IC 及其他半导体元器件。

以饲料工业为基础，积极涉足大农业、微电子、汽车等领域，通威正沿着这条多元化发展之路迈向更加辉煌的 21 世纪。

3　企业的社会责任

从企业创立至今，通威集团在其发展壮大的二十多年里，从设立"通威—希望工程奖励基金"、"通威水产教育奖励基金"，到独家资助壤塘县观念扶贫；从资助北极科考，到捐赠 1998 年全国抗洪救灾，通威正不断践言履行，尽更多的社会责任。2007 年，通威积极响应民建中央号召，独家设立并启动"中华思源工程·阳光计划"，每年拿出 500 万元，连续十年，共捐赠 5000 万元人民币，用于太阳能的科研投入和新产品研发，同时为我国经济欠发达地区、特别是少数民族相对集中的山区农村送去优质、高效、环保的生活用电；2008 年 5 月 12 日，当四川汶川遭遇举世震惊的 8 级大地震时，通威第一时间捐助 1250 万元，支持灾区人民抗震救灾。迄今为止，通威集团各类捐款捐物总额已超过 1.6 亿元人民币。

通威为我国慈善和公益事业所作出的贡献，得到了社会的广泛赞誉和认可。通威集团自成立以来，在取得稳健快速发展的同时，时刻不忘奉献社会回报社会，十年来相继捐资成立了"通威—希望工程奖励基金"、"通威水产教育奖励基金"以支持国家的科教兴国战略，在 1998 年抗洪救灾、"光彩事业"、"再就业工程"以及各项公益性项目中，通威前后捐款、捐物逾 3000 万元。受到了来自社会各界的广泛赞誉和称道。集团董事局主席刘汉元先生先后荣获"全国农业科技先进工作者"、"全国十大民营企业家"、"十大财经风云人物"、"最具世界影响力的中国企业领袖"、"优秀中国特色社会主义事业建设者"、"亚太最具创造力之华商领袖"等殊荣。在 2008 年 3 月的全国两会上，刘汉元先生正式当选为全国政协常委，并将以此为鞭策，立足企业发展，履行好建言献策、参政议政的神圣职责。

通威在公益事业方面的部分事迹：

1992 年 9 月 20 日，通威集团出资 50 万元与四川省青少年发展基金会联合设立"通威—希望工程奖励基金"。

1993 年 3 月 5 日，通威集团向四川省青少年发展基金会捐赠一辆工作用车——桑塔纳轿车。

1994 年 10 月 31 日，通威集团捐资 20 万元给四川省水产学校设立"通威水产教育奖励基金"。

1995 年 8 月，通威集团毅然捐资 5 万元，用以修复被洪水破坏的眉山尚义桥。

1995 年 9 月 19 日，通威集团捐资 20 万元设立"通威—四川青年志愿者奖励基金"。

1996 年 6 月 3 日，在"通威集团—壤塘县观念扶贫工程"捐资仪式上，通威集团将 16 万元人民币捐献给中共壤塘县委。

1997 年 6 月 4 日，通威集团向眉山"东坡湖公园"建设工程捐资人民币 10 万元。

1998 年 7 月，通威集团为湖南、湖北洪灾区捐赠了 300 万元的物资。同时据不完全统计，通威集团总部及下辖子公司员工还捐赠钱物达数 10 万元。

1996—1998 年，通威集团分别出资 20 万元和 30 万元与四川农业大学和西北农业大学联合培养人才——开办"通威班"。

1999 年 3 月 13 日，通威集团为四川省"保护母亲河—绿色希望工程四川基金"活动捐资 4 万元。

1999 年 6 月 26 日，通威集团独家资助四川电视台《走向北极》赴北极科考活动，捐资 10 万元。

1999 年 10 月 31 日，通威集团向四川省水产学校捐资 100 万元，以支持省水产学校的搬迁建设。

2000 年 1 月 15 日，通威集团捐资 15 万元，支持四川省女子足球队参加"2000 年全国女足超级联赛"。

2004 年 11 月，通威在《成都晚报》专为"脆骨女孩"丁红玉、"绝症夫妻"郑梦娇、蒲云辉举办的"爱心拍卖"专场上，通威集团慷慨解囊，为身残志坚的丁红玉等三人献出了真诚爱心。

2004 年通威情系贫困山区，饮水思源，捐赠 10 万元希望工程奖励基金，通威在获得自身稳健发展的同时，用真情和爱心回馈社会各界的厚爱。

2004 年，第十一届通威水产教育奖励基金颁奖大会上，通威出资 5 万元奖励优秀师生。这充分体现了通威对人才的重视，对教育事业和民族大业的关注。

2004 年 7 月，为促进巴中市革命老区的经济发展，帮助老区人民尽快脱贫致富，通威在"光彩事业巴中老区行"活动中捐赠 5 万元，支持、帮助巴中老区的发展。

2004 年 5 月，淮安通威向经济欠发达的养殖大县淮安涟水捐赠价值 2 万元的 6 吨畜禽饲料。"追求卓越、奉献社会"是通威的企业宗旨，也是通威人的行为准则，这次也是回报全体苏北人民对淮安通威三年来的信赖和支持。

2005 年 7 月，通威向达县灾区人民捐款 10 万元，表达通威人对灾区人民的慰问。

2005 年 11 月 15 日，通威集团独家捐赠 20 万元，与四川省红十字会紧急编印全省第一本《禽流感防控应急手册》，全面支持四川省省委、省政府抗击禽流感。

2005 年岁末成都"心灵工程特别行动·一个也不能少"大型公益活动，通威集团慷慨解囊，捐出了 10 万元爱心捐款，并为成都 5000 个低保家庭孩子一次性捐赠了价值近 7 万元的 5000 尾新鲜草鱼。

2007 年，通威积极响应民建中央号召，独家设立并启动"中华思源工程·阳光计划"，每年拿出 500 万元，连续 10 年，共捐赠 5000 万元人民币，用于太阳能的科研投入和新产品研发，同时为我国经济欠发达地区、特别是少数民族相对集中的山区农村送去优质、高效、环保的生活用电。

2008 年 5 月 12 日，四川汶川发生的 8 级特大地震，给全国人民特别是四川同胞的生命财产带来了巨大的损失。在突如其来的灾难面前，身在北京的通威集团董事局刘汉元主席当即指示，伸出援助之手，共同抗震救灾，第一时间向灾区募捐资金和物资。为此，通威集团上下迅速而积极地联合起来，90 多家分、子公司立即行动起来，近万名员工都尽自己最大的努力为灾区人民奉献爱心，自发向灾区捐款捐物，集团总部直接捐赠给眉山、德阳等重灾区 300 万元现金和物资，并向灾区募捐雨衣 9000 件、雨伞上千把。截至目前，每个公司捐赠十余万元，使得通威集团首期捐款捐物总额达 1200 万元。

同时，通威尽自己所能，还以其他形式援救灾情，表现大爱。地处灾区的通威股份有限公司德阳分公司尽管办公楼出现多处裂痕，但该公司利用宽阔的厂区，收留了 500 多名受灾群众，并联合地处眉山、同样受灾的通威股份有限公司四川分公司每天为所有收留灾民提供食品、水等生活必需品。

在这场天灾中，通威集团个别子公司也受到了不同程度的损失，特别是地处都江堰的三文鱼公司比较严重。这种情况下，刘汉元主席仍然表示，天灾面前，生命高于一切，没有什么比抢救灾区人民生命安全更重要了，务必全力以赴支援灾区人民抗震救灾，并积极支持灾区人民尽快恢复重建，开展生产自救。他指出，重建工作是一个复杂的系统工程，还有大量工作要做，还需要大量的支持和资助，集团还将密切关注灾情发展，继续追加捐赠。在全力以赴捐款捐物支援抗震救灾的同时，作为参与抗灾、救灾活动最直接、最有效、最长久的方式，是把我们的经营生产工作做好，把我们的生产自救做好，把受损客户发展起来，争取在最短时间内帮助养殖灾民重建家园，恢复生产，这也是对抗震救灾工作的有效支持。

二十多年来，"追求卓越，奉献社会"的企业宗旨和"诚、信、正、一"的经营理念，引领通威集团一直保持着稳健快速的发展步伐，并不断企及事业新的高度和辉煌，激励着行进在崭新征程上的全体通威人，戮力同心，再攀高峰。

思考与讨论

1. 请结合案例讨论：通威集团是如何将企业利益与社会利益完美结合的？你认为这种企业文化合理吗？这种组织结构对通威集团企业形象树立产生了什么影响？

2. 分析一下通威集团公司是如何通过履行社会责任来进行民营企业转型的？通威集团在推行多元化的企业发展的同时，又是如何一步步完善企业与社会需求接轨的？

3. 如果你是通威集团公司的刘主席，下一步应该如何推行企业的社会责任建设？

以三圣乡特色农家乐为例解读
成都市城乡统筹发展

刘晓鹰　高宏绪

摘　要　我国城乡差距在改革开放前本就存在，加之改革开放中城乡发展速度的明显差异，随着改革的深入，城乡差距凸显。要想消除城乡差距，必须城乡统筹发展。本文以成都市三圣乡利用自身花卉资源开发特色农家乐实现由传统型农业向特色农业发展的转变为例，介绍了成都市城乡统筹的一条成功之路，为其他地方打破"二元"经济结构促进城乡统筹发展提供了一个良好的典范。

关键词　三圣乡　特色农家乐　成都市　城乡统筹

引言

我国的改革开放是沿着城市和农村两条主线分别展开的。从纵向看，改革开放以来，城市和农村都发生了巨大的变化；但从横向看，由于城市和农村在改革开放前本就存在较大差距，再加之改革开放中发展速度的明显差异，随着改革的深入，城乡差距凸显，而且如果不及时解决，很可能会影响改革开放的继续进行。据中共中央党校社会主义和谐社会研究课题组 2006 年对 300 位地厅级及以上领导干部的调查表明，"城乡矛盾"（占45.5%）在我国当前和今后一段时期面临诸多突出矛盾（位列第 2），仅次于排在首位的"人民内部物质利益矛盾"（占 51%）。因此，构建和谐社会必须重视城乡之间的统筹发展。

于是党的十六大适时地明确提出统筹城乡经济社会发展和改变城乡"二元"经济结构问题。胡锦涛同志在党的十七大报告中又指出："深入贯彻落实科学发展观，要求我们积极构建社会主义和谐社会。"随着我国经济发展进入新阶段，城乡之间、区域之间经济社会发展逐渐显现"低水平，不全面，发展不平衡"等问题。深入贯彻落实科学发展观，构建社会主义和谐社会，就必须坚持统筹城乡发展。从根本上讲，促进城乡统筹发展就是在社会主义现代化建设的进程中，把"三农"问题放在国民经济和社会发展的突出位置，推动城乡"二元"结构向现代经济社会形态转变。

成都是一个大城市带大郊区、"二元"经济结构十分突出的城市，2006 年末农业人口共 531.9 万，约占全市总人口的 48%。要落实中央解决"三农"问题的有关方针政策，推进城乡全面、协调、可持续发展，就必须统筹城乡发展。因此对成都来说，统筹城乡发展，全面推进城乡统筹发展，缩小城乡差距成为和谐成都建设中迫切需要解决的主要问题之一。

三圣乡位于成都市区东南部的锦江区，幅员 14.17 平方公里，东接龙泉驿区，南靠双流县，西连高新区，北邻成华区。乡内三环路与外环路东西横穿，成龙路与石胜南北纵切，交通较发达。全乡 12 个村，农业人口 2.22 万人，7100 户，人均耕地 380 平方米。从事花卉业 4300 户，占总户的 52%。1996 年，这里还是出了名的落后村，短短几年时间。三圣乡就改变了单靠传统农业发展的历史，掀开了现代化都市新村发展的新篇章。在主要娱乐景点红砂村花乡农居和幸福梅林，总共有近千家餐饮休闲企业，其中星级以上"农家乐"占相当大的比例。三圣乡的经济彻底搞活了，其中功不可没的是三圣乡采取的特色"农家乐"发展模式。

1 城乡统筹理论文献回顾

1.1 城乡统筹理论的萌芽

自工业革命以来，西欧资本主义的发展，引起了生态危机、社会危机、道德危机、精神危机和价值危机。基于对当时社会经济发展中各种问题的深刻认识，西方早期的许多流派都是主张实施乡平衡发展的。以圣西门、傅立叶和欧文为代表的空想社会主义学说中已经包含了城乡一体发展的原始构想。如圣西门的城乡社会平等观，傅立叶的"法郎吉"与"和谐社会"，欧文的"理性的社会制度"与共产主义"新村"等，都从不同侧面体现了城乡协调的构想。西方早期城市理论学者也相当重视城乡一体发展，城市规划理论的重要奠基人霍华德明确提出了要建设兼有城市和乡村优点的理想城市，即"田园城市"，田园城市实质上是城和乡的结合体。城市学家刘易斯·芒福德从保护人居系统中的自然环境出发，提出城乡关联发展的重要性，明确指出："城与乡，不能截然分开；城与乡，同等重要；城与乡，应当有机结合在一起。"马克思主义经典作家从历史和社会制度角度揭示了城市和农村的相互关系，认为城乡关系是社会经济生活中影响全局的关键环节，随着社会经济的发展，从城乡对立走向城乡融合是城乡关系发展的必然，并指出城乡对立的消灭并不是一蹴而就的，达到城乡融合需要一个漫长的社会历史过程。

1.2　城乡统筹理论的发展

城市偏向论和乡村偏向论的发展实践证明，城市与乡村作为区域经济系统的一个整体是不可分割的，短期的偏向可能在某些方面"效率"明显，但从长远和整体看，二者的统筹、协调发展才是最终目标。因此，一些学者开始重新审视城乡联系的观点。如朗迪勒里提出了"次级城市发展战略"，他认为，城市的规模等级是决定发展政策成功与否的关键。因此，他认为发展中国家政府要获得社会和区域两方面的全面发展，必须分散投资建立一个完整、分散的次级城市体系，加强城乡联系，特别是"农村和小城市间的联系，较小城市和较大城市间的联系"。日本学者岸根卓郎根据日本的"第四全综国土规划"，从系统论角度出发，强调城乡融合发展，他认为"要充分利用城市和农村这一强大的引力，形成融合，破除二者之间的界限，建设一个能够不断向前发展，总体环境优美的美好定居之地——作为自然—空间—人类系统的'城乡融合社会'"。道格拉斯分析了以往各种发展理论与规划中普遍存在的将城市和乡村分割的问题，从城乡相互依赖的角度提出了区域网络发展模型。这一时期欧洲、日本、韩国等在城乡统筹方面进行了大量的实践工作。

国内学者在研究城乡发展时也先后提出了城乡协调、城乡一体化、城乡融合、乡村城市化、自下而上城市化等概念，这些概念之间虽有本质的区别，又有内在的联系，但核心思想就是把城市和乡村纳入统一的社会经济发展大系统中，改变城乡分割局面，建立新型城乡关系，改善城乡功能和结构，实现城乡生产要素合理配置，逐步消除城乡"二元"结构。有的学者围绕着城乡协调发展问题，对我国城乡协调发展的目标、协调发展的动力机制、协调发展的模式、协调发展的限制因素、协调发展的措施对策进行了系统的归纳。我国长期的实践也证明，乡村兴衰与城市兴衰具有十分重要的关联，1959—1962 年和 1966—1976 年两个时期，我国城市的发展随着农村经济的两度衰落而处于停滞状态，20 世纪 50 年代的前半期和 80 年代以后，农村经济的两度好转，城市的发展也处于兴盛阶段。因此，一个完整的中国城乡发展战略应该是将农村和城市共同纳入工业化和城市化框架之中，形成城乡互补、联动发展和共同繁荣的协调格局。

2　成都市三圣乡特色农家乐介绍

2.1　发展模式

2.1.1　土地流转，农民失地不失业

以三圣乡红砂村为例。该村采取了用土地入股，请有花木种植技术的人来盘活土地，共同致富的办法。红砂村在农民土地流转前，农户种 1 公顷粮食收入 12750 元，扣除成本费用 8100 元，实际所得 4650 元左右；种植 1 公顷蔬菜可纯收入 18750 元，种植月季花可纯收入 22500 元左右。土地流转后，红砂村村民的收入无论从数量上还是结构上都发生了明显的变化。目前已通过土地流转的村民收入主要由四个方面构成：一是租金，园区内改造后的房屋租金，户均年收入 2 万元；二是利润，村民依托宅基地改造后的农居从事插花、餐饮、茶舍等经营性活动的营业收入，户均年纯利润在 3 万元以上；三是土地承包经营权入股的分红收入；入股农民可得到土地增值部分的收益为每公顷约 27000 元；四是工资收入，在流转后的土地上为公司务工的村民，人均可获得年收入约 7000 元。

2.1.2　统一规划，倾力打造"五朵金花"

2003 年，三圣乡在按川西民居风格对红砂村的农房进行统一改造，先试点后推广，如今已形成"绿荫葱茏掩竹篱，花香悠然入院墙；堂前品茶听鸟叫，水榭荷边赏月光"的田园美景。幸福梅林虽采用了另一主题"梅花"，但统一的规划是必不可少的，在幸福梅林的建造过程中先后改造了 515 户民居。如今，红砂村花乡农居和幸福梅林都已形成了自己既统一又独特的风格。此外，三圣乡还欲打造"五朵金花"，即红砂村、幸福梅林、江家菜地、东篱菊园、荷塘月色，以实现全乡产业结构转型，扩大多样化的需求层次，达到了城乡统筹发展的一种新境界。

2.1.3　采取农村合作组织模式对园区进行管理

三圣乡按照"公司＋农户（股农）＋科技"的模式，采取股份合作，

通过运用工业管理理念谋划农业发展，以农村专业合作经济组织和农业龙头企业为带动，促进传统农业向现代新兴都市农业的转变。通过市场化配置资源，积极引导大型花卉龙头企业来园区投资，同时也通过这些大型先进的企业带来资金的同时带来先进的管理技术，以带动红砂村的种植上规模上档次，实现产业化生产和销售。在园区的管理上成立红砂生态旅游管理有限公司。通过公司形式的市场化运作，充分利用花乡农居的自身资源，找到了以生态旅游为导向的可持续发展道路。

2.2　特色农家乐发展模式推动城乡统筹发展

城乡统筹发展就是要改变长期形成的城乡二元经济结构，实现城乡在政策上的平等、产业发展上的互补、国民待遇上的一致。三圣乡的成功之处就在于让农民享受到和城镇居民同样的文明和实惠，使整个城乡经济社会全面、协调、可持续的发展。

（1）推进城乡统筹发展进程，首先切实解决农民的生活保障

三圣乡参照城镇个体工商户和自由职业者基本养老保险的办法鼓励农民参加养老保险。以成都市上年职工平均工资的60%为缴费基数，个人缴费比例为缴费基数的20.6%，区、乡两级财政对农民参加社保给予适当补贴。对失地农民（农转非人员）由区、乡两级政府补贴个人缴费基数的20%，村民个人负担80%。对未农转非人员（准失地农民），18周岁以上未就业的村民由区、乡两级政府向个人补贴其缴费总额的15%，村民个人负担85%；在涉农企业就业的农民按所在企业性质随企业缴费。个人按其工资总额的8%缴纳保费，企业按规定承担相应工资总额的50%。

（2）土地流转运作成功为推进城乡统筹发展提供了一个好的模板

三圣乡系龙泉山脉的酸性膨胀土。全乡长期处于"土地不多人人种，丰产不丰收"的境况。加之这里是城市的通风1∶3。按城市规划不能作为发展用地，只能用作市绿地。2003年初，三圣乡红砂村实行了一种农村土地合理流转的新的改革尝试：土地股份合作社，它既是确定农村土地流转形式的载体，也是农民在土地流转后保护自身利益的一个实体。"合作社"最高权力机构是股东大会和股东代表大会。它接受村民的入股申请，承办土地入股的登记、核准、发放、变更以及红利分配等事项。监督工作则由股东选举产生的监事会承担。"合作社"代表持有土地使用权的农户利益，在乡、村的协调和持股者的监督下，直接与承租土地的公司

进行谈判，为持股农民代理使用权的交易，向政府或其他有关部门反映农民的意见和要求。

（3）"五朵金花"以城乡统筹发展为目标

"五朵金花"的盛开，触及了最深层的就是农民市民化问题。因为，城市的扩张只是市民化的前奏，而进城农民的市民化才是城乡统筹发展的目标。随着城乡统筹发展的推进，农民自身"造血"的机能必须增强，摆脱过去靠"输血"的境况，才能真正推进城乡统筹发展。城乡统筹发展的推进，就是要让农民真正融入城市，而城市属于居住在其中的每一个人。所以，红砂村模式成功后，三圣乡政府就从来没有停止过对它的提升，打出"五朵金花"的发展思路。例如"江家菜地"模式，使城里人和农民共同"治家"，因此双方的距离更近、关系更融洽，这就是城乡统筹发展的一种新境界。

3　对三圣乡特色农家乐推进城乡统筹发展的几点思考

三圣乡的农家乐经济给城乡统筹发展提供了新的思路、新的观念。我们认为若有效利用这种发展模式，再继续加以创新完善，必将为解决三农和城乡差距作出更大的贡献。为此，我们提出以下几点建议：

3.1　树立大农家乐旅游观，加快城乡统筹发展步伐

农家乐旅游作为一种新兴的旅游休闲形式，有其特殊发展规律和经营模式。要让农民一家一户在实践中去摸索经验需耗费太大的成本，容易动摇经营者的自信。因此，特色化、规范化、规模化、品牌化是"农家乐"旅游实现产业化目标的基本方向，要逐渐限小扶大，全面推进"农家乐"旅游园区化。只要树立大"农家乐"观念，并朝着这个方向发展，才能有真正意义上的城乡统筹发展。

3.2　政府搭台，民间资金唱戏，夯实"农家乐"基础设施

发展"农家乐"旅游离不开政府的扶持政策，如加大道路交通建设、完善通信设施、增容电力设备等。同时农家乐旅游是一个综合性产业，它的组织形式与融资手段也应是综合性、多样化的。还可以充分利用民间资金，鼓励多种投资主体，特别是利用现代化的 BOT 融资手段，才能既解决资金瓶颈，又将现代企业制度、先进管理理念引入农家乐旅游产业，才能更有实力创造三圣乡农家乐旅游品牌。

3.3 加强市场引导，强化服务意识，全面落实行业管理

农家乐涉及农业资源合理开发和环境保护等要求，涉及城乡统筹可持续发展，因此，相关部门应当加强对农家乐的市场状况与发展演变趋势的研究。帮助开发商和农民经营者正确认识不断变化的农业旅游的市场形势，以免盲目上马，造成资源的破坏与财力人力的浪费。同时政府管理部门还必须进一步强化服务意识，对从事农家乐开发和经营活动的企业或农民个人进行业务指导和培训，确保服务的质量，塑造良好的三圣乡农家乐市场形象。

3.4 发展中介组织，促进农家乐升级换代

农家乐客户市场的开发，有赖于大力发展农家乐中介组织。目前，对农家乐升级的市场需求已日益显现，而农家乐旅游项目供给则停滞不前，从而导致农家乐供需失衡。引入农家乐旅游中介组织，无异于引入了农家乐旅游的"催化剂"。它们的作用在于发掘客户潜在需求。引导客户消费行为，细分目标客户市场，反馈客户信息。推进农家乐作为旅游项目的升级换代。他们的出现与发展可确保农家乐旅游真正地融入市场经济的运作之中。

4 结语

成都市被国家确立为全国统筹城乡综合配套改革试验区，担起了为全国统筹城乡发展继续探索路径和规律的光荣而艰巨的任务。综合配套改革试验区的历史使命是改革攻坚，体制机制的创新是它的生命力所在，协调各方利益、系统设计和推进综合配套改革则关系着改革的成败。

城乡统筹发展应该是在保留城乡各自特点的基础上，创造平等统一的特色城乡关系，营造城乡经济社会协调发展的环境。三圣乡利用自身资源，大力发展有自身特色农家乐，进而促进了城乡统筹发展，无疑为我们解决三农问题提供了一个良好的典范。

思考与讨论

1. 城乡统筹发展的意义是什么？
2. 城乡统筹发展对政府的职能提出了哪些新的要求？

3. 城乡统筹发展对企业提供了哪些发展机遇?

参考文献

[1] 青连斌:《构建和谐社会面临哪些突出矛盾和问题》,《北京日报》2006 年 8 月 7 日。

[2] 成都市统计局:《成都市统计年鉴(2007)》,中国统计出版社 2008 年版。

[3] 徐觉哉:《欧洲空想社会主义的"和谐社会"观》,《毛泽东邓小平理论研究》2005 年第 8 期。

[4]《圣西门选集》第 1—3 卷,商务印书馆 2004 年版。

[5]《傅立叶选集》第 1 卷,商务印书馆 1997 年版。

[6]《欧文选集》第 1 卷,商务印书馆 1997 年版。

[7] 霍华德:《明日的田园城市》,商务印书馆 2000 年版。

[8] 刘易斯、芒福德:《城市发展史:起源、演变与前景》,建筑工业出版社 1989 年版。

[9] 罗吉、王代敬:《关于城乡联系理论的综述与启示》,《开发研究》2005 年第 1 期。

[10] Rondinelli, Dennnis A. Secondary cities in developing countries: policies for diffusing urbanization, *Sage Publications*, Beverly Hills, 1983.

[11] 岸根卓郎:《迈向 21 世纪的国土规划:城乡融合系统设计》,科学出版社 1985 年版。

[12] Douglass, Mike. A regional network strategy for reciprocal rural—urban linkages, An Agenda for policy research with reference to Indonesia. *Third World Planning Review*, 1998, 20, (1).

[13] 吴楚材、陈雯、顾人和等:《中国城乡二元结构及其协调对策》,《城市规划》1997 年第 5 期。

[14] 夏安桃、许学强、薛德升:《中国城乡协调发展研究综述,人文地理》2003 年第 5 期。

红旗连锁，四川超市连锁业的红旗

刘晓鹰　史丽丽

摘　要　零售连锁企业在我国的发展已经颇具规模。在成都，国外进口和国内自主的众多品牌已经基本形成了二分天下的格局。红旗连锁作为中国西部的本土品牌，在 2000 年成功进行改制以后，已经在激烈的市场竞争中取得了不容小觑的成绩，发展成为拥有近千家分店、上万名员工的大型企业。本案例对红旗连锁作了较为详细的介绍，可为相关企业的发展提供一个比较翔实的案例参考。

关键词　红旗连锁　连锁经营　经营特色　品牌管理

引言

置身成都，无论是在闹市区如春熙路，还是在居民社区，随处可见红旗连锁的影子，整体呈红色的装修，红旗状的招牌，这就是红旗连锁超市。

成都自古就是商家必争之地，发展到市场经济的今天，随着国家零售业市场的不断成熟完善和全球一体化进程的日益推进，作为西部明珠城市的成都，更是在商业竞争中处于举足轻重的地位。

目前成都的超市连锁业，可谓处于群雄割据的时代，国内外著名的连锁零售企业纷纷入驻成都，如沃尔玛、家乐福、伊藤洋华堂、麦德龙、欧尚、统一优马特、好又多、人人乐、新一佳、百佳、易初莲花、美好家园和上海世纪华联。成都的连锁零售市场几乎囊括了所有连锁品牌。另外，还有很多小型的连锁零售超市分享成都零售市场，如 WOWO 超市、互惠超市等。

红旗连锁，作为四川的本土品牌，凭借其先进的管理技术、稠密的销售网络和有效的配送保障，在竞争激烈的成都零售业中，占有十分重要的地位。自 2000 年成功改制以来，红旗连锁迅猛发展，业绩直线上升，2005 年、2006 年，红旗连锁的年销售额分别为 27.8 亿元和 32.6 亿元人民币，2007 年，更是再创新高，突破了 40 亿元。

1 红旗连锁的发展历程

1.1 大胆改制

红旗连锁有限公司前身是成都红旗商场批发公司，它于 2000 年 6 月成功进行了改制，与原红旗商场彻底脱离。

原成都红旗商场批发公司仅为商场内部的一个批发部，没有独立的法人资格。同时，批发公司也面临着大商场效益逐年下滑、传统批发业不景气以及行业内外竞争加剧的尴尬处境。因此，在困难面前，时任商场批发公司经理的曹世如女士决定背水一战。她积极地钻研理论、细心地分析市场、大胆地进行创新，终于于 1996 年 7 月 23 日，成功地在梁家巷开业了第一家红旗连锁店。此后，红旗连锁规模不断扩张，在成都及周边市、县、区大量开店。

1.2 创新发展

在红旗连锁取得了骄人的成绩之后，公司于 2005 年又做出了一个惊人的决定——收购红旗商场。在红旗连锁的发展过程中，一直面临着这样一个问题，就是同时存在红旗连锁和红旗商场两面"红旗"。由相同的名称带来的不便，红旗连锁一直苦于没有解决良方。终于，这种矛盾以红旗连锁对红旗商场的成功收购告终。用曹世如的话说，成功收购以后，红旗连锁能够把更多的精力放在企业的发展上了。

但是，收购带来的还有红旗商场的巨额债务和大量的员工。对于员工问题，红旗连锁对愿意继续参加工作的员工，给予了极大的支持。由于大部分红旗商场的员工都是四五十岁的人员，公司对这些人进行了全面细致的培训，然后分配到不同的工作岗位中。董事长曹世如女士在用人方面有着自己独到的见解，就是将每个人都放到最适合他的工作岗位中去，让他们发挥最大的工作效力，而这个最适合岗位的寻找过程，就是要靠所有领导同志共同的努力了。

1.3 喜人成就

自红旗连锁成功改制至今，已有 8 年的时间了，在这 8 年中，公司取得了喜人的成就。目前，全省各市、县、区范围内的超市和便利店数量已达近千个，员工近万人。在收购红旗商场过程中带来的债务和员工问题也都得到了有效的解决。不仅还清了原来的债务，还解决了职工的安置问题并将退休工人的养老金调整到了国家标准。

红旗连锁在安置就业、创造税收等方面都取得了巨大的成功，一度被国家、四川省授予殊荣。董事长曹世如女士也得到了社会各界的巨大好评。

公司经营业绩跨入了全国商业企业百强，先后获得国家相关单位颁发的：

"中国连锁百强企业"、

"中国百家快速消费品连锁零售企业"、

"中国服务业企业500强"、

"中国零售业区域明星企业"、

"中国连锁业最佳本土品牌"等奖项。

而勇敢的旗手——公司党委书记、董事长、总经理曹世如女士也先后获得各项殊荣：

全国"三八"红旗手、

中国经济十大新闻人物、

中国优秀企业家、

四川省优秀党务工作者、

四川十大财经风云人物、

四川十大杰出职业经理人、

成都市优秀共产党员、

2007"亚太最具创造力华商领袖·女企业家"等荣誉称号。

2 红旗连锁的行业发展环境

2.1 目标市场

红旗连锁在零售业发展中走的是超市和便利店的模式。在成都复杂的市场环境中，红旗作为本土品牌，在成立之初，资金和经验方面都存在很大的不足。所以，红旗避免了和老牌、大型卖场实行硬碰硬的发展。经过市场调查发现，成都的几大商场都是集中在市区中心位置，进驻成都的国外商场也是以超大卖场、大卖场的形式在繁华地带立足。在这种现状下，红旗想到了"化整为零"的销售模式，即将目标市场锁定在社区，这样一方面能够避开大型卖场的竞争冲击，另一方面，能够真正地为顾客提供便利的服务。同时这点也迎合了红旗的市场定位"消费者的邻居"。

2.2　竞争情况

成都连锁零售业竞争激烈，我们在这里暂且不谈那些国内外的大型超市卖场，只是针对红旗连锁的目标市场来说，也存在很多的竞争对手。主要有：

（1）互惠超市

四川省互惠商业（集团）公司是西南地区实现现代连锁管理的大型商业零售企业，公司成立于 1993 年 10 月，目前已经拥有直营连锁超市 800 余家，在职员工近 14000 余人。

互惠自 1994 年 4 月开办西南地区首家综合性自选连锁超市以来，一直秉承"我尽心，您方便，互惠就在您身边"的开店原则，将社区便利连锁店开进了城市的每一个角落。2005 年，公司壮大了商品展示批发中心，从单纯的商品零售商向社区便利生活服务供应商和现代第三方物流供应商成功转型。强大的物流配送系统，不仅支持本土商品物流的需求，更覆盖西南三省和西藏地区，为大西南区域各大中小企业的物流配送提供了强有力的辐射和支持。

可以说，互惠是红旗连锁的一个强大的竞争对手。其在目标市场、发展模式、管理模式等方面都与红旗连锁有着一定的相似性，在川内也具有一定的影响力，因此竞争力不容小觑。

（2）WOWO 超市

四川 WOWO 超市连锁管理有限公司，是一家上海和四川合作的企业，于 2005 年 8 月在四川省成都市注册成立。

WOWO 的竞争优势在于其 24 小时的经营模式，是成都较早一家 24 小时营业的超市。另外，由于其全天候营业的特性，WOWO 超市在早餐方面的经营比较突出，依靠其中式粽子、茶叶蛋、包子、面包、牛奶等快速品已成为成都市民的早餐食品。

但是，由于 24 小时营业的成本较高，WOWO 超市的零售价格比红旗连锁等其他超市偏高，是降低其竞争力的一个方面。

3 特许经营加盟进军二级市场

3.1 加盟管理

在成都，红旗连锁大多数为自营店，而在二级市场，则主要采用特许加盟的方式。目前，特许加盟连锁已经成为全球第三产业最成功的营销方式。加盟者凭借母公司的领导，可以在开业选址、经营管理、商品供应、后勤支援等方面，获得指导和援助，从而提高开业成功率。据有关方面的一项调查表明，加盟连锁店的成功率为 80%，而自行开店的成功率仅为 20%。

红旗连锁董事长兼总经理曹世如女士说，"特许经营"是红旗进军二级市场一个重要的手法。特许加盟一方面可以扩大公司的知名度，另一方面又可以使公司以较低的成本进行迅速的扩张。

3.2 具体加盟方式

红旗连锁加盟方式为特许经营，连锁加盟费为 6 万元，特许权使用费为 2 万元，保证金为 0，合同期限一般为 3—5 年，店铺面积要求 400 平方米。加盟要求实行单一品牌经营，加盟店的选址要求在商业中心。

表 1　　　　　　　　　单店加盟时加盟费用、面积及参考启动资金

市场类别	加盟费用	加盟店面积	启动资金（供参考）
一类区（市级）	7 万—10 万元/年	400 平方米以上	60 万元以上
一类区（县级）	4 万—8 万元/年	300 平方米以上	50 万元以上
二类区（市级）	6 万—9 万元/年	300 平方米以上	40 万元以上
二类区（县级）	3 万—6 万元/年	200—400 平方米	30 万—60 万元
三类区（区镇乡）	2 万—4 万元/年	80—300 平方米	20 万—40 万元

资料来源：笔者据资料整理。

红旗连锁特许加盟发展迅速，自 1998 年在拉萨开业第一个特许加盟店以来，红旗连锁已在成都、德阳、阆中、资阳、康定以及重庆、西藏等十多座城市建立了近 150 家连锁分场，大大地拓展了红旗连锁的销售网络，为做大做强红旗起到了不容忽视的作用。

3.3 强大配送中心保障连锁推进

在大规模进行自营和加盟开店的同时，红旗连锁强大的物流配送系统

在背后做足了保障。目前，红旗连锁已经与 3000 多家供货商建立了良好的互利双赢的合作关系。从公司成立之初，红旗连锁就着力进行配送中心建设，并于 2002 年在簇桥马家河建立了占地近 4 万平方米的第一配送中心。2005 年，红旗连锁又投资 3500 万元在龙泉驿区西河镇打造第二个现代化物流配送中心。该配送中心已于 2006 年 9 月落成，面积约 6 万平方米。据悉，该中心日配货量可达 300 吨以上，可支撑 60 亿元以上的年商品销售额。红旗连锁西河配送中心拥有目前中国西部地区最完善的配送设施，全面实现了配送中心与业务系统和财务系统的联网，为红旗连锁的市场扩张提供了有力支持。

4　全方位品牌管理造就明星红旗

4.1　在社会责任中提升品牌形象

一直以来，红旗连锁的发展都十分重视自己的社会责任。在公司收购红旗商场之初，就没有放弃职工，一直将职工的工作和生活作为一个必须解决的问题。吸纳愿意继续为红旗工作的员工。在红旗连锁购物，不难发现很多职工年纪都偏大，如果下岗再就业的话，难度很大。红旗连锁给了这些职工同等的就业机会，通过培训让他们重新上岗。另外，红旗连锁还有效解决了退休工人的养老金问题。

在牵动全国的汶川"5·12"大地震中，红旗连锁更是走在了抗震救灾的最前线，这一面鲜红的红旗，一直高高飘扬在灾区，带给了灾区人民希望也送去了祖国各地的关怀。震后第二天，公司便组织人员奔赴灾区，看望和安抚受灾的职工及家属，并用最短的时间恢复灾区超市的正常营业。为了稳定人心，公司要求所有具有营业能力的分店都照常营业，并且坚持所有商品不调价、不卖过期商品，并保证所有货源充足供应。另外，公司的两大配送中心还在第一时间肩负起了为灾区运送生活必需品和救灾物资的重任。仅灾后六天内，红旗连锁运送的救灾物资及商品配送就达到了 4000 多吨。

与此同时，公司还组织干部职工积极为灾区捐款捐物，5 月 13 日，成都红旗连锁有限公司向四川省慈善总会率先捐赠赈灾款 100 万元。5 月 20 日，四川省人大代表、成都红旗连锁有限公司党委书记、董事长、总经理曹世如通过省人大，个人向灾区捐款 20 万元；5 月 21 日，红旗连锁通过成都慈善会向灾区再次捐赠赈灾款 100 万元。5 月 21 日，曹世如女士又通过成都市人大，个人捐赠 10 万元。5 月 27 日，曹世如以一名共产党员的身份交纳"特殊党费"50 万元，红旗连锁党委委员、常务副总经理曹曾俊交纳"特殊党费"10 万元。

红旗连锁在大灾面前表现出的大爱，深深地感动着灾区人民和全国人民，这个主动积极承担社会责任的企业，也深深地赢得了消费者的青睐，为红旗增添了更加鲜红的色彩。

4.2 "一本万利"的发展经营模式

在商业零售业竞争激烈的今天，并不是连锁出身的红旗却有着一套自己独到的发展模式，那就是董事长曹世如女士口中的"一本万利"。在这个模式中，"本"不是"本钱"的"本"，"利"也不是"利润"的"利"，而是指一个"基本"的模式被无数次"利用"。比如麦当劳、肯德基都只有一个"本"，但是通过上万家店面对这个"本"的"利用"，利润就产生了。

这个"一本万利"与特许加盟比较相似，通过无数次的利用，好的经营、好的管理等经验被不同的人使用，从而使这个"好"能够创造出最大化的价值。当然，在存在市场细分的今天，还是允许个别店面有自己的特色，体现在不同的销售侧重等方面，但红旗经营的根本模式是被要求不变的，即统一形象、统一采购、统一价位、统一服务、统一考核、统一配送的管理模式是要被无数面红旗一直复制下去的。

4.3 多种经营突出特色

现在提起红旗，消费者不只是想到红旗连锁超市，还有休闲中心、美食城，红旗连锁将多种经营做得红红火火。其位于市中心的休闲中心，是集休闲娱乐、品茗和棋牌为一体的大型休闲场所。该中心位于盐市口黄金口岸的总府路，其舒适的环境、合理的价位和完善的设施，深得成都人民喜爱。除了各种娱乐项目外，该中心还具备承接各种商务洽谈、学术研讨及中小型表演活动的能力，另外，由于其自设的停车场，目前该休闲中心在这方面的赢利也呈不断上升的趋势。

4.4 多层级的销售网络便利消费者

红旗连锁在成都、在二级市、县，都已经拥有了较为稠密的销售网络。而对市政府办公厅提出的"村村建放心商店"的部署，红旗连锁作为重点参与企业，目前已在温江、新津、郫县、新都、崇州等地开设了多家"放心商店"，使偏远农村、乡镇的广大消费者能够享受到同样物美价廉、品优质好的商品，极大地方便、优惠了农村消费者。

由于"放心店"的距离远、配送量小等特点，导致经营成本加大，在利润上微乎其微甚至很难有利润，但是红旗连锁看重的是"放心店"的社会效益和广大的农村市场，仍在"放心店"工程上积极配合，坚持不懈。同时，"放心店"的存在，也为红旗扩大销售网络、提高品牌知名度起到了一定的作用。

4.5　与农民面对面的采购，增加农产品销售

红旗连锁主动与农民合作，提供资金平台和销售平台，充分利用连锁网络的优势，为农民解决销售的后顾之忧。如红旗连锁曾与种植西瓜、无核枣、红提、丰水梨等的果农合作，将这些农产品直接投放到各分店进行销售，不仅为消费者提供了方便、实惠、放心的农产品，还为农村经济的发展提供了一个良好的平台。这种合作既方便了消费者，又帮助了农民生产者，可谓一举两得。最突出的优点是，这一双赢行为为红旗连锁的品牌形象大大加分。

4.6　现代化管理系统助力企业大发展

作为西部地区最具规模的商业连锁企业之一的红旗连锁，目前已经采用了"POS/MIS 自动化管理系统"，通过公司—分场—财务—配送等联网，加速了商品配送、周转、核算、收银等各环节的工作效率，提高了企业的现代化管理水平，为企业的规模化发展提供了技术保障。真正实现了其以连锁经营、物流配送、电子商务为一体的商业连锁企业的经营业态。

5　结语

红旗连锁，无疑已经发展成为西部零售连锁市场上的一面红旗，在四川乃至周围省份中扮演着举足轻重的角色。在未来的发展中，红旗仍将不懈努力，更稠密的销售网、更优质的服务、更高的经济和社会效益，都将是红旗不断追求的目标。而诚信经商、便民利民的经营宗旨将继续为红旗更好更快的发展保驾护航。

在红旗未来的发展中，还是存在很多障碍的，如不断崛起并成熟的竞争者、不断提高的顾客需求、逐渐转变的购买方式等。另外，由 AC 尼尔森公司公布的调查数据显示，"成都的消费者忠诚度低，易受促销活动影

响",说明顾客忠诚度低也是成都连锁市场存在的一个重要问题。红旗连锁和其他零售商家一样,面临着这样那样的问题,其未来的发展壮大之路还很长。但是,作为中国西部的一家本土连锁企业,发展至今,已经说明了其在管理经营和应对突发事件上的沉稳。

思考与讨论

1. 企业责任在企业树立品牌形象过程中的作用。
2. 中国连锁企业的发展障碍何在,与外企比较优劣势何在?
3. 红旗连锁的发展模式是否适用于我国其他的连锁企业?
4. 如何提高顾客对零售商品的品牌忠诚度?

参考文献

[1] 刘福山、辜国材:《蓉城处处飘红旗》,《中国商贸》2001 年第 24 期。
[2] 《"红旗"怎样插满天》,《中国西部》2002 年第 4 期。
[3] 雷蕾:《"小红旗"也得扛》,《中华儿女》(海外版) 2005 年第 1 期。
[4] 《成都红旗连锁曹世如谈成功的最大秘诀》[EB/OL] . 2005 - 8 - 31。
[5] 《红旗连锁曹世如:让红旗更鲜艳》[EB/OL] . 2006 - 11 - 23。

经济波动与市场环境变化对
企业业务转型的影响

——四川蓝光实业集团有限公司的业务转型

赵新军

摘　要　本案例回顾了四川蓝光实业集团有限公司 18 年的发展历程，其中着重总结描述了该公司在房地产业的发展模式，面对国家产业政策、市场环境变化做出的二次转型。当经济形势、产业政策、市场环境发生巨大变化后，一个企业该如何调整应对呢？案例为我们提供了一个典型企业面对上述巨变进行调整应对的利弊得失。

关键词　四川蓝光　发展模式　业务转型

引言

2008 年 10 月初，外界传闻四川蓝光正在申请破产。10 月 7 日，ST迪康（600466. SH）公告：四川蓝光成功获得上海证交所认可，拿到了5251 万股 ST 迪康股票（占总股本 29.9%，成为第一大股东），成功实现借壳上市。而就在当天，蓝光将其中的绝大部分股票抵押给了光大银行成都分行和招商银行成都分行。加上"5·12"之后，蓝光陆续裁员达上百人。难道在国际金融危机与我国楼市寒流的双重打击下四川本土最大的地产公司真的扛不住了吗？所有人都在求证。尽管 10 月 12 日，蓝光在当地媒体上郑重声明："破产说"纯属捏造和诽谤，蓝光只是根据市场规律对企业内部管理和营销策略进行必要的调整，蓝光表示要对"撒布谣言者追究法律责任"。然而，外界的猜疑并非空穴来风。蓝光 2007 年下半年拿地较多，仅其中两幅地的待付出让金就超过 20 亿元，而 2007 年蓝光的销售收入只有 40 亿元，其资金压力可想而知。

1 公司背景

四川蓝光实业集团有限公司是成立于 1990 年的民营企业，经过 19 年励精图治、开拓进取，目前已发展成为以房地产开发为核心，以住宅开发和服务为主导，商业地产开发为辅助，以药业科技、绿色饮品开发为重要组成部分，立足西南、布局全国的产业集团。员工总人数近 4000 人，现有下属控股、参股企业 30 余家，截至 2008 年 9 月资产总额为 133.6 亿元，并于 2008 年 9 月成为上市公司"迪康药业"第一大股东。

蓝光集团以优异的业绩赢得了政府及社会各界的高度认同，曾先后荣获"中国品牌地产 30 强"、"中国西部品牌价值十强"、"四川房地产企业综合实力首强"、"四川省 23 家重点民营企业"、"四川省 79 家大企业集团"、"四川省民营经济改革开放 30 年突出贡献奖"、"成都地产领军企业"等众多荣誉，取得了房地产开发一级资质、物业管理一级资质和商务部的 AAA + 1 企业诚信等级。

2 公司发展历程

鉴于公司的主营业务以房地产开发为核心，因此在回顾公司发展历程中，主要以房地产业的发展为主要讨论对象。具体开发时间及项目见附录。

3 蓝光发展模式形成及转型

3.1 蓝光地产开发模式

尽管 1993 年 6 月，蓝光集团就开发了蓝光大厦，随后又修建了中天商厦与西京大厦。但蓝光集团真正涉足地产却始于 1997 年开发五块石电子电器市场。1998 年 5 月，四川蓝光和骏实业股份有限公司成立，正式宣告蓝光集团开始进军房地产业。1997 年和 1998 年，成都的房地产市场景气尽管有所恢复，但也看不到红火的场面。此时蓝光高层决定将业务重心放到房地产开发领域的战略选择，需要冒相当大的风险。当然这种选择也显示了蓝光集团高层的深谋远虑与敏锐眼光。由于我国 1998 年才逐渐取消福利分房进行房改，此时住宅市场不景气是可以预计的，但商业地产还是大有可为，因此，蓝光集团在 1998 年到 2004 年间开发的主要是商业地产或商住两便地产。

战略确定后，蓝光集团迅速行动起来，但预期与现实之间总有距离。1999 年开发的成都世纪电脑城，是蓝光和骏的开山之作。当时，成都市政府正致力于将跳伞塔与磨子桥的一环路沿线，打造成"科技一条街"，位于跳伞塔与玉林北路之间的世纪电脑城，想借势电脑一条街，结果差强人意。2000 年 12 月 12 日开盘的罗马假日广场，被《成都晚报》以四五个版的篇幅严厉批评。蓝光董事长杨铿对此很恼火，但在生过气之后，开始检讨自己，在项目开发的各个环节加强了管理。

2002 年，蓝光集团在地产领域开始加速。这一年，蓝光开发了蓝色加勒比等 3 个项目。2003 年，蓝光甩开膀子大干了，从 5 月到 10 月，就有 5 个楼盘相继亮相销售。2004 年，开盘销售的达 7 个之多。应该说，蓝光的品牌知名度，在一路上升的过程中，在 2004 年底达到了巅峰，此时的蓝光，成都可谓妇孺皆知！

从 1997 年涉足房地产开发，到 2004 年底，蓝光共开发了 20 个项目，其特征是开发的项目一年比一年多，2004 年更是多达 7 个！蓝光董事长杨铿将自己地产业务的成功经验总结为"快"，以"标准化复制楼盘、薄利多销、拿面积小口岸好的地"为策略要点。人们将此称为蓝光模式。蓝光集团 2004 年以前开发的项目除了少量的纯商业和小型小户型公寓外，90% 的项目都是商业加小户型公寓的物业类型。但随着 2004 年 12 月 5 日御府花都的开盘，标志着蓝光正式告别商业地产业务，进军住宅市场。

3.2　蓝光转型

"求变"是蓝光的传家宝，但恐怕也正是因为变得太多太快，导致了外界对蓝光的"误解"。万科说"要像造汽车一样造房子"，蓝光董事长杨铿也表示，蓝光的楼盘是标准化的产品，要大批量克隆从而形成"速度"。蓝光构建了在业内几乎与万科齐名的产品研究院，请来为万科做 CRM 培训的田同生构架蓝光的 CRM 模式。

然而，师傅领进门，修行靠个人。万科有上市公司强大的融资能力支撑其在全国范围推广快速开发模式，蓝光没有资本的"壳"，只能在四川范围内复制"用小户型聚人气，用商铺来赚钱"的广场＋街区模式。

在 2004 年，蓝光有了上市的打算。当时，"九个锅盖盖十口锅"的开发模式因为宏观调控而变得风险巨大，许多开发商都在突围：万通与泰达合作、中城联盟谋取中国房地产基金……蓝光找到的出路就是转型住宅。"商业地产只占整个房地产开发的百分之十几，是个小蛋糕。"蓝光董事长杨铿曾这样说。

在成都天爱地产顾问机构副总经理何欣看来，蓝光发家是抓住了成都大规模旧城改造的契机，大量拿地，迅速开发，快速销售，回笼资金，然后再拿地，再开发。随着旧城改造进入尾声，这种模式也难以为继。开发住宅产品是不得已而为之，市场是那只导致蓝光转型的看不见的手。

3.3　蓝光转型后基本沿用了原有的"快"模式

蓝光在2005年转型住宅开发后，继续沿用了过去的"快"模式。

第一，标准化复制楼盘。

2005年初至2008年8月，蓝光开发的楼盘大致可以分为以下五个系列：凯丽系，如凯丽滨江、凯丽美域、凯丽豪景、凯丽香江；富丽系，如富丽花城、富丽锦城、富丽碧蔓汀、富丽东方；香系，如香碧歌庄园、香瑞湖、米兰香洲、香草国际、香境；山河系，如紫檀山、诺丁山、雍景湾；其他，如御府花都、皇后国际公寓、圣菲TOWN城、空港总部基地等。短短4年时间开发了20余个楼盘！

蓝光的住宅有三个显著的特点：一是户型可变空间大、利用率高；二是景观打造比较好，有主题，有特色；三是建筑外立面比较有品位。这三大特征，蓝光会根据项目的高、中、低市场定位不同，而表现出各自的特色，但每个特征系列有四五个盘会基本一样，也就是"标准化复制"。

第二，薄利多销。

大多数成都人会觉得城北的房子不好卖，但当蓝光富丽花城以3000元左右的低价开盘时，却引起了抢购狂潮，也让整个城北的房地产开发都热了起来。2008年底，当万科"青年置业计划"在全国打响降价第一枪，蓝光在两天左右，就立即以浩大的声势推出"首房计划"的优惠策略。2008年秋交会前，蓝光紧跟万科、恒大推出非常诱人的价格政策，与中海一道成为此次秋交会最大的赢家。显然，蓝光的"薄利多销"策略，实际上是基于市场和竞争楼盘的定价而作出的定价策略，即只要比同类型或同区域楼盘价格低就可以，目的只有一个：实现快速销售，快速回款！该策略在住宅开发中被发挥得淋漓尽致。

第三，拿地原则：地块小，口岸好。

　　将蓝光 2005 年以来开发的 20 余个楼盘作地理位置分析，发现绝大部分位于三环路内。这一地理位置，决定未来的住户能享受到大城市的配套，居住生活方便，也就是"口岸好"。再看看蓝光 20 个项目的地块规模，基本上在 200 亩以内，也符合"地块小"的特征，至少我们不能称其为大。

　　基于以上分析，可以看出蓝光开发住宅的模式与其开发商业地产的模式没有太大区别。

　　然而，以 2008 年 5 月开盘的空港总部基地项目，2008 年 11 月亮相的观岭国际社区项目为标志，尤其是后者，已经悄然宣告"拿地块小口岸好"的蓝光模式的策略核心发生了改变。

4　国家产业政策与市场环境改变后的蓝光再次转型

　　蓝光的第一次转型是在 2004 年底，确切地说是 2004 年 12 月 25 日，御府花都开盘，此项目标志着蓝光集团正式规模化进入住宅地产领域。

4.1　蓝光第一次转型前我国房地产产业政策变化

　　在蓝光转型这一年，我国的房地产产业政策发生了巨大改变。国家规定自 2004 年 8 月 31 日起，全国实行土地招拍挂制度。这一制度的出台，让土地需求高度市场化，直接推动了地价的快速上涨。由此而来，就出现了"今天买地，明天就赚钱"的局面。全国更是掀起开发商抢地的浪潮，连以稳健著称的万科也加入到抢地大军之中。中国房地产市场，由此演变为一个以土地为核心的市场。

　　也就是说，在 2004 年以前，蓝光面对的房地产市场与 2005 年后是显著不同的。在 2004 年 8 月 31 日以前的土地政策下，蓝光模式是非常成功的模式；在 2004 年 8 月 31 日以来的土地政策下，蓝光模式面临巨大挑战，可以说：蓝光是在与地价赛跑！

4.2　蓝光进入住宅市场后面临的市场竞争环境

　　蓝光投入住宅市场之际，正是以和黄为首的港资、以万科为首的内地大鳄高调围猎成都市场的阶段。地价被节节推高，不少本地企业面临生存危机。此间，杨铿曾建议本地企业学习"打得赢就打，打不赢就跑"的策略，到三四线城市练好内功后再杀回来。而作为四川本地房地产企业的龙头，蓝光选择了坚持——坚持在土地拍卖场举牌竞地。

4.3 蓝光再次转型

2007 年房地产的疯狂让蓝光看到了再次转型的必要。这一年蓝光开始进入别墅、企业园区和片区开发及旅游开发。"极度疯狂之后必然是极度风险，只有多元化才能平衡风险。"蓝光总裁杨晓初解释说。然而动辄上千亩的片区开发，需要资本的支持。蓝光的资本又从哪里来呢？上市！当然是上市！

2007 年年初，蓝光的土地储备为 450 万平方米，够开发 2—3 年，按上市房企的要求来看，这样的土地储备过于寒碜。要上市，就意味着一向谨慎的杨铿必须冒险。于是，蓝光不得不开始跑马圈地，先在成都北面的金堂县圈地 4200 亩进行别墅社区开发（现名为"观岭"），接着筹备在青城山脚下修建以五星级酒店为核心的旅游地产项目。更疯狂的举动还是在土地拍卖场上。2007 年 7 月 20 日，蓝光为一幅不足 50 亩的土地拍出了 1358 万元/亩的高价，据说当时勤于制造"地王"的万科投资部对这块地的心理底线为 800 万元/亩；9 月 14 日，蓝光为成都三环外的东方新城内一幅 133 亩土地拍出了近 17 亿元的高价，每亩单价高达 1270 万元，直接刺激了该区域土地一级开发商绵世股份（000609.SZ）股价当月连续翻番，蓝光的气势也让刚刚在成都东二环制造了沙河地王（1130 万元/亩）的香港信和（0083.HK）叹为观止。与此同时，蓝光开始迈出四川，在重庆南坪开发 400 亩名为"十里蓝山"的别墅项目，这个项目被蓝光冠上了"世界级的别墅"的称号。

2007 年 11 月，蓝光开始其"变革、扩展、突破"为核心的三年发展规划：从区域地产领跑者向全国一流房地产开发商转变；从业务主导型团队向充分整合社会资源的投资管理型团队转变；到 2009 年，公司将实现销售过百亿元，正式跻身全国一流地产商。

然而这个愿景才刚刚起步，就遭遇 2007 年下半年开始的楼市寒流，紧接着是全球性的金融海啸。裁员、降价、开源节流，蓝光动用了一切手段——"为了生存和发展"。然而，将刚刚到手的股票再度抵押，却难免让人有所联想。对此，蓝光方面却没有给予任何回应。

"用别人的钱干自己的事，这是个朴素的资本道理。"华夏证券的分析师陶锋认为，ST 迪康的总股本才 17560 万股，按股票市值折算也不超过 6 亿元人民币，有着 150 亿元身家的杨铿此时并不急于用自己的钱去填股市的坑，或许他还在等待机会。但如何料理好这个"壳"，对刚刚进入资本市场的蓝光来说也是一个考验。

不久前，房地产业刚刚送走了一个黄金时代。现在看来，黄金时代的生存法则过于简单快捷了，资本杠杆的支点好像距离风险很远，但这显然只是人为的错觉。现在一切都在改变，一切都要回归基本点去思考。西方有句谚语：让脚步等等灵魂。而这正是那些跑得太快的企业现在最需要做的一件事。

附录　四川蓝光实业集团有限公司发展历程

1993 年 6 月 12 日，蓝光大厦正式开工。

1995 年 2 月 28 日，蓝光集团兴建的府南河工程——中天商厦正式开工。

1995 年 2 月 28 日，蓝光集团与四川省妇幼教育服务中心联合修建的妇幼综合楼——西京大厦竣工。

1997 年 5 月 18 日，由蓝光集团投资兴建的成都市五块石电子电器市场开工奠基。

1999 年 4 月 30 日，成都世纪电脑城奠基典礼。2000 年 2 月 26 日，成都世纪电脑城试营业典礼，掀开了蓝光集团跻身商业地产开发运作的序幕。

2000 年 3 月 29 日，成都义乌小商品批发城试营业典礼。

2000 年 12 月 12 日，"罗马假日广场"开盘庆典。

2001 年 9 月 24 日，玉林生活广场开盘销售。

2001 年 9 月 29 日，位于高新西区的"蓝光科技研发中心"动工。2003 年 4 月 11 日，蓝光集团总部由西京大厦搬迁至蓝光科技研发中心办公，此次搬迁成为蓝光集团发展历史的转折点和"里程碑"，从此，蓝光步入快速稳健的发展阶段。

2002 年 6 月 8 日，"蓝色加勒比"开盘销售。

2002 年 7 月 10 日，东方时代商城全面竣工并交付使用。东方时代商城位于东大街府南河畔，系都市休闲商业广场，建设用地 9.94 亩。

2002 年 8 月 6 日，蓝光集团参加成都市首次土地拍卖，并分别以 585 万/亩、465 万/亩获得 1、2 号地（即金色夏威夷 A、B 座）的开发权，被称为当日竞拍的"标王"，此举引起业界和媒体的广泛关注。从此，蓝光集团通过科学策划项目、合理竞拍土地，在成都市土地拍卖市场上占据一席之地，踏上了全面市场化运行的轨道。

2002 年 11 月 28 日，"金色夏威夷"项目开盘销售。

2003 年 3 月 3 日，海棠月色开工。2003 年 12 月 15 日，海棠月色竣工。

2003 年 3 月 5 日，凯蒂阳光开工，该项目位于电信路川大经济圈。2003 年 12 月 24 日，凯蒂阳光竣工。

2003 年 3 月 18 日，高盛中心开工。高盛中心位于成南一环路高升桥，以 VIP 商务公寓为主。2003 年 12 月 25 日，高盛中心竣工即清盘。

2003 年 5 月 23 日，花好月圆开工。花好月圆位于羊西线成熟商业区，以步行街商业广场和精装小户型为主。

2003 年 9 月 5 日，西岸蒂景开工。西岸蒂景位于西大街成熟商圈，以都市生态型小户型电梯公寓为主。

2003 年 10 月 21 日，集团在土地挂牌出让中，以总价 3.2 亿元获得荷花池（原成都大学旧址）75 亩商用土地使用权，成为成都土地挂牌以来成交总额最高的一宗土地交易。该土地拟开发 20 万平方米的"蓝光·金荷花国际时装城"。

2004 年 3 月 18 日，时代华章开盘。时代华章位于繁华的东大街，处于大春熙商圈的城市 CBD、CCD，以商铺和精装修写字公寓为主。

2004 年 1 月 9 日，郁金香花园广场开盘。

2004 年 2 月 26 日，枫桥晓月开盘。枫桥晓月位于城西花牌坊传统居住区，集中整合社区商业服务功能，将社区商业统一纳入风情式都市休闲消费广场。

2004 年 8 月 30 日，香槟广场开盘。香槟广场地处红星路与东大街交汇处，紧邻春熙路繁华商业圈，是集商业、商务、写字楼为一体的复合型大型地产项目。

2004 年 12 月 2 日，春江花月开盘，春江花月地处武侯祠大街和浆洗街之间，是具备古典神韵的现代休闲商业街。

2004 年 12 月 25 日，御府花都开盘，御府花都位于人民南路沿线，建筑面积逾 13 万平方米。御府花都是蓝光集团开发的首个住宅地产项目，标志着蓝光正式规模化进入住宅地产领域。

2005 年 5 月 12 日，锦泰世家正式开盘。

2005 年 5 月 19 日，君悦领地正式开盘。

2005 年 8 月 13 日，诺丁山、富丽城开盘。

2005 年 12 月 1 日，蓝光科技签约郫县现代工业港 580 亩征地。

2006 年 7 月 24 日，通过总部经济概念，取得双流航空港 1000 亩土地。

2007 年 7 月 19 日，购入重庆巴南区花溪镇 411 亩土地。

2008 年 1 月 19 日，占地 38.5 亩，总建筑面积约 15.4 万平方米，位于金沙遗址文化中心的蓝光·凯丽美域开盘。占地约 90 亩，总建筑面积 35.6 万平方米，城北一环线上电梯洋房——富丽·碧蔓汀开盘。

2008 年 5 月 24 日，位于光华大道，占地约 83.28 亩，总建筑面积 5.1 万平方米，具有法式风情别墅的蓝光香碧歌开盘。

2008 年 5 月 31 日，占地约 630 亩，致力于打造以总部办公为主导，集顶级会所、高级服务公寓等为一身的 5A 国际商务城——空港总部基地开盘。

2008 年 7 月 26 日，位于光华大道，占地约 52.72 亩，总建筑面积 17.1 万平方米的创新型墅景电梯洋房——"香境"开盘。

2008 年 10 月 20 日，占地约 253 亩，紧邻空港总部基地的圣菲·阳光里开盘。

2008 年 11 月 29 日，首个在异地开发的高端别墅——蓝光·十里蓝山在重庆开盘、一期推出的 44 套别墅在一小时内售罄。

2008 年 11 月 22 日，蓝光·观岭国际社区亮相。

思考与讨论

1. 蓝光首次转型住宅地产市场开发后其发展模式是否成功？并说明原因。

2. 分析蓝光首次转型的根本原因。

3. 结合产业政策、市场环境变化，探讨蓝光"快"模式的利与弊。

互联网与公司经营模式创新

——以"轻"公司 PPG 为例

赵 新 军

摘 要 电子商务是我国新兴的商业运营模式，近年来发展迅速。本案例回顾了基于电子商务发展起来的"轻"公司 PPG 的发展历程，着重阐述了 PPG "轻"公司的新型运营模式的优势以及这类公司的缺陷。在电子商务时代，PPG 公司为我国企业经营模式的创新提供了一个典型的案例参考。

关键词 电子商务 "轻"公司 PPG

引言

随着计算机技术和信息技术的飞速发展，特别是互联网技术的日益成熟，为电子商务的发展奠定了坚实的物质基础。而基于电子商务发展起来的"轻"公司则是一种新兴的企业模式，它颠覆了传统企业的发展路径，开创了一种新的企业发展模式，上海 PPG 服饰有限公司则是其中的典型代表。通过对 PPG 公司发展历程的介绍与分析，期望对我国企业尤其是中小企业在电子商务方面的发展提供一些经验借鉴。

1 相关概念界定

1.1 电子商务的概念界定

电子商务是指在互联网上进行的商务活动。从狭义上看，电子商务也就是电子交易，主要指利用网络提供的通信手段在网上进行交易活动，包括买卖产品和提供服务。而从广义上讲，电子商务还包括企业内部的商务活动，如生产、管理、财务等以及企业间的商务活动，它不仅仅是硬件和软件的结合，更是通过互联网把买家、卖家、厂家和合作伙伴结合起来进行的商务活动。

1.2 "轻"公司的概念界定及特点

"轻"公司是相对于传统企业而言的，它利用网络进行销售，实行产品外包政策，比起传统企业少了店铺、生产车间和仓库、中间商等，从而实现了"轻装上阵"。"轻"公司的特征是轻生产、轻销售、轻资产。

实际上，"轻"公司是通过 IT 技术与互联网和其他公司组织起一个产供销的联盟，利用信息流的快速流转指挥这个联盟中的不同公司在某一时刻该去做什么事情，将自己的库存分散在了联盟中不同的合作伙伴那里。通过广告、目录、互联网和电话呼叫中心，直接获得最终消费者的订单，并整合外部的原料、生产和物流资源以保证供应。对外部资源的整合，是"轻"公司模式的核心。

"轻"公司奉行的是轻文化，它采用电子商务中 B2C（商家对个人）的销售模式，在网上进行直销。并且采用一种 just in time（即时生产）模式，通过 IT 技术及互联网串起上下游产业链，利用信息流指挥合作伙伴，从而把自己的库存降到最低。作为风险资本驱动型企业的代表，它们倚重自有品牌的号召力和对产业链的协调能力。它们在商品种类上大都单一集中，这也使得这样的公司看起来像一家有着生产、供应、销售等多个环节的全能大企业集团，而不是一家专职销售的渠道公司，而事实上，它们不过是一家依靠服务器生存的几百人的小公司而已。

2　PPG 公司简介

上海 PPG（披披吉）服饰有限公司成立于 2005 年，由"海归"李亮创办，公司名字取自"perfect product group"的缩写。李亮曾经在美国最大的邮寄直销企业工作，归国创业时看准了国内男装市场的空白，决定按照"戴尔理念"经营一家"轻公司"。"戴尔理念"是按需设计，直销客户，省去中间环节。PPG 的商业模式与之类似：由 PPG 掌握品牌的款型设计；生产外包，由浙江一些民营企业贴牌生产，公司通过网络直销、电话订购和产品目录邮寄的方式销售产品，而省去批发、零售等若干传统环节，使交到消费者手里的商品价格低于传统方式购买的商品的价格。

为了"轻"，PPG 将生产、物流环节都外包出去，仅保留设计、质量监控和直销的功能，公司没有自己的厂房和生产线，没有自己的商店和专卖店，只有三个存放用于临时补给原料的小仓库，一个大约 200 席的电话 call center（呼叫中心）。公司的全部运营都集中于上海郊外的三幢小矮楼，员工不到 500 人，其中还包括 200 多位呼叫席人员。除了将上游外包出去，PPG 还开发出一套企业信息管理系统，将上游的采购、生产与下游的仓储、物流、发送都用 IT 系统互联互通，使信息在这个闭环的供应链里得以快速流转。这样的规模，在服装行业的制造商中，百分之百属于小公司。但目前男士衬衫市场销售第一名是雅戈尔，第二名就是 PPG。

市场营销理论中，这种以市场营销为核心及时调整生产的理念被称作"即时生产"。这种方式使 PPG 的生产周期从传统制造企业的 90 天节省 7 到 10 天，省下大笔库存资金和流转资金，产品成本随之降低。由于掌握了这些信息，PPG 就能通过订单数字和顾客信息了解购买衬衫顾客的需求，并考虑到地区、季节等因素，及时调整发货数量和方向，甚至可以及时调整生产和设计。

在 PPG 两年的发展时间里，2007 年 4 月与 2006 年同期相比较，营业额已经快速增长了近 50 倍。同时 PPG 也获得了风险投资商的认可，第一轮由 TDF 和 JAFCOAsia 于 2006 年对其联合投资，2007 年 4 月获得了第二轮来自 TDF、集富亚洲、KPCB 三大 VC 的投资，投资金额近 5000 万美元。显然，PPG 模式在当前受到了资本的青睐。

PPG 把直销模式引入服装业，在短短的时间内取得了巨大的成功，创造了一个商业奇迹，更为中国的电子商务模式及企业发展开辟了一个新的方向。

3 PPG 公司发展历程及发展模式简介

互联网是 20 世纪最伟大的发明，E-mail、即时通信等工具，提高了人们的沟通效率；搜索引擎的出现，为人们查找信息提供了广泛的信息源与过滤器。BBS、门户、购物等网站的出现，为人们创造了信息阅读、交流、购物的新渠道。

互联网时代的"轻公司"，懂得充分运用互联网的这些特性，用最低的营销成本让自己的产品被客户所认知，足不出户，却可以做全世界的买卖。"轻公司"里的员工可能分布在全国、甚至世界各地，利用互联网实现 SOHO 式办公，使公司的运营成本降到最低。

效率和低成本是网络 B2C 直销的最大优势，是电子商务的本质所在。而产品品质与体验又是服装市场的必然要求，任何一家服饰公司，要想长久发展，两者缺一不可。PPG 的法宝有两个：一个是比起同等定位和质量的衬衫产品，其价格几乎便宜一半。而且这些平均售价只有 150 元左右的衬衫，却奇迹般地维持了比别人更高的利润。另一个是，PPG 从不自己生产衬衫，将物流也外包了出去，却创建了一条快速反应的供应链，它的库存周转天数只有 7 天，要知道同行业的平均水平是 90 天。据统计没有门店房租可以省去销售额的 10%，没有批发环节可以省去销售额的 20%，没有中间商可以省去销售额的 20%，只要是电子商务公司原则上都可以比同类型的传统销售公司省出销售额的 50% 费用支出。正是电子商务的直销模式省去了大量的中间环节，使得 PPG 能卖出百元左右的男士优质衬衫。所有的 PPG 广告中都标有选择 PPG 的四大理由，最为核心的一条是"没有中间商"，这是其降低成本的主要保障。

在 PPG，第一"销售场所"是产品目录和网站，为了吸引消费者，PPG 的产品目录和网站都以国际潮流为主，有服装界的人士指出，PPG 的网站和老版的 GAP 网站页面类似。这样的"门店装修"显然与 PPG 的定位很契合，因为和国内其他衬衫品牌不同，PPG 的衬衫多采用暖色调布料，尤以牛津纺布料居多，所有衬衫都是全棉质地，强调欧美风格。而且 PPG 提供了比商场衬衫专柜更多的型号和颜色，例如 PPG 推出的素色 Polo T 恤有 12 种颜色，条纹 Polo T 恤有 18 种花色，衬衣提供了从 37 号到 47 号，裤子提供了从 28 号到 44 号，通常商场里卖的衬衫一般主要集中在 4 个号，裤子的型号一般集中在 28—34 号之间，PPG 的型号却更加丰富，大大增加了客户选择余地，非常有利于销售。

款式的增加并没有增加 PPG 的库存。由于背后有快速的供应链支持，PPG 无须像传统服装企业一样生产出大量异型尺寸的服装，因此 PPG 可以在网上这个虚拟的空间里陈列出更多的型号供消费者选择，却不必担心库存风险。另外，PPG 网站还提供了个性化定制服务，尽管比重很小，只占销量的 5% 不到，但是这个策略却大大增加了顾客满意度。

PPG 还推出了网上加盟计划。加盟 PPG 的网站只需放上 PPG 的广告 Banner，而 PPG 会为加盟商提供专属的账号和密码，供他们随时查询为 PPG 带来的流量。每个从加盟网站上连接到 PPG 的消费者，只要定购了产品，PPG将返还销售额的5%给加盟商。PPG对这种网上加盟店方式的前景也相当看好。

低廉的制造成本、快速反应的闭环供应链、外包的生产、物流、质检，让PPG能够身姿轻盈地应对市场变化，获得高额利润。可以说，正是由于电子商务的存在和发展才造就了轻公司，成就了PPG。

然而，PPG公司在快速发展中也带来了一些问题。PPG在中国市场一路开疆拓土大获成功的这种"轻文化"看起来确实堪称理想，但经过两三年的实践，各个具体的运营环节却开始显现出缺陷来。

首先，在PPG的商业模式中，最核心的是减少了中间商环节，并且通过IT技术控制住了上游供应商，打造出一条快速反应的供应链，下游是轻资产的无店铺营销方式。但是PPG的两条核心铁律却像一把双刃剑——过快的速度令其对质量难以掌控，而轻型的销售渠道则削弱了客户体验以及企业与客户面对面交流的过程。当上游出现问题时，不良反应像多米诺骨牌一样蔓延到下游，低成本的销售网络同样也给客户提供了零成本的抱怨场所，而PPG并没有在此时建立起一个可以与客户直接沟通的互动平台。其实这不是PPG独家的烦恼，这是任何一家快速发展的轻公司需要面对的问题。

其次，在传统渠道中，消费者往往可以通过触摸、实际观看等体验，来判断自己是否需要购买。如果有质量问题，门店的退换可以化解掉大部分的不满。这些和门店销售员面对面的沟通，无疑是一个个客户体验的触点，对多个触点的良好反馈，形成了消费者对品牌的认同和客户满意度的提升。在PPG这类压缩了传统渠道的轻公司里，触点显然在变少，于是又不得不以更大的代价去维护客户满意度，吸引回头客，其中包括更优秀的产品品质、更快捷的送货速度和退换货机制等手段。但残酷的现实是，消费者对网上购物的期待往往比线下要高，特别是对精美图片刺激起的购买欲，甚至会创造一个幻想的空间，一旦产品品质不尽如人意，或者出现客户关系管理不完善时，消费者则无法像在传统渠道中那样化解怨气，愤怒便开始在网上蔓延。有不少消费者在网上抱怨说，PPG的衬衫做工粗糙、缩水，退换货也不如承诺的那般爽快。如果PPG不能满足消费者第一次购买的心理预期，那么很难形成顾客黏合度。更关键的是，这种基于互联网生存的企业，不好的口碑将在网上被无限放大，造成很大的杀伤力。

　　PPG 也认识到了这些问题，从 2007 年 4 月，SGS 开始与 PPG 合作，为其供应商提供专业的检验检测服务以及一些工艺和技术方面的咨询。PPG 的质量监控涉及 20 多个流程，采用的是国际上通用的检验标准。"我们通常是在每个工厂配备一个质检经理和两个助手。"SGS 公司一位负责 PPG 项目的负责人说。作为世界上最大的第三方检验公司，SGS 公司在业界的口碑颇佳。

　　再次，与 PPG 在商业模式上所采取的轻装上阵相比，PPG 在广告的投放上可谓"重磅出击"。从《参考消息》到各类都市报、从杂志到电视台、从网络到户外媒介，PPG 的广告投放达到了令人咋舌的地步。据悉，2007 年 5 月份 PPG 在媒体的广告投放费用接近 1000 万元，远远高于此前的 300 万元/月。一旦广告投放减少，PPG 的销量势必会受到影响。这种直销模式决定了在很长一段时间内，PPG 都会进行如此大规模的广告投放来树立品牌知名度。

　　有数据显示，PPG 每月的宣传费用要以千万元计算，而每年的宣传费占总成本的 50% 以上，高额的广告费最终还是要转嫁到产品售价上的。按照市场价格定制规律，我们大概可以算出网络销售的产品成本，例如一件市场售价 100 元左右的衬衫，其出厂价仅为 30 元左右。那么同样，采用传统销售模式的衬衫，其广告费又占其总成本几何？PPG 花在广告上的费用，能否足以支付传统经营模式"店面、仓储、工厂"的费用？如果可以，PPG 所说的"无店面、无仓储、无工厂"的优势看上去就不是那么明显了。

　　支付也是大瓶颈，首先要说的就是网上支付这个老问题。从实际的市场反响来看，人们对网上支付依然存有较多的顾虑。造成这种状况的主要原因是人们的习惯及理念难以改变，但除此之外，安全、技术及服务等因素也不容忽视。2008 年 6 月，eBay 易趣"安付通"、淘宝网"支付宝"几乎同时推出"全额赔付"的升级服务，对提高消费者网上支付的兴趣和信心产生了积极作用。第三方支付平台在支付安全技术及赢利模式方面进行了有意义的探索，逐渐获得广大中小企业以及个人用户的信赖，在电子商务网上支付中扮演起更加重要的角色

　　PPG 商业模式的成功与缺陷，也引来越来越多的思考。业内人士认为，服装直销作为对传统销售方式的补充，未尝不可。但成为未来服装行业的主流销售模式，言之尚早。此前，曾有国内服装直销领域的人士表

示，目前服装直销的市场不如想象的那么大，纯粹服装直销的市场空间大概只有 10 亿元左右。据不完全统计，目前已有近 30 个服装网络直销品牌，而 PPG 所面临的问题，也正是这些跟随者即将面临并要着手解决的问题。另外，PPG 从备受追捧到备受质疑，说明网络直销模式需进一步优化，通畅的物流渠道、优质的产品质量、完善的售后服务体系，方能持久。

4 总结

"轻"公司模式从项目营销角度总结可归纳为一句话——合理而巧妙的资源整合且具有执行力，尤其表现在人力资源和非人力资源的整合上——人力资源特别是智力资源（包括经验、分析、预测等），以及非人力资源（生产、物流服务等）的整合管理上。这些资源的整合建立在电子商务的基础上，正是由于电子商务的快速反应能力才使得资源的整合得以实现，出现了企业模式的创新，使得 PPG 这类"轻"公司在当今的市场条件下出现了急速发展。然而，事物的发展总是有两面性，PPG 公司在高速发展的同时也遇到了"轻"公司模式的弊端，引起了人们对这种公司模式的质疑。这需要 PPG 这类"轻"公司在未来的实践中探索创新，消除或降低这种公司模式的缺陷。

附录 PPG 核心管理团队

1. 创始人及首席执行官 李亮

曾在美国最大的服装零售企业工作，先后担任首席采购代表及亚太地区采购部副总裁。2004 年回到中国，开展网络零售业调查，2005 年在上海正式建立 PPG。

2. 首席运营官 黎勇劲

加入 PPG 之前在 JAFCO ASIA 任职。主要投资的项目包括 Canadian Solar（NASDAQ：CSIQ）、A8、Madhouse、土豆网和 PPG 等。

3. 首席财务官 王彦丰

曾在中国海运集装箱运输公司美国下属公司（位于洛杉矶）任 CFO，在美国和加拿大主要港口建立 7 家办事处。2007 年加入 PPG，并任职首席财务官。

4. 首席营销官　赵奕松

曾任职于戴尔（中国）有限公司，主管中国内地和香港两地市场。此前曾在美国 Lucent Technologies Inc.（朗讯科技）、贝塔斯曼（中国）等跨国企业担任市场负责人。

思考与讨论

1. PPG 公司的核心竞争力是什么？如何才能形成？

2. "轻"公司所经营的产品有何特点？

3. "轻"公司模式的缺陷如何消除或降低？

参考文献

［1］张京宏、沈宗南：《PPG 商业传奇的项目分析》，Discovering Value，2007 年 11 月。

［2］雷宏振：《现代电子商务导论》，中国人民大学出版社 2004 年版。

［3］［美］埃弗雷姆·特伯恩等著，王理平、张晓峰译：《电子商务管理新视角》，电子工业出版社 2003 年版。

经济法

股东出资责任及公司独立法人财产权[*]

摘　要　企业的设立是一种投资行为，也是一种法律行为。法律为不同的企业规定了不同的设立条件，企业投资者设立相关企业必须符合法律规定。本案例主要讨论股东因违反出资义务而导致的相关责任，以及公司独立法人财产制度的法律含义。

关键词　股东出资　责任　独立法人财产权

引言

企业设立是指企业的投资者依照法律规定履行相应出资义务并办理工商登记手续的行为。由此可见，企业的设立是一种投资行为，也是一种法律行为。法律为不同的企业规定了不同的设立条件，企业的投资者设立相关企业必须符合法律规定。投资者在设立企业时既要考虑其商业利益，同时也要考虑法律上的可行性。在企业设立的整个过程中，企业类型的选择、出资方式和时间的确定、出资的转让与受让等等所牵涉的法律问题都是值得经营管理者高度关注的。实践证明，一些投资者正是由于在公司设立过程中对法律的忽视和无知，给自身、他人和公司造成了一些不必要的损害。

1　案例简介

机械工程爱好者李某，对机械工程尤其是汽车制动系统很感兴趣，李

　＊本编案例一至案例四由西南民族大学管理学院刘成高采集编写，为企业和个人保密需要，故作者对案例中有关企业名称、数据等做了必要的掩饰性处理，本案例主要针对课堂教学和讨论所用，无意暗示或评价企业的具体行为合法与否。

某利用大量业余时间对汽车制动系统进行了仔细分析和研究，设计出一款新型的制动系统产品，并取得了国家专利机关颁发的发明专利证书（ABS防抱死装置）。

赵某、钱某、孙某是李某的朋友，认为李某的制动系统产品相当有市场潜力，于是提出与李某组建有限公司，把市场和产品做大，把企业做强，李某正为资金犯愁，于是几人一拍即合，准备成立一家专门从事制动系统研发、加工以及销售的科技有限公司（下称公司），注册资本金500万元。2006 年 9 月 10 日，四人签订了发起人协议，并草拟了章程。在发起人协议和公司章程中均约定：赵某、钱某二人以货币出资，每人以现金方式出资 100 万元人民币各占公司注册资本的 20%，孙某以其拥有的一家临街商铺 100 平方米作价出资 100 万元，占公司注册资本的 20%，李某以其拥有的制动系统专利技术作价出资人民币 200 万元，占公司注册资本的 40%。以上货币注册资金在各股东签订出资协议后 5 日内一次性划入公司在银行开立的临时账户，商铺和专利技术在协议签订后 1 个月内转移过户至公司名下。

2006 年 9 月 15 日，赵某、钱某按时足额向公司临时账户缴纳了所认缴的出资，2006 年 10 月 10 日，孙某将作为出资的临街商铺转移过户至公司名下，并花费向会计师事务所支付的已认缴的现金、实物等资产评估费、验资费及商铺产权过户形成的费用 10 万元（该笔费用暂由各出资人按出资比例垫付）。在此期间，一家外企老板通过熟人找到李某，表示愿意出资 400 万元与李某拥有的专利技术进行合作，而且出资比例只占其中的 50%，李某为此心动，觉得自己的专利在先前的合作中评估价格过低，完全可以奇货可居，遂产生了不愿继续与赵某、钱某、孙某合作的念头，便迟迟不将专利技术转移过户至公司名下，致使公司登记之前的注册验资报告不能全部完成。在李某摊牌后，赵某、钱某、孙某、李某四人召开发起人会议，会议认为：鉴于李某不愿将专利技术转移过户至公司名下，导致公司登记验资不能完成，公司无法成立，同时，鉴于李某与其余股东已无合作意向，公司登记成立已无实际意义，大家一致同意解除出资和组建公司协议，取消成立公司。但是，在公司设立过程中已花费评估、验资、产权转移各类费用 10 万元，且涉及孙某将商铺重新再过户回自己名下还需花费 2 万元，这些费用共计 12 万元的分担问题上，赵某、钱某、孙某、李某发生了争议。李某认为，自己只能按照其出资比例承担 12 万元的

40%即4.8万元，况且孙某再次将商铺房产过户回去时，几人的组建公司协议已经解除，过户已经与自己没有任何关系，不应承担之后产生的费用。但赵某、钱某和孙某却坚持认为应由李某承担该笔费用，经协商无果，于是四人诉诸法院。

法院经审理认为：赵某、钱某、孙某、李某四人拟发起设立公司，赵某、钱某、孙某已足额缴纳了各自所认缴的出资，其所支付的以上费用必需而且合理，尤其是孙某因过户形成的产权税费等是严格按照公司法的相关规定进行的，并无不当。相反，由于李某未按照《公司法》履行其出资义务，未及时将其作为出资的专利权转移过户至公司名下，直接导致公司设立失败，因此，李某应向赵某、钱某、孙某承担违约责任。因为其在发起人协议中对违约责任没有约定，则李某应自行承担因公司设立所支付的评估、验资和产权过户的全部费用12万元，并赔偿赵某、钱某和孙某已经缴纳的各类出资的资金利息各4000元。

2 分析要点

2.1 股东违反出资义务必然为此承担违约责任

股东违反出资义务的行为，在公司成立之前，属合同法上的违约行为，已足额交纳出资的股东可就其自身遭受的损失向未交纳出资的股东请求赔偿。那么，违约责任首先按当事人约定的形式、内容承担。如果章程中或者股东的协议中没有约定，则遵从合同法的相关条款和原则确定。一般认为，股东未足额缴纳章程和法律规定的最低出资时，有限责任公司不得设立。违约方承担的违约责任主要是赔偿因其违约行为给已完成出资义务的股东造成的损失，即支付的开办费和占用资金的利息损失。违约责任首先是继续履行缴纳出资义务，并承担因迟延履行出资义务而造成的公司、其他股东的损失。如果无须继续履行出资义务，则应该承担赔偿损失的责任。

本案中，由于李某不按协议缴纳公司章程中认缴的出资，而导致公司设立失败，进而导致设立公司的前期花费无法消化。假如公司成立了，则就由公司对其设立阶段的债权债务加以承担。

根据《公司法》第28条规定："股东应当按期足额缴纳公司章程中规定的各自所认缴的出资额。股东以货币出资的，应当将货币出资足额存入有限责任公司在银行开设的账户；以非货币财产出资的，应当依法办理其财产权的转移手续。股东不按照前款规定缴纳出资的，除应当向公司足额缴纳外，还应当向已按期足额缴纳出资的股东承担违约责任。"

本案李某应向其他三位足额缴纳出资的股东承担违约责任。而由于本案的当事人没有在协议中约定违约责任，李某所应承担的法律责任为赔偿其不缴纳出资导致公司设立失败给其他股东造成的损失。所以本案公司设立行为中花费的 12 万元应由李某自行承担。同时李某还应赔偿因公司设立失败而给其余三位股东造成的资金利息损失各 4000 元。

还需指出的是，即使是公司成功得以设立，其他三位股东也可以要求李某承担违约责任，也就是说股东不按照规定缴纳所认缴的出资，应当向已足额缴纳出资的股东承担违约责任，并不以公司设立失败为要件。

2.2　关于公司独立法人财产权

《公司法》第 3 条规定："公司是企业法人，有独立的法人财产，享有法人财产权。"同时，《公司法》第 25 条和第 82 条还规定："股东可以用货币、实物出资，也可以用工业产权、土地使用权、非专利技术出资；股东以上述财产出资时，应当将出资财产的财产权移转给公司。"公司取得的这些财产权构成公司的法人财产权。

股东出资后则对公司享有股东权，按其投入公司的资本额享有资产受益、重大决策和选择管理者权利。但是需要注意的是，股东的这些权利不能与公司独立的法人财产权相冲突，即股东不能直接支配公司的财产，即便这些财产是从自己的名下交付或产权转移过去的，比如汽车、房屋、知识产权等。公司的财产只能由公司独立支配，公司享有包括有形和无形各类财产所有权在内的财产权。而股东对公司的终极财产所有权，是通过股东在公司股权（股份）中所占的比例及分红来实现的，因此，投资于公司的财产需要通过对注册资本与股东的个人财产明确划分，不允许股东在公司设立后占用、抽逃和直接支配公司财产。只有当公司出现法定的解散并经法定的清算程序后，股东才得以直接参与分配公司拥有的剩余财物。

2.3　现行公司法在有限责任公司设立和登记方面的其他规定

现行公司法是从 2006 年 1 月 1 日开始实施的（以下简称新公司法），与以前的公司法相比较，新公司法在有限责任公司的设立、注册资本缴纳与登记方面，较之以前都有一些新的变化。我们应关注的还有几个方面。

比如在注册资本最低限额方面，新公司法则将公司注册资本的最低限额从 10 万—50 万元（以公司经营范围和性质的不同而有所区别）修改为 3 万元。但需注意的是，新公司法还规定："法律、行政法规另有规定的，从其规定。"比如房地产业，我国目前最低的房地产企业等级资质是四级，其注册资本的最低限额是 400 万元，而且在大多数城市，四级房地产资质的企业已经不能进行实际房地产开发，因此，行业管理中又把注册资本的最低限额提高到了 800 万元（三级资质）。在我国如金融、保险、证券、汽车、能源、电信等关系到国计民生的行业都存在着类似的行业管理部门或地方政府通过提高注册资本金的最低限额从而提高市场准入门槛的情况。

同时，为能够鼓励和扶持更多的创业者开办公司，促进中小企业的发展，新公司法还规定了注册资本的分批缴纳制。新公司法采取的分期缴纳的法定资本制，在相当程度上给了组建和设立有限公司的投资者以更多选择余地，减轻了设立成本（包括资金汇集、评估等），提高了资本的利用价值和效率，由此极大鼓励了投资者组建和设立有限公司的积极性。当然，注册资本的分期缴纳制并不是投资者和股东逃脱责任的保护伞。首先，股东承担责任的限额是以其认缴而非实缴的出资额为限，即没有实际缴清的部分出资在任何时候都必须缴清；其次，分期缴纳的首批注册资本金不得低于注册资本的 20%，也不得低于法定的注册资本的最低限额，其余部分由股东自公司成立之日起两年内缴足。更重要的是在公司的章程、营业执照等相关法律文书和证照上对出资人认缴和实缴的资本额都作了比较明确的标示，这对维护市场的交易诚信和安全特别是相对人的知情权利无疑都是十分有效的；再次，新公司法对全体股东的货币出资金额不得低于注册资本 30% 的规定，在相当程度上不仅防止了公司因为流动资金不足而导致无法正常经营，同时更重要的是大大降低了公司及投资人恶意逃避债务的可能性，毕竟货币才是流动性最好，也是最容易被人们接受的一种资产。

在股东人数方面的规定。一人公司制的出现（即股东为 1 个自然人或法人的有限责任公司）成为新公司法最具特色的制度创新之一。由于有限责任公司的信用基础除了资本以外，更多的是股东个人的信用状况，比如公司的财务账目和经营事项也无须向公众公开，出资转让必须经其他股东同意，其他股东在同等条件下有优先购买权等等，即高度的"人合性"，故世界各国在公司法的立法实践中，除了有限责任公司外的其他类型的公司一般都不规定上限，而对有限责任公司则既规定最低限，也确定了最高限（通常不超过 50 人）。一人公司制主要基于对某些个性化较强、行业特点、专业技术要求较高的特点制定的，从华尔街和硅谷的大量成功企业的发展经验来看，这样的制度安排，不仅是立法意义上的创新，更是整个社会和经济技术创新的一种法律保障。

但同时，我们还注意到，为减少和降低一人公司对市场交易的负面影响，新公司法对一人公司专门规定了相应的风险防范制度。其中包括：对一人有限责任公司实行严格的资本确定原则，注册资本不得低于 10 万元，并且必须一次缴足；有限责任公司必须在公司营业执照中载明自然人独资或者法人独资，以予公示；一个自然人只能设立一个一人有限责任公司；一人有限责任公司应当在每一会计年度编制财务会计报告，并经依法设立的会计师事务所审计等。

思考与讨论

1. 有限公司、股份公司、合伙企业、合资企业、个人独资等不同企业形式对出资、设立要件的不同规定，各类型概述。

2. 企业出资风险的表现（隐名出资问题、最低出资限额和比例问题、实物和不动产出资的转移问题、抽逃注册资本金问题、委托代理人授权不明的问题），可以有一份工商登记申请书样本展示。

3. 在企业设立过程中的主要措施。风险管理中最重要的就是书面明确各自的权利和义务（明确授权、了解出资形式、最低限额和比例、财产转移问题、抽逃等）。

4. 未实际缴纳注册资本而获得的股权的法律效力。

股东会、董事会和监事会责权利划分及公司治理结构的法律问题

刘成高

摘　要　公司治理结构是指现代企业所应具备的科学、高效和规范的企业组织制度和管理制度。其主要核心是指股东会、董事会、监事会和经理层在决策、执行和监督等方面的职权划分及运作模式。本案例针对有限责任公司股东权利、责任和义务的划分和界定进行讨论，并力争为建立起一套既能充分保障各方利益、调动各方积极性，又能有效实现权力制衡和监督的公司各机构之间的权利分配和运营体系提供法律依据。

关键词　公司　治理结构　法律风险

引言

在市场经济条件下，企业是以赢利为目的的经济组织，因此，如何保证企业安全、高效运行并建立起一套切实可行的现代企业制度非常关键，同时也是企业赢利能力的制度保障。

如前所述，公司是市场经济中最活跃、最重要的主体，同时，公司制度也是现代企业制度最集中和最具有代表性的企业组织形式。进一步说，现代企业制度的基本特征可以概括为十六个字：产权明晰、权责明确、政企分开、管理科学。进一步解释为：（1）产权关系明晰。即企业是法人团体，具有民事行为能力，独立享有民事权利，承担相应的民事责任。企业产权关系清楚，出资者享有企业的产权，企业拥有企业法人财产权。（2）享有法人财产权。即企业法人有权有责，企业以其拥有的全部法人财产，依法自主经营、自负盈亏、照章纳税，并对出资者负责，承担资产保值增值的责任。（3）实行有限责任制度。即出资者按投入企业的资本

额享有所有者权益，也就是拥有资产受益、重大决策和选择管理者等权利；企业破产时，出资者只以投入企业的资本额对企业债务负有限责任。（4）政企职责分开。政府依法管理企业，企业依法自主经营，不受政府部门直接干预。政府调控企业主要用财政金融手段或法律手段，而不用行政干预。（5）权责明确的管理制度。即一方面有相互制衡的法人治理结构，如股份制公司中的股东会（权力机构）、董事会（决策机构）、监事会（监督机构）和总经理（执行机构）等；另一方面具有权责明确的经理式的管理层级制，善于管理，提高效率。

公司治理结构是就指现代企业所应具备的科学、高效和规范的企业组织制度和管理制度。其主要核心是指股东会、董事会、监事会和经理层在决策、执行和监督等方面的职权划分及运作模式。而公司治理结构的完善，不仅仅在于要从企业管理的角度予以完善，更重要的还在于必须按照《公司法》和公司章程的相关要求，使公司权利、责任和义务能够科学、合理地明确和划分，建立起一套既能充分保障各方利益，调动各方积极性，又能有效实现权力制衡和监督的运营体系，做到责权利相对应、相统一。

1　案例简介

成都发展监理公司是 2001 年由国有企业改制而成的有限责任公司，原隶属于成都市发展改革局，主要业务为从事工程造价、工程施工监理等综合服务和咨询，注册资本金 200 万元，其中陈某出资 100 万元，占 50%，张某出资 40 万元占 20%，李某出资 20 万元占 10%，王某出资 20 万元占 10%，杨某和谢某各出资 10 万元各占 5%。与此同时，各位股东还在公司担任一定职位：陈某，执行董事兼总经理；张某，副总经理；李某和王某分别担任客户经理和副经理；杨某和谢某为公司普通员工。公司监事由从发展系统退休的干部龙某担任，除领取少量报酬外，龙某几乎不到公司上班。

由于公司规模不大，没有设立董事会，由陈某担任执行董事兼总经理、法定代表人（执行董事履行的是董事会的职权，比如执行股东会决议、选聘总经理、财务负责人等，法定代表人对外代表公司，《公司法》规定，可以担任公司法定代表人的有董事长、执行董事或总经理）。

得益于成都市发改局等相关部门在业务方面的继续支持，公司经营在改制之初的几年里取得了不错的业绩。截至 2003 年底，除去日常开支外，公司账上已经累积未分配利润 200 万元。作为公司法定代表人的陈某认为，公司要想实现长远发展，必须购置自己的办公用房（公司原有办公场地为租赁），或者用作新业务拓展方面，股东暂不能进行大幅度利润分配（为什么公司实际控制人通常不愿意过度分配利润，而股东是十分愿意大比例分红的，陈某的角色是二者都有，既是股东又是职业经理人）。陈某提出的分配方案为："每人按各自出资比例分取 5% 的股利，其余资金主要用于公司长远发展购置固定资产、拓展业务等所需。"这一方案立即招致张某等其他股东的强烈反对，他们纷纷表示：应将公司现有账上的 200 万元利润按各自股权比例进行全部分配，公司是中介服务型公司，没有必要进行固定资产购入，公司各股东在股东利益分配等方面出现重大分歧。

为急于分钱，张某等其余小股东提议召开股东会议。2003 年 6 月 6 日，公司召开股东会议，由于陈某和其余股东所持有的股权均为 50%，致使股东会决议无法就利润分配事项形成合法决议。这样的结果比较符合陈某的预期，因为钱在公司账上，就意味着陈某在不违法的前提下，对经营管理中的资金调配和使用有决定性的权利。出于对陈某的怀疑，张某等其余小股东经常借故到公司财务室看账，但由于几人并不懂财务会计知识，加之时间仓促，张某等人只能无功而返。之后，张某等人提出公司应进行外部审计，聘请专门会计师事务所进行，陈某以当时不是公司法定的年度审计时间，张某等人影响公司正常经营为由拒绝。

除陈某之外的其余股东张某、李某等人由于未达到分钱的目的，便对陈某产生记恨和抵触心理，并借口种种理由早退、怠工，甚至有时候干脆不来上班。陈某见状，立即对张某等众小股东进行了口头警告，并以总经理名义强化了公司大量管理制度，意在加强对公司员工及管理人员的管理，尤其是加大了对上班不遵守作息纪律行为所采取的扣发奖金、降低工资标准、除名等处罚措施。

这样一来，张某等众小股东在制度实施当月即 2003 年 7 月就被扣发掉了全部奖金，金额从 500—1500 元不等。由此，陈某与张某等人的矛盾公开并恶化。2003 年 8 月 6 日，众小股东纠合在一块，下班后到陈某办公室讨要说法，觉得陈某坑了他们，要求其纠错并致歉，双方遂产生口角，进而发生暴力冲突，众小股东拳脚相加，致使陈某多处软组织受伤。但由于当时公司没有其他目击者，陈某考虑到伤势也不严重，没有向公安机关报案。之后，众小股东依然未来公司上班，并扬言就是要拿钱。陈某被打之后本来就十分恼怒，闻言十分气愤，之后干脆一不做二不休，决定让众小股东走人。2003 年 9 月，在经过咨询相关人士后，陈某决定以总经理名义对以上小股东采取除名处理，不再让他们担任公司任何职务，也不再向其发放任何工资和奖金。众小股东们得知这一决定后，矛盾态势加速恶化。在 2003 年 10 月的一个下午，众小股东集体冲进总经理办公室再次讨要说法，认为："股东就必须是公司的管理人员，是不能开除的，只要公司还在，股东就有资格在公司上班拿工资领奖金。"双方争执面临升级时，由于陈某及时向 110 巡警报案，警方到场，使得当时事态未明显恶化。

这样一来，公司陷入半停业状态，无论是相关单位还是客户，均表示要等公司消停和正常下来才继续合作，甚至发生了少数客户拒付业已发生的监理费、咨询费等，公司为此蒙受了巨大经济损失。

众小股东在咨询了相关的法律专业人士后，得知股东与员工身份有所区别，认为既然陈某可以开除自己，那不如将陈某和公司推向深渊，弄垮算了。于是立即向公安、检察和税务等机关分头报案，称陈某有侵吞国有财产和侵占公司财产嫌疑，并将公司账簿强行取走送公证机关封存。

2003 年 11 月，检察机关随后对陈某和众小股东进行了传讯并冻结了公司在银行开立的账户，至此，公司业务完全瘫痪。陈某也请律师为其辩护，律师在对案情进行了综合分析后认为，公司早已从国有改制为民营有限责任公司，不存在侵吞国有资产问题，股东之间的纠纷属于民事纠纷的范畴，税务、工商等手续是否合法应由专门机构和人民法院认定。经过努力，2003 年 12 月 10 日，陈某才得以从工商、税务和检察机关的盘问、质询和各类审查中脱身开来，并在律师的配合下要回了在公证机关封存的公司账簿。至此，历时近半年的各股东之间的矛盾纠葛终于渐渐平息，公司账上所余的 200 万元未分利润在经过补税、支付房租和工资等费用外，已所剩无几，业务完全停止，公司宣布解散，每位股东最后仅分得其出资比例 10% 的剩余财产，之后各奔西东——树倒猢狲散。

2　分析要点

2.1　有限责任公司的"人合"与"资合"

有限责任公司是在对无限公司和股份有限公司两者的优点兼收并蓄的

基础上产生的。它将人合性和资合性统一起来：一方面，它的股东以出资为限，享受权利，承担责任，具有资合的性质，与无限公司不同；另一方面，因其不公开招股，股东之间关系较密切，具有一定的人合性质，因而与股份有限公司又有区别。股份有限公司是彻底的资合公司，其本身的组成和信用基础是公司的资本，与股东的个人人身性（信誉、地位、声望）没有联系，股东个人也不得以个人信用和劳务投资，这种完全的资合性与无限公司和有限责任公司均不同。

《公司法》第三条规定："有限责任公司，股东以其出资额为限对公司承担责任，公司以其全部资产对公司的债务承担责任。"由此可以看出，有限责任公司的股东人数相对较少（50 人以下），股东之间的思想、观念和利益往来直接而频繁，无论是在公司设立与终止，还是在公司日常经营和管理当中，有限责任公司的特性决定了其"人合"性在很多时候强于其"资合"性。要想使维系公司经营管理和正常运转的"资本多数决"原则发挥作用，既要求股东之间"资合"，更需要股东之间"人合"，其中"人合"是"资合"的基础，"资合"是"人合"的表现形式。因此，如果任何股东之间的思想、行为、经营理念和价值取向等一旦发生冲突，都将对公司运作产生严重影响，从而使股东和公司利益无法得到保护和实现。

有限责任公司是人资兼合的公司，股东之间良好的协作关系是公司发展进而实现股东利益最大化的重要基础，同时也决定了我们必须选择志同道合的合作伙伴去组建公司。一旦确定了公司股东身份，股东就必须严格按照公司法及公司章程的相关规定去划分各自的责权利，通过股东会决议、修改公司章程等法定程序来引导规范彼此的行为。

在本案中，由于企业系国有企业改制而成，故股东几乎不能选择自己的合作伙伴，公司人合基础缺乏，在各股东发生信任危机进而演化为暴力冲突后，公司陷入管理混乱、运行瘫痪的状态，"人合性"要素已不复存在，"资合性"要素也随之出现严重危机，不具有生存的基础。

需要指出的是，股东和员工的身份是有区别的，不能混淆，更不能等同。尽管在现实经济生活中，一些企业的股东不仅在企业工作，而且往往还担任要职，但就其身份而言却有本质区别：股东是企业的终极所有者，是靠分红获取收益；而员工（包括高管在内）则是公司的受雇用者，是靠劳动获取报酬。

如果的确有股东之间出现不信任、不和谐、不合作等情况，从维护社会稳定、保障交易安全的角度来看，此时，各股东可以就如何向对方转让股权或者公司解散事由，进行必要的协商、调解甚至是诉讼。当然，为了尽可能保留公司，还可以通过引进第三方来收购原股东股权的方式对公司进行重组，如果引进新的投资者的重组计划成功，公司亦能在新的投资者的意愿下打破公司无法正常经营的僵局；如果公司解散，自然应由全部股东依法组成清算组，开展清算工作，处理公司的债权债务等善后事宜。

2.2　公司股东会、董事会和监事会、经理层在公司治理结构中的责权利

股东作为出资人，是公司利益剩余索取权的主体，是公司利益的终极所有者，是公司的最高权力机构——真正的老板。股东的权利大致可以分为资产收益、参与重大决策、选择管理者等三大部分，由公司股东组成的股东会议事规则和表决权的行使通常由股东根据其在公司股权（股份）中所占的份额决定；董事会是由股东会选举产生的能代表股东利益的公司常设决策机构，其成员表决和议事采取"一人一票、少数服从多数"的原则，向股东会负责；监事会则是由股东会选举产生的对董事会及其成员、公司其他高管进行监督的机构，其议事规则和表决权行使与董事会相近，它也是对股东会负责，不能由公司董事或其他高管兼任。至于公司的经营管理者（包括 CEO、CFO、董秘等），由董事会任命的，也可由董事成员兼任，负责具体组织实施对公司的日常经营管理的机构，我们通常称之为职场中人（包括但不限于职业经理人）。

当然，上述公司各机构之间的责权利分配和运作模式也可在符合公司法规定的前提下进行适当的自治调整，但这种调整除了必须符合公司法和其他相关法律法规的要求外，还必须得到由全体股东通过的公司章程的明确授权，否则就是无效的。

本案中，由于公司股东之间的股权结构比较特殊，陈某的股权比例刚好与张某等其余小股东股权比例之和相等，根据股东会的议事规则，股东会在决定公司重大事项的表决中存在一定的困难，即在陈某和众小股东意见相对立时，必然导致决议无法通过，即表而不决。另一方面，身兼公司执行董事和总经理的陈某既然与小股东的利益形成对立，其行为又不能通过董事会来进行必要的监督和约束，公司监事一职又形同虚设。正是基于以上原因，导致众小股东为公司账户上的利润 200 多万元的支配和去向担忧。这种担忧既是对人的担忧，也是对制度的担忧。本来他们期望通过查

账、罢工等方式向陈某表示抗议和施加压力，但却引致自身利益的更大损失，被扣发了奖金。众小股东此前的担忧立刻演变成了恶意推定和假象，之后大小股东之间因斗殴事件等因素一步步升级，为公司陷入停顿并彻底瘫痪埋下伏笔。

2.3 值得思考和关注的《公司法》对公司治理结构的其他规定

2.3.1 公司权利约束和制衡

现实中，尽管作为公司最高权力机构，股东会的职权行使如何始终是关系到公司"身家性命"的大事，但在实践中由于受股东会召开成本过高、议事规则不详细以及长期以来官本位思想的影响，通常忽视不在公司担任高管的股东利益，股东会的绝大部分权力也难以得到实现，要么形同虚设，要么被董事会甚至职业经理人取而代之，被个别在公司担任董事长或总经理职务的股东所操纵。而且，由于董事的任免实行一般的资本多数决制，中小股东根本无法选出自己利益的代表进入董事会，更加剧了中小股东对行使选举董事权利的不信任。最后导致现实的情况往往是：董事是大股东的代表，董事成为大股东之间争权夺利的筹码，这就很容易导致股东会、董事会、管理层相互制衡的公司治理结构模式变成三者合一、三位一体的内部人控制制度和治理结构。而公司法所确定的监事或监事会制度常常流于形式（甚至被一些企业称之为董事会监事会，接受董事会领导和任免），这使不少企业甚至怀疑是否有其存在的必要性。

这种三位一体的公司治理模式严重损害股东利益的例子很多，比较典型的如中航油新加坡公司的炒作原油期货巨亏 5.5 亿美元最终申请破产的案例就是其一。

当时，在中航油新加坡公司的股权结构中，中航油集团一股独大，使得股东会中没有对中航油集团决策有约束力的大股东，众多分散的小股东对重大决策基本没有话语权。董事会的组成中，绝大多数董事是中航油集团和中航油新加坡公司的高管，独立董事被边缘化，构不成重大决策的制约因素。股东会、董事会和管理层三者合一，决策和执行合一，最终发展成由经营者一个人独裁统治，隐瞒事实真相、一再向业已亏损的石油期货投机业务输送巨资，这是造成中航油事件中亏损越滚越大的制度性原因。

因此，股东必须通过股东会对选举、更换董事和董事报酬、奖惩、责任认定等作出明确规定。以上案件中，如果各股东在改制之初就能通过股东会纪要、修改公司章程等方式对公司的运作模式和其他重大事项进行明确，之后的争议就要少得多，容易解决得多。

2.3.2　关于股东的知情权

通过以上案件可以看出，知情权是股东享有的一项重要权利，也是股东实现其他权利的基础性权利，包括股东对公司经营管理、财务状况、重要文件和重大事项知晓和了解的权利，如对公司章程、股东会会议记录、董事会会议决议、监事会会议决议和财务会计报告查询和复制的权利，对公司有关机构或人员质询的权利，以及要求公司依法进行信息披露的权利等。股东可以通过公司的途径或者亲自查询有关信息，也可以通过公司登记机关的途径。根据法律规定，如果股东以合法方式请求行使知情权而被公司非法拒绝，股东可以公司为被告向法院提起知情权之诉，要求法院裁定责令公司给股东行使知情权提供方便。以股东查阅会计账簿权的行使为例，股东要求查阅公司会计账簿的，应当向公司提出书面请求，说明目的。公司有合理根据认为股东查阅会计账簿有不正当目的，可能损害公司合法利益的，可以拒绝提供查阅，并应当自股东提出书面请求之日起 15 日内书面答复股东并说明理由。公司拒绝提供查阅的，股东可以请求人民法院要求公司提供查阅。

上述案件中，张某等小股东一方面经常到公司财务室看账簿，形成股东知情权的滥用，影响了公司的正常经营；另一方面，小股东们查阅账簿被拒后强行将账簿提交公证机关，形成知情权的错用。相反，通过正确的合法途径比如协商、起诉等，却一直不被采用，也致使其权益最终无法得到实现。

2.3.3　关于董事会制度

董事会是由股东会选举产生并代表公司、行使经营决策权的公司常设机构。新公司法充实和完善了相应的议事程序和规则，如在董事会成员的产生上，扩大了设置职工董事的公司范围；完善了董事会会议的召集和主持制度，特别是董事长、副董事长不能履行职务或者不履行职务时由半数以上董事共同推举一名董事主持董事会的应急措施；对董事会职权范围也由原来的列举式改为列举与概括相结合的方式，实现了公司在更大程度上的意思自治。以上案件中，执行董事兼总经理的治理结构模式必然导致陈某大权独揽，而一旦大权在握的人没有魄力、没有足够的公信度去履行自己的职责并经营管理好公司，就必然会导致一系列矛盾的出现。因此，一般情况下，都应逐步建立和完善公司董事会制度。

在经理职权方面，作为公司负责组织实施日常经营活动的常设机构，特别是随着现代公司治理结构中职业经理人所扮演的越来越重要的角色，经理权制度在公司法中所占有的地位也更受关注。新公司法在保持经理较高地位和职权范围的基础上，也强化了公司对经理的监督和管理。如允许公司章程对经理职权范围作出与公司法不一致的规定，甚至允许其取代董事长或执行董事成为公司的法定代表人等，但同时强调了公司董事会对经理任免的决定权，监事会对经理的监督和罢免等，这样既使经理执行的权力更易发挥，同时也更易约束。

在监事（会）方面，新的公司法增加了监事（会）对董事、高管的罢免建议、提起诉讼、对公司财务会计及其他经营情况进行实质调查并由公司承担费用等的规定。还需留意的是，监事和董事的任期也存在细微差别，监事的任期是法定的，每届为三年，而董事的任期更大程度上取决于公司章程，但不超过三年。笔者认为，关于监事和监事会制度的落实，必须借助于各股东之间的经营理念、价值取向的趋同。因为，这种制度一旦流于形式，公司治理结构中就没有了权力制衡可言，由此而可能引发的公司和股东的风险不可想象；但监督权一旦被滥用，企业的经营效率又会大打折扣。

另外，新公司法还专门就股份有限公司中的上市公司组织机构设置作了特别完善的规定，如建立独立董事制度，对董事会秘书的重要职责权限的内容进行了明确，董、监事选举中的累积投票制度等等。

总之，公司法对股东会、董事会及其他高级管理人员在公司治理结构中的责权利划分，尤其是一些补救措施和救济制度的进一步完善如质询、监督甚至起诉等等，在相当程度上增加公司决策和管理层对公司的忠实和勤勉义务，使其更具责任感和使命感，从而有效保护投资者和债权人的合法权利，从而为真正建立起股东会、董事会和监事会三权鼎立的现代企业制度提供了保障和支撑。

思考与讨论

1. 公司的股东会、董事会和监事会的组成及职权划分。
2. 公司股东与公司员工的身份确定。
3. 股东权利维护与公司经营管理的关系。

表见代理及企业合同订立风险

刘成高

摘　要　合同是基于双方产生的权利义务关系，合同管理是企业经营管理中的重要组成部分，企业的日常经营行为绝大多数都是通过合同完成的。而代理则是指代理人在代理权限内，以被代理人的名义与第三人实施法律行为，由此产生的法律后果由被代理人承担的法律制度。本案例以商品房买卖合同的表见代理为切入点，分析了企业在经营管理中进行合同管理和风险防范的重要性。

关键词　合同　表见代理　法律风险

引言

合同管理是企业经营管理的重要组成部分，企业的日常经营行为绝大多数都是通过合同完成的。因合同引发的风险也是企业最为常见的法律纠纷，而合同风险是企业法律风险的主要内容。合同风险涉及企业生产经营的各个方面，从企业的成立到企业的解散，从企业的对外经营到内部管理，可以说合同风险渗透到企业的每个环节，与企业的其他法律风险相互交叉。综合而言，企业最主要的合同风险当然是在对外经营过程中与其他市场主体签订的合同产生的纠纷，包括因合同主体存在问题而产生的纠纷、合同条款不完善而导致的纠纷、合同履行过程中产生的纠纷等等。

1　案例简介

四川迅驰房地产开发有限公司（下称房产公司）成立于1998年，注册资本金2000万元，系四川省一家专门从事房地产开发和销售的企业，先后在四川省成都市开发了近50万平方米的楼盘。张某，2002年开始供职于该房地产开发有限公司，职务为销售经理，2003 年张某所在的该房地产开发公司着手开发位于成都市青羊区二环路清水河附近的某高档别墅花园，并于同年 7 月开始对外进行商品房预售。本市公民谢某，在经过多次参观、走访和比较后，对该花园的设计、户型和周边环境都十分满意，2003 年 8 月 16 日，谢某来到公司售楼部，决定购买该花园 302 号商品房，面积 206 平方米，一次性付款优惠后价格为人民币 102 万元。在购买意向确定后，接待谢某的售楼经理张某开始和谢某就公司事先业已准备就绪且已加盖公章的商品房买卖合同及相关补充协议合同进行了协商，在协商过程中，谢某对张某代表公司所提供的格式合同中约定的办理房屋国土使用权分户问题表示了异议，认为自己是一次性付款，担心不能买到既有国土证又有房产证的全产权房，出卖人房产公司应将办理国土证的时间作出承诺，但公司所提供的现成加盖有公章的格式合同中除对办理产权证的时间约定为 2004 年 3 月 10 日前外，未有提及办理国土证的时间和期限。

由于当时成都市商品房销售中实行的是房屋产权证和国土使用证"二证分离"的登记制度（当时仅广州、深圳等极少数城市实行的是房产证和国土证"二证合一"制度），而对国土证件办理的具体时间无论是法律法规还是地方政府都未明确规定，但前提是房屋产权证登记分户完成后才可以凭分户产权证到国土部门取得分户国土使用证。根据一般常理，房屋产权登记只要在出卖人向买受人交付房屋、商品房竣工验收、买卖双方结清相关税费且相关资料齐全的情况下 1 个月左右即可成功办理，至于办理国土使用权分户登记，就必须得看小区内房屋产权总体办理情况和国土部门的工作进度而定了。

鉴于双方在合同其他条款上几乎没有争议，同时也考虑到张某的购买诚意，更重要的是，由于公司销售人员收入比例中有大部分来自销售提成，销售房屋所带来的提成将为经办销售人员增加一笔数量不菲的奖金，这使得包括张某在内的所有销售人员均非常急于挽留住每一位客户，并成功将房屋售出。

于是，张某经过自己的主观推断，认为办理产权证后 60 日内办理国土分户不成问题，在未征得公司负责人同意也未加盖公司公章的情况下，张某擅自在事先已加盖了公司公章的售楼合同书尾页添加了"出卖人自愿将为买受人办理国土使用权证的时间定为 2004 年 5 月 1 日，如有违约，按所购房屋总价款的 3% 承担违约金"等字样并加盖了"房产公司售楼部"章（因房屋预售所需要签订的合同数量较大，绝大多数房产公司均采取的是，先通过专业人员起草和拟定合同，然后再将加盖好公章的空白合同存放于售楼处这种比较便捷的管理方式）。谢某在与公司签订了商品房买卖合同及相关补充协议后，按合同约定支付了房款，公司于 2004 年 1 月将房屋交付给了谢某，并在 2004 年 2 月 10 日为谢某办理了房屋产权证。但由于小区相当部分业主未能付清房款而致不能办理产权证，同时由于尚有部分房屋尚未售出，国土分户成为不可能。由于公司销售合同数量较大，销售人员流动性强，故在合同管理上存在一定疏漏，当时也没有人对包括张某在内的销售人员对外所签合同的细节逐一审查。

2004 年 10 月，房产公司售楼经理张某因个人原因辞职离开公司并办理了相关手续。2005 年 4 月，谢某在向房产公司索要违约金遭到拒绝后，一纸诉状将房产公司告上法庭，此时公司在聘请专业律师对公司合同进行全面审查后才发现，在张某之后，公司销售人员李某、王某也通过类似修改合同中交付房屋或办理产权的时间等方式售出房屋四套，所幸的是，公司在交房和办理房产证方面原本就留下了较充裕的时间，并没有违反合同添加或修改后所约定的时间。

本案受理后，房产公司认为：张某职务仅为公司部门经理，并不能对外代表公司，公司未对其在加盖了的公司法人章的售楼合同书上进行其他修改和添加予以授权，公司售楼部不是独立法人，其章也就当然不能用作对外发生法律效力的合同签订，况且 2004 年 10 月张某就已辞职离开公司，故张某上述房屋买卖合同均系其个人所为，公司既无授权也不知情，故对办理国土证的承诺应认定为无效。

但法院却在对案件进行审理后认定：张某行为已构成表见代理，据此，法院判决谢某与房产公司的上述房屋买卖合同有效，其对商品房买卖合同的添加和修改应视为房产公司行为，故依法判决房产公司在判决生效后向谢某支付违约金 3.06 万元。

2　分析要点

2.1　关于合同的成立和生效及生效要件

合同是基于双方产生的权利义务关系，其生效的前提即合同成立的表现形式是多样的：根据我国《合同法》相关规定：一般而言，采用书面合同形式订立的，除需特殊登记或附加条件外，自双方当事人签字或者盖章时合同成立。同时，依法成立的合同，合同自成立时生效。依法成立的合同要件主要包括：订立合同的主体是合法主体，没有虚假主体（如未经过工商登记的组织、被撤销的组织）情况；订立合同各方的意思表示一致，没有强迫表示的情况；合同各方的意思表示是真实的，没有虚假表示情况（如谎称有外贸经营权、谎称自己对某件财产有所有权）；合同采取了法定或约定形式；合同中所涉及的经济交易是合法的，生产流通的财产是国家允许的。

2.2　表见代理及构成要件

所谓代理，是指代理人在代理权限内，以被代理人的名义与第三人实施法律行为，由此产生的法律后果由被代理人承担的法律制度。从种类来看，代理可分为委托代理、法定代理和指定代理。法定代理主要适用于被代理人无行为能力或限制行为能力的情况，指定代理则是人民法院或有权机关依照职权指定而产生的代理关系。在公司日常经营管理活动中，最为常见的是委托代理，即基于被代理人的授权委托而发生的代理。

所谓表见代理，是指代理人虽然没有代理权，但客观上具有使善意相对人有理由相信其有代理权的，因而可以向被代理人主张代理的效力及承担相应法律责任和后果的。我国合同法第 49 条规定："行为人没有代理权、超越代理权或者代理权终止后以被代理人名义订立合同，相对人有理由相信行为人有代理权的，该代理行为有效。"

常见的表见代理情形有：被代理人对第三人表示授予，但事实上并未授予；被代理人将其有代理权证明意义的文书印鉴如公章、加盖印章的空白合同等交与他人，他人凭此以被代理人的名义与他人实施民事行为。还有的就是代理授权不明，代理人在代理权终止以后被代理人未及时采取必要措施如公告、声明等致使第三人仍然相信其有代理权而与之进行法律行为等等。

市场经济变幻无常，商机稍纵即逝，因此，对于交易对方是否享有代理权，其代理权的范围如何，相对人往往只能凭代理人所持有的授权委托书、公章、盖有合同专用章的合同书等或本人的某些行为来判断，如果相对人的判断失误，就存在着一个无过失的善意相对人的信赖利益是否应当受到保护的问题。如果善意相对人的利益得不到保护，与代理人为民事活动的相对人就会失去安全感，从而影响代理制度的信用和效益，制约市场经济的发展效益。这也是设立表见代理制度的主要目的和意义之所在。

2.3 本案处理意见

本案中的房产公司销售经理张某的行为是否构成表见代理，关键是要看房产公司的授权表象是否足以使买受人"有理由"相信张某具有代理权？根据当时的具体情况买受人主观上是善意且没有过失的？

作为房产公司的代理律师，笔者在经过对案件和当时具体情况认真分析后，认为：作为房产公司对外销售房屋的唯一场所售楼部，张某又作为房产公司的销售经理，其对外使用的效力当然及于公司。换句话说，张某在售楼部的职务行为足以让任何房屋买受人相信其行为代表的是公司而非自己。其次，张某所出示的整套售楼合同都已加盖了公司公章，添加部分又有张某签字，尤其是在谢某缴纳房款后，张某还以公司名义收取了相对人谢某的购房款并出具了收据，客观上使买受人相信张某具有代理权，并能在主观上形成张某具有代理权的不容怀疑的认识，从一般保护交易安全的角度出发，公司是否明确授权和售楼部是否具有独立法人资格等瑕疵对合同效力不能构成实质性影响，不足以否定房屋买卖合同之效力。因此，作为销售房屋张某的行为已然构成表见代理，其代理公司与谢某签订的商品房买卖合同及对合同条款进行的添加和改动成立并有效，房产公司应承担因该代理行为所引起的不利法律后果。

最终，房产公司听从了律师的建议，在一审法院作出认定合同有效的判决后，并没有向上级法院进行上诉，而是及时通过和解方式与买受人谢某进行了和解，一次性支付其违约金 1.5 万元，买受人谢某考虑到其所购房屋已大幅度升值，且开发商已经承诺于 2005 年底前办理国土证，也欣然接受了房产公司的和解议案，本案自此终结。

2.4 本案引发的合同风险思考

本案所涉及的合同纠纷中的表见代理的法律效力和后果问题，为我们加强公司内部管理制度建设敲响了警钟。

为此，我们首先要从制度上对强化公司管理，尤其是公章管理、合同管理、法定代表人的印鉴管理等，要建立严格的内部合同审查制度，同时最好定期对公司合同进行梳理和督查。要特别注意的是已经加盖好公章且需要批量使用的格式合同，应当注明类似"凡对合同的任何添加和修改都必须加盖（甲方）公章并由法定代表人签字确认否则无效"等字样，减少此类合同修改的随意性。

　　另一方面，我们要特别重视对公司中高级管理人员（在某些公司如物流、超市、家政等可能还涉及一般销售人员）的法律意识风险发展，减少个人主观推断和感情偏好，并告知其可能引发的法律后果。最后，还应落实由于此类代理引起的纠错制度和责任分担，尤其是对于公司中高管人员，应建立一套相应的风险金和保证金制度，以提高其在履行职责过程中的责任心和使命感，减少工作中的随意性带来的疏漏和风险。

思考与讨论

　　1. 什么是合同？合同的有效、无效和可撤销分别有些怎样的法律定义？

　　2. 什么是代理？表见代理的构成要件和法律后果。

　　3. 常见的合同风险及防范。

春秋航空特价机票与
市场规制法律

刘成高

摘　要　市场规则法对市场机制的引导和保护，可以加强对市场主体的约束，协调个体利益和整体利益、社会利益的矛盾，防范和制止市场机制作用与宏观调控的冲突。编写者以春秋航空公司的一元机票案为例，探讨《价格法》及其实施法律依据。

关键词　市场规制　春秋航空　价格法

引言

在市场经济条件下，社会再生产的生产、交换、分配和消费的全部活动是受市场影响和调节的，而市场的调节主要是依靠由市场内的价格、供求、竞争、风险等市场要素构成的调节机制发挥作用的。

市场规制法是调整市场竞争关系和政府利用国家公共权力在对市场进行直接干预、调节和监管过程中产生的法律规范系统。其主要作用有：创造公平竞争的市场环境，协调经营者相互之间的利益关系；维护消费者的合法权益，协调经营者与消费者之间的利益关系；为政府对市场进行管理提供法律依据，规范和约束政府管理市场的行为等等。

一般来说，从其调整对象范围来看，我国市场规制法主要包括的具体部门法有：《反不正当竞争法》、《反垄断法》、《消费者权益保护法》、《产品质量法》、《价格法》、《广告法》等。市场规制法对市场机制的引导和保护，可以加强对市场主体的约束，协调个体利益与整体利益、社会利益的矛盾，防范和制止市场机制作用与宏观调控的冲突。可以说，经济法对市场机制的引导和保护主要是通过市场规制法实现的。而市场规制法在我国经济法律体系中也处于重要地位，是经济法三大主要组成部分

（经济主体法、市场规制法和宏观调控法）之一。下面，本文以价格法为例，介绍企业在经营管理过程中所应注意防范的风险。

1　案例简介

2006 年 11 月 28 日，春秋航空公司推出新开航的上海至济南航线的 1元机票（不含机场建设费和燃油附加费），但同时要求，所有"1 元票"都要在网上订票及完成网上支付，机票限在 11 月 30 日至 12 月 10 日上海—济南—上海航班上使用，投放的座位数为航班总座位数的 10% 左右，共 400 多个。

这些 1 元机票一出炉，销售十分火爆，在短短 3 天内就被抢购一空。然而，2006 年 12 月 12 日，济南市物价局对销售 1 元机票的济南春秋假日旅行社（即春秋航空公司济南营业部）开出了一张 15 万的罚单，这张罚单称春秋航空公司低于政府指导价销售机票，违反了《价格法》等相关法律不仅让济南市民告别了 1 元机票，同时也导致春秋航空退出了上海到济南的航线。①

2　分析要点

2.1　《价格法》及其主要功能

我国现行《价格法》所称的价格包括商品价格（即各类有形产品和无形资产的价格）和服务价格（即各类有偿服务的收费）。根据《价格法》的相关规定，我国的价格形式包括市场调节价和国家定价。国家定价有政府指导价和政府定价之分。

价格法还明确规定稳定市场价格总水平是国家重要的宏观调控目标，国家将市场价格总水平调控目标列入国民经济和社会发展计划，并采取法律等各项措施保证价格总水平的基本稳定。对价格监督、检查的形式包括国家监督、检查和社会监督。县级以上各级人民政府价格主管部门，依法行使职权，对价格活动进行监督、检查，对价格违法行为实施行政处罚。

---

① 资料来源：中国经济网，2006 年 12 月 18 日。

2.2　上述处罚中值得商榷的法律问题

本案中，济南市物价局处罚春秋航空的理由有两点：第一，春秋航空公司"没有执行国家发改委和民航总局的相关文件规定，以低于政府指导价销售济南至上海机票的行为，违反了《中华人民共和国价格法》第 12 条的规定，属于不执行政府指导价的价格违法行为"；第二，春秋航空公司违反了民航总局 2004 年 4 月 20 日出台的《民航国内航空运输价格改革方案》中的"航空公司票价下浮不得超过 45% 的有关规定，而当时上海至济南机票的基准价格为 760 元。"

但针对这两点处罚依据，济南市物价局开出的罚单是否合法呢？

首先，《价格法》第三十九条规定："经营者不执行政府指导价……责令改正，没收违法所得，可以并处违法所得 5 倍以下的罚款。"据了解，春秋航空的 1 元机票的总量在 400 张左右。也就是说，按照《价格法》5 倍处罚的规定，400 张的罚款应该是 2000 元左右，而济南市物价局却做出了 15 万元的处罚。

其次，《民航国内航空运输价格改革方案》规定：各航空公司在自主定价的时候，上浮幅度不得超过 20%，下浮幅度不得超过 45%，即最低票价不能低于五五折。但是，对于每个航班的每张机票的打折底线却并未细化。也就是说，航空公司完全可以根据自己每个航班在一年内的旺季和淡季情况来对每张机票的打折程度进行适当调整，这也符合市场本身的运行规律。事实上，在国内旅客出行淡季，航空公司机票低于五五折的现象早已比比皆是。

最后，从市场规制法的原理出发，政府部门对春秋航空公司的处罚是否应同时适用《反不正当竞争法》更为妥当？值得商榷。

但无论如何，公司在经营管理过程中所面临的垄断、反不正当竞争、产品质量、价格等诸多方面的法律问题及风险都必须引起管理者的高度重视。

尽管 1 元机票风波已经过去，但它带给我们的启示却耐人寻味。首先是与国内航空公司遭遇不同的是，进入国内的外资航空公司也纷纷推出了低价票，却并未被罚。据中央电视台《经济半小时》报道，亚洲航空在 2007 年推出了 0 元、99 元、168 元等多种廉价机票，宿务太平洋航空公司也在 2007 年 10 月 9—15 日，推出了厦门到菲律宾价格为 1 元钱的特惠票，新加坡虎航也推出了最低 57 元的厦门至新加坡机票等等。另一方面，春秋航空开航以来，机票价格比市场平均水平低36%；平均上座率达到95%，远高于70%的行业水平，2006年和2007年分别赢利2000万元和7000多万元。2008年，受金融危机影响，在国内各大小航空公司普遍出现数十亿甚至上百亿亏损面前，春秋航空公司依然赢利2000万元，足以让人惊异[①]。春秋航空公司敢为人先，顺应低成本、广覆盖的国际潮流，揭开了民航业长期处于垄断、长期处于卖方市场而形成的种种弊端，使广大消费者得到了实惠，从而赢得了消费者青睐也是必然的。

还值得思考的是，在这种以价格利器作为市场竞争手段的运作方式中，乘客的服务质量又该如何保障？它究竟能走多远？这也促使宏观调控当局去更加认真和审慎对待市场规制中的垄断、竞争、价格和质量等问题，并对市场规则进行更为合理、更符合市场经济规律的完善和补充。

市场规制法所涉及的内容还很多，尤其是《消费者权益保护法》、《产品质量法》和《反不正当竞争法》由于其涉及政府、企业和社会公众各方责权利而备受关注，我们将在以后的案例采集和编写中进一步阐述。

思考与讨论

1. 什么是不正当竞争？其表现形式有哪些？
2. 如何看待曾经轰动全国的"王海打假"案？
3. 如何看待跨国公司可口可乐公司收购外国注册汇源公司被商务部否决这一案例？

---

① 中央电视台，CCTV－2《经济半小时》，2007年11月11日。

海信商标在德国被西门子
抢注的商标纠纷

摘　要　通过海信商标被德国西门子公司在德国注册，而使海信产品在欧盟市场的销售被指控为商标侵权的案例分析，以及双方为此进行长达五六年的纠纷，使海信的国际战略受到极大影响，从而警示中国企业注重企业知识产权保护。

关键词　海信　西门子　注册商标　侵权

1　案例简介*

商标意识的淡薄再次让中国企业蒙受损失，而此次遭遇不幸的是中国知名品牌企业青岛海信集团。"Hisense"商标在欧盟的使用权不属于海信，而是属于被法律保护的西门子。海信和西门子双方对"Hisense"商标案纠纷长达五六年之久。

1999年1月，海信参加了在德国科隆召开的中国机电商会主办的中国家电展。其后不到1个月，西门子旗下子公司博世—西门子集团公司（以下简称博西公司）在德国注册了"HiSense"商标，该商标和海信的"Hisense"极其相似，细微差别仅在其中"S"字母的大小写不同。对此，海信愤怒指称西门子行为为恶意抢注，并表示"商标一定要讨回来"。

在西门子注册"HiSense"商标前，1999年1月5日，"Hisense"成为中国驰名商标。

2003年，海信在德国参加柏林IFA展（欧洲最高级别的电子消费产品展）时，西门子向海信出具了"不准在IFA展上使用'Hisense'商标"的律师函。使用该商标达10年之久的海信感到不可理解，因为在这

---

　　*　崔海燕：《海信，为何吃了商标的哑巴亏》，《IT时代周刊》2004年第20期。

种原创性商标上发生如此相近的雷同的概率几近为零。海信有关部门对欧盟境内居然能出现大体一致的商标而表示怀疑："我们这个商标使用的词是我们自己创造的，在任何课本或者辞典上从来没有同样一个词语，出现同样的两个这样的商标是不太可能的。"

虽然愤怒，但西门子在欧洲抢先注册"HiSense"商标却是不争的事实。所以，海信的当务之急是弄清西门子恶意抢注商标，以及处理可能由此引起的法律纠纷。

为了解西门子的真实目的，海信开始四处寻找"HiSense"的影子。海信进出口公司的副总张秀红告诉《IT时代周刊》："我们开始在欧盟市场上、国际市场上搜集大量的资料，还有通过中国大使馆、商务会馆、我们在德国的客户以及中国驻外的一系列机构来验证西门子商标的使用范围。我们一旦有出差到国外的任何机会都在寻找贴有这个商标的产品，我们甚至对包括博西公司出资方之一的博世公司在网站上的商标记录中也进行了搜索。"但海信并没有在市场上发现"HiSense"的任何线索。

在1994年，海信合并几个工厂后决定统一商标，在全厂进行招标并确定了字母组合"Hisense"。该商标一直是海信公司的英文名称，同时也是海信的国内注册商标。

"我们在1999年西门子注册这个商标之前已经和西门子有过交流，1996年他们就来我们这里帮我们培训过员工，他们不可能不知道我们的品牌。"张秀红回忆说，"除了发来两张广告图片外，西门子方面没有向我们提供更多的证据。关于这个品牌的产品和数据我们都没有，我们也不知道图片的真实性。"海信方面更加怀疑西门子的做法具有相当的功利性。

现在能见到的证据是西门子方面出示的"HiSense"洗碗机广告样片。样片一共两张，明显出自于同一本德文杂志，分别刊发于2001年和2003年。在不同的广告样片中，2001年版上的"Simense"和"HiSense"标志比较明显，但前者出现的次数3倍于后者，且其醒目程度远非后者所能及；而2003年版上仅有的"HiSense"商标很不起眼。若不放大观看，不一定能识别出该洗碗机的品牌。

西门子方面认为凭此广告样片足以成为博西公司拥有"HiSense"商标的证据。虽然海信方面表示怀疑，但苦于一时拿不出具有说服力的证据，因此双方形成了对峙格局。

90 年代中期，海信决定出征国际市场。海信把欧洲的登陆点放到了位于南欧的意大利。如何让欧洲消费者相信中国产品成了他们必须直面的问题。鉴于市场形势，在经过几个月的调研之后，海信决定直接在意大利设立分支机构。接下来，海信开始向欧洲市场的腹地进军，并把旗下更多的产品推向欧洲。

2002 年欧盟结束对中国彩电的反倾销，2003 年，海信开始在欧盟销售自己的彩电。

为了不影响海信国际化战略的大局，海信集团自 2003 年春季就开始和西门子谈判合理转让的事情。

按照商标方面的评估标准，商标的价值主要和此商标项下的商品所攫取的利润成直接关系，攫取的利润越高，商标价值越高，其他的费用比如注册费等占据的比例都不大。按照惯例，遵照双方的意愿，双方会寻找一个第三方来对标底进行评估，交易的协议价格基本上是围绕这个来的。但是如果双方中有一方不想以此价格出让的话，法律不能实行强制。也就是说最后总的协议价格还主要是靠双方的谈判。

海信和西门子最初的谈判因后者要价过高不欢而散。在那次谈判中，西门子向海信方面提出了 4000 万欧元（约合 4 亿元人民币）的转让价。

西门子方面认为自己的开价完全合理。西门子转让该商标的转让价中不仅包括博西家电在欧盟和其他一些国家的商标注册费用，同时还应该考虑包括博西家电已经为该商标项下产品的市场推广和分销的成本在内的其他因素。

海信怎么也不会理解一个产品上的副商标要值这么多钱，西门子的漫天要价激起了海信方面的强烈反弹。"他们这是敲诈！"郭庆存愤怒地说，"并且，'HiSense'商标并没有大规模地用于产品，西门子将它束之高阁。"据此，海信方面认为这足以证明西门子是在恶意抢注，他们在等待海信进一步成长，并以此来要挟作为一个市场竞争的砝码，即使出让这个商标也要增加对方的成本。

因此，海信认为，就"HiSense"商标的范围和影响力而言，它只值几万欧元。过于悬殊的差距使得双方的谈判暂时告停。

然而，2004 年 9 月 9 日，通过向外界彻底披露自己和西门子长达 5 年的商标之争，海信不仅赢得了中国市场的同情，更激起了中国媒体对西门子的不满。意欲更深层次介入中国市场的西门子感受到了来自各界的压力。

2　分析要点

2.1　有关商标权依法获得的法律规定

商标的获得分国内和国际获得两种情况。国内商标权的取得是依据我国《商标法》的规定由商标申请人提出申请，经商标管理部门审查、公告和批准即可获得，但该商标权只在我国获得保护。本案中海信商标在我国注册，取得了海信商标使用权。由于知识产权具有地域性特征，海信商标只能在我国范围内得到法律保护。而海信商标要在其他国家获得商标使用权，应当按照商标国际条约如《商标国际注册马德里协定》、《商标注册条约》等进行国际注册，从而在这些国际条约的缔约国获得保护。本案中海信的商标由于未在德国注册而被西门子公司抢注，使海信商标不能在欧盟国家使用，给海信造成了巨大的损失。

因此，作为国际化的企业，其商标不仅要在国内注册，还必须在国外注册，才能在国内外获得法律保护，从而化解商标侵权的法律风险，维护自身的权利。

2.2　关于已在国内注册的商标，在国外是否当然可以使用的问题

商标在注册的地域范围内由商标专用权人使用，商标权人也可以许可、转让或授权给他人使用。要在注册地域范围外使用该商标，必须按照相关法律进行注册，如果他人已经注册，就必须得到授权或许可。由于海信商标被西门子公司在欧盟抢注，因此，海信如果将产品销往欧盟各国就会被西门子公司指控为侵权。这对海信来说是非常不可思议的事情，自己使用了 10 年的商标却不能用了。这就是商标权保护的地域性。因此，就目前来说，海信要在欧盟使用自己的商标，需得到西门子的许可或授权，否则，就会因商标侵权引来麻烦。

我国许多企业的知名商标和驰名商标都遇到过海信的情况，自己使用了几年甚至几十年的商标由于没有在国内外注册而被抢注，痛失自己的商标，从而影响企业的生产和销售，使企业蒙受巨大的损失。

2.3　关于驰名商标的国际保护问题

对于驰名商标的保护，国际公约有些特别的规定，其目的是对恶意抢注的驰名商标进行非常保护。在对知识产权保护的一系列国际公约、双边

协定中均有所提及，其中影响最大的应属《保护工业产权巴黎公约》（以下简称《巴黎公约》）和《与贸易有关的知识产权保护协议》（以下简称TRIPS 协议）。缔结于 1883 年的《巴黎公约》，是各种保护工业产权公约中缔结最早、成员国最广泛的一个综合性公约，我国于 1984 年正式加入《巴黎公约》。《巴黎公约》保护驰名商标的条款，即第 6 条之二规定：①本联盟各国承诺，将依职权（如本国法律允许），或依有关当事人的请求，对商标注册国或使用国主管机关认为在该国已经属于有权享受本公约利益的人所有、已经驰名并且用于相同或类似商品的商标构成复制、仿制或翻译，易于产生混淆的商标，拒绝或取消注册，并禁止使用。这些规定，在商标的主要部分构成对上述驰名商标的复制或仿制，易于产生混淆的，也应适用。②自注册之日起至少五年的期间内，应允许提出取消这种商标的请求。本联盟各国可以规定一个期间，在这期间内必须提出禁止使用的请求。③对于恶意取得注册或使用的商标提出取消注册或禁止使用的请求，不应规定时间限制。

1999 年 1 月海信商标就认定为我国的驰名商标，按照上述公约的规定，博世西门子公司是不能将海信商标在德国注册的，因此，其恶意抢注应认定其商标注册无效；另一方面，海信在知道博世西门子公司在德国注册时，应在 5 年内向德国商标管理机构提出取消该商标注册。而海信没有及时采取保护措施维护自己的权利，失去了最佳机会。现在海信能做的事情是证明西门子公司属于恶意抢注，才能在欧盟重新获得自己的商标使用权，否则就会被西门子公司漫天要价。

该案给我们有很多思考，面对经营管理成熟、经济势力雄厚的跨国公司，我国的企业走出去还有很多需要解决的问题。如本案涉及的商标问题，如果在海信有国际战略目标后就进行商标国际注册，既节省费用，又避免了这么长时间的商标纠纷，更重要的避免失去自己发展的良好时机。西门子与海信由于产品雷同，相互竞争，不愿海信在欧洲发展，争夺了其在欧洲的市场，因此采取这种办法阻碍海信在欧洲的生产和销售，从而稳定自己在欧洲的地位。我国的企业国际化会受到各国及相关企业的重重阻挠，我国企业自身必须具备预防可能发生事件的预测能力和采取必要的防范措施，以此降低或避免企业的损失。

思考与讨论

1. 企业如何进行商标权的管理和保护?

2. 企业如何依法将商标、企业名称、商号和地理标记作为知识产权加以确认和保护?

3. 分析国际国内有关商标法的内容及存在的问题。

参考文献

[1] 崔海燕:《海信,为何吃了商标的哑巴亏》,《IT 时代周刊》2004 年第 20 期。

[2]《中华人民共和国商标法》,法律出版社 2001 年版。

[3]《中华人民共和国商标法实施条例》,法律出版社 2002 年版。

农民工与四川通林公路公司的劳动纠纷[*]

摘　要　通过农民工与公司之间的劳动纠纷，分析我国企业在用工方面存在的问题，既有制度层面的原因，也有法律法规执行不力等原因，造成人们司空见惯的农民工与城市职工的身份差异。做同样的工，农民获得的报酬远远低于城市职工。

关键词　农民工　公司　劳动纠纷

1　案例简介[**]

2008 年 8 月 16 日，申诉人农民工陈声等五人（以下简称申诉人）向成都市劳动争议仲裁委员会提起申诉，认为四川通林公路有限公司（以下简称被诉人，国有企业）对农民工无视劳动法中确定的同工同酬等原则，对农民工给予各种歧视待遇，并且没有与农民工签订书面劳动合同，更没有为农民工缴纳社会保险费等，要求四川通林公路有限公司补偿因歧视产生的劳动报酬差额及缴纳劳动者工作期间内的养老保险、医疗保险、失业保险、工伤保险等各种法定的劳动保险费。

申诉人陈声、邓云从 2000 年 12 月，陈镭从 2001 年 1 月，蒋青从 2002 年 11 月，白京从 2003 年 4 月，分别开始在被诉人下属单位章柠工务维修公司工作。陈声、邓云为桥隧工，陈镭、蒋青、白京为线路工。申诉人在被诉人处工作期间，被诉人一直未与申诉人签订劳动合同。申诉人在被诉人处工作辛苦，从没有公休、节假日。但被诉人无视劳动法确定的同

---

　*　由作者本人采集编写，为保密需要和避免纠纷，作者对案例中有关企业名称、数据等作了修改。

　**　由作者本人采集编写，为保密需要和避免纠纷，作者对案例中有关企业名称、数据等作了修改。

工同酬等原则，对申诉人给予各种歧视待遇。如：与被诉人签订了书面劳动合同的职工（以下简称：书面合同工）的月平均工资均在 900 元以上，申诉人却被被诉人单方面确定为以实际天数为计算单位，每出勤一天得固定工资 20 元。书面合同工每月有 700 元以上的工资补助，而申诉人及其他农民工却无任何补助。年度春运、防洪奖金书面合同工每人 600 元，申诉人等却被固定为每人 100 元。另外，书面合同工都有优厚的各种劳动保险待遇，而申诉人却被排除在这些法定劳动保险待遇之外。

2008 年 7 月 19 日，被诉人发出书面通知，以申诉人等体检不合格为由，决定终止与申诉人的劳动关系。通知书中，被诉人随意将申诉人的工资标准确定为每月 600 元，并以此为标准发给申诉人经济补偿金，同时发给每人每年 1000 元的超劳时报酬。申诉人认为被诉人的行为损害了申诉人的合法权益，请求被诉人依法按照书面合同工的工资标准，补发基本工资、休假日加班工资、各类月度工资补助、春运防洪奖金及前述工资总额 25% 的赔偿金和解除劳动合同关系的经济补偿金等共计 358105 元，同时，依法为申诉人办理工作期间的养老、医疗、失业、工伤等各项社会保险。

而被诉方认为申诉人所提到的书面合同工与申诉人之间存在差距，申诉人要求与书面合同工一样的工资待遇没有法律依据。首先，书面合同工的工作技术含量较高，因为书面合同工均取得了中专学历（职业培训合格证书）以及职业资格证书，且还必须经公司考核合格后进行定岗定职，达到了国家相关行业的用工条件和用工标准，属于技术工种。而申诉人只是劳务工，其现有的学历水平（初中或以下）和劳动技能均达不到国家相关行业定岗定职的职业准入标准。因此 5 名申诉人与书面合同工根本就不同工，当然也就不可能同酬。其次，根据《劳动法》的规定，用人单位有权确定职工的工资报酬。《劳动法》第 47 条规定："用人单位根据本单位的生产经营特点和经济效益，依法自主确定本单位的工资分配方式和工资水平。"最后，书面合同工与 5 名申诉人并不是同一工种，书面合同工有两证，桥隧工、线路工等是实行就业准入工种，他们是技术工种；而 5 名申诉人从事的工作仅是劳务性辅助工作，不属于技术工种。因此，书面合同工与 5 名农民工之间的工资差距是合法合理的。

成都劳动仲裁委员会作出裁决认为：

（1）申诉人作为农民工没有受到被诉人的歧视性待遇，经调查，被诉人在申诉人进入工作时，就已经明确告知了工资标准，双方就工资支付的标准达成了合意，并且被诉人为申诉人确定的工资标准没有违反相关法律、法规的规定。在申诉人被解除劳动关系后，被诉人依法向申诉人支付了解除劳动合同的经济补偿和工作期间的加班费，申诉人已经签字并领取了这笔费用。

（2）被诉人一直未按相关法律、法规的规定为被诉人办理社会保险，缴纳社会保险费。被诉人的行为违反了《劳动法》的规定，其应当到社会保险机构为申诉人补办劳动关系存续期间的社会保险并缴纳社会保险费。

2 分析要点

2.1 关于农民工的劳动待遇问题

我国的农民工从农村到城市就业，就是到企业、事业单位和机关等单位从事劳动，由于文化水平低，技术技能缺乏，绝大部分从事的就如本案的农民工一样，是劳务性的劳动，工作时间长，待遇低，没有节假日，也没有按照国家标准拿加班工资。本案中的农民工认为他们应当与其他书面合同工获得同量的报酬，理由是他们从事的工种是一样的，且农民工比他们更辛苦而获得的报酬远远低于书面合同工。笔者认为在我国是一种普遍现象，尤其是机关、事业单位、国有企业等单位本身有工人，但本单位的工人成了工头，所有的重活、脏活由农民工干，但是工资报酬正式工人是农民工的几倍，这样的按劳分配农民工心理会平衡吗？

我国法律规定同工同酬，实际上我国绝大部分企业尤其是国有企业实行的是身份报酬。《劳动法》第 46 条规定："工资分配应当遵循按劳分配原则，实现同工同酬。"这里的"同工同酬"，根据《关于劳动法若干条文的说明》（劳发办〔1994〕289 号）第 46 条的解释，是指用人单位对于从事相同工作、付出等量劳动且取得相同劳动业绩的劳动者，应支付同等的劳动报酬。同工同酬反对平均主义，对不同性质的劳动给予不同量的劳动报酬。但在现实的分配中还有一个潜规则，就是按劳动者的身份不同进行分配，正式职工定岗定级，非正式职工主要是农民工不管你在一个单位干多少年都没有定岗定级，只能拿很低的劳动报酬。尽管我国的劳动法、劳动合同法等大量关于劳动方面的法律法规出台，都没有解决这个问题，社会现实没有根本性的变化。

2.2 企业是否需要与劳动者签订书面合同的问题

按照劳动法的规定，用人单位必须与劳动者签订书面劳动合同，但事实上在《劳动合同法》实施前，普遍存在用人单位不与劳动者尤其是农民工签订书面的劳动合同，本案中的用人单位在用工长达七八年之久，都没有与劳动者签订书面劳动合同，形成的是事实劳动合同关系，一旦发生劳动纠纷，劳动者举证艰难，从而也就难以维权。在《劳动合同法》实施后，用人单位与劳动者是否就依法签订书面劳动合同？根据调查，仍普遍存在不签书面合同的情况。主要原因在于资方是强者，劳方是弱者，我国处于劳动力供大于求，尤其是文化水平较低、缺乏技能的农民工更是供过于求的情形，因此，尽管有严格的法律规定，执行仍然不力。

2.3 关于社会保险问题

我国实行城乡二元化政策，农村农民的社会保障没有法律法规可以依据，其社会保障缺失。因此，农民工希望在企事业单位务工后，能获得一份与城市人相同的医疗保险、养老保险，我国《劳动法》、《劳动合同法》都规定用人单位必须为劳动者办理社会保险，但在现实中实行起来异常艰难，各用人单位都想使自己的利润最大化，如果为所有的劳动者办理社会保险其用人成本将大增，与企业的赢利目标不一致。本案仲裁要求被诉人为申诉人办理社会保险和缴纳社会保险费，应当说是满足了劳动者的愿望。

2.4 关于劳动关系的解除

在法律上有无书面劳动合同其争议解决的依据不同，有书面劳动合同的劳动关系争议适用《劳动法》，而无书面劳动合同的劳动争议依照最高人民法院《民事案件案由规定》的通知，该通知的第39条规定，劳动争议案又细分为劳动合同纠纷、集体劳动合同纠纷和事实劳动关系争议等案由。本案中被诉人与申诉人之间由于没有书面劳动合同，属于事实劳动关系争议。最高人民法院关于审理劳动争议案件适用法律若干问题的解释第16条规定，对于事实劳动关系，一方提出终止劳动关系的，人民法院应当支持，且没有明文规定解除后的赔偿金内容。可见，事实劳动关系的解除不需要法定事由，单方就可以解除，相对于有书面合同的劳动关系解除更便捷，成本更低，这也是很多用人单位不签合同的一个原因。

总之，劳动纠纷涉及的是利益纠纷，其法律的完善是至关重要的，同时法律的执行和监督更重要。

思考与讨论

1. 我国劳动法对劳动报酬（工资）、社会保障、劳动时间等劳动者基本权利的法律法规规定有哪些？

2. 阐述我国劳动法与劳动合同法对劳动者的招聘、裁员、辞退、辞职、劳务派遣、劳动培训的法律法规的规定。

3. 企业如何规避使用农民工时产生的劳动纠纷？

4. 企业不遵守劳动法律应如何追究责任？只是单位责任，还是同时要追究负责人的责任？

5. 你对我国现行的劳动法律法规如何评价？你认为主要存在哪些问题？如何来解决这些问题？法律上如何完善？

参考文献

［1］《中华人民共和国劳动法》，法律出版社 1994 年版。

［2］《中华人民共和国劳动合同法》，法律出版社 2007 年版。

［3］《中华人民共和国劳动争议调解仲裁法》，法律出版社 2008 年版。

企业文化

蒙牛的急速发展理念与企业发展战略关系

采臣　　陈丽琳

摘　要　蒙牛的成功故事是一个奇迹。这个成立之初面临着重重困境的企业，现在却俨然成为中国乳业的领头军。面对蒙牛的发展神话，我们必须认真思索一个问题：蒙牛成功最重要的原因是什么？蒙牛的理念就是快速发展的理念，就是跑的理念。这样的理念奠定了蒙牛的超常规快速发展战略的基础。本案例分析了蒙牛企业文化的理念与超常规发展战略。从它的成功与危机事件中提出问题，引导有关人士思考。

关键词　蒙牛　理念　战略　成功　问题

引言

"超级女声"、"每天一斤奶，强壮中国人"，提起这两句话，大多数的中国人就会想到蒙牛。这个成立之初面临着重重困境的企业，现在却俨然成为中国乳业的领头军。

蒙牛的成功故事是一个奇迹。从 1999 年到 2007 年，蒙牛以每年平均 365％ 的速度飞速增长，在香港上市之后，其股票市值迅猛上涨，创造出数名亿万富翁、数十名千万富翁和数百名百万富翁。纵观蒙牛的发展神话，我们必须认真思索一个问题：蒙牛成功最重要的原因是什么？

1　案例背景

1999 年 7 月，内蒙古蒙牛乳业股份有限公司由自然人出资，采取发起设立方式成立。当时的蒙牛是一个典型的"三无"企业：无奶源，无工厂，无市场。面对困境，公司董事会确定了"先建市场，后建工厂"

的发展战略，建立了研发与销售在内、生产加工在外的"杠铃型"企业组织形式，并通过"借鸡生蛋"迅速做大企业。通过"创内蒙古乳业第二品牌"的战略实施，蒙牛把所有的竞争对手都甩在了脑后，为自己占领了一个一人之下、万人之上的制高点。

蒙牛奉行"产品等于人品"的质量理念，追求"出厂合格率100%"的质量目标。企业通过多项认证：以及 ISO9001、ISO14001、OHSAS18001、GMP、HACCP 五大体系认证，通过绿色食品认证。"蒙牛"商标 2002 年被认定为"中国驰名商标"。液态奶荣获"中国名牌产品"称号，并被列为国家免检产品。产品覆盖 32 个省、市、自治区和特别行政区。2002 年 10 月 19 日，"第五届中国成长企业 CEO 峰会"在人民大会堂召开，在大会表彰的 1999—2001 年度中国超速成长百强企业（非上市、非国有控股）中，蒙牛乳业以 1947.31% 的成长速度名列榜首。

2004 年 6 月 10 日，蒙牛正式于香港联交所主板上市（股票代码 2319 HK），成为第一家在香港上市的中国内地乳制品企业。公司此次 IPO 取得了很大的成功，按照 19 倍的市盈率，以每股 3.925 港币的价格发行，公众超额认购达 206 倍。公司筹集资金额达 13.74 亿港元，上市当天，涨幅达 24.2%，当日成交量达到 16.91 亿港元。

目前，公司属于中外合资股份制企业。短短几年时间，业务收入在全国乳制品企业中的排名由第 1116 位上升至第 2 位。

2　蒙牛理念与超常规的发展战略

蒙牛的理念就是快速发展的理念，就是跑的理念。这样的理念奠定了蒙牛的超常规快速发展战略的基础。

2.1　蒙牛企业文化的理念与超常规发展战略

蒙牛企业文化的理念篇清楚载明：想过成功，想过失败，但从来没有想过放弃。只为成功找方法，不为失败找理由。弱者坐等良机，强者创造机会。坐着没有机会，走着有一个机会，跑着有两个机会。股东投资求回报，银行注入图利息，员工参与为收入，合作伙伴需赚钱，顾客购买要实惠，父老乡亲盼税收。

蒙牛乳业有限公司董事长牛根生欣赏和践行不已的也是他的超常规发展战略。从公司成立之初他就敢于把公司 900 万元启动资金的 1/3 用于广告宣传，至 2003 年成为央视广告新一代标王，牛根生可谓把超常规的快速发展发挥到了极致，并且还踌躇满志地把它当作一个无往不胜的利器。

2.2　蒙牛理念的落实与战略的实施

从蒙牛创业之初，就确立了"蒙牛·中国牛·世界牛"的三步走战略，蒙牛的战略目标：以国际竞争的眼光来制定发展战略，强化学习型企业文化建设；用创新的方法，整合全球有效资源，用 5—10 年时间，成为中国和世界乳制品专业制造商的领导者。

2.2.1　采用关联战略定位，借势创品牌

蒙牛创业初期，就采用了关联战略定位，这就是站在巨人的旁边，分享伊利的光芒。承认"我是第二"，一方面不惊动对手，保护了自己的生存空间；另一方面，迅速获得了顾客的信赖，为提升自己，以便站在巨人肩上。为了有效地把借势战略传播出去，牛根生的想法是"既要轰动，又不能多花钱"。当时呼和浩特的路牌广告刚刚萌芽，没什么人做，牛根生意识到这是一个机会，于是便找到了路牌广告的负责人，他说："你的牌子长时间没人上广告，那就会无限期的荒下去，小荒会引起大荒；如果蒙牛铺天盖地做上 3 个月，就会有人认识到它的价值，一人购引起百人购。所以，我们大批量用你的媒体，其实也是在为你做广告，你只收工本费就会成为大赢家。"该负责人认为这话说得有理，于是便以成本价卖给了蒙牛 300 多块路牌广告 3 个月的发布权。结果那年，呼和浩特市所有主街道都竖满了"蒙牛乳业，创内蒙古第二品牌"的大红广告牌。有的广告牌还写着"千里草原腾起伊利、兴发、蒙牛乳业"。借这两个内蒙无人不知的大企业的"势"出自己的"名"，使伊利降低"敌意"。就这样，蒙牛打响了创业的第一枪，这一枪使得整个草原为之震动。凭借"第二品牌"的招牌，在第一年就创下 3700 万元的销售额。

接着，牛根生又拿出 300 万元对那些承包、租赁、托管的企业进行技术改造和设备更新。另外 300 多万元，则用来建工厂。如何在资金有限的情况下，以小搏大？在多方考察后，牛根生决定出奇制胜，采取"先建市场，后建工厂"的逆向经营模式，用别人的钱干自己的事。他的计划是分段运作，把全国许多的工厂变成自己的加工车间。同时，他与中国营养学会联合开发了系列新产品，然后准备与国内的乳品厂合作，以投入品牌、技术、配方，采用托管、承包、租赁、委托生产等形式，将所有产品都打出"蒙牛"品牌。这样，投资少，见效快，又可创出自己的品牌。

2.2.2　抓住特殊事件，促进快速增长

在成长的过程中，蒙牛从未错过每一次商机。2005 年的"超级女声"，更让蒙牛走进公众的视野，并使蒙牛酸酸乳销售额比上年增长了2.7 倍。神五升天，蒙牛打出"航天员专用奶"，在中央电视台争做广告。1999 年蒙牛以 4400 万元的销售额排名中国乳业第 1116 名，而到 2002 年，就跃进乳业第四，销售额直迈 21 亿。这些成就取决于他们得天独厚的资源与管理。

蒙牛的超常规快速发展战略实际在很大程度上都是运用机会战略，尽快找到战前的捷径，或者找到跨国公司来不及得到的市场，而取得自己的业绩。在品牌的塑造上，蒙牛也很大程度地受了这种机会战略的影响。

2.2.3　运用公益营销策略，有力促进企业成长

蒙牛乳业在短短 8 年的时间里创造了众多的商业奇迹，成为中国乃至世界乳业的领军式企业。除了领导阶层作出的正确企业决策外，另一个使蒙牛如此成功的原因就是该企业所强调的社会责任意识以及他们的公益营销策略。蒙牛董事长牛根生曾说过："一个企业如果不关心国家、民族的大事，老百姓肯定也不会关心你的事，这样的企业跑不快、走不远、跳不高。"蒙牛在 9 年的发展过程中成功地运用了包括"公益事业宣传"在内的公益营销策略，有力地促进了企业快速成长。

2005 年 1 月 12 日，牛根生董事长与家人捐出全部股份，创立了"老牛专项基金"，被誉为"全球捐股第一人"。"老牛专项基金"的宗旨是"发展公益事业，构建和谐社会"，公益对象为"三个面向"：面向"三农"事业，面向教育事业，面向医疗事业。

截至 2007 年 6 月，牛根生与家人所捐股份的市值已经达到 40 多亿元，其红利逐年纳入"老牛专项基金"。2003—2005 年所产生的红利，已广泛运用于资助失学儿童与贫困大学生、帮扶五保户与周边农民、慰问公安战线的英模人物与烈士家属等各项社会公益事业。

2007 年 4 月 26 日，享有"中国慈善第一榜"之誉的中国慈善排行榜在北京举行颁奖典礼。蒙牛乳业集团董事长牛根生入选"中国十大慈善家"。

早在 2003 年随神舟五号"上天"的蒙牛，并没有忘记落在消费者心中才是品牌最好的位置。卫生部红榜上中国首家捐款抗击"非典"企业；印度洋地震海啸捐款 59 万元人民币；联合"老牛基金会"在除夕之前为

南方雪灾灾区群众捐资 1000 万元……随着企业的成长，蒙牛主动承担起越来越多的社会责任。

　　2008 年的"5·12"汶川大地震发生后，蒙牛在第一时间就将 200 万包牛奶等物资送抵灾区，从灾情发生至今蒙牛累计捐赠款物达 1010 万元。除了物资支持，蒙牛还组建了一支全部由蒙牛员工组成的志愿者突击队，自备运输工具，冲破重重险阻，通过因地震和山体滑坡、泥石流而严重损毁的道路，将奶粉及时送达了什邡、德阳、绵阳等 7 个重灾区。随后，蒙牛又联合中国教育发展基金会为九州、八一、北川三所帐篷学校组织了特别送奶行动，为孩子们送去了保证营养所需的爱心牛奶。

　　2006 年 6 月开始至今，蒙牛推动发起的以"每天一斤奶，强壮中国人"为口号的"中国牛奶爱心行动"，则通过为全国 1000 所贫困地区小学免费送奶大型公益活动把蒙牛的公益事业推向了高潮。

　　无论从公益营销成本，还是从其效果来说，能够在公益营销中发挥企业自身优势，将产品"合情合理"地引入到公益活动中，让消费者感受到品牌的存在、触摸到产品的品质，无疑是最好的双赢结果。以普及青少年饮奶为目标的"中国牛奶爱心行动"使蒙牛牛奶的健康品质与富含爱心的品牌形象在消费者心中得到了升华。

　　关注民生大事，主动承担大责任，而大责任又能反过来成就大品牌——这就是蒙牛公益营销传播的共赢之道。中国是一个特殊的市场，无论官方还是民间皆具有好大喜功的心态，那些会"来事"、会"折腾"、爱"热闹"的企业自然会赢得更多青睐与追捧。蒙牛深谙此道。

3　蒙牛的系列危机事件

　　事件一：三聚氰胺成为中国乳业行业性灾难，蒙牛未能幸免。

　　2008 年 9 月，三鹿婴幼儿奶粉事件发生后，国家质检总局紧急在全国开展了婴幼儿配方奶粉三聚氰胺专项检查。9 月 16 日，中央电视台《新闻联播》并公布了阶段性检查结果。

　　全国目前共有 175 家婴幼儿奶粉生产企业，其中 66 家企业已停止生产婴幼儿奶粉。此次专项检查对其余 109 家企业进行了排查，共检验了这些企业的 491 批次产品。专项检查显示，有 22 家企业 69 批次产品检出了含量不同的三聚氰胺。而蒙牛和伊利这两大巨头赫然"上榜"，令舆论哗然！

事件二：蒙牛液态奶被检测出三聚氰胺。此后，危机进一步扩大。9月18日晚间，国家质检总局公布了全国液态奶三聚氰胺专项检查结果。检查结果显示，蒙牛、伊利、光明等品牌的部分批次产品中检出三聚氰胺。

事件三：蒙牛陷入"收购危机"。

2008年11月3日，《中国经营报》报道了牛根生因蒙牛陷入收购危机而向中国企业家求援的消息。此消息一出，纷纷被各大媒体和网络转载。《中国经营报》报道，老牛称："股价暴跌，导致我们抵押给摩根斯坦利的蒙牛股份在价值上大为缩水，这引得境外一些资本大鳄蠢蠢欲动，一面编织谎言，一面张口以待……及时补足保证金，关系到企业话语权的存亡。作为民族乳制品企业的蒙牛，到了最危险的时候！"

事件四：质检总局叫停蒙牛 OMP 牛奶。

2009年2月2日，国家质检总局向内蒙古自治区质量技术监督局发出公函，对蒙牛特仑苏牛奶的有关情况提出监管意见："鉴于目前我国未对 OMP 的安全性做出明确规定，IGF-1 物质不是传统食品原料，也未列入食品添加剂使用标准，如人为添加上述物质，不符合现有法律法规的规定。"

国家质检总局要求内蒙古质检局："责令蒙牛公司禁止添加上述物质，并通知蒙牛公司，如该企业认为 OMP 和 IGF-1 是安全的，请该企业按照法定程序直接向卫生部提供相关材料，申请卫生部门作出是否允许使用 OMP 及 IGF-1 的决定。"此消息被嗅觉灵敏的媒体获悉后，再次把蒙牛推向了风口浪尖，网上再次掀起了一股"批牛骂牛"的高潮。

2月14日上午，卫生部网站发布"专家认为饮用 OMP 牛奶不会产生健康危害"的消息。消息称，卫生部会同质检总局等6个部门的专家对蒙牛公司使用的 OMP 食用安全性进行了研讨后认为，这一产品没有健康危害，但 OMP 不是现行国家卫生标准允许使用的食品原料，蒙牛公司进口并使用 OMP 没有事先申请批准，并擅自夸大宣传产品功能，违反了食品卫生法的有关规定。

蒙牛集团总裁杨文俊说，蒙牛集团将深刻吸取这次事件的教训，严格依据食品卫生法的规定，按程序办事。他们正在积极办理获得批准的有关手续。蒙牛 OMP 风波暂告一段落。

4 分析与评述

蒙牛以牛的精神跑出了惊人的速度，获得了快速的成长。它的企业理念和战略的实施为企业文化和企业发展建立了良好的联系。但是，在2008年三聚氰胺事件在不合格婴幼儿奶粉企业名单上，蒙牛集团生产的"蒙牛牌婴幼儿配方乳粉"赫然名列其中。在这场奶制品地震中，由于奶制品下架、股价暴跌、顾客的信任危机，蒙牛这头曾经跑出火箭速度的牛，也到了生死的边缘。在这个事件中，三鹿固然已经作古，另外，受伤最重的，可能就是蒙牛了。那么，蒙牛的成功是偶然还是必然，蒙牛可持续高速发展的前景到底如何呢？在奶业战场硝烟四起、企业竞争白热化的今天，如何正确看待发展中的相关问题，不仅是蒙牛也是其他中国速度型企业必须思考的问题。

食品的安全，是消费者最直接、最现实、最关心的利益问题，也是不可有丝毫懈怠的重大民生问题。企业的发展需要消费者手中的货币选票。我们所有的企业，所有的生产经营者，怎样才能从企业理念到企业战略方向的把握上真正把消费者的利益放在首位？我们的企业怎样才能真正认识到公众幸福最大化，远比企业财富最大化重要？"速度型企业"如何适应发展稳定型市场？一个以速度获胜的企业，速度成就的产品的品质就是它的品牌，代表它的企业形象。但是，企业的发展速度与整个市场的发展水平息息相关，整个品类发展越成熟，企业取得速度的难度就越大。中国牛奶市场经过几年的奶源、渠道竞争和资本整合，已经进入彻底洗牌阶段。此时的企业就必须解决更多的制度、管理问题，而不仅仅专注于销售产品。蒙牛如何能让企业保持平衡发展？

在蒙牛的发展历程中，它利用"借势"提高自身的地位，利用公益营销赢得市场，不断地提高比较竞争优势，而如何赢得真正的持续竞争优势，如何与消费者建立持久的关系，为消费者创造真正的价值，却只是停留在一般的口号的层面上，没有落实到企业的实际生产运作中。

蒙牛在一定程度上受制于自己以前的经验，或许以前的种种光环都给蒙牛提供了一个强有力的证据，蒙牛的发展就应该是快速、超常规的，因此蒙牛开始不顾一切地寻求速度，而不是强化及培养企业自身的核心竞争力，开始寻求一切机会让企业立刻取得各种利益，而不管这种利益是不是超出了蒙牛的核心竞争力所允许的范围，是不是能够让蒙牛持续地发展、持续地赚钱。

思考与讨论

1. 蒙牛的超快速发展得以成功的基础到底是什么？优秀的企业文化，宣传策略，还是真的是以质量赢得顾客？

2. 蒙牛发展到现在这个地步，它的理念和战略是坚持还是该改变？如果改变该如何变？还需要坚持哪些使企业发展至今的好的企业理念？

3. 蒙牛所宣传的社会责任到底是成就了企业还是阻碍了企业发展？

参考文献

[1] 常亚红、吴国祥：《"产品等于人品"蒙牛创造神话》，江苏新闻网 2004 年 6 月 10 日。

[2]《公司发展史》，见蒙牛官方网站。

[3]《蒙牛企业案例分析》，元妙企业管理网 2008 年 11 月 15 日。

[4] 朱玉童、邓永慧：《蒙牛品牌塑造的缺陷》，中国营销传播网 2004 年 4 月 14 日。

[5] 王瑞东：《生死时速：蒙牛系列危机事件回放，蒙牛品牌管理的硬伤与教训（上）》全球品牌网 2009 年 4 月 20 日。

远裕①企业价值观再造工程

陈丽琳　齐佩嘉

摘　要　企业价值观是企业文化的核心内容。本案例选择了一个在企业价值观建设上具有代表性的企业作为调查对象，经过历时近一个月的问卷形式为主，观察、走访等其他方式为辅的调查，分别从经营性价值观、管理性价值观和体制性价值观三方面入手，结合数据与资料，利用 SWOT 矩阵进行综合、全面分析，得出了关于该企业价值观现状的分析报告，并立足该企业价值观理念与企业文化管理制度两个角度，为该企业价值观的再造提出了一些意见，期望能帮助我国中小型民营企业走出文化管理的困境，成功实施价值观再造工程。

关键词　企业　价值观再造　文化管理

1　企业背景

四川远裕纸业股份有限公司前身是某造纸厂，1992 年转制为股份有限公司。经过 5 次大规模扩张和技术改造，从一个年产量 300 余吨的半机械化小厂发展为现制浆造纸能力 8 万吨，总资产 5.7 亿元的大型中高档文化纸生产企业。公司现有员工 1400 余人，其中专业技术人员 300 人。企业规模及经济效益名列省造纸行业前茅。但随着企业的壮大，原有的文化体系由于系统性和指导性不强，已不能满足企业发展的需要。

2　案例事件

2003 年 7 月至 2004 年 3 月 18 日，远裕与深圳天时企业文化管理咨询

---

①　为企业保密需要，对公司名称作了掩饰性修改。

公司合作，公司上下齐动，全员联动，积极投身于为企业度身定制的"远裕之道"企业文化建设工程。时至今日，远裕已确立了"远裕之道"企业文化的核心主体，并以此为指导，建立了远裕企业文化的四大系统。

公司整合价值理念，建立了以发展、创新、忠诚、诚信为支柱的企业精神文化系统。确立了"忠、信、胆、识"的核心价值观和"生生不息节节高"的远裕精神；"诚信为本，市场为先"的市场观；"创造价值，追求共赢"的营销理念；"客户的要求，就是我们的追求"的客服理念和"远裕品牌就是远裕人品"的品牌观。同时还制定了做中国西部一流的造纸企业和到 2010 年生产能力扩大到 22 万吨，销售收入达到 12 亿元，利税总额 2 亿元的远景目标。

在规范行为规则方面，远裕建立了企业的行为文化系统。在价值理念的指导下，重新规范了行业的行为准则，制定了《员工道德行为守则》、《礼仪活动规范手册》、《常用礼仪规范手册》等一系列行为规范准则，这是远裕员工的行动指南。

在塑造品牌形象方面，远裕完善了企业的形象文化系统。他们对原有的视觉识别系统进行了全面修订，开展了标准化的推广，重塑了远裕的企业形象，公司还创作《远裕之歌》，创建了远裕人自己的音乐文化。通过深入推进"远裕之道"的企业文化工程，在一定程度上推动了远裕的管理创新，促进远裕健康发展。但同时，远裕也存在许多问题。

2.1　经营性价值观

企业在根据外部情况指导和约束自己的经营行为时，或者说在调整自己与外部的关系时，必然要有一种指导性的价值理念，这种指导企业调整自己与外部关系的价值理念，就是经营性企业文化，所以也有人把经营性企业文化说成是企业界定和处理自己与外部关系的价值理念。

2.1.1　能动性创新理念

远裕的能动性创新观被高度概括为核心价值观中的"胆——以胆创新：远裕坚持大胆创新的精神，锐意进取，不断变革，宽容失败，敢于冒险，在创新中求生存，在创新中求发展"。

在技术上，远裕始终坚持以技术创新引领产品升级换代，不断丰富产品内涵。2002 年，公司投资近亿元建成全国第一条 TFC 制浆系统，按照清洁生产理念设计建设，采用封闭洗选和无氯漂白技术，实施全过程清洁生产，环保产品赢得了广阔的市场空间，静电复印纸、双胶纸、打字纸等优选为公司主导产品；在管理上，在当地同行企业中率先推行文化管理，借鉴文化力实现企业跨越式发展；在经营上，走林浆纸一体化经营道路，与农户签订竹材收购合同，既解决了退耕还林期满后农民的生存问题，又解决了企业发展的原料需求，实现了企业与农民"双赢"；在结构上，改革创新，建立起适合远裕自身发展的扁平化组织结构模式。

但远裕今天取得的成绩只是"企业家领导，员工们照做"的结果。我们对该企业的企业文化塑造工程进行了调查。在调查中只有14%的人认为远裕员工的创新意识很强，而其余81%和5%的人分别认为一般和不强。创新意识的强弱随着年龄的递增而呈递减的趋势，即年轻的员工创新意识较强，而年龄越大创新意识越弱。可见，绝大多数员工缺乏主动的创新意识，所谓的创新也只是企业家个人的创新，他们仅是为了完成上级下达的任务。员工整体素质不高，企业内部缺乏相关的创新保障制度和激励制度是这一现象产生的主要原因。

光有一个创新的领导者，而缺乏一个主动创新的团队，是永远不可能在创新之战中赢得最终胜利的。

2.1.2 多层次性品牌理念

远裕树立了"远裕品牌就是远裕人品"的品牌观，将做企业与做人紧密地联系起来，实现了企业与社会的融合。

在调查中，有28%的员工认为品牌效应是远裕目前的主要竞争优势，占远裕优势之首。可见，企业上下一直非常注意远裕品牌的塑造，打造同行业知名品牌的理念已经融入每一个远裕人的思想意识中，实现了文化由内化到外化的转变。这也是远裕价值理念中落实得比较成功的一项。

1996年，远裕在全国同行业中首批获得ISO9002国际质量体系和产品认证。2000年，国家质量技术监督局、中国质量检验协会授予远裕"2000年维护消费者合法权益先进企业"称号，农业部、国家计委、国家经贸委等9部委联合授予"农业产业化国家重点龙头企业"称号。"远裕"于2002年获"四川省著名商标"。随着市场美誉度的提高，企业品牌效应凸显，远裕产品产销率连续多年保持100%，"远裕"静电复印纸稳定占据全国10%、西部60%的市场份额，其中上海市场份额达到30%。2005年6月23日，《中国工商报》又将"远裕"新认定为中国驰名商标。远裕由此成为国内造纸行业拥有中国驰名商标的第四家企业，乐山市第一个获此殊荣的品牌企业。

品牌战略壮大企业的同时，带来了显著的经济和社会效益。公司加基地、基地连农户，林浆纸产业化经营造就广袤的"绿色车间"。远裕所在地沐川县的森林面积由 20 世纪 80 年代初的 30 万亩增加到了 135 万亩，森林覆盖率由 27% 增加到 63.1%。以远裕公司为龙头的全县林浆纸产业 2004 年实现产值近 10 亿元，占该县 GDP 总量的 60% 以上、工业总产值的 61%、财政总征收的 55%。22 万林农从林浆纸产业中人均年纯收入 650 元，占农民人均纯收入的近 1/3。远裕公司 1992 年转制以来，销售收入年均增长 87.45%，利税总额年均增长 98%，真正实现了"绿了一片山、富了一县民"。

2.1.3　内在的诚信理念

远裕核心价值观中的"信——以信举纲：远裕以信兴业，以诚取信，取信于用户，取信于政府，取信于社会，取信于合作者"，正是其内在诚信观的浓缩体现，同时也符合整个社会对于企业新时代精神的呼唤。

企业为了落实诚信理念，制定了一系列规章制度。如在《员工道德行为守则》中规定的远裕人的品行操守：实事求是、信守承诺等。

诚信观在远裕的落实情况总体而言还是不错的，但仍然有 36% 的员工认为诚信理念只在部分人身上体现。可见，诚信观并没有完全内化。

2.1.4　可持续发展理念

远裕明确为自己设定了做中国西部一流的造纸企业和到 2010 年生产能力扩大到 22 万吨、销售收入达到 12 亿元、利税总额 2 亿元的远景目标。同时，"生生不息，节节高"的远裕精神中"生生不息"也与可持续发展观的内涵不谋而合。

在资源和污染成为当今人类面临的两大严峻考验，许多民营企业还在走"先污染后治理"的错误道路的时候，深谋远虑的远裕领导者已经深刻认识到走可持续发展道路的重要性。在他们的带领下，经过全体远裕人的共同努力，目前已经取得了突出的成效。

在生产方面，远裕选用可再生的竹子作为原料，在公司所在地沐川县以公司加基地、基地连农户，竹浆纸产业化经营造就广袤的"绿色车间"。既解决了原材料的问题，节约了成本，保护了生态环境，又带领当地农民走上了脱贫致富的道路，实现了企业和社会的双赢。

在技术上，公司投资近亿元建成全国第一条 TCF 制浆系统，按照清洁生产理念设计建设，采用封闭洗选和无氯漂白技术，实施全过程清洁生产，环保产品赢得了广阔的市场空间，静电复印纸、双胶纸、打字纸等优选为公司主导产品。公司不断实施工艺改造，优化生产控制，在全国竹浆造纸领域独领风骚。

但还有45%的员工认为可持续的发展理念只在部分人的身上体现。造成这种现象的主要原因是员工素质普遍偏低，他们纯粹为了完成富有战略远见和科学态度的企业家下达的任务。

另外，通过调查还了解到，50%的人认为远裕员工在工作中表现出来的节约意识不强或根本没有节约意识，这也是可持续发展观贯彻不到位的体现。

2.2　管理性价值观

管理性企业文化实际上就是企业在处理内部管理的各种关系时，所形成的一种价值理念，或者说是企业在管理活动中所使用的一些价值理念。企业通过这些理念来界定和处理它在管理过程中所遇到的各种矛盾和各种关系。

2.2.1　高效率管理理念

企业在一位富有战略远见、"冒险"精神、科学态度、务实作风的企业家的领导下，建立起了高效率的管理模式。

在生产管理方面，运用计算机和网络技术的办公自动化节省了运营成本，规范了各单位、各部门的管理，提高了管理水平；管控一体化和办公自动化的推行，极大地提高了生产和运行管理的安全性和可靠程度，保证了工作过程中一线人员的安全性，减少了人工浪费，提高了企业预测突发事件的能力，增强了企业凝聚力和综合竞争力。

在文化管理方面，远裕在该地区同类企业中率先推行了企业文化塑造工程，确立了"远裕之道"企业文化的核心主体，并以此为指导，建立了远裕企业文化的四大系统，一定程度上推进了远裕的发展。调查结果显示：73%的员工基本认同现有文化中的远裕核心价值观的表述，但却只有36%的员工认为只有部分人转化为了行为。可见，远裕员工对现有价值理念的认同度还远远不够，落实情况不佳。

2.2.2　互动性管理理念

从这次调查来看，59%的人认为远裕科级以上领导是外聘的优秀管理人才，30%的人认为是通过绩效考核从下级员工中选拔的，只有少数人认为是任用与领导关系密切的亲戚朋友和其他一些方式。

　　但据了解，远裕与绝大多数民营企业一样，为了保住企业家的天下，血缘性、情缘性的人力资源大量聚集，核心职位往往都由与领导关系密切的亲戚朋友担任，使许多外聘的优秀人才因此受到多方打压，被迫离开。员工们对此也怨声载道，"刚被提拔的是远裕谁谁的亲戚"之类的话也成为一部分职工闲聊时的主要话题，员工公平感严重缺失。许多员工迫于各方面的压力在这次调查中不能充分表达自己的真实想法。民营企业家长作风的长期存在。民主的风气的缺乏，大大降低了企业的凝聚力，使制度不能真正得到落实。

　　在外聘人才方面，远裕与大学生签订"资助贫困生协议"。从 2004 年开始每年无偿资助四川理工学院生工系轻化工程 2004 级和 2003 级 9 名贫困在校大学生人均 3000 元的学费，直到大学毕业，这 9 名大学生毕业后将到远裕工作 6 年。这种方式不仅实现了远裕回报社会的忠诚价值观，更重要的是引进了受过高等专门教育的优秀技术人才，壮大了企业技术队伍，提升了企业核心竞争力。

　　在调查中有 46%、26% 和 12% 的员工将科级以上的管理者当作工作分配者、教练和家长，而只有 16% 的人将他们看作朋友。同时，37% 的员工认为远裕内部上下级之间定期沟通，但不充分。15% 的认为是"不定期沟通，但不充分"。可见，由于企业内部缺乏一个能够让员工们畅所欲言的有效的民主沟通平台，管理者不能及时充分地了解员工需求，致使员工们主人翁意识欠缺，大大阻碍了《员工道德行为守则》中"与人为善、宽容待人，互相尊重、融洽沟通"的落实和互动性管理理念的贯彻。

　　在员工激励方面，60% 的员工认为企业领导者多采用正激励和负激励相结合的方式。36% 的员工希望企业以加薪的方式来奖励他们在工作中取得的成绩，位居六种激励方式之首。因此，为了调动员工的积极性，管理者应将工作业绩与收入紧密结合起来。但在具体的实践中，竟然有 37% 的员工认为他们的工作业绩不是决定收入的主要因素，这无疑反映了薪酬制度的不合理。

　　沟通渠道不完善，薪酬制度不合理，激励机制无法跟上，最终导致员工与管理者间互动性管理理念的缺乏，相关保障制度无法落实，这也是目前我国民营企业文化再造中存在的最难解决的问题。

3　社会反响

远裕的企业文化价值观工程的建设，为企业带来了显著的社会效益和经济效益，在社会上树立了良好的企业形象和信誉度，曾连续多年被四川省农业银行授予"AAA"信用等级，2003 年 1 月被国家工商行政管理总局评为"全国守合同重信用企业"。

企业与社会的融合——"绿了一片山、富了一县民"。公司加基地、基地连农户，使林浆纸产业化经营在当地造就了广袤的"绿色车间"。远裕所在地县的森林面积由 20 世纪 80 年代初的 30 万亩增加到了 135 万亩，森林覆盖率由 27% 增加到 63.1% 。以远裕公司为龙头的全县林浆纸产业 2004 年实现产值近 10 亿元，占该县 GDP 总量的 60% 以上、工业总产值的 61% 、财政总征收的 55% 。22 万林农从林浆纸产业中人均年纯收入 650 元，占农民人均纯收入的近三分之一。远裕公司 1992 年转制以来，销售收入年均增长 87.45% ，利税总额年均增长 98% 。

思考与讨论

1. 随着企业的发展，企业价值观的再造也提上了议事日程。怎样对企业的价值观进行再造，才更有利于企业的发展呢？

2. 关于企业核心价值观的再造，你有怎样的建议？

3. 企业要落实核心价值理念，应该做哪些工作？

参考文献

[1] 魏杰：《WTO 与中国经济》，《政协论坛》2002 年第 4 期。

[2] 魏杰：《企业文化塑造：企业生命常青藤》，中国发展出版社 2002 年版。

[3] 陈丽琳：《企业文化的新视野》，四川大学出版社 2005 年版。

[4] 程颖：《永丰纸业叫响乐山第一品牌》，四川新闻网 2005 年 8 月 2 日。

[5] www.yfpcn.com，2004 年 4 月。

[6] 《2004 年学院学生管理工作扫描》，《四川理工学院学报》2005 年 3 月 29 日。

[7] 王璞：《企业文化咨询实务》，中信出版社 2003 年版。

［8］《民营企业文化再造》，中国中小企业信息网，2005 年 10 月。

［9］［美］彼得·圣吉：《第五项修炼——学习型组织的艺术与实务》，上海三联书店 1999 年版。

［10］黎永泰、黎伟：《企业管理的文化阶梯》，四川人民出版社 2003 年版。

从"大头儿子"到"结石娃娃"

——企业文化的落实与企业生存和发展的关系

陈亚丽　陈丽琳

摘　要　企业文化这一企业生存与发展的重要支柱是近年来企业界普遍认可的，但由于多种原因，有的企业在建立企业文化的时候往往会因为经济效益而放弃或是不够重视企业文化对企业生存与发展的强大作用。三鹿集团有一整套企业文化的体系。然而，从"大头儿子"到"结石娃娃"，这一系列的事件却把曾经辉煌的"三鹿"推进了死胡同。三鹿的企业文化怎么了？这是我们必须关心的问题。本案例通过案例事实提示人们企业文化的落实与企业的生存和发展具有重要的作用。

关键词　三鹿　企业文化体系　系列危机　问题

1　企业背景

石家庄三鹿集团是集奶牛饲养、乳品加工、科研开发为一体的大型企业集团，是中国食品工业百强、中国企业 500 强、农业产业化国家重点龙头企业，也是河北省、石家庄市重点支持的企业集团。企业先后荣获全国"五一"劳动奖状、全国先进基层党组织、全国轻工业十佳企业、全国质量管理先进企业、科技创新型星火龙头企业、中国食品工业优秀企业等省以上荣誉称号 200 余项。2006 年，集团实现销售收入同比增长 16.5%，利税同比增长 9.6%。

三鹿集团有一整套企业文化的体系。企业宗旨：为了大众的营养健康而不懈地进取。企业核心价值观：诚信和谐创新责任；诚是立身之本，信是兴业之本。诚信是三鹿的基本准则，也是三鹿人的基本信念和处事态度。企业精神：勤俭奉公图大业，务实创新争一流。企业目标：瞄准国际领先水平，跻身世界先进行列。企业作风：务实创新、联系实际、精益求精、快速反应。企业格言：一旦确定了目标，就必须尽最大努力去实现，最重要的是毅力和勤奋。

三鹿集团在企业文化建设方面有着系统的规划①。三鹿还有企业文化建设的主要程序和措施，印发企业形象手册和企业文化手册，出版《三鹿人成功之路》，向广大员工推出一整套文化建设套餐：一张光盘唱出了三鹿精神，为公司文化建设增添了一道亮丽的风景线；一部纪录片以真实的画面和生动的配音，展示了三鹿人迎难而上、奋斗不息的勇气和取得的巨大成就；一本画册包含了三鹿集团 50 年奋斗历程所取得的丰硕成果；一张报刊凝聚了三鹿的向心力和文化力，为员工、消费者和社会搭建了沟通交流的平台；一本书籍成为继承和弘扬三鹿精神的动员令；两本手册（形象手册、文化手册）为员工的精神文化生活提供了良好的文化"营养"特别是为庆祝建厂五十周年与中央电视台联合举办《同一首歌》大型演唱会和出版光盘、画册，引起全国广大消费者的普遍关注，效果良好。

2　事件——从"大头儿子"到"结石娃娃"

2.1　令人振奋的"三鹿速度"与业绩

自 1993 年起，三鹿奶粉产销量连续 15 年实现全国第一。2005 年 8 月，"三鹿"品牌被世界品牌实验室评为中国 500 个最具价值品牌之一。2006 年位居国际知名杂志《福布斯》评选的"中国顶尖企业百强"乳品行业第一位。经中国品牌资产评价中心评定，三鹿品牌价值达 149.07 亿元。2007 年，集团实现销售收入 100.16 亿元，同比增长 15.3%。"三鹿"被商务部评为最具市场竞争力品牌，商标被认定为"中国驰名商标"；产品畅销全国 31 个省、市、自治区。按三鹿自己的说法，三鹿一直在快车道上高速行驶，创造了令人振奋的"三鹿速度"。

2.2　"大头娃娃"事件

早在 2004 年 4 月，安徽阜阳"大头娃娃"事件，三鹿就上过一堂风

---

① 以上资料经由三鹿集团官方网站之自我简介整理而成。

险警示课。当时，阜阳地方媒体公布本市45家不合格奶粉和伪劣奶粉"黑名单"中，三鹿奶粉榜上有名。随之，三鹿婴儿奶粉在全国多个市场被强迫下架，每天损失超过1000万元。但经过紧急公关，17天后，三鹿从"黑名单"中消失，成功躲过了一劫。"大头儿子"事件的核心是由于奶粉中蛋白质含量的不足，导致了儿童营养不良。劣质奶粉造成的"大头娃娃"的特征是头大、嘴小、浮肿、低烧，很多刚刚到世几个月本应鲜花般娇嫩的小生命就这样枯萎、凋谢。至2004年5月，已使229名婴儿营养不良。国务院调查组核实，阜阳市因食用劣质奶粉造成营养不良而死亡的婴儿共计12人。

2.3 "早产奶"事件

2005年7月，三鹿酸奶在天津、衡水、沧州市场出现断货现象，生产厂销售部与仓库人员为了缩短物流时间，擅自将正在检测过程中的产品提前出厂，导致了轰动一时的"早产奶"事件。三鹿在"摆平"舆论之后，除了将销售部门有关人员调离岗位，对三鹿酸奶销售直接负责人采取了扣除20%年薪的处罚外，没有从消除内控隐患的角度思考问题，又一次失去了整改的机会。

2.4 全国数十名婴儿同患肾结石

2008年6月28日，甘肃省兰州市的中国人民解放军第一医院泌尿科收到第一例婴儿患有"双肾多发性结石"和"输尿管结石"的病例。至9月8日，该院两个多月来共收治14名患有同样疾病的婴儿。在短短的三个月不到，南京市儿童医院泌尿外科也接诊了20名因吃同一品牌奶粉患上肾病的患儿，病情严重的已转至上海治疗。到此为止，已发现的患儿涉及湖北、湖南、山东、安徽、江西、江苏、陕西、甘肃、宁夏、河南等10个省份。而这些病例都确证喝了同一品牌——三鹿婴幼儿奶粉。事情变得复杂起来，"疑喝同一品牌的奶粉导致宝宝患肾结石"的消息开始像乌云笼罩在每个年轻妈妈的心头。

卫生部6月21日通报三鹿牌婴幼儿配方奶粉事件医疗救治情况时指出，截止到9月21日8时，各地报告因食用婴幼儿奶粉正在住院接受治疗的婴幼儿共有12892人，其中有较重症状的婴幼儿104人；此前已治愈出院1579人。通报还指出，各地报告因食用婴幼儿奶粉接受门诊治疗咨询并已基本康复的婴幼儿累计为39965人。这些接受治疗的婴幼儿基本上与食用三鹿牌婴幼儿配方奶粉有关。三鹿奶粉封2176吨，收8210吨，700吨流通，共

11086 吨。反推三聚氰胺添加量 11086 吨×2.563% = 303.9718 吨。

三聚氰胺（英文名 Melamine），是一种三嗪类含氮杂环有机化合物，重要的氮杂环有机化工原料。但由于食品和饲料工业蛋白质含量测试方法的缺陷，三聚氰胺也常被不法商人用作食品添加剂，以提升食品检测中的蛋白质含量指标，因此三聚氰胺也被人称为"蛋白精"。奶粉有毒是因为其中含三聚氰胺，主要是因为它能冒充蛋白质，食品都是要按规定检测蛋白质含量的。1994 年国际化学品安全规划署和欧洲联盟委员会合编的《国际化学品安全手册》第三卷和国际化学品安全卡片说明：长期或反复大量摄入三聚氰胺可能对肾与膀胱产生影响，导致产生结石。

三聚氰胺在婴儿体内最大耐受量为每公斤奶粉 15 毫克。专家对受污染婴幼儿配方奶粉进行的风险评估显示，以体重 7 公斤的婴儿为例，假设每日摄入奶粉 150 克，其安全预值即最大耐受量为 15 毫克/公斤奶粉。而三鹿牌婴幼儿配方乳粉中三聚氰胺最高含量是 11112563.00 毫克/公斤。这个天文比例，远远超出了婴儿自身的承受能力。不难想象，一个年仅几个月大的婴儿要承受多大的痛苦。

经调查，2007 年 12 月，石家庄三鹿集团公司陆续接到消费者关于婴幼儿食用三鹿牌奶粉出现疾患的投诉。经企业检查，2008 年 6 月已发现奶粉中非蛋白含量异常，后确定其产品中含有三聚氰胺。8 月 2 日，三鹿集团公司向石家庄市政府作了报告。在 2007 年 12 月至 2008 年 8 月 2 日的 8 个月中，三鹿集团未向石家庄市政府和有关部门报告，也未采取积极补救措施，导致事态进一步扩大。三鹿集团公司总裁田文华已被判处无期徒刑，另外两名主要负责人被判处死刑、死缓。事件总算是告一段落，但对于患病孩子来说，还得承受发烧、呕吐、尿闭、肾衰、数小时难以排尿等等痛苦。这种恐惧，不管是对孩子还是父母，以至大众，是难以在短时间内得到抹平的。[①]

3 事件反响

3.1 三鹿集团内部反响

2008 年 9 月 10 日，坚决否认。三鹿集团传媒部崔彦锋部长："三鹿

---

① 以上内容经由《京华时报》2004 年 5 月 11 日、CCTV《聚焦三农》2003 年 12 月 25 日之《流入农村的劣质奶粉调查》等整理。

是奶粉行业品牌产品，严格按照国家标准生产，产品质量合格，目前尚无证据显示这些婴儿是因为吃了三鹿奶粉而致病。而且，按规定，三鹿所有产品按国家规定，定期会在国家权威质监部门进行检测，是有质量保证的产品。"在活生生的事实面前，三鹿还在否认，还在推卸。有着1100道质检程序的三鹿，没有理由检测不出含量如此之高的三聚氰胺。"作为具有60多年历史的国家知名企业，三鹿几乎成了我国奶粉的代名词，因此我们具有极高的社会责任感"，"我们希望能解决问题，而不是遮掩问题。当然，我们可以肯定地说，我们所有的产品都是没有问题的"。但是凤凰卫视的实地采访却揭露了石家庄三鹿公司在面对众多因食用三鹿奶粉患病婴儿家属和前来退货的群众时，采取回避态度，收回公司关于处理问题的公告。当记者问及一位工作人员时，他的解释是在这些前来的人中，有很多是带着商业敌意前来捣乱和破坏的。

9月11日晚：自发声明承认。三鹿集团发布产品召回声明称，经公司自检发现2008年8月6日前出厂的部分批次三鹿婴幼儿奶粉受到三聚氰胺的污染，市场上大约有700吨。三鹿集团公司决定立即全部召回2008年8月6日以前生产的三鹿婴幼儿奶粉。

9月12日：承认8月已知真相。

3.2 社会反响

这一事件，严重打击了大众对于三鹿集团的信任。人们是谈三鹿色变，对三鹿是怨声载道。大多数人认为三鹿作为一个龙头企业，应该要具有高度的社会责任感，作为一个食品企业，应该把民众的健康放在首位，而不是这样没有良心地残害新生婴儿。现在三鹿液态奶开始重现街头，大多数的人表示不选择三鹿奶粉，就算是现在三鹿奶粉里面没有三聚氰胺，也不会考虑购买，会选择其他牌子的奶粉。

一时之间，三鹿的广告词也被诙谐地重组和流行着。只要在网上输入三鹿广告词，就准会看到这样的广告：三鹿奶粉——河北人的骄傲；喝三鹿牌奶粉，当残奥会冠军；天天喝三鹿，绝对省尿布；三鹿奶粉，三聚化工集团荣誉出品；喝三鹿，尿钻石，一般人我不告诉他；广告做得好，不如三鹿结石好；每天一斤奶，强壮中国肾；好结石，三鹿造；中秋送礼，三鹿奶粉；喝三鹿奶，人民医院感谢你；牛喝三鹿结牛黄，狗喝三鹿长狗宝；三鹿奶粉，后妈的选择；每天喝三鹿，直奔黄泉路；牛奶，我选三鹿；三鹿牛奶——中国男足指定专用奶；唱支山歌给党听，冲袋奶粉给党喝；三鹿奶粉喝了以后，嘿，这腰也不疼了，腿也不酸了，连心脏也不跳了。人们用这种诙谐幽默的手法表达了对三鹿的失望，对奶粉行业的恐惧。①

经过三聚氰胺事件以后，人们对于三鹿集团持有怀疑的心态，就算现在你企业再怎么重申你的质检经过上万道检验，在消费者的心目中，你仍然难以摆脱不负责任、灭绝人性的形象。"奶粉门"事件之后，三鹿核心企业时隔两月仍在停产整顿之中，其旗下多家参股企业已陆续恢复生产，但产品大多更名换姓，甚至有企业公开声明与三鹿集团划清界限。三鹿要再重来，那恐怕是难于登天。

4　分析与评述——强化企业文化的社会责任价值观

为什么一个曾经如此辉煌的企业会走到今天这样的地步？这是很值得人们思考的。俗话说万事行，观念必为先。一个人有什么样的观念，必然影响其行为。企业亦如此。一个企业有着什么样的企业文化，必然会影响企业的各种决策。企业文化是经过企业全体成员共同认可和建立的企业的价值观念、行为准则。企业文化指引着企业最根本的发展方向，是企业思维方式、行为方式的根本指导。

企业要具有高度的社会责任感，其中最有效的方式是把企业的社会责任作为一种价值观纳入企业文化中去，把承担社会责任作为企业文化的一大特色，建立一种高度的企业公益文化。企业公益文化在形式上并不难确立，但要真正落实企业的公益文化，使其不光成为一种摆设，则困难重重。这是现今企业文化所面临的极大考验。

要落实以社会责任为核心的企业公益文化，最强有力的措施是实行强化手段。强化理论也叫行为修正理论，是美国心理学家斯金纳提出的以学习的强化原则为基础的关于理解和修正人的行为的一种学说。斯金纳认为：人或动物为了达到某种目的，会采取一定的行为作用于环境，当这种行为的后果对他有利时，这种行为就会在以后重复出现；不利时，这种行为就减弱或消失。人们可以用这种正强化或负强化的办法来影响行为的后果，从而修正其行为。所谓强化，从其最基本的形式来讲，指的是对一种

---

① 以上内容经由 http：//www.cctv.com　2008 年 11 月 12 日等整理。

行为的肯定或否定的后果（报酬或惩罚），它至少在一定程度上会决定这种行为在今后是否会重复发生。企业文化的形成与发展是一个连续的过程，这必然要求对其进行干预，不能任其自由发展。强化作为一种手段，具有较强的有效性。通过不断的强化，修正企业文化在发展中存在的问题。

强化企业文化的社会责任价值观，首先应该从企业领导人着手。企业领导人，特别是企业的创始人，在企业文化的建立与发展中起着决定作用，企业是否具有高度的社会责任感，有时候直接由企业领导人是否具有高度的社会责任感决定。所以，企业领导人要充分意识到具有高度社会责任价值观是企业树立良好形象、增强企业诚信度的根本保障，是企业创造利润的又一大法宝。

企业文化是企业全体员工持有和认可的价值观和行为准则，所以，企业领导人在树立高度企业社会责任的同时，要充分利用各种手段来强化员工的社会责任价值观。领导人要利用自身的职权和威望，促使员工树立社会责任价值观。对员工的强化还可以通过奖励与惩罚来实现，即正强化和负强化。正强化又称"阳性强化"，个体作出某种行为或反应，随后或同时得到某种奖励，从而使行为或反应强度、概率或速度增加的过程。通过奖励的正强化手段可以激励人们做有利于社会的事，消除不良行为。企业要充分肯定和奖励员工在生活和工作中勇于承担社会责任的行为。惩罚是使用负强化的手段时所必需的。负强化也被称为逃避制约或逃避惩罚的反应。只有规定了某些行为必须受到惩罚，才会促使员工避免此类行为的发生，久而久之，员工就会形成一种对此类行为惩罚的认可，从反面增强员工的社会责任感。

构建和落实企业的社会责任价值观，首先要从企业的文化着手。在企业文化构建和发展中落实企业社会责任。观念虽然摸不着、看不见，可也却时时刻刻影响着思维和行为。把企业社会责任作为一种价值观纳入企业文化是必然也是必需的。构建重社会责任的企业文化是现阶段我国企业所刻不容缓的一件大事。

思考与讨论

1. 为什么一个曾经如此辉煌的企业会走到今天这样的地步？三鹿的

企业文化建设的程序和措施是什么？这样的建设程序与企业文化落实有怎样的关系？

2. 企业文化的落实往往会因为各方面的原因，特别是经济上的得失更容易使企业对企业文化的落实成为泡影。如何处理企业文化的长期效应和短期的经济效应之间的矛盾，充分发挥企业文化的强大作用？

3. 纵观三鹿，有着系统的、完善的企业文化。可是在处理危机的时候，从三鹿高层开始，在面对各方面的利益，完全忘记了他们所倡导的对社会、对顾客负责的文化理念。你认为应该怎样解决这个问题？

4. 如果可能，你能为三鹿类的企业文化建设提出怎样的建议？

参考文献

［1］汪靖中、张瑶瑶：《三鹿企业内控失效的典型案例》，《中国财经报》2008年9月25日。

［2］陈丽琳：《企业文化的新视野》，四川大学出版社2005年版。

［3］《京华时报》2004年5月11日。

［4］北柳、李赫然：《中国新闻周刊》2008年第38期。

［5］《人民日报》2008年9月22、23日。

［6］三鹿集团官方网站之自我简介。

广东"双喜"的"喜文化"及其信息传播

任　婷　陈丽琳

摘　要　文化创造价值，这在当今商品经济高度发达、营销手段花样百出、市场竞争狼烟四起的商海中，已经成为一个公认的信条，不断受到商家们的推崇。在消费过程中，文化蕴涵的价值观念与文化习俗是消费主体认知和判断的依据，它决定了消费者的基本态度和行为取向，并形成一种稳定的惯性。重视文化底蕴的应用，为企业品牌注入人情味，使得诞生于 20 世纪初的广东双喜在历经百年沧桑后仍活跃在全国市场。本案例通过广东双喜集团"喜文化"的塑造过程，向人们展示了企业特色文化塑造与信息传播之间的独特关系，为企业文化结构层次的研究提供了借鉴。

关键词　企业文化　塑造　信息传播

1　广东双喜的企业发展历程与其"喜文化"的历史

1906 年，爱国华侨简照南、简玉阶兄弟从日本留学归来，创办了南洋烟草公司，开始生产双喜牌香烟。广东双喜聪明地发掘并体现各个时代消费者的情感，努力赢得各个时代消费者的青睐。创建伊始，双喜打出了"快乐和富裕的双重祝福"的口号。当时正值清朝末期，中国人生活在外国列强和封建专制的双重压迫下，根本谈不上有什么喜事可言。但是中国人民具有乐观、坚强、务实的精神，越是在苦难中，中国人对"喜"的追求及向往愈发强烈。双喜就抓住了这个中国文化、民族心理中最为根本也最能引发共鸣的特点，期待以象征喜庆吉祥的双喜品牌鼓励苦难中的中国人向往和追求美好生活。

新中国成立后，"南洋兄弟烟草公司制作厂"——广州卷烟二厂继承了双喜的民族特色和品牌内涵，广东双喜成了双喜最正宗的香火。改革开放后，党的改革开放政策为广东双喜的发展增添了新的生机和活力。广东双喜在积极探索中逐渐形成适合中国华南消费者口味的"高香"风格和贴近生活、贴近百姓的"喜文化"内涵，提出"双喜双喜　人人欢喜"的品牌广告口号。"人人欢喜"的提出，不仅体现了"喜文化"的内涵，并且突破了"双喜"词语本身的局限性，明确提出了双喜勇于承担责任、推动喜悦分享的品牌愿景。简简单单几个字，涵盖了"把每一分钱花在消费者能够感受到的地方"的产品开发理念、"名牌产品大众化"的企业经营思路、"国家利益至上、消费者利益至上"的专卖立法宗旨、"市场为导向、消费者为中心、确保经销商利润"的营销理念、"立足社会、回报社会"的企业公民意识等等，简洁的话语表达了丰富的内涵。

广东双喜通过广泛调查，发现轻松、自由、没有压力、知心伙伴和纯真的感情成为消费者心目中最为美好的回忆和向往。在节奏紧张的生活下，人们对真情的要求更高了，消费者认为真正的喜悦是以"真心"传递真情，广东双喜将自己的品牌价值定位于"真心传递喜悦"，这不但是广东双喜百年喜悦精神的时代化，而且是对和谐社会号召的积极响应。同时，沿用了近 20 年的"双喜双喜，人人欢喜"的广告语也在对品牌内涵的审视下改成了"喜传天下，人人欢喜"。"人人欢喜"向来是"双喜"品牌的追求，而"喜传天下"则表达了双喜的使命、抱负、胸怀和行动的方向、决心。

2　双喜落实喜文化的活动及反响

美国营销大师米尔顿·科特勒说："在消费者与产品之间建立一种'爱'的忠诚度，需要一个传递情感的平台，这个平台就是品牌。"广东双喜在不懈的努力发展中，关注民生，与百姓同乐，与国家同喜，通过一系列紧扣品牌理念的主题活动，坚定、真诚地传递着喜悦与真情。2005年以来，广东双喜举行了一系列的公益活动和三次大型的世纪婚礼，把爱和喜悦在人间传递。

2.1　"为了明天，人人欢喜"公益活动

2005 年末，广东双喜与共青团中央共同举办了"为了明天，人人欢喜"大型公益慈善晚会，并且现场捐助 1300 万元，独家出资设立"喜愿基金"，致力于关爱青少年的健康成长，支持开展对流浪儿童、留守儿

童、困难家庭儿童等社会弱势青少年群体的教育保护工作，动员社会各界积极营造有利于青少年健康成长的良好环境，促进中国青少年公益事业的发展。2006 年，广东双喜出资 100 万元，以纪念长征 70 周年为契机，与南方日报社共同举办了"重走长征路，喜愿传中国"活动，帮助革命老区的贫困学生，实现革命先烈的夙愿。通过这些活动，广东双喜为人们提供了不一样的精神号召力，不一样的喜悦。广东双喜还印刷了自己的品牌杂志《中国喜》，更加便利地传播了品牌理念，并且通过中国双喜品牌网站展示双喜的品牌文化，诠释双喜的核心价值。

2.2 "缘定天路 喜传天下"世纪婚礼

2006 年，青藏铁路通车进入拉萨。广东双喜策划团队敏锐地发掘了这一新闻热点事件，运用多种传播方式，让在圣洁与神秘的世界屋脊举行的浪漫世纪婚礼成为当年中国十大营销事件之一。双喜文化传播有限公司策划的"缘定天路 喜传天下"的世纪婚礼在共青团中央、凤凰卫视、南方都市报社与网易的大力支持，在西部假期等企业的协同下开展。2006 年 7 月 30 日至 8 月 20 日，广东双喜"缘定天路 喜传天下"世纪婚礼在广州、东莞、北京、桂林、汕头五个城市举行巡回路演和现场报名活动，众多新人踊跃报名参加。通过两轮评选，最终 39 对新人入选，他们作为"为了明天 喜愿基金"的爱心天使，在青藏铁路沿线传递了新婚的喜悦和慈善的爱心。双喜在青藏铁路沿线选择部分城市的流浪儿童救助保护中心、进城务工子弟小学、留守儿童较多的小学、城市青年中心，开展了捐建图书馆、赠送文具和书本等公益活动。"喜愿基金"捐赠了 25 万元用于资助当地贫困孩子入学。39 对新人于 2006 年 10 月 5 日在拉萨布达拉宫前举行了集体婚礼庆典。与爱侣在天路中感悟爱的真谛，体验热情喜庆的藏式婚礼成为让人们用真心传递喜悦、用真心互动真情的绝佳机会。

新人们均感叹这不但是一次难忘的婚礼，更是一次世纪的盛会。将青藏铁路通车与世纪婚礼结合起来，再为其渲染上深厚的公益色彩，并在活动过程中把"喜悦"的品牌理念贯穿其中，很好地体现了广东双喜发掘喜悦、传递喜悦，并将个人喜、家庭喜与国家喜融为一体的价值理念。

2.3 "喜缘盛会 喜传天下"世纪婚礼

北京奥运是所有中国人及全球华人的梦想。双喜借北京奥运之时机又举办了一场世纪婚礼。2007 年 8 月 8 日，北京奥运会倒计时 1 周年之际，"喜缘盛会 喜传天下"的世纪婚礼在京拉开帷幕。中国双喜品牌网站写道："只要你是 2006 年 8 月 29 到 2007 年 9 月 18 日期间注册的新人，只要你能提交你最真心的喜悦材料，就有机会从众多报名参加本次世纪婚礼的新人中脱颖而出，入选为双喜世纪新人，幸运地提前让奥运见证你恒久的爱情！"在对新人的甄选过程中，新人本身曾参与公益活动的经历将成为选拔的重要标准之一。

10 月底，50 对新人加入奥运喜悦专线——奥运城市公益体验之旅，他们一同作为爱心大使在前奥运冠军的带领下前往北京、青岛、秦皇岛、香港四个奥运举办城市体验奥运项目，并沿路传递喜悦和爱心。活动中新人们亲身参与了由广东双喜策划的各项公益、爱心捐赠活动，把爱心洒遍神州。新人们先从香港赛马场到青岛帆船比赛基地，再到秦皇岛足球赛场，然后到北京居庸关放飞 2008 只象征美满和幸福的和平鸽向 2008 年的北京传递真诚的祝愿，最后在中央电视台《同乐五洲》录制现场完成了双喜世纪婚礼庆典。广东双喜世纪婚礼是喜悦之旅、真情之旅，更是环保之旅、公益之旅，非常符合北京奥运"人文奥运"与"环保奥运"的理念。

这一次世纪婚礼，将个人喜与国家喜更加完美地结合在了一起，更加淋漓尽致地展示了"喜传天下"的品牌愿景，而且突出了关心国家、关爱社会的责任感，从而进一步提升了品牌知名度。广东双喜相关负责人进一步表示：广东双喜一直以发掘喜悦的真正含义为己任，并希望通过喜文化的传播达到"喜传天下"，为构筑和谐社会贡献企业力量的愿景。婚礼是最值得每个人喜悦的人生大事，广东双喜世纪婚礼为新人们提供一个独特的体验喜悦的平台，并希望能借此机会，真心传递喜悦，将人生的大事凝结于国家大事之中，将喜悦传遍天下，让所有的人能共同分享。个人喜、家庭喜、国家喜，在此融为一体。双喜世纪婚礼就是要将一个人、一家人的喜悦让更多人来分享，真正的实现"喜传天下"的目标。

2007 年，双喜品牌已经覆盖了全国 29 个省区、150 多个地级市，远销美洲、非洲及东南亚十多个国家。双喜长期站在了全国卷烟品牌总销量前十名、二类销量第一名的排名榜上。而且，双喜市场价格走势良好，保持着量增价升的发展趋势。"做大众消费得起的香烟，让双喜成为大众消费乐趣的源泉"，这样一句朴实的话语让双喜走上了全国的大街小巷，并走出国门，走向世界。

2.4 "日月同喜 喜传天下"世纪婚礼

2008 年，海峡两岸领导人的会晤，使台湾再次汇聚了全社会的关注。广东双喜再度把握时机，举办了又一次世纪婚礼。7 月 8 日，"日月同喜 喜传天下"的世纪婚礼在北京钓鱼台国际宾馆正式启动。出席本次活动的有来自中华全国青年联合会、广东海峡两岸交流促进会、广东双喜文化代表。"双喜世纪婚礼"成为两岸直航后第一个大型民间文化交流活动及直航后两岸的"第一喜事"，为民间的沟通创造了一个良好开端。虽是台海两岸，新人新婚的喜悦心情与幸福感却是相同的。海峡两岸的新人也将在这样一个重大的历史时刻，将自己人生大事的喜悦传递到海峡两岸，传递给更多的人。据主办方介绍，新人代表在 9 月份参加了"感恩留言"活动，向自己最感谢的亲朋好友说一句感恩的话，而主办方则在各大平面媒介发布了这些"感恩留言"。10 月，10 对台湾新人亲赴北京，与 29 对大陆新人在北京一起感受奥运气息，并共同游览了北京航空航天博物馆、故宫，还登上长城感受祖国的大好河山。11 月，双喜新人乘坐"喜悦号"航班前往台湾，游历宝岛。参加"台湾之旅"的双喜新人体验了台北外景婚纱摄影、三峡老街掌中戏、台南垦丁"海誓"、阿里"山盟"、"9·21"地震纪念馆并为同胞祈福，并在台湾日月潭举行了盛大"世纪婚礼"，感受台湾保留下来的传统中华文化，体验原居民和年轻一代不同的婚礼及生活方式。活动代言人台湾明星郭品超和许慧欣也应邀为新人们主持了婚礼。整个行程中，两方新人将在婚姻、生活、历史文化、科技和环保等方面，进行互动沟通和交流。在这个具有历史性意义的行程里，两岸新人既是浪漫故事中的主角，更是代表着两岸同胞的快乐使者，是海峡两岸的旅游亲善大使。

3 分析与评述

构建文化信息网络的管理制度是企业文化网络建立的重要构成部分。文化物质意义符号系统包括企业的名称、徽章、标识、商标等各种体现企业文化个性特征的物质设计。这些都会成为员工和消费者理解和强化文化信息的载体。企业的名称是构成企业形象的一个重要因素。广东"双喜"蕴涵着一种喜庆、一种祝福。这个名称很容易让消费者联想起"双喜临门"、"喜气洋洋"、"喜庆"、"喜悦"、"喜事"等美好的词汇和场景。同时喜字又有庆贺之意，暗含了双喜公司对消费者的希望和祝福。在中国民俗文化中，"双喜"又是一个字"囍"，是中国劳动人民创造的一个吉祥合体字的代表。单个的"喜"表示的终归是一己之喜，是一个人的喜悦，而两个喜合起来，便意味着一种特殊的喜悦仪式，变成了所有参与者甚至旁观者集体的共同的喜，并且这种喜在分享与传递中得以扩展。红"囍"，是必不可少的婚庆重要符号之一。而这个独特的名称符号使双喜烟不仅频频现身于婚庆上，在其他喜庆的节日，如开张、祝寿、待客等场合，人们也喜欢用"双喜"来表达喜悦与祝福，活跃喜庆气氛。双喜已在消费者心目中形成表达喜悦之情的独特符号。

色彩是人类最敏感也是视觉神经反应最快的一种信息。对颜色的认同也是民俗文化的一个重要方面。在中国，红色代表了热情、奔放、喜庆、吉祥，也是中国人热情、乐观的象征，是中国人民共享的民俗文化。红色还蕴涵着另一观念上的内容，即：镇凶避邪。新婚夫妇胸上挂着的红花，新娘穿着表示吉祥喜庆的大红服饰，门房上贴着的红喜字、红彩礼、红绸带，以及房门窗户外贴着红对联、红纸花……呈现着一派喜气洋洋的景象，同时又可以起到镇灾避邪、祈祷平安幸福之意。在节日礼品包装上使用红色可增加喜庆气氛。剪纸是中国劳动人民的传统手艺，是中国人智慧与审美观的结晶。双喜包装是以纯正"中国红"为底色，配上以剪纸为背景的红"囍"字，完全符合中国人的审美情趣，使消费者通过对红色的感知，获得愉悦和美感，触动其积极、喜悦的情感，诱发并保持其购买行为。

广东双喜是中国古老的传统喜文化的传承与发扬者，同时也为烟草文化的传播开辟了无限的天空。通过双喜经营民俗文化的实践，我们可以发现传统民俗文化的巨大商机。中国是一个具有悠久历史与丰富文化的国度，发掘文化的价值将成为激烈的商品市场竞争的一张王牌。民族气节、文化情趣、节日文化、伦理文化、历史文化、文学文化等都可以成为商家挖掘的金矿。文化将为品牌注入不朽的灵魂，为企业提供常青的活力与生机。

思考与讨论

1. 作为一个历史悠久的企业，广东双喜是如何在贫穷苦难的昨天和竞争激烈的今天立足并取得成功的？

2. 双喜的案例给当今激烈竞争下的企业带来什么启示？

3. 文化具有地域性和时空差异。你认为企业在利用民俗文化的过程中应该注意哪些问题？

参考文献

[1] 申望：《企业文化实务与成功案例》，民主与建设出版社 2003 年版。

[2] 陈丽琳：《企业文化的新视野》，四川大学出版社 2005 年版。

[3] 黄金辉、韦克难：《实用心理学》，四川人民出版社 2003 年版。

[4] 李建军：《企业文化与制度创新》，清华大学出版社 2004 年版。

[5] 王吉鹏：《企业文化的 39 个细节》，中国发展出版社 2005 年版。

[6] 李晓霞、刘建：《消费心理学》，清华大学出版社 2006 年版。

[7] 何学威：《经济民俗学》，中国建材工业出版社 2000 年版。

[8] 乐国安：《应用社会心理学》，南开大学出版社 2003 年版。

[9] 《百年双喜——乐观天下 经典醇香——再续传奇·双喜文化篇》，http：//chaoren. com/nh13/sjb. doc. 《广东双喜营销"喜文化"》，《新营销》2007 年 12 月 21 日。

[10] 李文健、范侃：《烟与文化的有机结合——为极品香烟的传播增加一张王牌》中国营销传播网 2001 年 10 月 30 日。

[11] 傅鹏：《穿越百年的喜悦——谈广东双喜文化历史》，烟草在线专稿，http：//www. tobaccochina. com/management/brand/story/20087。

[12] 《广东双喜：中国喜文化第一品牌的飞跃》，《东方烟草报》2008 年 4 月 11 日。

[13] http：//www. qianlong. com/2008 - 9，来源：千龙网。

地震灾难后万科与加多宝凸显的
社会责任文化差异

杨熙纯　陈丽琳

摘　要　在地震灾难突降四川之后，众企业纷纷解囊捐赠，有的企业赢得了公众的好感，而有的企业却遭受到公众的谴责，甚至谩骂。为什么相同的慈善行为，不同的企业会享受不同的"待遇"呢？因为企业的社会责任文化必须源于心，惯于行，健于领导，固于组织，其理论根源是由于企业的社会责任文化决定了企业的社会形象和品牌价值，从而决定了公众的消费情绪和购买行为。因此，企业应以地震灾难为契机，从中汲取经验教训，构建企业社会责任文化，积累道德资本，彰显民族精神，重塑企业形象，赢得公众青睐。

关键词　地震　万科　加多宝　社会责任文化

1　企业背景

1.1　万科发展概述

万科是目前中国最大的专业住宅开发的企业。1984 年 5 月，公司以"现代科教仪器展销中心"的名称注册，国营性质，经营办公设备、视频器材的进口销售业务，经理王石。1988 年，公司进行股份制改造。同年，公司通过拍卖获得第一块土地，进入房地产业。1991 年，公司成为深圳证券交易所第二家上市公司。1993 年 12 月，公司更名为"万科企业股份有限公司"，英文名为"CHINA VANKE CO., LTD."。1993 年，一度期待在多元化道路上获取成功的万科最终决定走专业化道路，以大众住宅开发为公司的核心业务，放弃所有与住宅开发无关的业务方向，快速实现万科专业能力的提升。2004 年，万科提出在未来十年，将自己定位于精细化——在专注的住宅领域做到更专业，更优秀，更卓越，实现万科的第二次专业化。2007 年，万科全国市场占有率为 2.1%，业务覆盖到以珠三角、长三角、环渤海三大城市经济圈为重点的 29 个城市，实现销售金额 523.6 亿元，结算收入 351.8 亿元，净利润 48.4 亿元，纳税 53.2 亿元。

经过十几年的发展，无论是制度规范还是企业信誉，无论是产品还是服务，万科在业内和消费者心目中都具有良好的口碑。万科以 96.94 亿元的品牌价值荣获 "2008 中国房地产行业领导品牌" 称号。万科连续六年入选 "中国最受尊敬企业"，连续四年获得 "中国最佳企业公民" 称号。万科董事会主席王石，荣获 "2007 全球华人企业杰出领袖"、"标杆人物"、"中国改革开放 30 年 30 名杰出人物" 和 "中国改革开放 30 年 30 名经济人物" 等称号。万科 2007 年和 2008 年都发布了企业社会责任绿皮书，期望万科的企业公民身份得到更广泛的理解和认可。万科以国际最优秀企业为标杆，有志于成为中国房地产行业的持续领跑者，成为世界级优秀住宅企业。

1.2 加多宝发展概述

加多宝集团是一家以香港为基地的大型专业饮料生产及销售企业。加多宝是通过品牌租用的方式，从广州药业股份有限公司获得红色罐装 "王老吉" 凉茶品牌的使用权。1995 年在广东推出第一罐红色罐装王老吉，1999 年以外资形式在中国广东省东莞市长安镇设立生产基地。为配合开拓全国市场策略，集团分别在北京、浙江、福建、广州设立生产基地。

加多宝旗下产品包括红色罐装王老吉、茶饮料系列。"王老吉" 为中国老字号民族品牌，拥有 180 年历史。2003 年，加多宝将 "王老吉" 定位为预防上火的功能饮料，以一句经典广告语 "怕上火，喝王老吉" 大举攻占以央视为主的电视荧屏，结合地面推广、促销活动等宣传攻势，迅速将 "王老吉" 品牌从广东推向全国，当年红罐王老吉的销售额从原来的 1.8 亿元跃升到 6 亿元。红罐王老吉凉茶的销售额一路攀升，2004 年销售额 15 亿元，2005 年销售额超过 25 亿元，2006 年销售额达到了 35 亿元，2007 年销售额 50 亿元，获得 "2007 年度全国罐装饮料市场销售额第一名" 的市场地位。这意味着，进入市场仅仅 13 年的红罐王老吉已经超越可口可乐和百事可乐，成为罐装饮料的黑马之王。尽管红罐王老吉已悄然成为全国饮料行业的领导品牌，但 "加多宝" 及其领导者却鲜为人知。目前，王老吉销售网络遍及中国内地 30 多个省、市、自治区，并销往东南亚、欧美等地。

加多宝秉承"进取、务实、团结、承担"的企业文化，着力弘扬中华文化、重塑民族品牌，致力于发展成为一家以生产优质健康食品及饮料的世界驰名企业。

2　案例事件

2008 年 5 月 12 日 14 时 28 分，四川汶川暴发了新中国成立以来破坏性最强、波及范围最广的里氏 8.0 级大地震。这场突如其来的地震灾难，使华夏儿女的心灵遭受到空前的震撼与洗礼，同时也激发了公众对企业社会责任感的关注热情。公众对企业的社会责任文化进行了前所未有的考量和评判。在抗震救灾过程中，万科和王老吉虽然都捐赠了 1 亿元人民币，但他们所产生的社会效应却大相径庭。

2.1　万科地震捐款事件

地震发生当天，房地产行业的领头羊万科总部和涉及地震的城市分公司立即成立"抗震救灾应急工作小组"，彼此保持 24 小时联络，密切关注事态发展。万科迅速展开行动，采取各种措施保证震区客户、员工平安。万科总部决定向地震灾区首批捐款 200 万元人民币。

虽然万科捐出了股东大会授权额度中的全部 200 万余额，但公众普遍觉得万科缺乏诚意。有位网友做了计算，说 200 万元是万科 2007 年 0.04% 的利润，王石年薪是 690 万元，12 次登山花了 3684 万元。还有网友将万科的捐款数额与其他企业比较，指出台朔捐款 1 亿人民币，同为房企的龙湖捐款 600 万元。一位新浪网友质问王石："你也太虚伪了，面对这么大的灾害，在各界纷纷解囊的情况下，仍一毛不拔，还谈什么社会责任？"王石的回答是："不放高音喇叭也可以做慈善。"一位网友回应："网上评论说'地震考验社会责任　富豪踊跃捐款地产商除外'，万科作为最有影响力的房地产企业，为什么不带头捐赠呢？从王总的博客上可以看出来，万科已经做慈善了，做好事不留名也是很值得赞扬的，但是为什么不利用一下万科在房地产界的影响力，号召其他房地产商都来捐款做慈善呢？或许万科放了高音喇叭做的慈善效果要比不放高音喇叭要好得多得多！"

面对网友的质疑，5 月 15 日王石在博客中的"解释"是"对捐出的款项超过 1000 万的企业，我当然表示敬佩。但作为董事长，我认为：万科捐出的 200 万是合适的。这不仅是董事会授权的最大单项捐款数额，即使授权大过这个金额，我仍认为 200 万是个适当的数额。中国是个灾害频发的国家，赈灾慈善活动是个常态，企业的捐赠活动应该可持续，而不成为负担。万科对集团内部慈善的募捐活动中，有条提示：每次募捐，普通员工的捐款以 10 元为限。其意就是不要慈善成为负担……"

王石的"灾难常态论，慈善负担论和员工 10 元论"顿时遭到网友的强烈抨击。"既然你说慈善是持续的，请解释'非典'时期你一毛不拔的原因"，"你的十元论实在太恶心了，真是精英误国"，"自己不捐还限制员工的爱心"，"你的个人形象和企业形象一落千丈，你这次让太多人失望了"，"以前觉得你这人还可以，现在在我心里，你就一精明的商人，远远算不上企业家"，"不要再宣传你那些虚伪的企业文化"……"买房不买万科房，抛股就抛万科股！"的口号像病毒一样迅速蔓延。

16 日，王石带领国内结构专家队前往都江堰勘测灾后建筑情况。之后，王石和万科半数以上的管理层先后多次深入灾区了解情况。

21 日，王石接受媒体采访时表示，"随着时间推移来反省这件事情，感到非常非常不安"，并正式向网友道歉。当天，万科发布《关于参与四川地震灾区灾后安置及恢复重建工作的董事会决议公告》，决定在未来 3—5 年内投入 1 亿元参与四川地震灾区的灾后恢复与重建工作，并以绵竹市遵道镇为重点，该项工作为纯公益性质，不涉及任何商业性开发。另外，万科员工自发捐款 1150 多万元人民币，将全部用于遵道镇的救援与重建工作。

此决议公告后，并没能立即使万科完全消除"捐助门"的负面影响。有网友评论："就算你补捐 1 个亿也没用了"，"想挽回受损的形象已经来不及了，太做作了"，"这只是堵塞众人口水的一种公关技巧，一种转移人们视线的营销手段而已"……甚至有传闻猜测万科有意在遵道镇投资商品住宅、旅游开发业务，或在四川地震灾后重建中寻找业务机会。为此，24 日，万科发布《关于无偿参与四川地震灾区灾后安置及恢复重建工作的声明》，表示公司参与四川地震灾区的灾后恢复与重建工作，为完全无偿（不取任何直接与间接经济回报，不回收任何成本）的纯公益性质，公司不承揽任何有回报（包括能回收全部或部分成本）的重建业务，不考虑任何内容的商业投资活动。

从 5 月 24 日至此，万科已向遵道派出了九批志愿者，未来还将会有万科志愿者参与灾后救援能力和公众减灾意识的建设。12 月 31 日，由万科全额捐建的四川绵竹遵道镇学校主教学楼及卫生院综合楼交付仪式在遵道举行，这也是震后首批企业捐建的永久性公共建筑。根据规划，万科还将在极重灾区绵竹市遵道镇、都江堰市向峨乡、彭州市白鹿镇捐建四个公共建筑，此外还将参与援建巴中市、雅安市等地的公共建筑，所有项目力争在 2009 年内完工交付。万科将以专业力量践行自己的承诺，公众将以如炬的目光监督万科的言行。

2.2　加多宝地震捐款事件

2008 年 5 月 18 日，由多个部委和央视联合举办的抗震救灾大型募捐活动《爱的奉献》于晚 8 时在中央电视台一号演播厅举行，央视一套、三套、四套并机直播活动实况。这是新中国成立以来我国宣传文化界最大的一次募捐活动。在募捐晚会现场，加多宝集团副总经理阳爱星手持一张硕大的红色亿元支票，动情地发言："此时此刻，我想加多宝和王老吉的每一位职员和我一样，虔诚地为灾区人民祈福，希望他们能够早日离苦得乐！"

"1 亿元人民币"捐出了加多宝 2007 年的全部利润，创下国内单笔捐款的最高纪录。这一善举感动了公众，一直远离公众视线的加多宝一夜成名，被视为"最有责任感的企业"。许多网友虽然从未听说过该公司，但也情不自禁地立即搜索加多宝的相关信息，10 分钟后加多宝网站被刷爆。

当网友查清楚加多宝是罐装王老吉的生产商后，就自发为公司预制今年的新广告语："中国人，只喝王老吉！""戒掉可乐，爱上王老吉！""今年夏天不喝水，要喝就喝王老吉""今年过节不收礼，收礼只收王老吉""要捐就捐一个亿，要喝就喝王老吉！""患难见真情，真爱王老吉"等。不少网友跟帖称："王老吉，你真棒，我支持你"，"明天开始喝王老吉"，"以后改喝王老吉"，"没白喝"，"民营企业第一位"，"支持国货"，"民族的才是永恒的"，"这样的品牌不支持都不行"，"加多宝捐了一亿，我们要让它赚十亿"等。有网友还为该笔 1 亿元捐款算了一笔账："假如一罐王老吉出厂价是 2 元的话，要卖掉 5000 万罐王老吉！"

捐款的第二天，一个名为"封杀王老吉"的帖子得到网友热捧，几乎各大网站、社区和 QQ 群里都能看到，点击率和回帖率极高。"王老吉，你够狠！"帖子号召大家"为了'整治'这个嚣张的企业，买光超市的王老吉！上一罐买一罐！""封杀"显然是"正话反说"，其实是号召大家赶快去买王老吉。几乎在一瞬间，"让王老吉从中国的货架上消失！消灭王老吉！"等类似的帖子扑满了国内大大小小的网络媒体。当然也有另一种观点认为，在"封杀"王老吉的背后，可能有只无形的手在幕后操纵，或许加多宝从主观上存在营销策略的考量。但公众普遍报以宽容、理解的态度："就算它是营销手段，我也要力挺，因为它确实给灾区人民捐了一亿元。""这种广告我愿意接受，比什么CCTV标王不知道好多少倍"。

5月22日，加多宝发布了一封《致所有关心加多宝集团的朋友之公开信》。信中感谢了全国人民对加多宝捐赠之举的支持、理解和厚爱，作为企业应当牢记"济世为怀"的祖训，履行对社会的责任和义务。加多宝除了将王老吉送到抗震救灾的前线，组织集团员工自发捐款捐物，还将一如既往地支持灾区人民的重建工作。

最终公众以实际行动给予回应，王老吉在一些商场的销量翻番，在一些零售店里甚至卖断货。超市临近收银台的位置总会堆上几箱王老吉，促销员在叫卖："买箱王老吉吧，他们地震捐了一亿呢！""买！"……事实证明：加多宝以1亿元慈善捐款获得了巨大的品牌效应和经济收益。

3 社会反响

3.1 万科地震捐款事件的社会反响

对于万科地震捐款事件，有网友评论："他做了自己该做的，却说了他不该说的。"事后有万科员工表示："对于王石的表态，即使万科的员工也认为情感上很难接受。"正是由于王石在非常时期不恰当的言论，才使王石与万科站在了网友炮轰的枪口。一时之间，"对待这种资本家，建议大家像抵制家乐福那样抵制他"、"不买万科房子，也不买万科股票"、"是中国人的团结起来让万科在中国消失"等口号在网上流传。资本市场也证实万科遭遇了抛弃之灾，从15—20日，万科股价大跌12%。

迫于社会舆论的压力，也为了挽回企业的形象，万科以及王石尽力"亡羊补牢"。随着万科抗震救灾实际行动的展开，公众的谴责声逐渐平息。万科也因此次赈灾行为表现突出而荣获"绵竹5·12大地震抗震救灾先进集体"称号和"中华慈善奖——最具爱心内资企业"称号。

3.2　加多宝地震捐款事件的社会反响

"5 · 12"强震的爆发，激活了公众的社会责任意识。"以后就喝王老吉，存钱到工商，手机用移动……"这句流行短信，就是最好的明证。《中国青年报》的震后民调显示，73.5% 的受访者承认会因为企业或个人捐款多少而改变对他们的原有印象。

对于加多宝地震捐款事件，有网友评论："作为民众，王老吉是有良知的；作为公民，王老吉是尽责的；而作为商人，王老吉又是聪慧的。"在收视率极高的央视赈灾晚会上，在公众善心激荡的敏感时刻，加多宝的巨额救灾款，令公众始料不及，一向低调的加多宝顿时成为人们关注的焦点。社会公益产生的口碑效应迅速在网络上蔓延，王老吉的品牌价值、加多宝的公众形象大幅度提升。加多宝也因此荣获"2008 中国民生行动先锋"称号和"最具爱心外资企业"、"2008 年度中华慈善奖特殊贡献奖"两项殊荣，加多宝营运总经理杨国伟还代表集团获胡锦涛总书记的亲切接见。公众对王老吉的回馈行动，使王老吉凉茶供不应求，市场终端连续两天卖断货，订单如雪片般纷至沓来，使加多宝获得了可观的经济回报。这就是公益慈善所带来的社会效应。

4　分析与评述

4.1　原因分析

为什么在赈灾中万科和王老吉会陷入"冰火两重天"的境地呢？究其原因，是由于企业在公众对社会责任感高度关注与期待之际，凸显出来的社会责任文化差异造成的。

4.1.1　源于心

强震发生后，万科第一时间捐出了 200 万元，反应速度甚快，但这一举动并没有博得公众的好感，反而遭到谴责。因为在这一特殊时期，公众的社会责任意识蓬勃生长。一些网民将万科的捐款数额与其收入、利润相比，甚至与其他企业的捐款数额、与王石的登山费用相比，造成公众普遍认为万科没有"尽力"，捐款不够真诚。即使后来万科又追加了 1 亿元捐款，但却是"分期付款"，还是有条件的支出，在公众看来，这种像挤牙膏似的捐款是受社会舆论逼迫、修复严重受损的形象的权益之计，并不是发自内心地主动践行企业的社会责任文化，因而万科的捐赠难以达到预期的效果。而王老吉在万人瞩目的关键时刻，用大手笔的捐款行为突出了企业的人文关怀，彰显了企业的社会责任文化，彻底征服了公众，因而王老吉成为赈灾的典范。即使有人认为王老吉有炒作的嫌疑，但一年的全部利润，不得不让公众震惊、叹服，公众相信王老吉的真心奉献。可见，企业的社会责任文化必须源于心。企业只有积极主动承担社会责任，以实际行动真心回报社会，才能打动公众，提高消费者的满意度和忠诚度。虽然金钱的多少并不能衡量爱心的大小，但面对地震这一突发事件，民族情结与责任意识左右了公众的心态和情绪，因而公众对企业的善举是否尽心尽力进行着考量和监督，此时此刻企业更应该凸显其社会责任文化的真情真意，才能收获真心真爱。

4.1.2　惯于行

万科作为"中国地产"的第一品牌、《华尔街日报》"中国最受尊敬企业"之一，一直是媒体及公众关注的焦点。在这国难当头的非常时期，公众自然会对其寄予很高的期望，希望能承担更多更大的社会责任，能自觉履行万科宗旨，树立一个现代企业的理想形象。本来万科一开始捐款200万元并不算少，但由于数额没有达到公众的心理预期，因此一些网民指责万科的捐款行为与其品牌、形象及倡导的企业社会责任文化不相符，而王石的回应是"200万是合适的"，随即引来部分网民的责骂。以至于后来万科的一系列赈灾行动都受到一些网民的质疑。抢险队在灾区的日夜奋战被认为仅仅是宣传活动，专家组对成都建筑的安全鉴定被认为仅仅是考察万科的财产是否受损，参与灾后重建工作被认为仅仅是为了发国难财……而加多宝一个名不见经传的民营企业，面对突发灾难慷慨解囊，将其"进取、务实、团结、承担"的核心价值精神表现得淋漓尽致，使旗下主打产品王老吉大大地火了一把。可见，企业要赢得公众的信任与认可，必须人人、处处、事事讲社会责任，使其行为与企业的社会责任文化保持协调一致。若企业的行为一旦与企业的社会责任文化背道而驰，企业就会受到公众的唾弃。灾后重建工作任重而道远，企业的未来发展之路还很漫长，企业能否经受得住考验关键在于企业的社会责任文化能否持续发展。若万科在灾后重建工作中能兑现诺言，展示出其一贯的道德品性和专业素养，建造出能抗强震的高品质的房屋，那么万科此次的公信危机便会化险为夷。若加多宝今后不能保持其社会责任文化的一贯作风，那么此次的捐助事件可能不是企业发展的加速器，而是绊脚石。

4.1.3 健于领导

在这次抗震救灾中，社会责任感遭到非议的企业不止万科一个，万科之所以能"脱颖而出"，最为主要的原因在于其领导者的言论不慎。王石作为"中国最成熟和最理性的企业家"、"最具有人文情怀的理想主义者"，是中国当代企业家的标杆。但在这次地震灾难的敏感时刻，王石的"十元论"、"慈善负担论"等言语刺激了网民的情绪，伤害了公众的感情，连万科的员工和股东也难以认同，由此引发了个人及企业的社会责任危机，使企业的社会责任文化陷入了内外交困的境地。其实，从某种角度讲，王石的观点并没有错，慈善活动是企业的一种常态，企业的捐赠活动应该可持续，企业也只有自身发展壮大了，才有力量肩负起更重的社会责任。但王石的言语不合时宜，或许当时他并没有意识到此刻公众的冲动情绪与感性思维不会冷静地对待他的解释，也没有意识到公众可能会因特殊事件而否定领导者及企业的所有行为，并且不会轻易接受他人的不同意见，更没有意识到媒体与公众的社会监督力量有这么强大。而加多宝的副总经理阳爱星一向很低调，没有感人肺腑的豪言壮语，只在赈灾晚会现场用唯一的一句话"希望他们能早日离苦得乐"，朴实地揭示出了加多宝的社会责任感，迅速提高了王老吉品牌的知名度、美誉度和忠诚度。即使有炒作的嫌疑，但的确使王老吉深入人心。可见，企业的领导者作为企业的导航标和企业文化的传播者，必须谨言慎行，认真履行自己的职责，才能促进企业树立良好的企业形象，创建知名的企业品牌。

4.1.4 固于组织

公众不接受万科"迟来的爱"，也暴露出了万科内部组织的管理漏洞。王石一时的言语疏忽所造成的公信危机没能及时得到化解，与万科公关部门不得力有关。万科没有及时向公众道歉，请求公众的谅解，没有及时澄清事实和王石的本意，没有及时进行有效的社会责任文化沟通，才造成事态的进一步扩大。公众之所以对万科的"亿元资助计划"产生异议，与万科的赈灾责任小组迟迟拿不出灾后恢复与重建工作的较详细计划和较具体的方案有很大的关系。当然后来万科对此也有所意识，决定设立新闻发言人制度，并对王石的网上博客设置看门狗过滤系统。王石也意识到自己今后要加强修炼，并就万科捐款门向广大网友致了歉，还冲到了救灾第一线，但却难以立即弥补已经严重受损的企业形象。而王老吉之所以能掀起购买狂潮，是由于其成功发挥了"情感营销"和"网络营销"的魅力。当晚会现场的捐助行为一结束，许多网站、论坛和贴吧，甚至 QQ 群和博客里，都立即出现了"封杀王老吉"的号召，若查询发帖 IP，不难发现有很多重复。无论王老吉是否有组织有预谋地"精心策划"，1 亿元的现金是无可厚非的，由此所产生的社会效益和经济效益是不容置疑的。可见，面对突发事件，企业必须要有应急小组作组织保证，迅速行动决策，统筹安排相关事宜，适时推广企业文化，协调企业内外部关系，才能成功应对突发状况，赢得良好信誉，实现良性循环。

4.2　理论根源

在西方企业的发展过程中，企业的价值观念经历了从"最大利润价值观"到"经营管理价值观"再到"企业社会互利价值观"的演变。现在，构建企业社会责任文化已经成为 21 世纪现代管理的主旋律。笔者认为，企业社会责任文化是指为了使企业与利益相关者，即股东、员工、客户和社会共同和谐发展，企业必须对利益相关者履行相应的义务和承担相应的责任。对股东，企业要不断创造更好的回报；对员工，企业要提供很好的发展与成长机会；对客户，企业要提供一流的产品与服务；对社会，企业要以实际行动报效国家，促进社会进步。企业社会责任文化对内可以产生凝聚力，对外能够增强吸引力。企业社会责任文化是企业文化的灵魂，是企业价值的坐标，是企业精神的支柱，是企业行动的指南，是企业永葆生机与活力的秘诀。

美国的一项调查表明，社会责任感强的企业，效率、绩效等综合经济指标明显高于社会责任感弱的企业。有机构算了一笔账：几年来，比尔·盖茨的每 1 美元慈善投入，换回了 1.1—2 美元的回报。可见，企业回报社会也会得到社会的回馈，企业社会责任文化也是企业的一种有效的"赢利模式"。正如美国管理学大师德鲁克所言，企业的目的必须在企业本身之外，在社会之中。所以，中国企业应尽快调整自己的价值观念，从"功利价值取向"向"社会责任文化"转变，实现企业与利益相关者的多赢互动。正是因为企业的社会责任文化决定了企业的社会形象和品牌价值，从而决定了公众的消费情绪和购买行为，所以在这次赈灾中才会出现王老吉销售火爆而万科股价暴跌的局面。

企业要做大做强，必须文化先行，用文化力提升竞争力。企业社会责任文化的形成不可能一蹴而就，它的打造工作是一项持久、复杂、艰

巨的系统工程，它的打造路径是一个动态持续的双重循环过程，如下图
所示。

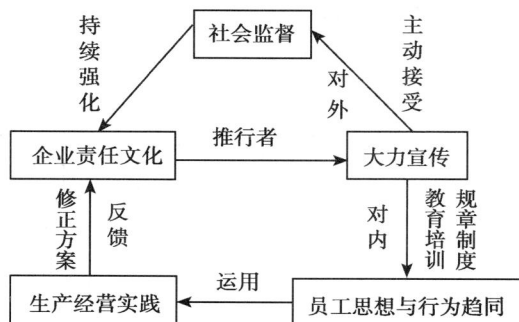

企业社会责任文化打造的路径

思考与讨论

1. 地震灾难后，万科与加多宝同捐一个亿，为什么会产生不同的社
会反响呢？

2. 企业的社会责任文化会不会影响企业的社会效益和经济效益？

3. 企业有无必要建立社会责任文化？若要建立，应该怎样建立，才
能使企业社会责任文化真正落实？

4. 企业的领导者在企业文化的建设中起到什么样的作用？

管理信息系统

宝岛眼镜靠信息化带动商业化

康 杰

摘 要 从台湾到大陆，从大陆到全球，信息系统支持着宝岛眼镜的快速发展。其信息系统建设从自我开发到采用 SAP 的 ERP 系统到 CRM 系统的建设，经历了不平坦的发展历程。宝岛眼镜信息化发展过程表明：运用 IT 技术持续改进管理是一项长期行为，只有不断改善企业信息化管理水平，才能带动企业更好更快地发展。

关键词 宝岛眼镜 信息化 ERP CRM

1 案例背景

眼镜零售业在全球任何国家都是一个较冷门的行业，在我国大陆市场上，眼镜零售更是个典型的长不大的行业。有着 66 年历史的老字号大明眼镜因在北京市 17 个区县内拥有 50 余家连锁店从而登上了"霸主"的宝座，上海红星则以 80 余家连锁店而独秀浦江两岸，广东的明朗、亚洲，重庆的千叶等品牌也以类似或略小的规模而"割据"一方市场。相比于在全球已超过 2000 家连锁店的美国 POWERVISION 等连锁品牌，我国大陆的眼镜零售企业像个关起门来称老大的小孩，不要说走向世界，就是跨省经营也显得那么力不从心。

不是我国企业不想长大，而是由于缺乏有力的管理能力支撑，再前进一步，就陷入了"规模不经济"的泥潭。眼镜零售业看似不起眼，却是一个极为复杂的运营系统，眼镜行业有四大商品类别：镜框，镜片，隐形眼镜，药水。仅就镜框而言，由于材质、色码、款式及品牌的不同，一家眼镜店往往必须储备上万种样品。更让人头痛的是，镜框是流行性商品，时尚性很强，商品周期短，稍有不慎，账面上赚的钱就全部躺在仓库里变成了库存。镜片是光学商品，功能性强。隐形眼镜是美容型商品，强调方便性及舒适性。药水是隐形眼镜的消耗品，周期性型强。四大类商品构成眼镜零售业的商品系列组合。眼镜零售业的另外一个特点是顾客回转周期较长。顾客平均回转周期为：镜框 4.5 年，镜片 3.5 年，隐形眼镜 1 年，药水 0.2 年。青少年（在学期）的回转率比较高，约 1.5 年，女性的回转率周期也高，约 1.2 年。男性是回转率最低的群体，一般超过 5 年，年纪越大，回转率周期越长。眼镜业所面临的问题是一个顾客在配好一次服务满意的商品后，可能要 3 年半以后才会再来光临。这么长的顾客周期，如何维护以及提升顾客的购买欲望，也是非常头疼的问题。

宝岛眼镜毫不例外地遇到了与同行一样的难题，但它用自己的方式作出了回答。它一开始就选择了跨省经营，从 1997 年 3 月开始投资大陆，在武汉开设了首家大陆分公司，截至 2007 年 10 月 19 日，分公司共 1125 家，中国内地 635 家分店。其中在武汉、厦门、福州、天津、北京、杭州、南京、苏州、无锡、南通、哈尔滨、重庆、成都、深圳、南昌等地相继成立分公司。宝岛眼镜用其信息化的进程，为国内眼镜零售业的发展演绎着一个正在长大的进行时。

2 发展历程及难题

2.1 谋划进军大陆

宝岛眼镜集团 1981 年成立于美丽的宝岛台湾，目前在台湾有 320 多家连锁店，是台湾地区最大的眼镜零售企业。在原本狭窄的台湾市场上，这 320 多家眼镜店星罗棋布，几乎再无市场拓展的空间，于是，进军大陆市场成为宝岛顺理成章的选择。

同时业内专家估计，中国约有 3 亿人口需要视力矫正（配眼镜），大陆市场一年约有 200 亿—250 亿元的零售额。其中镜框大约有 8000 万支的销售量，镜片约有 2 亿片的年消化量。几年来，全国各地的眼镜业发展到一定程度的连锁规模，但大多数是地方上的连锁，很少有跨省发展的眼镜连锁集团。这也为宝岛眼镜进入大陆市场提供了相应的机遇。

但大陆市场有自己独特的特点，宝岛眼镜的执行董事王智民负责宝岛眼镜在大陆业务的开展，在进入之时，进行了这样的考虑。

（1）有限的资源：大陆市场非常复杂，在市场成熟度、开放程度、潜力、排外性等方面有很大的差异性，在有限的资源内，必须有严谨的发展计划，才能发挥到最佳的效果。

（2）销售据点的取得：零售业需要提供舒适的购物环境给消费者，因此销售据点是所有零售业竞争的重点之一。在一些都市里的重要商圈，更是各家连锁集团的必争之地，销售据点的取得也是零售业扩张速度的瓶颈之一。

（3）员工培训：眼镜业与顾客的服务内容及互动很复杂。其基本培训通常要6个月以上，而快餐业可能只需要两个星期的培训就可以上岗。员工的培训素质是企业长期发展的根基，培训体系无法跟上企业发展速度，该企业现有的成果是可虑的。而台湾的医学院早已有了专门的视光学系，但大陆的医学院较少有这个专业，所以培训显得尤为重要。

（4）管理人才培养计划：快速发展的企业管理人才也要跟上。零售业最基本的管理干部是"店长"。店铺为零售业的基本业务单位，每开一家店，就需要一个店长，除了店长的培养外，都市级、省级的高级管理干部也不能缺乏。因此管理人才培养效率如果无法提升，零售业要快速发展会有相当大的困难。

（5）语言问题：中国地大物博，每个地区有着不同的人文地理，语言上更是百家争鸣，地方语言也是零售业在发展时必须要突破的难题。员工当地化是零售业必须走的路，也只有当地化才能克服语言问题。

（6）都市发展先后顺序：零售业全国版图，需要制订一个发展计划，都市发展的优先顺序是战略重点。中国地域上差异很大，在有限的财力、人力、物力资源下，都市的开发顺序会直接影响企业的资源累积及发展速度。一级城市如北京、上海、广州市场大、费用高、竞争激烈。一级城市的发展对企业的知名度可以起到灯塔效果，对二级城市的发展有推动的效应。二级城市市场较不成熟，但是发展潜力好，费用较低，竞争没有一级城市激烈。在二级城市发展对全国知名度的累积比较慢。

（7）服务流程，管理标准化：零售业最难克服的问题就是服务流程及管理流程标准化的问题。如果无法在服务流程、管理流程上完成一定程度的标准化，很难成为一家真正的连锁企业，充其量是一家企业拥有很多挂统一招牌的店铺。

根据以上的考虑，毕业于美国加州伯克利分校，又在悉尼大学读过MBA的王智民就到大陆来创业了。他只从台湾带了几个骨干主力员工过来，其余员工都在当地招聘。

2.2 屡遇难题

1996 年 3 月，宝岛眼镜在武汉开出其在大陆的第一家连锁店面。很快，它发现了大陆市场经营格局的与众不同，在台湾沿用 16 年的经营方式，需要根据大陆眼镜消费市场的特点作出调整。

宝岛眼镜在经营台湾市场时实行统一定价，但大陆不行，"上海、北京这类一线城市的眼镜单价大致在 500—600 元之间，武汉在 300 元左右，而在福建莆田就会降到 200 元。除此之外，在一个城市内，如上海的内环和外环、郊区，又有很大的价格落差。眼镜的价格不能全国统一，这是宝岛眼镜没有遇到过的情况。不仅如此，南北方的消费习惯也迥异，如太阳镜产品，南方的产品尺寸小，而北方人更喜欢造型较大、较夸张的产品。相应地，各地就有自己的营销策略"。

同时，由于跨省经营，"每个地方的店数很少，当地的眼镜生产商不可能给我们很好的价格，没有规模效应，"王智民感叹当时的窘境，"我们要买的，没有好的价格；厂商有好的产品，不卖给我们。"

从 1997 年到 1999 年，宝岛眼镜着重于摸索大陆市场的发展战略，同时调整营运流程及管理流程。在地方上，努力做公关工作，了解政府的互动。（在台湾，管理眼镜零售业的政府部门几乎没有，没有技术监督局，没有劳动局等等）在这个时期，宝岛眼镜的目标是放在培养人才及研究市场。先谈生存之道，了解如何在大陆市场生存，再求发展。到 1999 年底，宝岛眼镜在大陆约有 20 家店。从 1999 年到 2000 年，宝岛眼镜在大陆的发展力度仍然不是很快，资源相当紧张（员工及管理人才）。在这段时间，本地化的政策在每个都市都得到落实，大陆员工的数量越来越多，储备了未来发展的力道。到 2000 年，宝岛在大陆的零售店达到 36 家，年营业额约 3000 万人民币。

但就是这 30 多家店，虽然规模仅是台湾总公司连锁店规模的 1/6，却让宝岛眼镜大感头疼。"大陆实在是太大了，很多店分散在各个城市内，我很难了解他们的运营情况。另外，由于地域广阔，造成了消费习惯的迥异，给公司的采购等运作也提出了挑战。尽管我们在台湾有 300 多家店，但开车赶到现场解决问题，最远也只需要 5 个小时的车程，而这在大陆显然是不可想象的。"于是，王智民开始对各店经理逐步授权，以提高经营的灵活性。

然而，更大的问题出现了。由于几个城市相距遥远，市场环境差异很大，于是，各连锁店在管理上各自为政，管理制度五花八门，每个店对采购、销售、库存等数据都有自己的统计标准，同样的费用，有的计入差旅费，有的计入交通费，会计科目设置五花八门，把各店的数据汇总在一起，决策参考价值大打折扣。而且，即使是这样"错位"的数据，也还要 45 天后才能得到。各连锁店对于总部就像一个个"信息孤岛"，或者说是"独霸一方"的"小诸侯"。

对于各连锁店来说，问题同样很多，几乎没有一个店的经理能用准确的数据实时地告诉王智民真实的经营状况，清一色的回答是——"还可以"、"不错"。至于具体什么商品赚钱、库存数量如何，更是没有一个经理能够回答出来，完全处在"乱买乱卖"的经营状态。

此外，每个店都独立进货，同一家供货商把同样的产品卖给天津连锁店和厦门连锁店的价格可能相差一大截，宝岛不知不觉中当了几年的"冤大头"；有些产品在厦门脱销又无法及时补货，而同样的产品却在武汉库存积压严重，坐失市场销售良机，根本不能发挥连锁经营的优势。

2001 年年初，王智民的失控感达到了顶峰，他常常觉得自己的"经络、血液被堵塞了，人好像变成瞎子、聋子，没感觉了"，决策的两大障碍更是让王智民困惑不已。一是决策信息的滞后以及决策信息来源的不准确；二是快速周转商品的问题。"我到店里的时候，问销售人员某种产品卖得如何？经常得不到确定的答案，几乎没有人能用准确数据告诉我某款产品的销售及库存情况。另外，由于当时各个店之间的数据不能共享，给互相调货造成了困难！有时南方卖得脱销，但北方却库存积压严重……"

宝岛眼镜此时的管理模式，单店的采购、销售、库存是各部门自行开发独立的系统，而财务是另外一套通用的软件，采购、销售、库存数据没有也无法与财务系统集成，无奈的方式是通过软盘来回倒数据。一个更大的问题还在于总部系统与各地单店系统之间是一个个"信息孤岛"，分布于各地的连锁店俨然是一个个"独霸一方"的"小诸侯"。因此，实际的业务运作情形是，单店不仅无法反映实时的经营状况，也无法实时与总部之间进行数据共享与集中处理。

3　ERP 的抉择

渐渐地，解决的办法已经在王智民的脑海中盘旋。他想起了在悉尼大学读 MBA 时，对众多大公司 IT 战略进行的研究；更重要的是，作为宝岛眼镜董事长的儿子，他目睹了 1996 年，宝岛之所以有能力收购台湾的第二大眼镜公司——小林眼镜，IT 系统的应用在其中起到了重要作用。

"一定要通过上 MIS 来解决这些问题！"王智民越来越清晰地感觉到这个想法必须实现，否则，不但自己心中的梦想——"到 2010 年之前在大陆建立 3000 家连锁店"的目标难以顺利实现，而且目前这些店能否健康发展也将成为问题。

要改变这种现象，唯一的方法就是实现信息化。当时，ERP 已经成为许多企业首选的信息化工具。

经过两个多月的辩论与研究，宝岛选择了 SAP "零售解决方案"为公司 IT 管理项目的基本核心，并邀请国内知名的 SAP 顾问公司——高维信诚资讯有限公司为公司的咨询顾问团队。2001 年 9 月，王智民自任公司信息化总监，开始在大陆的连锁店实施 SAP 零售业解决方案。

4　ERP 的实施历程

当时，SAP 的零售解决方案在国内还没有公司及顾问团队实施过，这增加了当时规划的难度。为了控制实施风险，第一阶段的 IT 项目上线计划是把业务流程进行精简，并且只在厦门实施 5 家零售店。实施过程中面临了几个基本问题：

（1）是改变软件来符合我们的业务流程，还是改变业务流程去符合软件？

（2）我们是眼镜零售商，而眼镜行业内没有统一的物料（商品）编码，用厂商的，还是我们的编码？

（3）SAP 的软件功能庞大，如何让我们的员工快速学习才可以在全国推广？

（4）如果其他省份与厦门地区分店的工作流程不一样，以谁的为准？

（5）如何培养内部员工使我们可以自己辅导其他省份上线？

（6）如何把公司的竞争力透过 IT 管理项目加以强化？

以上的六大基本问题，在第一期的项目中得到了清晰的解答。第一期的 ERP 项目，用了约 4 个月的时间，让厦门地区 5 家店上线。实施过程中，尽量精简业务流程，以 SAP 软件中的标准流程作为基本业务流程，大大地缩短了上线的时间。同时决定以厦门的业务流程为主，任何与厦门不符合的流程都必须改进。在实施中，物料编码的准备是最耗时的。目前，宝岛眼镜的物料有两种编码规则，一是宝岛内部编码，二是厂商编码。两种编码规则在系统中查询时能方便对照。为便于推广，将 IT 系统拆成两套：零售店管理系统"微软平台"及总部管理系统"SAP 平台"。零售店管理系统的设计原则是愈简单愈好，称之为"傻瓜"系统，培训零售店系统操作只需要 2 天，1—2 个星期就可以很熟悉，而总部管理系统是以 SAP 为主。这样大大地减少了成本及内部培训的需求。

从 2001 年 9 月份项目启动，到 2002 年 1 月 15 日厦门 5 家店上线，第一阶段花了 4 个月的时间。"测试"上线后，发现商品数据不符仍然是一大问题，又花了两个月来改善系统，到 3 月底，厦门地区完成系统上线。6 月底，福建省全部上线成功，也在公司内部培养了一批可以辅导全国分店上线的项目团队。福建省上线成功后，宝岛公司兵分两路，一部分着手开发 SAP"ERP"零售解决方案以外的 IT 系统；另一部分到其他各省，辅导上线。从厦门项目开始实施至今，ERP 项目组以每个都市（省份）45 天的辅导期在全国实施宝岛眼镜的 IT 管理系统。到 2003 年 6 月份，全国所有分店都已完成上线任务。今天，任何新开发的都市（省份）及零售店都会直接导入宝岛眼镜的 IT 管理系统。

从 2002 年 6 月开始，厦门总部开始了其他 IT 系统的开发工作。宝岛眼镜的信息系统包括：

RMS（零售店管理系统）：采用微软 Windows 平台，以浏览器为主的店面管理系统，对分销中心与零售店的物流、最终顾客资料、销售资料、商品调拨与查询等进行管理。

RRS（零售店快速反应系统）：解决单店信息反馈，以使总部或分部快速处理单店人事、商品、信息及其他问题。

CRM（客户关系管理系统）：眼镜零售业有一个特点，即收集顾客资料比较容易。在宝岛眼镜的 RMS 系统里，运行 CRM 系统，可以简易分析顾客需求，安排顾客回访。目前已有超过 100 万笔顾客资料。每年以 40 万—50 万笔资料成长。今后这些顾客可以跟 BI（商业智能）系统及 B2C（电子商务）系统结合，方便开发其他的业务。

KM（知识管理系统）：眼镜行业的员工培训期很长，公司累积了大量的培训资料，目前已把它们全部做成网页，全国的分店都可以共享。另外，已有的公司设立分店的流程文档也导入了 KM 系统，这可以缩短在新开辟都市（省份）或零售店的营销规划时间。

SCM（供应链管理系统）：透过核心 ERP 及 RMS 系统，公司开发了 SCM 系统，供所有的供应商使用。供应商可以在宝岛眼镜的系统内查询到自己商品在各都市（省份）的销售情况、库存状况及相关报表。宝岛眼镜是全国第一家将销售及库存资料信息与厂商共享的眼镜公司。一直以来，眼镜业供应商无法在最快的时间了解自家商品在全国市场的反应，宝岛眼镜零售店分布在全国的代表都市（省份），提供的信息可以当作市场的"温度计"。

B2C：有了大量的顾客资料，公司决定在"电子商务"方面大力开发。2003 年 9 月，公司的 B2C 网站开始对外营业。销售的商品将不再局限于眼镜类。目前已经有不少供应商愿意与宝岛眼镜合作，拓展网络商业市场。

BI：现有的 ERP、RMS 及 CRM 系统里，有基本的 BI（商业分析）功能。BI（商业智能）系统已于 2004 年 6 月开发完成。

5 ERP 实施的效果

通过信息化建设，宝岛眼镜取得以下几方面的成效：

（1）解决"信息孤岛"问题：在系统上线前，每个都市（省份）都有自身的 IT 系统，只能维持公司的基本数据维护，而且数据与实物的差距很大。销售数据统计报表通常要 20 天。对市场的反应速度很慢，也造成库存积压的问题。上线后，我们的资料是实时的，随时都可以得到最新的销售资料，根据最新的销售数据，对市场的商品需求趋势可以更精确地判断，库存积压的资金相对减少，库存周转率提高。

（2）全国统一的管理平台：系统上线后，全国的财务、物流、采购、销售等工作流程都实现标准化，使公司在统一的管理平台上，获得更快速的发展。也因为是统一的管理平台，对人才的培养非常有效率，不会因为部分员工离开公司而使公司管理大受影响。

（3）顾客资料库的建立：眼镜业可以累积很多顾客资料，上线后对顾客资料的管理更完善。庞大的顾客资料是最大的资源，通过开发利用这些资源可以发展很多其他的业务。

（4）商品价格标准化：在信息孤岛的状态，公司内部采购管理存在漏洞，供应商对不同都市或分店的供货价格不统一。上线后，这一方面的弊病都已解决。

（5）工作习惯的改变：系统上线前，工作还是处于较落后的手工方式。上线以后，除了工作流程在 IT 系统内部实现之外，员工的工作习惯也发生了改变。管理层对 IT 系统上所有工作的进度、效率、错误等可以及时追踪。系统做到了"凡走过必留下痕迹"，使公司的内部控制及工作效率得以提升。

（6）培训效率的提升：庞大的培训资料统一集中在 KM 资料库里，所有的案例、培训方法论、如何快速培训、如何衡量培训效果，都有全国统一的标准。除了培训体系外，营销资料也已建成全国资料库，使公司在营销方案的创建、重复使用、跨地区整合的效果及效率都有大的提升。

（7）内部管控提升：公司选择 IT 系统的基本原因是因为担心内部管控在公司快速发展过程中会失控。系统上线后，在财务管控、商品管控、费用管控、现金流量管控方面，都有大幅度的提升。

当然，宝岛的上线不是一帆风顺的。回顾这两年，也走了很多冤枉路，也遇到很多的瓶颈，主要体现在：

（1）管理体系跟不上系统的设计：当 ERP 刚上线时，有很多的内部管理问题并没有体现出来，当愈来愈多的门店上线后，公司才意识到内部的管理没有跟上。信息系统永远是个企业运作的平台，在管理上的条条框框，还是必须要强有力地执行，才有办法把 IT 的价值利用出来。

（2）技术的规划缺乏深思熟虑：对新的 ERP 系统了解不够，但是需求马上就来了，是很多企业刚刚上 ERP 时的状况。在上线时，把期望值设的太高，对技术上不成熟的功能强加使用，也使公司走了很多弯路。因此对系统的规划及系统的后期开发，都要对需求及技术成熟度多加论证，多与技术专家探讨，才能使投入的成本减低。

（3）网络安全的投入太晚也太低：上线后的两年内，承受了很多次的网络及病毒攻击。在未全部上线前，网络安全对公司不是最重要的。但是公司辛苦的成果，差一点就在一次大型的全球网络攻击中完全瘫痪。也就是在那一刻起，对网络安全的认知才有了一个比较大的跳跃。企业信息化的过程，必须是全面性的。在每一个重要的环节，都必须要有相当的投入。网络安全，除了硬件及软件的投资外，内部的管理条约也是很重要的一环。未来最需要注意的还是网络安全的状况。不重视网络安全，可能会把辛苦的成果付诸东流。

简单地说，企业内部管理就是管住人、事、物。经过四年多努力，现在宝岛眼镜公司的"物"统统由 IT 系统管理，百分之六七十的"事"由 IT 系统管理，企业管理层的主要精力是培养人。有了稳定的 IT 管理平台，再培养出合格的管理人才，管理人才把 IT 管理平台复制到全国各地，就实现了比竞争对手快得多的发展速度。2001 年前，宝岛眼镜在大陆的扩展非常迟缓，实施完 ERP 后企业进入了发展的快车道，最近三年连续保持在 50% 左右的发展速度。在企业规模快速成长的同时，企业利润也持续增长。2001 年前宝岛眼镜公司每年的毛利率增长在 1.5% 左右，通过优化商业模式及企业政策调整，最近三年毛利率年增长速度高达 6.5%。

思考与讨论

1. ERP 选择中，自行开发和外包各有什么好处？
2. ERP 是一个技术系统吗？
3. ERP 与企业信息化的关系如何？

参考文献

［1］王智民：《宝岛眼镜在零售行业信息化中起步》，

http：//www. fjcio. org/article/article/showarticle. asp？ articleid = 1145。

［2］杨华：《SAP ERP 成功案例之宝岛眼镜》，

http：//www. topoint. com. cn/html/anli/2004/01/111090. html。

［3］赵平：《宝岛眼镜：集权不利 IT 出力》，

http：//finance. sina. com. cn/leadership/jygl/20050713/15471792656. shtml。

［4］王智民：《IT 给宝岛眼镜带来的变革》，

http：//tech. sina. com. cn/other/2005 － 1 － 22/1507511970. shtml。

［5］http：//www. baodao. com. cn/。

阳光鞋业以信息化提高管理水平

康 杰

摘 要 2008 年，成都鞋业内外交困，制鞋企业举步维艰。要想在恶劣的市场环境下得到进一步的发展，"向管理要效益"就是必然之路。阳光鞋业以信息化为突破口，显著提升企业管理水平，走出了一条创新之路，为成都众多中小制鞋企业的发展给出了一种新的模式。

关键词 成都鞋业 阳光 信息化

1 案例背景

2006 年 1 月 20 日，"中国女鞋之都"的称号落户成都。作为中国的四大鞋业生产基地之一，成都汇集了 1700 多家制鞋企业，3000 多家配套企业，年产值 150 亿元人民币，年增长率超过 20%。其中成都产女鞋产量居全国第三，产品远销欧洲、北美等地主流市场，获得这样的称号也确实是名至实归。但这大大小小几千家制鞋企业，普遍存在知名品牌少、产品品种单一、企业研发能力弱等问题。被誉为"女鞋之都"的成都，难道只是在鞋业供应链中充当廉价的劳动力？

作为人们生活中一件必不可少的物品，鞋子因其使用寿命相对较短、无它不能成行的商品特性而拥有极为广阔的市场前景。而作为一种劳动密集型产业，中国丰富的劳动力资源为鞋子生产提供了极为广阔的生存空间，也因为这样，中国成为鞋类出口大国。所以，早在 20 世纪 80 年代，中国开始在沿海城市尝试市场经济的道路时，中国的鞋业开始了自己的觉醒。由于赶上了经济特区的顺风车，中国沿海的广州、温州、泉州成了最早的鞋业生产和出口城市。今天国内的知名品牌如奥康、红蜻蜓、富贵鸟大都出现在这几个省，沿海城市成为中国经济重镇的同时，也成为鞋子的生产基地，尤其是广州已成为鞋业出口的一个贸易港口，许多鞋厂都专门在广州设立了办事机构甚至是分公司。

但制鞋业作为劳动密集型产业，人工成本是其核心，所以全球制鞋中心半世纪以来一直遵循"水往低处流"的原则不断迁移：20 世纪 60 年代在意大利，70 年代转向日韩，80 年代转到我国台湾，90 年代则转到我国东部沿海地区，随后就是本世纪的"东鞋西移"。这一次，成都就在这样的背景下站在了世界鞋业的镁光灯下。

但"中国女鞋之都"的称号似乎并没给成都的制鞋企业带来好运，"仿佛刚等来了春天接着又来了寒冬"，有人这样形容近三年中国的鞋业市场。的确，对于中国鞋业来说，2006 年、2007 年和 2008 年可谓多事之秋。

首先是欧盟的一记反倾销大棒将中国鞋企打得晕头转向。紧接着是俄罗斯的出招。根据 2006 年 11 月俄罗斯总统普京签署的一项法令规定，从 2007 年 1 月 15 日到 4 月 1 日，外国人在售货摊、市场以及商店以外的场所从事零售业的人数应限制在零售业总人数的 40%，从 2007 年 4 月 1 日到 12 月 31 日，外国人将被禁止从事零售业。据了解，成都 700 多家鞋厂 90% 的产品都出口到俄罗斯，在俄罗斯调整实施新政策以后，遭受重创已经在所难免。而 2008 年金融危机向实体经济蔓延已成不争的事实，与此同时，国内市场集中度越来越高，强者越强，中小企业的市场空间越来越小，中小皮鞋企业面临巨大的挑战。人民币升值、民工荒、能源荒、土地成本上升、原材料成本上升等让整个中小皮鞋企业处在焦虑之中。

对处在聚光灯下的成都而言，鞋业市场发展的状况更是令人担忧。成都虽然制鞋企业众多，但是叫得响的品牌却非常少，在全国没有多少竞争优势，因而，在强者愈强的竞争法则下，成都的鞋业注定面临的是内外交困的局面。在这种困难的局面下，成都的阳光却以信息化走出了一条创新之路，为成都众多中小制造企业的发展给出了一种新的模式。

2　阳光的发展历程

20 世纪 90 年代初，由于世界鞋业制造中心向中国内地转移，源源不断的海外订单给成都鞋业打了一针兴奋剂，很多企业满足于这种低风险、低投入的模式，替俄罗斯、日本等境外企业做代工。一时间，鞋企并起，大有天下英雄舍我其谁之味道。而代工背后隐藏着的低收益和难可持续发展风险却被绝大部分企业轻易地忽略掉了。"市场的需求让人没有太多时间思考自创品牌，20世纪八九十年代时，很多企业日夜加班都无法满足客户近乎疯狂的需求，再加上国内小企业缺乏品牌运作的经验，实力不雄厚，代工成了成都许多鞋企的选择。"四川皮革工业协会鞋业秘书长徐波如此解释当年的这一现象。

在这样的背景下，1995年，兴旺皮鞋厂开业了，它也就是阳光的前身。"那时候，看别人做皮鞋，我们在心里也按捺不住，也开了工厂。可是，我们从来没有想过会是这样的艰苦。"谈到当年的办厂经历，阳光的董事长张总感慨万千，"那时候，最大的感受就是想睡觉，就连骑着自行车去进材料，都会瞌睡。"1996年的时候，因为工厂需要买了一辆面包车，结果也经常在车上开着开着就快睡着了。

但是，1996年对众多像阳光的小企业来说，是生死攸关的一年。如雨后春笋般冒出来的作坊，导致国内产品大量积压，企业之间竞相杀价，利润越做越薄，导致许多鞋厂纷纷停掉机器，有的则选择了转型。而阳光则走出了一条不同的路。

"公司成立之初，国内市场的激烈竞争迫使企业将战略眼光放到了海外市场，和其他鞋企不同的是，阳光一开始就实施了品牌化战略。"在张总眼里，实施品牌战略可以增强企业实力，提高国际竞争力，是公司"走出去"战略的关键所在。

在这一策略的指导下，阳光积聚了能量，获得了发展的保障和腾飞的支点。1997年6月，成都生产基地建成投产；1998年，兴旺皮鞋厂正式改制为阳光鞋业有限公司；2001年，完成品牌战略规划，新基地选址簇桥工业园区；2002年，随着欧盟频频反倾销及人民币升值，国家对以鞋为代表的劳动密集型产业的出口退税的下调，阳光的出口之路越走越窄，只有闯进本土市场才能确保企业的发展。于是阳光鞋业营销公司成立，并正式启动品牌发展战略，开拓国内市场；2003年，在成都率先建成行业内具有标志性的工业园区，同年获得"四川名牌产品称号"；2006年，在北京人民大会堂召开的"2005皮革行业经济运行情况暨真皮标志品牌发布会"上，阳光获得了"中国真皮名鞋"的殊荣。

在国内快速发展的同时，国外市场也在稳步开拓中。阳光2003年获得国家进出口权，产品出口到美国、俄罗斯、欧盟等国家和地区，并拥有稳定的客户群。2005 年，与国际知名皮鞋经销商"派诺蒙"公司成功合作，已成为该公司在中国重要的供应商。2006 年创汇 1000 多万美元。

迄今为止，阳光鞋业在大陆地区成功建立 20 余个省级区域代理和 1500 多个销售网点，其中有统一形象的专卖店、商场专卖区 460 余家，现有员工 3000 多人，在成都、广州分别建有研发中心和生产基地。公司现有生产线 8 条，年产女鞋 400 万双以上。

3　存在的问题

由于阳光鞋业一开始定位于 OEM 策略，没有建立自己的营销渠道，从 2002 年建立营销公司、开拓国内市场以来，在全国建设自己的营销网点，在销量扩大、企业知名度不断增强的同时，阳光鞋业才发觉，已无法实现对销售网络的有效管理了。由于公司各地往来通过电话、传真和信函等传统沟通方式，而且进销存财务管理也依然采用传统的手工会计做账方式，随着公司规模的不断扩张，公司内部信息的沟通不畅和管理低效的弊端越来越严重。

2002 年 4 月，春暖花开。此时，如同这复苏的季节，是新年新款服装鞋帽上市的繁忙时节。商家们绷紧了神经，产品从生产线到货柜，这个过程若顺利完成，就算是迈出了商战取胜关键的第一步。而在阳光公司总经理唐云的办公室里，面对一堆材料单、发货单、订货单以及库存单，他一筹莫展。如此繁多的账目，需要财务人员一点点清理上报，才能比较明晰地控制产销数量的相对平衡。这个过程牵涉的部门多、人员量大，且严重阻碍了鞋厂的正常生产及销售进度。而这仅是公司业务管理"杂乱"的一部分。他意识到，是该把清理这堆"乱麻"提到议事日程上来了。

通过公司的内部自我诊断和借助外脑，阳光初步判断存在以下严重的问题：

第一，信息滞后。由于公司采用人工单据流转，各地销售办事处每到月底将各自的采购、库存、销售、现金、应收款等信息以财务报表的形式通过传真提交成都总部，总部则汇总各地财务报表来掌握整个公司的经营状况。而这一过程通常需要总部花费至少一到两周的时间来汇总统计，等总部完全弄清楚上月的销售情况，几乎已经到了当月的中旬了，由此造成物流、现金流和票据流分离，财务信息滞后于实际业务经营需要。

第二，管理漏洞。随着产品种类日益丰富，流行周期越来越短，公司市场活动节奏也越来越快，赊销、代销、折让、退换、赠送、调价、削价等方式频繁应用。各地分支机构在执行公司营销策略时往往会各自变通。由于缺乏统一而有效的管理手段，各种信息量庞大且繁杂，在财务信息滞后的情况下，造成其中存在很多管理漏洞。一些缺乏职业道德的业务人员的违纪现象难以禁止。

第三，信息孤岛。由于总部和各地销售分支机构没有形成一体化的数据共享机制，在总部与分部往来账目之间，经常出现数据不一致的情况，导致反复核对账目，使得公司不能充分利用真实有效的业务数据进行市场决策。

第四，商品管理混乱。随着公司产品线越来越长，商品品种越来越多。目前每年大约有 1000—2000 个货号，具体到鞋业行业，每年有六季，估计每个品牌每个季节有 300 多个货号。因此，在手工管理的方式下，货号管理长期频繁出错。

第五，库存调配困难。由于信息滞后和信息孤岛的问题，公司总部无法实时准确掌握各地分部的动态库存和渠道流量信息，导致有时旺季到来时，某地某款鞋子缺货，却不能及时从其他分公司调配货源。公司总部难以及时合理调节全国各地的供需状况。

4 系统实施及成效

就这样，唐云给任我行软件公司打了个电话，对任我行网络化分销系统服装鞋帽版项目牛经理说："给我们安装你们的管理系统吧。"5 月，新上任的阳光公司行政主管刘宇，立即购买了 7 台 PC，并开始着手实施任我行服务鞋帽版管理系统。阳光公司的信息化进程由此开始。

双方达成合作协议后，组建项目组成员，开始了对阳光工程的实施，并决定首先在成都阳光鞋业有限公司实施该系统，并逐渐推广到整个集团公司。

通过分销系统的使用，该系统初步实现以下功能：

（1）针对往来管理。

完全基于 B/S 结构开发，只需在总部设立服务器，即可在成都阳光鞋业有限公司建立起来一个统一的信息共享和电子数据交换系统平台，通过清晰的权限设定，各地销售、财务、库房等操作人员只需通过 Internet 就可以进入系统开展各自的业务。这样系统就可以随时反映总部和各地分部之间的应收账款、应付账款以及回款的变动情况，并可以随时查询有关的往来信息和相关原始单据，避免了以往的信息滞后、信息失真和反复对账的现象，提高了工作效率，并相应地减少了呆账和坏账的发生。

（2）针对商品货号管理。

通过款式、颜色、尺码等分类，把阳光公司的"阳光"等每个品牌每季大约1000—2000个的商品货号进行统一编码、输入系统，方便查询、调拨、分析和统计，把以往因人工记录造成的差错率降低到几乎为零。

（3）针对采购管理。

系统提高颜色和尺码二维组合，使每种鞋子的采购、销售与库存每一过程中与颜色尺码相对应。营销部门根据市场需求分析向生产部门下达订单。一旦成品入库，各地营销分部就可通过 Internet 查询到货情况，包括款式、数量、颜色、尺码及相应的供货价格，从而可根据实际需求向公司总部下采购订单，并对订单的执行情况进行跟踪和查询。

（4）针对库存管理。

该系统提供对仓库中具体的某一款式的鞋子的库存情况分析，并提供具体颜色和尺码明细，从而使阳光公司能实时掌握中心参考、各地分仓库的存货明细信息，通过断码查询和预先设定的缺货或滞销报警，对现有库存进行调节和控制。

（5）针对销售管理。

该系统提供了不同颜色、尺码鞋子的销售情况统计和分析，使公司及时了解到市场状况，掌握鞋子的款式、色彩流行趋势。同时，该系统由于充分考虑了服装鞋业的季节性强、市场变化快的特点，通过系统的销售分析功能，业务人员即可将当前不太畅销和滞销的商品列表从商品总目录中筛选出来。

该系统实施后，成都阳光鞋业有限公司总部与各地销售分支机构形成一个有机的整体，建立起采购、库存、调配、销售、结算等一套完整的现代化分销管理体系，为公司重新规划了业务流程，精简了不必要的工作环节和人员，并通过异地管理和远程控制，改变了各地销售分支机构各自为政、一盘散沙的局面，使各职能部门之间的信息交流高效便捷，公司对市场需求变化的反应更加灵敏。现在，阳光的营销管理人员只要每天打开电脑，各地分部的销售、回款、库存、应收款等很清晰地摆在那里，而诸如断码、缺货情况也可以迅速查询到。

分销系统的成功上线使阳光尝到了甜头，决定在生产管理上面也引入信息系统。

由于女鞋与男鞋最大的不同就是配件多，不仅款式多，工序也多。别看样式简单，同样要经过 100 多道工序才能下线。现在女鞋都是采取订货的形式按需加工，每个季节都要拿着样品去订货会征求销售商的意见，随后联系下游各类供应商进行排产。如果产品进入销售季节，某款产品需要调货或者增加产量，否则错过了季节，产品不一定就能销售好。同时虽然阳光拥有自己的品牌生产线，但来自欧美的外单生产占据了两个分厂。内外单比例是 1∶2。这种情况下，如何协调好生产计划，实现生产的均衡化，也是一个非常头疼的问题。这样，公司又选用了生产管理模块，应用于在成都的三个分厂四条生产线。

阳光作为成都第一家使用鞋业 ERP 系统的企业，其总经理助理认为，尽管大多数制造型企业的流程大致相同，鞋业的管理还是有其特色，很难使用通用产品，更不要说国外公司的软件了。生产管理软件和分销软件这两个系统大概共花费了 100 万元。"如果不在生产、管理以及分销系统中做足工夫，也就不可能超越对手，也不可能做大。"

尽管阳光鞋业对于信息化有这样的意识，但其信息系统还是主要着眼于内部管控，包括 ERP、供应链管理和 OA、财务，而与上下游产业链则缺乏联系，更不用说利用计算机辅助设计了。同时在中国利用计算机尤其是三维制造设计样品都很少，只有在鞋业发达国家比如意大利使用。

思考与讨论

1. 阳光现在信息系统处在诺兰模型的哪个阶段，下步应如何发展？
2. 阳光的信息系统建设中存在什么样的问题？
3. 如果你处在 2002 年刘总经理的位置，你会怎样来进行信息系统的规划和建设？

参考文献

［1］宋寒冰等：《成都多方携手开创鞋业品牌时代》，《西部皮革》2007 年第 3 期。

［2］王京飞：《成都鞋企核心竞争系列谈》，《中国皮革》2006 乍第 22 期。

［3］白聪颖：《成都企业信息化追踪》，《计算机世界》2006 年 7 月 3 日。

幸福家具信息化途径的选择

康　杰

摘　要　幸福家具通过 18 年的快速发展，已成为行业中的翘楚。但在飞速扩张的同时，问题也在不断地涌现，依靠传统的手工模式已无法解决。为此，依靠先进的信息系统的支持，提升管理水平，已成为当前经理人的共识。但如何选择合适的信息化建设途径却是一个让人头疼的问题。

关键词　家具　信息化　ERP

1　案例背景

在办公楼三楼的一间宽大的办公室里，幸福家具的张总经理正在落地窗前看着对面的工业园区内一派繁忙的景象，等待装货的车辆甚至排到了厂门之外。张总经理的心里正激动着，但如同晴朗的天空中总有一丝乌云，张总的心境兴奋中也透着隐隐的忧虑。

就在昨天，张总得到了一个好消息：驰誉世界的权威机构世界品牌实验室于 6 月 2 日在北京发布了"2008 年中国 500 最具价值品牌"排行榜。中国移动以 1206.68 亿元的品牌价值名列榜首，紧随其后的是国家电网、CCTV、海尔、中国人寿等。在这份基于财务分析、消费者行为分析和品牌强度分析而获得的"中国品牌国家队"阵容中，幸福家具排名靠前。

世界品牌实验室作为世界顶尖品牌研究机构，采用了目前世界金融和营销界认可和通行的品牌评估方法经济适用法（economic use method），利用该机构进行品牌价值的评估模型，通过综合分析企业的各项经营数据，获得了幸福目前的综合运营状况的评估数据，并估算出幸福品牌对既有与未来收益的贡献程度。幸福家具在此次品牌价值评估中，受到了世界品牌实验室的学者和专家的关注，认为幸福家具的合理定位、发展速度、销量增长、品牌形象、品牌影响力、社会公益、行业地位、企业竞争力和未来发展潜力是其得分的主要项目，多年来始终保持一个正确发展的道路，并保持着快速增长，注重多方面核心竞争力的打造，使幸福走出了一条品牌规模化与品牌管理科学化的道路。

这样的一个结果，在张总看来，是一件水到渠成的事，但这个结果，也让张总情不自禁地回忆起企业的发展历程来。

2 发展历程

1986 年，出生在木匠世家的张总兄弟开始自己生产实木家具，但因为模式的原因，三年后，他们的"小打小闹"失败了。总结失败教训后，1990 年张总创办了家具厂，设计生产出了喷漆组合卧房家具。几年时间，产品占领了成都周边市场，张总掘到了第一桶金，工厂也完成了原始积累。

虽然产品销量在增加，产品名气增大，但由于没有自己的商标品牌，仿制者越来越多，张总感受到生存空间越来越狭小，压力越来越大。怎么办？张总考虑了很久，毅然决定停止生产喷漆组合家具，转向生产全拆装式电视柜。

同时，他们引进德国、意大利的先进设备，彻底淘汰斧头、钉子制造家具的传统生产方式，实现家具部件流水线生产。经技术攻关，他们成功生产出全新的全拆装式单体电视柜，将它命名为"幸福"，并注册了商标。一个崭新的品牌诞生了。

由于拆运方便、款式新颖、质量稳定，"幸福"很快站稳脚跟并扩展到省外市场。1997 年，家具厂脱胎换骨，更名为幸福家具公司，并成为当时全国最大的视听柜生产基地，荣获了"中国国际家具设计奖"等多项荣誉。至此，幸福公司已发展成为占地 90 余亩、拥有员工 1300 多人、固定资产 5000 多万元的现代大型家具制造企业。

走上规模发展道路后，幸福人又向自己提出了新挑战。2001 年，根据市场需求，张总果断砍掉当时最赚钱的视听柜，大力发展代表家具发展趋势的套房家具，决定生产办公、居家系列家具，走品牌扩张之路。同时，幸福大力实施"借脑"工程，与南京林大合作设计系列新款家具，请深圳迈点咨询公司度身设计产品形象，开拓销售渠道。很快，幸福在全国 20 多个省市建立起专卖店，幸福公司一跃成为集产品研发、销售、售后服务为一体的国内一流家具制造企业。

在大力开拓市场渠道的同时，幸福人也非常重视和追求产品质量。走进幸福的生产厂房，首先映入人们眼中的就是墙上大大的 6S 管理标准。幸福制定了"追求卓越、以质取胜、持续改进、顾客满意"的质量方针，并在此质量方针的指引下，斥巨资引入了世界一流自动化生产线，使得生产出的产品尺寸高度精准，平行度和垂直度、漆面平整光洁、耐刮碰、耐摩擦度、环保安全性等各方面有了最有力的保障。同时，在 2003 年通过 ISO9001 质量管理体系认证，2006 年通过 ISO14001 环境管理体系认证和 GB/T28001 职业健康安全管理体系认证等一系列体系认证，体现了幸福对于质量管理的格外关注。"追求品质零缺陷"是幸福对所有生产制造环节提出的明确要求，要求生产线上的所有员工每一次都要达到工作过程的最高标准，第一次就把事情做好。所有产品在制造完成后还必须经过具有国际先进水平的质量检查实验室的苛刻的各种物理、理化测试检验后，方能包装入库。严格的流程管理加上踏踏实实地做事，造就了幸福木家具、沙发、床垫全系列的"国家免检产品"荣誉，使得幸福在 2005 年荣获"中国驰名商标"的殊荣。一流的设备，规范而又苛刻的管理，精益求精的品质口碑，甚至吸引了全球家居业巨头瑞典宜家（IKEA）抛来的橄榄枝。

到 2005 年底，幸福公司改建为集团公司，同时占地 120 亩的新厂建设顺利完成，成为拥有 3000 多名员工，在国内建立约 800 家终端销售专卖店，实现年产值 3 个亿的集设计开发、生产、销售于一体的现代化企业。

2006 年，幸福集团对未来 5 年进行了战略规划，决定在增强自主创新能力的基础上，继续追求卓越品质，并大力进行品牌塑造，巩固二三级市场的营销优势，结合一线市场的需求，加大高端品牌的开发和推广，力求渠道上取得突破，同时以服务制胜，把"幸福"打造为中国大众家具第一品牌。

2007 年，幸福在家具界率先引入分公司机制，并对公司体制进行了变革，相继在全国成立了 20 余家分公司，通过渠道扁平化和渠道增值的规范化实施，确保渠道的顺畅、高效，在全国建立自己的 22 家分公司和物流中心，极大地缩短了客户的进货渠道，方便了对客户的维护，也为幸福进入其他品牌难以攻克的二、三级市场提供了有力保证。

同年，幸福结合家具行业自身特点推出全新 VIS 系统，选定国际巨星张翔代言品牌。幸福认为张翔是有内涵、有思想、经得起时间沉淀的艺人，这正是幸福显示的品牌特质。此后，带有张翔形象的各类广告和物料，出现在央视各大频道、各大卫视、各条高速公路、全国主流报纸杂志和搜狐、搜房等互联网站上，一张从高空到地面的全天立体传播网建立了起来，幸福家具时尚、亲切、专业的独特品牌形象迅速深入人心。

幸福同时加大产品的设计与研发力度，推出一系列畅销产品，并获全国家具设计最高奖"金斧奖"专业组唯一金奖。产品还远销日本、澳大利亚、中亚等国家和地区。

在服务方面，为了实现"快速、方便、热情、真诚、全力以赴"的服务承诺，在国内家具企业中引进设置呼叫中心，400 条全国服务热线与网上在线留言系统，极大地方便了消费者咨询、查询、投诉。同时，为了保证服务的效率与质量，幸福还在全国设立了 18 个直属客服中心，连同遍布全国的上千家幸福专卖店以及受过专业培训的数千幸福服务员工的贴心服务，及时有效地解决物流配送以及产品售前、售中、售后的全程服务。

在专卖店建设方面，注重以服务为先导，诚信为宗旨，全方位参与经销商的网络拓展、售后服务、销售培训等专业化服务，不仅与合作伙伴探讨市场现状，提升经营之道，而且不定期进行市场调研，建立客户档案，达成厂商的信息互通、共话经营，这就是幸福深入终端的"全程式"销售支持。一是从观念上引导商家解放思想，把握家具行业最新发展现状，与时俱进，更新家具经营理念；二是从管理上，把旗舰店的成功管理经验和其他商家分享，提升专卖店的内外管理水平；三是从实际操作上，指导厂家如何更快地开发市场，如何维护客户关系、提升导购技术。正是由于这些措施的有效实施，使得幸福专卖店发展到了 1200 余家，其中旗舰店增至 218 家，最大旗舰店面积达到 1000 平方米，而单店销售收入提升了50%，销售收入在一年之内提升了 2.2 亿元。

纵观幸福公司的发展历程，先后经历了从作坊式生产向工艺流程生产转型、传统的班组制度向透明的分配制度转型、套房到电视柜再到套房的三次产品转型、单一的家居生产制造企业向整合营销品牌经营企业转型等多次蜕变转型，从而由家具小作坊变成家具生产工厂；由生产小厂变成占地 600 余亩，拥有标准钢制厂房，下辖板式家具厂、沙发厂、茶几厂、大理石厂、餐桌厂、电视柜厂、床垫厂等多家生产制造厂的现代化大厂；再由大厂成长为集家具设计、研发、生产与销售于一体，在国内外拥有 1200 多家专卖店的幸福家具集团。

3 存在的问题

如同晴朗的天空中总会有乌云存在一般，幸福公司的快速发展也暴露出了较多的问题。

随着公司业务持续快速成长，企业规模在急剧扩大，管理成本也明显增大，同时由于很多专卖店主要分散在二、三级市场内，难以实时了解他们各自的运营情况，更无法进行有针对性的配送。由于各个店之间的数据不能共享，给互相调货造成了困难！有时南方卖得脱销，但北方却库存积压严重。另外，由于地域广阔，造成了消费习惯的迥异，给公司的采购等运作也提出了挑战。而分公司的成立，增设了管理的层级，降低了管理的效率，并且有的分公司会出现因追求自身利益而忽视甚至损害集团公司整体利益的事件。如何强化对分公司的管控，提升运营效率并降低管理成本是幸福家具面临的一个挑战。

幸福公司此时的管理模式是：在公司内部，使用着多个信息系统，如生产系统中使用的是由前信息系统主管自行开发的一套"幸福商业管理软件"，销售又是另一个"幸福销售系统软件"，而财务是另外一套通用的软件，采购、销售、库存数据没有也无法与财务系统集成。同时，销售系统中，总部系统与各专卖店系统之间是一个个"信息孤岛"，不仅无法反映实时的经营状况，也无法实时与总部之间进行数据共享与集中处理。

综上所述，如何优化组织结构、提升运营效率并降低管理成本，改善销售、采购、生产和物流的协作，提高成品物流管理水平，特别是提高成品仓储管理水平和效率，实现预测管理与需求管理，同时强化供应商管理，是亟待解决的问题。

4 破题

"一定要通过上 ERP 来解决这些问题！"张总越来越清晰地感觉到这

个想法必须要实现，否则，不但把"幸福"打造为中国大众家具第一品牌的心愿难以顺利实现，而且目前这 1200 家店能否健康发展也将成为问题！为了改变这种现象，唯一的方法就是实现信息化。

但家具企业信息化时有自身的特殊性。首先，家具产品生命周期较短、产品种类丰富、结构较为复杂；我国家具产品及零部件在实际生产中由于缺少标准化，更无从谈起规格化和定型化，给信息化实施带来一定的困难；其次，家具行业总体水平不高，投资规模较小，信息化基础较薄弱，除少数企业外，多数企业基本上处于半作坊式的手工作业阶段；第三，家具企业之间的管理水平和信息化水平较低。

ERP 已经成为许多企业首选的信息化工具。决定上 ERP 后，剩下的用张总的话说就是"选哪条道路的问题"。摆在眼前的有两条路，一是自己开发，这条路的优点是价格便宜，同时非常有针对性；另外一条路是购买一个成熟的产品，张总提出要上 SAP 的 ERP 系统——R3。

在将此提议提交讨论时，公司的争议很大。最大的问题是究竟应不应该上 SAP 的 R3。上这个系统的一个问题是实施费用非常高。根据公司的财务状况来看，信息化要占当年营业额很大的比例。同时由于企业信息化的失败率很高，尽管行业内有震旦家具、华日集团成功上线了 SAP 的 ERP，但失败的例子远高于成功。因此，大多数人持谨慎态度。

另一个问题是，从 SAP 提供的资料来看，R3 适合大型企业的要求。同时 R3 之间模块联系非常紧密，客户个性化的需求与现行模块很难融合。

还有一种意见是可以选择国内的 ERP 软件，如用友或者金蝶软件，像全友家具所作的那样，尽管其功能要弱一些，但价格比较低廉。

还有一种反对尽快上 R3 的意见主要来自于 IT 部门。他们认为，目前企业员工普遍没有受过系统的计算机知识培训，懂得 IT 技术的人很少，对于 ERP 十分陌生。在这种情况下上 ERP，很难说企业是做好了充分的准备，更多的像摸着石头过河。因此，应该先让员工去参加培训。

还有一种意见就是：能否将现有的信息系统进行改造，使之满足企业当前需要，而将节约的资金投入更多的专卖店的建设中去。

张总对这三种意见决定不下，如何进行选择呢？张总陷入了困惑之中。

思考与讨论

1. 现在你要负责制定该公司的信息化战略，你面临三种方案：

（1）购买大型 ERP——SAP 的 R3；

（2）购买一个中等规模的国产 ERP 软件；

（3）对现有信息系统进行改造，使之满足企业需要；

提出你的一个决策思路，说明为什么采取以上方案。

2. 为了成功地推进信息化，在正式实施 ERP 之前，企业应当首先做哪些事情？指出两件你认为最重要和紧迫的工作。

3. ERP 和企业信息化的关系是什么？

参考文献

[1] 胡景初：《回眸 2006 中国家具行业》，《家具与室内装饰》2007 年第 2 期。

[2] 孙文亮：《家具行业信息化：提升管理知难而进》，

http://www.enet.com.cn/article/2008/1022/A20081022376377.shtml。

江油电厂运输公司运用财务
管理信息系统进行管理创新

田 勇

摘 要 面对日益激烈竞争的市场环境，运输公司感到原有经验式的管理模式、落后的管理手段和不透明的信息反馈机制已非常不适应新的形势，迫切需要应用现代计算机网络和统一的财务软件进行管理创新。

关键词 信息技术 管理信息系统

1 公司简介

四川省江油电厂运输公司是一家拥有 260 名职工、1000 多万元资产的中小型运输企业，主要从事各种原材料（如煤等）运输和其他的一些运输业务。1993 年以来，该运输公司运输收入虽然逐年增加，但经济效益却大幅度下滑，生产经营日趋困难。

2 迫切的需要

应用现代计算机网络和统一的财务软件进行管理创新对四川江油电厂运输公司来说，是十分迫切的需要。这表现在以下几个方面。

（1）成本的核算与控制迫切要求运输公司利用计算机进行管理。

由于汽车维修零部件繁多，汽车使用的消耗（如汽油）量大，在生产过程中，以往靠会计人员手工劳动，连续几天几夜工作也只能算出大概的综合成本，难以及时准确地制定出有市场竞争力的运输价格。江油电厂运输公司曾多次出现运输完成后，才发现运输成本过高、价格无法为市场接受而亏损的情况。

（2）资金的核算与管理迫切要求运输公司利用计算机进行控制。

该运输公司运输环节占用的资金余额上百万元，大多以零部件、汽油等库存的形态存放在仓库，运输公司难以及时、准确掌握各仓库的零部件、汽油变动情况，账物不符、账账不符的问题时有发生，应收账款居高不下，坏账风险难以防范。1999年该运输公司曾组织4名会计人员历时一年，与各仓库核对零部件、汽油和应收账款，发现企业本身的账簿记录差错1100多笔，仅汽油的潜亏损失即达数万元之多。在储备资金的管理中，传统的手工操作只能提供库存零部件、汽油等的账面价值总量，但具体材料、备件的存放时间、库存数量却不掌握，致使零部件超储、积压、损坏等情况非常严重。运输公司盘点时曾发现仓库零部件中的刹车片可满足企业十余年的需要。

（3）薄弱的基础管理迫切要求运输公司利用计算机技术来强化。

从运输公司内部看，基础数据缺乏，零部件、汽油消耗定额和工时消耗定额不准，谈不上实施精细生产，挖潜降耗，也无法对运输部门、采购部门和仓储部门实施科学的考核。特别是财务信息滞后于物流信息和市场变化信息，再加上数据常常失真，决策者难以及时了解掌握运输公司财务状况的变动情况和内部各种资源的配置情况，难以迅速对市场变化作出反应。

（4）企业各项规章制度迫切需要利用计算机手段进行硬化。

过去规章制度只是挂在墙上，写在本中，缺乏强有力的手段来保证制度的有效执行。如不得私自用车，但运输公司内部时常出现。有章不循、有章难循的弊端难以克服，道德风险无法控制，科学规范的管理程序难以硬化。

3 财务管理信息系统的建立

2000年以来，该运输公司针对采购、仓储、运输生产等环节信息不明、账目不清等突出问题，以财务管理为中心，以成本控制为重点，本着先易后难的原则，先后投资50万元开发了"四川省江油电厂运输公司财务管理信息系统"。该系统基于一台主服务器，在各个部门、仓库及运输生产、供应、财务等各有关处室设立了9个工作站，将各子系统通过财务管理子系统紧密地联系在一起，做到了"信息集成、过程集成、功能集成"，实现了财务系统与运输生产、供应、仓库等系统的数据共享，为四川省江油电厂运输公司提高财务资金管理水平提供了强有力的手段。

　　财务管理子系统建立了统一的计算机平台，变多级核算为一级核算，一张原始凭证（运输发票、购零部件、汽油发票、入库单、领料单等）一次录入，仓库、车队、公司的业务核算、统计核算、会计核算、凭证的制作、打印、各明细账、总账的登记全部由计算机一次自动完成，可以灵活地查询、统计和打印各种账表。

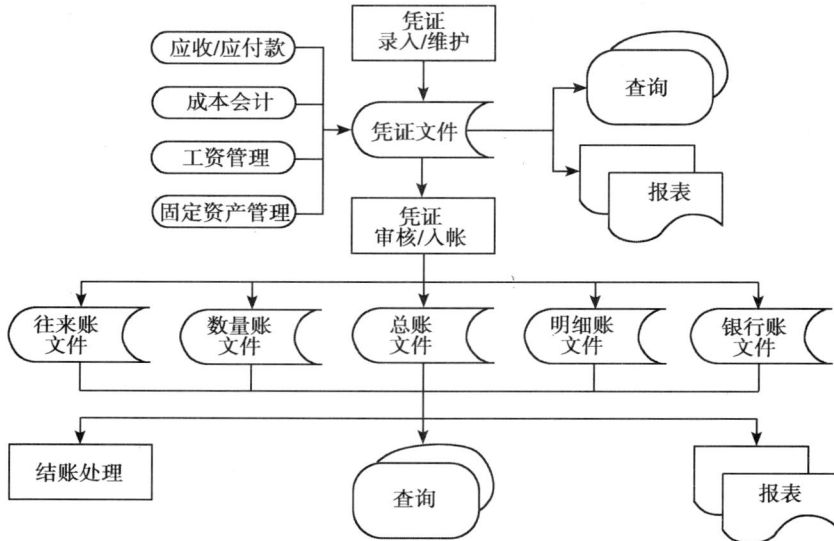

财务管理子系统图

　　运输业务管理子系统与税金系统连接，利用税金系统录入和打印运输发票后，自动转入运输业务管理子系统，自动编制收款凭证，自动登记财务的运输业务、应收账款、应交税金等账簿。同时可进行账龄分析和坏账估计，实现了运输业务管理与核算一体化。

　　采购管理子系统对采购订单、采购到货以及入库状况进行全过程管理，为采购部门和财务部门提供准确及时的信息，自动完成对各种应付账款的登记、冲销以及应付账款动态变化状况。另外，该子系统还可以进行材料采购成本的考核与监督，非合同供应商、超过合同的采购价，软件系统可以自动警告，要求审核。

　　仓储管理子系统通过对各种零部件、汽油存货的收、发、存业务进行

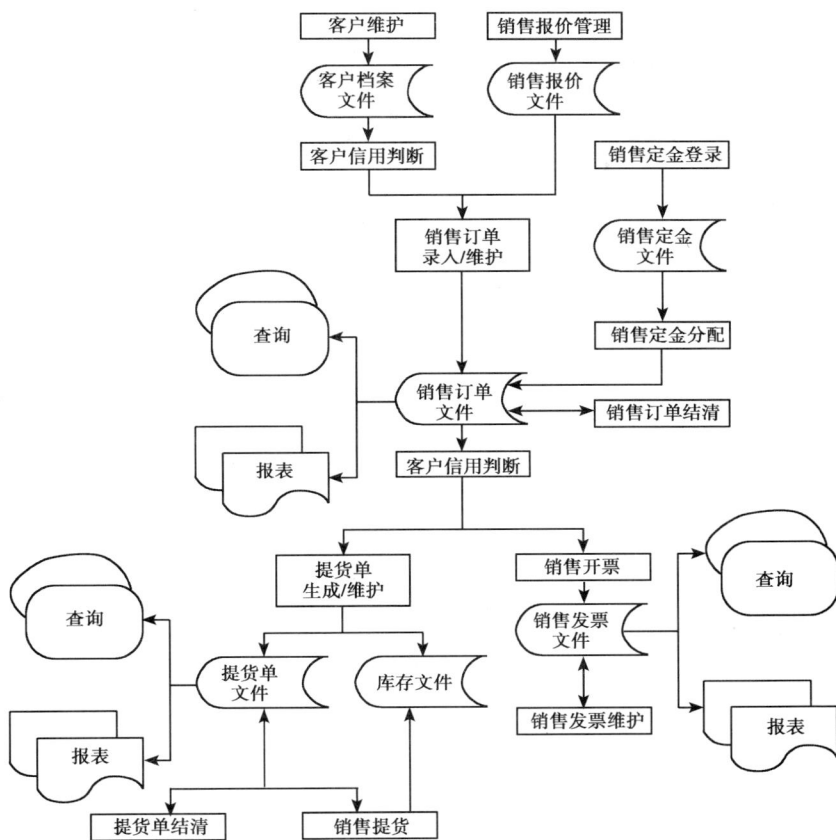

运输业务管理子系统图

核算，及时准确地掌握每件零部件、汽油的耗用情况，把各类零部件、汽油成本归集到各成本项目和成本对象上，为运输公司的成本核算提供基础数据，并动态反映零部件、汽油资金的增减变动情况。

运输生产计划子系统根据运输生产计划和上月末实际消耗情况，软件系统能按照零部件、汽油的毛需求和净需求，采用最佳经济批量的科学方法，自动运算出零部件、汽油采购计划，将运输业务、采购业务、仓库业务并行交叉进行管理，实现了各种物流、业务流自始至终连贯起来的全过程管理。

成本核算子系统能够完成运输业务消耗或零部件标准成本的制定，计算运输业务完成的标准成本和标准成本差异，能够从价格成本差异和用量成本差异方面进行控制，为运输公司分析运输生产成本变动的原因提供了

请购处理

生产/库存/销售来的申请 　 物品中长期采购计划 　 请购单录入/维护

查询 ← 采购申请文件 → 报表

采购处理

请购单合并下达 　 采购订单录入/维护

采购单结案 ←

查询

采购订单文件

报表

采购结账 ←

采购订单确认发放

收货处理

订单收货 　 无订单收货 　 收货单更正

查询 ← 收货记录文件 → 报表

库存分配

收货确认

库存文件

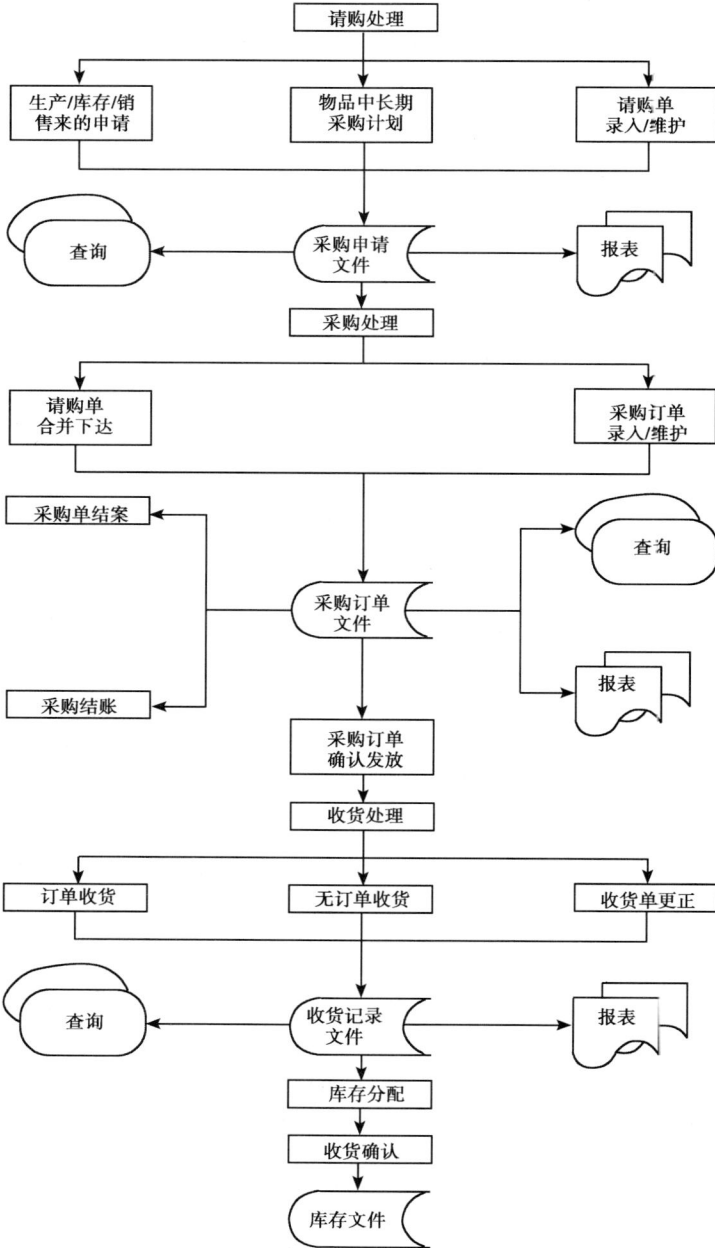

采购管理子系统图

详细资料，为实施标准成本法和责任成本法提供了可能。

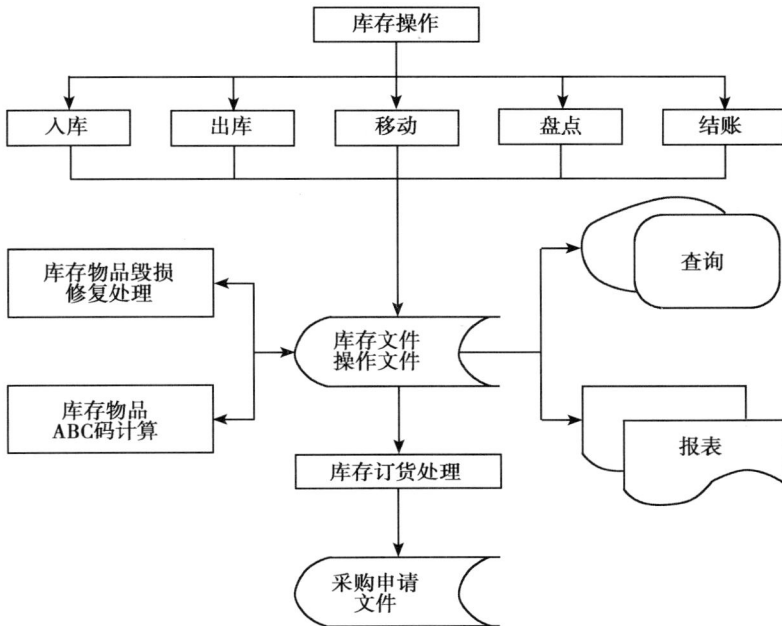

仓储管理子系统图

基础数据子系统可为运输生产计划系统提供运输过程信息、运输结构信息，为成本控制提供工时定额和零部件、汽油消耗定额标准信息，并能够通过运输业务清单自动读取运输业务发票的最新单价，瞬间计算出运输业务成本，为运输业务决策提供第一手数据资料。运输业务人员能够随时计算出运输业务新的成本，为运输公司开发新的运输业务提供了有力的支持手段。

4　取得的成效

几年来，该运输公司通过分步实施、逐步优化，基本实现了各子系统的设计功能，使该运输公司在资金的监督与控制、信息传递的速度与质量、成本的控制与考核等方面取得了显著的成效，在加强和改善管理中发挥了越来越重要的作用。

（1）提高了对薄弱环节的监控管理能力。

从采购环节看，现在能够准确地掌握某一时段的采购零部件、汽油等

```
                        ┌──────────────┐
                        │ 主生产计划     │
                        │ 参数维护       │
                        └──────┬───────┘
                               ↓
                        ╭──────────────╮
                        │ 主生产计划     │
                        │ 参数维护       │
                        ╰──────────────╯
  ╭──────────╮                │                 ╭──────────╮
  │ 计划BOM   │               │                 │ 预计入库  │
  │ 文件      │────┐           │        ┌────────│ 文件      │
  ╰──────────╯    │     ┌──────┴───────┐│        ╰──────────╯
                  └────→│ 主生产计划    │←┘
  ╭──────────╮    ┌────→│ 展开         │←┐       ╭──────────╮
  │ 销售预测   │   │     └──────┬───────┘ │       │ 库存文件  │
  │ 文件      │────┘            │         └───────│          │
  ╰──────────╯                 │                 ╰──────────╯
                               ↓
  ╭──────────╮          ╭──────────────╮          ┌──────────┐
  │          │←─────────│ MPS任务      │─────────→│ 报表      │
  │ 查询      │          │ 文件         │          │          │
  ╰──────────╯          ╰──────┬───────╯          └──────────┘
                               ↑↓                       │
                        ┌──────────────┐                │
                        │ MPS任务      │                │
                        │ 维护/追加     │                │
                        └──────┬───────┘                │
                               ↓                        │
                         ◇────────────◇   N   ┌──────────┐
                        │ 粗能力检      │─────→│ MPS任务回收│
                        │ 查可用性      │      └──────────┘
                         ◇──────┬─────◇
                               │ Y
                               ↓
                        ┌──────────────┐
                        │ MPS任务下达   │
                        └──────────────┘
```

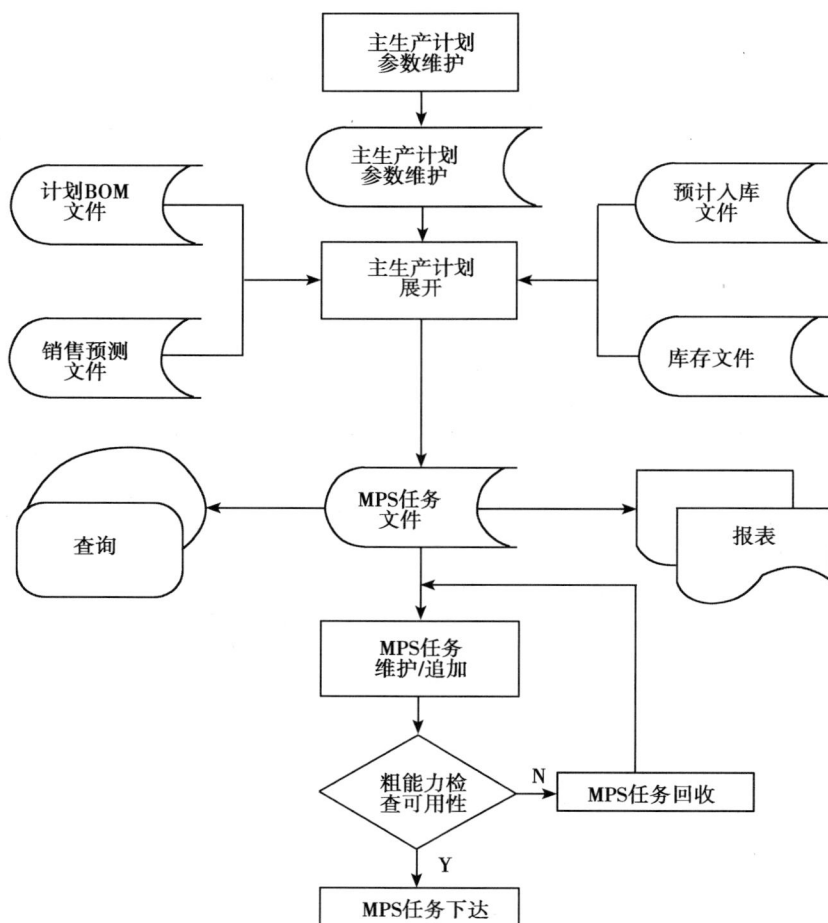

运输生产计划子系统图

的采购单价、采购成本、当期采购单价等，从而能及时准确地计算出采购成本的降低额和降低率，计算出零部件、汽油等采购节约情况，并依此进行奖惩。这就使采购管理得到强化，仅 2000 年就节约采购成本 11 万元。

　　从仓储环节看，系统可对各种库存零部件、汽油进行层层分解，一辆汽车所包含的零部件可分解到 7 级直至螺钉。材料的编码、型号、规格、名称也都能在系统中得到明细的反映，不但可以从总额上反映储备资金占用情况，而且可以分品种统计每一种物料的超储备占用时间和超储备占用金额，并对原材料超储备占用实行自动报警，从而为控制零部件、汽油成本，提高零部件、汽油周转率，减少不合理的资金占用提供了可能。

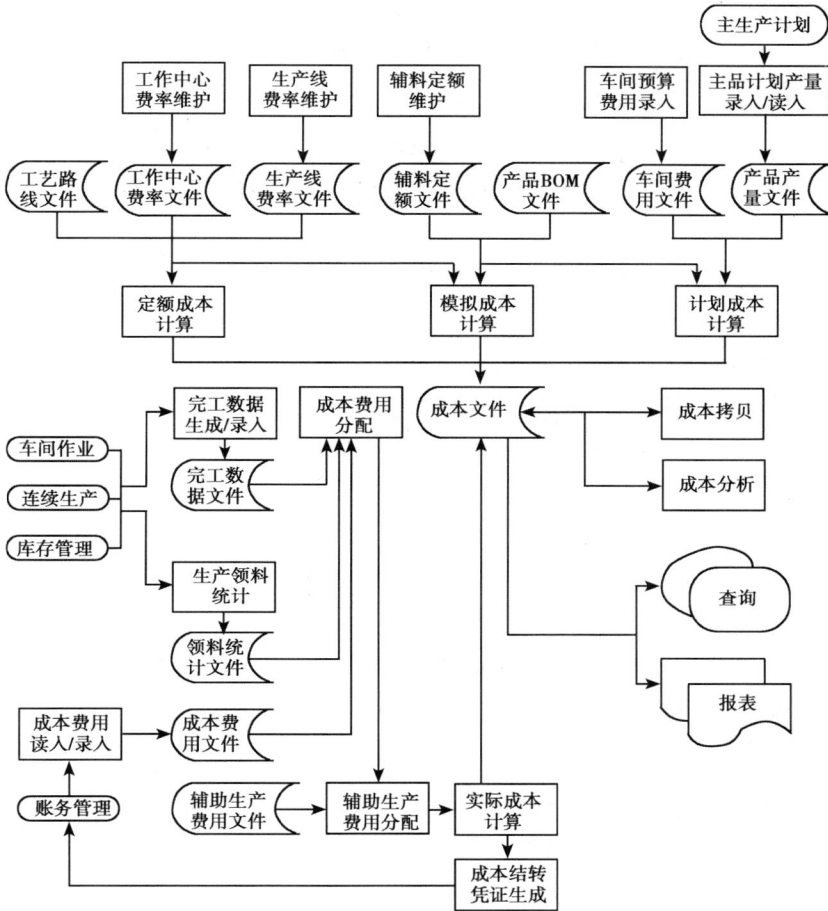

成本核算子系统图

从运输业务环节看，通过该系统对所有汽车进行管理，发出派车单、加油单，并通过该系统可随时查询各运输业务时间、去向、里程等详细资料，避免了发生私自用车、用油带来的损失。还可准确反映应收账款的账龄结构，有效地控制了应收账款的规模，减少了呆坏账损失。同时，通过计算机直接处理原始凭证，使应收账款的错账率几乎为零，解决了长期以来令财务人员头痛的往来账串户错账问题。

从成本控制环节看，系统方便快捷地提供了运输业务成本构成的详细数据，将标准成本控制与责任成本考核相结合，用标准成本与实际成本差异进行比较，作为对车队考核的依据，把成本控制真正落实到车队、班组和个人，使经济责任制考核有所依据，实现了由成本核算向成本控制的转变。

（2）减少了资金占用。

现在该运输公司可以全面掌握库存零部件、汽油等和发出零部件、汽油的型号、数量和使用时间，这就为及时盘活存量资产，避免库存零部件、汽油长期存放的损失创造了条件。几年来，仓储部门和采购部门根据计算机自动报警系统的适时提示，积极清退不需要的零部件、汽油等十几种耗材，适时处理零部件1786件，回收资金78万元；财务部门通过账龄分析，对应收账款的情况了如指掌，催收运输业务款有理有据，使运输业务的应收账款账龄基本控制在3个月之内，极大地降低了坏账风险。

（3）提高了财务管理工作的质量和水平。

通过使用财务与业务一体化的管理软件，从根本上解决了长期困扰运输公司的运输部门与财务、仓库与财务、仓库与车队、车队与财务信息沟通不畅、账账不符、账证不符、账物不符的信息孤岛问题，架起了财务信息与物流信息的桥梁。现在上至经理、下至一般管理人员都可在自己的办公室内，根据自己的权限随时调阅所需的信息，以往的重要信息集中于经理等少数关键岗位与个人的信息不对称问题也随之迎刃而解。计算机管理软件的应用，不仅大大提高了会计工作的效率，而且延伸了会计工作的领域，使核算会计向管理会计迈出了一大步。

（4）促进了管理制度的硬化。

通过使用统一的软件，将运输公司的各项规章制度硬化到计算机程序中，使运输生产、经营行为得到了规范。现在不按制度规定的程序办，计算机就无法运行，即便是运输公司领导人，也必须在自己的权限之内严格遵守法定程序，组织运输业务经营活动。以往那种有章不循的情况在计算机铁面无私的程序面前基本得到杜绝，大大减少了人为因素的干扰。

5　几点启示

（1）企业管理细化、深化要有新手段。

企业管理工作要做深、做细，必须有大量的基础数据作支撑。成本核算不准、消耗定额不清，规章制度就难落实，考核就无依据。但靠手工来加工、整理、传递生产经营过程中的各种信息，不仅速度慢、效率低，而且也不准确。因此，要解决管理上"手短"的问题，只有借助于计算机手段，从根本上改变传统、落后的管理方式，才能适应市场经济条件下组织社会化大生产的客观要求。随着计算机信息技术的成熟、微机的普及、操作技能的简单化以及企业管理人员观念的转变，企业运用计算机网络和统一的财务软件全面加强和改善管理的时机已经成熟。

（2）管理的创新与提高绝不仅仅是买新的计算机与软件。

引入计算机技术改善企业管理，不仅仅是买几台新的计算机、联网、装上新的软件，而是企业管理理念、内部财务管理体制、资金运作方式、生产组织形式等诸多方面的重大变革。因此，上到企业领导班子，下到全体员工都要更新观念，提高素质，勇于接受、采用新的管理手段，才能充分发挥计算机和管理软件的作用，实现管理创新。

（3）通过应用计算机程序可以提高资金监管的规范化水平。

目前企业现有的各项管理和监督制度不可谓不全，规章条例也不少，但在实际执行中往往打了不少折扣。烟台汽车厂的做法表明，运用计算机网络和财务软件，可从两方面提高监管水平。一是把企业的各种规章制度尽量变成计算机的应用管理程序，从而把规章制度硬化。二是适时掌握企业经营中的资金与物流信息，从而把事后的监管变为事中的监管。

（4）加强企业管理要以财务管理为主线。

财务信息是企业各类信息的交汇点，也是支撑经营决策的基础。企业运用计算机网络和管理软件要遵循企业信息化发展的一般规律。从国内许多企业的经验看，以财务管理为主线，从财务管理、物流管理、生产管理由低到高的次序逐步推进计算机和软件的应用是可行的途径。企业要从当前亟待解决的问题入手，以财务信息为主线，按照"总体规划、分步实施、突出重点、先易后难"的原则，实现物流、资金流、信息流的集成，逐步建立起以财务成本管理为核心的内部信息管理系统，为企业全面的科学管理打下基础。

思考与讨论

1. 应用系统是否增加了企业部门之间的联系？请阐述。
2. 分析系统中如何控制生产成本。
3. 管理的创新与提高是否仅仅在于买新的计算机与软件？

4. 根据案例运用计算机网络和财务软件，可从几方面提高监管水平？

参考文献

［1］黄梯云：《管理信息系统》（第三版），高等教育出版社 2005 年版。

［2］曾建山、陈朝阳：《基于 ERP 环境的财务信息系统功能与应用》，《价值工程》2007 年第 11 期。

［3］季皓：《价值链基础上的财务信息系统重构》，《财会月刊》2007 年第 29 期。

天龙服装企业 TL-DRP/VMI 应用模式

田　勇

摘　要　天龙服装公司通过 TL-DRP/VMI 的应用，对连锁加盟、销售公司、专卖/专柜的产供销实行严密型管理，强调过程控制、总公司—分公司—销售点两级管理、单品管理，使产供销成为一体。

关键词　信息技术　管理信息系统

1　企业总部计算机网络化物流管理

在内部联网的基础上，实现各部门数据共享，通过票流控制物流、资金流；系统提供完整清晰的服装行业二维票据/报表格式；实现单品管理；人员权限划分严格；将业务单据打印输出，经各部门签字（盖章）确认后，分流到各部门，并及时入账，杜绝票据出现跑、冒、掉、漏现象，实现三账数据统一；通过数据联网动态体现产、供、销、调、存、人财物的运行状况。三层结构的 TL-DRP/VMI 服装企业管理系统划分操作层、中层管理干部层、总经理三部分，在严格的权限划分下，实现各部门数据同步、共享。系统流程图见下页。

2　实现异地办公机构、专卖店的远程管理

市场环境的激烈竞争，带动了服装企业前进的步伐，服装企业的市场营销网络也从同城逐渐拓展到外埠地区，并且出现了自营分公司、加盟和连锁专卖等现代化商业运作模式。但是，企业内部仍然沿用旧的管理手段，显然已不能适应目前新的竞争环境。行业内人士最难解决的就是"物流的畅通"问题，常常是这个月收到的销售及库存报表是上星期甚至是上个月的。更严重的是，市场销售信息不能随时汇总分析，比如：何种

系统总体架构

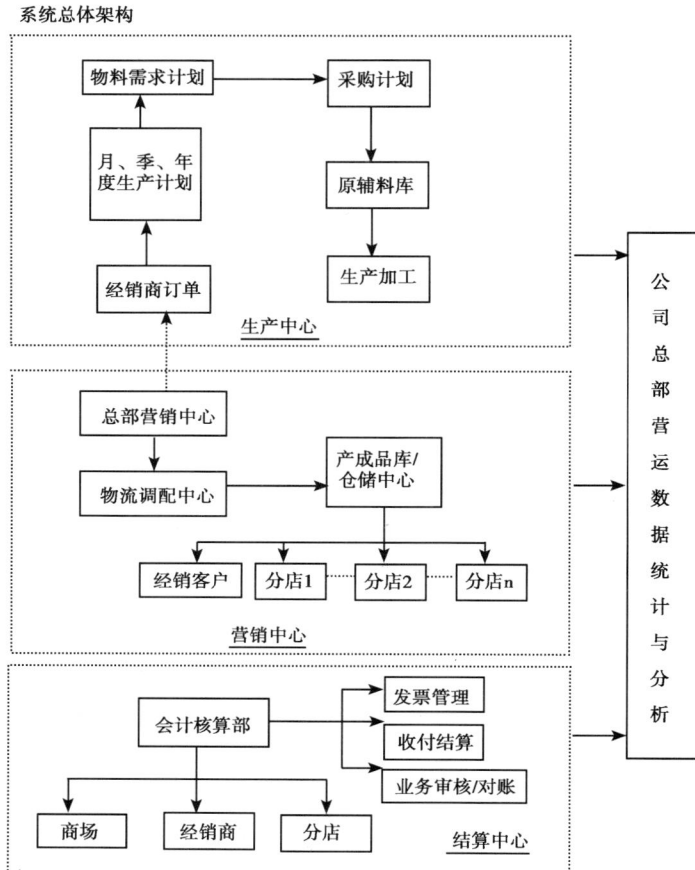

款型、何种色号、何种尺码在哪些地区卖得怎样；换季前，分公司专卖店还有多少库存等等一系列问题，都是因为数据不能即时上报而无法指导生产计划、采购计划。久而久之，造成库存调剂不及时，盲目生产、盲目采购，导致供需链的闭塞，其损失代价可想而知。

　　为拓展市场销售网络渠道，树立产品品牌，企业在全国不同区域设立了分公司、办事处等驻外机构；同城区内设立专卖店、商场专柜、店中店；为减少库存成本设远程点仓库。由于地理位置上的分散，空间上的间隔阻碍了总公司对分公司、专卖店、商场专柜等经销点人、财、物的实时管理；同时减缓了市场信息反馈速度，使企业上层决策滞后于市场发展变化。通过天龙远程网络系统，凭借普通电话线、调制解调器就可完成异地同城区单位之间业务单据、货物调拨、数据汇总的远程传输，节约了人工传递票/单据的资源浪费，缩短了地域空间，降低了经营成本，提高了企业运作效率。

天龙服装 DRP 企业分销管理系统针对服装企业外埠分销管理全面提供计算机管理解决方案，该系统包括总部管理子系统、物流配送管理子系统、库存管理子系统、连锁专卖管理子系统、财务管理子系统、人事管理子系统、领导查询子系统。它的网络结构图如下：

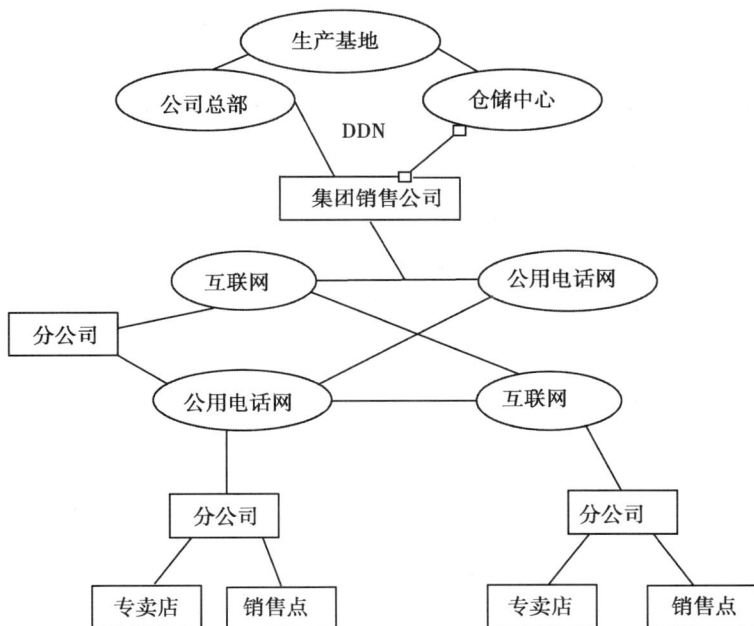

该系统有如下特点：

（1）能支持大中型企业跨地区的体系化管理模式。

（2）采用浏览器/服务器与客户机/服务器相结合，支持电子商务应用模式。

（3）对于异地网络数据实现实时传输，以保障数据安全传递，由于每单位数据传输量小、速度快，因此弥补了单位费用高于普通邮件的不足，更重要的是保证了企业的数据准确、安全、真实。

（4）由图可见，总部销售采用互联网与公用电话网，与地区分公司、各生产基地相连，能支持多种网络传输方式。

（5）支持多种大型数据库管理系统和数据仓库技术。

（6）严格的用户权限及信息安全性和可靠性。

3 销售管理流程

计算机管理系统流程图（销售流程）：

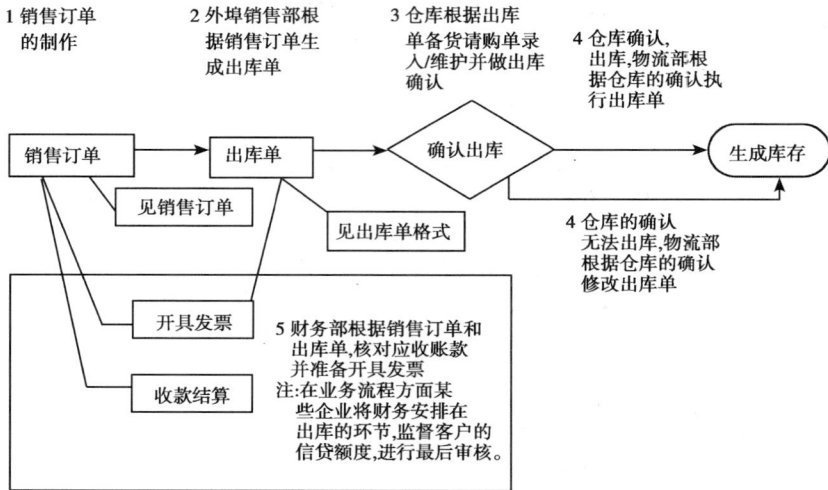

4 专柜销售计算机管理

专柜/店中店的营销模式是目前众多服装企业的主要销售方式。它具有以下特点：

（1）导购人员只开票不结算；

（2）专柜人员单设库存进销存账；

（3）每天将票/单据或汇总统计销售日报表，传回总部入账；

（4）月底一次性与商场结算。

每天（次）将各销售点当日销售小票（销售日统计表）传回公司总部，由电脑操作人员及时将数据输入到计算机中，通过系统内部自动计算、汇总，并且入账后，自动反映总库、专柜库存明细及销售明细情况，产生各销售点当日进、销、存报表；选择任意款型、颜色、尺码条件，随时统计总库、专柜、专卖店库存商品分布及销售情况；及时提供库存结构分析报表；自动记录单位与商场、经销商财务往来明细、汇总情况，监督与对方单位的对账和结算业务；自动计算单品毛利；不仅代替传统手工记账、统计，同时为公司决策提供数字依据；业务数据的迅速反馈，避免货品断码造成销售的损失；提供条码管理，杜绝人员误操作导致统计数据错误；减少统计人员工作量，降低人员成本；完整清晰的服装行业单据、报表格式，节约纸张消耗；逐步实现不同价位、款式的货品在不同商场的适销对路，提高销售量。

业务流程图：仓库—零售店移库流程：

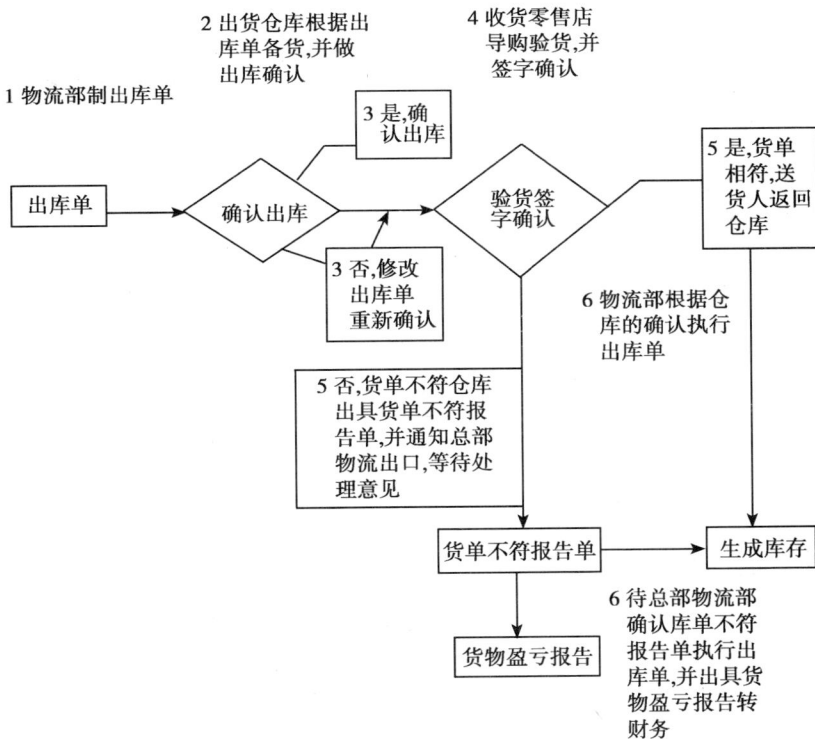

注意事项：

（1）提高导购人员责任意识，规范岗位操作。

（2）日报及时汇总，当天传回总部，即时录入计算机系统。（建议用户采用统一条码管理，避免重复录入，杜绝误操作）

（3）日清日结，及时对账。

管理难点：

（1）单据流动环节多，手工重复记账，差错率较高。

（2）不能做到单品管理，即针对某款、颜色、尺码按具体条件分解后，进行数据分析。

（3）不能随时了解专柜库存，货品压库现象时有发生；销售汇总不及时，不能对比各销售点销售状况，从而无法调整库存分布结构。

（4）商场对账财务工作繁琐，工作量较大。

5　在途管理

所谓在途，就是货品没有正常执行出入库业务，在到达或发出时有一个时间段。企业经营管理人员为了更好地反映现有库存的真实状况，就要求对在途的货品进行有针对性的明细管理，从而达到准确管理票流、物流、资金流的目标。在长期企业管理软件系统的实施中，总结出以下几种经常发生在服装企业业务流程管理中的在途情况：

（1）调拨在途。服装企业的主要销售模式分三种：代理经销、专卖店、专柜（店中店）。目前随着市场的格局变换，服装企业经营体制也逐渐由生产型向品牌经营型转换，于是更多的中小型服装企业在营销方面偏重于连锁专卖店和专柜（店中店）的建设，目的是提高产品附加值。由于一个地域的销售量有限，大多数企业为了扩大销售网络，积极引进连锁特许加盟的先进经营管理模式，提高市场占有率。但是问题就出现在总部与外埠分支机构之间物流配送的管理。有一种情况是总部给某办事处配的货，单据已经随货同行，但是回单却迟迟不能传回，物流部不知道货到了没有，或者填写单据、货品装箱有没有发生差错，票单无法及时入账，统计报表的生成也就相应向后拖，因而从总体上造成效率的降低，影响企业经济效益。

（2）销售在途。有的企业习惯称作"销售在单"，这种业务经常出现在对经销商和直销的情况中。销售订单经常会有，并且同样的货品被不同的客户预先订货是常有的事，并且存在不同的交货期的时间因素，于是就出现了交货期临近，货品供应不足；客户千里迢迢到总部提货，库存账面明明反映出充裕的库存量，但是实际的仓库存量却差之千里，不但效益受损，更重要的是影响了企业的信誉。

（3）生产在途。少数大中型服装企业是自产自销，同时也存在少量外协加工业务；中型服装企业的生产加工是依靠外协加工厂。对于企业的销售部门或销售公司而言，最关心的是如何及时了解总部工厂生产状况、外协厂家加工完成状况、产成品的库存情况，这样才能有效地保证货品向市场的及时供给，正所谓"有备无患"。

这些问题的出现主要原因是因为信息流的严重滞后，无法动态反映企业经营业务中各种动态的变化情况；另外，一方面业务审核手续不规范，一方面依靠手工操作，在业务繁多时的手续不全和误操作也是很难避免的。

思考与讨论

1. 讨论信息系统与组织类型的关系，请阐述。
2. 分析其模块结构图，判断结构图的类型。
3. 对业务流程图进行分析，并以此为依据绘制出分层的数据流程图。
4. 请归纳该信息系统的特点。

参考文献

[1] 薛华成：《管理信息系统》（第四版），清华大学出版社 2003 年版。

[2] 连黎明：《面向服装制鞋企业的 DRP 分销信息管理系统分析与设计》，《厦门大学学报》。

[3] 代涛：《生产制造型企业 VMI 库存模式应用研究》，《物流科技》2007 年第 11 期。

管理沟通

阿斯利康企业并购后的内部沟通

王昊展

摘　要　企业并购不仅是有形资产的合并，而且是企业文化、人力资源的有效整合。沟通是企业并购过程的重要活动，是实现企业并购整合的重要途径。本案例分析了阿斯利康公司重组后的内部沟通问题，阐述了该公司的内部沟通策略，并作了简要分析。

关键词　阿斯利康　并购　内部沟通

1　公司背景

20 世纪 90 年代末期以后，跨国大企业间的并购似乎成了一股不可逆转的潮流，这些昔日的敌家对手为了占尽技术、资金、市场等方面的先机，或娶或嫁，以各种形式实施强强联合。1998 年 12 月 9 日，世界两大制药公司阿斯特拉和捷利康宣布合并，成立阿斯利康公司，合并后的公司成为世界上第三大制药公司。这两大药业巨子之间的合并步伐异常迅速（仅仅用了 80 个工作日），打破了船大难掉头的传说。

合并后，阿斯利康在 6 大治疗领域为患者提供富于创新，产品销售覆盖全球 100 多个国家和地区。阿斯利康拥有强大的研发能力，平均每个工作日的研发投入达到 1500 万美元（2004 年研发总投入为 38 亿美元），在 7 个国家设有 11 个研发机构，共有 11900 名员工从事与新药研发相关的工作。阿斯利康拥有极具希望的早期开发产品组合，包括 17 个一期临床项目、17 个二期临床项目和 25 个三期临床项目，在全球 20 个国家有 30 个生产基地，共有 15000 名员工致力于为客户提供安全、有效、高质量的产品。阿斯利康在全球共有 64000 多名员工，从事医药产品和医疗服务的研发、生产和销售业务，卓有成效的医药产品，包括消化、心血管、肿瘤、中枢神经、麻醉和呼吸等，其中许多产品居于世界领先地位，被列入道琼斯可持续发展指数（全球）以及显示企业良好社会责任度的富时社会责任指数（FTSE4Good Index）。

2　阿斯利康在中国

阿斯利康中国有限公司的总部位于上海，生产基地坐落于江苏省无锡市国家高新技术产业开发区，总投资达 1.34 亿美元，占地面积为 96000 平方米，建筑面积 36000 平方米，在中国内地的 19 个主要城市设有办事处，是目前阿斯利康在亚洲最大的生产制造投资项目。

无锡生产基地拥有世界一流的生产设施，主要包括设备先进的洁净生产区、现代高科技的模块针剂厂房、装备精良的实验室、安全可靠的高架无人自动仓库以及稳定完善的公用工程设施。

生产基地已获批的 5 种生产剂型为：片剂、硬胶囊剂、气雾剂、口服溶液剂和冻干粉针剂。生产基地已获得中国国家 GMP 认证和欧盟 GMP 认证，并获准向欧盟及认可欧盟标准的国家出口产品。

阿斯利康制药有限公司在中国现有 1800 名员工，分布在生产、销售、临床研究和新品开发等领域。阿斯利康目前在中国销售的医药产品已有超过 80% 在中国本地生产，在新药研究和临床领域的持续投资也已成为公司全球研发技术平台的重要组成部分。2004 年 1 月，阿斯利康被无锡国家税务局和地方税务局联合评定为首批 A 级纳税信用单位。2004 年 11 月 1 日，阿斯利康公司成为 2007 年世界特殊奥林匹克运动会（会标、主题、2005 年度电视公益宣传片）全球征集活动独家赞助商，并获得 2007 特奥会"运动会之友"殊荣。

在外部公关方面，阿斯利康致力于通过慈善捐款、公益活动以及其他方法，为本地社区作出积极的贡献。2001 年长江流域遭受洪涝灾害时，阿斯利康通过中华慈善总会捐赠了价值 600 万元人民币的药品。2002 年，阿斯利康协助世界卫生组织健康教育和健康促进合作中心，在全国范围内开展了面向中老年人群的社区健康教育并捐赠了流动高血压保健车和血压仪。2003 年"非典"前后，阿斯利康向全国 300 多家医院捐赠了大批包括肺功能治疗仪、喷雾剂和 TCI 泵在内的医疗仪器。2004 年 12 月，阿斯利康积极响应江苏无锡新区"慈善一日捐"活动的号召，率先捐赠 20 万元人民币用于帮残助困。

3 阿斯利康的内部沟通策略及实施

合并之后，阿斯利康在组织内部沟通方面存在着诸多不确定因素，上至总经理、下至普通员工所关注的是与自己切身利益息息相关的"涉我事宜（Me issues）"，如：我是否失业、我的薪金是否受影响、我的新老板是谁等一系列问题。这些问题天天萦绕他们的脑际，容易动摇军心，从而影响整个公司的生产效率。另外，他们还急切地想了解新公司生产、营销、管理、财务等方面的策略和信息，这类信息的匮乏会使员工感到组织缺乏管理和方向，影响着员工对新公司未来的信心。

为减少合并对两公司日常业务的干扰，阿斯利康中国公司制订了严密的内部沟通计划，保证了公司的顺利运营。

2.1 沟通策略及目标

（1）确保合并期间内部沟通的一致性和连续性。

（2）争取沟通工作对合并进程的最大贡献。

（3）在员工心目中建立起新公司的公司形象。

（4）为新公司的内部沟通工作打下坚实基础。

（5）迅速成立传播工作组（communications taskforce），小组成员由两公司的相关员工共同组成，确保正式沟通渠道的建立。

（6）确立各合并阶段（前期、中期、后期）的沟通主信息，并依据员工反馈及时作出调整。

（7）争取管理层对内部沟通的最大支持，明确传播小组和其他行动小组间的协作关系。

（8）根据各阶段不同的沟通需求，确定最有效、迅速的沟通渠道和工具，如 E-mail、致员工信、录像、快递、员工活动及通信等。

（9）评估两公司之间文化相似及差异，传播新公司文化。

2.2 策略的实施

（1）在两公司中任命了五名工作组成员，组成内部沟通工作小组。因工作组成员来自两公司不同的业务部门，首先确保工作组成员内部的良好沟通和合作精神。

（2）工作组制订了合并期间的对内、对外沟通计划书。

（3）为充分取得管理层对沟通工作的支持，传播小组组长争取到中国区第一次并购会议上第一个发言的机会。在会上，组长将沟通计划书发送到其他小组组长手中，征求他们的反馈。

（4）并购会议后，根据各小组反馈意见设计了"沟通责权表"，明确每个小组在沟通方面的职责和相互依赖关系，使沟通成为每个经理人的重要职责。

（5）除了配合其他沟通工具，如 E-mail、定期沟通公告外，传播小组编制《快递》，每两周一期，用这一透明的传播手段遏制了不确定消息的产生。

（6）建立内部沟通日志。为确保公司合并在中国的顺利进行，阿斯利康采取了与世界其他地方不同的做法，就是建立双重领导机制，分别保留了双方公司总经理的职务，两位总经理的背景和阅历对公司的成功运作都是很有价值的，但也存在一个挑战：两个总经理间的有效沟通，以确保他们的意图得到贯彻。

（7）积极开展员工反馈活动。反馈的途径：在各期《阿斯利康通讯》上设立"问与答"专栏；鼓励传播小组成员和不同部门员工接近，面对面地了解他们合并期间的切身感受；调动各小组的积极性，让他们收集和反馈本部门员工的意见，预见本部门传播方面遇到的问题；组织对员工的采访，将采访结果发表在《阿斯利康通讯》上。

（8）策划并组织新公司内部"上市"活动—阿斯利康生日活动。利用两公司员工第一次面对面的机会有效地传播新公司的企业文化。具体活动如下：选择 6 月 1 日作为新公司的生日（"六一"象征蓬勃、朝气、活力和光明的前途）。生日活动在公司三大主要业务城市：无锡、北京、上海举行。该活动邀请了公司亚洲地区合并办公室负责人参加，以表明中国市场在亚洲的强有力地位。生日活动会上，两公司的员工首次坐到了一起，并穿上了印有新公司标识的 T 恤，并且两公司员工交叉入座，使大家有机会与新同事交流。公司还特意为两位总经理定做了特别的 T 恤衫，在他们 T 恤的胸前绣上了中国国旗和 1999 年 6 月 1 日的字样，以表彰他们为公司发展创下的辉煌业绩。两位总经理非常感动，表示非常珍惜这 T 恤，将留作永久纪念。生日活动会上，员工们聚集一起观看了全球总裁讲话的录像；在中国区合并办公室负责人悠扬的小提琴伴奏下，在现场全体员工齐声高唱的"生日快乐"歌声中，两位总经理共同切开了印有阿斯利康新标识的硕大生日蛋糕，把生日活动推向了高潮；两公司员工举杯庆祝这一具有里程碑意义的庆典，并通过这一严肃又活泼的庆典深刻地感觉到新公司的企业文化。生日活动后，现场录像带寄到全国各办事处，使那些因工作而无法到现场的员工也感受到了生日活动的气氛。

（9）在阿斯利康生日活动会上，公司还宣布了新公司中文名称征集竞赛活动，使员工们通过参与竞赛活动增强对新公司文化的理解。传播小组负责人还将此项活动推广到亚太区所有用中文名称的国家，使这一活动在广度和深度上都得以加强。为了鼓励反馈，给了每个参与者一份鼓励奖，这份奖品是将他们的生活照印在公司的杯子上，每次倒入热水时照片便会显现出来，这给大家的工作增添了情趣。最终获奖的两位员工得到了特别的奖品——形如公司标识的纯金链坠及胸针。这一活动非常具有感情色彩，使大家感受到新公司如大家庭般的温暖。

（10）高层管理人员任命后，传播小组立即组织了对他们的采访。新管理层针对员工反馈和提出的问题作出了相应回答，并展望了上任后本部门的发展策略等等。

4 作者观点

充分而畅通的内部沟通是企业持续发展的重要推动力。在国外，内部公关已经成为企业公共关系业务的重要组成部分，而中国企业对公共关系的关注和运用大多还停留在媒体公关的层面上。在企业内部公关中，传播都不是一次性直接完成的，而是逐层向下或向上流动，相对于很多中国的企业而言，大多还存在品字形的层级序列，沟通需要逐级完成，因此信息容易在传递沟通的中间环节因为丢失或添加而"失真"。这时候，利用一个第三方的传播或开展一系列活动将有利于避免这种情况的发生，比如阿斯利康利用《阿斯利康通讯》传播和开展企业生日庆祝活动，起到了有效的内部沟通效果。

企业的生产力掌握在员工手中，而不是掌握在管理者手中，因此激发人才的生产力和维护员工的"忠诚性"就变得十分重要。管理大师彼得·德鲁克曾经说过，管理就是要让人力资源产生生产力，它是唯一意义深远的竞争力。除了激发员工的生产力和增强员工的忠诚度以外，企业内部沟通对于防范和处理好企业的外部公关危机，维护企业的品牌和声誉都有着极为重要的作用。

随着企业的迅速发展壮大，企业的子公司和企业的员工会越来越多，那么各子公司、各部门和员工之间的沟通矛盾将会变得越来越突出。让庞大企业的每一位员工都能够树立共同的发展愿景和保持良好的正面沟通，是企业正常运转的重要保证。如果让每一位员工都能够代表企业在媒体、社区和公众心目中的形象，为企业代言，这必然为企业的声誉和品牌带来不可思议的强大力量。

思考与讨论

1. 影响企业内部沟通的因素有哪些？
2. 组织内部沟通与外部沟通之间有什么联系？
3. 请具体分析阿斯利康公司企业并购内部沟通策略。

参考资料

[1] 阿斯利康公司公关部：《阿斯利康企业并购内部公关案例》，《国际公关》2005 年第 3 期。

[2] http：//www.astrazeneca.com.cn/ 阿斯利康制药有限公司。

宝洁公司 SK-II 的危机沟通

蒋　明　王昊展

摘　要　危机沟通是危机管理的核心。案例以宝洁公司 SK-II 的危机沟通为例，旨在讨论跨国公司在我国屡遭品牌危机背后的原因。

关键词　宝洁公司　SK-II　危机沟通

1　公司背景

1.1　宝洁公司背景

始创于 1837 年的宝洁公司，是世界最大的日用消费品公司之一。2003—2004 财政年度，公司全年销售额为 514 亿美元。在《财富》杂志最新评选出的全球 500 家最大工业/服务业企业中，排名第 86 位。宝洁公司全球雇员近 10 万人，在全球 80 多个国家设有工厂及分公司，所经营的 300 多个品牌的产品畅销 160 多个国家和地区，其中包括织物及家居护理、美发美容、婴儿及家庭护理、健康护理、食品及饮料等。

宝洁公司成功的关键在于对消费者的深入沟通、了解以及不间断地开发具有突破性技术的新产品满足消费者的需求。回顾公司历史，宝洁在消费者市场研究方面始终处于领先地位。宝洁首创了许多目前被广为应用的市场调研技术。早在 1924 年，宝洁公司就在美国成立了消费者研究机构，成为在美国工业界率先运用科学分析方法与消费者沟通的公司之一。

起初，公司雇用了"现场调查员"进行逐门逐户的访问，向家庭主妇了解她们如何使用宝洁产品，以及她们觉得产品的优缺点是什么。这种调研方法一直延续了几十年，直到 20 世纪 70 年代，宝洁公司又成为最早使用免费电话与消费者沟通的公司之一。

发展到今天，宝洁公司每年运用多种市场调研工具和技术与全球超过 700 万的消费者进行交流。他们通过多种渠道了解消费者，例如：入户访问和观察、举办消费者座谈会、问卷调查、访问商店、跟踪调查系统、接收消费者信件、接听消费者电话等。宝洁借此建立起庞大的数据库，及时捕捉消费者的意见。这些意见帮助市场部创作有说服力的广告和制订有力的市场营销计划，帮助产品开发部开发新产品，帮助销售部制定销售计划，保证产品分销到各地，方便消费者购买。宝洁在世界各地开展业务前，必定先对消费者、市场进行调研。研究以满足消费者的需求为起点，为品牌打下良好的基础。作为一家跨国公司，宝洁把不同国家拥有的知识和经验进行比较。对于洗衣产品和洗发护发产品等全球性产品品类，公司不仅力争满足全球消费者的共同需要，也尽力满足具体市场的独特需求。

1.2　宝洁 SK-II 简介

SK-II 诞生于日本，1991 年被宝洁公司收购以后，将产品的研发中心和生产基地都放在了日本神户，并成立了日本宝洁株式会社蜜丝佛陀公司，主要负责 SK-II 品牌的全球市场拓展工作。

SK-II 是日本皮肤专家将尖端科技运用到护肤品开发中的完美结晶，是目前在日本、内地及东南亚、韩国及中国等地深受欢迎的护肤品牌。2003 年，SK-II 将酒红色的旋风吹到欧洲，在英国等地热销。2004 年初，SK-II 在美洲大陆续写晶莹剔透的神话，首批 11 家授权专柜在美国最高档奢侈品专卖店 Sakes Fifth Avenue 中正式营业，开业仅 5 周就进入了高档护肤品销售排行的前 5 名。至今，SK-II 每年在全球销售额超过 5 亿美元，在全球性十多个市场为消费者提供优质的产品和专业的护肤咨询。作为全球知名的高档护肤品牌，SK-II 多次获得《读者文摘》评选的护肤领域的金奖、白金奖，"最受雅虎用户推崇的品牌"等称号。它特别切合亚洲女性的肌肤特质，吸引了大批忠实的使用者。SK-II 一直以简约的风格、高雅的气质和一流的品质著称，而其酒红色为主的包装更是令人印象深刻。

自 1980 年在我国香港和台湾推出第一款护肤用品至今，SK-II 已经成为将尖端科技同纯天然精华结合到护肤品中的先驱，推出了诸多具突破性的产品，如护肤面膜、护肤精华露、多元修护精华霜等。近年来，SK-II 推出的净白修护面膜、晶致活肤乳液等产品更在日本及我国台湾、香港和内地多次获得年度最佳护肤品的殊荣。

SK-II 于 1998 年进入中国内地，一直在高档护肤品牌的销售中名列前茅。目前，SK-II 在北京、上海、杭州、成都等地设有 19 家专柜。

SK-II 的核心成分 Pitera&reg（活细胞酵母精华）是日本皮肤专家精心

钻研的成果。SK-II Pitera&reg 是根据微生物学理论，利用精心挑选的天然酵母发酵后，提炼萃取出的珍贵成分，内含有健康皮肤不可或缺的氨基酸、矿物质、有机酸、维生素等天然成分。Pitera&reg 目前只能在天然环境下提纯生成，并不能人工合成，被称为比黄金还要珍贵的护肤圣品。Pitera&reg 具有七大神奇功效：特效保湿、深度滋润；修复皱纹、复活细胞；改善肌肤生理、促进血液循环；抑制黑色素沉淀；调节肌肤 PH 值、收敛毛孔；镇定日晒后肌肤；抑制发炎反应等，使肌肤焕发动人的光彩，细致有弹性，看起来晶莹剔透。

SK-II 的产品以其卓越的品质及显著的功效风靡每一个市场。同时，SK-II 的专柜服务摒弃了主观的人为推销，代之以更精确、更科学的肌肤测试，依照测试结果为消费者提供可靠的参考数值和个性化的皮肤保养建议。强大的研发实力、产品卓越的功效、精密科学的电脑分析检测以及美容顾问们专业体贴的咨询服务，让消费者全面感受到了 SK-II 在肌肤保养专业上的努力和付出。在众多的消费者心目中，SK-II 就是肌肤保养的专家。

与此同时，宝洁 SK-II 一直走明星线路，高调启用大牌明星，几乎网罗了所有的知名女明星，诸如香港的刘嘉玲、莫文蔚、郑秀文、关之琳、林忆莲、陈慧琳，台湾美女萧蔷、大 S，日本的桃井熏，韩国的 Terry 等等。与其他明星广告不同，SK-II 广告主要强调明星现身说法，众多大明星纷纷爆料美容独家秘方以及使用心得。

在感性认识取得成功的基础上，再辅以科学仪器，用数据说话——这是宝洁非常善用的手段，如"连续使用 28 天细纹及皱纹明显减少 47%、肌肤年轻 12 年"。

在这双重刺激下，SK-II 得到了化妆品品牌最宝贵的东西——消费者信任，这使得 SK-II 牢牢地确立了自己的市场地位，并且自 2004 年以后，一直保持着中国内地高端化妆品市场销售排序前三名的领导品牌地位。

2 SK-II 的危机事件

2005 年 3 月，江西一位女性消费者听信知名化妆品品牌 SK-Ⅱ关于"连续使用 28 天细纹及皱纹明显减少 47%"的广告宣传，购买了一支 SK-Ⅱ紧肤抗皱精华乳，结果使用 28 天后非但没出现上述效果，反而导致皮肤瘙痒和部分灼痛，为此向法院提起了诉讼。

2005 年 3 月 25 日江西省工商局作出了处罚决定，认为宝洁 SK-II 在宣传产品时，有夸大嫌疑，宝洁公司派工作人员到南昌工商行政管理局签字认罚，金额为 20 万元。

2006 年 9 月 14 日，国家质检总局在日本 SK-Ⅱ品牌的多项化妆品中，查出禁用成分铬和钕，其中净白素肌粉饼的钕成分高达 4.5mg/kg。国家质检总局的对外公布称，广东出入境检验检疫机构从来自日本宝洁株式会社蜜丝佛陀公司制造的 SK-Ⅱ品牌系列化妆品中检出禁用物质铬和钕，这使宝洁面临退货和全面停售的危机。

3　宝洁 SK-II 的四十天"不认输式"危机沟通

面临危机，宝洁 SK-II 的最初危机沟通方式是：拒不承认产品质量和安全问题，或是公然否定政府质检报告，或是公开质疑消费者起诉方"动机不纯"，最终发布了后来被称为"霸王条款"的四条限制退货要求——致使乱糟糟的退货风波持续到了 10 月底。

2006 年 9 月 14 日，中央电视台《晚间新闻》播出"日本 SK-II 化妆品多次被查出违禁成分"的新闻。当日 23：00，宝洁发布申明：SK-II 所有产品在研发和生产过程中都经过了严谨的安全评估，并且在进入中国市场前都经过港口出入境检验检疫局的严格检验，产品的安全和质量有充分的保障。其产品在生产过程中并未涉及禁用成分。对于进口产品中发现的问题，宝洁公司将全力配合政府部门了解情况，使之得以顺利解决。

2006 年 9 月 15 日，各商场开始停售 SK-II 相关产品。当日晚间，宝洁再发申明：SK-II 品牌正在全力配合政府相关部门的调查，同时为保护消费者的权益，现就质检局禁用成分事件作出进一步安排，特此声明如下：①我们正在积极地与政府相关部门沟通，配合他们调查和解决问题。公司高层今天正在与相关机构协商，并且将于下周一与有关方面会谈。②按照 SK-II 退货原则，有需要的消费者可以在 SK-II 的授权专柜办理相关产品的退货手续，我们将以最好的服务满足消费者需求。③关于 SK-II 产品下架的必要性，我们正在与政府相关部门沟通以作出最后决定。

2006 年 9 月 16 日，全国各地退货矛盾频发，矛盾不断激化。宝洁再发申明：①安全和质量对于 SK-II 至关重要，SK-II 把安全和质量一直放在首位。SK-II 所有产品在研发和生产过程中都经过了严谨的安全评估。现在市场上 SK-II 授权专柜出售的产品在进入市场前已经经过港口出入境检验检疫局的严格检验和放行，产品的安全和质量有充分的保障。②SK-II产品在生产过程中并未添加文中所涉及的成分。③我们也是在 9 月 14 日刚刚接到相关信息，对于本批次进口产品中发现的问题，我们正在积极地与政府相关部门沟通，配合调查和解决问题。④本着"服务为本"的精神，虽然现在市场上的 SK-II 授权专柜出售的 SK-II 产品都是符合相关的法律法规规定、准予销售的商品，但是我们仍然理解消费者的心情，现已按照 SK-II 退货原则，在 SK-II 的授权专柜为有需要的消费者办理此次涉及的 9 款产品的退货手续，我们将以最好的服务满足消费者需求。⑤关于相关 SK-II 产品撤柜的必要性，我们正在与政府相关部门沟通以作出最后决定。

在危机事件发生后的 40 天，宝洁的危机管理沟通遭遇了迄今为止在中国市场最大的滑铁卢，在全国媒体的指责及消费者的讨伐声中，宝洁一向高傲的尊严似乎被撕得支离破碎，狼狈不堪，最终宣布暂时退出中国市场。

在这 40 天中，宝洁从未道歉过，从未认输过，更从未向媒体及公众示弱过。尽管最终宝洁认识到自己的错误，开始全力的自我救赎，从 2007 年 12 月 3 日起 SK-II 陆续在广州、郑州、武汉、北京等地重装上阵。但是，这 40 天内的失败的危机公关和管理沟通，带给宝洁和 SK-II 的，不仅仅是金钱上的损失。

思考与讨论

1. 宝洁 SK-II 危机沟通失败的主要原因是什么？
2. 如果你是宝洁公关主管人员，怎样实现有效的危机沟通？
3. 请具体分析宝洁公司在这次风波中沟通策略的出发点。

参考文献

[1]《宝洁 SK-II 风波》，新浪网专题。

网址：http：//finance. sina. com. cn/nz/bjSKII/index. shtml。

［2］《问题屡屡被曝光，跨国公司凭啥总糊弄中国消费者》，《中国日报》2005年 3 月 25 日。

［3］《跨国公司品牌危机的根源》，《21 世纪经济报道》2005 年 3 月 27 日。

［4］《宝洁—SK-II　危机下迟钝的巨人》，http：//finance. sina. com. cn。

谷歌公司澄清虚假医药广告事件

王昊展

摘 要 危机沟通的作用是帮助公众理解影响他们的生命、感觉和价值观的事实，让他们更好地理解危机，并作出理智的决定。本案例阐述了谷歌公司澄清虚假医药广告事件，希望能为学习危机沟通理论提供一定的启示。

关键词 谷歌公司 虚假广告事件

1 企业简介

谷歌公司（www.google.com）的创新搜索技术每天为全球数以千万计的人们提供信息服务。谷歌如今在全球主要市场的互联网界都处在领先地位。谷歌提供有针对性的广告服务，为所有规模的企业提供可以测量的结果，同时增强了用户的互联网使用体验。谷歌总部位于美国硅谷，在北美、欧洲和亚洲都有办公地点。

Google 的使命是整合全球信息，使人人皆可访问并从中受益。

完成该使命的第一步始于 Google 创始人 Larry Page 和 Sergey Brin 在斯坦福大学的学生宿舍内共同开发了全新的在线搜索引擎，然后迅速传播给全球的信息搜索者。Google 目前被公认为全球规模最大的搜索引擎，它提供了简单易用的免费服务，用户可以在瞬间得到相关的搜索结果。

Google 的实用性及便利性赢得了众多用户的青睐，它几乎完全是在用户的交口称颂下成为全球最知名的品牌之一的。作为一个企业，Google 通过提供广告服务来获取收入，使广告客户能够刊登与特定网页内容相关、重要而又经济实效的在线广告。这不仅为人们提供了实用的广告信息，同时也给刊登广告的广告客户带来了好处。

Google 不出售搜索结果中的排名，也不允许有人通过付费来提高在搜索结果中的排名。

成千上万的广告客户加入了 Google 的 Google AdWords 计划，利用定位广告在网上推广他们的产品和服务。此外，成千上万的网站管理人员利用 Google AdSense 计划刊登与其网站内容相关的广告，增加收入并改善用户体验。

2　案例事件

2.1　谷歌被指链接虚假售药信息

央视在 2008 年 12 月 11 日早间的《朝闻天下》栏目播出了"搜索引擎赞助商链接虚假售药信息"的节目。以下为节目文字实录：

《朝闻天下》：搜索引擎作为网络信息世界里的门户对于人们今天的生活已经不再仅仅是一个简单的信息搜索工具，而日渐成为一种广告的平台，甚至一个新生的媒体。那么，在现有的法律空间内，谁来当好这个看门人呢？搜索引擎这个门户能不能得到有效的监管呢？

近日，国家食品药品监管局公布了 23 家发布虚假药品信息、销售假药的网站。但几天后记者发现，目前在各大搜索引擎中依然能找到这些网站的链接。

那么，究竟该由谁来监管搜索引擎呢？带着这样的疑问，记者拨通了国家工业和信息化部网络问题投诉中心的电话。

记者先后联系了工信、工商、公安、通信管理等多个职能部门，反映网络虚假广告的情况，但他们均表示不在其职权范围内。

清华大学新闻传播学院网络研究院：目前我国对于搜索引擎的监管这一块，可以说是空白的。我们希望在这样一个没有明确法律规范的时期，搜索引擎企业能够珍惜自己的企业声誉，不要为了蝇头小利而毁掉长期积累起来的受众资源和受众的信任。

也有专家称，搜索引擎已经作为一种独立的媒体存在了，不再是一个简单的提供信息检索的普通网站。

专家：搜索引擎收取费用去发布一些商业信息，实际上就是一种广告活动。因为第一是收钱的，第二是帮别人推广信息。本质上就是一种广告形式，应该按照《广告法》予以制裁。

但专家也表示，对于搜索引擎这样一个网络世界里的新生事物，1994

年制定的《广告法》显然不能承载对它的全面监管。尽管有民事法律的法理以及对《广告法》的扩大解释，《广告法》依然无法彻底解决互联网上的混乱广告现象。因此，尽快出台一部监管网络世界的法律变得迫在眉睫。

目前中国已经超越美国成为全球拥有最多网民的国家，面对搜索引擎日益暴露的问题，仅仅依靠互联网企业自律已经很难保证这个产业的健康发展。我们期待着互联网相关的监管措施尽快出台，使我们拥有一个良好的互联网环境。

在很多的搜索引擎网站上，除了左边的自然搜索外，搜索网站右边通过付费而出现的广告内容，通常被标注上"赞助商链接"的标志。按照规定，所有的赞助商链接都必须要经过严格的审查，记者近日调查发现，很多搜索引擎所链接的赞助商网站里却有着不少的问题。

打开全球最大的搜索引擎谷歌网站记者看到，在页面的最上方和右方等明显位置都标明着赞助商链接的标志。记者在输入"糖尿病"、"偏瘫"、"中风"等关键词后，一些宣称对疑难杂症有很好的"治愈率"、"有效率"的内容出现在了赞助商链接的网站里。记者随意打开一家名为"中国中医科学院糖尿病研究中心"的网站，网站宣称他们这里有一种号称"进入中南海国家老干部中心的特供药"能够根治糖尿病，有效率达到100%。

药品相关销售人：我们这个药品能够彻底根治糖尿病，精准率达到98%。

记者：你们这个研究中心机构大吗？

药品相关销售人：非常大，如果你要是确诊了，直接买药就好了，不用来看病的。

电话中相关负责人宣称，这家大型的糖尿病研究中心位于北京市昌平区，记者根据网站上留下的地址，前往当地展开调查。而当记者赶到网站上所标注的地址后发现，这里根本就没有这么一家所谓的糖尿病研究机构。

群众：没有，就没有听说过这个地方。

于是记者再次拨打了这家研究中心的电话。

记者：我到你们说的这个地方了，怎么没有我们这家研究机构啊？

药品相关销售人：有啊，你到处找找。

记者：我已经找过了，这里没有你们这家机构啊。

按照国家食品药品监督管理局的规定，目前国内只有 10 家网站允许销售非处方类药品，除这些网站以外的所有网络售药行为均属违法。而对这些出现在赞助商链接里的网站，谷歌相关授权广告代理公司的负责人却表示，所有的赞助商都已通过了严格的审查。

品众互动广告有限公司营销经理：我们的客服会给您提交后台，然后 Google 会自动给您审核，进行一个机器审查，然后是专家审查，如果审核后都没有问题的话，您就可以上线了。

记者：可不可以这么说，所有放在右侧的（赞助商），都是经过你们严格审查后才通过的。

营销经理：对。

同时记者还发现，除谷歌外，雅虎中文、搜狗等一些大型搜索引擎网站的赞助商链接内容里也都存在着非法销售药品的信息。

2.2　谷歌中国在北京总部紧急召开媒体沟通会

12 月 11 日下午 15 时，谷歌中国在北京总部紧急召开媒体沟通会，就媒体报道的"虚假医药广告事件"进行澄清。谷歌大中华区总裁李开复与两位搜索产品负责人王雪雁、盛佳出席会议。

以下为发布会实录。

主持人：今天下午各位记者过来，最近关于互联网很热的话题，相信各位有一些问题，谷歌希望有一个机会跟大家做一个沟通。今天除了开复之外，还有一个王雪雁，负责广告政策方面的，还有盛佳。下面请开复做一个开场白。

谷歌大中华区总裁李开复：今天我其实得了支气管炎，但是还是觉得要跟大家做一个沟通，但得了支气管炎就上谷歌搜索，后来发现要不要打抗生素等等，我很幸运没有被搜索结果和广告混淆、误导，当然我也没有被非法广告打扰，非常幸运我作为一个患者痊愈了。今天我想通过沟通觉得，最近在各媒体上大家都非常关注搜索引擎，我们讨论了很多事情，讨论了搜索引擎的公正性，搜索结果和广告应该区分开来，还有广告方面的种种问题，广告是否有虚假广告。

今天我希望非常专注地跟各位探讨一个过去我们没有讨论的问题，公正性讨论很多，搜索结果不受人工干预讨论很多，还有一个虚假网站，一个搜索引擎如何尽它的社会责任，避免虚假网站误导用户，这一点谷歌是

非常非常在乎的，我们一直认为竞价排名是最大的问题，常把公正性拿出来谈。但我们今天想非常专注地跟各位谈一下，搜索引擎里面的搜索广告，它明确被标注出来之后，怎么样避免里面有虚假网站误导或者欺骗了用户。正好我们今天有两个专家，王雪雁负责我们这边如何使我们依法呈现搜索结果的负责人，还有盛佳是我们搜索产品方面的负责人，他们两位可以非常明确把我们的政策、流程做一些演示，希望大家离开的时候可以确认谷歌是一个非常负责的公司。

盛佳：很高兴今天有机会跟大家分享或者跟大家汇报一下，我们怎么来保证我们的搜索引擎出来的结果和我们的广告是公正，同时又是符合我们国家的法律，不会有任何的虚假或者欺骗消费者的内容的。我先做一些感性的例子，比如我可以大概给出这么十几个左右的关键词，给大家看看我们谷歌怎么做，接下来雪雁就理论系统给大家讲一讲，我们后台什么流程，保证我们做到这一点。

首先在谷歌上我们分了好几类，首先我们看一下刚才开复说疾病方面的词，我们对疾病方面的关键词控制的有非常严格的一些严格的制度，比如说糖尿病，我们在糖尿病中可以看得出来的结果，左边我们说了很多遍都是比较官方的，我们觉得对用户最好的一些内容，包括像白鸽上面的内容，像全民健康等等，右边没有广告，我们觉得不应该对这些疾病出售我们的关键词。再比如说结核，这常见病之一，有的时候也非常重，我也不会有关键词的广告。另外一个常见病可能在中国也会比较普遍，是白癜风，除了我们看到左边的结果都是一些官方的信息以外，学术给大家一定的信息，有的时候其实我们的广告商或者不法的广告商会利用搜索里面的缺陷或者想钻一些空子。比如说很简单，我如果是广告商的话，我发现白癜风不能买这个关键词，那我中间加一个空格能不能买，我们在谷歌上也做了这个处理，你加一空格我们保证类似或者相近的关键词得到有效的控制，这是健康、疾病方面的关键词。我们再看其他类别，比如网上经常看到各种各样假的文凭或者假的学历，很简单我们看一下，比如我直接搜我就要一个假学历，看我们左边的结果其实告诉你怎么来查询是真的学历，怎么样来揭开或者识别假学历。有的时候，我如果是真的要选学历的话，我们确实对这些关键词，如果经过我们审核或者合法的广告商我们也会让广告出现在右边，这样其实对用户也会有好处的。

我再举一个别的例子。比如说移民局，加拿大或者澳大利亚这些国家，大家如果要移民的话都要申请这个，这个其实是正常的结果，但有的时候我需要去寻找伪造的或者假的移民纸在其他搜索引擎不小心被其他广告商购买，我们也做了有效的控制，这是假的文书、假的学历这一类。

第三类我给大家看违法的，中国法律禁止的一些器材，或者一些设备。比如说窃听器，我们在地铁或者什么地方看到会有人兜售窃听器，在网上同样会有人进行购买，如果我们在这里搜索窃听器第一没有广告，而且左边是怎么配合国家严打，窃听器是什么符合法律法规的内容，有一些设备比较常见，网络上比较常见叫针孔摄像机，在我们这里不仅告诉你针孔摄像机是什么，而且还有整合搜索，它长得什么样子，如果有最新新闻的话，我们也有新闻的整合搜索出来。第三类是非法国家法律不允许的器材和设备，我们在这里有严格的控制。

第四类就是赌博，赌博的话在我们这里也是处于不允许广告商购买的关键词类，我随便举个例子，比如说牌九。我们左右告诉你牌九是什么，怎么玩等等，这个在我们系统里看到这个词，我不知道这个东西是什么，但我看这其实好像是一个，我看搜索出来的结果好像确实是一个比较恶劣的赌博的行为，对于这种词我们也是有很严格的控制，这是第四类赌博类。

对于一些色情类，好像在一些灰色地带里面关键词，我们也有一些比较好的控制。比如说北京按摩，这个词的话其实，因为有很多的一些不法的广告商，想通过这个词，因为这属于灰色地带的词，我们在这里有很严格的控制和审核，如果大家真的要想放松一下，找一家按摩场所我们有地图的整合搜索，标出它的位置，点击它直接到它的位置，这是我们希望给用户更好的服务体验，这是第五类色情类。

还有一类我们跟全球，相当于遵循全球的原则，相当于版权这一类，有的时候比如学生毕业，或者晋升写一些论文或学术的文章，我自己不能写或者不想写找别人代写，这虽然看起来不违法，但侵犯别人版权的问题我们这里也是控制，比如我搜代写论文，在我们这边是不会有一些广告告诉他说，你可以买这个关键词就直接把这个结果给你。

最后我想给大家看一个例子。有一些关键词比如像手机这个词，这个词其实很常见了，每天搜索人也很多，因为它搜索量很大，有很多广告商想方设法地想把这个词，或者把一些不好的广告塞到广告词里面，我们其实一直面临包括搜索反垃圾信息里面也是面临的挑战，就是说有很多狡猾或者用各种方法来试图钻这个空子的广告商，我们要跟他们进行坚持不懈的斗争。在这个例子我们可以看到，我们很早以前发现，今天刚刚发现这样一个结果，大家看这个"出售全新港货手机"，这有一点点卖水货手机的意思，我们为了让大家看一下让工程师不把这个结果删掉，他为了避免水货用港货规避我们的政策或者技术手段，我们也是不断地、坚持不懈地来和这些隐秘，好像有一点点技术变化这方面的不法关键词和广告来进行斗争。这个大家回家以后就会发现没有了，因为我们在开完发布会以后，会让工程师把这个广告删掉，我们用这个例子想让大家理解，其实这里面防止，不管是左边的搜索结果也好，还是右边广告的合法性也好，都需要长期和坚持不懈的技术投入和资源投入才能做好。所以在 Google 这边我们一直秉承这样的原则，尽我们的所能。有的时候它会，比如它刚刚出来，我们也会第一时间尽可能发现，然后把它给控制住。下面我就想请大家帮助解释一下，我们看到干净的搜索结果和广告，我们的技术是什么样子？

王雪雁：很高兴能跟大家沟通。在这边大家也看到，我们什么样的广告可以展示，什么样的广告不展示，其实我们 Google 有很大很完整的政策。不知道大家接触过我们的广告客户没有，我们这边做客户服务的团队他们最经常听客户说你这边上网这么麻烦，我今天做这个广告不能做，为什么我做完说我广告文字不规范，谷歌不能做，我们在其他家没有这么多广告要求。我们跟客户沟通也跟在这里跟大家沟通一样啊，我们有自己的政策，我们有一套价值观，我们认为什么是重要的，什么是值得坚持的。我们有两套政策，一套是全球政策，因为谷歌毕竟是一个全球公司，我们在各个国家必须坚持比较一致的准则，除了法律规定以外，法律不允许的东西我们不能做。我们政策比法律有更多的内容，除了法律之外我们要考虑用户体验是不是更好，Google 的价值观是什么样子。刚才盛佳给大家举了一个很好的例子，这是我们全球政策，在任何国家不能接受代写论文，法律上并没有，也有国家禁止这些但并不多，但我们 Google 认为既然在学术上应该写自己的论文，而不是花钱买别人给你写，这是欺骗行为，在道德上是不好的，所以我们禁止了这一类广告。另外从用户体验来讲，我们编辑指南里面有一个要求，广告下面那一行，我们要求客户点上这个广告以后，到达的那个网站就是，这个网站的域名必须和你放在广告上的域名相同，如果不相同客户不知道被带到哪里，我们要求一致，对客户公正透明的。全球政策非常多的，如果我在这里每一个跟大家很细致讲的话，我们两个小时都不够用，会讲很多很多的细节。

除了全球政策以外，我们还有一套遵守本地法律法规的中国政策，这当然建立在中国法律法规基础之上的，比如盛佳提到我们不允许做窃听器这样的广告，因为法律不允许。同时在医疗广告上面我们也有几个突出的规定，第一个我们不允许做十一种疾病的广告，比如牛皮癣、白癜风，因为这是法律所禁止的。另外对于所有在 Google 这边做广告的医院，我们收取两个证件，一个证件是医疗机构职业许可证，一个是广告审查证明，我们只为具备这两个证件的医院做广告，而且我们所有的这些证件都会存档，现在存在我们一个比较大的（库存）里面。我们刚才提到的水货手机，这些水货手机不交税从香港或者从欧洲带过来，这样的产品其实在中国也是不好的，所以这些我们也不允许。至于我们所有这些例子，具体包括哪些内容，我们都有把它放在我们 Google 域名上面，如果大家进入 Google 看帮助中心的话就可以看到很完整的内容，上面讲 Google 有哪些政策，每个政策叫什么，有的是什么内容。

除了广告政策以外，当然有政策我们就想说我们怎么执行这个政策，其实在 Google 我们有一套非常完整的广告审核体系，我们不仅有技术，我们还有人工。其实我们是通过系统过滤和人工两套放在一起去审核这些广告，我们所有的广告，我们有非常大的内部流程，以至于我们新人进来都觉得有点痛苦，因为他们要经过很长时间的培训，而且有很长时间才能上手，因为内容太多了。所以我们在审核的时候用非常高的标准，我们按我们的要求一条一条看下去，只要我们觉得这些都不违反的时候才能通过。在审核之后这个广告才会上线，所以你看到在 Google 上面，有的时候在我们合作伙伴上面看到一些广告。

刚才盛佳提到比如我们刚才看到水货手机，既然你们审核有很高的标准，花人力、物力去做为什么有时候会看到不好的广告呢？大家会发现这些客户有些人非常非常了解搜索引擎，他们经常会不停地试我们的系统，有一些人有一些手段可以过来，比如刚才港货他知道水货在 Google 不能做，他知道我们一看到水货就会被去掉，所以他用港货，或者水货写成水/货，有的时候我们会尽量避免。并且我们尽一切努力抽查，当我们发现的时候把这个广告拿下来，我们随时欢迎大家给我们反馈，Google 非常接受用户、媒体以及广告商的反馈，我们努力去看，看我们能够做什么，我想沟通的就是这些，一会儿大家有问题的话再说吧。

另外今天可能大家也看到过，说现在国家药品监督管理局也查出一些药品网站说这些是非法的，我们之前在 Google 已经把这些网站剔除了，现在在 Google 上绝对不会看到这家网站的广告，如果国家登出违禁药品或者违禁广告我们都会加进去。

李开复：君子爱财，取之有道，我们想经过广告赚钱一定要合法，我们想经过广告赚钱一定不能伤害用户的体验。今天通过简短的介绍，让大家了解 Google 是非常严谨地处理这个严肃的问题，一如既往从三年前开始一直到今天这样进行，而且我们也非常乐于见到媒体监督 Google 引擎，我曾经说过影响越大，责任越重，Google 搜索引擎影响非常大，所以我们欢迎媒体和所有网民帮我们监督每一个搜索引擎它的公正性和它广告的合法性。

主持人：接下来，我们还有一点时间，各位记者有什么问题可以提问了。

记者：今天早上我也看了一下谷歌中国糖尿病广告在央视并不存在的东西怎么披露的？那 Google 有更多的实力和更多的关键词来证明这个？

李开复：至于任何一个新闻他说看到了某某 Google 的广告结果，这个我们真的很难回应，因为一个搜索词它很可能在很长一段时间，这一时间被购买了，三秒钟被我们拿下了，这我没办法确切回应。但我可以保证几点，第一我们认为类似糖尿病这个词，在过去三年中你很难找到广告的结果，在我们的广告里面。第二我们在任何一个阶段，这样的广告词绝对是搜索引擎界做得最干净的，也欢迎你们来做评比。第三我可以保证的是，我这里有昨天的截屏，我们糖尿病在昨天还没有披露讨论之下一个截屏，证明我们糖尿病至少昨天晚上做截屏的时候就没有，今天早上我又做了一次截屏。

记者：为什么是昨天晚上？

李开复：昨天我看到一个电视节目看到这个，昨天我就搜了一下，我想这个节目还会播，我就做了一个截屏。我们跟其他搜索引擎比做得更好或者不好，我觉得这个方面还不如做一个演示比较一下。

盛佳：我刚才演示的关键词监控或者关注的东西远远不止这些，粗略地算一下大概有成千上万，我们觉得可能有一点敏感，或者非法东西在里面我们做实时的比较，一是对自己的监控，也是对对手和搜索引擎做比较。刚才比较有代表性的词，我们在百度上看一下，我们刚才输的是糖尿病，百度这边它也没有不好的结果。其他的病呢？比如说结核，结核里面的话这个不光是右边有广告，左边也有两个推广，它以前也说合作的结果长得很像。另外白癜风，刚才说这是国家明令禁止不允许广告的疾病之一，我们看到前三个也是广告，如果我们把它空格，我们看到它前三个也是广告，在我们这里两种情况都不会出现。

我们再举一个例子。窃听器这也是在法律不允许的，窃听器一直到底下有七八个，这是国家明令禁止的广告。包括像刚才说 Google 自己的价值观，比如说代写论文也是一样，在右边也有很多，有的可能是论文，第一个它是代发论文，可能还是有一点问题在里面。时间有限我再随便找一个吧，假的一些学历或者文凭，也是有不少的广告，但是我现在没办法验证它哪些是真哪些是假的。

李开复：唯一没有是电视上报的。

盛佳：糖尿病没有。手机它这里没有广告，第一条是财经为什么跟手机联系在一起，我们工程师每天做的工作就是说，有成千上万个词，我们会在百度其他的搜索引擎看，有的时候我们也会发现确实像手机这个例子，我们确实有点新的词进来，或者新的广告进来会及时把它删掉，但从我们检测来看，确实在搜索引擎当中做得最好的。

记者：刚才说三年之内都没有做过糖尿病的广告？

李开复：这不是我说的。我的意思是说，第一个我们监管这些医药词的政策，三年是一如既往的，绝对没有最近做任何调整。第二，我们确信在过去的三年内，我们搜糖尿病或任何一个医药的词，一定是在总体上来说，所有的词来说一定是虚假广告最少的。第三针对糖尿病这个词我应该比较确定，因为我父亲有糖尿病，我姐姐有糖尿病，我真搜索过很多次，绝大多数没有解决。但有的时候虚假广告防不胜防，攻入一天半天不是没有可能，我今天也不能说永远不会出现，我只能说出现的概率非常低，比别人低，而且三年不违反我们的政策。

记者：药品广告哪些可以出现？审核的团队规模有多大？

王雪雁：我回答第一个问题。你上 Google 的网站可以看见，首先我们绝对不允许处方药的广告，如果你的药品是处方药我们 Google 绝对不接受的，我们不管你广告文字词是什么，我们看你关键字和网站上的内容，这一点查得很严。什么药可做呢，我们上国家卫生监督局网站上去查，上面有药品广告这一栏，我们可以看哪些药国家批了，这些可以做广告的，如果这一些我们可以接受做广告，这量并不多。

记者：有哪些广告是比较敏感？

王雪雁：我们这里谈很多是医疗广告，医院广告，我们花了很长时间经常去看，看关键词把不好的广告拿下来，这关注度比较高的。

记者：审核团队有多少人，在业内是什么样水平？

王雪雁：我们审核不光是人工，我们很大一部分，我们有一个很大的系统专门负责广告审核，我们有很多的工程师资源投在里面，我们系统也比较大，比较复杂。另外从人工来讲，我想不是非常非常方便透露我们具体有几个人，而且这个规模我也不知道我们竞争对手或者业界这个规模普遍有多大。但从我们这边的经验看来，因为我们雇用的人效率非常高，所以我们工作很刻苦，他们每天看大量的广告，我们以很高的效率做这项工作，我们系统也很完善，也有工程师帮忙做这一项工作，我们投了很大的资源在这个上面，我们也花了很大的精力。

记者：现在我们 Google 有多少广告看证不看照，或者相关证明的文件？

王雪雁：我们刚才看到的一些广告，比如三星，比如索尼，如果索尼我们去他办公地址，把你营业执照拿过来给我们看看，好像有点不尊重他们，医院的证我们会看，第一个是医疗机构职业许可证，第二个是广告审查证明。

记者：像卖水货手机或者赌博类的，有很多应该都没有照的，这种在我们系统里面，你只能靠系统去检测它，而不能从它各种证件上去判断它，是这样吗？

王雪雁：这边我说一下，其实我想如果大家去看那个网站的话，上面很多有执照，我们搜证的时候我们会去看，Google 确定这证一定是真的，注册号没有修改的，对我们来讲也是非常非常难做的事情，我们也曾经打电话想对一下证号，结果发现我们没有办法查，我们尽最大努力去看，但没办法百分之百每个数字一定可信，这没办法确定。

李开复：最近媒体监督和讨论就关于这个问题上面，我们欢迎有更严格的法律来管这些非法的广告主，因为你可以看得出来，我们现在已经花了很多的工夫自己去把它一个一个找出来，但是我们不能一个一个确认，我们也在医药或者其他方面尽量要看到它的证，如果你只是需要证的话，你在电视其他节目看到有一些广告主 PS 他的证，但我觉得有空子可钻，我们欢迎监督，可行的方法确保我们每个广告可行。

记者：我们每天屏蔽掉的虚假关键词有多少？

王雪雁：只能说挺多的，具体的数字很难说清楚。

李开复：下一个问题盛佳终于把我们每一天检测的结果做了一个比较。

盛佳：我只看前一千，我粗粗目测了一下，我们大概前 1000 个词里面，可能右侧出广告不超过 100 个，百度超过 1200 多个。我们算广告包括左边和右边，所以它会超过那个。

李开复：你说 1000 个搜索词。

盛佳：1000 个词它的广告数量，我们不超过 100 个。

李开复：当然不证明这 1000 个合法或不合法，但广告数量听起来在 1/12 这样的数量，当你广告数量越少的时候，表示我们监控做得越好，因为你搜一些常见词发现我们广告还是很多的，就是常见合法的词。

记者：一个关键词中间给你断一些，或者用其他的手段给你改变一下，这种你们在技术上能不能屏蔽掉？

王雪雁：我们不停在完善系统，我们人工想办法把这些广告抓出来，但我们不会聪明到知道所有的欺骗手段，我们会去看，有一些重点领域我们会去检测，我们根据这些词会去看有哪些问题，我们根据这个问题更新我们系统的算法，把这些广告尽最大可能算出来，然后再添加回系统里面，我们不停在做这样一个工作。

记者：有相关媒体报道四川发生了地震，他们上网的时候会到另外一个网站，比如上百度会出现 Google 的网站，Google 知不知道这个事情？第二问题很多网友在 9 月份有相关的投诉，这件事情是不是存在的，对于这样一种状况 Google 怎么样检测？

李开复：第二个问题我让雪雁回答。第一个问题我昨天听到了，但实在太好笑了，我当笑话处理了，我们已经否认这个事情，Google 绝对不可能，过去没有，现在也没有，未来也不可能劫持任何其他公司的网站，我以前也听说打 baidu.im 就会转到 Google 来，不知道谁注册的这个域名，我曾经听说过很多次我们域名被人家劫持了，这有截屏证据，我觉得这个新闻传过来好像是倒过来的，别人做的事情都说是我们做的，今天是愚人节吗？

王雪雁：我并不是专家，我不能提供更多的细节，我知道他们有非常大的服务团队，他们有专人负责看发布商的行为和账号是不是符合规定和要求。我想他们也非常地欢迎大家给它的反馈，关于您这个反馈我会第一时间给到他们，如果他们有消息的话会通知到您，或者通知给发布商或者一些网站上面的用户。

李开复：我稍微补充一点，这跟今天题目是无关，但是（英文）作弊的网站，我们需要一定的时间来检测，才确定它是作弊，还不希望错杀无辜，实际上需要多少时间，不好跟您分享，但是我们确实有在看这方面的事情。

记者：我们现在使用这个广告法还是1994年的，这个广告法我们用来适用电视和平媒没有问题的，但对互联网的广告点进去之后展示不是你页面上本身展示的广告，这样子我觉得在互联网媒体时代，原来那个《广告法》有很多不适用了，你们讲了很多Google的做法，是你们公司的行为还不是监管部门的行为，你们现在的做法能不能适应到制定新《广告法》的参考，您觉得现在《广告法》从哪几个方面完善，实现对互联网广告很完善的监控。

李开复：你说得没错，有很大的问题存在，我们收到好多广告，词也是合法的，文章也是合法，网页也是合法，我们批准以后他把网页改了，一个正当公司他也可能把网页改了，这我们真的没有办法查得到，这也是传统行业碰不到的问题。为什么不能告诉大家永远不会有虚假广告出现呢，就是这种偷天换日的方法我们实在不能保证能够抓到。怎么样去定法律呢？我不是专家，但这方面值得探讨，因为互联网变得实在太快了，可以一方面参考一些西方国家如何处理的，另一方面根据中国国情作一些调整，还应该给政府一些时间和空间把法律定下来。西方国家做了一些什么事情呢，至少我们上次提到非常明确的例子，美国STC他明确说搜索结果和广告要非常明确地分开，不可以误导用户，这个我觉得是一个非常明确的值得参考的法律。广告可能稍微复杂一点，不妨从简单、容易做的做起。

另外我对各位媒体朋友和网友们的建议就是说，在法律出台、出炉之前，其实所有的搜索引擎都应该自律、自重，所有的媒体和网民都应该监督，你随时看到Google看到不法的广告发给我们，我们会处理的。所有的搜索引擎用负责任的态度看这个问题，我们希望在法律出炉之前世界就可以变得更好。

思考与讨论

1. 请分析谷歌记者媒体沟通会的具体策略。
2. 谷歌的媒体沟通是否起到了澄清的作用，为什么？
3. 请分析在回答涉及百度的记者提问时，谷歌相关人员回答问题的技巧。

参考文献

［1］www. cctv. com。

［2］www. google. cn。

［3］《谷歌中国澄清虚假医药广告事件媒体实录》，http：//www. techweb. com. cn/news/2008 - 12 - 12/380351. shtml，2008 年 12 月 12 日。

［4］《谷歌陷央视虚假广告门　李开复称谷歌搜索最干净》，http：//news. sohu. com/20081212/n261175135. shtml，2008 年 12 月 12 日。

英特尔公司的内部沟通

王昊展

摘　要　一个组织的沟通效果决定了组织管理效率，在企业的经营管理过程中，如果能做好内部沟通，对促进企业绩效目标的实现可以起到事半功倍的效果。案例通过英特尔公司"一对一会议"沟通模式的介绍，指出了企业内部沟通的重要性和注意事项。

关键词　英特尔公司　内部沟通

1　公司背景

1968 年，罗伯特·诺伊斯（Robert Noyce）、戈登·摩尔（Gordon Moore）和安迪·格鲁夫（Andy Grove）在硅谷共同创立了英特尔公司。经过近 40 年的发展，英特尔公司在芯片创新、技术开发、产品与平台等领域奠定了全球领先的地位，并始终引领着相关行业的技术产品创新及产业与市场的发展。

英特尔为计算机工业提供关键元件，包括性能卓越的微处理器、芯片组、板卡、系统及软件等，这些产品是标准计算机架构的重要组成部分。英特尔一直坚守"创新"理念，根据市场和产业趋势变化不断自我调整。从微米到纳米制程，从 4 位到 64 位微处理器，从奔腾（r）到酷睿 TM，从硅技术、微架构到芯片与平台创新，英特尔不间断地为行业注入新鲜活力，并联合产业合作伙伴开发创新产品，推动行业标准的制定，从而为世界各地的用户带来更加精彩的体验。

今天，计算、通信、消费电子正加速融合，数字经济面临着新的发展机遇。作为全球信息产业的领导公司之一，英特尔将致力于整合公司的一切资源，推动信息科技的发展和整个产业的进步。

英特尔公司在全球范围内坚持不懈地履行企业社会责任，涉及教育、慈善、环保和社区贡献等多个领域，并将其视为公司战略、文化和价值观的重要组成部分而融入每个工作环节。

英特尔公司设有多个运营部门：数字企业事业部、移动事业部、数字家庭事业部、数字医疗事业部和渠道平台事业部。2006 年，英特尔全球年收入达 354 亿美元。

英特尔坚守"创新"理念，以使人们的生活更加丰富精彩、更便于"管理"。与合作伙伴一道，为推动技术向前发展而不懈努力，使整个世界发生了日新月异的变化。

英特尔是一家根据产业和市场趋势变化而不断自我调整的公司，不间断地为行业注入新鲜活力。英特尔通过激发合作伙伴的灵感来帮助他们开发创新的产品和服务，联合产业合作伙伴支持全新产品的研发，推动行业标准的制定，并由此更迅速地共同交付具备更多优势的、更出色的解决方案。

英特尔的企业愿景是：超越未来。英特尔的目光聚焦于这四个字上。其工作是发现并推动技术、教育、文化、社会责任、制造业及更多领域的下一次飞跃，从而不断地与客户、合作伙伴、消费者和企业共同携手，实现精彩飞跃。英特尔公司将推进技术更迅速、更智能、更经济地向前发展，同时最终用户能够以前所未有的精彩方式应用技术成果，从而令其生活变得更惬意、更多彩、更便捷。

英特尔的企业使命是：成为全球互联网经济最重要的关键元件供应商，包括在客户端成为个人电脑、移动计算设备的杰出芯片和平台供应商；在服务器、网络通信和服务及解决方案等方面提供领先的关键元件解决方案。成为全球互联网经济最重要的关键元件供应商，包括在客户端成为个人电脑、移动计算设备的杰出芯片和平台供应商；在服务器、网络通信和服务及解决方案等方面提供领先的关键元件解决方案。

英特尔的企业核心价值观有六项准则，这六项准则是：客户服务、员工满意、遵守纪律、质量至上、尝试风险和结果导向。在公司内部的人人平等、高层管理人员和普通员工一样上班守时，不搞管理人员的特殊待遇：没有给高层人员保留停车位，没有管理人员的餐厅，每个员工都有平等的机会获得股权奖励。

2　英特尔管理中的建设性对抗沟通及"一对一会议"沟通模式

英特尔结果导向的价值观要求员工建立富有挑战性与竞争力的目标，重视结果，并要勇于承担责任，一旦遇到不同的意见，应该采取"建设性的对抗"与同事或上级进行有效的沟通，最终找到解决问题的方案，并保证解决方案的严谨执行。

英特尔建设性对抗的沟通方式，倡导把所有有争议的问题摆到桌面上，大家面对面地直接进行沟通、交流，而不论职位的高低，不论少数多数，不论部门之别，都可以展开对抗性讨论。"积极、直接、及时、对事不对人"，保持开放的心胸，是英特尔建设性对抗的原则。

一个首要的原则是，英特尔把公开问题当作重要的习惯，寻求部门协助，共同解决问题。在解决问题的过程中，无疑会因各种不同意见而引发种种争执，但观点的对抗是解决问题所必需的。英特尔鼓励员工提出问题，并附带地提出问题的解决方案。英特尔更鼓励其他的人，不论级别、部门、辈分等，提出各自不同的真知灼见。

英特尔建设性的对抗的根本原则是必须针对事情与问题，而不是针对个人。诸如"你根本就错了"、"我不相信你"等一类的话是不合适的，正确的说法是"我不同意你的观点，因为……"毕竟，沟通中的对抗是为了寻求解决之道，而不是进行人与人之间的攻击。所以，每一个进入英特尔公司的新员工，都会接受相关培训，学习正确的对抗之道，使英特尔"建设性对抗"这个优良的传统与体系发扬下去。

英特尔公司企业文化的六个价值观中有这样一点——成为最佳的工作环境，公司的管理层希望能创造出一个"让员工主动参与公司发展"的工作环境。因此，它的员工都学会运用"建设性对抗"来发表自己的不同意见，数据佐证下的不同意见会成为影响公司决策的重要因素。

附1：英特尔中国区总裁陈伟锭接受《财富》（中文版）采访摘要

英特尔中国区总裁陈伟锭（Wee Theng Tan）经常会应员工要求进行一对一的交流，而且交流的主题由员工确定。对此，陈伟锭很少拒绝，他估计自己有40%的时间都用在了这类沟通上。事实上，"一对一"沟通是英特尔文化的一部分，也是激励员工的一种方式。作为《财富》美国

100 家卓越雇主之一，英特尔在本次调查"吸引人才能力"单项指标上的排名为第七。为此，陈伟锭接受了《财富》（中文版）的采访。

《财富》（中文版）：英特尔招聘时最看重什么素质？

陈伟锭：英特尔在招聘时有一些共同的标准：第一，应聘者的核心竞争优势是什么，他的专业性、能力、发展的潜力和教育背景；第二，应聘者的适应能力如何，要看他是否能很快融入英特尔文化，有没有可塑性；第三，能否跳出框框去思考，这也是我们非常关注的；第四，对工作的热情，我们希望员工有主动创造的愿望，不仅仅是执行。我们要寻找那些有激情的人。

《财富》（中文版）：英特尔有什么独特的公司文化？

陈伟锭：建设性的对抗，是英特尔一种非常独特的文化。我们希望员工以最快的速度解决问题，因此需要很轻松地把你的意见提出来，可能这个时候需要有一些对抗。但建设性对抗不是简单地伤害别人的感情，或者简单地争吵，而是在互相尊重的前提下，要把你的建设性意见表达出来。我们通过建设性的对抗鼓励员工讲话，同时也鼓励员工互相倾听，因为如果不倾听，就有可能错过一些好的想法。在进行建设性对抗时，一定要提供客观数据，我们也培养员工通过收集数据来进行建设性对抗。另外，英特尔还鼓励员工主动承担责任。

《财富》（中文版）：英特尔在人才培养上有什么独特之处？

陈伟锭：我们认为员工事业发展计划、培训非常重要。公司规定，每名员工每年必须花一定时间参加培训，而且每名员工都有义务制定个人的事业发展计划。这个计划主要包括三个方面的内容：首先，员工自己要很清楚自己的优势。为什么要让员工写出自己的优势呢？因为英特尔的员工发展计划就是为了帮助员工很清楚地了解自己的强项，然后通过培训或者其他人力资源项目更加促进你的强项的发挥；更进一步，如果强项得到发挥，你今后就有机会去做更具有挑战性的工作。其次，列出自己的缺点或者弱势是什么。这样做的目的也是让员工知道哪些方面需要进一步提高，公司应该为其提供什么培训，或者提供一份新的工作，使之有机会去获得相应的能力、技能。第三，明确自己的追求，即今后要达到的目标。了解员工的目标之后，管理者会与其进行沟通，帮助分析他的目标是不是比较现实，是不是比较切合实际，是不是和他本身的竞争优势相符合。

在英特尔有两种发展路径，一种是成为专业人士，即我们所说的个人独立贡献者（individual contributor）；另一种就是成为管理者（people manager）。这两种发展路径在英特尔实际上是殊途同归的，有的员工从一个独立贡献者最后发展到管理一个非常庞大的机构或部门，也有的员工始终是个人独立贡献者，最终成为英特尔院士（Intel fellow），级别相当于副总裁，这种员工对我们整个组织机构的价值也非常大。

财富（中文版）：英特尔如何激励员工？

陈伟锭：我们是非常希望员工能够做到最好，因此激励至关重要。在英特尔，有一些比较基本的激励方式。首先，我们相信，给员工提供非常具有挑战性的职位，是一种很好的激励。给员工极具挑战性的工作，让他去尝试、去完成，使之感受到自己在公司的价值，员工会产生高度的成就感。

其次，及时认可员工的成就。认可的形式可以多种多样，有时是即时的、随机的。比如，一个团队成员做了一个非常成功的项目，这个团队的每一个人都可以及时地给他一种鼓励、认可、表扬。当然，我们还有国家、地区或者全球层面的表彰。举个例子，我们中国公司有一个教育创新部门，该部门的工作是推动教育创新项目，而不是卖芯片，以便体现出英特尔作为一个企业有着长远的教育使命和战略。这个团队与公司其他部门很不相同，他们是从企业的高度进行工作，也非常需要激励。他们在前不久刚刚获得了我们亚太区和全球的表彰，中国教育部也给英特尔颁发了一项对中国教育的杰出贡献奖。在英特尔全球的内部网上也列出了该团队所取得的业绩，如我们的未来教育计划、培训教师的项目、为中学生举办的科学竞赛活动以及与大学的合作，等等。因此，这个团队的成员在我们公司变得越来越有名，与其他员工见面时都不需要做自我介绍，大家都知道他们。

第三，英特尔作为一家技术领先的公司，我们的员工认为给他们提供最好的技术、最好的工具，也是一种很好的激励方式。比如，我们的工程师可以利用最先进的技术、最先进的方法来创造、创新。

第四，我们的员工都能够非常及时地了解到公司各个层面业务的进展，这也是一种很好的激励。员工可以通过我们定期的季度业务汇报会，或者通过"一对一"的方式很方便地获取这些信息。"一对一"方式也是英特尔比较独特的沟通方式，是由员工向主管或者经理要求一对一的交流，谈话的主题也由员工确定，它不是自上而下，而是自下而上的沟通方式。我本人每天至少收到四个"一对一"沟通的请求，并基本都会满足这种要求，而我 40% 的工作时间都用在和员工的"一对一"交流上。

《财富》（中文版）：英特尔如何了解员工对公司是否满意？

陈伟锭：英特尔的公司文化就是鼓励员工把自己的意见说出来。了解员工，了解他们工作是否开心、快乐，对公司是否满意，对公司的管理层来讲尤其重要。反馈意见可以通过各种形式传给管理层，包括上面提到的"一对一"沟通方式。另外，还有一些定期的调查、讨论，甚至是以建设性对抗的方式来讨论对公司是否满意这样的话题。英特尔还有一项制度，即"管理调查系统"（survey management system），专门用来作员工调查。调查有时针对的是员工对领导是否满意，有时针对一些内部服务性部门，比如说人力资源部、IT 支持部门、公司的后勤部门等，这些部门会定期给员工发一些调查问卷，让公司的所有员工来给他们打分。

附 2：英特尔中国区总裁陈伟锭接受《21 世纪经济报道》采访摘要

《21 世纪》：你认为什么样的雇主是个优秀的雇主？英特尔的公司文化的独特之处在哪？

陈伟锭：就我个人理解，最佳的雇主能够从员工中得到最好的信息，也是员工最希望传递给雇主的信息。作为雇主，英特尔公司希望了解员工对公司的期望是什么，了解员工期望如何参与公司的发展、战略的研究等等。因此，公司一定要创造一个这样的环境给员工，使得他们能主动参与进来，实现他们的愿望，同时发挥他们的潜力。

英特尔公司的企业文化，即六个价值观，在公司历史上一直扮演很重要的角色。它包括"以结果为导向"、"注重质量"、"以客户为导向"、"鼓励冒险"、"强调纪律"，"成为最佳的工作环境"。一直以来，我们致力于创造一个好的工作环境，让员工能够真正地通过他们对公司的贡献来获得满足感和成就感。

《21 世纪》：公司用什么策略让员工得到满足感和成就感？

陈伟锭：HR 部门作为一个参与公司战略的组织机构来讲，需要最大化去提供、发挥部门本身的商业价值，制定正确的战略，来帮助员工正确地发展自己，使他们获得工作上的成功。比如，给员工提供必要的咨询，用优秀的和有效的培训项目去吸引优秀的人才，使之能够长期与公司一同发展。HR 部门还需要了解员工与公司的利益之间存在的分歧，通过不断地重新调整缩小这些分歧，然后才能真正制定出一套能让员工在公司得到有效发展的计划和策略。

对于英特尔来讲还有一点也很重要，就是及时表彰有贡献的员工。对员工而言，他们作出的贡献得到及时、适当的认可是非常重要的。我们公司每个季度都会召开员工大会，主要是对全体员工作一个公司业务发展的汇报，并按季度来表彰在上一个季度表现最优秀的、有杰出贡献的员工。同时，我们把员工的表现与公司价值观联系起来，比如某个员工能够实践公司"敢于冒险"的文化，使得他的工作体现出创新的精神，这样的员工总能获得奖励，这也真正确保了英特尔企业文化的优势。

《21 世纪》：在沟通机制上，英特尔如何确保员工敢于提出自己的期望，参与公司发展？

陈伟锭：公司鼓励员工敢于讲出真实想法、发表不同的意见。其模式是管理者与员工之间的"一对一会议"，员工可以直接和上司建立这样的定期或不定期沟通方式，鼓励员工面对面讲出其真实想法。现在英特尔每个员工都了解公司的"一对一会议"制度，都有权要求实践"一对一会议"这个模式。所以，新员工来到公司不久，就能意识到这是一个能充分发挥自己意见的工作环境，自己可以持有一些反对意见和问题，而且还可以利用公司"建设性对抗"机制提出问题，使这些问题得到解决。

《21 世纪》：英特尔公司的"建设性对抗"机制是如何建立和推广的？

陈伟锭："建设性对抗"机制，是解决问题的机制。很多年前，我们请过一些咨询公司的人来了解我们公司实际的运营情况，他们看到我们在很多会议上充满争执，这些会议上通常有管理层、工程师以及公司不同层级的员工参加。随后这些咨询人士发现，虽然交流中出现很多冲突，但非常有趣的是英特尔公司解决问题的速度反而比其他公司都快。之后，我们意识到在这样一个快速变化的行业里面，这种方法对于英特尔公司来说非常有效，于是我们将这种"建设性对抗"作为一种模式在公司内部推广开来，在更多员工中推行。

当然，我们一定要看到两方面，首先是"建设性"，然后才是"对抗"。"建设性对抗"的最终目标是解决问题，而不是把矛头指向个人，是对事不对人的。现在，HR 部门帮助公司进一步强化贯彻执行这种对抗，也确保每个员工都知道如何去实践这种对抗。首先是给员工提供了对抗的基本规则———如果员工要实践这样的"建设性对抗",在提出对抗之前,一定要准备充分的相关数据来支持自己的反面观点,而且要以最及时的方式来实践,而不是等到事情失败之后。很重要的一点是,员工要时时想到这种"对抗"不能影响和伤害与同事之间的关系。

《21 世纪》:公司作出每一个决策,都要面临不同的声音,英特尔如何处理最终的少数不同意见?

陈伟锭:当然,我们也发现"建设性对抗"并不能及时解决所有问题,因此我们还需要另外一个机制来补充,那就是我们运营中实施的"不同意但可执行"机制,也是一种"民主与集中"的体现。我们既要充分给予员工民主的权利,但也要权衡公司决策的整体效果。每一个解决方案不可能都得到所有员工的赞成,也不可能让每个持有不同意见的员工都按照自己的意图实践,在一些项目上,我们选择以最正确的数据支持而来的解决方案作为公司最后的决策后,一旦作出决定,那么持反对意见的员工根据实际情况可以保留意见,但是也要执行。

《21 世纪》:英特尔鼓励员工参与公司发展,那么员工在参与公司发展中积极的行动会受到如何的奖励?

陈伟锭:除了及时表彰有贡献的员工,在我们的激励机制里很重要的一项是:"鼓励冒险",这也是公司文化很重要的一部分。我们是一个技术型公司,我们需要创新的能力,如果公司里没有鼓励冒险的机制,那么没有人愿意去冒险,公司也很难有创新的动力。所以,我们主张管理者必须有一个"承受错误"的承受度。当员工愿意去冒险、去创新,管理层就应该给予员工这样的机会,容许员工犯错误。员工明白公司能接受他们可能不成功的结果,所以会敢于冒险创新。

除了及时大力表彰,我们还会收集每个员工在冒险中作出的每一个成绩和表现,作为评定、奖励的基础。

在鼓励、奖励之外,公司还为员工提供良好的培训,提高其核心竞争能力。员工现有的水平与公司期望的水平之间的差距,是我们必须及时发现的,通过培训课程帮助他们获得新的技能,不断提升。公司要求每一个员工要制定个人的职业发展计划,每年他们都需要和他们的上司一同商量确定新的个人计划。

《21 世纪》:喜欢冒险的员工会得到哪些支持?公司的错误承受度到底有多大?

陈伟锭：首先，敢于冒险并不意味着盲目地实践新想法。我们强调，员工个人一旦产生新的想法———我们称为可预见性冒险———就必须先了解新想法产生的环境、要达到的新的目标，以及可预见的挑战，对冒险作好细致的分析和充分的准备。然后，与上司、同事进行沟通，表明这样的立场———即将展开的冒险行为并不是为了个人，是为了公司、为了同事，这样能寻求到上司和团队的认可。当冒险者得到理解和认同，其冒险行为将得到整个团队的支持。所有团队成员和冒险者站在了一起，就是科学的冒险。

《21世纪》："建设性对抗"、"鼓励冒险"是否是英特尔中国独有的文化？

陈伟锭：我们的文化是全球整体一致的，这个文化在其他地方得到了认可，现在看来它很适合国内的环境，我们希望中国员工能实践英特尔全球的文化。

3 作者观点

企业内部沟通的成功与否相当大的程度取决于企业内部的沟通环境。沟通环境的营造离不开围绕着企业核心价值观建立的企业文化。英特尔公司的沟通模式和沟通特点无一不秉承了其文化价值观的部分理念，同时正是其沟通的有效性和顺畅性更好地推进了其他价值观念的树立和建设。从而推动了公司战略的实施和高速发展。从这个角度上来说，沟通激活了企业文化的建设，成为企业成长的发动机。

思考与讨论

1. 分析英特尔公司的"建设性对抗"沟通，讨论其对公司的发展有何裨益？
2. "一对一会议"沟通模式对管理者和普通员工有何不同的含义？
3. 结合英特尔公司的特点讨论企业内部沟通与企业文化的关系。
4. 英特尔公司的沟通文化对公司的发展有何意义？

参考文献

［1］周展宏:《"一对一"的价值》,《财富》杂志 2004 年第 8 期。

［2］何宝荣:《英特尔在沟通上建设性对抗 在行动上鼓励冒险》,《21 世纪经济报道》2005 年 4 月 27 日。

［3］刘光明:《英特尔公司的企业文化与创新》,《企业文化与管理》2005 年第 11 期。

SOUTHWEST UNIVERSITY FOR NATIONALITIES

西南民族大学
MBA案例集

——金融与财务卷

西南民族大学MBA教育中心编

本卷负责人 时 光 胡文君

中国社会科学出版社

图书在版编目（CIP）数据

西南民族大学 MBA 案例集／西南民族大学 MBA 教育中心编.
北京：中国社会科学出版社，2009.10
ISBN 978 – 7 – 5004 – 8274 – 1

Ⅰ.西… Ⅱ.西… Ⅲ.工商行政管理 – 案例 – 中国
Ⅳ. F203.9

中国版本图书馆 CIP 数据核字（2009）第 186274 号

出版策划　任　明
特邀编辑　赵金孔
责任校对　曲　宁　王兰馨
技术编辑　李　建

出版发行　中国社会科学出版社
社　　址　北京鼓楼西大街甲 158 号　　邮　编　100720
电　　话　010 – 84029450（邮购）
网　　址　http://www.csspw.cn
经　　销　新华书店
印　　刷　北京奥隆印刷厂　　装　订　广增装订厂
版　　次　2009 年 10 月第 1 版　　印　次　2009 年 10 月第 1 次印刷
开　　本　710×1000　1/16
印　　张　74.5　　插　页　2
字　　数　1202 千字
定　　价　125.00 元（全五卷）

凡购买中国社会科学出版社图书，如有质量问题请与本社发行部联系调换

前　　言

工商管理硕士（master of business administration，简称 MBA）是我国改革开放以后，经济建设快速发展过程中兴起的第一个专业硕士学位。我国 MBA 教育从无到有，从小到大，走过了不平凡的发展历程，取得了令人欣慰的斐然成绩。1991 年由清华大学等 9 所著名高校率先在国内试办 MBA 教育，截至 2008 年，全国已有 127 所 MBA 培养单位，每年招生从 1991 年的不足百人，发展到 2008 年 9 月全国累计招收 MBA 学生 21.2 万人，其中 10 万余人获得了 MBA 学位。MBA 教育已经成为我国培养现代化高层次管理人才的重要渠道，为提高我国企业管理水平和促进经济又好又快地发展发挥了积极作用。

国务委员、国务院秘书长、全国第四届 MBA 教育指导委员会主任马凯同志在 2008 年 11 月 12 日召开的第四届全国 MBA 教育指导委员会会议上的讲话指出：“实现建设全面小康社会的目标，需要一大批掌握经济规律、精通市场规则、熟悉企业实情、恪守职业道德的经济管理人才。要立足国情，紧密联系改革开放的伟大实践，走出一条中国特色 MBA 教育发展道路，为世界管理教育作出贡献。”教育部部长周济同志对我国 MBA 教育也给予了高度评价，提出了更高的殷切期望。

办好 MBA 教育项目是高校实践“培养高层次人才”和“服务社会”的重要表现。作为民族高校，西南民族大学坚决贯彻落实胡锦涛总书记提出的“各民族团结奋斗，共同繁荣发展”这一新世纪新阶段民族工作的主题，根据国家“西部大开发”的战略部署，主动努力承担为西部地区少数民族和民族地区培养高层次人才的社会责任。作为首批民族高校的 MBA 培养单位，西南民族大学 MBA 教育按照国家民族事务委员会和教育部《关于进一步办好民族院校的意见》（民委发［2005］240 号）的精神和全国 MBA 教育指导委员会的要求，坚持正确的办学方向，遵循教育规律，逐步形成具有多民族 MBA 的教育特色，为西部地区培养更多的、多民族的优秀 MBA 学员。作为新增 MBA 培养单位，我们面临机遇与挑战并存的形势。"西部大开发"关键是人才，我们的机遇是国家对西部开发和少数民族事业的帮扶政策，我们将通过 MBA 教育项目平台承担为少数民族和民族地区培养高层次经营管理人才的社会责任；同时，我们也面临着师资数量和教学经验相对不足等方面的挑战，对此，我们愿意在全国 MBA 教育指导委员会的指导和兄弟院校的帮助下，以尽可能短的时间和采取多种有效措施解决新增 MBA 培养单位面临的主要问题。

MBA 教育是一种职业性的专业学位教育，创新精神和能力的培养是 MBA 教育的灵魂。实践证明，案例教学法是 MBA 培养过程中常用的有效方法。为提高 MBA 培养质量，规范案例教学，西南民族大学 MBA 教育中心根据《工商管理硕士研究生培养过程的若干基本要求》和 MBA 的培养方案，组织和邀请老师编写了《西南民族大学 MBA 案例集》，共包括基础平台、战略管理、市场营销、人力资源管理和金融与财务五个分册。以此作为 MBA 课程案例教学的基本素材，在此基础上开展案例教学和提升案例教学的质量。

在案例集的编写过程中，各位老师按照课程和案例名称独立地完成案例素材收集、整理和编写工作。各分册负责人主要承担组织统稿和协调，并尊重各位老师的案例编写工作，对案例的内容未作实质性修改。各分册作者排序按姓氏笔画，排名不分先后。本案例集各分册的内容都参考了案例企业和国内外的一些相关文献，特向所涉及企业和作者表示感谢。中国社会科学出版社对本案例集出版提供了大力支持，责任编辑任明老师给予了很大帮助，并提出了许多宝贵意见，在此表示衷心感谢。由于作者经验和能力所限，书中错误之处在所难免，欢迎读者对本书的不足之处批评指正。

西南民族大学 MBA 教育中心

2009 年 8 月

目　　录

资本运作与证券实务

公司理财

投资学

高级财务管理

资本运作与证券实务

德隆产融结合案

时　光

摘　要　新疆德隆曾经是我国名噪一时的大型民营企业。为了对没有形成高度垄断的行业进行市场重组，德隆制定了以资本运作为纽带，以产业整合为核心的发展战略，通过进军金融业获取产业运作的资金，走上了产融结合的道路。但是，由于内在与外在的多种原因，德隆的产融结合功亏一篑，最终导致了整个企业的破产。

关键词　新疆德隆　产业整合　资本运作　产融结合

1　产业整合

1992 年，新疆德隆实业公司注册成立，注册资本人民币 800 万元，从事工商业和农业经营。

1995 年，德隆当家人唐万新带人到北美进行市场考察，先于很多国内企业家发现了中国传统产业的巨大投资价值：首先是中外制造业在技术水平尤其是加工能力上的差距正在迅速缩小；其次是中国的劳动力价格低廉，导致制造业的生产成本远低于发达国家。但是中国的传统产业之所以没有形成强大的国际竞争力，其原因在于中国是一个新兴的市场经济国家，产业布局地方化，投资分散，企业规模小效率低，而且绝大部分行业没有经过有效整合。唐万新认为，行业的整合很难靠政府去捏合，而只能用市场的手段，通过资本的力量进行"产业并购"，国退民进，才能实现传统产业的价值提升。所以盘活存量、优化资源配置的并购式增长，是最适合中国经济增长的一种方式。

唐氏兄弟领略过资本市场的巨大魔力，认为可以把产业和资本相结合，并进一步做大做强。他们设计了一种"产业并购整合模式"：首先，"花大力气选准行业"；其次，发现"产业整合要素"；再次，进行杠杆式收购；最后，夯实产业的核心竞争力，提高产业的最终收益率。

1997 年春，新疆德隆在北京召开了一个著名的"达园会议"。会议确定德隆下一步的战略将从"项目投资"转向"行业投资"，采取"以资本为手段、以文化为核心"的整合模式，通过产业并购整合，"创造传统行业的新价值"。

1996 年，德隆收购了上市公司"新疆屯河"（600737），并在此基础上组建了新疆屯河集团。随后又通过新疆屯河集团间接控制了上市公司"天山股份"（000877），开始对水泥生产和番茄酱生产进行行业整合。1997 年 6 月，德隆控股以生产电动工具为主的上市公司"合金投资"（000633），经过一系列整合，奠定了"合金投资"在国内电动工具、草地园林机械和清洗机械生产方面的领导地位。1997 年 11 月，德隆受让湖南上市公司"湘火炬"（000549）2500 万股国有股（占总股本 25.71%），成为第一大股东，并为其制定了"大汽配"战略，使"湘火炬"最终成为中国最大的重型卡车生产商和军用越野车生产基地。

从 1999 年开始，德隆总部从北京转移至上海浦东，并于 2000 年初更名为德隆国际战略投资有限公司（简称德隆国际）在上海浦东新区注册，注册资本人民币 5 亿元。德隆国际由唐万里、唐万平、唐万川、唐万新四兄弟和另外 29 人共 33 个自然人出资成立，唐万新担任德隆 CEO，唐万里任董事局主席。

1999 年下半年，德隆聘请罗兰·贝格国际管理咨询公司进行新时期的组织结构设计，要求按照产业运作为导向，资本运作为手段的"GE（美国通用电气）模式"来设计德隆总部的控股管理模式。它用这样的文字来表述自己的战略：以资本运作为纽带，以产业整合为核心，谋求成为中国传统产业新价值的发现者和创造者，推动民族传统产业的复兴。

2　进军金融

德隆在产业领域扩张的同时，它的目光始终没有离开过金融领域：因为德隆主要是通过资本运作的方式进行产业收购和整合的，它每进入一个行业或企业，都离不开德隆"高超的财技"和商业银行、证券公司、信托公司、租赁公司等多种金融平台的支持，何况德隆本身就是靠证券市场发家的。因此，在德隆的战略投资综合手册上，金融服务业被作为与

"中国传统产业"和"欧美品牌通道企业"并列的"中国最大的三类投资机会"之一，纳入了自己的产业整合版图。

1997 年，德隆收购了新疆金融租赁公司，发行了特种金融债券，支持其对旗下产业进行整合，并由此开始了进军金融产业的历史性征程。随后，德隆通过旗下多家公司参股实现曲线联合控股目的的方式，先后将新疆金融租赁、上海新世纪金融租赁、金新信托、伊斯兰信托、德恒证券、恒信证券、中富证券、大江国投、东方人寿等各类非银行金融机构纳入了麾下。还在 2000 年大手笔参股"深发展"（000001），成为第三大股东，只是后来与有关方面谈判未果，未能进一步增持"深发展"股权成为第一大股东。从 2002 年 6 月开始，德隆突然加快了其进入金融业的步伐，开始参股城市商业银行。它通过其一贯的曲线进入方式接连控制了昆明市商业银行、株洲市商业银行和长沙市商业银行，2003 年 3 月又参股南昌市商业银行。同时还开始同健桥证券和"陕国投"洽谈收购股权的事宜。德隆掌控下的金融企业结构十分庞杂，横跨证券、银行、保险、信托、租赁等各个金融行业。其金融租赁公司后来成为国内第一家拿到国际金融租赁牌照的机构。

针对舆论对德隆进入高风险的金融领域的质疑，唐万新认为："2005 年之后，中国的金融领域将全面向外资开放；而由于中国的金融机构都是分业经营，服务水平相当落后，届时根本无法混业经营，而且无法与金融产品极大丰富的外资金融机构相竞争。因此，一方面基于责任感；另一方面基于先行者的市场机会，我们想到要去探索。"

通过对产业和资本的不断集中，德隆促使金融资本与工业资本加速融合，其产融结合的"新财团"形象越来越清晰。"德隆不再是一个具体的产业部门，而更像是一个投行，与美林、摩根更像些。"德隆一位高层毫不讳言。但这又是一个极其敏感的领域，比如当时有关金融法规就禁止企业成立"金融控股公司"，因而德隆只能以变通的手法进行尝试。

2000 年，德隆出资 200 万元成立了按国际标准搭建的金融控股管理平台"友联管理研究中心"，下辖金融产品总部等，主要负责德隆的投资银行业务，同时还组建了一支由"经济研究所"掌控的委托理财队伍，这都是由在德隆国际持股最多的唐万新亲自主抓。其功能就是"在中国现有的环境下，探索出不违法不违规的金融混业经营模式，为中国企业提供新的、更加高级的金融服务"；其目标是培育一个"中国的摩根士丹利"。

　　德隆的做法很巧妙：它并不组建金融控股公司，当某企业需要一种综合金融服务时，德隆旗下的银行、信托公司、证券公司、租赁公司、保险公司就分别找上门来，以不同金融机构的名义却又是协作的方式展开服务——先看你有什么需求，然后再为你量身定做个性化的金融服务产品：你需要经营性租赁可以帮你完成；你需要战略并购也能帮你实现；你的企业需要扩充负债时帮你融资；你的企业负债率太高，需要扩充资本金时又帮你私募或上市；……它实际所构建的，正是一个混业经营模式下的"一站式"综合金融服务平台。

　　在这个平台上，德隆从国外和国内金融市场上网络了一大批金融人才，到 2003 年达到七八十人，这些基本都是 2001 年后入阁的职业经理人。他们研究全球金融市场的历史和模式，研究世界金融衍生产品的种类，设计适合中国企业的金融服务产品，并制作了针对机构投资者的金融服务手册。2002 年德隆启动金融服务项目，2003 年经历了一个完整的财务年度，其人均年产值大大超出德隆决策层的预期。德隆相信，只要再坚持三五年，德隆一定会成为中国金融服务市场一个最好的品牌。通过与国企、外资的合作，打造一个具有中国特色的、全球资源本地智慧的产融集团，也不是没有可能。

　　德隆在金融业进行的并购整合有两个显著特点：一是在所有涉足的金融机构中都尽量占有控股地位；二是通过一家或多家下属公司、壳公司，有时甚至是法律关系非常模糊的关联公司的联手和复杂倒手，对金融机构实行联合控制或间接控制，保持低调与神秘。在德隆旗下的 21 家金融机构中，只有"深发展"和南昌市商业银行是由德隆国际直接出面参与，金新信托是通过新疆屯河单独直接持有 24.9% 的股份，其他一般都是采取曲线联合并购的方式。如上海新世纪金融租赁公司，是通过新疆德隆、新疆生命红科技、上海西城实业和新疆屯河四家联手共同参股，累计持 51% 的股份；新疆金融租赁公司则是由"合金投资"、屯河电机、"天山股份"、新疆屯河、新疆德隆五家累计持有 39.96% 的股份进行控股；对于德恒证券公司，德隆一方面通过金新信托间接持股 21%，成为第一大股东，再通过旗下的上市公司"ST 重实"和"天山股份"分别参股，共计持有 33.9% 股份；东方人寿的控股则是通过其旗下的"湘火炬"、"天山股份"和"ST 重实"共计持有 18.75% 而实现的。随着旗下的金融机构数目日渐增多，德隆对金融机构的控制也更加隐晦，比如从东北证券的股东及有关负责人名单上甚至完全看不出跟德隆有任何瓜葛，如果不是德隆国际战略投资公司有关负责人亲口承认，谁也不知道东北证券背后站着的是德隆。对由新疆喀什地区一家信托投资公司经过整顿后重新登记注册更名的青岛海协信托投资股份公司，德隆采取的是另一种更加曲折的控制方式：自己不出面，也不出钱，完全是以代客理财方式收购，但主要操作者和实际掌控者都是德隆系的人。新疆棉花产业集团、新疆威士达生物工程股份有限公司和安徽丰原集团是重组海协信托的主力，也是注册登记的三大主要股东。但是海协信托的主要高管则并非来自这三大股东，董事长彭光映、总经理齐觉的身份都是金新信托的公司员工，这一消息得到银监会的证实，说明青岛海协信托实际是由德隆集团通过三大股东实际控制的。

但是，由于中国金融市场体系相当脆弱，充满巨大的风险，迫使政府在民营企业进入金融业方面采取了极为谨慎的态度。鉴于此，在德隆成为金融巨头的意图刚刚显露雏形的时候，监管层就开始加大监控力度，中国人民银行甚至为此几次在开会时讨论像德隆这种情形应该如何处理。监管层最后与德隆形成了默契——不过分阻止，但要从严监管，尤其严防关联贷款及证券违规。

在这种情况下，德隆一方面在国家金融监管机构的压力下不得不选择以退为进，不但正式退出了昆明商业银行和株洲商业银行，而且从西北证券和北方证券正式退出；另一方面选择了更加隐蔽的方式曲线进入。不仅利用更长更隐秘的资本链条对金融机构进行更隐晦的控制，更是运用其特殊的企业家俱乐部理念，将合作伙伴推向前台，具体掌控收购目标机构的人手则由德隆派出，谓之"输出管理"。如 2003 年 1 月新疆屯河将其持有的上海新世纪金融租赁公司 20.50% 和 3.13% 的股权分别转让给西安通邮科技投资有限公司和北京润智投资有限公司，而这两家公司都是与德隆具有紧密联系的合作伙伴。

3 大厦崩塌

在德隆飞黄腾达的同时，人们对它的怀疑和抨击也一直没有停止。2001 年 4 月，深圳一家财经杂志发表经济学家郎咸平的文章：《德隆系：中国独特的"类家族企业"敛财模式》，称德隆有可能以"控制性股东"的身份"操控市场"，并通过"合金投资"、"湘火炬"、"新疆屯河"等"老三股"在证券市场股价的上涨中获取暴利。"郎咸平事件"使德隆的市场形象大打折扣，一些金融机构开始对德隆惜贷；监管部门也开始警惕，德隆旗下上市公司的增发和配股变得遥遥无期。德隆不得不加快进军金融业的步伐，依靠自身解决对行业整合的金融支持问题。

从 2001 年 6 月开始，中国股市进入了长达数年的熊市，出现了连续下跌。虽然基于公司正处于维持形象、拓展产业的关键时刻，德隆决定倾其所能，通过旗下金融机构的委托理财，吸收市场抛售的德隆旗下上市公司的股票，使其没有随波逐流，几乎成为市场信心的风向标，但长期的熊市不但使德隆耗费了巨大的成本，而且形象不仅未获改善，反而令德隆看上去更像一个"庄家"，使媒体和公众的怀疑加重。

2003 年 11 月，股票市场的"啤酒花"（600090）事件①爆发，对德隆形成了连环冲击，使德隆危机被迫台面化，德隆的资金筹措环境进一步恶化，被迫决定借股票市场反弹之机出售一些股票变现，致使旗下上市公司的股票价格开始缓慢下跌。

2004 年 3 月 2 日，一家商业财经杂志突爆惊天新闻，说德隆资金链断裂基本已成定局。一时间无数媒体竞相转载，德隆的信用危机由此加速。银监会向各地银监局正式传达风险提示，称德隆等 10 家企业（其中大部分为民营）运用金融手段过度膨胀，可能会给银行造成大量不良贷款。各级银行闻风收缩，使德隆旗下的任何一家企业从此再也没有贷到银行一分钱。德隆系股票的价格开始加速下跌，战略投资者因信心丧失也开始抛售。4 月 14 日，德隆系股票全部跌停，随后一泻千里，连续跌停 13 个交易日，市值蒸发过百亿元。德隆系崩盘了。

虽然德隆采取了一系列自救行动，但危机也在不断加重。6 月底，政府开始介入德隆事件，对德隆进行重组。至此，德隆事件暂时告一段落。

思考与讨论

1. 德隆是否应该选择走"产融结合"道路？

---

① "啤酒花"事件：上市公司"啤酒花"对外贷款担保金额高达 17.8 亿元，公司董事长艾克拉木外逃事件暴露，导致公司股价大幅下挫。

2. 对德隆进行"产融结合"的操作过程应该如何评价？

3. 德隆"产融结合"失败的原因何在？

4. 德隆"产融结合"案例对民营企业发展的启迪？

参考文献

［1］张娅：《德隆资金链绷紧》，《商务周刊》2004 年第 5 期，第 22—23 页。

［2］方美燕、康庄：《德隆的民营金融控股集团之梦》，《经济月刊》2003 年第 12 期，第 64—66 页。

［3］蔡恩泽：《德隆危机：再现民企伤痛》，《管理与财富》2004 年第 7 期，第 59—61 页。

［4］林隆华：《德隆事件始末》，《CO 公司》2004 年第 11 期，第 28—29 页。

［5］李亮：《德隆的悲剧》，《IT 经理世界》2004 第 9 期，第 44—45 页。

［6］曹红宁：《断链德隆》，《中国投资》2004 年第 5 期，第 60—63 页。

［7］叶展：《德隆真相》（一、二、三），《招商周刊》2004 年第 26 期，第 22—23 页；第 27 期，第 27 页；第 29 期，第 68—69 页。

"红光实业"欺诈发行上市案

时　光

摘　要　"红光实业"为了达到发行新股上市融资的目的,采取编造虚假利润、少报亏损、隐瞒重大事项等恶劣手段,骗取上市资格,欺骗投资者,结果当年上市、当年亏损,被公开揭露和受到查处,并被追究刑事责任和提起民事诉讼。

关键词　红光实业　欺诈发行上市

1997 年,我国证券市场爆发了震惊全国的"红光"事件。上海证券交易所挂牌的成都"红光实业"股份有限公司在我国证券市场的历史上创下了四个第一:第一家当年上市、当年亏损的上市公司;第一家因欺诈发行股票被公开揭露和受到查处的上市公司;第一家被追究刑事责任的上市公司;第一家被提起民事诉讼的上市公司。

1　历史背景

成都红光实业股份有限公司的前身为国营红光电子管厂(代号 773厂),始建于 1958 年。该厂是我国"一五"期间 156 项重点工程项目之一,也是我国最早建成的大型综合性电子束器件基地,其主要产品为电视机显像管,曾在 20 世纪 70 年代初试制出我国第一只彩色显像管。在鼎盛时期,该企业职工超过万人,厂区面积 50 万平方米,资产总值达 20 亿元,年产值 7 亿元左右。

1993 年 5 月 8 日,经成都市体改委批准,国营红光电子管厂进行改制重组,以定向募集方式设立成都红光实业股份有限公司(以下简称"红光实业")。公司总股本为 40000 万股,其中包括国有股 19904.55 万股,发起人法人股 600 万股,募集法人股 3062.8 万股,内部职工股

16432.65 万股。

1995 年，"红光实业"被列为全国百家现代企业制度试点企业。1996 年，"红光实业"的彩色显像管生产线扩建项目经国家计委批准立项，项目建设资金来源包括利用日本项目低息长期贷款及国内商业银行配套贷款，不足部分由企业自筹解决。成都市政府为了解决"红光实业"的出路问题，从当年分配的发行上市指标中划拨了 7000 万规模的额度给"红光实业"。

1997 年 5 月 23 日，经中国证监会批准，"红光实业"向社会公众发行 A 股股票 7000 万股，每股发行价 6.05 元。此次新股发行实际募集资金 41020 万元。根据招股说明书披露，这笔资金拟主要用于扩建彩色显像管生产线项目。公司在招股说明书中承诺：彩色显像管生产线 1998 年建成投产后，公司资产总额将达到 38 亿元，销售收入较 1996 年新增 22.92 亿元，税后利润增加 2.85 亿元。故预期 1997 年全年将实现净利润 7055 万元，每股税后利润 0.307 元（发行后摊薄）。

在招股书中，"红光实业"披露发行前的 1996 年、1995 年、1994 年的业绩分别是 0.38 元、0.491 元和 0.339 元，发行市盈率为 15 倍。该公司聘用的成都市蜀都会计师事务所出具了审计意见，认定"红光实业"前三个会计年度的会计报表合法、真实。

1997 年 6 月 6 日，成都红光实业股份有限公司在上海证券交易所挂牌交易，股票简称"红光实业"，股票代码 600083。

1997 年 8 月 20 日，"红光实业"公布 1997 年中期业绩为 0.073 元，并称"公司生产经营面临困难"。1998 年 1 月 8 日，"红光实业"发布董事会公告，称公司对彩管玻壳池炉进行必要的停产大修及技术改造。"红光实业"在此时实际已基本丧失主营业务生产能力，而此时距募股尚不到 7 个月时间。

1998 年 4 月 30 日，"红光实业"披露了亏损 1.984 亿元的 1997 年度年报，并因巨额亏损申请特别处理，开了中国证券市场有史以来上市公司上市不到一年即告亏损的先河。公司对亏损原因的解释主要有三：一是受电视机大幅度降价、彩管市场竞争激烈、东南亚经济危机导致公司主导产品出口数量下降等因素的影响，公司主营业务收入大幅度下降；二是公司彩色显像管玻壳屏炉和锥炉已超过为期 5 年的设计使用寿命，导致玻壳生产能力下降，生产成本增加；三是公司处于企业转轨期，在转变观念、转变机制等方面的力度不足，对于彩玻池炉超期服役期间采取的措施不得力。

1998 年 5 月，上海证券交易所对该公司股票交易实行特别处理，股票简称变为"ST 红光"。与此同时，中国证监会开始对"红光实业"立案调查。

2 欺诈事实

2.1 六字罪

1998 年 11 月 19 日，中国证监会向社会公布了《关于成都红光实业股份有限公司严重违法违规案件的通报》，揭露了"红光实业"在股票上市过程中和上市后的六个方面的违法违规及犯罪行为。

（1）编造虚假利润，骗取上市资格。

为了获取上市资格，红光公司在股票发行上市申报材料中称 1996 年度盈利 5000 万元。经查实，红光公司通过虚构产品销售、虚增产品库存和违规账外处理等手段，虚报利润 15700 万元，1996 年实际亏损 10300 万元。

（2）少报亏损，欺骗投资者。

红光公司上市后，继续编造虚假利润。在 1997 年 8 月公布的中期报告中，将亏损 6500 万元虚报为净盈利 1674 万元，虚构利润 8174 万元；在 1998 年 4 月公布的 1997 年年度报告中，将实际亏损 22952 万元披露为亏损 19800 万元，少报亏损 3152 万元。

（3）隐瞒重大事项。

自 1996 年下半年起，红光公司的关键生产设备彩玻池炉就已出现废品率上升、不能维持正常生产等严重问题。红光公司在申请股票发行上市时，申报材料中对这一重大事项未做任何披露，故意隐瞒。

（4）未履行重大事件的披露义务。

经查实，红光公司上市后，仅将发行新股募集的 41020 万元中的 6770 万元（占募集资金的 16.5%）投入招股说明书中所承诺的项目，其余大部分资金被改变投向，用于偿还境内外银行贷款和填补公司亏损。改变募集资金用途属于重大事件，但"红光实业"却未按规定对此进行披露。

（5）挪用募集资金买卖股票。

1997 年 6 月，"红光实业"将募集资金中的 14086 万元（占募集资金的 34.3%）违法投入股市买卖股票。其中"红光实业"通过开立 217 个个人股票账户自行买卖股票，动用 9086 万元；以委托投资名义由其财务顾问中兴发企业托管有限公司利用 11 个个人股票账户买卖股票，使用 5000 万元。"红光实业"在上述股票交易中共获利 450 万元。

（6）涉嫌犯罪。

按"红光实业"与中介机构签订的协议，应支付发行上市费用 1496 万元，占募集资金总额的 3.53%，比公开披露需支付的发行上市费用 1330 万元多出 166 万元。这 166 万元中白条入账等非正常开支 13 万元，从账外支付 100 万元，存在涉嫌犯罪问题。

2.2 处理决定

中国证监会认为，"红光实业"的上述行为违反了《股票发行交易管理暂行条例》、《禁止证券欺诈行为暂行办法》、《证券市场禁入暂行规定》和国家其他有关规定。为此，中国证监会对"红光实业"及其他涉案机构作出如下处理：

（1）没收"红光实业"买卖股票的非法所得 450 万元并罚款 100 万元；认定"红光实业"原董事长何行毅、原总经理焉占翠和原财务部副部长陈哨兵为证券市场禁入者，永久性不得担任任何上市公司和从事证券业务机构的高级管理人员职务；对负有直接责任的王志坚等 12 名公司董事分别处以警告。

（2）对"红光实业"股票发行主承销商中兴信托投资公司和"红光实业"财务顾问中兴发公司分别没收非法所得 800 万元和 100 万元，并分别罚款 200 万元和 50 万元；认定两公司主要负责人于振永、李峻和直接责任人吴书骏、吴子维、傅文成为证券市场禁入者，永久性不得从事任何证券业务；撤销中兴信托投资公司股票承销和证券自营业务的许可。

（3）对为"红光实业"出具有严重虚假内容的财务审计报告和含有严重误导性内容的盈利预测审核意见书的成都蜀都会计师事务所，没收非法所得 30 万元并处以罚款 60 万元，暂停该所从事证券业务资格 3 年；认定该所在为"红光实业"出具的审计报告上签字的注册会计师汪应钦、张秀花为证券市场禁入者，永久性不得从事任何证券业务。

（4）对承担"红光实业"股票发行相关中介业务的成都资产评估事务

所和四川省经济律师事务所分别没收非法所得 10 万元和 23 万元，并分别罚款 20 万元和 46 万元，暂停上述机构从事证券业务 3 年，认定有关责任人寇孟良、刘安颖为证券市场禁入者，3 年内不得从事任何证券业务和担任上市公司高级管理人员。对担任"红光实业"股票发行主承销商中兴信托投资公司法律顾问的北京市国方律师事务所没收非法所得 20 万元，并罚款 40 万元，暂停该所和有关直接责任人丛培国、冯方从事证券业务 1 年。

（5）对"红光实业"上市推荐人国泰证券公司和成都证券公司分别处以罚款 132 万元和 50 万元，建议主管部门对有关责任人给予撤销行政职务的处分。

（6）对"红光实业"、有关单位和个人除给予处罚外，其中涉嫌犯罪的将移交司法机关依法查处。

1999 年 6 月 30 日，"ST 红光"披露了 1998 年度报告，业绩再创亏损纪录：每股收益亏损 1.442 元；1999 年度继续亏损，每股收益为 −0.849 元，调整后每股净资产为 0.095 元，资产负债率高达 96.84%，已资不抵债。因连续三年亏损，按照上海证券交易所规定，"红光实业"股票自 2000 年 5 月 12 日起暂停上市。

1999 年 12 月 30 日，成都市人民检察院指控"红光实业"股份公司犯欺诈发行股票罪，向成都市中级人民法院提起公诉。2000 年 12 月 14 日，成都市中级人民法院以欺诈发行股票罪，判处"红光实业"罚金人民币 100 万元；有关责任人员何行毅、焉占翠、刘正齐、陈哨兵等 6 人分别被判处 3 年以下有期徒刑。

3　资产重组

根据"红光实业"公告披露，自 1998 年 3 月起，公司的主要生产线相继停工停产，基本上已失去了生产经营的能力。为了摆脱最终破产的困境，"红光实业"一直抓紧进行资产重组工作。2000 年 10 月，在剥离"红光实业"全部债务的前提下，以视频产品为主导的综合类大型企业广东福地及其控股上市公司福地科技（000828）与红光集团、"红光实业"签订了重组协议。根据协议，红光集团将其持有的"红光实业"国有股全部转让给广东福地，广东福地承诺将福地科技的偏转线圈资产与"红光实业"的彩管项目置换，并计划总投入 26 亿元人民币改造彩管项目；

2001 年 5 月 8 日，财政部批复同意将红光集团所持的"红光实业"7961.82 万股国家股全部无偿划转广东福地科技总公司；2001 年 5 月 16 日，"红光实业"正式更名为"成都福地科技股份有限公司"。

2003 年 5 月 8 日，"成都福地"变更为"成都博讯数码技术股份有限公司"，股票简称也变更为"ST 博讯"。2005 年 6 月 24 日，大股东广东福地科技总公司将其所持的"成都博讯"6800 万股国有股转让给东莞市盈丰油粕工业有限公司，盈丰公司成为第一大股东。2006 年 12 月 27 日，盈丰公司将其持有的"成都博讯"6800 万股份中的 3740 万股转让给东莞市博讯电子技术有限公司，博讯电子成为"成都博讯"的第一大股东。2007 年 5 月 12 日，"成都博讯"将公司名称变更为"广东博信投资控股股份有限公司"，并把公司注册地址迁至广东省东莞市大岭山镇梅林管理区博讯数码工业园，公司证券简称也变更为"ST 博信"。

4 索赔诉讼

随着"红光实业"经营业绩巨额亏损报告的出台及其欺诈上市事实的揭露，其股票在二级市场的交易价格出现了大幅下挫，从 1998 年 4 月公布亏损年报前的 9.68 元一路下跌至当年 9 月的最低价 4.59 元，下跌幅度高达 52.58%，导致投资者损失惨重。

1998 年 12 月，上海一姜姓女投资者向上海市浦东新区人民法院提起民事诉讼，状告"红光实业"全体董事、高级管理人员及其发行上市中介机构证券欺诈，成为我国证券市场首例证券索赔民事诉讼。其后不断有投资者以听信"红光实业"虚假陈述作出投资判断并遭受损失为由陆续参与诉讼，开始了长达 4 年之久的联合上诉的艰难历程。

由于当时我国司法制度在证券民事赔偿诉讼方面还处于空白状态，因此这些诉讼请求先后 5 次被上海浦东新区人民法院、上海市第一中级人民法院和成都市成华区人民法院以"起诉人的损失与被起诉人的违规行为无必然因果关系，该纠纷不属人民法院受理范围"为由，裁决不予受理或驳回。

2002 年 1 月 15 日，最高人民法院发布了《关于受理证券市场因虚假陈述引发的民事侵权纠纷案件有关问题的通知》，对股东告上市公司虚假陈述案的受理问题作出了司法解释。按照通知规定，投资者可以到法院起诉因披露虚假信息已经被中国证监会处罚的上市公司，并提出索赔要求。

"1.15 通知"使投资者诉"红光实业"案终于重新启动，法院最终受理了 11 位投资者的起诉，他们都是上海的投资者。

2002 年 11 月 25 日，历经近 5 个小时，相持了 4 年之久的 11 例"红光股票民事赔偿案"经成都市中级人民法院调解成功结案："ST 红光"和国泰君安分别按 1 : 8 的比例向 11 位原告支付诉讼标的额的 90%，共计 22.4096 万元，并承担部分诉讼费。

附　件

表 2 – 1　　　　　　　　　　　　　公司基本资料

公司全称	广东博信投资控股股份有限公司		
证券简称	ST 博信	证券代码	600083
曾用名	成都"红光实业"股份有限公司、成都福地科技股份有限公司		
曾用简称	ST 红光、ST 博信、PT 红光、ST 博讯、ST 博讯、"红光实业" SST 博讯		
行业类别	广播电视设备制造业	证券类别	上海 A 股
注册地址	广东省东莞市大岭山镇梅林管理区博讯数码工业园办公 2 区 A 室		
办公地址	深圳市南山区科苑北路博讯科技大厦		
公司电话	(0755) 86278080 86278086		
法人代表	刘国真	总经理	
公司董秘	宋静远	独立董事	邝耀球、李波、刘永开、普烈伟
主营范围	偏转线圈、金属漆包线、会聚磁组件等电子元器件的研究、开发、生产、销售；计算机软硬件研究、开发、销售，信息服务与计算机系统集成、通信设备与元器件生产、经营；经营企业自产产品及技术的出口业务；经营本企业生产所需的原辅材料、仪器仪表等		

资料来源："红光实业"上市公告书各年度报告。下同。

表 2 – 2　　　　　　　　　　　　　发行上市

首次招股时间（定向募集）	1993 年 5 月
发行数量（万股）	19495.45
发行价格（元）	1
二次招股时间（公开发行）	1997 年 5 月 23 日
发行方式	上网发行
每股面值（元）	1

续表

发行数量（万股）	7000
发行价格（元）	6.05
发行市盈率（倍）	15
发行前每股净资产（元）	3.2
发行后每股净资产（元）	4.01
募集资金净额（万元）	41020.00
上市时间	1997 年 6 月 6 日
首日开盘价（元）	14.00
上市推荐人	国泰证券　成都证券
主承销商	中兴信托投资有限责任公司

表 2 - 3　　　　　　　　股本结构

分　　类	2008 年 10 月 29 日	2007 年 12 月 31 日	2006 年 12 月 31 日	2002 年 12 月 31 日
总股本（万股）	23000.00	23000.00	23000.00	23000.00
国有股（万股）	—	—	7961.82	7961.82
国有法人股（万股）	—	—	240.00	240.00
社会法人股（万股）	—	—	1225.12	1225.12
流通 A 股（万股）	23000.00	23000.00	13573.06	13573.06
实际流通 A 股（万股）	17673.54	13573.06	13573.06	13573.06
限售的流通股（万股）	5326.46	9426.94	—	—

表 2 - 4　　　　　　　　财务数据

财务指标	2007 年年报	2006 年年报	2000 年年报	1999 年年报	1998 年年报
每股收益（元）	0.1761	- 0.269	- 0.31	- 0.849	- 1.442
每股收益（扣除）（元）	- 0.0288	- 0.293	- 0.31	- 0.863	- 1.442
每股净资产（元）	0.118	0.0543	0.12	0.187	1.22
净资产收益率（%）	148.86	- 495.4	- 258.33	- 446.84	- 118.20
每股资本公积金（元）	0.4193	0.5361	0.28	2.52	2.52
每股未分配利润（元）	- 1.301	- 1.4818	- 1.16	- 3.34	- 2.31
总资产（万元）	8622.10	19928.74	129948.89	136182.58	154439.71

续表

财务指标	2007 年年报	2006 年年报	2000 年年报	1999 年年报	1998 年年报
总负债（万元）	5900.98	18305.08	127179.72	131880.39	126453.34
股东权益（万元）	2721.12	1248.66	2769.17	4302.188	27986.374
净利润（万元）	4050.59	-6180.54	-7058.48	-19524.46	-33164.55
净资产收益率（%）	148.86	-494.98	-254.89	-453.83	-118.50
资产负债比率（%）	68.4401	91.8526	97.87	96.84	81.88
股东权益比率（%）	31.5598	6.2656	2.13	3.16	18.12
总资产增长率（%）	-56.74	-14.87	-4.58	-11.82	-18.96

思考与讨论

1. 企业筹集资金有哪些途径？
2. 企业募股方式有哪些？
3. 通过欺诈上市救活一个国有企业是否应该？
4. 上市公司欺诈上市行为与我国股票市场缺陷有什么关系？
5. 欺诈上市的公司是否应该退市？

参考文献

［1］中国证监会：《国务院办公厅转发证监会关于成都"红光实业"股份有限公司严重违法违规案件通报的通知》，《河南政报》1999 年第 1 期，第 12—14 页。

［2］本刊记者：《"红光"事件浮出水面——虚报上市酿苦果》，《中国民营科技与经济》1999 年第 1 期，第 34—35 页。

［3］谷一海、吴明：《"红光实业"上市的台前幕后》，《改革先声》1998 年第 6 期，第 43—45 页。

［4］李梁东：《"红光实业"讲述真实的谎言》，《法律与生活》.1999 年第 7 期，第 22—23 页。

［5］刘健：《谈谈红光案件"诉讼和解"的影响》，《中国注册会计师》2003 年第 4 期，第 53—54 页。

［6］"红光实业"（成都博讯、广东博信）各年度报告。

中国石化要约收购案

时　光

摘　要　为了兑现海外上市承诺和实现企业发展战略目标，上市公司"中国石化"在资本市场上采取了一系列重组整合境内外上市子公司的措施，其中最为引人注目的就是对 4 家 A 股上市公司进行全面要约收购。这一要约收购行为获得了圆满成功，但是却留下了种种不同的评说。

关键词　中国石化　要约收购

1　公司简况

中国石油化工股份有限公司（以下简称"中国石化"）作为致力于石油、天然气的勘探、开采和贸易、石油产品的炼制与销售及化工产品的生产与销售的上、下游一体化的能源、化工公司，是中国最大的一体化能源化工公司，位列亚洲第一大炼油生产商。中国石化由中国石油化工集团公司于 2000 年 2 月 25 日以独家发起方式设立，并向全球发行了 167.8 亿股外资股，于 2000 年 10 月分别在香港、纽约、伦敦三地交易所成功上市，实现了历史性的战略突破；2001 年 7 月 16 日，中国石化回归 A 股市场，在上海证券交易所公开发行了 28 亿股 A 股票，并于 8 月 8 日上市交易。截至 2008 年底，中国石化总股本为 867.0244 亿股，其中：中国石化集团公司持有的国有股占总股本的 55.06%，未流通的其他国有股和法人股占 22.36%，外资股占 19.35%，国内社会公众持股 3.23%。

作为中国 A 股市场第一大蓝筹股，中国石化旗下上市公司一度达到了 16 只之多，包括在香港等境外市场上市的"北京燕化"、"镇海炼化"和"中石化冠德"，在 A 股市场上市的"湖北兴化"、"燕化高新"、"中国凤凰"、"齐鲁石化"、"扬子石化"、"石炼化"、"鲁润股份"、"中原油

气"、"武汉石油"、"泰山石油"和"石油大明",以及在香港市场和 A
股市场同时上市的"上海石化"和"仪征化纤"。中国石化在海外上市
时,曾承诺整合其下属的上市子公司资产,因而在上市后不久即结合其发
展战略,择机着手重组整合境内外上市子公司,提升其核心竞争力。2002
年,中国石化将其持有的"湖北兴化"全部股权转让给国家开发投资公
司;2004—2005 年,中国石化以吸收合并方式整合了"北京燕化"和
"镇海炼化",同时启动了向中国长江航运(集团)总公司转让其持有的
"中国凤凰"全部股权的工作。时隔不到一年,中国石化又对其 A 股上市
子公司进行大刀阔斧的内部整合,一度成为我国 A 股市场资本运作的
标杆。

2 收购过程

2006 年 2 月 8 日,"齐鲁石化"(600002)、"石油大明"(000406)、
"扬子石化"(000866)、"中原油气"(000956)4 家 A 股上市公司宣布因
故停牌。2 月 16 日,中国石化发布董事会决议公告,称董事会批准了以
要约方式收购旗下的"齐鲁石化"、"扬子石化"、"中原油气"、"石油大
明"4 家上市子公司全部流通股和非流通股的决议。

3 月 6 日,中国石化公布了 4 家上市子公司的《要约收购报告书》,
向公司全体流通股股东及除其自身以外的全体非流通股股东发出全面收购
要约,整个要约收购的有效期为 2006 年 3 月 8 日至 2006 年 4 月 6 日。根
据要约收购报告书,要约收购价格不低于被收购公司流通股股票在要约报
告书摘要公告前 30 个交易日的每日加权平均价格的算术平均值的 90%。
最终确定的要约收购价格分别为:"齐鲁石化"10. 18 元/股,"扬子石
化"13. 95 元/股,"中原油气"12. 12 元/股,"石油大明"10. 30 元/股,
溢价分别达到 20. 9%、21. 3%、25. 47%、31. 21%,平均为 23. 88%。如
果目标公司的流通股股东全部接受要约,则流通股部分的现金对价总计约
143 亿元。本次要约收购以终止目标公司流通股股票上市为目的,但要约
收购生效有一定的条件。其中,"齐鲁石化"、"扬子石化"、"中原油气"
3 公司在要约期内最后一个交易日 15∶00 时,收购人持有的目标公司股
份总数占总股本的比例高于 90%,目标公司的股权分布将不满足《证券
法》第 50 条规定的上市条件;"石油大明"在要约期内最后一个交易日

15：00 时，未被登记公司临时保管的流通股股份总数占公司总股本的比例低于 25%，公司的股权分布将不满足《证券法》第 50 条规定的上市条件。当上述条件达到时，则收购要约生效。收购要约生效后，中国石化将促使目标公司立即申请终止流通股股票的上市交易，并将履行其股票终止上市的有关程序。

表 1　　　　　　　中国石化要约收购上市子公司情况一览表

公　司	总股本（亿股）	流通股（亿股）	每股日均价（元）	每股回购价（元）	溢价幅度（%）	资金总量（亿元）	中石化持股（%）
齐鲁石化	19.50	3.50	8.42	10.18	20.90	35.630	82.05
扬子石化	23.30	3.50	11.50	13.95	21.30	48.825	84.98
中原油气	8.75	2.55	9.66	12.12	25.47	30.906	70.85
石油大明	3.64	2.658	7.85	10.30	31.21	27.380	26.33
合　　计	55.19	12.21	—	—	—	142.74	—

　　资料来源：《中国石化齐鲁石化要约收购报告书摘要》、《中国石化扬子石化要约收购报告书摘要》、《中国石化中原油气要约收购报告书摘要》、《中国石化石油大明要约收购报告书摘要》及中国石化公告。

　　4 月 6 日，收购要约期结束。中国石化发布了要约期限结束的公告，齐鲁石化、扬子石化、中原油气、石油大明 4 家公司的预受股份数皆已超过要约收购生效条件，中国石化要约收购 4 家 A 股上市子公司获得成功。经交易所批准，4 月 21 日，"扬子石化"、"石油大明"、"中原油气" 3 家公司的股票终止上市交易；4 月 24 日，"齐鲁石化"的股票终止上市交易。至此，中国石化对 4 家 A 股上市子公司的回购程序基本完成。

3　收购背景

　　中国石化大规模整合上市子公司的行为，是在特定背景下展开的。

3.1　国内外石油化工行业出现明显反差

　　进入 21 世纪，全球石油化工进入了景气上升周期。到 2005 年，全球炼油业的利润位于历史高位附近。如全球第一大石油化工公司埃克森—美孚 2005 年第三季度的盈余飙升了 75%；第二大石油化工公司 BP 第三季度的净利润增幅也达到了 34%。如果说埃克森—美孚、BP 等公司的石油开采业务比重较大，由于油价持续上涨理应业绩快速增长，那么以炼油业为主的新加坡石油炼制公司第三季度利润也劲升了 68% ，亚洲炼油业利润也都出现了明显上升。

与此形成鲜明对比的是，我国炼油业业绩环比却出现了明显下降，炼油企业大面积亏损。导致这种状况的原因有多种，但政府实行的成品油低价政策是一个重要原因。随着国际原油价格的大幅攀升，国内原油与国际原油的价格连动机制使得国内原油价格涨幅趋同，而成品油价格则基本维持原样，以致出现了成品油价格和原油价格倒挂的现象，导致炼油企业炼油业务亏损。中国石化 2005 年第三季度炼油业务亏损额就高达 79.26 亿元。在政府的价格政策没有改变之前，中国的炼油企业只能通过产业整合、内部挖潜等手段来降低成本、提升效益、减少亏损。

3.2　国资委要求中央企业重组做大

2006 年 2 月，国资委提出了中央企业布局和结构调整的指导意见，其中有两个十分重要的特点：一是继续推进中央企业调整重组；二是加快培育一批有国际竞争力的大公司大企业集团，增强国有经济的控制力、影响力和带动力。政府对中央企业采取大规模动作，是为了适应宏观经济结构调整的需要，更多的是源自于政府引导性的国内垄断性资源整合，形成几大战略产业的大型龙头企业，以应对资本市场逐步开放所引发的国际资本的并购热潮。

3.3　股权分置改革

2005 年 4 月 29 日，经国务院批准，中国证监会发布了《关于上市公司股权分置改革试点有关问题的通知》，在"统一组织，分散决策"的原则下，启动股权分置改革，试点工作按照"市场稳定发展、规则公平统一、方案协商选择、流通股东表决、实施分步有序"的操作原则进行。股权分置的基本方式是通过非流通股股东向流通股股东支付对价（补偿），而非流通股股东则获得非流通股上市流通权。2005 年 6 月，首批 4 家试点公司的改革试点工作基本结束。2005 年 9 月，股权分置改革正式全面铺开，进入了实质性阶段。股权分置改革是必须在规定期限内完成的硬任务，除了中国石化旗下的 A 股上市子公司，中国石化自身也必须按期完成股改，否则将面临市场和政策两方面的巨大压力。

4　收购动因

对于中国石化选择在此时进行上市子公司的大规模整合，业界认为动因主要有以下几个方面。

4.1 兑现海外上市承诺

中国石化在海外上市时，曾经承诺要择机整合其属下的境内外上市子公司，把整体资产拿到上市公司里，避免同业竞争。虽然中国石化从2002年就开始了整合上市子公司的工作，但是由于其属下的海内外上市公司众多，整合进程缓慢，海外上市都过去5年了，整合完的5家上市子公司仅占总数的1/4。因此，中国石化面临的来自流通股股东尤其是海外股东的压力越来越大。整合上市子公司是中国石化的既定目标，悬念只在于时机的选择，以尽可能降低成本和提高成功率。国资委对中央企业重组做大指导意见的出台和股权分置改革的全面实施，为中国石化进一步兑现承诺提供了一个恰当的时机。所以中国石化财务总监张家仁在接受记者采访时曾解释说：公司此次回购是对2000年上市之初所做的整合上市子公司资源承诺的兑现，是中国石化向国际一体化能源化工企业迈出的重要一步。

4.2 实现企业发展战略目标

中国石化包括对4家A股上市公司的收购在内的旗下上市子公司的整合，都是以公司发展战略为主要出发点，是为了实现建设具有国际竞争力的一体化能源化工企业的战略目标。中国石化在对外公告其整合目的时明确提到：旨在实现公司业务一体化战略，解决与旗下上市公司之间的同业竞争问题，减少和进一步规范与控股公司之间的关联交易，以提高企业的管理效率，实现规模效应、降低运营成本，同时符合监管机构的有关要求。通过进行整合，对于母公司以及其下属子公司来说，同时也可以在一定程度上达到规避炼油行业的低价政策风险的目的。

4.3 回避股权分置改革

中国石化选择在股权分置改革之前整合4家A股上市子公司，很大程度上是出于回避4家公司的股改，以降低公司股改成本和避免股权稀释的考虑。由于股权分置改革要求非流通股股东对A股流通股股东做出对价安排，因而中国石化及其属下的众多A股上市子公司都必须通过支付对价来获得非流通股的流通权。对于中国石化而言，对旗下上市子公司进行股改获得流通权缺少足够的动力，一方面是因为作为战略性的中央能源企业必须保持绝对控股地位，股票流通权的意义不大；另一方面在于如果参与股改，中国石化作为11家A股上市公司（包括2家A+H股公司）

的非流通股大股东，支付对价不仅面临重复支付（母公司和子公司均要支付对价），经济代价非常大，而且必然会对上市公司股权产生稀释作用，分散中国石化的控制权，加大经营风险。申银万国证券研究所的一份研究报告显示，中国石化旗下的 A 股子公司如果都采取市场上比较普遍的"10 送 3"的对价方式，中国石化就会损失大约 6.3% 的净利润和 5.7% 的净资产。该研究报告认为，上市子公司"以资产支付对价"的模式将明显损害大股东中国石化的权益，从而间接损害其股东的权益，对价方案是否能够获得中国石化股东大会的通过存在变数，甚至存在面临海外诉讼的风险。

　　中国石化选择在股改前回购旗下上市子公司并实现"退市"，这样就避免了向公司流通股股东支付对价的问题，相对于 30% 左右的一般对价水平来说，溢价 24% 左右进行回购显然是一种"较为经济"的选择，而且避免了股权稀释，同时也符合国家的产业发展要求。因此，股权分置改革的快速推进及全面实施，对中国石化加快整合旗下的境内上市子公司产生了推波助澜的作用。

4.4　看好上市子公司发展前景

　　从公司价值方面看，中石化整合 4 家上市子公司是看好其未来的成长性和发展前景，虽然目前必须付出较高的收购溢价，但是不仅可以通过整合资源降低经营成本，提高经营效率，而且今后可以独享其全部成长收益。

　　中国石化收购 4 家上市子公司支付的收购资金总计为 142.74 亿元。如果按 4 家公司股票在要约报告书摘要公告前 30 个交易日的每日加权平均价格的算术平均值计算，其市价总值为 115.22 亿元，中国石化支付的收购溢价实际为 142.74 亿元 − 115.22 亿元 = 27.52 亿元；如果按流通股净资产计算，这 4 家公司 2005 年年终流通股净资产总额为 66.87 亿元，其中包括 22.07 亿元未获分配利润，中国石化支付的收购溢价实际为 142.74 亿元 − 66.87 亿元 = 75.87 亿元。如果 75.87 亿元的收购溢价在十年内摊销，那么中国石化每年的摊销金额为 7.59 亿元。但如果以 2005 年的年度利润为基准进行计算，这 4 家公司流通股相对应的净利润总额为 12.6 亿元，75.87 亿元 ÷ 12.6 亿元 = 6.02 年。这就是说，中国石化只需 6 年就可以全部回收其支付的收购溢价，6 年之后则开始坐享 4 公司回购资产所带来的每年超过 12 亿元的丰厚利润。即使对收购使用的 142.74 亿元按3%计算无风险利率,每年所付出的机会成本大约为4.28亿元,那么中国石化全部回收其支付的收购溢价的时间也不过为75.87亿元÷(12.6亿元－4.28亿元)＝9.12年。

5 收购后果

中国石化于2006年4月完成了对4家上市子公司的要约收购,迄今为止已经历了2006年和2007年2个完整的会计年度。我们可以依据其收购前后的年度主要财务指标状况的变化,来判断中国石化当时的决策是否正确。

表2 中国石化2005年与2006年、2007年年度主要财务指标比较

年　度	2005	2006		2007	
		数值	增长%	数值	增长%
每股收益（元）	0.456	0.601	31.80	0.634	5.49
每股净资产（元）	2.487	2.992	20.31	3.471	16.01
每股资本公积金（元）	0.4281	0.4447	3.88	0.4428	－0.43
每股未分配利润（元）	0.6732	0.8605	27.82	1.2809	48.86
每股经营活动现金流量（元）	0.9799	1.1403	16.37	1.4330	25.67
每股现金流量（元）	－0.0304	－0.0888	－192.11	0.0073	108.22
主营业务收入（亿元）	7991.15	10616.69	32.86	12048.43	13.49
营业利润（亿元）	568.56	722.40	27.06	781.42	8.17
利润总额（亿元）	614.82	753.83	22.61	829.11	9.99
净利润（亿元）	395.58	520.86	31.67	549.47	5.49

资料来源:中国石化2005年、2006年、2007年年度报告。

从上表可以看出,在2006年整合4家上市子公司之后,中国石化当年的年度主要财务数据出现了显著变化,除了每股现金流量和每股资本公积金,其他指标均有两位数的增长,基本都在20%—32%之间。每股现金流量出现负增长,主要是受中国石化斥巨额现金进行要约收购的影响,随着收入的增加,2007年同一指标就变成了正数,有了明显改善。2007年,主要财务指标基本都变成了稳定增长的势头。这两年的数据可以说明中国石化的并购之举是成功和有效的。

思考与讨论

1. 中国石化为什么采取要约收购方式？
2. 中国石化的收购行为是否属于私有化？
3. 中国石化的要约收购对股票市场投资者是否公平？
4. 中国石化的收购整合行为对发展市场经济是否有利？

参考文献

［1］张艳:《中石化现金收购四家上市子公司 股改尚无时间表》,《京华时报》2006 年 2 月 16 日, http://finance. sina. com. cn/stock/s/20060216/08192347055. shtml。

［2］安蓓:《中石化成功收购 4 家 A 股子公司 股价上涨 1. 37%》, http://news. xinhuanet. com/fortune/2006-04/05/content_ 4388341. htm。

［3］张艳:《中石化私有化 四公司退市》,《京华时报》2006 年 4 月 22 日,第 21 版。

［4］费蓓:《中国石化私有化旗下四家上市公司动因分析》,《财经界（下旬刊）》2007 年第 3 期,第 273—274 页。

［5］薛锋:《中石化的"私有化"之旅》,《西部论丛》2006 年第 5 期,第 43—45 页。

全兴集团 MBO 案

时　光

摘　要　"全兴集团"是上市公司"全兴股份"的控股股东，在国有资本从竞争性领域退出的背景下，2002年开始实施管理层收购（MBO），并采取了杠杆收购方式筹集了大部分收购资金。"全兴集团"的 MBO 及其完成收购后的出售股权行为，引起了社会舆论的广泛质疑。

关键词　全兴集团　全兴股份　MBO　杠杆收购

1　公司简况

四川成都全兴集团有限公司的前身是1990年建立的全兴酒厂，是生产、加工、销售以"全兴大曲"为主要产品的白酒企业。1997年9月，经成都市人民政府批准，经过剥离、重组和改制，成立了以全兴酒厂为主体的国有独资有限责任公司，也是首家经成都市人民政府授权的国有资产投资经营机构。公司注册资本为47188万元，法定代表人杨肇基。1997年10月，成都市国资局将其持有的上市公司"四川制药"（600779）国家股8103万股授权全兴集团持有和经营。全兴集团通过对"四川制药"实施资产置换与重组，将旗下的全兴酒业资产全部注入上市公司，并更名为四川全兴股份有限公司（简称"全兴股份"），实现了"借壳上市"。全兴集团持有"全兴股份"48.44%的股份，成为控股股东。

"全兴股份"属下的全兴酒厂长期以"全兴大曲"为主打产品，一直是游走于中、低端的白酒品牌。1998年，全兴酒厂在对位于锦江畔的成都市水井街的曲酒生产车间进行改造时，意外发现了后来被证实为中国白酒源头的水井街酒坊遗址，这个连续使用了600余年的酒坊被国家有关部门授予"中国白酒第一坊"称号。与此同时，"全兴股份"与中科院成都生物研究所、清华大学合作，激活繁殖了以"水井坊一号菌"为代表的古糟菌群，并以此为起点研制和打造了与"五粮液"、"贵州茅台"齐名的高端白酒品牌"水井坊"，推向市场当年即达到了盈亏平衡。

全兴集团曾经参与了中国甲 A 历史上赫赫有名的全兴足球俱乐部的运作。1993 年 11 月 8 日，半职业化的四川全兴足球俱乐部在中国第一个职业联赛来临前挂牌，全兴酒厂每年提供运作经费 100 万元，为期 8 年。最初几年，足球为全兴的品牌带来了巨大社会效益及经济效益。1999 年，全兴集团出资 3200 万买断川足，意图探寻一条足球经营盈利之路。然而，随着甲 A 联赛火爆时期的过去，全兴足球俱乐部每年的开支达到 4600 万元，但经济效益甚微。2001 年底，全兴集团以 400 万元的超低价格将俱乐部转手。

截至 2001 年年末，全兴集团总资产已达 39 亿元，净资产 21.29 亿元（其中国有净资产 14.68 亿元，通过股份制运作控制的社会资本 6.61 亿元）。2001 年集团公司实现销售收入 13.77 亿元，实现利税 5.1 亿元。

2 实施 MBO

从一个市场狭小的中低端白酒品牌，到与五粮液、贵州茅台同台竞技的高档白酒新贵；从一个不知名的酒厂，到总资产近 40 亿元的集团公司，全兴集团当家人杨肇基在酒类经营上展示的天分几乎无人质疑，也得到其上级主管部门的认可，杨肇基及其管理团队于"全兴集团"的贡献也委实不小。但全兴集团是国有独资企业，杨肇基及其团队也显然不满足于一辈子为国企打工，MBO 可谓是全兴集团高层多年的心中之痒。

2.1 国资退出

随着经济体制改革的深入，国有资本将彻底退出竞争性产业领域，这有利于社会资源的有效配置。白酒酿造行业作为消费型产品生产行业，是中国传统手工业与现代工业技术的结合，行业内企业林立，竞争激烈，同时游戏规则不尽规范，是最为典型的高度竞争领域，属于国有资本应该退出的产业。

2002 年，四川省省委、省政府下发了《关于加快国有重要骨干企业建立现代企业制度的意见》（川委发［2002］2 号），明确国有资本从竞争性领域退出。由此，在原国家经贸委的支持下，经四川省省委、省政府批准，全兴集团获准在四川大型国企中首家进行国有资本大规模退出试点。其后，成都市国有资产重组及股份制领导小组出台的 22 号《会议纪要》称："原则上同意国有资本从全兴集团退出，其所属国有净资产由集团经营管理层、内部职工、战略投资者共同收购，鼓励经营管理层持大部分股权。"

全兴集团的 MBO 就此拉开序幕。

2.2 收购启动

2002 年 11 月 6 日，全兴集团以 18 位高管的名义出资注册成立了成都盈盛投资公司，为 MBO 提供了一个合法的实施主体。在盈盛投资 5780 万元的注册资本中，董事长杨肇基出资 1156 万元持股 20%，为第一大股东；黄建勇、陈可、卢忠捷、多增强、唐兴东 5 人各出资 578 万元，各占 10% 的股权；邓禄银等 6 人各出资 173.4 万元，各占 3% 的股权；"全兴股份"董秘张宗俊等 6 人各出资 115.6 万元，各占 2% 的股权。

据全兴集团人士介绍，实际上参与 MBO 的远不止上述 18 人。盈盛投资为全兴集团母子公司中层助理以上 142 名团队成员自筹资金并办理信托贷款组建的持股主体和民事信托管理主体。由于按照《公司法》规定，有限责任公司股东不得超过 50 人，因而盈盛投资的 142 名成员将股权委托给其中 49 人行使。所以杨肇基本人持有的盈盛投资股份名义为 20%，实际只有 6%；其余高管则持有 0.24%—3% 不等，其中持股超过 1% 的有 20 人，大部分高管持股在 0.26%—0.38% 之间。

2002 年 9 月 24 日，成都市财政局与成都盈盛投资公司（公司管理层）、四川全兴股份有限公司工会（公司员工）、深圳市矢量投资发展有限公司（战略投资者）签订了国有资产转让协议①。协议说明全兴集团改制是根据成都市财政局《关于全兴集团有限公司国有资产的处置决定》（成财企 [2002] 155 号）进行的。经成都市财政局审核确认，以 2002 年 6 月 30 日为资产评估基准日，全兴集团净资产按规定扣减和剥离后，所余国有资产按净值 60946.63 万元出让，并以此作价全部转让给成都盈盛投资控股公司 67.7% 约 4.126 亿元、全兴股份公司工会 12.3% 约 0.75 亿元、深圳矢量投资公司 20% 约 1.22 亿元。

---

① 转让协议签订在成都盈盛投资公司注册成立之前。

2.3　融资收购

筹集购买全兴集团国有资产的资金成为 MBO 能否实施成功的关键。全兴集团的管理层共需支付约 4.126 亿元，他们通过各种渠道自筹了 1.4 亿元，但还有 2.7 亿元的资金缺口。

转机很快出现。2002 年 12 月 23 日，由原成都工商信托投资公司和成都市金通信托投资公司合并重组而成的衡平信托投资公司获准重新登记，为全兴管理层收购提供了极好的载体。2003 年 1 月 16 日，全兴集团与衡平信托签订了"全兴集团管理层股权收购融资项目"信托计划合作协议，该信托计划总规模 2.7 亿元人民币，期限为 3 年，面向中国境内所有具有完全民事行为能力的自然人、法人及依法成立的社会组织募集资金，募集的资金以"信托贷款"方式向全兴集团管理层 18 人提供融资，用于收购全兴集团国有资本退出的部分股份。该信托产品以全兴集团管理层信托融资和其他方式筹集资金购买的全兴集团 67.7% 的股权和相应的受益权作为质押担保，信托贷款本金由全兴集团管理层按年分期偿还，第一年期满偿还本金的 25%，第二年期满偿还本金的 35%，第三年期满偿还本金的 40%，同期以现金形式支付投资收益。而信托计划的收益来源是向全兴管理层股权收购融资项目提供贷款所获得的贷款利息，预计扣除信托发行费用和信托公司报酬后的年收益率将达到 4%。

经过不到一个月的发行，全兴集团管理层股权收购融资项目信托产品销售结束，该信托计划正式成立。2003 年 1 月 29 日，衡平信托将成功募集的 2.7 亿元资金交付全兴集团管理层，使 MBO 得以顺利实施，全兴集团工商注册信息中的企业类型也由国有独资有限公司变更为有限责任公司。

2004 年 1 月 28 日，全兴集团管理层股权收购融资项目信托产品一年期满，并成功实现了 4% 的预期收益。

2005 年，国务院国有资产管理委员会《关于四川全兴股份有限公司国有股性质变更有关问题的批复》（国资产权［2005］1456 号）正式批准了全兴集团的 MBO。

2.4　整合资产

在全兴集团 MBO 方案等待国务院国资委批文期间，全兴集团开始着手整合重组包括"全兴股份"在内的旗下资产。

2003 年 9 月 19 日，"全兴股份"发布公告，拟将其拥有的与酒业经营相关的全部权益性资产，以评估值 58972.40 万元按 1：1 等值以现金方式转让给全兴集团。此次拟转让的资产包括生产经营"全兴"、"水井坊"、"天号陈"、"馨千代"品牌的酒类资产。该转让方案公布后引起了"全兴股份"的中小投资者和舆论的诸多议论。2003 年 11 月 5 日，"全兴股份"又发布公告，因客观情况发生变化，暂停实施将酒类生产经营性资产转让给全兴集团的事宜，暂停实施与全兴集团的资产重组计划。

2004 年 6 月，全兴集团与"全兴股份"签署协议，出资 1.7692 亿元收购"全兴股份"持有的四川制药股份公司 17396 万股股权（占其股份总额的 67.499%）。2005 年 12 月，"全兴股份"在公布股改方案时披露，第一大股东全兴集团收购其持有的四川制药股权后，有 8840.97 万元尚未付清，全兴集团承诺将在 2006 年 12 月 31 日前用现金全部结清。

3 股权变更

2006 年，盈盛投资先后受让了战略投资者深圳矢量投资有限公司持有的全兴集团 20% 的股权，以及一部分持股职工退出工会后转让的 6.3% 的股权，持股比例达到 94%，水井坊工会（原名全兴股份公司工会）控股 6%。至此，以杨肇基为代表的经营管理层完全控制了全兴集团。对于盈盛投资后继股权收购超过 1 个亿的资金，均通过集资筹集。

2006 年 12 月 11 日，盈盛投资签署了《股权转让协议》，将其所持全兴集团 43% 的股权转让给全球最大跨国酒业公司帝亚吉欧，并由此套现 5.17 亿元。此时距 MBO 计划获批尚不到 1 年时间。

2008 年 7 月 10 日，帝亚吉欧再次出手，以 1.4 亿元人民币的代价收购了水井坊工会持有的全兴集团 6% 股权。自此，帝亚吉欧拥有了全兴集团 49% 的股权，最终形成了与盈盛投资共掌全兴集团的二分天下格局。

4 舆论质疑

全兴集团的 MBO 完成之后，尽管每一笔收购资金均有据可依，但时至今日，外界仍然对其有着诸多非议。

4.1 MBO 条件不具备

按国际通行的标准，一个需要 MBO 的企业须具备如下条件才有可能实施操作：控股股东或者仅次于控股的大股东不能合格的对公司进行管理；或是控股股东的母公司的业务与即将实施 MBO 的企业的业务联系松散，又无力组织较好的管理团队来对公司进行管理；或是企业经营遇到困难，现金流出现障碍，难以公开筹措急需资金，需用通过管理层来筹资；或是即将实施 MBO 的企业现有的管理层没有获得充分的经营权，管理层不能有效的实施公司的发展策略，不能为股东争取最大的权益和收益。

但全兴集团并不符合上面的几条标准。太平证券首席经济师余赤平给出了理由：

其一，全兴集团的主要管理层就是原来全兴酒厂的管理层，也是后来的"全兴股份"的主要管理层，他们在酒业行业长达十几年的工作经历和表现证明他们是合格的经营者。

其二，全兴集团将全兴酒业的全部资产注入"全兴股份"，全兴集团和"全兴股份"经营的还是酿酒主业，集团公司与上市公司的业务联系非常紧密。

其三，全兴集团 2002 年的财务报表显示，公司还处于盈利状态，没有明显的财务危机。而且主要酒业产品"全兴大曲"及相关系列是名牌产品；新开发的"水井坊"更具有非常好的盈利能力。

其四，2002 年成都市财政局决定将持有的全兴集团国家股全部划转给全兴集团，这表明全兴集团的管理层获得了更加独立的经营国有资产的权利，地方政府没有对管理层施加任何不良影响，可以充分实施其发展策略，为国有资产保值增值而尽心竭力。

由此可知，全兴集团没有任何理由实施 MBO 改革方案。但是全兴集团的管理层对管理国有资产没有兴趣，希望将国有资产变为私营资产进行管理。

4.2 谋取上市公司资产

2003 年 8 月，业绩一直稳步上升的"全兴股份"半年报吓了股民一大跳，突然巨亏 7775 万元，其主营业务收入仅有 1.13 亿元，同比减少达 56.47%，但其营业费用却增长了 164%，达到 9687 万元。而当时恰好是"非典"时期，很多企业的商业活动都几乎处于停滞，并且其他同业上市公司都没有出现如此大幅度的营业费用上涨。

同年 9 月 19 日，"全兴股份"提出了将所拥有的与酒业经营相关的全部权益性资产转让给全兴集团的方案，立即招致中小股东一片哗然。焦点主要集中在以下几点：一是既然为了上市公司的利润着想，为何将盈利能力最强的水井坊也一并出售？二是"全兴股份"的药业盈利能力并不强，而酒类资产具有较高的品牌知名度和竞争力，为何舍本逐末？三是全兴集团的出价是否偏低？

有证券业分析师认为这一点也不奇怪，很多进行 MBO 的国企都有这样的经历。其实这些高管的主要目的无非就是两个，其一，造成亏损的假象，从而以相当低廉的价格收购；其二，用现在较差的业绩，去换取明天业绩的大幅增长，以获得巨大的股权激励。

在 2003 年亏损之后，"全兴股份"的经营业绩又开始回归。

4.3　违规变更工商信息

工商注册信息表明盈盛投资公司成立于 2002 年 11 月 6 日，但是，杨肇基以该公司法人代表名义与成都市财政局签署全兴集团国有资产转让协议的时间却是同年 9 月 24 日，先于盈盛投资的成立时间。

全兴集团国家股权转让协议书规定，该协议一经签署并报上级相关部门批准同意后生效，并在生效后四方应尽快提供资料变更工商登记手续。但是在全兴集团股权转让方案还没有得到国务院国资委的批文时，全兴集团在成都市工商局的注册信息已经变更，企业类型已经由国有独资有限公司改为有限责任公司，股东也由成都市人民政府变更为以上三家公司。

4.4　套现解决收购债务

以盈盛投资为载体，全兴集团管理层于 2003 年完成了 MBO，但购买国有股权所支付的 4.126 亿元却让其背负了巨额债务。分析显示，为了还债，盈盛投资涉嫌以做亏"全兴股份"（现已更名为"水井坊"）业绩的方式套用上市公司资金、私有化上市公司资产并套现、高比例分红、注入资产套现、股权抵押等种种手法腾挪资金。为了彻底解决债务问题，盈盛投资于 2007 年初将所持全兴集团 43% 的股权转让给帝亚吉欧，自己仍持51% 股权保持对全兴集团的绝对控股地位。

思考与讨论

1. 全兴集团是否应该实施 MBO？
2. 应该如何解决 MBO 资金的来源问题？

3. 全兴集团 MBO 是否侵占了国有资产和其他股东的利益?

4. 应该如何解决 MBO 过程中公司管理层与其他股东的利益分配问题?

参考文献

［1］中新社:《全兴集团 MBO 问题:哪里有鱼哪里有渔翁（EB/OL)》，http://finance. qq. com/a/20051221/000449. htm。

［2］向文件:《2.7 亿 MBO 全兴集团"国退民进"进行时》，http://www. cs. com. cn/csnews/20030128/326167. asp。

［3］向文件:《5.89 亿资产离奇转让? 全兴集团苦候 MBO（N/OL)》，《21 世纪经济报道》2003 年 10 月 9 日，http://stock. hexun. com/2007-12-24/102468441. html。

［4］冷洪川:《全兴集团和剑南春集团实施 MBO 分析》，http://www. 51kj. com. cn/news/20060614/n61503. shtml。

［5］陈福:《全兴集团四年腾挪之旅解套 MBO 债》，《新财富》2007 年第 6 期，第 98—105 页。

［6］张驰:《水井坊 MBO 悬疑》，《法人》2007 年第 5 期，第 3—7 页。

"深国商"反收购案

时 光

摘 要 2008 年 11 月，香港上市公司"茂业国际"在 A 股市场连续举牌，对上市公司"深国商"的流通股进行收购。而"深国商"的管理层采取一系列反收购措施，以避免被收购的命运。不过，"深国商"的反收购措施频频受挫，公司股东对于收购行为表示了不同的态度，为收购"深国商"的结局带来了一定的变数。

关键词 深国商 茂业国际 收购 反收购

1 双方简况

2008 年 11 月，我国深圳 A 股市场爆发了一场收购与反收购大战，引起了整个证券市场参与者乃至全国媒体的强烈关注。参与这场战争的双方主角就是奋起反击的收购对象"深国商"和发起收购的始作俑者"茂业国际"。

1.1 "深国商"

深圳市国际企业股份有限公司是在深圳市注册，以商业经营、房地产开发和物业管理为主营业务的企业，其前身为深圳市特发集团有限公司1983 年独资兴办的深圳市国际商场；1984 年 12 月改为深圳市国际企业有限公司；1992 年 12 月，原公司通过改组定向募集设立"深圳市国际企业股份有限公司"；1995 年 8 月 18 日，公司改组为公众股份公司，并向境外投资者新增发行 5000 万股 B 股；1996 年 6 月 21 日，经中国证监会批准公开发行 2000 万股 A 股，7 月 8 日在深圳股票市场上市，股票简称"深国商"，交易代码 000056。

"深国商"从 1983 年创建深圳市国际商场起，至今已经 25 个年头。"深国商"是深圳本地唯一一家零售商业类上市公司，也是深圳股票市场零售商业类上市公司中唯一一家同时发行了 A、B 股的公司，素有"国门第一商"、"深圳橱窗"之美誉。公司现辖有深圳融发投资有限公司、深圳国商林业发展有限公司、深圳国商物业管理有限公司等 10 多家控股子公司，在职员工一千余人，曾先后被评为"深圳市先进企业"、"深圳市重合同守信用企业"等称号。"深国商"不仅是深圳的老牌商业企业，而且值得关注的是，"深国商"在 2007 年末出售了深圳市国际商场股权，全面退出传统的零售百货业，开始转型主攻发展大型高端购物中心，将自身地产和商城两大优势融为一体，合力开创了一条更适应现代经济环境的商业之路。"深国商"实施"商业地产加林业"的发展战略，以"提速晶岛、拓展林业"为核心业务，把位于深圳市中心的晶岛国际购物中心打造成集购物、娱乐、休闲、旅游于一体的生态型高档生活品位中心，同时投资数亿元开发了 90 万亩黎蒴等速生丰产林项目。

1.2　"茂业国际"

出面收购"深国商"A 股的深圳茂业商厦有限公司的第一大股东为（香港）茂业百货（中国）有限公司，而茂业百货的第一大股东为茂业国际控股有限公司。"茂业国际"是深圳最大的百货企业，成立于 1996 年，公司在国内最早提出"百货 + 地产"的发展模式。经过十余年的长足发展，公司在珠三角、长三角、西南区共拥有 19 家百货门店，处于区域领导地位，并快速成为中国百货业的龙头。2008 年 5 月，"茂业国际"（HK.0848）在香港上市，总发行 8.63 亿新股，所筹资金净额达到 25.1 亿港元。

资料显示，"茂业国际"的董事会主席是自然人黄茂如，他也是茂业商厦的实际控制人。黄茂如控制的"茂业系"企业中还有赫赫有名的茂业集团，同茂业商厦一起举牌"深国商"B 股的大华投资（中国）有限公司也属于"茂业系"。在 2008 年发布的福布斯中国富豪榜上，黄茂如以 32.6 亿元的身家排名 104 位。

有业内人士分析，黄茂如控制的"茂业国际"经过多年的行业积累，已经把在全国范围内做大做强作为发展方向，公司或将在商业零售领域持续进行战略投资。据"茂业国际"副总经理曹宏在举牌"深国商"后接受记者采访时介绍，公司计划在全国各个区域开设几家优质的门店。公开资料显示，"茂业国际"上市后募集的资金约有 9.5 亿元到 10.87 亿元用于收购百货店及相关物业，8 亿元到 9.5 亿元用于开设新百货店，约 4 亿元用于翻新及提升现有百货店。

2　收购背景

"茂业系"之所以选择在这个时候对"深国商"进行收购，有一定的宏观和微观背景。

2.1　股票市场提供了难得机遇

自 2007 年 10 月中国 A 股市场创出开市以来的历史最高点之后，便进入了快速回落的熊市阶段。经过一年多的持续下跌，股市指数累计最大跌幅超过 70%，这在全球股票市场的历史上也不多见。在如此惨烈的下跌过程中，很多个股跌幅更是超过了指数，一些个股的市盈率已经接近或创出了历史新低，股价接近甚至低于净资产的现象也频频出现。股价的严重超跌使不少公司的收购成本已明显低于重置成本，这无疑为真正的战略投资者创造了难得的买入股票的机会，也吸引着寻找并购机遇的产业资本蠢蠢欲动。

此外，为阻止股票市场的非理性下跌，管理层在 2008 年陆续出台了一系列稳定市场的利好措施，其中十分重要的一条就是鼓励上市公司及其大股东增持或回购公司股份，以保证控股权并提振投资者的信心。中国证监会发布的大股东"自由增持"的政策新规，不仅促进了上市公司及其大股东在股票市场对公司流通股的回购行为，而且也为非上市公司的产业资本直接进入市场进行收购打开了一扇方便之门。

2.2　"深国商"具有并购价值

茂业商厦发言人在谈到对"深国商"的收购行动时表示，主要是看好"深国商"的发展前景，拟进行战略投资。

截至 2008 年 9 月，"深国商"总资产约 11.09 亿元人民币，股东权益 2.438 亿元人民币。"深国商"的晶岛国际购物中心地产商城资源相当优厚，其投资开发的速生丰产林项目很快将带来第一轮收获。虽然两个项目均处于投入建设阶段，尚未进入收益期，但项目一旦建成，盈利前景十分看好。尤为重要的是，"深国商"目前的发展战略和主要项目与"茂业国际"的经营模式是基本一致的。"茂业国际"所有的商店都位于所属城市的主要商业区的黄金购物地段，同时注重发展综合商业中心，把购物中心与高级酒店、写字楼、高档餐厅等配套设施相组合。所以"茂业国际"

的经营模式使其对"深国商"一直念念不忘，如果能够将"深国商"收入囊中，"茂业国际"就能更快地实现它的布局目标。

从"深国商"的股票价格看，茂业商厦是从 2008 年 10 月开始购买"深国商"股票的。在 2007—2008 年高峰时期，"深国商"的 A、B 股价格曾分别高达 15.9 元人民币和 7.4 港元，到了 10 月份时，股价已分别跌至最低 3.01 元人民币和 1.44 港元，投资价值开始显现出来，对"茂业国际"具有吸引力。

另外，"深国商"的股权结构状况也为并购和控股提供了可能性。"深国商"经过 2006 年实行股权分置改革后，原不能流通的法人股不断解除限售，到"茂业系"举牌时，"深国商"的流通股权已占公司总股本的 96%。"深国商"的股本规模本来就不大，总股本仅为 2.209 亿股，股权结构也十分分散，截至 2008 年 6 月底，持股 5% 以上的股东仅有 2 名，持股 1% 以上的股东也仅有 4 名，第一大股东马来西亚和昌父子有限公司持股比例也不过 13.7%。因而成为并购目标的可能性非常大。

3　收购与反收购

3.1　收购启动

2008 年 11 月 14 日，"深国商"发布了"深国商"股东增持公司股份的提示公告。公告称公司于 2008 年 11 月 3 日深圳证券交易所证券交易系统收盘后收到深圳茂业商厦有限公司的传真函件，茂业商厦自 2008 年 10 月起开始购买公司 A 股，交易价格区为 3.24 元/股—3.97 元/股，截至 2008 年 11 月 3 日深圳证券交易所收盘为止，茂业商厦公司共计持有公司 A 股 8191418 股；一致行动人大华投资（中国）有限公司自 2008 年 10 月起开始购买公司 B 股，交易价格区为 1.69 港元/股—2.17 港元/股，截至 2008 年 11 月 3 日深圳证券交易所收盘为止，一致行动人大华投资共计持有公司 B 股 3051800 股。茂业商厦及其一致行动人大华投资合计持有的股份占公司股份总额的 5.09%。

"茂业国际"在股票市场上的收购行为并非临时之举。事实上，早在 2005 年 6 月，茂业商厦就通过协议收购方式以总价款 3.8 亿元收购了迪康集团持有的成都人民商场（集团）股份有限公司 65.75% 的社会法人股，成为上市公司"成商集团"（600828）的控股股东。2008 年 10 月，

"茂业国际"又频频出手，其控股公司中兆投资管理有限公司通过 A 股市场分别购买了"渤海物流"（000889）6.68%和"商业城"（600306）8.63%的股票，随后又增持"商业城"的股票至 10.7%，并成为"渤海物流"的第二大股东和"商业城"的第三大股东。

对于在股票市场大举进行收购的行动，"茂业国际"接受记者采访的人士表示，举牌 3 家零售类上市公司都是基于战略投资，而不是财务投资。虽然 3 家企业目前都处于微利状态，但是茂业看好零售业在当地的发展和公司前景。分析人士则认为，"茂业系"选择举牌这 3 家公司有多方面的理由。首先，"商业城"和"渤海物流"都是百货零售的区域龙头，有比较丰富的物流和商业资源，且都在茂业尚未布局的北方区域，而"深国商"在商业流通领域的早期品牌价值较高。其次，3 家公司的股权结构较为分散。截至当年 6 月底，"渤海物流"、"商业城"和"深国商"的大股东持股比例仅为 15.26%、14.07%和 13.7%，通过二级市场收购比较容易达到控股地位。再次，"茂业国际"在香港上市不久，募集资金25 个多亿，迫切需要战略扩张，而这 3 家上市公司的股价已经回落了近80%，从二级市场收购成本较低。

茂业商厦的人士还表示，未来 12 个月内不排除在合适的市场时机下通过深交所继续增持"深国商"股票。

3.2　实施反收购

11 月 14 日，"深国商"发布公告称，定于 2008 年 11 月 29 日以现场方式召开 2008 年第一次临时股东大会，其主要内容之一是审议 11 月 13日召开的公司第五届董事会临时会议通过的《关于修改公司章程的议案》。"深国商"董事会提出这个议案的目的是试图通过修改章程来增加反收购条款。议案提出的第一条修改意见也是核心条款是：如任何投资者获得公司的股份达到或可能超过 10%时，经公司股东大会通过决议，公司可向除该投资者之外的所有在册股东，按该投资者实际持有的股份数增发新股或配送股份。其他 3 条修改意见分别是：新增董事必须分批改选，每年更换不能超过 1/3；将董事长选举和罢免由原来的 1/2 以上通过率提高到 2/3 以上；增加董秘职责，需要负责监控公司股票变动情况。

市场方面普遍认为，"深国商"的章程修改方案是为了防范茂业国际的收购风险。"深国商"证券事务代表吴小霜在接受记者电话采访时解释说，公司股权比较分散，修改相关章程是为了保证公司能够长期稳定发展。但由于"深国商"公布的章程修改方案第一条涉嫌违反《公司法》和《上市公司收购管理办法》的相关规定①，11 月 20 日，"深国商"公告取消提交临时股东大会的《关于修改公司章程的议案》，同时接受股东深圳市泰天实业发展有限公司提出的新的《关于修改公司章程的议案》，并将该议案提交公司 2008 年第一次临时股东大会审议。深圳市泰天实业发展公司是"深国商"的第四大股东，其提交的新议案内容是公司每年更换董事的数量不得超过董事总人数的 1/3，董事长由董事会以全体董事的 2/3 以上选举产生和罢免。虽然新的议案保留了原有议案中关于修改公司章程的两条意见，但第一条核心意见的取消已经意味着"深国商"第一次反收购行为的流产。

11 月 29 日，"深国商"召开了临时股东大会，但提交给大会审议的深圳市泰天实业发展有限公司提出的《关于修改公司章程的议案》仍然没能通过表决，议案获得赞成的股份数量占参加会议有表决权股份总数的 56.2%，没有达到法定要求②。在议案表决的投票结果中，弃权票占有表决权股份的 23.18%，第二大股东特发集团也投了弃权票。临时股东大会对《关于修改公司章程的议案》的审议结果，导致了"深国商"的第二次反收购举措再次受挫。

3.3　再次举牌

12 月 17 日，"深国商"发布公告，截至 12 月 16 日，茂业商厦增持"深国商"A 股 5386130 股，占总股本的 2.44%；茂业商厦一致行动人大华投资增持"深国商"B 股 5460768 股，占总股本的 2.47%。加上 11 月 3 日之前增持的 5.09%，茂业商厦及关联企业持有"深国商"的股份已达总股本的 10%，跃升为"深国商"的第二大股东。

---

　　① 《公司法》第一百二十七条规定："股份的发行，实行公平、公正的原则，同种类的每一股份应当具有同等权利。"《上市公司收购管理办法》第八条规定："被收购公司的董事、监事、高级管理人员对公司负有忠实义务和勤勉义务，应当公平对待收购本公司的所有收购人。被收购公司董事会针对收购所做出的决策及采取的措施，应当有利于维护公司及其股东的利益，不得滥用职权对收购设置不适当的障碍，不得利用公司资源向收购人提供任何形式的财务资助，不得损害公司及其股东的合法权益。"

　　② 《公司法》第一百零四条规定：股东大会作出决议，必须经出席会议的股东所持表决权过半数通过。但是，股东大会作出修改公司章程、增加或者减少注册资本的决议，以及公司合并、分立、解散或者变更公司形式的决议，必须经出席会议的股东所持表决权的三分之二以上通过。

3.4　联合狙击

"深国商"在积极推动修改公司章程反收购的同时，还参与了"渤海物流"和"商业城"对"茂业国际"的联合狙击行动。

在"茂业国际"对"渤海物流"和"商业城"首次举牌之后，两家上市公司均视"茂业国际"的收购行为为恶意收购，从而以中兆投资增持本公司股份达 5% 时未及时停止增持履行公告，违反了相关规定为由①，向监管部门举报。根据"渤海物流"的举报，深交所要求中兆投资一个月内不得再次增持"渤海物流"股份。上交所也宣布了禁止中兆投资一个月内再增持"商业城"股票的处分决定。"茂业国际"的资本游戏同时也激起了其他资本大鳄的强烈反弹，"商业城"原第二大股东深圳市琪创能贸易有限公司突然出手，在 11 月初受让了第一大股东沈阳商业城（集团）转让的 535.9477 万股"商业城"股权，以 14.4% 的持股比例成为第一大股东。2009 年 2 月 12 日，深圳市琪创能又接受了沈阳商业城（集团）挂牌转让的 2090 万股股权，共持有"商业城"26.14% 的 4645 万股股权。

继"渤海物流"和"商业城"请求紧急查处中兆投资收购过程中的违规行为后，"深国商"也加入了举报行列。"深国商"向深交所举报称，茂业商厦及其一致行动人大华投资增持"深国商"股票达到占公司总股本 5.09% 时才发布举牌公告，违反了《证券法》等法规关于达到 5% 必须公告的限制性规定。此外，"深国商"认为茂业商厦和大华投资举牌时所持的 1124.3218 万股与公司 A、B 股相应时段交易日的成交量不匹配，怀疑其利用了关联账户进行先分散购买然后再归并的手法。由此，"深国商"请求深交所查处茂业商厦和大华投资的违规收购行为。但是，深交所对"深国商"的举报没有作出反应。

针对 3 家被收购公司的举报行为，"茂业国际"方面认为举牌并不违规，中兆投资已将相关材料向监管部门和交易所作出详细汇报。"茂业国际"有关人士表示，通过二级市场自由购买上市公司股票是正常之举，并不属于违规行为，也不能认为是敌意收购。"茂业国际"有关人士还表

---

① 《证券法》第八十六条、《上市公司收购管理办法》第十三条规定："投资者及其一致行动人拥有权益的股份达到一家上市公司已发行股份的 5% 时，应当在该事实发生之日起三日内编制权益变动报告书，向中国证监会、证券交易所提交书面报告，抄报该上市公司所在地的中国证监会派出机构，通知该上市公司，并予公告；在上述期限内，不得再行买卖该上市公司的股票。"

示，从二级市场购买股票是响应管理层关于上市公司股东增持股份的号召，有利于公司股价的稳定，不存在敌意收购，同时也不排除未来继续增持的可能。

4　静待变局

"茂业国际"对"深国商"第二次举牌之后，直到 2009 年春节之前，没有再采取新的收购行动，"深国商"的收购与反收购之战也陷入了僵局之中。目前人们都在等候双方的下一步行动，静待可能出现的变局。

在"深国商"收购与反收购之战的后势变化中，除了两个直接当事人"深国商"和"茂业国际"的举动之外，"深国商"第一大股东马来西亚和昌父子有限公司和第三大股东特发集团的态度也是举足轻重，可能对局势产生重要影响。

不过，虽然"茂业国际"在内地股票市场搞得风生水起，其频频举牌的收购行为却并未得到香港股票市场机构投资者的认同。不久前，美国高盛公司将"茂业国际"的评级从"买进"调低至"中性"，原因是"茂业系"最近进行的收购给它的策略和方向带来了不确定性。这表明"茂业国际"四处出击的收购所得到的是更多的关注目光，但还缺乏实际效果。

思考与讨论

1. "深国商"可以采取哪些反收购手段？
2. 从"深国商"的反收购行为受挫可以得出哪些结论？
3. "深国商"的收购与反收购对公司发展可能产生什么影响？
4. "茂业国际"应该如何应对"深国商"的反收购和把收购进行到底？

参考文献

[1] 曹昱:《再"举牌"深国商黄茂如掀百货业并购》,《狂潮》2006 年第 11 期，

第3页，http：//www. p5w. net/kuaixun/200811/t1987540. htm。

［2］田爱丽：《违规？茂业系举牌三家上市公司陷口水战》，《第一财经日报》2006 年 11 月 6 日，http：//www. china-cbn. com/s/n/000004/20081106/000000102173. shtml。

［3］陈建军：《交易所排查"茂业系"违规举牌》，http：//www. cnstock. com/08gongsi/2008-11/06/content_ 3816530. htm。

［4］陈建军：《"茂业系"举牌会举多久》，《上海证券报》2006 年 11 月 11 日，http：//www. cs. com. cn/ssgs/08/200811/t20081111_ 1650138. htm。

［5］王欣：《深国商首次正面回应茂业举牌》，《深圳特区报》2008 年 11 月 25 日，http：//news. sznews. com/content/2008-11/25/content_ 3414950_ 3. htm。

［6］吕东：《"毒丸计划"流产茂业系加紧收购深国商》，http：//money. 163. com/08/1217/08/4TBOCCLG00251LJJ. html。

［7］李晶：《茂业系再举牌深国商跃升第二大股东》，《第一财经日报》2006 年 12 月 17 日，http：//finance. sina. com. cn/stock/s/20081217/07055646249. shtml。

会 计 学

成本核算方法的运用案例

——柯尔矿山设备有限公司的成本核算方法分析

胡文君

摘 要 成本核算是工业企业会计核算的重要内容之一。企业根据自身的生产特点和管理要求选择成本核算方法，制定相关的会计政策。本案例详细介绍了柯尔矿山设备有限公司的成本核算方法，就成本核算方法的现实选择及运用问题进行剖析，以提升对成本核算方法的理解。

关键词 成本核算方法 运用

1 企业基本情况

成都柯尔矿山设备有限公司，是由原四川煤矿机械厂改制成立的独立法人资格的公司，是定点生产煤矿支护、运输、安全设备及配件的重点企业，并通过了 ISO9001：2000 质量管理体系认证。公司具有完善的检测计量体系，为国家二级计量合格单位。该公司主要从事煤炭、矿山专用设备及配件的设计、采购、生产、服务，同时还承担来料加工和非标设备的设计和制造。主要产品有单体液压支柱、矿用调度绞车、提升绞车、煤层注水泵、液压支架千斤顶等设备和配件。

公司占地面积 7.4 万平方米，生产建筑面积 3 万平方米，年综合生产能力 3000 吨，年工业总产值可达 4000 万元。公司设有热加工工段，机加工工段及生产部、物资供应部、技术质量部、销售部、行政部、财务部。

2 企业的成本核算

2.1 成本核算方法的种类

品种法、分批法、分步法是成本核算的三大基本方法。三种基本方法在成本核算对象、成本核算期、生产费用在完工产品与在产品之间的分配等方面的要求是不同的，通常适用的范围也不一样。企业可以根据自身生产的特点及管理的要求分别选择不同的方法进行成本核算。

2.2　企业成本核算方法的选择

从生产的组织来看，该企业的生产属于多步骤装配式生产，先由各加工工段加工生产各种规格型号的零部件交生产部，再由生产部进行组装，完工入库。

企业选择的核算方法是品种法。品种法是按照产品品种计算产品成本的一种方法，即以产品品种为成本计算对象，归集各项生产费用，计算各种产品的总成本和单位成本。品种法具有以产品的品种为成本计算对象；成本计算期与产品生产周期不一致，而会计报告期相一致；按月计算产品成本；月末，需要将生产费用在完工产品与在产品之间的分配等特点。该方法适用于大量大批的单步骤生产，如发电、供水、采掘等企业；在多步骤生产的企业中，如果管理上不要求按照生产步骤计算产品成本，也可以采用品种法计算产品成本，如小型水泥厂、玻璃品的熔铸、辅助生产车间的供水、供电、提供蒸汽等。

2.3　成本核算方法的实际运用

柯尔公司的成本核算采用品种法，在成本会计工作的组织上采用集中式组织形式，即由厂部设置专门的成本会计核算人员，负责制订成本计划和标准，审核和分配生产费用，控制资源消耗，计算产品成本，编制成本报告，并进行成本分析。

按照成本核算的程序要求柯尔公司是按照以下步骤进行成本核算的：

第一步　确定成本计算对象。在成本计算对象的选择上，财务人员按生产产品的品种设置生产成本明细账，分别核算不同品种的产品成本。

第二步　确定产品成本项目。在生产成本明细账的具体设置上，设"材料费用"、"工资"、"动力"、"制造费用"四个成本项目。

第三步　确定成本计算期。成本计算与会计报告期相一致，即按月计算产品成本。

第四步　采用品种法按月进行生产费用的归集和分配，核算产品成本。

首先，在生产部门的配合下做好生产费用核算的各项基础工作：

（1）生产部门负责生产原始记录工作，完成生产过程中的各种原始凭证的填制，向财务部门提供诸如领料单、产量记录、出勤记录等成本核算的基础资料；

（2）物资仓库的保管人员严格执行存货管理制度，做好材料物资的计量、收发、领退和盘点工作并及时向财务部门报送相关资料；

（3）财务人员在技术人员的协助下做好材料消耗和工时定额的制定和修订工作，为进行费用分配提供分配标准。

其次，按照品种法进行生产费用的归集和分配，计算完工产品的单位成本和总成本。

按照成本核算账务处理的程序分配材料费用、工资费用、动力费用、制造费用等。与一般企业常规的成本核算方法不同，该公司的成本核算是先按定额分配计算单位产品成本，再计算完工产品的总成本。

最后，以产品的品种为对象，分别填制成本计算单，结转完工产品的成本。

下面以该公司×年×月生产的JD-1型调度绞车为例具体说明其成本核算的方法。

JD-1型调度绞车是柯尔公司的主要产品之一，供煤矿井下调度编组矿车、中间巷道拖运矿车及其他辅助运输工作之用。该型绞车采用隔爆型电气设备，可用于有煤尘及瓦斯爆炸危险的矿井。

（1）核定构成单位产品所需自产零配件的材料、工时耗用定额以及外购零部件的耗用定额。

单台JD-1型调度绞车由119个零部件组成，分为外购和自制两大类。对于自制的零部件要分别核定所需材料的耗用定额和工时定额，而外购的零部件则只需要核定耗用定额。

表1

JD-1型调度绞车 零件图号、名称	耗用件 数/台	材料规格 型号	材料毛坯 重量	热定额 工时/件	总定额 工时/件	热定额 工时/台	总定额 工时/台
CMJ Ⅰ 调度绞车	1				1200		1200
矿用隔爆电动机 1.4Kw	1						
CMJ Ⅰ -01 电机齿轮	1	40Crφ70	3.7667	8	244	8	244
CMJ Ⅰ 01 刹车装置	2				110		220
CMJ Ⅰ 0101 刹车把装置	2						
CMJ Ⅰ 0101-01 刹车把	2	A3φ36	3.02	5	95	10	190
永久28 自行车手把套	2						
CMJ Ⅰ 01-01 叉头	2	ZG	1.05		72		144

续表

JD-1 型调度绞车 零件图号、名称	耗用件 数/台	材料规格 型号	材料毛坯 重量	热定额 工时/件	总定额 工时/件	热定额 工时/台	总定额 工时/台
CMJ I 01-02 活节螺栓	2	45#	0.47	1.5	32.5	3	65
GB882-86 销轴 B16×55	2	45#φ25	0.25		14.2		28.4
……							
……							
合计				257.10	10104.14	295.80	11469.16

（2）当月，生产车间根据生产计划领用原材料生产各种规格型号的零配件。月末，将材料（或零部件）领用及零配件的生产情况报送成本核算部门。

（3）月末，成本核算部门按照单位产品的材料消耗定额比例分配计算自制零部件材料费用，按购进价格计算外购零部件的材料费用，并按单位产品的耗用量分别计算单位产品材料费用，以计入产品成本明细账——"材料费用"成本项目。

表 2

JD-1 型调度绞车零件 图号、名称	每台件数	材料规格 型号	材料毛坯 重量	材料价格	单件材料 费用	单台材料 费用
CMJ I 调度绞车	1					0.00
矿用隔爆电动机 11.4Kw	1				2279.55	2279.55
CMJ I -01 电机齿轮	1	40Crφ70	3.7667	5.09	12.14	12.14
CMJ I 01 刹车装置	2					0.00
CMJ I 0101 刹车把装置	2					0.00
CMJ I 0101-01 刹车把	2	A3φ36	3.02	5.30	14.78	29.56
永久 28 自行车手把套	2					0.00
CMJ I 01-01 叉头	2	ZG	1.05	9.03	10.32	20.64
CMJ I 01-02 活节螺栓	2	45#	0.47	5.64	2.61	5.22
……						
……						
合计					……	……

（4）月末，按照单位产品的工时定额在完工零配件之间分配动力、工资、制造费用，月末在产品不承担工资及制造费用。（说明：动力费按照热工时定额分配，工资及制造费用按照总工时定额分配。）

表3

JD-1 型调度绞车零件 图号、名称	热定额 工时/件	总定额 工时/件	热定额 工时/台	总定额 工时/台	动力	工资	制造费用
CMJⅠ调度绞车		1200		1200	12	80	53.6
矿用隔爆电动机 11.4Kw							
CMJⅠ-01 电机齿轮	8	244	8	244	3.2	16.27	10.9
CMJⅠ01 刹车装置		110		220	2.2	14.67	9.83
CMJⅠ0101 刹车把装置							
CMJⅠ0101-01 刹车把	5	95	10	190	2.85	12.67	8.49
永久28 自行车手把套							
CMJⅠ01-01 叉头		72		144	1.44	9.6	6.43
CMJⅠ01-02 活节螺栓	1.5	32.5	3	65	0.94	4.33	2.9
……							
……							
合计							

（5）编制单位产品成本计算单，核算单位产品成本。

表4

JD-1 型调度绞车零件 图号、名称	材料费用	动力	工资	制造费用	合计
CMJⅠ调度绞车	0.00	12	80	53.6	145.6
矿用隔爆电动机 11.4Kw	2279.55				2279.55
CMJⅠ-01 电机齿轮	12.14	3.2	16.27	10.9	42.51
CMJⅠ01 刹车装置	0.00	2.2	14.67	9.83	26.7
CMJⅠ0101 刹车把装置	0.00				
CMJⅠ0101-01 刹车把	29.56	2.85	12.67	8.49	53.57
永久28 自行车手把套	0.00				
CMJⅠ01-01 叉头	20.64	1.44	9.6	6.43	38.11
CMJⅠ01-02 活节螺栓	5.22	0.94	4.33	2.9	13.39
……					
……					
合计	……	……	……	……	……

（6）填制成本计算单，按照完工产量及单位成本计算完工产品成本。

表 5　　　　　　　　　　成本计算单

产品：JD-1 型调度绞车　　　　　年　　月　　　　完工　××　月末在产品　××

成本项目	材料费用	动力	工资	制造费用	合计
月初在产品费用					
本月生产费用					
合计					
完工产品成本					
月末在产品费用					

3　案例分析

从理论上说，成本核算的三种基本方法其特点明显不同，分别适用于不同的企业。三种方法看起来是相互独立的，界限十分清晰，企业核算成本时应该可以很容易选择出恰当的方法，按照核算理论要求及步骤加以运用即可。但是，对前面介绍的成本核算案例进行仔细分析，我们不难发现，成本核算方法的选择和运用并不是那么简单，各种方法之间的界限不是绝对的，其适用的范围也不是完全独立的，在具体运用时更不是一成不变的。

3.1　方法的选择

如前所说，该企业的生产是多步骤的装配式生产，按照常理，此类企业的成本核算通常采用平行结转的分步法。但是，生产特点仅仅是选择核算方法的依据之一。管理上的要求也会影响方法的选择。由于企业生产的零部件不入库而是直接进入组装环节，在管理上不要求提供零部件成本，所以在能够保证成本核算的准确度的前提下，为简化核算，该公司的成本核算采用品种法是合理的。

3.2　方法的实际运用

该企业选择采用品种法核算产品成本，但其在具体运用上又与理论上的品种法有所不同。按照会计理论，品种法是以品种为成本计算对象，按品种设置生产成本明细账，按成本项目归集分配生产费用。该企业运用品种法是按品种设置生产成本明细账，但在其具体运用上，却充分考虑了企业的生产特点，不是直接按品种归集生产费用，而是按先各零部件后产品的步骤来归集的。这样，我们不仅可以得到按品种法计算的产品成本，同时还可以得到零部件的成本（准确地说，只是材料成本），为成本管理提供各种详细的信息。我们可以这样认为，该企业说采用的品种法，兼具了分步法的一些特征。这说明，各种方法之间并不是完全独立的，企业可以对不同成本核算方法加以适当融合，以期能更好地实现成本会计为进行成本管理提供信息的目标。

在成本会计中，关于在完工产品和在产品之间分配生产费用的各种方法，均是对总生产费用进行分配，先计算出完工产品的总成本，再确定单位成本，即总成本，后单位成本。但案例中所运用的步骤却正好相反，事先计算单位成本，再确定完工产品的总成本。仔细分析其原因有两点：一是核算更简单。由于企业逐一核定了单位产品的材料、工时定额，生产产品所耗费的料、工、费都是按这些定额来分配的，且各产品又是由众多的各种相同或不同的零配件构成，直接计算单位产品成本可以使核算过程更简单。二是在一定程度上可以提供单位产品的定额成本，为下一步的财务决策提供较为准确的依据。由于单位产品成本是由材料、工时定额计算而来，可以说，产品的单位成本就是单位产品的定额成本。而单位产品的定额成本通常是我们进行成本控制、定价等财务决策的重要依据。

思考与讨论

1. 该企业采用的成本核算方法能够反映产品的真实成本吗？如何理解？

2. 该企业可以考虑采用平行结转分步法吗？与现在所用的方法相比，哪种方法更好？

3. 成本核算方法应作何选择？

参考文献

[1]《企业会计准则》，经济科学出版社 2006 年版。

[2]《企业会计准则——应用指南》，中国经济出版社 2006 年版。

[3] 引用数据说明：案例数据来源于该企业的财务数据，有调整。

企业所得税会计核算案例

赵正强

摘 要 在进行所得税计算时，最困难、最关键的是"应纳税所得额"的计算。本案例以成都航天明江科技实业有限公司 2008 年年度所缴会计核算为例，详细具体地介绍新准则所规定的所得会计核算方法——资产负债表债务法。

关键词 所得税 核算 资产负债表债务法

1 公司简介

成都航天明江科技实业有限公司（以下简称航天明江公司）为增值税一般纳税人，会计核算健全，主要生产销售压敏胶及保护膜等化工产品，生产经营情况良好。产品适用的增值税税率为 17%，企业所得税生产率为 25%，城市维护建设税生产率为 7%，教育费附加征收率为 3%，地方教育费附加征收率为 1%。企业所得税会计核算方法为"资产负债表债务法"。

除下面资料外，无其他可能与所得税会计核算有关的交易或事项。

2 2008 年度相关资料

2.1 基本资料

（1）2008 年 4、7、10 月已分别预缴所得税 50632.55 元、84320.35元、102318.90 元。并已正确进行了所得税预缴会计核算，并计提了237271.80 元所得税费用。

（2）进行年度所得税汇算前，公司账簿反应的税前会计利润为8057663.42 元。暂时性差异在可预见的未来很可能转回，公司以后年度很可能获得用来抵扣可抵扣暂时性差异的应纳税所得额。

（3）上年末计提了 90 万元坏账准备，递延所得税资产账户年初有 2.25 万元借方余额。

2.2　相关交易和事项

（1）公司于 2008 年 1 月 10 日从济南兰光机电技术有限公司购入一台已使用的设备。该设备原值为 120 万元，2008 年年末的账面价值为 110 万元，按照税法规定累计计提折旧 30 万元。税法认定该设备的原值为 120 万元。

（2）公司于 2008 年 12 月 10 日因销售商品取得的一项应收账款的账面金额为 3 万元，为应收成都时代新纪元的销货款，已恰当确认收入并结转了销售成本。

（3）2008 年 7 月 1 日，公司将开发一种新产品，环保型纸基家具保护膜，发生的 306870.00 元相关开发成本，按照《企业会计准则第 6 号——无形资产》的要求确认为一项无形资产，并将在未来 5 年内按直线法摊销。将本年发生的 201889.35 元不能资本化的研究和开发费用，计入了管理费用。

（4）2008 年，公司按照《企业会计准则第 22 号——金融工具确认和计量》将其所持有的交易性证券以其公允价值 213650.00 元计价，该批交易性证券的成本为 286860.00 元。

（5）公司编制的 2008 年年末的资产负债表中流动负债项下包括一项账面价值为 10 万元的预计负债，为应付成都铜材厂 2007 年经营租入固定资产租金。

（6）年初"交易性金融资产——国债投资"借方余额 20 万元。该国债为 2007 年 8 月份购入，期限 1 年，年利率为 3%，2008 年 4 月份出售国债的 40%，售价 10 万元，剩余 60% 于 2008 年 8 月份到期，收回本金及利息 12.36 万元。"交易性金融资产——金融债券"期初余额 15 万元，2008 年 9 月份收回本金及利息 18 万元。公司已在日常做出如下账务处理：

出售国债：

借：银行存款　　　　　　　　　　　100000.00
　贷：交易性金融资产——国债投资　　80000.00（20 万×40%）
　　　投资收益——处置国债收益　　　20000.00

到期收回国债：

借：银行存款　　　　　　　　　　　　123600.00
贷：交易性金融资产——国债投资　　　　120000.00（20 万×60%）
　　投资收益——国债利息　　　　　　　　3600.00

收回金融债券：

借：银行存款　　　　　　　　　　　　　18000.00
贷：交易性金融资产——金融债券　　　　　15000.00
　　投资收益——金融债券收益　　　　　　 3000.00

（7）"长期股权投资"明细账反映企业对乙、丙两企业有投资业务。

对乙企业投资情况如下：2008 年 3 月 1 日，航天明江公司以一幢生产厂房投资于乙企业，占被投资企业实收资本总额的 30%。房产原值 300 万元，已提折旧 40 万元，评估确认价 290 万元。未发生相关税费。企业按权益法核算该项投资，投资时乙企业可辨认净资产公允价值总额和净资产均为 900 万元。2008 年乙企业实现税后净利润 600 万元，企业所得税税率为 25%。企业账务处理如下：

3 月 1 日：（900×30% =270 万元，注：计税基础应为 290 万元）

借：长期股权投资——乙企业（投资成本）　　2900000.00
　　累计折旧　　　　　　　　　　　　　　　400000.00
贷：固定资产　　　　　　　　　　　　　　3000000.00
　　营业外收入——固定资产处置收入　　　　300000.00

12 月 31 日：（600×30%×10÷12 =150 万元）

借：长期股权投资——乙企业（损益调整）　　1500000.00
贷：投资收益　　　　　　　　　　　　　　1500000.00

对丙企业的投资占丙企业实收资本的 10%，该项投资系航天明江公司于 2006 年投入，丙企业适用所得税率 15%，企业采取成本法核算丙企业投资。2008 年 4 月 3 日，丙企业宣告分派 2007 年利润 80 万元。4 月 3 日，民江公司账务处理如下：

借：应收股利　　　　　　　　　　　　800000.00
贷：投资收益　　　　　　　　　　　　800000.00

5 月 15 日实际收到时的处理为：

借：银行存款   800000. 00
贷：应收股利   800000. 00

（8）"应收账款"期初余额 3200 万元，期末余额 4500 万元，"应收票据"期初余额 200 万元，期末余额 150 万元，"坏账准备"期初余额 90 万元，本期发生坏账 20 万元（已经税务机关审核确认），本期收回前期已冲销的坏账 10 万元，企业按账龄分析法提取坏账准备，提取的范围包括应收账款和其他应收款，经计算期末应保留坏账准备 200 万元，本期提取 120 万元。

（9）6 月 30 日，公司库存滞销产成品——X 数量 500 件，账面单位成本每件 0.5 万元，估计每件可收回金额 0.4 万元，提取存货跌价准备 50 万元。

6 月 30 日：
借：资产减值损失   500000. 00
贷：存货跌价准备   500000. 00

（10）公司因一时资金周转困难，于 4 月 1 日向乙企业借款 2500 万元，借款期限 3 个月，年利率按 10% 计算。6 月 30 日公司一次性还本付息 2562. 57 元。利息全部计入财务费用。税务机关规定，同期同类银行贷款利率按 8% 确定。

（11）"营业外支出"账户列支税收罚款及滞纳金 5.5 万元。

（12）本年度发生 5.8 万元合同违约金，2 万元银行贷款逾期还款的罚息，以及 1.6 万元交通罚款。

（13）"销售费用"账户反映广告费支出 350 万元，业务宣传费支出 20 万元。2008 年全年产品销售收入 18000 万元，其他业务收入 600 万元。

（14）"管理费用"中列支业务招待费 205 万元。

（15）两笔应付账款合计金额 30 万元，因债权人原因而无法支付，于期末结转至营业外收入。

（16）公司与另一家公司发生经济纠纷，被该公司起诉，并要求赔偿 40 万元。12 月 31 日，根据法律诉讼的进展情况和律师的意见，认为对原告予以赔偿的可能性在 50% 以上，最有可能发生的赔偿是 35 万元。公司作分录如下：

借：营业外支出——诉讼赔偿　　　　　　350000.00
　贷：预计负债　　　　　　　　　　　　350000.00

（17）"营业外支出"科目列支本年度通过民政部门向农村某小学捐赠 30 万元。

3　纳税调整与会计核算

3.1　应纳所得税额与所得税费用

（1）居民企业年度应纳所得税额的计算。

根据《中华人民共和国企业所得税法》第二十二条，"企业的应纳税所得额乘以适用税率，减除依照本法关于税收优惠的规定减免和抵免的税额后的余额，为应纳税额"。根据第五条"企业每一纳税年度的收入总额，减除不征税收入、免税收入、各项扣除以及允许弥补的以前年度亏损后的余额，为应纳税所得额"。

因而在进行所得税计算时，最困难最关键的是"应纳税所得额"的计算。由于任何企业每一纳税年度的各类收入、收益、费用、成本、损失等发生得多而平凡，而会计已按企业会计准则对交易和事项进行了分类、汇总和核算。会计准则核算税前会计利润（利润总额，这个名词不科学，因为其中的所得税费用不是"利润"）的标准与税法计算"应纳税所得额"的标准只有部分差异。因此，税务会计一般都是以财务会计核算的税前会计利润为基础，按税法调整得到。即：

$$应纳税所得额 = 税前会计利润 \pm 纳税调整项目$$
$$应交所得税 = 应纳税所得额 \times 所得税税率 - 减免和抵免的税额$$

（2）纳税调整项目包括"收入、收益"和"成本、费用"的调整。

一部分源于对"资产"和"负债"的确认上，这些"调整"是针对"会计准则"和"所得税法"对"资产"和"负债"的确认时间和计价不同造成，形成"暂时性差异"；另一部分源于准予免税的收益、收入和不准税前扣除的支出造成，形成永久性差异。

永久性差异，是指在某一会计期间，由于会计制度和税法在计算收益费用或损失时的口径不同，所产生的税前会计利润与应纳税所得额之间的差异。这种差异在本期发生，不会在以后各期转回。

暂时性差异，是指资产或负债的账面价值与其计税基础之间的差额。

（3）暂时性差异。

根据影响的情况的不同，分为应纳税暂时性差异和可抵扣暂时性差异。

应纳税暂时性差异，是指在确定未来收回资产或清偿负债期间的应纳税所得额时，将导致产生应税金额的暂时性差异。这里的"应税"是指未来应纳税，即在未来收回资产或清偿负债期间，会增加应纳所得税额。

在该暂时性差异发生当期，要确认相关的递延所得税负债。

应纳税暂时性差异产生的情况：资产的账面价值大于其计税基础；负债的账面价值小于其计税基础。

可抵扣暂时性差异是指在确定未来收回资产或清偿负债期间的应纳税所得额时，将导致产生可抵扣金额的暂时性差异。这里的"可抵扣"是指未来可抵扣，即在未来收回资产或清偿负债期间，会减少应纳所得税额。

在该暂时性差异发生当期，要确认相关的递延所得税资产。

应纳税暂时性差异产生的情况：资产的账面价值小于其计税基础；负债的账面价值大于其计税基础；按税法规定可以结转以后年度的未弥补亏损及税款抵减，应视同可抵扣暂时性差异，在符合条件时，确认相关的递延所得税资产。

（4）资产的计税基础。

资产的计税基础，是指企业收回资产账面价值过程中，计算应纳税所得额时按照税法规定可以自应税经济利益中抵扣的金额。

如果资产的计税基础不等于资产的账面价值，就会产生暂时性差异。

当资产账面价值小于计税基础时，形成可抵扣暂时性差异；当资产账面价值大于计税基础时，形成应纳税暂时性差异。

（5）负债的计税基础。

负债的计税基础，是指负债的账面价值减去未来期间（偿还时）计算应纳税所得额时按照税法规定可予抵扣的金额。

当负债账面价值大于计税基础时，形成可抵扣暂时性差异；当负债账面价值小于计税基础时，形成应纳税暂时性差异。

（6）所得税费用。

$$所得税费用 = 当期所得税 + 递延所得税$$

不受企业合并和直接计入所有者权益中确认的交易或事项产生的所得税影响。

递延所得税 = 当期递延所得税负债增加 + 当期递延所得税资产减少 − 当期递延所得税负债减少 − 当期递延所得税资产增加

应直接计入所有者权益的除外。

3.2　相关交易与事项对所得税核算的影响

（1）税前会计利润为 8057663.42 元。

（2）事项 1：调减应纳税所得额 2 万元，并产生相同应纳税暂时性差异。

（3）事项 2：不影响。

（4）事项 3：调减应纳税所得额 306870.00 × 150% + 201889.35 × 50% = 561249.68 元，产生应纳税暂时性差异 306870.00。

（5）事项 4：调增应纳税所得额 73210.00 元，并产生相同可抵扣税暂时性差异。

（6）事项 5：不影响。

（7）事项 6：调减应纳税所得额 3600.00 元，不产生暂时性差异。

（8）事项 7：对乙公司投资：调减应纳税所得额 15 万元，并产生相同应纳税暂时性差异。对丙公司投资：调减应纳税所得额 8 ÷（1 − 15%）− 8 = 1.412 万元 = 14117.65 元，可抵减所得税 8 ÷（1 − 15%）× 15% = 1.412 万元 = 14117.65 元，不形成暂时性差异。

（9）事项 8：《中华人民共和国企业所得税法实施条例》"第三十二条企业所得税法第八条所称损失，是指企业在生产经营活动中发生的固定资产和存货的盘亏、毁损、报废损失，转让财产损失，呆账损失，坏账损失，自然灾害等不可抗力因素造成的损失以及其他损失"。"第五十五条企业所得税法第十条第（七）项所称未经核定的准备金支出，是指不符合国务院财政、税务主管部门规定的各项资产减值准备、风险准备等准备金支出。"因而"坏账准备"与其他资产减值准备一样，不能税前抵扣。（之前有千分之五的限额标准）。

所以，按税法应计"坏账损失"20 − 10 = 10 万元，会计上采用备抵法核算，实际进 120 万元。本项应调增应纳税所得额 11 万元，并产生可抵扣暂时性差异 20 万元。年初有 9 万元，增加 11 万元。

（10）事项 9：调增应纳税所得额 5 万元，并产生相同可抵扣暂时性差异。

（11）事项 10：调增应纳税所得额 2500 万 ×（10% − 8%）/12 × 3 = 13888.9 元，不产生暂时性差异。

（12）事项 11：调增应纳税所得额 55 万元，不形成暂时性差异。

（13）事项 12：无影响。

（14）事项 13："实施细则"第 44 条规定，企业发生的符合条件的广告费和业务宣传费支出，除国务院财政、税务主管部门另有规定外，不超过当年销售（营业）收入 15% 的部分，准予扣除；超过部分，准予在以后纳税年度结转扣除。两项合计扣除限额为（18000 + 600）× 15% = 2790 万元，大于实际发生的 370 万元。因而，本项目无影响。

（15）事项 14：实施细则规定，企业发生的与生产经营活动有关的业务招待费支出，按照发生额的 60% 扣除，但最高不得超过当年销售（营业）收入的 5‰。则应调增应纳税所得额 205 × 60% = 113 万元，税法准予扣除的限额为（18000 + 600）× 5‰ = 93 万元，计税实际扣除 93 万元。调增应纳税所得额 205 − 93 = 112 万元。不形成暂时性差异。

（16）事项 15：本项目无影响。

（17）事项 16：调增应纳税所得额 3.5 万元，并产生相同可抵扣暂时性差异。

（18）事项 17：税法"第九条　企业发生的公益性捐赠支出，在年度利润总额 12% 以内的部分，准予在计算应纳税所得额时扣除"。8057663.42 × 12% = 96.70 万元，大于 30 万元。

则，本项目无影响。

3.3　2008 年度应交所得税计算

$$
\begin{aligned}
应纳税所得额 = {} & 8057663.42 - 20000.00 - 561249.68 + 73210.00 - 3600.00 - \\
& 150000.00 - 14117.65 + 110000.00 + 50000.00 + \\
& 125000.00 + 55000.00 + 35000.00 + 112000.00 \\
= {} & 7868906.09 \ 元
\end{aligned}
$$

全年应纳所得税额 = 7868906.09 × 25% − 14117.65 = 1953108.87 元

年末应补提的应的应交企业所得税

= 1953108.87 − 50632.55 − 84320.35 − 102318.90

= 1715837.07 元

3.4   年末递延所得税资产、递延所得税负债

年末可抵扣暂时性差异合计 = 73210.00 + 200000.00 + 50000.00

$$+ 35000.00$$

$$= 358210 \text{ 元}$$

年末递延所得税资产借方余额 = 2923210.00 × 25% = 89552.5 元

年末应增记递延所得税资产 = 89552.5 - 22500.00 = 67052.5 元

年末应纳税暂时性差异合计 = 150000.00 + 306870.00 + 20000.00

$$= 476870 \text{ 元}$$

年末递延所得税负债借方余额 = 476870 × 25% = 119217.5 元

年末应增记递延所得税负债 = 119217.5 元

3.5   所得税费用与会计分录

（1）所得税费用。

所得税费用 = 2024087.07 + 501717.50 - 708302.50

$$= 1817502.07 \text{ 元}$$

（2）会计分录。

借：所得税费用　　　　　　　　　　　1817502.07

　　递延所得税资产　　　　　　　　　 708302.50

贷：应交税费——应交企业所得税　　　2024087.07

　　递延所得税负债　　　　　　　　　 501717.50

①分析相关资产和负债的计税基础。

②计算公司年末递延所得税资产和递延所得税负债余额。

③计算公司 2008 年所得税费用。

④并编制相关会计分录。

思考与讨论

1. 如果 1、2、3 季度末对预交的所得税做计提处理，最后的分录应该如何做？

2. 不得从应税所得中扣减的支出有哪些？

3. 按权益法核算的长期股权投资业务，有哪些纳税调整情况？

参考文献

［1］中国注册会计师协会：《会计》，经济科学出版社 2008 年版。

［2］财政部会计资格考试评价中心：《中级会计实务》，经济科学出版社 2008 年版。

［3］中国注册会计师协会：《税法》，经济科学出版社 2008 年版。

［4］《中国注册会计师协会·审计》，经济科学出版社 2008 年版。

［5］葛家澍：《中级财务会计学》下，中国人民大学出版社 2003 年版。

［6］中华人民共和国财政部：《企业会计准则第 18 号—所得税（2006）》。

［7］中华人民共和国财政部：《企业会计准则第 18 号——所得税》。

［8］中华人民共和国财政部：《企业会计准则应用指南——会计科目和主要账务处理》。

出口业务的会计核算案例

——成都农泰生物技术有限公司出口业务核算实例分析

胡文君

摘　要　本案例以成都农泰生物技术有限公司的出口业务核算为主要内容，在实例介绍出口业务的会计核算的基础上，对影响出口业务的记账汇率的选择问题进行探讨。

关键词　出口业务　出口退税　记账汇率

1　企业基本情况

成都农泰生物技术有限公司是一家从事销售高品质生态复合肥的开拓型企业。该公司是外向型企业，以出口环保无污染绿色微肥为主要业务，其生产的 EDTA 络合微养和 DTPA 络合铁微肥两大系列十余种规格的产品一直畅销国际市场，2008 年实现出口 2600 多万元。

EDTA 络合微养包括 EDTA 铁盐、铜盐、镁盐、锌盐、锰盐、钙盐，无毒、无害、无污染，是一种绿色环保型精细肥料，是植物生长的营养剂，是一种高级微量元素。DTPA 络合铁微肥是一种应用更广泛的精细有机肥料，它比 EDTA 络合微养的使用范围更广。该公司在国内是唯一掌握该项技术并成功应用于工业化生产的公司，是生产该产品的全球第三家企业，在国际上技术领先，产品全部用于出口，并得到了国外各大公司的普遍认可。

目前，公司已具备了较为完善的国际营销网络，客户主要分布西欧、中东、美洲等地区。随着生产规模和销量的进一步扩大，公司在国际、国内市场的竞争力和影响力将日趋强大，最终树立起在化工螯合剂领域的强大的品牌知名度和美誉度。

2 出口业务的核算

该企业的出口业务主要包括两方面内容：一是外币收入业务的核算；二是出口退税业务的核算。

按照会计准则的规定：企业在处理外币交易和对外币财务报表进行折算时，应当采用交易发生日的即期汇率将外币金额折算为记账本位币金额反映；也可以采用按照系统合理的方法确定的、与交易发生日即期汇率近似的汇率折算。即期汇率，通常是指中国人民银行公布的当日人民币外汇牌价的中间价。企业发生的外币兑换业务或涉及外币兑换的交易事项，应当按照交易实际采用的汇率（即银行买入价或卖出价）折算。即期汇率的近似汇率，是指按照系统合理的方法确定的、与交易发生日即期汇率近似的汇率，通常采用当期平均汇率或加权平均汇率等。

2.1 外币收入业务的核算

按照准则的要求，在发生出口业务时，该公司选择当月 1 日的汇率作为折算收入记账汇率。下面以公司 2008 年 10 月发生的两笔出口业务具体说明其外币业务的核算。

（1）2008 年 10 月 23 日出口 A 商品，数量 68 吨，FOB 价格为 $313016 元，汇率为 2008 年 10 月 1 日银行基准价 6.8183 元。收汇为 CIF 价 $327080 元，其中差额 $14064 元为代付海运费，转付运输企业。结算汇率为当日实际收汇价 6.8125 元。

编制会计分录如下：

①出口时，按照 2008 年 10 月 1 日银行基准价 6.8183 元，出口额 $313016 元、折合人民币 2134236.99 元。

借：应收账款　　　$313016　汇率 6.8183　　¥2134236.99
贷：主营业务收入　　　　　　　　　　　　　2134236.99

②实际收到货款时，结汇。

借：银行存款　　　　　　　　　　　2132421.50
　　汇兑损益　　　　　　　　　　　　　1815.40
贷：应收账款　　　$313016　汇率 6.8183　　¥2134236.99

（2）2008 年 10 月 10 日出口 B 商品，数量 20 吨，FOB 价格为

＄40118 元，汇率为 2008 年 10 月 1 日银行基准价 6.8183 元。收汇为 CIF 价 ＄43200 元，其中差额 ＄3082 元为代付海运费，转付运输企业。结算汇率为当日实际收汇价 6.8228 元。

①出口时，按照 2008 年 10 月 1 日银行基准价 6.8183 元，出口额 ＄313016 元折合人民币 2134236.99 元。

借：应收账款　　　＄40118　汇率 6.8183　　￥273536.56
贷：主营业务收入　　　　　　　　　　　　　￥273536.56

②实际收到货款时，结汇。

借：银行存款　　　　　　　　　　　　　　　￥273717.09
贷：应收账款　　＄40118　汇率 6.8183　　￥273536.56
　　汇兑损益　　　　　　　　　　　　　　　￥180.53

2.2 出口退税业务的核算

2008 年 10 月，该公司由生产企业自营出口转变为通过关联外贸企业买断出口，主要出口 EDTA 络合微养和 DTPA 络合铁微肥两大系列十余种规格的产品，法定退税率 5%。

按照出口退税管理办法：

（1）生产企业自营出口，采用"免、抵、退"办法。

（2）外贸企业出口货物按购进出口货物所取得的增值税专用发票上列明的销售额和该货物适用的退税率计算：

应退税额 = 购进货物的销售额（即购进价）×退税率
　　　当期免抵退不得免征和抵扣税额
　　　= 购进货物的销售额（即购进价）×（出口货物征税率 -
　　　出口退税率）

前例，2008 年 10 月 23 日出口 A 商品 68 吨，FOB 价格为 ＄313016 元，汇率 6.8183 元，折算为人民币 2134236.99。该业务所涉及的出口退税业务会计处理如下：

①出口时，在确认主营业务成本的同时，将按照税法规定出口商品不予抵扣或退税的税额作进项转出。（设该批商品购进时，所取得的增值税专用发票上列明的销售额为人民币 1800000 元。）

不予抵扣或退税的税额 = 1800000 ×（17% - 5%）= 216000

借：主营业务成本   216000.00
  贷：应交税费——应交增值税（进项税额转出）   216000.00

②申报退税时，按购进额及退税率确定退税额。

出口商品退税额 = 1800000 × 5% = 90000.00
借：其他应收款   90000.00
  贷：应交税费——应交增值税（出口退税）   90000.00

③实际收到退税时，冲减应收款。

借：银行存款   90000.00
  贷：其他应收款   90000.00

3　思考与讨论

分析以上的案例，我们不难发现，企业出口业务所涉及的两方面内容，无论是外币收入业务的核算，还是出口退税业务的核算，都要受到其所选择的记账税率的影响，具体表现为：

（1）记账汇率的选择将影响财务信息的披露。

企业外币业务的核算涉及汇率的选择问题，选择的汇率不同其由外币折算为人民币的收入金额也是有差异的，将影响企业财务信息的披露。

（2）记账汇率的选择不影响企业的利润水平。

由汇率不同而引起的收入金额的差异并不会影响企业利润水平，也不影响其纳税所得的确定。因为从整体上来看，由于结汇产生的汇兑损益要计入当期损益，外币业务对企业影响始终是"主营业务收入"发生额 +（或 –）"汇兑损益"的发生额，即结汇时"银行存款"人民币的增加额。结汇时"银行存款"人民币的增加额是不受记账汇率影响的，只由结汇时的汇率决定。

对于以人民币为记账本位币的企业，税法并未规定其在日常外币收入核算时应选择的汇率，而只对以外币核算的纳税所得的折算有规定。如《企业所得税实施条例》第一百三十条规定：企业所得以人民币以外的货币计算的，预缴企业所得税时，应当按照月度或者季度最后一日的人民币汇率中间价，折合成人民币计算应纳税所得额。年度终了汇算清缴时，对已经按照月度或者季度预缴税款的，不再重新折合计算，只就该纳税年度内未缴纳企业所得税的部分，按照纳税年度最后一日的人民币汇率中间价，折合成人民币计算应纳税所得额。

（3）记账汇率的选择可能影响增值税的缴纳。

我国对出口货物退（免）税采取了三种不同的政策：出口免税并退税、出口免税不退税、出口不免税也不退税。也就是说并不是所有出口商品都能享受退（免）税。对于适用出口不免税也不退税的企业而言，由于记账汇率的不同引起的收入差额将对增值税销项税额产生影响，从而导致企业增值税负不同。《增值税实施细则》第十五条的规定：纳税人按人民币以外的货币结算销售额的，其销售额的人民币折合率可以选择销售额发生的当天或者当月 1 日的人民币汇率中间价。纳税人应在事先确定采用何种折合率，确定后 1 年内不得变更。按照此规定，销售额的确定是按记账汇率折算，销项税额的确定也是按记账汇率折算，而与结汇汇率无关。记账汇率不同，销售额不同；销售额不同，销项税额不同；销项税额不同，则应纳增值税额不同。

思考与讨论

1. 汇率波动比较大时，企业应如何选择记账汇率，以保证财务信息的质量？

2. 税法对会计核算的影响如何？考虑增值税的税负，对于出口不免税也不退税的企业又该如何选择记账汇率？

3. 如果是生产企业的出口业务，记账汇率的选择会影响退税额吗？为什么？

4. 从税收筹划的角度分析，企业自营出口与关联外贸企业买断出口的税负差。

参考文献

［1］《企业会计准则》，经济科学出版社 2006 年版。

［2］《企业会计准则——应用指南》，中国经济出版社 2006 年版。

［3］引用数据说明：案例数据来源于该企业的财务数据，有调整。

资本预算与相关现金流分析案例

——四川艾普网络有限公司四川宽带 IP 网项目分析

孟　萍

摘　要　本案例描述了四川艾普网络有限公司发展过程中所涉及的一个项目投资分析过程，侧重于现金流量、相关成本、资本预算等财务角度的思考。如何判断一个项目是否有利可图？案例为我们提供了一个基本财务决策思路。

关键词　项目分析　现金流量　资本预算

2000 年 12 月的一天，四川省艾普网络有限公司总经理李嘉召集了公司董事会，出席会议的还有公司副总经理、财务总监、技术总监、市场总监以及其他董事会成员，会议的议题是关于是否在省内进一步加大宽带 IP 网项目投资。四川宽带 IP 网项目自今年 6 月份投建以来现已粗具规模，在成都市铺设光缆 43.757 公里，现已开通了电脑城、科技一条街、大发电器商城、民兴金融大厦，已开通用户 2000 余户，运行至今比较理想。中心机房现已通过中国吉通、中国教育网接入了国际互联网，与中国网通、中国联通签订了接入协议，总的说来，该项目正处于一个需追加投入、大力发展、扩大影响的阶段。

1　公司背景

2000 年初，成都华电科技有限公司开始对宽带 IP 网的技术发展、市场前景进行深入的调查研究，通过与电信信息传输网络进行比较，决定在四川省和重庆市建设宽带 IP 网，满足日益增长的高速信息传输市场的需要。同年 4 月，成都华电科技有限公司、四川省电子工业厅后勤综合服务中心、成都华电电子技术研究所及自然人周明天、康昭勋共同发起成立四川省艾普网络有限公司。公司注册资本为 2200 万元人民币。是一家集计算机网络和有线电视投资、建设、经营、销售、维护以及相关信息产业、产品开发、研制于一体；同时为用户提供 ISP（网络信息接入服务）业务的高速信息传输的高新技术企业（获得高新技术企业认定证书，统一编号：015120A0008）。

公司目前的核心业务是：投资建设、运营四川宽带 IP 网。主要以国际 TCP/IP 协议为基础、集数据、语言、数字、图像为一体的宽带高速数据网络，为用户提供最大的数据容量，提供 Internet 国际互联网的网络接入服务。由于"四川宽带 IP 网"项目的广阔市场发展前景、良好的社会经济效益，2000 年 6 月由四川省计委批准立项，7 月由国家信息产业部向公司核发国际互联网经营许可证，批准公司从事计算机信息网络国际联网业务。同时，四川省计委、省经贸委、电子科大、电子工业厅及高新技术开发区政府对本项目也给予了大力支持。

2　项目分析

在本届（2000 年）董事会上，技术总监首先介绍了宽带 IP 网技术原理及设计方案。四川宽带 IP 网设计的基本原则是：①良好的开放性，互联性。②先进性：宽带 IP 网是以后三网（数据、语音、视频）融合的必然趋势。③可扩展性：宽带 IP 网用到的主要骨干 IP 交换机都具有非常好的平滑升级能力。④安全性：在网络的各个环节尽可能多地提供安全保护措施，如利用分组的闭合用户群功能、为用户设置权限以及划分 VLAN 或子网段等措施。

市场总监接下来对该项目进行了详细的市场分析。宽带 IP 网的用户主要来自两个方面：一方面是集团用户，包括党政机关、大专院校、科研院所、部队、企事业单位、高级智能住宅区等；另一方面，随着人们生活水平、文化需求的不断提高和电脑普及速度加快，广大群众对通过高性能信息网络得到更多增值服务的要求将不断升级。宽带 IP 网以其方便、低价、高速高质、大容量传输等特性，必然成为信息传输方式中的首选。迄今为止，四川省的电脑大约有 500 万台，而上网的大约有 100 万户左右。据统计，成都市每月 PC 机的销售量在 2.5 万—3.2 万台左右，其中准备上网的用户占 85% 以上。郊县市场前景更加广阔，电脑用户数的月增长率为 30% 以上，其中上网的用户占 90% 以上。

销售总监进一步分析了该项目的主要竞争对手：①中国电信：在电信领域占有垄断地位，依据其骨干线路，已建立起全国性的数据网，提供从信息服务器、干线连接到用户接入等全方位的服务，占有 90% 以上的上网用户。但其服务质量差、技术水平不高，而且收费很贵，省内 ADSL 初装费 4700 元，包月制收费为每月 2000—5000 元。随着技术的进步和政策的变化，电信的垄断将会被打破。②中国网通（CNC）：该公司承担建设与运营的中国网通宽带高速互联网 CNCNET 一期工程已于 10 月 28 日开通并投入试运营，该工程已建成 8490 公里，106 个中继站、17 个节点贯通东南部的 17 个重点城市。网通公司已计划明年 5 月在成都市建设城域骨干网。③长城宽带网络服务公司：成立于 2000 年 4 月，目前已投入 50 个亿进行全国骨干网及主要城市城域网的建设。目前，在成都已完成城域网的建设，可以覆盖用户 70 万户。长城宽带开户费 500 元，月包干为：100 元/户。

通过对市场需求、竞争对手的分析，总的说来：目前宽带 IP 网市场非常大，而且上网户数年增长率为 80%—100%，行业前景广阔。但市场竞争激烈、无序、重复建设、资源浪费严重、行业有待规范。因此，要想在今后的市场中处于不败之地，必须投入大量资金建设网络系统，提高技术水平和服务质量，抢占市场，市场风险较大。

公司副总经理进一步指出该项目未来 3 年的实施规划：（1）第一年着重建设成都市市内 6 个城区、省中心机房及周边地区网络。计划投资额 1350 万元，在市区铺设光缆 100 公里左右，杆路铺设 50 公里，地埋 50 公里。预计可覆盖用户 5 万户，开通用户 1 万户。（2）第二年在加大力度建设成都市 6 城区的同时，计划投资 1500 万元，进一步开发郊县，如大邑、金堂、新津、蒲江等市场，另外选择 3 个地级城市，首选绵阳、德阳、乐山或内江，成立分支机构，按各个地方不同的市场情况开发市场。预计可覆盖用户 10 万户，开通用户 2.5 万户。（3）第三年在前两年的建设区域内大力发展有效用户，并对前两年已建好的网络作必要的扩充。计划投资 2500 万元，选择 5 个市场情况较好的地级市各投入 500 万元，成立分支机构，如泸州、南充、自贡、广元等。第三年建设完成后，预计可覆盖用户 20 余万户，开通用户 7.5 万户。并可根据市场情况和政策情况适当地在网上开展宽带网的增值业务，如 VOD 视频点播、远程教学、远

程医疗以及网上购物、网上交易等，如政策允许还可以开通数字电视和
IP 电话业务或者其他业务。

会议继续进行，接下来的时间，财务总监向大家出示了根据市场调查
以及对项目未来发展趋势的预测所作出的投资收益估算表，随后解释了这
些数据的计算依据。

表1 　　　　　　　　　　　投资收益估算表　　　　　　　单位：万元

	项目	2000 年	2001 年	2002 年	2003 年
1	投入资金	1000	1350	1500	2500
	其中：固定资产投资		1350	1500	2500
	开办费与前期费用	1000			
2	覆盖用户（万户）		5	10	20
3	实际使用用户（万户）		1	2.5	7.5
4	营业收入		380	1280	5208
	其中：开户费		80	200	600
	使用费		300	1080	4608
5	总成本费用		548.50	1453.45	3968.68
	其中：互联网接入费		60	150	450
	网络维护费		36	90	270
	管理费用		150	600	1900
	财务费用			156.45	427.80
	折旧费		70.2	148.2	278.2
	开办费摊销		200	200	200
	其他费用		19	64	260.4
	税金		13.3	44.8	182.28
6	利润总额		−168.50	−173.45	1239.33
7	所得税				185.90
8	税后利润		−168.50	−173.45	1053.43

投资收益估算表编制说明：

（1）本项目为边投资、边建设、边经营。固定资产分年度投入，其
中 2001 年投入 1350 万元，2002 年追加 1500 万元，2003 年追加 2500 万
元，共计达到 5350 万元。

（2）开户费按每户 80 元计。如大宗用户，开户费根据市场情况另定。

（3）用户使用费按每月 80 元/户计算。由于竞争加剧，使用费有逐年下调的趋势，2002 年在上年的基础上下调 20%。

（4）本项目启动资金 3350 万元，其中自有资金 1000 万元，无息借款 1500 万元，其余资金缺口全部融资贷款。利率按现行银行同期利率计算。

（5）设备按 10 年折旧，光缆等设施按 20 年折旧，不留残值。

（6）项目开办费分 5 年摊销。

（7）其他费用按营业收入的 5% 估算，含广告宣传费、外聘人员酬劳费等。

（8）税金按电信行业营业税计。

（9）所得税按高新技术企业免二减三的政策计算。

从上表可以看出，项目前两年为亏损，第三年开始盈利，税后利润为 1053 万元。根据有关预测，未来 10 年，我国 PC 用户和上网用户的年增长率为 80% 左右，如项目市场占有份额按 50% 的速度同比增长，那么，实际用户数按年 40% 的速度递增，综合开户及使用费的下调，增值业务的大面积开展和互联网接入费、网络维护费的降低等多因素的影响，在确保追加投入资金及时，并且项目运作顺利的前提下，对 2004—2010 年的用户发展情况和现金流量预测如下：

表 2 　　　　　　　　　　2004—2010 年现金流量预测

	2004	2005	2006	2007	2008	2009	2010
覆盖用户（万户）	28	39.2	54.9	76.9	107.7	150.8	211.1
实际用户（万户）	10.5	14.7	20.6	28.8	40.3	56.4	79.0
现金流量（万元）	2544	3042	3379	4531	5143	6460	11044

财务总监继续说明，本公司资金的平均投资报酬率为 11%，考虑到该项目的相关风险较大，附加 2% 的报酬率比较可行。另外，新投资项目的运作需要追加 2000 万元的流动资金，虽然这些资金一直会在公司内部流动，但应该包括在计算中，其中，2010 年现金流量增加了这 2000 万的现金流入。最后，财务总监提供了该项目的财务分析结论：投资回收期 = 4.3 年，符合预期；净现值 = 8755.06 万元 > 0，说明该项目的预计收益率高于公司要求的 13% 的收益率，因此该项目值得投资。

该项目最终通过了公司的董事会决议，在接下来的几年时间里，随着项目建设的逐步推进，公司网络经营规模不断扩大，市场占有率也保持大幅度提升，给公司带来了巨大的经济效益。截至 2008 年年底，公司在四川用户数已近 20 万人，在四川省民营网络运营商中位列前茅。其中包括蜀都花园、华西美庐、丽景华庭、四川省水利厅、武警总队、军一营、华宇省委等大型商业客户，不仅如此，公司还在以每年净增 3 万用户的速度在扩张发展，每年新社区建设用户增加 20 万户以上。通过与国内各大型互联网运营商的广泛结盟与合作，艾普公司已经具备了开通全国各地 ISP 业务的能力，同时对 IPTV、VOIP 等新型业务也在逐步展开，公司前景非常广阔。

3 作者观点

本案例取材真实，描述完整、客观，信息充分，其教学目的主要用于"财务管理"、"管理会计"课程，涉及相关现金流、资金时间价值、投资风险价值以及资本预算方法等内容的教学。

长期以来，我国企业在资本预算过程中方法单一、太过主观，不够科学、严谨的问题非常突出。而本案例研究的四川艾普网络有限公司作为一家新成立的小公司，在资本预算中除了使用传统的投资回收期法，还采用了先进的净现值法，而且在决策中考虑到了风险因素，具有较强的风险意识。这些先进的管理方法，无疑有助于公司的长远发展。

思考与讨论

1. 如果你处在财务总监的位置，你会从现金流量的角度还是从利润的角度分析这个项目？你会用投资回收期法还是净现值法做出决策？

2. 该案例对你有哪些启示？

"红光实业"审计案例

赵正强

摘　要　注册会计师在执行年报审计时，通过收集充分、适当的审计证据，以确认被审计单位管理层对资产、负债以及业主权益的存在性、完整性、权利和义务、股价与分摊以及表达与披露等的认定的合法性和公允性。虚构销售在账务上的处理必然是虚构应收账款，按照审计准则恰当估计审计重要性，实施抽查、函证、监督盘点等审计程序，最后的财务报告是不会出现未发现的重大错误，并将审计风险控制在可接受的范围内。

关键词　审计重要性　审计风险

1　"红光实业"简介

"红光实业"是成都红光实业股份有限公司的简称，其前身是国营红光电子管厂，始建于1958年，是在成都市工商行政管理局登记注册的全民所有制工业企业。该厂是我国"一五"期间156项重点工程项目之一，是我国建成的大型综合性电子束器件基地，是我国第一只彩色显像管的诞生地。成都红光实业股份有限公司是根据成都市体改委成体改〔1992〕162号文批准，由原国营红光电子管厂、四川省信托投资公司、中国银行四川省分行、交通银行成都分行四家法人单位为发起人，于1993年5月8日，以定向募集方式改组设立的股份有限公司。1997年5月19日，为扩建彩色显像管生产线项目，经中国证监会证监发字〔1997〕246号及证监发字〔1997〕247号文件批准，"红光实业"以每股6.05元的价格向社会公众发行A股股票7000万股，发行市盈率15倍，募集资金总额42350万元。并于1997年6月6日在上海证券交易所挂牌交易，代码：600083。在发行A股的招股说明书中披露，公司1997年盈利预测为净利润7055万元（所得税税率 15%），每股税后利润（全面摊薄）0.3063 元/股，每股税后利润（加权平均）0.3515 元（1997 年 6 月 3 日《上海证券报》）。

1998 年 4 月 30 日，"红光实业"刊登 1997 年年度报告摘要。年报中披露 1997 年公司实际净利润为 –19840 万元，每股收益 –0.863 元。这与上市公告书和招股说明书中的盈利预测净利润 7055 万元相距甚远。与此同时，公司董事会议宣布，鉴于"红光实业"1997 年度经营严重亏损，1998 年度内公司仍将面临巨大经营压力，根据上海证券交易所上市规则的有关规定，经董事会研究表决，决定向上海证券交易所申请对公司股票实行特别处理。红光实业当年上市，当年就出现巨额亏损，并于当年进入 ST（特别处理股）行列，这在中国证券界中，是史无前例的。至此，人们不禁要问：公司上市前的报表及盈利预测怎么了？审核这些报表的注册会计师又怎么了？

2　上市前后财务会计信息和盈利预测

2.1　上市前三年财务会计信息

在红光的招股说明书中，成都蜀都会计师事务所对红光实业 1994 年、1995 年、1996 年的财务会计资料进行了审计，并对这三年的会计报表和财务资料出具了无保留意见的审计报告（签字注册会计师为：汪应钦和张秀花）。红光在 1994 年、1995 年、1996 年盈利，每股收益分别达 0.38 元、0.49 元、0.339 元。从这些报表中，可获得如下数据（表 1、表 2、表 3）。

表 1　　　　　　　　　　　　**利润表项目**　　　　　　　　　　单位：元

项目＼年份	1996 年	1995 年	1994 年
主营业务收入	424916892.59	95673509.05	837712500.77
主营业务利润	58380948.74	113928941.09	91177993.48
营业利润	59629428.42	114459988.56	91656317.51
投资收益	367083266	1169957.27	1759433.06
利润总额	63314955.20	116854812.55	90417029.99
净利润	54284335.11	78599942.34	60759065.31

表 2 资产负债表项目 单位：元

指标	1995 年末	1996 年末
货币资金	1696.00	3169.00
短期投资		
应收账款净额	14682.00	13795.00
存货	17094.00	35835.00
流动资产合计	59322.00	64812.00
长期投资	2661.00	2046.00
固定资产净值	78015.00	81195.00
总资产	152391.00	168225.00
流动负债	49831.00	59440.00
长期负债	56744.00	57564.00
资本公积	6.00	6.00
未分配利润	37.26	4596.00
股东权益合计	45785.00	51221.00

表 3 存货项目 单位：元

原材料	129578359.94
在产品	39437743.03
产成品	157311358.32
低值易耗品	18344936.80
在途物资	6856069.96
委托加工物资	209561.29
自制半成品	6607918.37

2.2 上市时的盈利预测

在红光的招股说明书中，对 1997 年度作出了乐观的盈利预测，编制了 1997 年度的盈利预测表（表 4）。根据成都市政府［1996］136 号文的规定，公司于 1996 年 1 月 1 日起按 33％的税率计征企业所得税后，由市财政列支返还 18％，实际税负 15％的优惠政策。按此计算，预计 1997 公司年度全年净利润 7055 万元，每股税后利润（全面摊薄）0.3063 元，每股税后利润（加权平均）0.3513 元（预计新募股金 1997 年 05 月 31 日到位）。本次发行前每股净资产为 3.20 元，发行后每股净资产为 4.01 元。

表 4   **1997 年盈利预测表**   单位：万元

项　　目	1997 年 1—3 月	1997 年 1—4 月	1997 年度
一、主营业务收入	9958	49368	59326
减：营业成本	6522	32662	39184
销售费用	391	1359	1750
管理费用	684	3326	4010
财务费用	1302	5848	7150
营业税金及附加	43	187	230
二、主营业务利润	1016	5985	7002
加：其他业务利润	5	175	180
三、营业利润	1021	6161	7182
加：投资收益		950	950
营业外收入	24	16	40
减：营业外支出	5	35	40
加：以前年度损益调整			
四、利润总额	1040	7092	8132
减：所得税（按 15% 计算）	156	921	1077
（按 33% 计算）	343	2027	2370
五、净利润（所得税率 15%）	884	6171	7055
（所得税率 33%）	697	5065	5762

2.3　1997 年年报反映的财务会计信息

1997 年年报中反映的有关损益的指标见表 5。

表 5   **1997 年年报中的有关损益指标**   单位：万元

指　　标	1997 年
主营业务收入	27066
营业成本	36476
销售费用	1619
管理费用	2933
财务费用	6147
主营业务利润	−20306
其他业务利润	61
投资收益	174

续表

指　　标	1997 年
营业外收支净额	250
利润总额	– 19821
净利润	– 19840

（1）注册会计师对"盈利预测"审计时，对审计重要性的判定和对审计风险的评估的失误行为分析。

为保证给投资者一个合理判断依据，《股票发行与交易管理暂行条例》第 15 条中已明确规定：上市公司前三年的经营业绩以及盈利预测的文件必须经注册会计师审核并出具审核意见。根据现代审计特征，这种审核并不要求注册会计师承诺上市公司前三年经营业指标绝对正确，也不要求注册会计师保证审核过的盈利预测的实现，但从中国注册会计师协会规定的已有的法定程序来看，希望注册会计师对这些审核提供一定的合理保证，揭示所有重大差错，是他们对注册会计师的基本要求。下面我们来看看注册会计师对红光实业的前三年经营业绩的审计及盈利预见是否提供了合理保证。

将盈利预测数据与 1997 年年度实际报告数据相对比，可以发现，导致盈利预测与实际完成业绩产生重大差异的主要项目是"主营业务收入"和"营业成本"。原先预计主营业务收入为 59326 万元，但实际完成额为 27066 万元，实际完成额仅为预计额的 45.62%。与此同时，营业成本却并未按比例下降，实际发生额与预计额基本持平（实际发生额为 36476 万元，预计额为 39184 万元）。也就是说，收入与预计数相比减少了一半多，而成本却并没有减少，这样，主营业务利润自然与预计数产生很大的差异，进而导致"净利润"预计数 7055 万元与实际完成数 – 19840 万元的重大出入（实际亏损超过 2 亿多元）。

对于近 2 亿元的亏损，"红光实业"在事后的解释是存在两方面主要原因。其一，由于近几年因电视大幅度降价，行业内的竞争激烈，使公司处于非常不利的位置。其二，由于未能通过不断热修保证已超龄的彩管玻壳屏炉和锥炉维持正常生产状态，造成公司产品合格率降低，成本加大。

众所周知，盈利预测报告是拟发行股票公司管理当局编制的，作为确定股票上市后股票走势的重要依据，也是投资者决定是否长期持有股票的依据。由于盈利预测是建立在某些资料及假设的基础上的，这些资料及假设因素的变化会引起财务报表及预测结果的变动，因此，注册会计师在对盈利预测进行审核时，应将审核的重点放在这些资料及假设上。

针对上述管理当局的解释，可以认为，盈利预测审核存在以下疑点：

其一、正如公司解释，行业竞争激烈，近几年电视机售价大幅下调，这说明造成成本剧增并非突发事件，而是正如公司所说，近几年已有明显迹象。那么，上市公司、注册会计师和证券中介机构为何在当时不将如此明显的客观因素考虑进去，而编制出如此乐观的盈利预测报告呢？

其二、关于公司固定资产处理的问题。对明显已超过设计年限，行将"寿终正寝"的炉子，以所谓的"热修"为借口，将炉子这种暂时出现的"回光返照"作为上市的主要依据，寄希望于通过上市的方法，来对"奄奄一息"的公司以旧式婚姻中"冲喜"的手段予以挽救，其结果当然使众多投资者不得不承担"冲喜"后所带来的损失。

种种迹象都表明，1997 年"红光实业"的发展前景不容乐观。但注册会计师、资产评估师以及证券承销商等在对"红光实业"1997 年盈利预测进行审核时，并未保持应有的足够的谨慎。从"红光实业"前几年"主营业务收入"和"净利润"的走势可以发现，1994—1996 年，"红光实业"的经营业绩是在下降的，而在 1997 年在面临这么多的不利因素的前提下，盈利预测中"主营业务收入"和"净利润"的预计值却都是上升的。可见，注册会计师在审核盈利预测时没有充分考虑到可能存在的风险因素，执行业务过程中没有很好地贯彻谨慎性原则，致使盈利预测严重失真，给投资者造成了实际损失。因此，注册会计师对于盈利预测严重失真应该承担过失责任

（2）注册会计师对上市前 3 年会计报表审计时，对审计重要性的判定和对审计风险的评估的失误行为分析。

从最后证监会的处罚通报来看，"红光实业"在股票发行上市申报材料中，采取虚构产品销售、虚增产品库存和违规账务处理等手段，将1996 年实际亏损 1.03 亿元，虚报为盈利 5400 万元。如果按照我国独立审计准则的要求进行审计的话，注册会计师能否予以揭示与披露呢？

业内人士均知，在执行年报审计时，收集充分、适当的审计证据，以确认被审计单位管理当局对资产、负债以及业主权益的存在、完整、权利与义务、估价与分摊以及表达与披露等的认定的合法性和公允性是注册会

计师的基本目标。为了达到这一目标，除了关注该公司的必要的内部控制外、对有形资产进行实物监盘及对债权债务发函询证，是两个最行之有效的方法。这也是世界各国注册会计师在付出了惨痛的经济代价之后，所得出的经验教训。我国 1996 年、2002 年和 2006 年颁布的审计准则中，亦将这两个程序作为中国注册会计师执业规范中必不可少的重要内容。在红光实业公司的前 3 年业绩审计中，如果注册会计师遵循了这两个程序的话，是绝不会出现重大虚构销售及存货的。因为，虚构销售在账务上的处理必然是虚构应收账款，只要注册会计师对其进行账项函证，没有发现不了的。同时，对存货的虚构也完全可以通过监督盘点来揭露。因此，担任红光实业年报审计的蜀都会计师事务所及两名注册会计师在审计过程中确实存在过失，他们起码没有对一些重大的应收账款进行必要的函证，也没有对该公司的主要存货进行必要的监督盘点，违反了独立审计准则对注册会计师的要求，以至于无法揭示上述报表中的严重错误，没有给报表使用者提供一个合理的保证，造成了投资者因信息误导而发生重大损失，注册会计师对此应承担过失责任。

（3）注册会计师对红光 1997 年会计报表审计时，对审计重要性的判定和对审计风险的评估的失误行为分析。

成都蜀都会计师事务所对其年报对 1997 年年报出具的有保留意见审计报告为："我们接受委托，审计了贵公司 1997 年 12 月 31 日的资产负债表和合并的资产负债表、1997 年度的利润表及利润分配表和合并利润表及利润分配表，以及 1997 年度的财务状况变动表。这些报表由贵公司负责，我们的责任是对这些会计报表发表审计意见。我们的审计是按照《中国注册会计师独立审计准则》进行的。在审计过程中，我们结合贵公司的实际情况，实施了包括抽查会计记录等我们认为必要的审计程序。

根据我们审计：贵公司于 1997 年 7 月 2 日与成都红光实业集团有限公司（以下简称集团公司）签订的《关于管理费用分别承担的协议》中，双方认定，由于集团公司与贵公司的部分管理职能有交叉和重复，集团公司成立之后，双方的管理职能由一套管理机构暂时行使。贵公司上市时双方已着手按规范进行管理机构分设的工作，但尚需一定时间。经双方协商，从 1996 年 12 月 26 日—1997 年 12 月 25 日期间所发生的管理费用应由双方共同承担，集团公司承担 25%，贵公司承担 75%，1997 年度累计发生管理费用 22798334.53 元，集团公司应承揽 25%，即 5699586.13 元，于 1997 年 12 月调整了相关账务。贵公司于 1997 年 5 月 23 日经批准发行了 7000 股社会公众股，共募集 41020 万元（已扣除发行费用）。投入工程项目 6770 万元，归还借款 23545 万元，其他 6629 万元。我们认为，除上述情况外，上述会计报表符合《企业会计准则》和《股价试点企业会计制度》的有关规定，在所有重大方面公允反映了贵公司 1997 年 12 月 31 日的财务状况以及 1997 年度的经营成果和 1997 年度资金变动情况，会计处理方法遵循了一贯性原则。

从审计报告可以看出，有关收入、费用项目，注册会计师只对 5699586.13 元管理费用提出了保留意见。根据红光实业 1998 年 4 月公布的年报中，披露的净利润为 –1.98 亿元，最后经中国证监会查实，红光 1997 年度实际亏损应为 2.295 亿元，少报亏损 3113 万元。换言之，即使扣除 570 万元的管理费用，注册会计师也有 2500 多万元的亏损未查出来，相当于净利润的 13％，从重要性标准看，此属重要的数额，然而注册会计师未按重要性准则的要求，保持应有的职业谨慎。

2.4 对中国注册会计师行业的影响与启示

（1）蜀都会计师事务所的这次审计业务的收入为 30 万元，30 万元的收入换来了整个事务所的毁灭。成都蜀都会计师事务所是当时中国注册会计师行业的老牌所，当时四川上市公司的财务报告有一半以上都是由其审计，红光案后该所遭毁灭性打击，此后，当时的四川的第一大会计师事务所——"蜀都会计师事务所"已不复存在。

（2）作为自负盈亏的会计师事务所，"公正客观"地执业存在较大的压力：有来自企业管理层的，也有来自地方政府的。要保证会计报告披露的企业财务信息的真实性、合法性和公允性，使企业财务信息的使用者看到企业财务真相，要求董事会、高级管理层和注册会计师三方都守法守德，且互相制约；这三方口是心非，又同流合污，以假账瞒天过海并非是不可能的。那么，在强烈外在利益驱动而且实际操纵作假确实存在的情况下，如何确保这三方直接责任者行为守法可信呢？仅靠"组织信任"、"社会信任"的善良愿望显然远远不够，关键在于要建立严谨的注册会计师职业行为准则。

（3）现行法律缺乏关于投资者对上市公司管理部门及中介机构进行诉讼的规定。

随着证券市场的不断发展，经营权与所有权的广泛分离，投资者与经营管理者之间的信息不对称性程度越来越深。一旦公司的董事和高级管理人员出现欺诈舞弊等行为，或注册会计师在审计过程中出现过失，众多中小投资者就会因信息误导而遭受损失。因此，在法规中应强调保护中小投资者权益，这也是世界各国立法者的宗旨。根据我国公司法和民法的基本原理，公司与董事及高级管理人员之间存在着委托代理关系。当公司董事和高级管理人员侵犯公司利益使公司遭受损失时，公司可以直接追究他们的法律责任。然而股东与董事之间不具有这种直接的委托代理关系，因而股东不能直接起诉违法的董事及高级管理人员。这就是目前在这方面没有民事诉讼的一条原因。很显然，如果公司因故不对违法的董事及高级管理人员起诉，就必定会给股东的利益带来损害。为了弥补这种缺陷，西方国家公司立法中确立了股东代位诉讼权制。也就是，当股份有限公司董事和高级管理人员因违反法律、法规或者公司章程而给公司和股东造成损害并应承担责任时，在公司因故没有对其追究责任的情况下，股东可以依据法定程序代表公司对董事和公司高级管理人员提起诉讼、追究民事赔偿责任，保护自己的正当权益。我国目前法规中并不存在这样的制度，这对广大投资者来说是很不利的。

（4）现行民法通则难以调节证券市场中各方的民事关系。

当注册会计师在执行审计业务过程中出现过失或重大过失，致使不能合理保证提示重大错误，造成公布的信息失真，最终使投资者遭受损害，在现有的情况下，只能按照《民法通则》及《股票发行及交易条例》的有关程序进行处理。但按民法通则的程序提起诉讼，必须遵循"谁主张，谁举证"的原则，也就是说，投资者要按民法有关程序起诉注册会计师的话，必须举证证明注册会计师的行为符合侵权行为的四要素：侵权、因果关系、损失、过失。由于证券市场存在很大的信息不对称性，由于客观条件的限制，作为原告的投资人很难将符合侵权行为的四要素一一举证证明，即使他们有足够的专业知识，有能力来证明，也将费时费力，增加上诉的时间和成本。可见，按照我国现行法律法规体制，作为投资人是很难在法庭上成功起诉注册会计师的。

在这一问题上，美国《证券法》作了比较适宜的规定：①第三方投资者无须负担举证责任，只需证明经审计的财务报表存在严重错报或遗漏。②审计人员具有举证责任，即应说明已实施了适当的审计程序，原告的所有损失或部分损失是由财务报表以外的原因引起的。这样的话，既避免了投资者漫长的法律诉讼过程，合理有效地保护投资者的利益，又使注册会计师更为谨慎执业，使证券市场和注册会计师行业向着良性、健康的方向发展。美国《证券法》的此项规定，是值得我们借鉴的。

3　后记

2001 年 2 月 8 日，广东福地科技总公司与成都红光实业（集团）有限公司（"红光实业"原第一大股东）签订了《股权转让协议》，2001 年 5 月 8 日经政部财企［2001］332 号文批复，同意将成都红光实业（集团）有限公司所持有的 7961.82 万股（占总股本的 34.62%）国家股全部无偿划转由广东福地科技总公司持有，并于 2001 年 12 月 25 日在中国证券登记结算有限责任公司上海分公司办理过户登记手续。2003 年 5 月 15 日起，公司名称"广东福地科技股份有限公司"变更为"成都博讯数码技术股份有限公司"，简称"ST 红光"变更为"ST 博讯"，代码不变（600083）。快 10 年过去了，直到今天仍未摘掉"ST"帽子。

思考与讨论

1. 对初次申请上市公司期初余额的审计程序有哪些？

2. 对上市公司盈利预测审计有何看法和建议？注册会计师是否应该对被审计单位的盈利预测发表鉴证意见并承担法律责任？

3. 在计划审计工作时如何对审计重要性评估？

4. 为了识别和评估财务报表层次的重大错报风险，注册会计师应当通过哪些程序获取评估重大错报风险的信息？

5. 为了评估重大错报风险，注册会计师应当对被审计单位及其环境进行了解，了解的内容包括哪些？

6. 为了评估重大错报风险，注册会计师对被审计单位内部控制进行了解的内容有哪些？

7. 在该审计项目中需要特别考虑的重大错报风险是什么？

参考文献

［1］成都红光实业股份有限公司：《成都红光实业股份有限公司股票上市公告书》，http：//share. jrj. com. cn/cominfo/ggdetail _ 1997-06-03 _ 600083 _ 117238. htm，1997-6-3。

［2］成都红光实业股份有限公司：《成都红光实业股份有限公司1997年度报告摘要》，http：//share. jrj. com. cn/cominfo/ggdetail _ 1997-12-31 _ 600083 _ 117241. htm. 1997-12-31。

［3］成都红光实业股份有限公司：《成都红光实业股份有限公司招股说明书概要》，http：//share. jrj. com. cn/cominfo/ggdetail _ 1997-05-21 _ 600083 _ 117239. htm. 1997-05-21。

［4］中国注册会计师协会：《审计》，经济科学出版社2008年版。

［5］中国注册会计师协会：《会计》，经济科学出版社2008年版。

［6］杨庆英：《审计思考与讨论》，首都经济贸易大学出版社2001年版。

［7］李晓慧：《审计实验室3：风险审计的技术和方法》，经济科学出版社2003年版。

［8］李若山：《审计案例》，辽宁人民出版社1998年版。

清华同方的资本结构与筹资方式选择

林克利

摘　要　本案例介绍了清华同方股份有限公司的资本结构与筹资方式选择过程。描述了同方公司的负债结构和权益结构，分析其在权衡偿债风险和财务风险的条件下如何保持合理的资本结构和选择合适的筹资方式，以及如何处理筹资与投资的关系。

关键词　资本结构　负债筹资　股权筹资

引言

企业要进行生产经营活动，需要通过一定的渠道，采用一定的方式，根据资金需要的情况筹集一定数量的资金。资本结构是企业长期资金的构成及比例关系，合理的资本结构有利于企业降低筹资成本和财务风险，为实现企业价值最大化和企业可持续发展提供资金支持。

1　清华同方简介

1.1　公司发展历程

清华同方股份有限公司（股票代码600100，以下简称清华同方）是经国家体改委、国家教委批准，由清华大学企业集团作为主要发起人，以社会募集方式设立的股份有限公司，公司股票于1997年6月27日正式在上海证券交易所挂牌交易。2006年5月30日，清华同方股份有限公司更名为同方股份有限公司。

在多年发展历程中，同方以"科教兴国"为己任，密切依托清华大学世界一流技术平台，大力弘扬"承担、探索、超越，忠诚、责任与价值等同"的企业文化理念，紧紧围绕"技术＋资本"、"合作＋发展"、

"品牌化＋国际化"的公司战略,立足于信息、能源环境两大产业,形成了应用信息系统、计算机系统、数字电视系统和能源环境四大本部的组织架构,构筑了以计算机、信息系统、安防系统、数字电视系统、军工系统、互联网应用与服务、环保、建筑节能八个主干产业为核心的发展格局,孵化培育了计算机、威视、环境、微电子、知网等十多个优质产业公司,走出了一条高科技企业发展之路。

截至 2007 年年末,公司资产总额超过 174 亿元,市值近 300 亿元。2007 年度实现营业收入 146 亿元,上市以来公司营业收入年均增长率近 50%。"清华同方"品牌价值超过 327 亿元;共申请 1032 项专利,获得了专利权 566 项;公司入选"中国科技 100 强"、"世界品牌 500 强",历年被评为"中国电子信息百强"、"守信企业"。

1.2 公司主营业务

公司主营业务概括为"两大产业、四大本部、八大领域",即主要集中在信息和能源环境两大产业,其中,信息产业分为计算机系统本部、应用信息系统本部、数字电视系统本部共三大本部,涉及计算机、数字城市与行业信息化、安防系统、数字电视系统、数字通信与装备制造、互联网应用与服务六大领域;能源环境产业设立能源环境本部,涉及环保与建筑节能两大领域。详细信息见表 1。

表 1   **公司八大业务领域的主要产品(或服务)**

项 目		主要产品(或服务)
一、信息产业	1. 计算机	家用电脑、商用电脑、笔记本产品系列、服务器
	2. 数字城市与行业信息化	基于 ezONE 基础软件平台的智能建筑;水、燃气、供热、交通、消防、安防等城市信息化;工商、税务、公安、社保、统计、政府等电子政务、电子商务、企业信息化等数字城市与行业信息化应用的大型系统集成业务、技术服务、芯片设计、软硬件产品制造与销售
	3. 安防系统	集装箱检查系统、铁路多用途货物检查系统、航空集装货物检查系统、车辆安全检查系统、放射性物质检测系统、X 射线检查系统、易燃易爆及放射性材料检测、武器炸药检测设备
	4. 数字电视系统	数字广播电视发射、传输/接收系统、多媒体数字终端设备、数字电视内容服务、网络运营等在内的数字电视整体产业链业务。其中多媒体数字终端设备包括数字电视机、IPTV、移动终端、数字影院、机顶盒等
	5. 数字通信与装备制造	通信系统、电子对抗、卫星导航、专用电子产品、军辅船
	6. 互联网应用与服务	互联网出版与知识信息服务、网络教育、互联网增值服务等方面

项　　目		主要产品（或服务）
二、能源环境	7. 环保领域	水处理与净化、烟气脱硫脱硝、除尘、废弃物处理与资源综合
	8. 建筑节能领域	中央空调设备与工程、污水/地源/海水水源热泵工程、空气净化产品与工程、蓄冰空调设备与工程、智能电气、LED 芯片制造、节能灯具及照明工程

1.3　公司历年业绩情况

从整体上看，自发行上市以来，清华同方公司 1998—2000 年阶段保持了高速增长，平均为 100% 左右，见表 2（a）；而最近五年业绩也不错，从表 2（b）中可计算出其主营收入年平均增长 21.9%，净利润年平均增长 36.37%，净资产收益率平均增长 4.85% 的高增长业绩，在同行业上市公司中表现突出。

随着公司核心产业群竞争力的不断增强，公司进入快速发展的轨道，公司业务的盈利能力增强，综合毛利率在 2007 年达到 15.83%。代表公司业绩的每股收益也不断提高，这一指标在 2007 年末为 0.74 元，较上年的 0.27 元增长 167.12%。同时，股东也从中获得了良好的收益，净资产收益率也不断提高。

表 2（a）　　　　　清华同方上市以来经营业绩增长情况

指标名称	1997 年	1998 年	1999 年	2000 年	2001 年	2002 年
主营收入（万元）	38516	80621	166843	331885	501253.21	543966.84
增值率（%）	—	109.3	106.9	98.9	51.03	8.52
净利润（万元）	6943	10476	16084	23598	29075.81	18359.51
增值率（%）	—	50.9	53.5	46.7	23.21	−36.86
每股收益（元/股）	0.627	0.631	0.62	0.616	0.320	0.197
净资产收益率（%）	13.50	16.47	12.23	9.17	6.38	6.65

表 2（b）　　　　　清华同方上市以来经营业绩增长情况

指标名称	2003 年	2004 年	2005 年	2006 年	2007 年
主营收入（万元）	669374.12	814854.95	986981.91	1222172.99	1462588.67
增值率（%）	23.05	21.73	21.12	23.96	19.67
净利润（万元）	11333.93	11590.87	10519.07	16062.32	44074.99

指标名称	2003 年	2004 年	2005 年	2006 年	2007 年
增值率（%）	-38.27	2.27	-9.25	52.70	174.40
每股收益（元/股）	0.197	0.202	0.2074	0.2759	0.7381
净资产收益率（%）	3.92	3.89	3.45	5.07	7.93
综合毛利率（%）	—	—	14.04	14.04	15.83

2   公司资本结构状况及筹资方式选择

2.1   资本结构

2.1.1   权益资本变化

从每股净资产指标看，这一数据在不断上升，从 1997 年的每股 4.64 元增长到了 2008 年的每股 9.65 元（见表 3），表明公司的资本实力逐渐增强。同时也说明随着公司业务的不断扩张，公司就会有大量的筹资需求。

表 3   **清华同方净资产变化情况表**

年 份	1997 年	1998 年	1999 年	2000 年	2001 年	2002 年
每股净资产（元/股）	4.64	3.83	5.07	6.72	4.808	5.009
年 份	2003 年	2004 年	2005 年	2006 年	2007 年	2008 年
每股净资产（元/股）	5.03	5.18	5.30	5.86	9.31	9.65

2.1.2   负债资本变化

从表 4 中可以看出，清华同方的资产负债率经历了两个变化阶段：一是从 1997—2002 年，呈现出一个较大的下降趋势，从最初的 85.92% 已经下降到 54.15%；二是从 2003—2008 年，从 61.57% 下降至 53.97%，这是由于公司业务不断扩张，又使负债比例略有上升，这不利于公司融资规模的进一步扩大，不利于公司抗风险能力的提高。因此，公司需改善资本结构，扩展融资渠道，降低资金使用成本，优化资本结构。公司在 2000 年增发股票和在 2007 年配股，就很好地说明了公司在财务战略上的调整。下文分别从负债结构和权益结构分析清华同方调整结构的过程。

表 4　　　　　　　　　　　　　清华同方资本结构指标

年　份	1997 年	1998 年	1999 年	2000 年	2001 年	2002 年
总资产（万元）	78636	137643	256353	529058	606517.22	627632.09
股东权益（万元）	11070	16605	25933	38307	266334.41	287755.96
资产负债比率（％）	85.92	87.94	89.88	92.76	56.09	54.15
年　份	2003 年	2004 年	2005 年	2006 年	2007 年	2008 年 9 月
总资产（万元）	752973.53	906413.03	1084253.41	1265994.53	1741973.30	1869152.78
股东权益（万元）	289382.22	297649.90	308556.90	336820.29	556046.92	860400.04
资产负债比率（％）	61.57	67.17	64.50	64.68	59.89	53.97

2.2　负债内部结构

2.2.1　长、短期负债比例

在资产负债率较高的条件下，我们进一步分析清华同方的负债结构，如表 5 和图 1 所示。在 2003—2008 年 9 月的负债结构中，基本上是流动负债，从绝对数看呈逐年上升趋势，平均占负债的 92.51%；而长期负债在负债总额中占的比例不大，平均为 7.43%。

表 5　　　　　　　　　清华同方 2003——2008 年负债结构表

指标名称	2003 年	2004 年	2005 年	2006 年	2007 年	2008 年 9 月
流动负债（万元）	373164	500628	646530	781454	948175	874091
占负债比例	94.35%	91.50%	92.16%	93.94%	90.88%	92.25%
长期负债（万元）	22329	46523	55017	50373	93104	71957
占负债比例	5.65%	8.50%	7.84%	6.06%	8.92%	7.59%
负债合计	395493	547151	701547	831827	1043341	947501

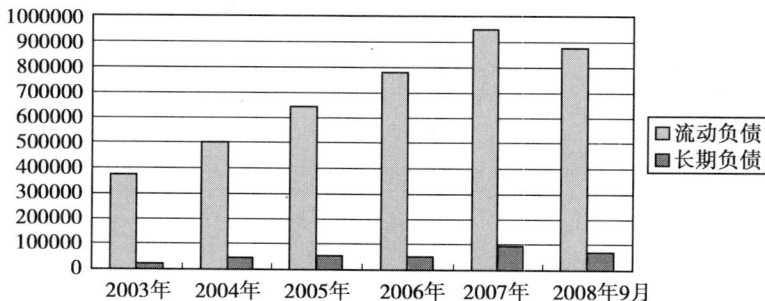

图 1　清华同方 2003—2008 年负债结构（万元）

2.2.2 流动负债结构

从财务风险的角度看，流动负债的比例越高，说明短期内偿债压力比较大。我们深入分析了近三年的流动负债构成，如表6所示。

表6 　　　　　　　　　　　　**公司近三年流动负债构成**

项目	2007 年 12 月 31 日		2006 年 12 月 31 日		2005 年 12 月 31 日	
	金额（万元）	比例（%）	金额（万元）	比例（%）	金额（万元）	比例（%）
短期借款	267620.42	28.24	236730.00	30.31	204763.00	31.57
应付票据	50817.74	5.36	48464.98	6.21	61890.61	9.54
应付账款	349442.63	36.88	253906.58	32.51	192847.88	29.73
预收账款	206770.53	21.82	162401.61	20.97	107102.01	16.51
应付职工薪酬	14968.94	1.58	21930.39	2.81	19318.61	2.98
应交税费	7589.51	0.80	11130.72	1.43	12498.66	1.93
应付利息	98.66	0.01	51.91	0.01	61.70	0.01
应付股利	2269.40	0.24	225.95	0.03	225.95	0.03
其他应付款	45863.00	4.84	27108.47	3.47	36968.34	5.70
一年内到期的非流动负债	2200.00	0.23	19100.00	2.45	13000.00	2.00
流动负债合计	947640.84	100.00	781050.60	100.00	648676.76	100.00

从表6可知，公司流动负债主要由短期借款、应付账款、预收账款组成，其他应付款及其他流动负债所占比重较低。流动负债主要组成部分呈现如下特点：

（1）借款能力较强，偿债风险较小。

①公司信誉优良，具有较强的融资能力。

公司作为国内领先的高科技公司，具有良好的信誉，是各家银行竞相争取的优质客户。2005年，公司与国家开发银行签订《开发性金融合作协议》。根据该协议，在2005—2009年间，公司可向国家开发银行申请贷款总额高达38亿元，其中：软贷款4.5亿元，硬贷款33.5亿元，用于水务、高铝粉煤灰生产铝硅系列合金、自有知识产权技术孵化和"走出去"国际合作等项目，贷款期限长达10—12年。

②公司资金使用效率提高，借款增幅明显降低。

随着公司业务规模的不断扩大，报告期内公司借款规模逐年增大，但增幅明显降低。

③公司实施多种负债融资，借款占负债总额的比例总体呈下降趋势，近三年公司加大应付款项、预收款项等负债融资方式的实施力度，借款占负债总额的比例总体呈下降趋势。近三年借款及其所占负债总额比例见表7。

表7　　　　　　　　清华同方近三年长、短期负债情况

项目	2007 年 12 月 31 日（万元）	2006 年 12 月 31 日（万元）	2005 年 12 月 31 日（万元）
短期借款	267620. 42	236730. 00	204763. 00
一年内到期的长期负债	2200. 00	19100. 00	13000. 00
长期借款	76358. 86	39862. 00	45800
借款合计	346179. 28	295692. 00	263563. 00
借款的增长幅度	17. 07%	12. 19%	12. 68%

注：为方便分析，将长期借款与短期借款合并在流动负债中分析。

（2）应付供应商款项已成为公司重要的负债融资的手段。

截至 2007 年 12 月 31 日，公司应付账款与应付票据占流动负债的42.24%，应付供应商款项已成为公司重要的负债融资手段。近年来，随着公司品牌价值的提升，销售规模的不断扩大，许多供应商形成了对公司的依赖；同时公司在与供应商长期的交往中树立了良好的企业形象，为公司通过零成本的商业信用融资提供了有力支持。

（3）预收账款快速增长，标志着公司竞争优势明显，未来盈利能力较强报告期内，公司预收账款变化见表8。

表8　　　　　　　　清华同方近三年预收账款情况

项　　　目	2007 年 12 月 31 日	2006 年 12 月 31 日	2005 年 12 月 31 日
预收账款（万元）	206770. 53	162401. 61	107102. 01
预收账款增幅	27. 32%	51. 63%	55. 63%

公司预收账款增加的主要原因在于，在经营规模扩大的同时，公司依靠自身的竞争优势，采取更为有利的预收款结算方式，导致公司预收的工程款增多。

公司预收账款随着工程的结算将转为主营业务收入，公司预收账款的大幅增加预示公司未来盈利能力的明显提升。

2.2.3　长期负债结构

在长期负债中，长期借款占全部长期负债的大部分，如 2007 年末占

79.79％，如表9所示。与短期负债相比，长期负债使企业支付的利息成本更高，但缓解了短期负债过多所带来的财务风险。这也表明了清华同方对自身财务风险的调整趋势。

表9 清华同方长期负债结构列表（2007年年报数据）

指标名称	金额（元）
长期借款	763588607.49
应付债券	0.00
长期应付款	46710809.94
专项应付款	96725254.52
预计负债	5338135.24
递延所得税负债	20626226.93
其他非流动负债	24012193.70
长期负债合计	957001227.82

2.2.4 偿债能力分析

近3年内，公司的偿债能力指标见表10。从表中可以分别对长、短期偿债能力进行分析。

表10 公司近三年偿债能力指标

财务指标	2007年12月31日或2007年度	2006年12月31日或2006年度	2005年12月31日或2005年度
流动比率	1.27	1.13	1.14
速动比率	0.85	0.74	0.74
资产负债率（母公司）	54.94％	67.58％	61.23％
资产负债率（合并报表）	59.89％	64.68％	64.50％
利息保障倍数（EBIT/I）	4.56	3.61	2.82
每股经营活动现金流量	0.38	0.48	1.14

（1）短期偿债能力分析。

截至2007年12月31日，公司流动比率为1.27，速动比率为0.85，流动比率、速动比率呈现稳中有升的趋势，公司短期偿债能力较强。报告期内，公司加强货币资金集中管理，加大应收款催收力度，提高营运资金管理能力，并将回笼的货币资金及时投入到产品生产或工程施工中去，在保持速动比率始终处于合理状态的同时，保证了营运资金的高效运转。

（2）长期偿债能力分析。

第一，公司信誉优良，具有较强的融资能力。

2005 年，公司与国家开发银行签订了开发性金融合作协议。根据合同规定，在 2005—2009 年期间，公司向国家开发银行申请贷款总额 38 亿元，贷款期限 10—12 年。中诚信国际信用评级有限责任公司评定公司企业综合素质等级 AAAs，公司良好的信誉保证了公司生产经营的正常进行，同时使债权人的利益得到有效保障。

第二，2008 年配股发行有利于降低公司资产负债率，提高公司长期偿债能力。

近年来，公司资产负债率较为稳定但一直维持在较高水平，截至 2007 年 12 月 31 日，资产负债率（合并报表）达 59.89%。

2008 年配股募集资金 20 亿元，用其中 6 亿元偿还银行贷款，以公司 2007 年 12 月 31 日相关数据为基础进行测算，配股完成后公司资产负债率将降至 53.73%。资产负债率的降低将进一步提高公司的融资能力，降低财务风险，提高公司资产的流动性，有利于公司产业链的整合和核心业务的开展，保障新老投资者利益。

第三，2008 年配股发行有利于进一步提高利息保障倍数，提高公司长期偿债能力。

公司近 3 年利息保障倍数总体呈稳中有升趋势，本次发行后，将有效降低公司的财务费用，进一步提高利息保障倍数，增强公司的长期偿债能力。

（3）每股经营活动现金流量分析。

近 3 年，公司每股经营活动产生的现金流量均为正值，其中 2005 年度该值高达 1.14 元。公司良好的经营活动现金流量表明业务经营情况比较健康，债权人的利益能够得到很好保障。

2.3 股权情况

2.3.1 股本变化

（1）公司股票发行与上市之沿革。

公司于 1997 年 6 月 12 日首次向社会公众发行了普通股（A）4200 万股，每股发行价 8.28 元，所发行股票于 1997 年 6 月 27 日在上海证券交易所挂牌交易。发行后，公司总股本为 11070 万股，其中已流通股占 37.94%。

公司于 1998 年 1 月 13 日公告了向全体股东以每 10 股转增 5 股的资本公积金转增股本的方案。所转增股份的上市交易日为 1998 年 1 月 16 日。转增后，公司总股本 16605 万股，其中已流通股占 37.94%。

公司于 1999 年 6 月 24 日公告了向全体股东以每 10 股配 3 股、配股价为每股 20 元的配股方案。所配股份上市交易日为 1999 年 8 月 10 日。配股后，公司总股本 18980 万股，其中已流通股占 43.15%。

公司于 1999 年 6 月 12 日公告了以每 1.8 股鲁颖电子股份折合 1 股的比例，向鲁颖电子全体股东定向发行 15172328 股，吸收合并山东鲁颖电子股份有限公司（简称鲁颖电子）的合并方案。1999 年 8 月 5 日刊登股份变动公告。吸收合并后，公司总股本为 20497.2328 万股，其中已流通股占 39.95%。

公司于 1999 年 9 月 9 日公告了向全体股东以每 10 股送 3 股（按截至 1999 年 9 月 9 日股本总数 204972328 股为基数，折算的送股比例为每 10 股派送红股 2.6524 股）的 1998 年利润分配方案。所送股份上市交易日为 1999 年 9 月 14 日。送股后，公司总股本 25933.9024 万股，其中已流通股占 39.95%。

公司于 2000 年 5 月 13 日公告了向全体股东以每 10 股转增 4 股的资本公积金转增股本方案。所转增股份上市交易日为 2000 年 5 月 19 日。转增后，公司总股本 36307.4634 万股，其中已流通股占 39.95%。公司于 2000 年 12 月 4 日公告了向机构投资者和老股东增发 2000 万股、发行价格为每股 46 元的增发方案。所增发股份上市交易日为 2000 年 12 月 27 日。增发后，公司总股本 38307.4634 万股，其中已流通股占 42.19%。

公司于 2001 年 5 月 9 日公告了向全体股东以每 10 股转增 5 股和每 10 股派发 1 元的资本公积金转增股本及派发红利的分配方案。所转增股份上市交易日为 2001 年 5 月 16 日。转增后，公司总股本 57461.1951 万股，其中已流通股占 43.09%。

公司于 2002 年 7 月 31 日刊登公告，根据有关柜台交易公司内部职工股期满三年后上市流通的规定，公司在 1999 年吸收合并山东鲁颖电子股份有限公司所形成的柜台交易公司内部职工股，共计 25421906 股于 2002 年 8 月上市流通，上市后公司流通股占 47.52%。

公司于 2006 年 2 月 10 日实施了公司股权分置改革方案，根据股权分置改革方案，非流通股股东向流通股股东支付 103751603 股，即方案实施股权登记日在册的流通股股东每 10 股获得 3.8 股。实施后公司股份总数保持不变，其中，发起人持有 197830159 股，占公司股份总数的 34.43%。

公司于 2007 年 7 月 16 日至 7 月 27 日向 10 名特定投资者以非公开发行方式发行 5400 万股 A 股，发行价格 23.20 元/股，扣除各项发行费用后，实际募集资金 122880 万元。至年末，公司总股本 628612295 股，流通股占 61.19%。

2008 年 5 月，公司通过向老股东按 10∶2 配售股票方式，募集资金 191942.97 万元。至 2008 年 6 月 30 日，公司总股本 751515811 股，流通股占 67.53%。

股本历史沿革示意图

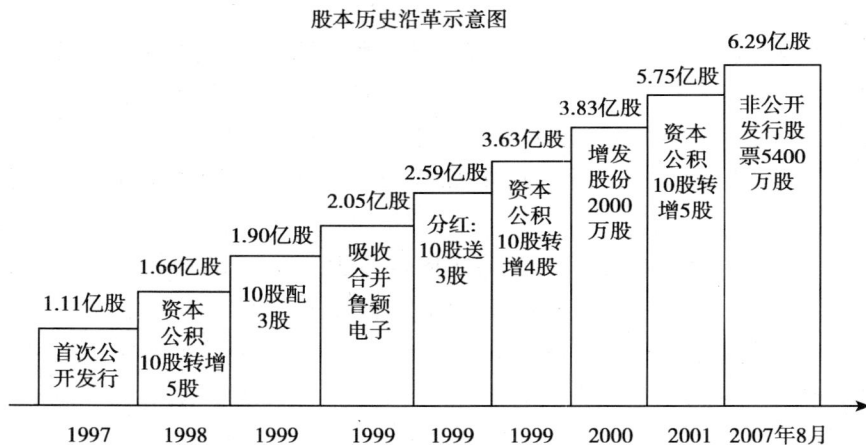

图 2　清华同方股本历史变化情况

（2）股本构成分析。

将上述数据归纳在表 11 中，从整体上看，清华同方的股本呈高速扩张态势，随着配、送股和资本金转增股本而不断增加（如图 3 所示）。而且流通股在总股本中所占的比重也呈现出增长趋势，从 1997 年的 37.94% 增长到 2008 年的 67.53%。但由于清华同方上市以来的业绩增长保持了较快速度，所以收益状况一直良好，每股收益指标比较稳定。

表 11　　　　　　　清华同方 1997—2008 年股本变化情况表

年　份	1997 年	1998 年	1999 年	2000 年	2001 年	2002 年
总股本（万股）	11070	16605	25933	38307	57461	57461
流通股本（万股）	4200	6300	10362	16507	24761	27303
年　份	2003 年	2004 年	2005 年	2006 年	2007 年	2008 年
总股本（万股）	57461	57461	57461	57461	62861	75152
流通股本（万股）	27303	27303	27303	37678	38463	50753

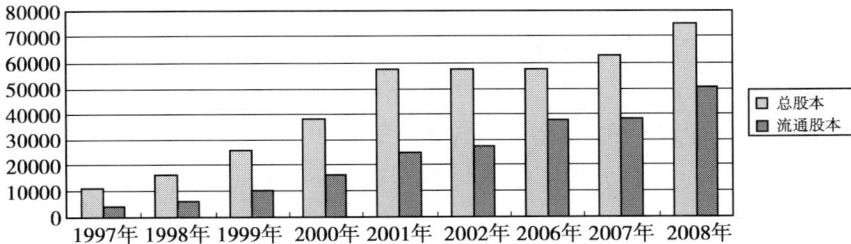

图 3　　清华同方 1997—2008 年流通股本变化情况

（3）股东结构（前十大股东）。

截至 2008 年 6 月 30 日，清华同方的大股东持股情况如表 12 所示。北京清华大学企业集团持有国有法人股股份，是清华同方最大的股东，持股比例为 30.34%。而第 2—6 大股东均为基金投资者，持股比例不高，平均仅为 2%。

表 12　　　　　清华同方 2000 年主要股东持股情况（前十名股东）

股东名称	持股数（股）	持股比例（%）
清华控股有限公司	227984376	30.34
中银持续增长股票型证券投资基金	28737773	3.82
国泰金牛创新成长股票型证券投资基金	16734681	2.23
鹏华动力增长混合型证券投资基金	1360000	1.81
国泰金鼎价值精选混合型证券投资基金	12553763	1.67
招商先锋证券投资基金	11622871	1.55
招商核心价值混合型证券投资基金	10546823	1.40
成都仁道投资有限公司	9470290	1.26
江苏开元国际集团轻工业品进出口股份有限公司	9470290	1.26
华源投资有限公司	672000	0.89

2.4　筹资方式的选择

从上述分析看出，清华同方采用负债和权益两种筹资方式，筹资比例也有不同的变化。从理论上说，对筹资方式的选择取决于以下因素：筹资当时的可融资渠道、筹资成本的高低，以及对财务风险的权衡。清华同方也是根据这一思想调整公司的资本结构，选择融资方式。

3　公司风险与资本结构调整

3.1　公司核心产业快速发展带来的投资现金流短缺的风险

公司自上市以来，始终坚持"技术＋资本"的发展战略，凭借公司的人才与科技优势，充分利用资本市场所募集的资金对国家"八五"攻关项目、"863"项目、国家级火炬计划项目等高科技技术成果实施产业化，并围绕信息产业和能源环境产业，通过不断投资将新技术投入到新领域中，使得公司的核心产业保持了快速发展。

近年来，公司整体经营规模持续增大，生产基地建设和围绕核心产业开展的项目投资不断扩大，核心产业的快速发展需要大量的资金支持，2007 年公司投资活动产生的现金流量净额达 −7.09 亿元，如果公司不能有效解决目前投资现金流相对紧张的问题，公司持续快速发展的势头将受到一定影响。

3.2　资本结构需进一步改善的风险

公司资产负债率目前处于较高水平，尽管近年来公司通过控制对外投资与信贷规模，优化资金管理和结算流程等措施来保证营运资金的高效运转，但 2006 年末公司资产负债率（合并报表）为 64.68%，2007 年末，资产负债率（合并报表）为 59.89%，资产负债结构需进一步改善。公司过高的资产负债率与负债融资规模使公司财务费用居高不下，2006 年公司财务费用为 1.46 亿元，而 2007 年达 2.02 亿元。因此，公司资本结构需要进一步改善，抗风险能力需进一步增强。

思考与讨论

1. 融资有哪些方式，同方公司采用哪些融资方式？
2. 如何选择筹资方式？需要权衡什么？

3. 同方公司为何调整负债筹资结构？达到什么目的？
4. 同方公司的资产负债率是如何变化的，2007 年为何采用股票筹资？

参考资料

[1] 公司信息披露网址：http：//www. sse. com. cn，

同方股份有限公司 1997—2007 年年度报告，

2007 年度配股说明书，

2008 年度半年报，2008 年第三季度报告。

[2] 公司国际互联网网址：http：//www. thtf. com. cn。

公司理财

中国平安再融资案例

周轶英

摘　要　2008 年年初中国平安巨额融资事件给中国证券市场带来了轩然大波。本案例利用筹资管理的相关理论和方法，通过分析中国平安近几年的财务状况、盈利和现金流状况以及公司历年融资及分红派现、股本结构等公司内部状况，并结合 2008 年年初中国经济金融环境，说明企业筹资方式及时机的选择应考虑诸多因素，从而为企业进行正确的筹资决策提供更多的参考依据。

关键词　筹资方式　融资成本　财务杠杆　股东结构

1　公司简介

中国平安全名为中国平安保险（集团）股份有限公司，成立于 1988 年，主要以保险业务为核心，以统一品牌向客户提供包括保险、银行、证券、信托等多元化金融服务。1992 年公司的经营区域扩展至全国；1994 年进入人身保险市场；1996 年开始经营证券和信托业务，同年开始保险业务的海外经营。2002 年，根据保险业分业管理的要求，公司作为主发起人设立平安寿险和平安产险，分别经营人身保险和财产保险业务。2003 年，经国务院同意、中国保监会批准，公司变更为控股公司；同年，公司收购了福建亚洲银行（后更名为平安银行），正式进入银行业。2004—2005 年，公司设立平安养老险、平安健康险和平安资产管理，实现了养老保险和健康保险的专业化经营以及保险资产的专业化管理。2006 年 12 月，公司收购了深圳商业银行，进一步巩固和扩充本公司的商业银行业务资源。

2　案例背景

2008 年 1 月 21 日，中国平安保险（集团）股份有限公司（中国平安，601318）刊登向不特定对象公开发行 A 股方案。本次发行种类为人民币普通股（A 股），每股面值 1.00 元，发行数量不超过 12000 万股。同时，公司发行规模不超过人民币 412 亿元（不超过 41200 万张债券），每张面值人民币 100 元，按面值发行，债券期限自本次分离交易可转债发行之日起 6 年；同时每张债券的认购人可以无偿获得公司派发的一定比例的认股权证。本次发行所附认股权证行权比例为 2：1，即每 2 份认股权证代表 1 股公司发行之 A 股股票的认购权利；认股权证的存续期自上市之日起 12 个月。公司原 A 股股东享有一定比例的优先认购权。增发公告的具体内容：

（1）本次发行种类为人民币普通股（A 股），每股面值 1.00 元。

（2）发行数量：不超过 12000 万股。

（3）发行方式：采用网上、网下定价发行方式。公司本次增发 A 股股权登记日收市后登记在册的 A 股股东享有一定比例的优先认购权。

（4）发行对象：在上海证券交易所开设人民币普通股（A 股）股东账户的机构投资者以及社会公众投资者（国家法律法规禁止者除外）。

（5）本次增发股票的上市地：上海证券交易所。

（6）定价方式：本次增发 A 股发行价格不低于公告招股意向书前 20 个交易日公司 A 股股票均价或前 1 个交易日的 A 股股票均价。

（7）募集资金用途：本次募集资金净额全部用于充实公司资本金以及/或有关监管部门批准的投资项目。

（8）决议有效期：自公司 2008 年第一次临时股东大会、2008 年第一次内资股类别股东会议以及 2008 年第一次外资股类别股东会议就本次增发 A 股方案的决议通过之日起 12 个月内有效。

3 公司近几年财务及经营状况对公司筹资方式的影响

3.1 公司近几年资本结构现状

指标（单位）	2007 年 12 月 31 日	2006 年 12 月 31 日	2005 年 12 月 31 日
资产总额（万元）	65134400.0	46328800.0	28810374.2
负债总额（万元）	54212600.0	41666200.0	25491489.6
流动负债（万元）	—	11894455.1	2889691.4
长期负债（万元）	—	28492776.2	22601798.2
货币资金（万元）	7274000.0	4258500.0	8030504.9
流动资产（万元）	—	17003895.5	10246815.6
股东权益（万元）	10723400.0	4526000.0	3266400.0
资产负债率（%）	83.2257	89.9358	88.4802
股东权益比率（%）	16.4695	9.7693	11.3375
流动比率（%）	—	1.43	3.5460

3.2 公司近几年盈利及现金流状况

（1）现金流状况。

财务指标（单位）	2007 年 12 月 31 日	2006 年 12 月 31 日	2005 年 12 月 31 日
经营活动现金净流量（万元）	2643300.00	4574500.00	3181000.00
投资活动现金净流量（万元）	-988100.00	-2381200.0	-3463600.0
筹资活动现金净流量（万元）	3630000.00	500700.00	554800.00
现金净流量（万元）	5264500.00	2687300.00	231400.00
经营活动现金净流量增长率（%）	-42.21	17.44	-7.44
经营活动现金净流量与净利润比（%）	522.33	623.06	952.9658
现金净流量与净利润比（%）	348.97	366.02	69.3229

（2）利润构成与盈利能力。

财务指标（单位）	2007 年 12 月 31 日	2006 年 12 月 31 日	2005 年 12 月 31 日
营业收入（万元）	16520400.0	10791900.0	6738300.0
营业支出（万元）	14803700.0	10020800.0	703327.7
营业利润（万元）	1716700.0	771100.0	382193.0
营业外收支净额（万元）	31600.0	2500.0	-6614.0

续表

财务指标（单位）	2007 年 12 月 31 日	2006 年 12 月 31 日	2005 年 12 月 31 日
利润总额（万元）	1748300.0	773600.0	375579.0
所得税（万元）	190200.0	24000.0	38763.7
净利润（万元）	1558100.0	749600.0	333800.0
销售毛利率（%）	10.39	7.15	5.67
资产报酬率（%）	2.68	1.67	1.30
净资产收益率（%）	14.52	16.56	10.22

3.3　经营与发展能力

财务指标	2007 年 12 月 31 日	2006 年 12 月 31 日	2005 年 12 月 31 日
总资产周转率（%）	0.30	0.29	0.26
主营业务收入增长率（%）	53.08	60.16	9.57
营业利润增长率（%）	122.63	101.76	13.61
税后利润增长率（%）	105.48	119.92	27.99
净资产增长率（%）	136.93	38.56	8.24
总资产增长率（%）	40.54	60.81	20.56

4　公司历年股权融资及分红对公司融资成本和财务杠杆的影响

4.1　分红

分红年度	分红方案	每股收益（元）
2007 年 12 月 31 日	进展说明：实施 10 派 5（含税）（税后派）4.5 预案公布日：2008-03-20 股东大会审议日：2008-05-13 股权登记日：2008-05-22 除权除息日：2008-05-23 派息：2008-05-27	2.1100
2007 年 06 月 30 日	进展说明：实施 10 派 2（含税）（税后派）1.8 预案公布日：2007-08-17 股权登记日：2007-08-31 除权除息日：2007-09-03 派息日：2007-09-07	1.1600

分红年度	分红方案	每股收益（元）
2006 年 12 月 31 日	进展说明：实施 10 派 2.2 （含税）（税后派）1.98 预案公布日：2007-04-12 股东大会审议日：2007-06-07 股权登记日：2007-06-21 除权除息日：2007-06-22 派息：2007-06-27	1.1900
2006 年 6 月 30 日	进展说明：实施 10 派 3.2 （含税） 共计派发 19.82 亿元	
2005 年 12 月 31 日	是否分配：不分配 0.5400 进展说明：实施	0.5400
2004 年 12 月 31 日	进展说明：实施 10 派 1.4 （含税） 共计派发 8.67 亿元	0.4200
2003 年 12 月 31 日	进展说明：实施 10 派 1.2 （含税） 共计派发 5.92 亿元	0.4300

4.2 增发

增发年度：2008 年 12 月 31 日

发行方式：向老股东优先配售，余额采用网下配售和网上定价相结合

预计增发数量：拟发行不超过 12000 万股 A 股

实际增发数量（万股）：0.00

预案公布日：2008 年 1 月 21 日

股东大会审议日：2008 年 3 月 5 日

4.3 可转债发行与上市：

可转债年度：2008 年 12 月 31 日

进展说明：待批

可转债简称：08 平安债

可转债代码：733318

发行方式：

预计发行规模（元）：拟发行不超过 412 亿元的分离交易可转债

实际发行规模（万元）：0.00

预案公布日：2008 年 1 月 21 日

5　公司股东结构对公司治理的影响

5.1　股本结构

单位（万股）	2007 年 12 月 31 日	2006 年 12 月 31 日	2005 年 12 月 31 日
总股本	734505.33	619505.33	619505.33
发起人国家股		57681.95	57681.95
发起人国有法人股		36754.25	36754.25
境内发起人法人股		269204.76	269204.76
流通 A 股	478640.96		
实际流通 A 股	80500.00		
限售的流通股	363640.96		
流通 H 股	255864.37	255864.37	255864.37
暂锁定人民币普通股	34500.00		

5.2　股本变化

历次变更状况

日期	总股本	流通 A 股	实际流通 A 股	变更原因
2007 年 6 月 1 日	734505.33	478640.96	80500.00	配售股上市
2007 年 3 月 1 日	734505.33	478640.96	57500.00	新股上市
2007 年 2 月 2 日	734505.33	478640.96		新股发行

5.3　截至 2007 年 12 月 31 日十大股东情况股东总户数：178961

股东名称	持股数（万股）	占总股本比（%）	股本性质	增减情况（万股）
汇丰保险控股有限公司	61888.63	8.43	流通 H 股	未变
香港上海汇丰银行有限公司	61392.93	8.36	流通 H 股	未变
深圳市投资控股有限公司	54318.14	7.40	国家股	未变
深圳市新豪时投资发展有限公司	38959.24	5.30	境内法人股	未变

续表

股东名称	持股数（万股）	占总股本比（%）	股本性质	增减情况（万股）
源信行投资有限公司	38000.00	5.17	境内法人股	未变
深圳市景傲实业发展有限公司	33111.78	4.51	境内法人股	未变
深圳市深业投资开发有限公司	30158.57	4.11	国有法人股	未变
广州市恒德贸易发展有限公司	20000.00	2.72	境内法人股	未变
深圳市武新裕福实业有限公司	19545.59	2.66	境内法人股	未变
深圳市立业集团有限公司	17600.00	2.40	境内法人股	未变

6　筹资用途对筹资方式的影响

公司公告称本次募集资金净额全部用于充实公司资本金以及/或有关监管部门批准的投资项目。马明哲在回答记者问时说，这次再融资主要考虑到在金融行业快速发展的大背景下，中国平安需要增加资本；另外一方面，在考虑确保公司核心主营业务发展之外，用于经监管部门批准的投资项目，且这些项目仍然围绕中国平安的主营业务，也是为了加快主营业务的发展。但马明哲没有详细解释此次增发的用途。由于此前平安在 A 股已经融资 382 亿元，不到一年时间又推出如此规模巨大的融资计划自然令人狐疑。市场人士猜测，平安此次超级增发与其谋求的海外并购有关。东方证券保险分析师王小罡说，平安目前的资本金充足，足够其在未来 3 年内快速发展的需要，平安此次再融资，很明显是想开展大规模的兼并收购活动。其理由是，平安已经累计获得了 1000 亿人民币的 QDII 投资额度，目前已对外投资仅为 400 亿元，现在还有 600 亿额度未使用。

如果涉及海外并购，那么马明哲不肯详细说明其再融资用途也有苦衷，因为一旦公开其商业计划，则可能付出更高的代价，甚至导致其计划流产。事实上，英国保险公司保诚集团已经因为平安收购传闻而股价上涨。"平安力排众议大规模再融资，是因为平安对自己的经营业绩和投资能力有信心。"平安新闻发言人盛瑞生只能用这样含糊的话语回答公众的疑问。

7   市场对中国平安此次筹资的反应

中国平安 2008 年 1 月 21 日公布公开增发方案，其再融资规模将达到 1400 亿元，为 A 股历史上最大再融资计划。如此大规模"抽血"引发投资者的强烈担忧，金融股领军，大盘蓝筹全线杀跌。其中中国平安跌停，中国人寿（601628）跌 8.76%，中国石油（601857）、中国石化（600028）、中国神华（601088）跌幅都超 5%。当日股指下跌 266 点，跌幅超过 5%，紧接着第二日继续下跌 354 点，跌幅超过 7%。在平安公布了再融资计划后，高盛 2008 年 2 月 11 日下调了平安的投资评级，并将其 A 股和 H 股的目标价"腰斩"，理由是"不确定的筹资计划以及对欧美保险公司潜在收购带来的增长稀释"。

中国平安的再融资为何令广大股民和机构投资者如此不安？综合业界看法主要有以下几个方面：

其一，上市不到一年即巨额再融资。1400 亿元是什么概念？比中石油的 668 亿元和中国神华 665.8 亿元 IPO 的总和还多，是 A 股 2007 年 IPO 总和 4771 亿元的 1/3。中国平安 2007 年 3 月 1 日上市，IPO 募资近 400 亿元，而这个数仅是再融资的零头。中国平安上市近一年，共分红两次，共计每 10 股派息 4.2 元（含税）。市场分析人士认为，如果上市公司都像这样巨额再融资，市场的钱再多也会被抽干。

其二，投资者没有忽略其限售股解禁压力。就在 2008 年 1 月 9 日，中国人寿（19.78 - 0.55 - 2.71%）拉开了保险股限售股解禁的大幕，其 6 亿战略配售股获得流通，流通股总量增加 66.7%。与中国人寿相比，中国平安的解禁规模高达 31.2 亿股。三季报显示，中国平安流通 A 股 8.05 亿股，以此计算，2008 年 3 月 1 日将出现流通股规模 4 倍于目前的一个"新平安"。按 2008 年 1 月 9 日收盘价，中国平安新增部分的市值高达 3000 亿元左右，成为有史以来最大的一笔限售股解禁。

其三，报告没有具体公布再融资用途引起市场注意。报告称"为了适应金融业全面开放和保险业快速发展的需要，进一步增强公司实力，为业务高速发展提供资本支持，公司拟申请增发 A 股"，平安本次增发的目的很可能是为了后续的大规模收购。但毕竟没有公布具体的再融资项目，使投资者失去了投资方向。

其四，技术上空头趋势明显，投资者望而却步。在过去的两个多月里，中国平安走势一直疲软。上证指数分别于去年 11 月底和 12 月中旬探到 4800 点左右低点，其后回升，1 月 11 日已经反弹到接近 5500 点。与此对照，中国平安却呈现缓慢下降趋势。市场专业人士认为，解禁本身并没有提供悲观的充分理由，只不过中国平安的量实在是太大了。现在终于大白天下，巨大的再融资才是大跌元凶。从目前走势分析有两种可能：一是中国平安的股价是主力的有意打压，其目的就是压增发价。二是中国平安增发消息已提前有先知先觉的机构知晓，一些后知后觉的机构也被迫做出减仓行为。众多中小投资者则被高位套牢，抱怨信息不对称。

其五，只在 A 股再融资，不向 H 股融资的做法，引发市场猜测。投资者担心，上市公司在 A 股市场高价融资，在 H 股市场低价增持，利用巨大的价差"套现"的操作成为"常用手法"。但显然平安肯定不缺钱，这样操作的可能性不大。因此，有市场人士认为增发肯定有大的收购动作，但现在还是秘密，而最大的可能则是海外投资。

其六，虽然平安 2007 年的业绩取得了大幅增长，但其经营业绩和投资能力也并不能完全让投资者放心。有消息称，2007 年 10 月，平安以 18.1 亿欧元（约合 200 亿元人民币）收购的欧洲富通集团 4.18% 股份，已出现 40 亿元的浮亏。"平安的快速发展主要得益于三点：一是股市火爆致使投资收益率快速上升；二是保费收入的快速增加；三是不断加息导致保险公司利差益的扩大。"国泰君保险行业分析师伍永刚如此说。这一看法与平安自身的说法接近。平安 2007 年年报显示，受投资收益的提升、保险业务持续增长以及银行、证券和其他资产管理业务利润贡献大幅增加的影响，2007 年该公司实现净利润 155.81 亿元，较 2006 年增长了 107.9%。

8　案例总结

筹资方式及筹资时机的选择不仅取决于公司内部因素，如公司资本结构、盈利能力、现金流、筹资成本及资金用途等，还受制于公司外部环境的影响，如国际、国内经济形势、国家经济政策、金融环境等各个方面。对于平安保险公司本身，在经济景气的顶峰通过增发储备足够的现金，不仅筹资成本较低，还将使企业在后续竞争中占据极有利的地位；另外，从金融业自身发展而言，企业的发展受资本充足率的限制，要做大必须先融资，加上他们的投资不需要像大规模实业投资那样通过层层审批。因而有很强的融资需求。另外，从股东利益考虑，选择在股价高的时候增发，有利于增加股东财富。这些理由似乎可以解释平安保险巨额融资的大小环境。

思考与讨论

1. 现行企业可供选择的筹资方式有哪些？

2. 影响筹资方式选择的主要因素有哪些？

3. 增发新股的利弊得失。

4. 结合我国现实国情，你认为现阶段增发新股是我国企业筹资的首选方式吗？

5. 关于增发时机的选择问题。

案例使用说明

一、教学目的与用途

本案例适用于财务管理课程的案例讨论。通过分析中国平安 2005—2007 年的资本结构状况、盈利状况、历年融资及分红派现情况、筹资用途等公司内部状况以及 2008 年初中国经济金融环境等外部因素，说明企业筹资方式及时机的选择应考虑诸多因素，从而为企业进行正确的筹资决策提供更多的参考依据。

二、启发思考题

1. 公司有哪些筹资方式？

2. 公司在筹资方式的选择时应考虑哪些因素？

3. 在筹资时机的选择时应考虑哪些因素？

三、分析思路

1. 了解公司基本财务状况、盈利状况、现金流状况；

2. 了解公司股本结构以及近年增发及分红情况；

3. 结合公司所处宏观经济环境以及公司筹资用途，分析公司筹资可行性。

四、建议课堂计划

本案例可以作为专门的案例讨论课，以下是建议计划，仅供参考。

案例学习时间大概为 60—80 分钟。

（1）课前计划：提出启发思考题，请学员完成阅读和初步思考。

（2）课中计划：简要的课堂发言（2—5 分钟）

分组讨论（25 分钟）：告知发言要求，每组围绕一至两个方面进行讨论

小组发言（30 分钟）：每组分别发言

引导进一步讨论，进行归纳总结（10—15 分钟）

（3）课后计划：以小组为单位，完成一个分析报告，并形成有关讨论结论。

参考文献

[1] 《中国平安股份有限公司 2006 年度报告》，2007 年度报告 http://www.cnstock.com。

[2] 公司概况、股本结构、分红配股、财务分析，联合证券网上交易系统信息咨询。

[3] 中国平安再融资频道金融界网站：http://www.jrj.com.cn。

四川长虹应收账款管理案例

林克利

摘　要　本案例主要介绍了四川长虹集团公司的应收账款管理现状及策略。先描述了长虹公司的应收账款在流动资产的持有水平，分析应收账款周转率、坏账准备计提，以及对企业盈利的影响。最后讨论了应收账款的管理策略问题。

关键词　应收账款　应收账款周转率　坏账准备　管理策略

引言

应收账款是公司因赊销产品或劳务而形成的，它是公司短期投资的重要组成部分，也是公司流动资产的重要组成部分。随着市场竞争的加剧，商业信用得到普遍应用，因此，对应收账款的管理是企业财务管理的重要部分。

1　公司概况

长虹始创于1958年，公司前身国营长虹机器厂是我国"一五"期间的156项重点工程之一，是当时国内唯一的机载火控雷达生产基地。历经多年的发展，长虹完成由单一的军品生产到军民结合的战略转变，成为集电视、空调、冰箱、IT、通讯、网络、数码、芯片、能源、商用电子、电子产品、生活家电等产业研发、生产、销售、服务为一体的多元化、综合型跨国企业集团，逐步成为全球具有竞争力和影响力的3C信息家电综合产品与服务提供商。2005年，长虹跨入世界品牌500强。2008年，长虹品牌价值达到655.89亿元。

长虹现有员工6.4万余人，拥有包括博士后、博士在内的专业人才

1.5 万余人，拥有现代化的培训中心，国家级技术中心和博士后科研流动工作站，被列为全国重点扶持企业和技术创新试点企业。

植根中国，长虹在广东、江苏、长春、合肥等地建立数字工业园，在北京、上海、深圳、成都设立研发基地，在中国 30 多个省市区设立 200 余个营销分支机构，拥有遍及全国的 30000 余个营销网络和 12000 余个服务网点；融入全球，长虹在印尼、澳大利亚、捷克、韩国等国投资设厂，在美国、法国、俄罗斯、印度、乌克兰、土耳其、阿联酋、阿尔及利亚、泰国等 10 多个国家和地区设立分支机构，为全球 100 多个国家和地区提供产品与服务。

长虹推出"快乐创造 C 生活"的品牌主张，打造科技、时尚、快乐的国际化品牌形象。长虹致力于提供 3C 信息家电，为消费者创造聪明（clever）、舒适（comfort）、酷（cool）的生活，成为改变生活的力量。秉承"员工满意、顾客满意、股东满意"的企业宗旨，恪守"韧性、信心、开放"的创新观念，凭借品牌、技术、人才、市场、服务等强大实力，长虹矢志成为 C 生活的创领者。

2 四川长虹历年经营业绩情况

自 1994 年上市以来，1994—1997 年是四川长虹的高速发展时期，产品销量和净利润额迅速增长，品牌市场占有率连续数年排名全国第一。

1998 年以后，我国彩电行业进入成熟期，家用电器消费市场日趋饱和，市场竞争日益激烈，彩电市场频繁爆发价格战，彩电行业利润率大幅度下降，四川长虹的利润率也随之下降。四川长虹的净利润从 1997 年的 26.12 亿元下降到 2001 年的 8900 万元。

表 1 四川长虹 1994—2004 年净利润率表

年份	1994 年	1995 年	1996 年	1997 年	1998 年	1999 年
净利润率（%）	16.47	17.01	15.82	16.67	17.27	5.20
年份	2000 年	2001 年	2002 年	2003 年	2004 年	
净利润率（%）	2.56	0.93	1.40	1.46	−31.9	

进入 21 世纪，数字高端产品成为彩电市场主流。四川长虹在背投彩电市场的份额位列全国榜首。从 2001 年开始，四川长虹的主营业务收入

和净利润呈现上升趋势。2003 年四川长虹的主营业务收入达到 141 亿元，接近 1997 年历史最高水平 156 亿元。但是，四川长虹的净利润率一直呈下降趋势，净利润率从 1994 年的 16.47％下降到 2001 年的 0.93％，2003 年净利润率回升到 1.46％。

　　2003 年以后的业绩情况见表 2。2004 年年底，四川长虹收入下降 18.36％，当年净利润亏损 36.81 亿元，这是公司上市十年来第一次亏损。在充分释放了风险以后，2005 年实现主营业务收入 150.61 亿元，同比增长 30.53％；净利润 2.85 亿元，同比增长 107.74％。2006 年实现净利润 3.05 亿元，比 2005 年增长 7.32％。2007 年净利润再增长至 3.36 亿元，净资产收益率上升到 3.62％。

表 2　　　　　　　　　四川长虹 2003—2007 年经营业绩变化情况

指标名称	2003 年	2004 年	2005 年	2006 年	2007 年
主营收入（万元）	1413319.55	1153869.81	1506111.55	1875731.81	2304683.24
增值率（％）	—	−18.36	30.53	24.54	21.99
净利润（万元）	24165.19	−368112.04	28503.67	30590.74	33697.94
增值率（％）	—	−1889.23	107.74	7.32	10.16
每股收益（元/股）	0.095	−1.701	0.132	0.16	0.18
每股净资产（元/股）	6.084	4.369	4.52	4.72	4.90
净资产收益率（％）	1.85	−38.93	2.91	3.41	3.62

　　2008 年度，四川长虹受地震和金融危机影响，盈利有所下降，本年半年报数据显示：公司实现营业利润 3.17 亿元，同比增长 18.46％；实现净利润 0.19 亿元，同比下降 90.61％。

3　应收账款管理情况

3.1　应收账款历年变动分析

　　自 1996 年以来，四川长虹的应收账款迅速增加（见表 3），应收账款从 1995 年的 1900 万元增长到 2003 年的近 50 亿元，应收账款数额占流动资产总额的比例从 1995 年的 3.44％上升到 2003 年的 28.99％。2005 年，四川长虹应收账款比例更是上升到了 45.69％。截至 2008 年第三季度，四川长虹的应收账款为 25.83 亿元，占流动资产总额的 14.69％。

表3（a）　　　　四川长虹1995—2001年应收账款管理及流动情况表　　（单位：万元）

年　份	1995年	1996年	1997年	1998年	1999年	2000年	2001年
应收账款	19227.07	16285.48	255861.87	120785.03	311182.72	182145.36	288277.69
应收账款/流动资产	3.44%	1.56%	17.72%	7.39%	22.55%	14.32%	20.23%
坏账准备	57.70	48.86	767.59	362.36	113.38	315.53	918.85
坏账准备/应收账款	0.33%	2.04%	54.57%	45.43%	56.21%	109.92%	5.72%
坏账准备/主营收入	0.01%	0.005%	0.05%	0.03%	0.01%	0.03%	0.10%
应收账款周转天数	8.56	6.02	31.16	58.26	107.59	124.68	103.43
经营活动现金流	—	—	—	218616.76	303298.27	227497.79	137343.45

表3（b）　　　　四川长虹2002—2008年应收账款管理及流动情况表　　（单位：万元）

年　份	2002年	2003年	2004年	2005年	2006年	2007年	2008年9月
应收账款	422355.54	508351.15	478535.13	563335.12	442547.31	225877.87	258255.70
应收账款/流动资产	27.68%	28.99%	40.17%	45.69%	37.01%	14.38%	14.69%
坏账准备	1392.48	10353.42	261115.51	255936.92	248734.98	248280.00	14776.90
坏账准备/应收账款	0.33%	2.04%	54.57%	45.43%	56.21%	109.92%	5.72%
坏账准备/主营收入	0.11%	0.73%	22.63%	16.99%	13.26%	10.77%	0.69%
应收账款周转天数	101.56	117.24	111.78	62.93	48.31	32.86	30.45
经营活动现金流	−298795.69	−74402.61	76045.79	142135.08	38553.99	−41528.12	283424.39

3.2　应收账款管理分析

应收账款作为企业一项重要流动资产，管理好应收账款，迅速提高应收账款回收率，挽回企业呆账、坏账损失，建立企业信用管理体系，对于全面提升企业销售管理和财务管理水平，增强企业抵抗风险能力，提升企业的可持续发展能力无疑有着重大意义。

可以看出，在2004年四川长虹的巨亏，一方面是收入本身下降（见表2），另一方面是由于对应收账款计提了巨额坏账准备造成的，坏账准备金额占应收账款的比例为54.57%，占主营业务收入的比例为22.63%。这一结果并不是偶然造成的，四川长虹的应收账款周转天数从1995年8.56天，上升到2003年的最高数117.24天，说明企业的应收账款管理出现了问题，管理者过于为了提高销售业绩而忽视了现金流的控制。

四川长虹的巨额应收账款大幅度减少了经营活动产生的现金流量净

额。四川长虹的经营活动产生的现金流量净额从 1999 年的 30 亿元急剧下降到 2002 年的 −30 亿元。截至 2004 年年底，四川长虹的经营活动产生的现金流量净额为 7.6 亿元。事实上，由于应收账款的影响，公司的经营现金流从 2002 年就开始出现负数了，说明经营现金流入不能弥补经营现金流出，公司在销售客户管理方面可能存在问题。

3.3　应收账款的主要债务人分析

根据四川长虹 2004 年度报告中应收账款明细，美国的 APEX 公司是四川长虹的最大债务人，应收账款欠款金额达到 38.38 亿元，占应收账款总额 96.4%。2004 年 12 月底，四川长虹发布公告，决定对 APEX 的应收账款计提 3.1 亿美元（折合 26 亿元人民币）的坏账准备。

如此巨大的欠款数额，说明在市场竞争激烈的情况下，公司对海外市场的期望很高，也表明公司前期对公司客户的信用调查不够，风险防范意识不强。

3.4　应收账款坏账准备计提

吸取了以前的经营教训，公司对应收账款管理政策做了调整，其中一个表现就是提高了坏账计提比例（见表4）。目前，四川长虹将应收款项（应收账款和其他应收款）分为三大类：第 1 类是单项金额重大的应收款项，这一类又分为已计提坏账准备的应收款项和未计提坏账准备的应收款项；第 2 类是单项金额不重大但按信用风险特征组合后风险较大的应收款项，这一类又分账龄在 1 年以内、1—2 年、2—3 年、3—4 年、4—5 年、5 年以上六类；第 3 类是其他不重大应收款项。

坏账准备的确认标准、计提方法：

（1）应收款项的账面价值低于其预计未来现金流量的现值的，对低于部分计提坏账准备，计入当期损益。

（2）对单项金额重大和单项金额不重大但按信用风险特征组合后风险较大的应收款项单独进行减值测试，计提坏账准备；发生了减值的，单独计提坏账准备，不再划入到具有类似信用风险特征的组合中。

（3）对 1、2 类中未单独计提坏账准备的款项，扣除员工备用金借款、投资借款、关联方往来款项后，再划入到具有类似信用风险特征的组合中，按照同类信用风险特征的应收账款按照同一比例估计计提坏账准备。

根据公司特点，一般以账龄作为划分类似信用风险特征的标准，具体见表4。

表4   四川长虹2007年应收账款坏账计提比例

账 龄		1年以内	1—2年	2—3年	3—4年	4—5年	5年以上
信用风险特征	2007年	5%	15%	35%	55%	85%	100%
	2004年	0%	10%	30%	50%	80%	100%

此外，应收关联方款项属于关联方交易往来结算款项，风险受控，不计提坏账准备；对长期股权投资暂借款等应收款项，由于将结转至长期股权投资等，不会形成坏账，不计提坏账准备。

公司对APEX公司应收账款计提坏账准备的临时公告如下：

美国进口商APEX公司由于涉及专利费、美国对中国彩电反倾销等因素出现了较大亏损，全额支付公司欠款存在着较大困难。公司对美国突如其来的彩电反倾销、其他外国公司征收高额专利费的影响以及对APEX的应收账款可能会因前述影响产生的风险难以估计，据此，公司董事会决定按更为谨慎的个别认定法对该项应收账款计提坏账准备，按会计估计变更进行相应的会计处理。

截至2004年12月25日，公司应收APEX账款余额46750万美元，根据对APEX公司现有资产的估算，公司对APEX公司应收账款可能收回的资金在1.5亿美元以上，预计最大计提金额有3.1亿美元左右。目前正在进行对账和核实工作，有新的情况公司将及时公告，具体计提金额将在2004年年度报告中披露。同时，为了最大限度地减少损失，公司正积极努力通过各种合法途径对该笔应收账款进行清收。

美国对华彩电反倾销对APEX公司应收账款回收影响较大，由于A-PEX公司的应收账款的重点回款期在年底这一现实情况，导致了公司没有在2004年中期及第3季度对该项应收账款按更为谨慎的个别认定法计提坏账准备。

3.5 对公司应收账款处理对策讨论

对于最大债务人的巨额应收账款，四川长虹已经提取了26亿元人民币的坏账准备金。但是，四川长虹有近一半的应收账款仍然处于敞口风险中。管理者应该对处于敞口风险的应收账款进行风险等级分析，预测这部分应收账款的违约概率。

根据应收账款的违约概率预测，管理者制定应收账款的处理方案。除了积极催收应收账款之外，管理者可以考虑是否做应收账款保理。应收账款保理是指企业将应收账款按一定折扣卖给银行，获得相应的融资款。

根据应收账款的违约概率预测，银行制定应收账款保理业务的折扣率。应收账款违约概率越大，应收账款保理折扣率越高，四川长虹的应收账款回笼现金越少，损失越多。

管理者必须比较准确地预测应收账款的违约概率，以便决定是否做应收账款保理。对于公司回收应收账款现金最合适的应收账款保理折扣率是多少？

巨额应收账款已经严重影响四川长虹的现金流量。在分析最合适的应收账款折扣率时，管理者还必须考虑按照既定应收账款折扣率回收现金额，为了弥补公司的营运资金缺口，公司的筹集资金成本是多少？管理者需要在应收账款折扣率和筹集资金成本之间进行权衡。

4　企业应收账款管理策略

应收账款作为企业一项重要流动资产，管理好应收账款，迅速提高应收账款回收率，挽回企业呆账、坏账损失，建立企业信用管理体系，对于全面提升企业销售管理和财务管理水平，增强企业抵抗风险能力，提升企业的可持续发展能力无疑有着重大意义。

4.1　加强企业应收账款管理

应收账款管理是一个持续的过程，目前国内很多企业不太重视应收账款管理，据有关部门调查指出，我国企业应收账款占流动资金的比重为50%以上，远远高于发达国家 20% 的水平。很多企业只重视销售，殊不知事前的盲目销售会导致企业应收账款风险的加大，同时带来事后追讨成本的加大，四川长虹的坎坷经历证明了这一点。因此，应收账款管理是一种事前防范、事中和事后控制的管理，而认识到这一点是很重要的。

目前，海外应收账款管理也日渐重要，由于中国加入世贸组织，经济一体化使很多企业出口额在总营业额中占的比重加大。国内家电行业又是一个应收账款比重居高的行业，这更加大了其在国际竞争中的风险。由于没有自主品牌和独立渠道，又想抢占市场先机，国内家电企业出口时必然要依赖当地进口商，而且一般采用赊账方式，很少采用较为稳妥的信用证方式。美的公司王伟曾经表示，在市场机会和保护自己之间是有矛盾的，越是大胆，越不容易以信用证的方式结算，相反若把自己保护得太严密了，也会失去市场。实际上长虹并不是第一个深受海外应收账款之害的企业，而且也不会是最后一个。据了解，目前，正有一些国际专业机构开始致力于拓展国内企业的应收账管理教育和讨债服务，在他们看来，中国企业正在面临越来越多的海外应收账款风险。

4.2 管理应收账款的策略

四川长虹之所以在此次巨额应收账款的"黑洞"中损失惨重，与其激进的策略有关，但也暴露出其应收账款管理上的缺陷。企业为扩大市场份额，竞争日益激烈，赊销也成为一种竞争手段，能为企业招揽到更多的客户，故而，应收账款增加是企业发展中的主流趋势。其防范风险也是势在必行。

（1）树立坏账风险意识，建立应收账款坏账准备制度，防范财务风险。

根据《企业会计制度》的规定，企业应当在期末分析各项应收账款的可收回性，并预计可能产生的坏账损失。根据谨慎性原则的要求，企业对预计可能发生的坏账损失计提坏账准备。早在 2003 年，APEX 拖欠货款的问题早已暴露出极大的风险，但四川长虹方面却一直信奉"沉默是金"的原则，从未公告面临的巨大风险，还在各种场合表示与 APEX 的合作并不存在问题。

（2）建立完善的内控制度，信用管理部门确定赊销授信额度和进行资信调查，财务部门对应收账款进行分析管理，内部审计发挥其监督作用。

建立专门的信用管理机构，对赊销进行管理，对客户进行风险管理，其目的是防患于未然。了解客户的资信情况，给客户建立资信档案并根据收集的信息进行动态管理。财务部门应定期对应收账款的回收、账龄、成本等情况进行分析，在分析中应利用比率、比较、趋势、结构等分析方法，分析逾期债权的坏账风险及对财务状况的影响，以便确定坏账处理和当前赊销策略。内部舞弊、故意不收回账款等情况，确保应收账款的回收。

四川长虹在决定到海外拓展市场时，如果公司内部有一套成熟的信用管理体系，也许就不会选择 APEX 公司，也就不至于陷入应收账款的巨额黑洞中。

（3）强化应收账款处理的日常管理，财务信用部门和销售部门进行应收账款跟踪管理服务。

从赊销过程一开始，到应收账款到期日前，对客户进行跟踪、监督，从而确保客户正常支付货款，最大限度地降低逾期账款的发生率。在工作中财务信用部门和销售部门要互相配合，分清各自在跟踪服务中的职责，达到相互监督、相互促进，提高应收账款回收率，促进企业销售的目的。很显然，四川长虹在这方面做得是不够的，虽在美国设立了一个联络点，但这个联络点却不负责 APEX 项目的监管，只负责接待。

总之，树立坏账风险意识、建立完善的应收账款内部控制制度以及加强应收账款的日常管理，均是企业在实施对应收账款全过程管理与控制中的有效手段和重要环节。企业只有实现了对应收账款的有效管理和良好监控，才能盘活企业的资金存量和提高资金的使用效率，进而增强企业的财务弹性，最终在市场上立于不败之地。

思考与讨论

1. 四川长虹的应收账款管理存在什么问题，公司采用的计提准备的方法对盈利有什么影响？
2. 从四川长虹情况看，采用了哪些控制应收账款的措施？
3. 如果你是企业的管理者，应如何控制海外应收账款？

参考资料

[1] 公司信息披露网址：http：//www. sse. com. cn，四川长虹电器股份有限公司1995—2007 年年度报告，2008 年第三季度报告。

[2] 公司国际互联网网址：http：//www. changhong. com。

[3] 王棣华、刘建丽：《四川长虹应收账款思考与讨论》，《航天工业管理》2008年第 2 期。

万科 A 股利政策的支持效应分析案例

袁　蕴

摘　要　通过学习本案例，了解经典财务理论中有关股利政策影响因素，公司股利政策种类及选择，公司股利支付方式的选择。通过该思考与讨论我国上市公司股利政策的现实状态，潜在问题。了解股利政策对上市公司投融资政策、对经营业绩的支持效应。

关键词　股利政策　支持效应　启示

1　公司背景资料

万科成立于 1984 年 5 月，是目前中国最大的专业住宅开发企业，1991 年成为深圳证券交易所第二家上市公司。上市之初，万科业务分为五大类，包括房地产、贸易及零售、工业制造、娱乐及广告、股权投资。1997 年，万科正式开始对非核心业务进行调整，同年转让了深圳万科工业扬声器制造厂及深圳万科供电公司股权，逐步确立房地产业务为其核心业务。万科曾三次获得福布斯颁发的最佳小企业奖，英国 IR 颁发的中国区"最佳公司治理奖"和"最佳年报提名奖"，2007 获选《财富》杂志"最具领导力公司"中国区排行榜第一名及"中国杰出创新企业"称号双项大奖，是中国内地唯一进入亚太区排行榜的企业。1991—2007 年，万科主营业务复合增长率 28%，市场份额占据全国首位；净利润复合增长率 31%，在中国第一批上市公司中，万科是唯一一家连续 15 年保持盈利、保持增长的公司。公司在发展过程中两次入选福布斯"全球最佳小企业"；多次获得《投资者关系》、《亚洲货币》等国际权威媒体评出的最佳公司治理、最佳投资者关系等奖项。凭借公司治理和道德准则上的表现，公司连续 5 年入选"中国最受尊敬企业"，连续 3 年获得"中国最佳企业公民"称号。郁亮（万科董事总经理）曾说："万科企业文化的核心是尊重人，其中至关重要的一点就是尊重投资者。万科的股利政策、重大融资政策和投资政策等均是在充分体现股东利益的基础上进行的。万科的发展与资本市场和股东息息相关，在过去是，现在是，未来仍将是。"有人形象地把股利政策看成是公司一只手留存利润，而另一只手支付现金并在发放新股或对外举债之间的一个权衡。

2 万科股利政策分析

万科的股利政策是一种分阶段分组合的股利政策，从以下万科历年股利分配一览表（表1）可清楚看出。将其股利分配政策分为三个阶段进行分析，第一阶段 1992—1998 年；第二阶段 1999—2001 年；第三阶段 2002—2007 年。[①]

表1　　　　　　　　　　万科历年股利分配一览表

年度	每股派现	每股送股	每股转增股	每股收益（元）	股利支付率（％）
1992	0.06	0.5	0	0.72	8.33
1993	0.15	0.35	0	0.84	17.86
1994	0.15	0.15	0	0.71	21.13
1995	0.14	0.1	0	0.51	27.45
1996	0.1	0.15	0	0.51	27.45
1997	0.15	0.1	0	0.42	35.71
1998	0.1	0.1	0	0.41	24.39
平均	0.12	0.21	0	0.58	22.31
1999	0.15	0	0	0.42	35.71
2000	0.18	0	0	0.48	37.50
2001	0.2	0	0	0.59	33.90
平均	0.18	0	0	0.50	35.70
2002	0.2	0	1	0.61	32.79
2003	0.05	0.1	0.4	0.39	12.82
2004	0.15	0	0.5	0.39	38.46
2005	0.15	0	0.5	0.36	41.67
2006	0.15	0	0.5	0.49	30.61
2007	0.1	0	0.6	0.73	13.70
平均	0.13	0.02	0.50	0.50	28.34
总平均	0.14	0.10	0.17	0.53	27.08

---

① 陈玲颖、刘翰林：《股利政策对投融资政策的支持效应》，《商业经济》2009 年第 1 期，第 318 页。

2.1 第一阶段股利政策特点

在第一阶段 1992—1998 年，万科采用的股利支付方式主要是现金股利和股票股利。现金股利可以说是公司对股东最直接的回报方式，股票股利是指公司以发放的股票作为股利支付方式，在我国常被称为送红股。万科在这一阶段的股利政策是将现金股利发放和送红股捆绑式进行，即发放现金的同时又送红股。

2.2 第二阶段股利政策特点

在第二阶段 1999—2001 年，万科采用的股利支付方式主要是现金股利，没有发放股票股利。万科这一阶段的平均股利支付率为 35.70%，远高于历年总平均水平 27.08%。

2.3 第三阶段股利政策特点

在第三阶段 2002—2007 年，万科采用的股利支付方式主要是现金股利和转增股本。转增股本是指上市公司用资本公积或盈余公积向股东转送股份的行为。由于资本公积和盈余公积并不是可分配利润，因此从严格意义上说转增股本不是一种股利分配方式，但出于人们习惯仍将转增股本看做一种股利政策。

3 万科股利政策对投融资决策的支持效应

3.1 第一阶段股利政策的支持效应分析

发放现金的同时又送红股两者结合运用，既可以对股东以现金回报，又可以使得公司留下大部分盈余作为再投资之用。而万科这一阶段相对较低的平均股利支付率 22.31%，低于历年总平均水平 27.08%，也正是出于公司面临扩张再生产，希望能保留盈余作为投资资金来源的考虑，这样可使公司留存大量的现金用于再投资，且资金成本较低，有利于公司长期发展。1997 年，万科主要投资于深圳住宅开发，极大推动公司房地产业务的发展更上一个台阶。截至 1998 年年底，万科在深圳、上海、北京、沈阳和天津五大开发城市的土地储备达 178 万平方米，该储备将为公司未来 3—5 年的可持续发展提供保障。同时，万科该阶段股利政策也有出于配合增资配股的需要。1997 年 6 月，公司增资配股募集资金人民币 3.83 亿元，这与连续 7 年大量送红股的政策应该说是相得益彰的。大量送红股，使得公司股本急剧扩张，然后进行增资配股规模比之直接进行配股要可观的多。以上充分体现了在既定的发展战略目标下，万科将现金股利发放和送红股捆绑式进行的股利政策很好地支持了投资和融资政策。

3.2　第二阶段股利政策的支持效应分析

这一阶段的股利政策是与万科的专业化战略目标息息相关的。基于对房地产行业发展的良好预期，为集中资源优势，1999 年，万科总部成立"万科建筑研究中心"，之后"万科客户体验中心"、"万科住宅产业化企业联盟"等机构相继成立。并且于 2001 年实现对万佳百货股份有限公司（以下简称"万佳"）股权的成功转让，退出零售行业，成为专一的房地产公司，至此万科的专业化战略调整得以顺利完成。2001 年，公司房地产业务实施了稳健而有成效的扩张，成功进入武汉、南京、长春、南昌四个城市，在原有的深圳、上海、北京、沈阳、成都、天津等城市也加大了投资力度。在这转型和扩张时期，本来急需内部留存资金的支持，但万科本着充分尊重股东利益的原则，反而以较高的股利支付率回报广大股东，让广大股东对公司未来的经营前景充满了信心。同时也建立了良好的融资渠道，2000 年 1 月，配股资金 6.25 亿元到位，该资金也用于公司在深圳、北京和上海的住宅项目。本次配股为公司住宅业务发展及改善公司财务状况提供了良好条件。第二阶段的股利政策充分体现了万科"尊重人，尊重投资者"的价值理念，更难能可贵的是这一股利政策能同时支持万科转型期的投资政策和融资政策。

3.3　第三阶段股利政策的支持效应分析

业绩的高低与资本公积金的厚薄决定了转增比例的高低。万科发行的各类可转债的高溢价，使其积累了高额资本公积，从而有实力向股东进行连续 6 年（除 2005 年外）高比例高频度的转增，同时由于有良好的业绩做支撑也不用担心股本快速扩张导致股价急剧下跌。万科这一阶段平均股利支付率 28.34%，略高于历年总平均水平 27.08%，在其快速发展时期依旧给股东持续且稳定的现金回报，这在中国这样一个股东文化淡薄的新兴市场上是极为少见的。尤其在货币政策持续紧缩的背景下，万科的股利政策充分体现了对广大股东利益的尊重和对公司未来发展的坚定信心。万科持续高资本回报股东的政策得到了市场的热烈响应，这为其再融资打开了便利之门。

万科从 2002 年以来高比例高频度的转增方案，首先，是有留存资金用于投资扩张的考虑，对于万科这样一个高速增长的地产公司而言，它对资金的渴求是相当强烈的。从总资产规模由 2002 年初的 64.83 亿扩张到

2007 年底的 1000.94 亿，短短 6 年增长了 14 倍；2002—2007 年主营业务收入年平均增长率达到 40.84%；而从 2005—2007 年三年主营业务收入年平均增长率更是达到 68.60%，与同行业比较，万科的资产规模投资规模都处于遥遥领先地位。在充分保证股东利益的前提下，万科 6 年平均收益留存率达 71.64%（1 - 股利支付率），尽可能减少现金流出，增加收益留存，扩大净资产规模。其次，万科在继续加强银企合作的基础上，积极创新融资方式和手段，尝试与银行、信托、基金等资金方合作开发新型融资工具和产品，进一步拓宽融资渠道，降低融资成本，为公司实现快速发展奠定了坚实的基础。再次，随着净资产规模的扩大，也为万科发挥资本杠杆效应更进一步债务融资提供了基础。《证券法》规定，公开发行公司债券的规模为"累计债券余额不超过公司净资产的 40%"，万科 2008 年 9 月成功发行的 59 亿元公司债额度正好是 2007 年度净资产的 40%。最后，虽然送股与转增对于公司而言其成本差别不大，但近几年来，万科实施较高的转增方案而不实施送股方案，可能是出于对股东利益保护的考虑，因为转增无需纳税，而送股要按面值征收 20% 的个人所得税。以上分析充分体现了万科将现金股利发放和转增股本捆绑式进行的股利政策从多方面很好地支持了万科的投资和融资政策。

4 股利政策对公司经营业绩影响分析

4.1 公司经营业绩的评价指标选择

公司的经营业绩一般可由营业利润率、主营业务利润率、净资产收益率和每股收益等一系列指标来体现，本案例选择了净资产收益率、主营业务利润率和每股收益三个指标。另外，由于现金股利受公司可支配自由现金的影响，因此还可以选择每股经营现金净流量指标。

4.2 万科股利政策对经营业绩支持效应分析

万科自 1990 年起每年送红股，1992 年起每年送红股并派现，近 3 年其股利政策更趋稳定：1996 年度每 10 股送 1.5 股，派现 1 元；1997 年度每 10 股送 1 股，派现 1.5 元；1998 年度每 10 股送 1 股，派现 1 元。伴随着股本每年均匀扩张，万科公司循序渐进，"种竹成林"。1991 年深万科上市时，总股本为 4133.27 万股，经过历年送配（主要为送股）及 1993 年发行 4500 万股 B 股后，目前其总股本已达 49594 万股，其中 A 股 27069 万股，B 股

11609 万股，总股本比上市时增长 1099.87%。万科采取的是稳定性股利支付政策，经营业绩上也取得不错的表现。从万科公司历年的分配方案和每股收益对比中，我们不难看出，万科公司在每年给股东以稳定回报的同时，股本扩张的速度比较均匀并尽可能使股本扩张与业绩的增长保持同步（见表 2）；2004—2006 年度公司的经营业绩也保持了稳中有升（见表 3）。

表 2 　　　　　　　　　　万科总股本及每股收益变化对比表

年份	总股本（万股）	每股收益（元）
1998 年度	49594	0.407
1997 年度	45085.74	0.42
1996 年度	31074.76	0.47
1995 年度	28822.51	0.51
1994 年度	24295.53	0.71
1993 年度	18354.69	0.84
1992 年度	9236.46	0.72

表 3 　　　　　　　　　　万科 2004—2006 年度有关经营业绩指标

项目	2004 年	2005 年	2006 年
每 10 股股利/元	1.5	1.5	1.5
净资产收益率/%	14.16	16.25	14.48
主营业务利润率/%	25.23	28.72	28.42
每股收益/元	0.39	0.36	0.49
每股经营现金净流量/元	0.46	0.23	0.69

　　万科良好的股利政策应能使公司获得可持续发展能力，即可持续发展的股利政策。所谓可持续发展的股利政策，就是指这种股利政策和上市公司未来的投资决策、筹资决策以及财务结构等相协调，使上市公司的经营业绩能可持续增长，从而实现公司股东价值的最大化。

5　万科股利政策的启示

　　股利政策的制定受很多因素的制约，而且这些因素之间的关系也不能完全用定量分析方法来研究，很大程度上股利政策的制定要依据具体企业的具体环境进行定性分析，以实现各种利益的均衡，由于上市房地产公司的规模、所处的地区不同，无法找到一个放之四海而皆准的股利政策，"公司永远需要股利政策，但没有永远的股利政策"，上市公司必须在权衡后寻找一个平衡点。

那么，企业在制定股利政策时应注意哪些方面呢？第一，必须与企业财务目标保持一致；第二，保持股利政策的连续性和稳定性。股利政策的经常性变化和调整会对上市房地产公司股价带来负面影响。股利政策的波动或不稳定，会给投资者带来公司经营不稳定的印象，因此，上市房地产公司应尽量避免削减股利，同样，也不随意提高股利，只有在确信未来能够维持新的股利水平时才考虑提高股利；股利政策的制定既要兼顾公司的可持续发展也要兼顾投资者的回报。

公司不同的分配政策是因公司不同的发展战略而制定的。配股是因为公司需要购买优质的项目或资产。为取得发展所需资金，公司以一定的价格及比例向原股东配售新股。大多数上市公司配股公告留给投资者的印象是，公司预期配股所募集资金投向的投资项目或资产将会为公司及股东带来不低于原有收益率水平的回报，故配股的公司一般是对于公司未来的经营有着良好预期而具有良好的发展能力的公司。公司实施股票股利是公司用红股替代直接分派现金的一种分红方式，是成长型公司较偏好的一种分配政策。因为不引起现金的流进或流出，理论上不应对公司未来的经营造成直接的影响。从实质上说送股是公司替投资者决定了的再投资行为。同时它又使股本扩大从而为今后的按比例配股作好准备，这样使投资者对其后续的经营状况产生较好预期而增加信心，也体现公司有充分的信心用好属于股东的每一分钱，在公司以后的经营中创造出良好的效益。现金股利是公司将利润的一部分以现金分派给股东的分配方式，是许多经营业绩稳定的公司所喜欢的分配政策。因现金股利是公司的现金流出，故可能会减少公司的潜在追加投资额，造成公司未来的利润值有可能因此下降。但现金股利并不影响公司原有的经营水平。一般认为，实施现金股利的公司经营已经达到了一定的规模，在预期其扩大再投资将不会为股东带来更高的边际收益的情况下，才会采用现金股利的分配方式。公司实施不分配的股利政策是由于公司并无现金流出亦无股本扩张，无疑不应造成对公司后续的经营直接的不利影响。但公司不分配，除了由于其以后的经营需要资金而留利不分配以外，还可能因为公司上年经营不佳无利可分配及公司对其以后的经营状况、发展前景预期不佳的情况下才不分配。总之，上市公司制定其股利政策，应该是综合考虑了公司当前的经营状况与未来的发展前景而作出的。因此，股利政策会对上市公司后续经营业绩产生较大的影响。

股利政策是企业对股利分配所采取的策略，是企业财务管理的重要内容。对于股份公司而言，发放较高的股利，有助于提高企业股票的市场交易价格。然而，较高的股利同时意味着公司只能保留较少的资金用于再投资，这显然又会限制公司的发展，反而会压低股票市场价格。因此，在制定股利政策时，应兼顾公司的发展需要和股东对本期收益的要求，才能实现其公司价值最大化的目标。

思考与讨论

1. 万科的高股利政策的动因是什么？

2. 通过万科股利政策思考与讨论，公司股利政策对投融资政策有什么样的支持效应？

3. 在选择恰当的股利政策时，你会综合考虑哪些因素？

参考文献

［1］陈玲颖、刘翰林：《股利政策对投融资政策的支持效应》，《商业经济》2009年第1期，第318页。

［2］黄娟娟、沈艺峰：《上市公司的股利政策究竟迎合了谁的需要——来自中国上市公司的经验数据》，《会计研究》2007年第8期。

［3］张雪丽、姜茂生：《上市公司现金股利政策的选择——来自中国证券市场的实证证据》，《财经问题研究》2006年第4期。

［4］杨晓云：《万科股利政策研究》，湖南大学出版社2002年版。

［5］原红旗：《中国上市公司股利政策分析》，《财经研究》2001年第3期。

［6］田稼、巩娜：《驰宏锌锗股利政策分析》，《中国管理信息化》2008年第7期。

［7］陈珊珊：《我国上市公司股利政策股权再融资关系研究》，南京财经大学2007年度硕士论文。

太钢不锈钢公司财务综合分析案例

周轶英

摘　要　本案例根据太钢不锈钢股份有限公司 2006 年、2007 年年报及相关资料，运用财务分析基本方法，对该公司 2007 年盈利能力、偿债能力、营运能力以及成长能力进行综合分析，以提供有用决策信息给公司管理层、公司投资人、债权人进行正确的生产经营决策、投资决策、贷款决策等之用。

关键词　盈利能力　营业能力　偿债能力　成长能力

1　公司基本情况简介

山西太原不锈钢股份有限公司（简称太钢不锈钢）是由太原钢铁集团有限公司以其拥有的从事不锈钢生产、经营业务的三钢厂、五轧厂、七轧厂以及金属制品厂等经营性资产重组发行 A 种上市股票、募集设立的股份有限公司。目前，太钢是全国最大的特殊钢生产基地和不锈钢生产企业，其经营范围包括不锈钢和其他金属制品的生产和销售等。其主要产品有不锈钢、合金结构钢、硅钢、纯铁和太钢等，其中，不锈钢和硅钢产量均占全国产量的 1/3 以上；纯铁产量占全国的 85% 以上。太钢能生产 500 多个钢号，5300 多种规格的钢材品种，已形成 240 万吨钢的年综合生产能力，公司综合实力已跃居国内钢铁行业前列。

2　公司 2007 年经营状况

公司 2007 年实现主营业务收入 811.05 亿元，比上年增长 100.49%；实现营业利润 52.829 亿元，比上年增长 55.33%；实现净利润 4371101461.53 元，比上年增长了 18.37 亿元，增长率为 72.5%。究其原因，是由于 2007 年公司生产规模扩大，产品销量增加，加之售价提高，导致营业收入大幅增加，其中不锈冷轧薄板、其他不锈和普通中卷板三类产品贡献最大。另外，公司生产坯材 922.8 吨，比上年增长 50.53%，其中不锈钢材 178.83 万吨，比上年增长 79.08%。

重点工程建设取得新进展。第二座 7.63m³ 焦炉、90 吨超高功率电炉、180 吨 RH 真空炉和不锈冷轧宽幅热线等项目建成投运，为进一步优化品种、提高质量、增强市场竞争力创造了条件；冷轧硅钢扩建项目建成并快速投产，形成了年产 40 万吨冷轧硅钢的能力，公司的发展后劲进一步增强。

产品实物质量有了新提高。深化质量体系管理，持续开展 QC 小组、六西格玛改进活动，430 冷板表面综合无缺陷率、304 磨砂板一次命中率等重点实物质量指标大幅提高，不锈钢中板实物质量国内领先，奥氏体和双相不锈钢板通过了法、美、德船级社的认证。

品种开发取得新成效。重点品种开发量比上年增长 145.12%，400 系不锈钢比例达到 40.7%。高牌号冷轧硅钢开发量大幅增长，市场占有率跃居国内第一。管线钢、汽车用钢、集装箱板等品种开发量比上年成倍增长，高强度汽车大梁钢市场占有率国内第一。不锈钢及碳钢薄、宽规格产品开发量大幅增长；宽幅大梁钢、船用卷切板、超高压气瓶钢中板、高等级冷轧用料从无到有，市场占有率迅速提高。

精细化管理有了新进步。以信息化为支撑，深化六西格玛管理，主要技术经济指标明显进步，可比产品成本显著降低。ERP 系统日臻完善，新炼钢、新热轧和不锈冷轧制造执行系统（MES）上线运行。信息化在夯实能源计量基础管理、推进节能减排中作用显著。

自主创新取得新突破。超级 S32750 双相不锈钢、节镍型高性能 253MA 耐热不锈钢中板、宽厚规格 X70—X80 热轧卷板、LNG 储罐用 9% Ni 钢、厚规格高强度罐箱用 316L 冷轧板、超高强度结构钢热轧卷板等一批战略产品填补了国内空白，重点品种批量进入奥运、西气东输、"神舟"七号飞船、"和谐号"高速列车制造等重点工程，两类 4 种新型材料用于"嫦娥一号"探月工程。"400 系不锈钢制造工艺技术及品种开发"等成果获省级以上科学技术奖。技术中心在 2007 年度全国 438 家国家认定企业技术中心中位居第四。

建设资源节约型和环境友好型企业创出新水平。淘汰 6 座小电炉、2 座

330m³ 高炉和 4.3m³ 焦炉，3 号高炉煤气余压发电、发电 5 号煤气锅炉改造、废钢切割污染治理、钢渣处理等项目建成投产。热连轧工序饱和蒸汽发电机组已投用，二钢工序正在调试；4350m³ 高炉 TRT 回收达到行业一流水平。生活污水处理项目主要功能已投用。万元产值能耗、吨钢新水消耗、吨钢烟粉尘排放量、吨钢 COD 排放量比上年进一步降低。

3　公司财务报表分析

3.1　盈利能力分析

（1）资本资产盈利能力分析。

资本资产盈利能力分析

项目	2007 年	2006 年	变动额
期初总资产（元）	41985585626.64	11844061668	
期末总资产（元）	57661233466.94	41985585626.64	
平均总资产（元）	49823409547	26914823647	
期初净资产（元）	13885960650.32	5405714767	
期末净资产（元）	17656334471.64	13885960650.32	
平均净资产（元）	15771147561	9645837709	
利息支出（元）	1015353035	346187277.2	
利润总额（元）	5300668476	3375128034.86	
息税前利润（元）	6316021511	3721315312.06	
净利润（元）	4371101461.53	2534006070	
总资产报酬率（%）	12.68	13.83	－ 1.15%
净资产收益率（%）	27.72	26.27	＋ 1.45%

由上表可知，公司 2007 年净资产收益率较 2006 年增长了 1.45%，反映了公司资本增值能力有所提高，公司盈利能力增强。但总资产报酬率却比 2006 年有所下降，说明该公司占用资金增值能力下降，资本结构中负债比重的上升导致权益乘数的增加，从而对提高净资产收益率起了有利影响。这种以提高负债比重进而增加净资产收益率的做法，在负债不太高的公司可以采用，但对负债已然较高的公司而言，就会带来较大的财务风险。提高净资产收益率的根本做法还是想方设法提高资产报酬率。而提高

资产报酬率又取决于公司商品经营盈利能力及其资金周转能力的提高。

（2）商品经营盈利能力分析。

项目	2007 年	2006 年	变动额
营业收入（元）	81104750729	40453202520	
营业成本（元）	70754171083	34653480405.58	
营业利润（元）	5289170439.80	3404801381.49	
利润总额（元）	5300668476	3375128034.86	
息税前利润（元）	6326021511	3721315312.02	
净利润（元）	4371101461.53	2534006070	
营业收入利润率（%）	6.52	8.42	-1.9
营业收入毛利率（%）	12.76	14.34	-1.58
总收入利润率（%）	6.53	8.34	-1.81
销售净利润率（%）	5.39	6.26	-0.9
销售息税前利润率（%）	7.79	9.20	-1.41
营业费用（元）	1250749454	459936611.87	
营业外支出（元）	51037353.67	33358845.76	
营业税费（元）	285292393.2	122849652.57	
管理费用（元）	2316158310	1358361633.92	
财务费用（元）	1154907473	384756673.9	
营业成本利润率（%）	7.48	9.83	-2.45
营业费用利润率（%）	6.98	9.21	-2.23
全部成本费用总利润率（%）	6.99	9.12	-2.13
全部成本费用净利润率（%）	5.77	6.85	-1.08

从上表分析可知，公司 2007 年商品经营盈利能力比 2006 年有所下降，尤其是营业成本利润率、营业费用利润率下降得更多，说明公司垫支在营业活动中的资金使用效率在下降，增值能力在降低。如何改进生产经营，提高资金运作效率？这是公司下一步应重点关注的问题。

（3）盈利质量分析与销售获现。

项目	2007 年	2006 年	变动额
经营活动净现金流量（元）	2673974306	2002821015.39	
平均净资产（元）	15771147561	9645837709	

续表

项目	2007 年	2006 年	变动额
经营活动现金回收率（%）	16.95	20.76	-3.81
平均总资产（元）	49823409547	26914823647	
全部资产现金回收率（%）	5.37	7.44	-2.07
净利润（元）	4371101461.53	2534006070	
盈利现金比率（%）	61.13	79.04	-17.91
销售商品、提供劳务收到的现金（元）	81783504155	38051769721	
营业收入	81104750729	40453202520	
销售获现比率（%）	100.84	94.06	+6.78

从上表分析可知，尽管公司 2007 年销售获现比率有所上升，但经营活动现金回收率、全部资产现金回收率以及盈利现金比率均有所下降，说明公司盈利质量还有待提高。

3.2　营运能力分析

项目	2007 年	2006 年	变动额
营业收入（元）	81104750728.83	40453202520.00	
平均总资产（元）	49823409547	26914823647	
流动资产平均余额（元）	24003994475	13223180757	
平均存货（元）	13567688765	6439097591	
平均应收账款（元）	1962113610	1245097030.47	
营业成本（元）	70754171082.96	34653480405.58	
总资产周转率（%）	1.63	1.50	+0.13
流动资产周转率（%）	3.38	3.06	+0.32
存货周转率（%）	5.21	5.38	-0.17
存货周转天数（元）	69.03	66.91	+2.02
应收账款周转率（%）	41.34	32.49	+8.85
应收账款周转天数（元）	8.71	11.08	-2.37

从上表可知，公司 2007 年资产总体周转水平比上年略有提高，分析原因主要是应收账款周转加快所致，说明公司 2007 年在应收账款管理方面成效显著，加之销售获现比率的提高，进一步说明公司在 2007 年销售

管理方面有了一定的提高。但同时也要注意，公司在 2007 年存货周转速度有所下降，应分析原因采取有效方法提高存货周转水平。

3.3　偿债能力分析

（1）短期偿债能力分析。

项目	2007 年	2006 年	变动额
流动资产（元）	28203939258.21	19804049692.53	
流动负债（元）	2816108096.81	18322104725.38	
营运资本（元）	42859161.4	1481944967	
流动比率（%）	1.00	1.08	−0.08
速动资产（元）	10689946005	7673297459	
速动比率（%）	0.38	0.42	−0.04
货币资金（元）	3970259045.22	2697983496.54	
现金比率（%）	14.10	14.73	−0.63
经营活动现金流量净额（元）	2673974306	2002821015	
平均流动负债（元）	23241592411	11548397474	
现金流量比率（%）	11.51	17.34	−5.83

从上表分析可知，公司在 2007 年短期偿债能力有所下降，尤其是现金流量比率下降较多，且与行业平均水平相比，公司短期偿债能力比率总体偏低，针对这一问题，公司应采取更为有效的筹资政策避免财务危机的发生。

（2）长期偿债能力分析。

项目	2007 年	2006 年	变动额
总负债（元）	4004898995.30	28099624976.32	
总资产（元）	57661233466.94	41985585626.64	
资产负债率（%）	69.38	66.93	+2.35
无形资产和其他资产（元）	156347488.87	48246736.92	
有形资产负债率（%）	69.57	67.00	+2.57
股东权益（元）	17656334471.64	13885960650.32	
股东权益比率（%）	30.62	33.07	−2.35
产权比率（元）	226.58	202.36	
利息费用（元）	1015353035	346187277.2	
息税前利润（元）	6304523475	3750988659	
利息保障倍数	6.21	10.84	−4.63

从上表分析可知，公司在 2007 年长期偿债能力也有所下降，从资产或有形资产规模来看，负债所占比重的上升增加了公司的偿债能力；从盈利角度来看，公司 2007 年利息保障倍数的下降说明利润保障债务归还的能力也有所下降，这对公司偿债将起到不利影响。

3.4 成长能力分析

项目	2007 年	2006 年	变动额
资产总额（元）	57661233466.94	41985585626.64	
本年资产增加额（元）	15675647840.30	30141523958.43	
资产增长率（%）	37.34	254.49	−218.15
股东权益总额（元）	17656334471.64	13885960650.32	
股东权益增加额（元）	3770373821.32	8480245883.66	
净资产收益率（%）	27.72	26.27	+1.45
股东净投资率（%）	2.02	138.63	−136.61
股东权益增长率（%）	27.15	156.88	−129.73
营业收入（元）	81104750728.83	40453202520.00	
本年营业收入增加额（元）	40651548208.83	16702428780.73	
销售增长率（%）	100.49	70.32	+30.17
营业利润（元）	5289170439.80	3404801381.49	
本年营业利润增加额（元）	1884369058.31	2325658684.11	
营业利润增长率（%）	55.34	215.51	−159.17
净利润（元）	4371101461.53	2534006070.47	
本年净利润增加额（元）	1837095391.06	1757302212.68	
净利润增长率（%）	72.50	226.25	−153.65

从上表分析可知，公司在 2007 年各方面增长能力相较于 2006 年均有所下降，但从增长率本身而言，均保持了较高的增长率，说明 2007 年公司增长能力还是不错。

3.5 财务综合分析

从上述报表数据分析可知，公司在 2007 年资本盈利能力有所提高，总体原因是负债增加导致权益乘数增加所致，而公司总资产报酬率则有所下降，说明公司资金运作效率的下降，而导致这一下降的原因则是公司商品经营能力的下降，说明公司在成本费用管理方面尚有待提高。从资金周转而言，公司在 2007 年资金周转速度的加快，弱化了公司商品经营盈利能力下降的不利局面，尤其是应收款周转速度的加快说明公司在 2007 年在应收账款管理方面取得了不错的成绩，销售收现比率的提高进一步说明公司在销售管理方面有所加强。尽管公司 2007 年增长能力方面比率比 2006 年均有所下降，但相对于行业平均水平仍属于正常水平，说明公司在 2007 年仍保持了较好的增长能力。

4 公司面临的竞争格局及市场趋势

我国钢铁行业的集中度较低，前十大钢铁集团的粗钢产量只占到国内粗钢产量的 35% 左右，行业竞争格局仍然处于充分竞争的状态。根据《钢铁产业发展政策》，到 2010 年钢铁冶炼企业数量有较大幅度减少，国内排名前十位的钢铁企业集团钢产量占全国产量的比例达到 50% 以上，2020 年将达到 70% 以上。因此，钢铁行业有望在未来几年通过市场化及非市场化并购重组，集中度得到较大提高，一批新的超级巨头将应运而生，行业格局将发生重大变化。

国民经济持续快速增长、工业化、城镇化进程将使国内钢材需求保持长期增长趋势，中国钢铁行业还将处于景气周期。但是，阶段性的产能增长过快以及结构性的供求失衡，将成为影响我国钢材市场稳定发展的不利因素。未来几年，全社会对钢材需求将由要求更多的满足数量供给转到了要求有更高的品种质量水平，以适应我国装备制造业的升级发展和建筑业走向现代化的客观要求。

附录

太钢不锈钢合并资产负债表

编制单位：山西太钢不锈钢股份有限公司　　　　2007 年 12 月 31 日　　　　单位：元

资产	年初余额	年末余额	负债和股东权益	年初余额	年末余额
流动资产			**流动负债**		
货币资金	3970259045.22	2697983496.54	短期借款	11335127107.74	41300000.00
交易性金融资产			交易性金融负债		
应收票据	772394876.29	683989875.47	应付票据	350334000.00	339800000.00
应收账款	2086736986.34	1837490234.30	应付账款	8637639468.54	4901044746.24

资产	年初余额	年末余额	负债和股东权益	年初余额	年末余额
预付账款	3642139018.17	4889105196.16	预收账款	2691783352.29	2592313301.60
应收利息			应付职工薪酬	95445313.29	110924900.69
应收股利			应交税费	267557678.22	458344630.42
其他应收款	218923215.16	73589477.21	应付利息	13029000.00	
存货	17513486117.03	9621891412.85	应付股利		
其中：消耗性生物资产			其他应付款	1499897176.73	2731477146.43
一年内到期的非流动资产			一年内到期的非流动负债		
其他流动资产			其他流动负债		
流动资产合计	28203939258.21	19804049692.53	流动负债合计	2816108096.81	18322104725.38
非流动资产			**非流动负债**		
可供出售金融资产			长期借款	11784069300.00	9739657600.00
持有至到期投资			应付债券		
长期应收款			长期应付款		
长期股权投资	405086079.12		专项应付款	52649598.49	32862650.94
投资性房产	4663283.65	530041.64	预计负债		
固定资产	25287178794.56	17837241555.28	递延所得税负债		
在建工程	3349406956.83	4151155177.06	其他非流动负债	710000.00	500000.00
工程物资	165775978.73	165775978.73	非流动负债合计	11843818898.49	9777520250.94
固定资产清理			负债合计	4004898995.30	28099624976.32
生产性生物资产			**股东权益**		
油气资产			股本	3458525200.00	2660404000.00
无形资产	156347488.87	48246736.92	资本公积	4958401121.40	5855066911.82
开发支出			减：库存股		
商誉			盈余公积	912274245.52	594067095.19
长期待摊费用			未分配利润	7577546581.38	4179228650.99
递延所得税资产	88835626.97	41347326.77	归属于母公司股东权益合计	16906747148.30	13288766658.00

续表

资产	年初余额	年末余额	负债和股东权益	年初余额	年末余额
其他非流动资产			少数股东权益	749587323.34	597193992.32
非流动资产合计	29457294208.73	22181535934.11	股东权益合计	17656334471.64	13885960650.32
资产总计	57661233466.94	41985585626.64	负债和股东权益总计	57661233466.94	41985585626.64

合并利润表

编制单位：山西太钢不锈钢股份有限公司　　2007 年度　　　　单位：元

项　目	本年金额	上年金额
一、营业收入	81104750728.83	40453202520.00
减：营业成本	70754171082.96	34653480405.58
营业税金及附加	285292393.17	122849652.57
营业费用	1250749453.76	459936611.87
管理费用	2316158310.39	1358361633.92
财务费用	1154907473.29	384756673.89
资产减值损失	44387654.58	69016160.68
加：公允价值变动净收益		
投资净收益	−9913920.88	
二、营业利润	5289170439.80	3404801381.49
加：营业外收入	62535389.42	3685499.13
减：营业外支出	51037353.67	33358845.76
其中：非流动资产处置净损失		
三、利润总额	5300668475.55	3375128034.86
减：所得税	929567014.02	841121964.39
四、净利润	4371101461.53	2534006070.47
归属于母公司股东的净利润	4248605880.72	2444407594.29
少数股东损益	114893331.02	82582278.18
被合并方合并前实现的净利润	7602249.79	7016198.00
五、每股收益		
（一）基本每股收益	1.2284	0.8531
（二）稀释每股收益	1.2284	0.8531

合并现金流量表

编制单位：山西太钢不锈钢股份有限公司　　2007 年度　　　　单位：人民币元

项目	本年金额	上年金额
一、经营活动产生的现金流量		
销售商品、提供劳务收到的现金	81783504155.16	38051769720.57
收到的税费返还		
收到其他与经营活动有关的现金	56159947.06	38605471.20
经营活动现金流入小计	81839664102.22	38090375191.77
购买商品、接受劳务支付的现金	73814576367.68	33504615436.02
支付给职工以及为职工支付的现金	1802090450.12	1160138639.56
支付的各项税费	3482915311.82	1380692393.74
支付其他与经营活动有关的现金	66107666.62	42107707.06
经营活动现金流出小计	79165689796.24	36087554176.38
经营活动产生的现金流量净额	2673974305.98	2002821015.39
二、投资活动产生的现金流量		
收回投资收到的现金		
取得投资收益收到的现金		
处置固定资产、无形资产和其他长期资产收回的现金净额	5215239.26	1966807.50
处置子公司及其他营业单位收到的现金净额		
收到其他与投资活动有关的现金	148924595.77	105383763.02
投资活动现金流入小计	154139835.03	107350570.52
构建固定资产、无形资产和其他长期资产支付的现金	8396352234.44	6270103887.62
投资支付的现金	705184679.33	
取得子公司及其他营业单位支付的现金净额		
支付其他与投资活动有关的现金	984050.00	8909550.69
投资活动现金流出小计	9102520963.77	6279013438.31
投资活动产生的现金流量净额	−8948381128.74	−6171662867.79
三、筹资活动产生的现金流量		
吸收投资收到的现金	3750000.00	670276237.21
取得借款收到的现金	21272226879.12	765828000.00
收到其他与筹资活动有关的现金	21807924.12	8291730.4
筹资活动现金流入小计	21331534803.24	8336847967.62
偿还债务支付的现金	12104724342.27	1799091520.00

续表

项目	本年金额	上年金额
分配股利、利润或偿付利息支付的现金	1648125784.20	864462453.21
支付其他与筹资活动有关的现金	16046299.42	33922712.12
筹资活动现金流出小计	13768896425.89	2697476685.33
筹资活动产生的现金流量净额	7562638377.35	5639371282.29
四、汇率变动对现金的影响	−15956005.91	−5461562.19
五、现金及现金等价物净增加额	1272275548.68	1465067867.70
加：期初现金及现金等价物余额	2697983496.54	1232915628.84
期末现金及现金等价物余额	3970259045.22	2697983496.54

思考与讨论

1. 总结山西太钢不锈钢在 2007 年存在的问题，在 2008 年全球金融危机爆发后，面临整个实体经济的不景气，作为太钢不锈钢的经营者，你有何应对措施？

2. 如果你是投资者，针对太钢不锈钢当前经营状况以及对未来的预期，你是否愿意把资金投入太钢不锈钢？

3. 如果你是银行，当太钢不锈钢向你申请贷款时，你是否愿意贷款给公司？

案例使用说明

一、教学目的与用途

本案例适用于财务管理课程的案例讨论。通过对太钢不锈钢的年报以及其他相关资料分析的基础上，以提供决策有用信息给公司管理层、公司投资人、债权人进行正确的生产经营决策、投资决策、贷款决策等之用。

二、启发思考题

1. 公司盈利能力分析应从哪些方面进行？

2. 公司偿债能力分析应从哪些方面进行？

3. 公司营运能力分析应从哪些方面进行？

4. 公司成长能力分析应从哪些方面进行？

5. 要得出决策有用信息，除了分析财务资料以外，还应该结合其他哪些相关资料进行分析？

三、分析思路

1. 了解公司基本经营情况。

2. 从盈利、偿债、营运、成长等几个方面对公司进行财务分析。

3. 结合公司所处宏观经济环境以及行业竞争状况，对公司进行全方位的综合分析。

四、建议课堂计划

本案例可以作为专门的案例讨论课，以下是建议计划，仅供参考。

案例学习时间大概为60—80分钟。

（1）课前计划：提出启发思考题，请学员完成阅读和初步思考。

（2）课中计划：简要的课堂发言（2—5分钟）。

分组讨论（25分钟）：告知发言要求，每组围绕一至两个方面进行讨论；

小组发言（30分钟）：每组分别发言；

引导进一步讨论，进行归纳总结（10—15分钟）。

（3）课后计划：以小组为单位，完成一个分析报告，并形成有关讨论结论。

参考文献

［1］《山西太钢不锈钢股份有限公司 2007 年度报告摘要》，http：//www.cnstock. com/paper_ new/html/2008-04/09/content_ 61053673. htm。

［2］《公司概况、公司大事联合证券网上交易系统信息咨询》。

投资学

风险投资案例

刘　浩

摘　要　风险投资进入中国的时间还不算长，但已经焕发出了勃勃生机，2006 年我国成为位列美国之后的全球风险投资第二大目标国，除了国外风险投资公司进入中国以外，国内也相继出现了许多风险投资公司，成都新兴创业投资有限责任公司便是其中之一。本文列举了成都新兴创业投资有限责任公司进行的三次具有重要战略意义的风险投资案例，并对其进行了简要分析，为我国风险投资业的发展提出几点建议。

关键词　风险投资　成都模式　传统产业　长期运作

引言

风险投资 VC（venture capital），又称创业投资，一般投资于承担高风险谋求高收益的项目，在项目出售或公开上市时实现所有者权益的变现，使投资者获得高额的资本增值回报。

风险投资的特点是高风险、高收益。高风险是由于投资对象一般是处于早期成长阶段的中小型科技企业，且投资回收期较长，一般在 4—7 年，甚至 10 年，资金流动性较差；高收益是由于投资对象多是一些潜在市场规模大、高增长的新创事业，一旦成功，特别是通过 IPO 公开上市后股权出售的方式取得成功，就会为投资者带来少则几倍，多则几十倍甚至上百倍的收益。

风险投资在中国的时间还很短，可以说是新生事物，但近几年，随着国内经济的发展、科技水平的提高及资本市场的完善，风险投资在我国得到越来越多的关注，2006 年我国已经取代英国成为位列美国之后的全球风险投资第二大目标国，除了国外的风险投资公司，如美国 IDG 等开始进入国内以外，在各级政府以及高新技术开发区的支持下国内也相继出现了许多风险投资公司，成都新兴创业投资有限责任公司便是其中之一。

1　企业背景

成都新兴创业投资有限责任公司（以下简称新兴创投）成立于 2000年 11月 10日，注册资本 1亿元，股东分别是成都高新投资集团有限公司、上海泛亚策略投资有限公司、成都华神集团股份有限公司、山东东阿阿胶股份有限公司、南通科技投资集团股份有限公司、上海华廓投资咨询有限公司、成都高新创新投资有限公司、成都高新发展股份有限公司，各持有 25%、20%、10%、10%、10%、10%、10%、5% 的股权。

新兴创投由政府与知名专业咨询机构创意发起，多家上市公司参与，采取基金管理模式，遵循资本市场规律，是四川首家按照国际规范市场化运作的股份制风险投资公司，也是西部地区规模最大的风险投资公司之一。新兴创投主要从事具有良好成长潜力及竞争优势的电子信息、医药、新材料新能源等新兴高科技产业的企业股权投资、项目与产品投资，投资区域覆盖全国，重点投资中西部地区。

2　案例事件

新兴创投自成立以来曾先后于 2001年 4月、2006年 3月和 2006年12月对成都卫士通信息产业股份有限公司（以下简称卫士通）、深圳市三鑫特种玻璃技术股份有限公司（以下简称三鑫玻璃）、四川升达林业产业股份有限公司（以下简称升达股份）进行投资，其中三鑫玻璃最早于2007年 8月在深圳证券交易所挂牌上市，此后升达股份和卫士通相继于2008年 7月、2008年 8月在深交所成功上市，这对新兴创投来说可谓捷报频传，三家公司 IPO 给新兴创投带来了几倍、十几倍甚至几十倍的收益，这三次风险投资对新兴创投来说都具有非常重要的战略意义。

2.1　新兴创投借助深圳三鑫玻璃在资本市场首次现身

2006年 3月，三鑫玻璃以增资扩股的形式引进战略投资者，新兴创投按每股 2.18元的价格认购了 400万股，向三鑫玻璃投资 872万元，持股比例 3.92%。2007年 8月 23日三鑫玻璃在深圳证券交易所成功上市

（股票代码 002163、股票简称中航三鑫），此次发行 3400 万股，发行价 8.15 元，开盘价 28.5 元，收盘价 23.94 元，涨幅 193.74%，新兴创投从三鑫玻璃 IPO 中可获得十几倍的收益，并借此在资本市场中以西部本土创投公司的身份首次现身。

三鑫玻璃最早脱胎于 1993 年设立的深圳三鑫玻璃制品厂，曾多次增资扩股，此次引进风险投资主要是想借风险投资壮大企业资本规模、提高抗风险能力，进而借机上市。成都创投业内人士曾指出，像这种上市前期进行的投资，投资机构通常能在一两年内获得三四倍的回报。

新兴创投当初看中三鑫玻璃是基于它的行业领先地位、技术研发能力以及市场发展前景。

三鑫玻璃是一家集幕墙工程研发、设计、施工和幕墙玻璃制品生产、销售为一体，综合配套能力强，工程施工效率高，具备完整产业链的幕墙专业公司，是幕墙玻璃领域一体化的优势企业。其规模化、纵向一体化的经营模式和发展路径是国内同行业竞争对手不具备的优势。三鑫玻璃的经营规模和市场占有率连续几年位居国内同行业前三名，在点支式玻璃幕墙领域位居国内同行业第一名，具有较高的知名度和影响力。

三鑫玻璃先进的生产设备和工艺技术也居国内同行业前列，曾承接过南京国际会展、上海信息枢纽中心、广州新白云机场等标志性的重点工程，工程项目曾多次获得鲁班奖等国家级建筑工程奖项。三鑫玻璃还率先组建了我国第一个建筑玻璃与幕墙研发中心、建立我国第一个针对点支式幕墙和双层节能幕墙新技术进行科研的实验室，研发的建筑节能幕墙、节能门窗等多项课题被建设部列为部级科技项目计划。

从盈利能力角度看，三鑫玻璃收入一直保持小幅稳定增长，毛利率也保持相对稳定；自 2002 年起开拓海外幕墙玻璃制品销售市场以来，幕墙节能玻璃产品约有 70% 出口到境外，公司国外销售收入增长较快，2005 年实现的国外销售收入较 2004 年增长 68%。

从市场发展前景看，由于国家明确要大力发展节能型建筑，这使得节能幕墙玻璃市场空间大大拓展；再加上经济不断增长和居民收入稳步提升，我国建筑幕墙年均需求量约为 3000 万平方米，这给幕墙行业的优势企业带来很大的发展机会。

正是基于三鑫玻璃的上述竞争优势，新兴创投决定对其投资并相信能够得到一个满意的回报，此后的事实也证明了这一点。

2.2 新兴创投首次助推四川本土企业升达股份成功上市

2006 年 12 月，升达股份非公开定向增发人民币普通股 34811401 股，每股面值为 1 元，发行价格每股 2.26 元，溢价部分转入资本公积，新兴创投在此次发行中认购了 779.52 万股，投资金额达 1761.72 万元，持股比例 4.872%。2008 年 7 月 16 日，升达股份在深交所挂牌上市（股票代码 002259、股票简称升达林业），此次发行 5500 万股，发行价为 4.56 元，开盘价 8.99 元，收盘价 8.89 元，涨幅达到 94.96%，新兴创投从升达股份 IPO 中可获得几倍的收益。虽然此次投资比三鑫玻璃 IPO 中可获得的收益少，但对新兴创投来说同样具有重要意义，因为这是新兴创投投资的企业中第一个成功上市的四川本土企业。

升达股份 2006 年 12 月引入新兴创投等新股东的主要目的在于补充公司温江中纤板项目的建设资金，该项目总投资 2.64 亿元，其中国家开发银行提供 12 年长期贷款 1.13 亿元，升达股份自筹资金 8000 万元，此次引入新股东增资扩股筹集资金 7100 万元。

新兴创投向升达股份投资除了看中其行业领先地位、技术创新能力和市场发展前景外，更看中了升达股份的"林板一体化"经营战略优势。

升达股份是一家国内少有的实施"林板一体化"发展战略的，拥有"林木种植—中纤板制造销售—木地板制造销售"的完整产业链结构的林业种植加工企业，既拥有林木资源，又具备大规模木地板、人造板生产能力。为提升综合实力，有效抵御产品结构单一所带来的风险，加强抗风险能力，升达股份于 2003 年开始实施"林板一体化"发展战略，一方面买林造林，一方面在林木资源附近筹备中纤板项目建设。随着拥有森林资源的不断增多，升达股份整体竞争优势大大增强，已由过去的收入主要来自于木地板业务，发展到林木种植业务和人造纤维板业务成为新的利润增长点。国内实施"林板一体化"发展战略的林业企业并不多，升达股份因此具有很强的经营战略优势。

升达股份在"林板一体化"发展战略的指导下取得了不错的经营业绩，主营产品强化木地板市场销量连续多年名列国内第二名，竹地板全国同类市场销量第一名，升达商标被评为"中国驰名商标"，强化地板被评为"中国名牌产品"、"国家免检产品"，并获得"出口免验"证书，产品出口到全球 70 多个国家和地区，并于 2004 年被列入《联合国采购目录》系统供应商。升达股份曾承担强化木地板、竹地板"国家标准"的起草，参与强化木地板"中国环境标志产品认证技术要求"的起草，还起草了地热强化木地板、木地板铺装和验收规范等新的"国家标准"蓝本，同时也是全国人造板标准化技术委员会的会员单位。

优秀的经营业绩是需要依靠有力的技术研发来支撑的，升达股份具备较强的科技创新和产品自主开发能力，在行业内率先设立科研中心，拥有包括3项发明专利在内的16项专利权和18项非专利技术，这些核心生产技术和关键生产工艺不但在国内属于一流水平，在国际也处于前沿阶段。升达股份不断进行独特的产品功能设计，在木地板生态化方面的研发和技术储备处于国内领先地位，先后推出"静音地板"、"抗菌地板"、"磁性地板"、"诱生空气负离子地板"等系列生态地板产品，满足了不同消费者对产品的需求，其中拥有自主知识产权的"抗菌强化地板"获国家发明专利，被评为"国家重点新产品"、"中国木地板行业科技创新奖一等奖"。同时为保障产品质量和规模化生产，升达股份还拥有世界一流的先进设备，是目前国内设备最先进的木地板企业之一。

再从市场前景角度分析，一方面"林板一体化"是国家长期鼓励发展的产业政策和趋势；另一方面由于我国森林资源不足，而随着经济社会的快速发展和人民生活水平的提高，木材和林产品需求急剧增长，林木资源供需矛盾突出缺口较大；再加上纤维板、木地板制造属于劳动密集型产业，欧美国家和地区的建材产品加工已逐步转移到发展中国家，我国林业企业具有很广阔的国际国内市场空间。

新兴创投投资时相信拥有专业优秀管理团队、实施"林板一体化"经营战略的升达股份能够抓住市场机遇，不断创新技术水平，壮大营销网络，最终给自己带来高额的回报。

2.3 新兴创投投资本土高科技企业卫士通获得高额回报

2001年4月，卫士通设立满三年后，引入了新兴创投作为新股东。新兴创投向卫士通注资1247万元，经过连续几年送股，持股达1768.94万股，持股比例为26.36%，是卫士通的第二大股东。2008年卫士通在资本市场上取得了重大突破，8月11日正式登陆深圳证券交易所中小企业板（股票代码002268、股票简称卫士通），成为中国第一家以信息安全为主业的上市公司。此次发行1700万股，发行价为12.12元，募集资金2.06亿元，开盘价26.6元，收盘价26.2元，涨幅116.17%，上市当天新兴创投的股权市值达到了4.63亿元，卫士通IPO可给新兴创投带来几十倍的投资回报，成为新兴创投投资时间最长回报最高的四川本土高科技企业。

卫士通是新兴创投最早选择的风投企业之一，新兴创投 2000 年 11 月成立，2001 年 4 月便对卫士通进行了风险投资，当初投资卫士通是因为一方面看中了其行业内的领先地位及未来巨大的发展空间，另一方面则更是看中了其主要产品的技术壁垒优势。

卫士通自 1998 年成立便一直从事信息安全产业，是国内较早从事信息安全产业的开拓者之一，依托中国电子科技集团公司第 30 研究所深厚的技术及人才积淀，凭借高效的现代企业运作机制，卫士通在密码设备、安全系统及安全集成领域具有主导地位，开发的密码类产品已覆盖信息安全主流领域并渗透到电子政务、电子金融、电子税务及电子商务等领域，实现了企业规模化发展，是我国信息安全产业的龙头企业，是目前国内以密码为核心的信息安全设备的最大供应商。2004 年以来其主要产品及工程项目在政府和军工等大集团用户中的占有率均居国内信息安全厂商第一位，2005 年被评为中国信息安全产业"十大创新企业"及"中国信息产业管理创新企业"，2006 年获"中国信息安全行业十大品牌企业"，2007 年获"中国信息安全产业十年企业特别贡献奖——金砂奖"。卫士通密码类产品获得各级各类奖项 20 余次，部分拳头产品因技术领先性及产品化程度高等综合优势率先通过主管部门的技术鉴定，填补了国内空白并成为行业技术标准。卫士通先后完成的"金航"、"金卡"、"金财"、"金审"等系列大型信息安全工程建设服务项目已成为我国信息化安全建设标志性的示范项目。

卫士通是目前国内唯一一家同时拥有涉及国家机密的计算机信息系统集成甲级资质和商用密码科研、生产、销售定点单位全部资质的企业，承接了大量国家级重点工程的安全集成与安全服务，在政府、军工、金融、电力、电信、税务等领域，培养了大量长期、深度合作的客户资源，在行业内具有持续的竞争优势。卫士通承担了国家 863 项目、国家发改委科技部产业化示范工程等国家级、省部级重点信息安全科研项目近 30 项，其主要竞争力产品普密设备的国内市场份额超过 50%，销售收入占公司收入的 80% 以上，由于普密产品国家有相关的政策保护，因此在国内少有竞争，这便是卫士通强有力的技术壁垒优势。

在技术壁垒和行业领先的背后，卫士通有一支优秀的技术管理团队。

总经理游小明具有深厚的通信工程专业技术基础，获得过中国信息安全产业界"十大领军人物"等许多荣誉称号；副总经理雷利民是国家信息安全专家，潜心于密码学及信息安全专业技术研究与产品开发，获得多项国家级奖励，曾参与多项国家信息安全标准的制定；截至目前卫士通已取得6项软件著作权以及1项发明专利、7项实用新型、3项外观设计共11项专利。

从发展前景看，中国互联网的迅速发展，为信息安全产品提供了广阔的发展空间；再加上政府、军工、金融等主要客户对安全产品技术要求非常高，但对价格却并不十分敏感，因此产品的毛利率比较高，能够使企业在同行业竞争中保持较高的利润水平，卫士通2007年综合毛利率为64%，近几年综合经济指标连续保持50%以上的速度递增；再有卫士通已开始注意拓展中小企业及个人客户群。

卫士通上述这些竞争优势都坚定了新兴创投的投资信心，事实证明新兴创投最初的选择没有错，随着卫士通IPO上市，新兴创投获得了巨额的投资回报。

3　社会反响

成都经济环境优越，在西部尤为突出，是西部地区经济发展最好的地区之一，开展风险投资具备非常大的优势，而成都高新区的优势则更为明显。作为首批国家级高新区和对亚太经合组织（APEC）开放的科技工业园区，成都高新区自1991年成立以来一直发展迅速，各项经济指标增速在全国54个国家级高新区中均名列前茅，是我国高新技术产业化的重要基地和地方经济的重要增长点，已成为中西部地区乃至全国最具实力的高科技园区之一。

成都高新区高度重视风险投资机构的引进、培育和风险投资机制的建立完善，先后制定并实施了《关于鼓励和吸引创业资本投资高新技术产业的若干规定》和《关于鼓励和吸引投资型企业的若干规定》，初步形成了以政府资金为引导、社会资本为主体的多元化风险投资体系。

新兴创投便是由成都高新区政府牵头联合4家上市公司及专业咨询机构组建的，政府牵头开此先河，目的是引进更多的民间风险投资。建立以民为主、官民结合的多元化风险投资渠道，真正按照市场经济的运行机制加入风险资本市场。

新兴创投按市场方式运作，资金委托专业的成都盈泰投资管理公司进行管理，在委托管理模式上，采用与风险投资基金相类似的委托代理关系，即资金的委托管理人较其他一般的创业投资管理人有较大的经营权和决策权，这一新型的类似官办民营的创业投资资金管理模式被国内的风险投资业界称为"成都模式"。

成功的投资能使公司获得较高的声誉，较高的声誉是对公司胆略和智慧的证明，三鑫玻璃、升达股份和卫士通三家公司的相继上市足以证明新兴创投的胆识，也标志着"成都模式"这一传统风险投资模式的突破取得了成功。

4 案例思考

在新兴创投的三次成功风投案例中我们可以作出如下一些总结：

（1）政府参与风险投资可参照"成都模式"进行角色转换，政府应助力风险投资，而不应是风险投资的主体。

我国的风险投资跟大多数国家情形类似，都是在政府推动下从以政府为主导开始的，政府是风险投资的主体，那时的风险投资并非真正意义上的风险投资；经过十几年的发展，特别是新兴创投"成都模式"的成功运作，使政府意识到应该扮演服务风险投资的角色助力风险投资，不断完善风险投资政策，优化风险投资环境，提供人才、资讯等服务于风险投资的各种资源，以吸引更多的民间资本加入风险投资行列。

（2）本土创投公司除关注高科技产业外，可关注传统产业，因为当前我国传统产业升级有广阔的成长空间。

风险投资公司一般专注于高风险、高回报的高科技产业，很少关注传统产业，但我国传统产业正处于升级换代发展阶段，随着经济的持续发展与居民收入的稳步提升，传统产业更具有广阔的成长空间和利润上升空间。新兴创投正是看准了我国传统产业升级的机会，做出了准确的判断，其投资的卫士通属于高科技产业，而其投资的三鑫玻璃、升达股份则属于传统产业，居民消费水平的不断提高直接带动了这些传统产业的稳步发展，也给风险投资公司带来了比较可靠的投资回报。

（3）风险投资不应有急功近利的思想，应坚持长期运作的投资理念，切实发挥风险资本孵化中小企业的作用。

目前有很多创投股东持有的中小板公司股权系转让所得，被投资的相应公司注册资本金并未增加，表明新的创投股东并没有给被投资公司带去资金，失去了风险资本孵化中小企业的效用；另外也有些风险资金背离风险投资的投资原则，流向了科研成果转化的后期，并没有充分发挥风险投资的效用；而新兴创投投资的卫士通、三鑫玻璃、升达股份都非转让所得，切切实实给被投资公司带去了生产发展所需的资金。

思考与讨论

1. 没有风险资本的退出渠道就没有风险投资。风险投资成功后能否全身而退？政府在完善风险投资退出渠道方面应有哪些作为？（风险资本的出口）

2. 目前我国的风险投资基金来源单一，数量有限，不能为高新技术发展提供足够的资金支持，如何多渠道扩充风险投资基金？（风险资本的来源）

3. 风险投资需要理性不盲动，如何使风投不"疯投"？

4. 面对国外知名风险投资公司竞争，国内本土风险投资公司如何从容应对？

参考文献

[1] 谢龙：《风险投资应"官办民营"》，《资源开发与市场》2001 年第 1 期。

[2] 孙昌群：《风险投资与科技成果转化》，《风险投资论坛》2002 年第 4 期。

[3] 陈建军：《创投企业频频现身中小板》，《上海证券报》2007 年第 8 月 9 日。

[4] 马文：《风险投资在中国》，《大地》2008 年第 3 期。

[5] 《培育中国风险资本市场》，中国风险投资网 2006 年 11 月 19 日，http://www. vcinchina. com/articleview/2006-11-19/article_ view_ 2059. htm。

大唐湖南湘潭发电公司粉煤灰
砖厂项目投资案例

郑婉萍

摘　要　该案例从大唐湖南湘潭发电公司粉煤灰砖厂投资项目提出的背景和行业发展概况入手，介绍了该项目的建设的基本情况，并对该项目的市场需求情况进行了预测，在市场需求预测的基础上提出了项目的拟建生产规模，并在拟建生产规模的基础上提出了投资项目的技术方案、项目的实施计划和项目的投资构成，并对该投资项目涉及的有关财务数据进行估算，对该项目实施后可能产生的社会反响也进行了分析说明。在上述基础上，提出了需要研究的三个问题，即编制全部投资的现金流量表，计算投资项目的有关经济指标，并对投资项目的投资可行性进行分析评价。

关键词　粉煤灰砖厂　投资项目　投资估算　投资分析　经济指标

1　项目背景与行业发展概况

1.1　项目提出的背景

针对我国目前墙体材料生产存在的毁田取土、高消耗与严重环境污染等问题，国家制定了大力开发与推广节约土地、节能、利废、多功能有利于环保且符合可持续发展要求的各类新型墙体材料。对新型墙体材料厂包括粉煤灰砖厂免收固定资产投资方向调节税、免征土地使用税、免征五年所得税、免收增值税等税收优惠政策。且严格限制使用、生产使用实心泥土砖，国家规定不再新批黏土砖厂，对现有泥土砖厂已批土地使用完为止不再扩批。

2007 年初，湖南省出台"新型工业化考核奖励办法"，以往考核干部政绩最重要的工业固定资产投资额和招商引资额两项指标大幅下降，而新增加的节能降耗、污染物减排则占到了考核指标体系的22%。政绩考核有导向作用，直接影响到大唐湖南湘潭发电公司投资的战略选择。为促进粉煤灰的综合利用，当地政府又在制定相关产业政策时对此举进行了明确鼓励和支持，并从财税政策上减免有关税费，完善相关技术标准、法规，以技术创新来扩宽粉煤灰的应用领域。

大唐湖南湘潭发电公司是一家以煤炭为主要消耗原料的火力发电厂，其在发电生产过程中会有大量的粉煤灰废渣产生。这些废渣传统的处理方式是堆放到废弃水库一类的地方，而这样长期堆放积累下来造成了一定的环境隐患，还要花费一定数额的储存费用，征用土地更是难上加难。为了提高粉煤灰综合利用水平，减少粉煤灰储存量，降低存储粉煤灰成本和减少征地，引入粉煤灰生产线正好能将这些粉煤灰用来制造新型墙体材料的粉煤灰砖，加之现在新型墙体材料市场的火爆，这便是该项目投资的背景。

1.2 行业发展概况

墙体材料是建筑物的主要结构砌筑及围护材料，是建筑的主体材料，我国房屋建筑材料中70%是墙体材料，几乎占每栋建筑物固体材料用料80%以上，以砖瓦工业为主逐渐发展壮大起来的中国墙体材料工业，是中国建材工业的重要组成部分，属原材料工业范围，也是基础工业之一。其产值接近建材工业总产值的1/3。2004年我国墙体材料企业约有10万家，墙体材料总量约有8500亿块（折普通砖），墙体材料总产量中实心黏土砖约5000亿块，各类新型墙体材料3500亿块，约占墙体材料总量40%。在新型墙体材料中利用各种工业固体废弃物1.2亿吨，固体废弃物生产的新型墙体材料1300亿块。为了保护耕地，国家制定了一系列墙体材料改革政策，在该产业政策的推动下，目前黏土实心制品总量已呈下降趋势，新型材料制品每年以10%—30%的速度增长。而且产品出现了多品种多规格，满足着建筑市场的不同需求。粉煤灰砖这种新型墙体材料必会有越来越大的市场空间等待去填补。

2 投资项目案例情况

2.1 项目基本情况

项目名称：大唐湖南湘潭发电公司粉煤灰砖厂项目

项目类型：新建

项目地址：大唐湖南湘潭发电公司内

项目总投资：600 万元人民币

2.2　项目的市场需求预测和拟建生产规模

（1）市场需求预测。

据资料分析显示，一般情况下，一个地级城市的年用砖为 12 亿块左右，一个县级市的用砖量为 3 亿块左右。而目前的现状是，很多地方的砖厂用的都是老设备，日产量在两万块以上的都特别少，算下来每年最多也就生产六七百万块，而且质量上还没有保证。这样就造成了多数地方砖块从质量、数量上根本满足不了建筑的需要，这就导致了红砖不能尽快退出市场，因为国家不可能停止建房。但是按照国家产业政策，黏土实心砖肯定要彻底退出历史舞台，当然这要随着新型材料产量的逐步加大而一步一步进行。由此可见，新型墙材料砖生产的市场前景非常好，最终会取代实心黏土砖。2006 年全国淘汰实心黏土砖企业 2 万家，减少产量 600 亿块，实心砖控制在 4500 亿块/年，实心砖数量呈下降趋势。

（2）生产规模

建设总规模。各类粉煤灰砖年产量 1600 万块，其副产品可以忽略不计，主要生产装置为砌块成型机生产线。

2.3　项目的技术方案

（1）项目组成分为：生产车间，配套工程，厂外工程，生活福利设施。

（2）粉煤灰砖生产所采用的工艺技术流程：

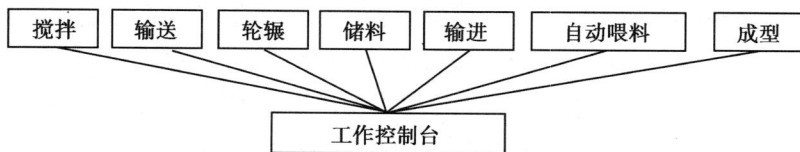

搅拌	输送	轮辗	储料	输进	自动喂料	成型

工作控制台

上料机→搅拌机→输送机→轮辗机→储料机→输送机→压砖机→砖坯→养护→成品→出厂。

（3）生产方法原理：

粉煤灰砖的主要原料是工业废渣粉煤灰，这种工业废渣的主要成分是 SiO_2、$AL2O_3$ 且 SiO_2 和 AL_2O_3 的含量越大其原料的活性便越高。首先使原料混合轮碾、充分水化，形成硅（铝）型玻璃体；然后使该玻璃体与水化后的氧化钙化合，旨在产生化学反应；最后利用成型原理并加之原料合理调配形成建筑用砖。

（4）主要设备及其配套设备：

主要设备：主机、送板机、液压站、砌块输送机、电压柜、操作台、面料机、升板机、降板机、钢丝辊扎机、尼龙辊扎机、码垛机、成品输送机、板块分离机

配套设备：模具、栈板、主料搅拌机、面料搅拌机、皮带输送机、叉车。

（5）主要生产原材料：

生产粉煤灰砖的主要原料是粉煤灰（用量达60%以上）；辅助材料为各种河沙（用量达30%以上）和水泥（其用量达10%左右）。主要原料来源于本发电厂产生的粉煤灰；辅助原料国内采购。

（6）产品标准：

多孔砖规格为 240×115×90mm，孔洞率30%，抗压强度10.0—30.0MPa，各项指标均符合国标 GB13544—92 要求。

空心砖规格 240×115×（175—240）mm，孔洞率45%—50%，质量标准符合国标 GB13545—92 要求。

2.4 项目的实施计划及投资构成

（1）项目实施计划：

该粉煤灰砖厂投资项目计划总投资 600 万元人民币。整个项目计算期为 10 年，其中：建设期 1 年，预计生产期为 9 年。投产第 1 年达到 80% 生产能力，第 2 年达到 90% 生产能力，第 3 年—第 10 年达到 100% 生产能力。

（2）项目投资预算和资金来源：

①投资项目投资估算。该项目总投资 600 万元人民币，由固定资产投资总额和流动资金投资两部分组成。其中固定资产投资总额为 420 万人民币，包括：工程费用人民币 120 万元，土地征用费和其他费用 150 万元，生产设备 150 万元。流动资金投资总额为 180 万。

②资金筹措。该项目资金来源于两方面分别是：国内银行贷款：300

万元，贷款利息按 6.6%，自筹资金：300 万元。

行业的基准收益率为 10%，基准投资回收期为 7 年。

3　社会反响

该项目实施后产生的积极影响表现在以下方面：

（1）有利于环境保护，美化环境。利用发电厂的废渣制砖是变废为宝，增加效益，美化环境，综合治理的好办法。

（2）节约耕地：利用工矿废渣制砖，每年可节地 25—40 亩，就全国而言，节约耕地数量将不可估量。

（3）节约能源：生产新型材料墙体砖，生产工艺取代了我国几千年来的烧结成型办法，省去了复杂的蒸养过程，按每块烧结砖用煤按 0.1 公斤算，每年可节约煤炭 1600—2500 吨。

（4）消除污染：用该设备制砖，不用建窑，不建烟囱，减少了该地区的大气中的粉尘污染。

（5）生产的粉煤灰砖因其低成本有很强的市场竞争力。产品进入国内市场有优越竞争条件，表现为原材料从本电厂获得生产成本低。

（6）解决小部分劳动力就业问题，提高就业率。

4　投资项目有关数据估算

（1）销售收入估算。

根据一定的方法，估算出年生产能力下的产量为 1600 万块。按照目前国内市场上粉煤灰砖市场价格，保守估算产品的平均售价为 0.30 元/块。经计算在 100% 生产负荷下的销售收入为：$1600 \times 0.3 = 480$ 万元/年，销售税金及附加（按销售收入的 10% 估算）$480 \times 10\% = 48$ 万元。

（2）固定资产投资估算。

固定资产投资总额由固定资产投资、投资方向调节税和建设期利息组成。它是根据前述各部分中估算的费用额，最终估算固定资产投资的。

固定资产投资 420 万元，折旧期为 10 年，净残值率为 5%。则估算出固定资产年折旧额为 $\dfrac{420 - 420 \times 5\%}{10} = 39.9$（万元/年）

（3）流动资金估算。

项目中流动资金的估算：生产期的 1、2、3 年垫支流动资金分别为：50 万元、70 万元、60 万元。估算期末回收流动资金 98％。

（4）经营成本估算：

生产总成本是指项目建成后在一定时期内（本报告为 10 年）为生产和销售所有产品而花费的全部费用。该项目生产总成本的构成有以下方面：

①外购原材料及辅助材料。②外购燃料动力。③工资及福利基金。④折旧及推销费。⑤大修理基金。⑥其他费用，包括成本中列支的税金以及不属于以上项目的支出等。⑦流动资金利息，按流动资金贷款额和贷款利率计算。⑧销售及其他费用，包括教育费附加，计入成本的技术转让费等。

以上各项费用总额构成项目生产总成本。总成本扣除折旧和摊销费后为经营成本。

经营成本估算表　　　　　　　　　　　　　　　　单位：万元

序号	项目	投产期	达到设计能力生产期							
		1	2	3	4	5	6	7	8	9	10
1	外购原材料	83.904	94.392	104.88	104.88	104.88	104.88	104.88	104.8	104.8
	粉煤灰	20.544	23.112	25.68	25.68	25.68	25.68	25.68	25.68	25.68
	水泥	52.8	59.4	66	66	66	66	66	66	66
	砂石	10.56	11.88	13.2	13.2	13.2	13.2	13.2	13.2	13.2
2	外购燃料动力	2.208	2.484	2.76	2.76	2.76	2.76	2.76	2.76	2.76
	动力电	1.248	1.404	1.56	1.56	1.56	1.56	1.56	1.56	1.56
	一次水	0.96	1.08	1.2	1.2	1.2	1.2	1.2	1.2	1.2
3	工资福利	36	40.5	45	45	45	45	45	45	45
4	修理费	2	2	2	2	2	2	2	2	2
5	折旧费	39.9	39.9	39.9	39.9	39.9	39.9	39.9	39.9	39.9
6	摊销费	6	6	6	6	5.5	5	4.5	4	4
7	财务费	18.16	15.16	11.95	8.53	4.881	1	1	1	1
8	其他费用	7.2	7.2	7.2	7.2	7.2	7.2	7.2	7.2	7.2
9	总成本费用	195.812	207.636	219.69	216.37	212.121	207.74	207.27	206.66	206.66
10	经营成本	149.912	161.736	173.79	170.47	166.721	162.34	162.87	162.26	162.76

（5）销售税金及其附加的估算：按照销售收入的10%估算。

（6）所得税的估算：

所得税 =（销售收入 – 总成本费用）×33%，分别估算生产期各年的所得税：

投产第 1 年（80% 生产负荷）：（384 – 195.812）×33% = 62 万元

投产第 2 年（90% 生产负荷）：（432 – 207.636）×33% = 74 万元

投产第 3 年（100% 生产负荷）：（480 – 219.69）×33% = 86 万元

投产第 4 年（100% 生产负荷）：（480 – 216.37）×33% = 87 万元

投产第 5 年（100% 生产负荷）：（480 – 212.121）×33% = 88.4 万元

投产第 6 年（100% 生产负荷）：（480 – 207.74）×33% = 90 万元

投产第 7 年（100% 生产负荷）：（480 – 207.27）×33% = 90 万元

投产第 8 年（100% 生产负荷）：（480 – 206.66）×33% = 90.2 万元

投产第 9 年（100% 生产负荷）：（480 – 206.66）×33% = 90.2 万元

思考与讨论

1. 根据估算的有关数据，编制现金流量表。

项目现金（全部投资）流量表　　　　　　　单位：万元

序号	年份 / 项目	建设期	生产期								
		1	2	3	4	5	6	7	8	9	10
	生产负荷		80%	90%	100%	100%	100%	100%	100%	100%	100%
1	现金流入										
1.1	销售收入										
1.2	回收固定资产残值										
1.3	回收流动资金										
2	现金流出										
2.1	固定资产投资										
2.2	流动资金投资										
2.3	经营成本										
2.4	销售税金及附加										
2.5	所得税										

续表

序号	项目＼年份	建设期	生产期									
		1	2	3	4	5	6	7	8	9	10
3	税后净现金流量										
4	税后净现金流量现值 i = 10%										
5	累计税后净现金流量										
6	累计税后净现金流量现值										

2. 计算有关财务效益指标：财务净现值、财务内部收益率、投资回收期（静态和动态）等。

3. 试对该项目投资可行性做出评价。

四川大地实业集团新药项目投资案例

郑婉萍

摘　要　该案例首先介绍了四川大地实业集团的企业背景，然后具体针对该公司的"抗骨质疏松"国家一、二类新药项目投资进行了分析。介绍了该项目基本情况，分析了项目所面临的市场和竞争环境、项目建设的技术力量、项目的市场营销计划，在此基础上对项目实施进度和投资构成等问题进行了分析，对有关数据的估算也做了说明，对项目可能产生的社会反响进行了分析说明。在上述基础上提出了对案例需要研究的几个问题。

关键词　大地集团　抗骨质疏松　新药　投资构成　投资估算

1　企业背景

四川大地实业集团有限公司成立于 1998 年，是一家发展迅速的投资型、现代化大型民营企业集团。经长期市场经济风浪的历练，其投资经营已经形成四大板块：一是以房地产为主体的基础设施板块；二是以高科技为龙头的生化药业电子信息板块；三是以人才开发为核心的教育产业板块；四是以贸易和投资管理为主体的酒业、百货板块。这四大板块互为促进，共同发展。此项目就是属于生化药业板块，依托于大地集团在乐山市投资组建的医药生产基地而投资。

2　案例事件

2.1　项目的基本情况

项目名称：国家二类新药"依普黄酮及片"及国家一类新药"可用做带有雌激素结构的骨靶向药物化合物"项目产业化基地。

项目类型：新建。

项目地址：乐山市高新技术产业开发区。

项目总投资：1.8 亿元人民币。

2.2 项目市场需求与竞争环境

骨质疏松是危及中老年人的健康疾病，特别是绝经期或绝经后的妇女，由于性激素水平发生变化，波及甲状腺激素的分泌，又使体内骨钙代谢调节受到影响，骨钙丢失加速，全身性骨量减少，骨折危险增加。据统计，目前骨质疏松症的发病率已跃至第七位，受到社会各方的关注。目前，大量充斥市场的是食品类、营养补充保健品，如"巨能钙"等。而医治性的药物还非常少，即使在发达国家该类药物的开发也仅始于 20 世纪 90 年代，日本也是在 1998 年底才上市。在中国，目前只有为数不多的机构在研发这类新药，它们是山东齐鲁、东北制药，但他们还没有获得临床批件，只有"正大青春宝"和"武汉湖滨双鹤药业"获得了生产批文，其生产企业还在组建过程中。

大地集团研发的"依普黄酮及片"应是排在全国第三家，其市场空间巨大，竞争并不激烈，应该是生产建设的最好机遇期。特别是，该项目还有后续发展的国家一类新药"可用做带有雌激素结构的骨靶向药物化合物"的支持，故在为数不多的竞争对手面前，还拥有科学技术的领先优势。因此，该项目将有能力在市场中占有相当优势，并有能力占领大部分市场份额。

2.3 项目技术依托单位及技术团队

大地集团与华西医科大学药学院建立"药物研究中心"，该项目技术依托于华西医学药学院药物研究所药物研发中心。该中心的技术负责人郑教授为国际著名药学专家，另外由两名华西医大药学院曾博士、雍博士组成该项目的技术团队。该研究中心可充分利用华西医大药学院的科技人才储备，致力于癌症药物、中老年疾病药物的研究与开发。

2.4 项目市场营销

为快速有效推动本项目产品的市场开拓，尽快占领市场，公司委托西安杨森制药公司销售公司为本项目产品的总经销。

2.5 项目的实施进度及投资构成

（1）项目实施计划：

该新药生产项目计划总投资 1.8 亿元人民币，建设期为 1 年，其中

0.75 亿元用于"依普黄酮及片"的产业化，1.05 亿元"可用于带有雌激素结构的骨靶向药物的化合物"的深度研发，报批和完成 CRO 人员培训，软件建设以及部分硬件建设。预计第二年就可投产，达到 3 亿元的年销售额，第 3 年、第 4 年分别达到 5 亿元年销售额，第 5 年到第 6 年达到年销售收入 10 亿元的目标。

（2）投资预算及资金构成：

①国家二类新药"依普黄酮及片"的建设投资及资金构成。

投资预算：本生产线总投资 0.75 亿元。其中研发费用 700 万元，流动资金 1800 万元，CRO 专项资金（技术工人培训费）1000 万元，建筑、设备、土地及其他资产 4000 万元。

项　　　目	投　　　资
研发费用	700 万元
占地面积 100 亩	500 万元
建筑面积 5000 平方米	400 万元
装修	600 万元
流动资金	1800 万元
CRO 专项资金（技术工人培训费）	1000 万元
生产设备	2500 万元
投资合计	7500 万元

②国家一类新药"可用作带有雌激素结构的骨靶向药物的化合物"的建设投资及资金构成。

投资预算：深度研发及临床实验和生产许可的获得，计价 3000 万元，流动资金 2500 万元，CRO 专项资金 1000 万元，建设、设备、土地及其他资产 4000 万元。

项　　　目	投　　　资
研发及临床实验生产许可	3000 万元
占地面积 100 亩	500 万元
建筑面积 5000 平方米	400 万元
装修	600 万元
流动资金	2500 万元
CRO 专项资金（技术工人培训费）	1000 万元
生产设备	2500 万元
投资合计	10500 万元

（3）项目建设资金来源

本项目的资金来源为自有资金和贷款，其中自有资金 1 亿元，贷款 0.8 亿元。贷款利率按照 8% 计算。

（4）项目生产经营费用及税金的估算：

对于该项目生产经营费用的估算粗略按照当年销售额的 25% 估算。固定资产残值率按 5% 计算。

该企业实行的所得税率为 15%，销售税金及附加粗略按照销售额 9% 估算。

由于该项目属于生化药业的高新技术产业，技术进步速度快，技术周期较短，确定生产期为 5 年，固定资产折旧期也就按 5 年计算。

新药行业的基准投资回收期为投产后 2 年。竞争比较激烈，所以面临的风险较大，确定贴现率按照 30% 计。

3 社会反响

本项目产品的推广应用，将对促进我国乃至全球医治性的抗骨质疏松新药产品发展起到良好的示范作用。本项目产品的出台，将会推动四川省整个制药行业的结构调整，成为四川乐山地区新的经济增长点。它将促进乐山区域经济的跨越式发展，从而带动整个四川经济的经济增长，为科教兴国和西部大开发战略的实施，为四川经济的发展作出更大贡献。

4 项目的有关数据估算

根据上述的一些基础资料，对项目的有关数据进行估算如下。

（1）对销售收入的估算说明

根据该项目的计划，第二年投产，投产当年的销售收入达到 3 亿元，投产第二年达到 5 亿元，投产第三年达到 5 亿元，以后每年都达到 10 亿元，项目生产期为 5 年。

（2）对固定资产投资的估算说明

该项目的固定资产投资的构成包括：

二类新药"依普黄酮及片"建设投资：研发费 700 万元、征地费 500

万元、厂房建筑费 600 万元、装修费 600 万元、生产设备 2500 万元，小计 4900 万元。

一类新药"可用作带有雌激素结构的靶向药物的化合物"建设投资：

研发费 3000 万元、征地费 500 万元、建筑费 400 万元、装修 600 万元、生产设备 2500 万元，小计 7000 万元。

贷款 8000 万元，按照 8% 估算建设期利息为 $8000 \times 8\% = 640$ 万元

则估算出固定资产投资总额为：12540 万元

固定资产残值率为 5%，则假定项目结束回收固定资产残值为 627 万元。

$$年固定资产折旧为 \quad \frac{12540 - 627}{5} = 2382.6 \ 万元/年。$$

（3）流动资金投资的估算说明

二类新药"依普黄酮及片"流动资金投资包括：项目垫支流动资金 1800 万元和技术工人的培训费 1000 万元，小计 2800 万元；

一类新药"可用作带有雌激素结构的靶向药物的化合物"流动资金投资包括：项目垫支 2500 万元流动资金和技术工人培训费 1000 万元，小计 3500 万元。

培训费 2000 万元应该在建设期就投入，因为要为项目提前培训。而流动资金 4300 万元在生产期第一年投入。

则估算出该项目的流动资金投资总额为 6300 万元。

预备市场销售等原因，预估流动资金的回收折扣为 5%，则预计在项目结束时按照流动资金总额的 95% 回收流动资金，则回收垫支流动资金 $4300 \times 95\% = 4085$ 万元，而培训费部分的流动资金无法收回。

（4）对经营成本的估算说明

按照上述粗略估计说明，经营成本按照生产当年销售收入的 40% 估算，则估算出投产第一年的经营成本为 $30000 \times 40\% = 12000$ 万元/年，投产第二年、第三年分别为：$50000 \times 40\% = 20000$ 万元，投产第四年—第五年的年经营成本：$100000 \times 40\% = 40000$ 万元。

（5）对销售税金的估算说明

按照销售收入的 9% 估算，则：投产第一年为：$3000 \times 9\% = 2700$ 万元，投产第二年、第三年分别为 $50000 \times 9\% = 4500$ 万元，投产第四年—第五年分别为 $100000 \times 9\% = 9000$ 万元。

（6）对所得税的估算说明

所得税 =（销售收入 – 经营成本 – 销售税金及附加 – 固定资产折旧）×15% 来估算，则投产第一年的所得税为（30000 – 12000 – 2700 – 2382.6）×15% = 1937.6 万元，投产第二年、第三年的所得税为（50000 – 20000 – 4500 – 2382.6）×15% = 3467.6 万元，投产第四年—第五年的所得税为（100000 – 40000 – 9000 – 2382.6）×15% = 7292.6 万元。

思考与讨论

1. 编制出全部投资的现金流量表。

项目现金（全部投资）流量表　　　　单位：万元

年份 项目	建设期（期初） 1	生产期（期末） 2	3	4	5	6
1　现金流入						
1.1　销售收入						
1.2　回收固定资产						
1.3　回收流动资金						
2　现金流出						
2.1　固定资产投资						
2.2　流动资金						
2.3　经营成本						
2.4　销售税金及附加						
2.5　所得税						
3　税后净现金流量						
4　税后净现金流量现值（i = 30%）						
5　税后累计净现金流量						
6　税后累计净现金流量现值（i = 30%）						

2. 根据全部投资的现金流量表计算以下经济指标：

财务净现值、财务内部收益率、投资回收期（静态和动态）。

3. 对该项目投资决策进行分析说明。

江西永新三湾国家森林公园
投资建设和经营管理案例

钟大能　　刘　平

摘　要　本案例详细地叙述了三湾森林公园的建设情况，包括公园的建设规划、建设投资主体、建设测算等。三湾公园的建设为我们发展生态旅游业，保护旅游区的生态环境积累了丰富的经验，更为相对落后地区发展经济提供了一条有效的途径，在投资建设和经营管理中也存在许多问题需要分析解决。

关键字　森林公园　生态旅游　投资规划

1　永新县及公园投资建设背景

在国民经济快速发展的大背景下，各地方政府纷纷发掘地方优势，以促使地方经济的同步发展，其中旅游业在地方经济发展中的地位和作用日益提高和显著。森林生态旅游由于具有生态、环保、回归自然的三大优势越来越受到人们的青睐。森林公园就是以大面积森林为基础，依托丰富的森林风景资源和良好的森林生态环境，开展森林生态旅游的重要基地。建设森林公园，发展森林生态旅游，可以在不消耗森林资源的情况下获取远远高于林木商品价值的经济效益，是有效保护和积极发展林业事业的一条重要途径。

对于许多红色革命老区而言，它们大多是交通不太便利，经济相对滞后的地区，却拥有丰富的红色旅游资源，老区地方政府都存在依托红色旅游资源，带动地方投资建设和经济发展的规划或冲动。

江西省永新县与井冈山市交界，素有"吴头楚尾"之称。交通不太便利，经济发展相对滞后。县域经济以发展农业为主，农业人口40万人，占全县人口总量的83.9%，人民生活水平比较低下，是国家级贫困县之一。但是，由于坐落于井冈山麓，森林资源丰富，县域内尤其是三湾乡境内古木参天，属次原始森林，森林覆盖率高达 90.5％，森林面积 11.6 万公顷，活立木蓄积量达 439 万立方米，动植物种类繁多，其中国家级保护树种有 8 种，国家级保护野生动物种类数达 7 种，是一个天然的生物基因库和"动物博物馆"，具有兴建国家级森林公园得天独厚的条件。

同时，永新县属于红色革命老区，境内有着丰富的红色旅游资源，其中以"三湾改编"遗址最为著名。第二次国内革命战争时期，永新隶属于苏区，1927 年 9 月毛泽东率领秋收起义部队由永新县高溪乡逶迤进入三湾乡三湾村，并进行了闻名遐迩的"三湾改编"，奠定了新型人民军队的基础。新中国成立后，永新共有 41 人授予"少将"军衔，3 人授予"中将"军衔。

2002 年永新县政府考虑利用和深入挖掘"三湾改编"红色旅游资源以及丰富的森林资源优势，在三湾乡境内投资建设三湾国家级森林公园。三湾森林公园的建设，旨在开发境内红色旅游资源，并凭借良好的区位优势，使境内旅游纳入大井冈红色旅游圈的范畴，以此带动永新县其他诸如矿产业，商业，特色农业等产业得到长足发展。

永新县政府拟兴建"三湾改编"纪念馆，精心修缮毛泽东故居、士兵委员会旧址、红双井等"三湾改编"旧址群，充分发挥"三湾改编"旧址群作为全国爱国主义教育基地的优势，促进红色旅游，并以此为基础，拉动三湾的生态旅游。

2　三湾国家森林公园建设基本情况

2.1　公园的建设目标

三湾森林公园建设于 2004 年由永新县政府报经中国森林风景资源评价委员会审议，并经国家林业局审核，同意立项并由永新县林业局负责各项建设事宜。森林公园建设以生态经济理论为指导，以保护为前提，坚持开发与保护并重，确保生态环境的良性循环。以现有的自然景观为基础，突出鲜明的、与众不同的特点，并在管理方式上以保护自然景观为第一；在经济目标的追求上以适宜的利润与持续维护环境资源的价值代替传统利润的最大化。着力体现三湾森林公园"红"（以三湾改编遗址和九陇山根据地为主体的红色景区）与"绿"

（以红枫湖和原始森林为代表的生态景观）交相辉映的特点，注重保护公园原始、粗犷的自然情趣，进行合理布局、综合开发和分期建设，以旅游客源市场和消费水平为导向，充分利用、合理开发公园内森林景观资源及其他自然景观资源和人文景观资源。为满足人们日益增长的旅游需求，增进国内外交流实现经济、社会、生态效应同步增长，以及可持续发展的目标作出贡献。

2.2 公园的投资主体

根据国家现行投资政策，综合考虑地方省、地、市的经济承受能力，本着多渠道、多层次的原则，广泛筹措建设资金，三湾森林公园建设资金来源为：

（1）利用国家林业生态建设工程拨款，各级政府投资金额为 600 万元，占总投资的 6.87%。

（2）外引内联，招商引资。

经营性项目按照平等互利原则，采取合资、合作、独资及承包、租赁、联营等多渠道招商引资方式解决，吸引外商投资金额共 5000 万元，占总投资的 57.28%。

（3）地方民间自筹资金金额共 1729.75 万元，占总投资的 17.80%。

（4）银行贷款共计金额 2000 万元，占总投资的 20.05%。

3 作者研究

3.1 公园的建设规划

根据森林公园的旅游资源的分布特点及现状，按照森林公园的性质、功能区划、原则等综合因素，并根据地域的自然性、层次性、景观品质、景观资源的生态组合特征，公园风景区的布局由游览观光区、民俗风情区、综合服务区、和生态保护区四个功能区组成，其中风景游览观光区又分为四个景区：红枫湖风景区、三湾革命遗址景区、九陇山根据地景区、荷树坪风景区。森林公园的各功能区土地资源规划如下表。

表1 森林公园各功能区土地资源情况表

功能区、景区	占地面积（公顷）	占森林公园面积（%）
1. 游览观光区	9011.27	58.09
1.1 红枫湖风景区	2154.21	13.89
1.2 三湾革命遗址景区	1748.17	11.27
1.3 九陇山根据地景区	1775.98	11.45
1.4 荷树坪原始林风景区	3333	21.48
2. 民俗风情区	1218.66	7.86
3. 综合服务区	606.3	3.8
4. 生态保护区	4676.77	30.15

3.2 公园建设投资预算

经估算，该项目总投资为8729.75万元。

（1）按投资项目工程分：

①森林生态恢复与保护工程投资580万元，占总投资的8%；

②开发与经营项目投资5255万元，占总投资的60%；

其中：游览观光区投资1905.00万元，占总投资的22%；

民俗风情区投资400万元，占总投资的5%；

综合服务区投资2950万元，占总投资的33%；

③基础设施投资2086万元，占总投资的24%；

④其他费用412.7万元，占总投资的5%；

⑤基本预备费396.05万元，占总投资的5%。

（2）按项目构成分：

①建筑安装工程费5920万元，占总投资的68%；

②设施购置费2001万元，占总投资的22%；

③其他费用412.7万元，占总投资的5%；

④基本预备费396.05万元，占总投资的5%。

表2 公园投资汇总表 （单位：万元）

项　目	合计	建设安装	设备	其他使用	基本使用
游览观光区	1905	1320	585	—	—
民俗风情区	400	400	—	—	—

项　目	合计	建设安装	设备	其他使用	基本使用
综合服务区	2950	2065	885	—	—
基础设施	2086	1935	151	—	—
森林生态恢复与保护	580	580	—	—	—
其他费用	412.7	—	—	412.70	—
基本费用	396.05	—	—	—	396.05
投资总额	8729.75	6300	1621	412.70	396.05

3.3　三湾森林公园游人规模预测

三湾森林公园旅游业正处于起步阶段，尚未全面开发。目前，每年到三湾接受革命传统教育的观光旅游人数达数万人。三湾森林公园是隶属于"大井冈旅游圈"的，据统计，加入井冈山"红色之旅"的海内外游客平均以 20% 的速度增长。根据旅游客源市场预测，并以井冈山近年来游客增长率为基础，确定三湾森林公园旅游规模预测采用平均年增长率，按以下公式预测：

$$SI = SII + SII \times P$$

其中：SI：年游人规模

SII：上年游人规模

P：年平均增长率

经测算，三湾森林公园 2010 年游客量可达 75.06 万人，其中海外客源可达 10.91 万人，国内游客可达 64.16 万人。

表3　　　　**三湾森林公园游客量与未来游客量预测**

年　份	游客总量（万人）	海外游客（万人）	国内游客（万人）
2003	4.98	0.48	4.50
2004	8.02	0.82	7.20
2005	13.71	1.47	12.24
2006	22.08	2.50	19.58
2007	33.37	4.00	29.38
2008	47.12	5.99	41.13
2009	61.85	8.39	53.46
2010	75.06	10.91	64.16

森林公园各项目建设顺序和管理。本着突出重点、统筹安排原则，森林公园各建设项目安排如下表：

表4　　　　　　　　　　　　森林公园建设项目安排表

序号	项目名称	数量	2003	2004	2005	2006	2007	2008
1	森林生态恢复							
1.01	退耕还林工程	100hm²			√			
1.02	荒山造林工程	100hm²	√					
1.03	营造风景树工程	200hm²		√				
1.04	森林管护工程	7000hm²		√				
2	景点开发与建设							
2.01	水上乐园	1300万元			√			
2.02	漂流	50万元					√	
2.03	垂钓园	30万元		√				
2.04	革命旧址群	200万元	√					
2.05	永新将军雕塑园	150万元				√		
2.06	三湾革命烈士纪念碑	80万元	√					
2.07	红军哨所	15万元				√		
2.07	客家文化村	80万元		√				
2.09	永新民俗文化村	120万元					√	
2.10	情侣木屋	150万元					√	
2.11	篝火广场	50万元						√
2.12	三湾宾馆	2000hm²		√				
2.13	红枫山庄	3000hm²					√	
2.14	别墅	15栋						√
3	基础设施建设							
3.01	公园管理综合楼	2000m²		√				
3.02	游览通道	19km		√				
3.03	下九陇公路改造	8km		√				
3.04	荷树坪公路改造	5km		√				
3.05	给水排水	420万元		√	√			
3.06	供电	290万元		√	√			
3.07	通信、电视	196万元		√	√			
3.08	环保厕所	20座		√	√			
3.09	商业服务网点	20个		√	√			
3.10	环保宣传牌	100个		√				
3.11	垃圾运输车	3辆		√				
3.12	垃圾处理场	50hm²		√				
3.13	防火瞭望塔	1座		√				
3.14	园林绿化	100hm²		√				
3.15	大门	7座			√			

4　社会反响

4.1　经济效益评价

公园本着边建设，边经营、滚动式发展的原则，根据本地地区消费水平，并根据目前国内一些旅游景区及永新游客消费水平的统计资料，综合分析确定，公园达到正常营业水平时，年平均收入可达 7629 万元，年平均上缴税金 414.34 万元，年平均利润总额可达 2217.46 万元，投资利润率为 22.95%，投资利税率为 27.7%，投资的内部收益率为 14%，经过 9.13 年即可收回全部投资。

4.2　社会效益评价

（1）三湾森林公园风景秀丽，环境优美，革命胜迹举世闻名，民俗风情古朴典雅，随着公园的开发建设和逐步完善，将为广大群众提供一处休闲度假、传统教育的旅游胜地，而且能增加地方财政收入，带动以森林旅游开发为龙头的相关产业发展，调整产业结构，增加就业机会，提高当地群众生活水平。

（2）森林公园的建设，将进一步促进生物资源多样化的形成，并为森林旅游开发和生物资源的合理利用提供物质基础。特别是旅游业的发展，对于促进周边地区建设，增加就业机会，促进人力资源开发，提升林区服务、商贸、土特产生产、工艺品加工等行业发展，优化区域社会环境和投资环境，调整产业结构，带动当地经济的综合发展，都将起到积极的作用。

（3）森林公园的建设和发展，使其良好的森林群落和丰富的植物资源得到有效的保护，生态功能不断增强，生物物种资源更加丰富。

思考与讨论

1. 公园的建设过程中，投资主体包括政府、外商、民间以及银行，要如何界定好各方的管理权限和义务？公园建成后，公园的经营管理权应由谁来行使更为恰当？如何按照建设目标来进行经营管理？

2. 文中关于森林公园的游人规模测算是否合理？请你提出一种你认为更合理的测算方案。

参考文献

[1] 永新县林业局人秘股：《江西省永新县三湾森林公园可行性研究报告》，2003 年。

[2] 永新县林业局：《关于三湾森林公园项目建设进程情况汇报》，2007 年。

[3] 永新县林业局：《关于三湾森林公园项目建设进程情况汇报》，2005 年。

[4] 原林业部：《森林公园工程总体设计规范》，1995 年。

[5] 胡啸：《建三湾森林公园，创大井冈红色旅游圈》，http：//www. cnr. cn/travel/lydt.

中石油 A 股 IPO

林 玲

摘 要 IPO，是指股票的初次公开发行。一级市场的 IPO 是证券市场融资功能的体现，证券市场要健康发展离不开一级市场和二级市场的良性互动。本案例针对中石油 A 股 IPO，分析其发行状况与上市后表现，发现两者反差是巨大的。对此我们需要进行反思。

关键词 中石油公司 IPO 发行市盈率

1 中石油公司简介

中国石油天然气股份有限公司（以下简称"中石油"）（SH. 601857；HK. 00857）被商界公认为"亚洲最赚钱的公司"，于 2007 年 11 月 5 日在上海证券交易所挂牌上市，圆满完成回归之旅。

中石油是我国油气行业占主导地位的最大的油气生产和销售商，是我国销售收入最大的公司之一，也是世界最大的石油公司之一。在由全球能源领域权威机构普氏能源"2006 全球能源企业 250 强"中，中石油排名第六位，连续五年居亚太区第一位；在由美国《石油情报周报》公布"2005 年世界最大 50 家石油公司"中综合排名第七位；在由《商业周刊》公布的第 2006 年度"《商业周刊》亚洲 50 强"企业中排名第一位；并当选《亚洲金融》杂志公布的"2006 年亚洲最盈利公司（第一名）"。在《财富》500 强中则排名第 24 位。

中石油致力于发展成为具有较强竞争力的国际能源公司，成为全球石油石化产品重要的生产和销售商之一。该公司是根据《公司法》和《国务院关于股份有限公司境外募集股份及上市的特别规定》，由中石油集团独家发起设立的股份有限公司，成立于 1999 年 11 月 5 日。2000 年 4 月 6 日及 4 月 7 日，中石油分别在纽约证券交易所和香港联交所挂牌上市美国存托股份、H股。

中国石油天然气集团公司持有中石油总股本的 88.21%。截至 2007 年 6 月 30 日，中石油资产总计为 8794.7 亿元，资产负债率为 28.6%。上半年公司实现营业收入 3927 亿元，营业利润约 1059 亿元，基本每股收益 0.42 元，全面摊薄净资产收益率为 13%。

中石油公司广泛从事与石油、天然气有关的各项业务，主要包括原油和天然气的勘探、开发、生产和销售；原油和石油产品炼制、运输、储存和销售；基本石油化工产品、衍生化工产品及其他化工产品的生产和销售；天然气、原油和成品油的输送及天然气的销售。的确，中石油作为我国最大的油气生产和销售商，处于中国油气资源行业的龙头地位。2006年底，中石油原油探明储量 116.2 亿桶，占国内三大石油公司原油总探明储量的 70% 以上；天然气探明储量占三大石油公司总探明储量的 85% 以上。从成立到 2007 年回归 A 股前不到 8 年的时间，中石油已经发展成为世界最大的上市石油公司之一，总市值名列全球第二。特别是冀东南堡等大型油气资源的发现为公司未来经营业绩增长的可持续性提供了有力的保证。

根据招股说明书披露，中石油 A 股上市募集的资金将有一大部分用于油田勘探和石化加工项目的改造改建工程。专家认为，作为我国境内最大的油气供应商，中石油首发将有利于提升国内油气资源的供应能力和炼油加工能力。

2 中石油 A 股 IPO

2.1 市场背景

我国沪深 A 股以 2005 年开始的股权分置改革为契机，迎来了爆发性的上涨，经过 2006 年、2007 年连续两年的大牛市盛宴，吸引了各路资金，包括银行储蓄的"大搬家"，成交量一路攀升。随着股权分置改革的深入和宏观经济高速增长带来的企业盈利提升，中国股市实现了飞速发展。

2007 年的股票市场，在不断突破历史高点的过程中既给投资者以极大的信心鼓励，也有效加快了中国资本市场的发展进程。沪深两市总市值从 2005 年 7 月 28 日的 3 万亿元一路走高，到 2007 年 9 月底，股市的市值已达 25 万亿元，在短短两年多时间里翻了 8 倍，超过了 2006 年的 GDP 总值，这在 10 多年的股市发展史中尚属首次。按照 2006 年我国的 GDP 总额 21.087 万亿元来测算，其时股票市场的总市值已经超过 GDP 总额，中国的证券化率超过了 100%。（中登公司数据：沪深两市账户总数首超 1.2 亿户。）

同时，市场的融资量大规模提升，2006 年 A 股市场融资总额为 2400 亿元左右，2007 年 1—9 月份，IPO、增发融资额高达 4259 亿元，A 股市场在股改之后快速恢复融资功能并一跃成为全球重要的融资场所之一。

而我国 A 股市盈率也到达历史高点。如 2007 年 10 月 12 日，以上一年年报上市公司业绩为基准，沪深证交所上市的 A 股静态市盈率已高达 87.75 倍，远高于 2001 年 6 月 14 日 66.99 倍的历史高位。即便以实施新会计准则后 2007 年上半年的上市公司业绩计算，我国股市动态市盈率那时也达到了 49 倍。

可以说到中石油上市前夕，市场已处于极度亢奋状态。2007 年 10 月 16 日上证指数更是到达 A 股史无前例的最高点——6124.04 点。

进入 2007 年 10 月之后，随着 A 股市场的波动日渐加大，风险急剧增加，全民在 10 月掀起了一股"打新"潮，有 5000 亿居民存款大转移，投入到一级市场，而基金公司对于一级市场也是趋之若鹜，纷纷通过购买公司旗下的债券基金进行曲线"打新"，同样，上市公司也在不断利用自有资金进入一级市场，＊STTCL 曾公告，以不超过 10 亿元进行"新股申购"，前三季度获利 3918.04 万，各路资金蜂拥而至。

而根据统计数据显示，随着资金的疯狂进入，一级市场的中签率水平在不断降低，中新股的概率在减小，同时收益率也在不断下降。二级市场新股的首日涨幅已经"王小二过年，一年不如一年"，呈现逐步下跌的态势，全民"打新股"让一级市场的收益率摊薄。与此同时要想获得无风险套利机会，需要巨大的资金量作为保证。

国际上：2007 年 10 月的最后一周，正是中石油紧锣密鼓地进行发行申购的时间，国际原油价格持续暴涨，10 月 25 日，纽约商品交易所 12 月交货的轻质原油期货价格每桶比前一个交易日大涨 3.36 美元，收于 90.46 美元的历史最高收盘价，盘中曾达到 90.60 美元。10 月 26 日，纽约油价盘中最高达到 92.22 美元/桶。10 月 31 日午夜，国家发展改革委又宣布，国内成品油价格每吨上调 500 元。油价的如此走势，无疑让市场对中石油 A 股 IPO 充满了更多的憧憬。

2.2　发行状况

中石油是 2007 年下半年继建设银行、中海油服、中国神华后接连发行的第四只 H 股公司新股。随着超级大盘股的陆续回归，上证指数和深证指数都迭创新高。

根据中石油首次公开发行 A 股股票招股说明书申报稿，中石油计划在上海证券交易所发行不超过 40 亿股 A 股，发行后总股本不超过 183020977818 股，A 股不超过 161922077818 股，拟募集资金 377.7 亿元。在 A 股首发募集的资金中，将有 377.7 亿元用于公司的原油产能建设和炼油、乙烯装置建设项目。其中，68.4 亿元将用于长庆油田原油产能建设项目，59.3 亿元用于大庆油田原油产能建设项目，15 亿元用于冀东油田原油产能建设项目，175 亿元用于独山子石化加工进口哈萨克斯坦含硫原油炼油及乙烯技术改造工程项目，60 亿元投资于大庆石化 120 万吨/年乙烯改扩建工程。

作为三大国有石油公司中首家海外上市的公司，受发行 A 股消息刺激，中石油 H 股连续上涨，据彭博资讯提供的数据显示，2007 年 10 月 22 日，中石油 H 股以 18.78 港元报收，当日中石油总市值达到了 4337.4 亿元。而在 10 月 19 日，埃克森—美孚的总市值则达到了 5110.33 亿美元，两者相差 772.93 亿美元。中石油 H 股 29 日则达到每股 19.62 港元，当日上升 3.15%。

在中石油 H 股的示范效应之下，中石油 10 月 29 日发布公告称，中石油将以最终发行价格每股人民币 16.7 元发行 40 亿股 A 股。中石油 A 股的定价超出了发行人的预期。因为此次中石油预计募集 377.7 亿元，此前预测称，如果 40 亿股 A 股全部发行，则发行价格将为 9.44 元左右。而中石油 A 股的最终定价已达到之前公布的发行价格区间的上限。据中石油 10 月 24 日发布的公告称，A 股的发行价格区间确定为每股 15 元至每股 16.17 元。中石油表示，40 亿股的发行量和每股 16.7 元的发行价格是根据 A 股发行的网下申购情况，现行市场情况，以及公司的资金需要等因素确定的。

接下来在国内 A 股市场，中石油 A 股的发行可谓盛况空前。中石油 A 股发行网上、网下冻结资金总计约 3.38 万亿，其中网上申购冻结资金高达 2.57 万亿，两个数字均超过中国神华此前的冻结资金量，创下中国股市 IPO 冻结资金的新高。

此前有关回拨机制安排的公告显示：在网下发行获得足额认购的情况下，若网上发行初步中签率低于 4% 且低于网下初步配售比例，在不出现网上发行最终中签率高于网下最终配售比例的前提下，从网下向网上发行回拨不超过本次发行规模 5% 的股票（不超过 2 亿股）。在网上发行获得足额认购的情况下，若网下初步配售比例低于网上发行初步中签率，则从网上向网下回拨，直至网下最终配售比例不低于网上发行最终中签率。

在回拨机制启动前，中石油的网下发行股份不超过 12 亿股，约占本次发行数量的 30%；其余部分向网上发行，约为 28 亿股，约占本次发行数量的 70%。不过，冻结资金量一旦达到条件，回拨机制就将启动，5% 的股份将转为网上发行，这意味着其网上、网下发行股数将分别达到 30 亿股和 10 亿股。而发行人和联席保荐人根据总体申购情况最终启动了回拨机制，对网下、网上发行的规模进行调节。

以 2.57 万亿网上冻结资金量测算，未启动回拨机制前，中石油网上中签率仅为 1.8%，约需 92 万元申购资金才能打中 1000 股中石油。而启动回拨机制后，网上中签率将达 1.95%，86 万元申购资金就可打中一手。

这意味着中石油公司不仅顺利回归 A 股，而且中石油公司的 A 股 IPO 募集资金额已达到了创纪录的 668 亿元人民币，打破此前中国神华 IPO 创下的 665.82 亿元的募资额记录。

中石油之所以如此受到追捧，应该说赶上了一个好时机。正当其时油价暴涨、流动性过剩、股市火热、内地投资者热情高涨……中石油此时的回归，可谓天遂人愿。同时在市场估值普遍偏高的情况下，投资者倾向于寻找更安全的公司进行投资。而中石油的资源价值和油价的未来走势，让投资者满怀期望，投资者对中石油 A 股在二级市场的表现充满想象。

2.3　上市后二级市场表现

中石油天然气股份有限公司于 2007 年 11 月 5 日登陆 A 股市场，万众瞩目。开盘价 48.6 元/股，较发行价上涨 191.02%，收盘价 43.96 元/股，比发行价上涨 163%。中石油开盘当日的成交金额为 699 亿元人民币，换手率高达 51.58%，远高于近期上市的"建设银行"（43.43%）和"中国神华"（36.91%）的首日换手率。这表明中石油上市当日价格已达到或超过大多数一级市场投资者的心理价位，一级市场投资者获利丰厚，因而选择落袋为安。

至此，中石油 A 股总市值已超过 7 万亿元，加上 H 股市值，总市值一举超过埃克森美孚当时的 4000 多亿美元市值，成为全球市值第一的上市公司和中国 A 股市场第一大权重股。

根据其市值测算，中石油上市后将对上证指数产生较大影响。其在上证指数中的权重达到 20% 以上，将撬动包括电力、煤炭、石油化工行业在内的能源板块加速升级，成为挑战金融股绝对权重地位的又一主流板块。中石油的上市，使金融板块在 A 股市场中所占的权重从 39% 下降到 30% 左右，下降约 9 个百分点。而当时中石油和中石化所占权重总和为 25%。故中石油对 A 股市场举足轻重，投资者期望中石油 A 股能成为沪深 A 股市场的定海神针。

但曾经让人无比憧憬的号称"亚洲最赚钱公司"的中石油 A 股上市首日以及延续下来的高开低走，特别是其 11 月 19 日进入大盘指数以来沦为空头杀跌工具的表现，让沪深 A 股的投资者染上了恐新症兼恐高症。随着中石油 A 股的不断走低，沪深指数屡创新低，沪深 A 股踏上了漫漫熊途。

至 2008 年 9 月 12 日，股指跌幅已达到惊人的 65%。从两市市值的变化情况看，2007 年年底，沪深 A 股的总市值为 32.5 万亿元，流通市值为 8.98 万亿元；而此时沪深 A 股的总市值已降至 13.4 万亿元，一年内缩水 19.1 万亿元；流通市值为 4.56 万亿，一年内缩水 4.42 万亿元。截至 9 月 11 日收盘，上证综指收报 2078.98 点，下跌 71.78 点，跌幅 3.34%，成交金额 281 亿元；深成指收盘 6876.25 点，下跌 189.22 点，跌幅 2.68%，成交金额 112 亿元；沪深 300 指数收报 2072.13 点，下跌 71.05 点，跌幅 3.32%。当日沪市 A 股平均市盈率已下降到 16.9 倍，深市 A 股平均市盈率 17.5 倍；同时，这轮下跌从 2007 年 10 月 17 日至此，两市有 33 只个股股价已打一折。

"40 不惑，30 不立，20 不言悔，19 不知愁之味……"这是投资者议论中石油最辛酸的句子。2008 年 3 月 24 日，该股跌破了 20 元的整数关口再创新低。中石油的下跌空间还有多少？这个问题一直困扰着 A 股市场的投资者。随着 2008 年 A 股的深幅下跌，中石油也延续了上市以来的绵绵跌势，一路下滑到 2008 年 10 月 28 日，其股价已跌至 9.71 元，不到一年时间，股价就从开盘价下跌了 80.03%，二级市场的该股投资者均惨遭深度套牢。可见，号称"亚洲最赚钱公司"的中石油，其股票不仅没有给二级市场的投资者带来财富效应，反而造成了严重损失，更惨的是有上百万被高位套牢的中小投资者眼睁睁地看着自己的市值缩水大半，且解套遥遥无期，这种情况在我国股票市场历史上绝无仅有。

3　结论

2007 年中石油 A 股回归，其 IPO 不仅创下了融资高纪录，而且也使我国成为全球 2007 年 IPO 融资最大的市场，融资规模居全球首位。全球 IPO 在 2007 年达到了新的高点，前 11 个月，全球 IPO 交易共 1739 宗，募集资金 2550 亿美元，上市公司数量和融资额度均创历史新高。其中，中国公司共募集资金 544 亿美元，占到全球的 21%，融资规模居全球首位。而在全球最大的 20 宗 IPO 交易中，有 6 宗来自中国。截至 2007 年 11 月，上交所募集资金额达 4178 亿元人民币，超过香港 2870 亿港元的筹资规模。在上交所募集的 4178 亿元中，来自"H 股回归"公司的融资规模就达到 3020 亿元，而中石油等"大象"的融资规模占绝对比重。统计数据显示，全年 118 家公司 A 股首发融资合计 4470 亿元，这一数字创下了沪深股市年度融资最高纪录。而 2000—2006 年的 7 年中，A 股首发融资合计为 4466 亿元，故 2007 年的融资金额已经超过了前 7 年的总和。

但中石油 A 股 IPO 上市之后，对二级市场的投资者来说备受煎熬。

一方面是中石油 A 股 IPO 在一级市场上的风光无限；另一方面却是中石油 A 股在二级市场的漫漫寻底之旅，普通投资者不知何处是底的无奈，这不得不让人反思，中石油 A 股 IPO 怎么啦？

中石油 A 股 IPO 需要反思，首先需要反思的当然是它的定价机制。中石油 A 股发行价 16.70 元，但其 H 股在香港发行时，其发行价仅为 1.27 港元，可见 A 股发行价是 H 股的 13 倍之多，发行市盈率为 22.44 倍。从国际市场来看，早已超出了同类股票价值投资的范围。在当时的国际二级市场上，全球最大的石油天然气公司埃克森美孚石油公司的 PE 仅为 12.66 倍，全球第二大石油公司英国石油只有 12 倍，美国能源行业上市公司的平均 PE 是 11.74 倍。高倍市盈率溢价发行，最大受益者当然首先是发行人，中石油由此在未改变 A 股发行份额的前提下多融资约 268 亿元。

中石油 A 股 IPO 需要反思，还需要反思的是它的发行机制。中石油

40 亿 A 股发行额度中，除 10 亿股已先行划给机构网下配售外，网上发行的 30 亿股又进一步体现向机构倾斜，机构证券账户每户可累计申购额度是每个单一证券账户的 28 倍。中石油发行引来了 3.38 万亿元的申购资金，但参与申购的户数却不到 408 万户。不为别的，正是 86 万元资金才能中一签的高门槛不由分说地将 90% 以上的散户拒之门外。打新股的资金盛宴并没有中小股民分一杯羹的余地。

中石油 A 股 IPO 需要反思，也需要反思一、二级市场的利益分配机制。由于新股筹码更多地集中于大资金手中，无缘打新的散户投资者不得不在二级市场中买入价格更高的新股，从而身不由己地被卷入新股爆炒的旋涡之中。应该说，一级市场不合理的定价机制和发行机制才是二级市场股价泡沫真正的罪魁祸首。

思考与讨论

1. 中石油 A 股上市为什么会套牢这么多投资者？

2. 在保证上市公司通过 IPO 成功发行、顺利融资的同时，如何保护二级市场普通投资者的利益？

3. 在证券市场国际化、市场化的大潮中，IPO 市场化改革将刻不容缓。那么在新股发行市场化改革中，中石油 A 股 IPO 对我们有什么启示呢？

参考文献

[1]《中石油 A 股招股说明书》。

[2] 中石油公司网站。

[3] 中金在线：《如何看待中石油的低价发行》。

[4] 叶檀：《中石油阴谋的盖子被揭开了吗？》。

[5] 朱益民、于晓娜：《谁来监管瑞银》，《21 世纪经济报道》2007 年 12 月 27 日版。

[6] 朱益民：《瑞银涉嫌作局掘金中石油 A 股散户被惨重套牢》，《21 世纪经济报道》2008 年 12 月 24 日版。

高级财务管理

中国东、南航公司财务状况分析[*]

范 钛

摘 要 东航和南航作为我国航空运输业三大骨干公司中的两个公司，为航空运输业的发展作出了不可磨灭的贡献，在发展中二者更是经历着激烈的竞争。本案例主要基于两公司的财务指标（获利能力、经营能力、偿债能力）比较来分析东航和南航之间的各自优劣势，并运用因素分析法与财务分析体系相结合的方法来说明影响公司业绩的原因，结果显示南航的业绩要好于东航。

关键字 东航 南航 财务指标 金融危机

引言

改革开放 30 年来，中国经济保持年均 9.6% 的快速增长，2007 年 GDP 超过 3 万亿美元，人均 GDP 达到 3000 美元，我国的航空业也取得了长足的发展，2007 年运输总周转量 365.3 亿吨公里，是 1978 年的 122 倍，年均增长 17.3%，旅客运输量 1.86 亿人次，是 1978 年的 80 倍，年均增长 15.7%，货邮运输量 401.8 万吨，是 1978 年的 63 倍，年均增长 14.8%。我国航空业的发展从 20 世纪 80 年代起到现在仅有二十几年的时间，航空运输规模和航空运输总量都排在了世界的前几位。宏观经济的增长、运输结构的改变、民航业的重组以及旅游业的繁荣都为航空业的发展提供了动力。三大航空集团（南航、中航、东航），市场集中度提高，占国内航空运输市场的 80% 份额，行业发展迅速。

本案例主要以南航与东行的资产负债表、利润分配表和现金流量表为

---

* 本案例根据公开信息编撰而成，信息来源包括：东航公司网，南航公司网，上市公司资讯网。

基础对两个航空公司的财务状况进行分析，并从中寻找其不足之处。全文结构如下：①两公司的财务分析，主要用财务指标进行对比分析；②在分析的基础上，运用因素分析法与财务分析体系相结合的方法对两家公司的权益收益率具体分析；③案例评析，此处主要分析 2008 年波及全球的金融危机对中国航空业的影响以及中国航空业如何采取措施在逆境中求发展。

1 案例事实

1.1 主要会计要素的分析比较

根据两个公司 2004—2007 年的资产负债表、利润表和现金流量表①，利用财务分析的专门方法，从主要会计要素、核心财务指标、盈利能力、资产利用效率、偿债能力等方面对其进行对比分析。

（1）总资产（见图 1）。

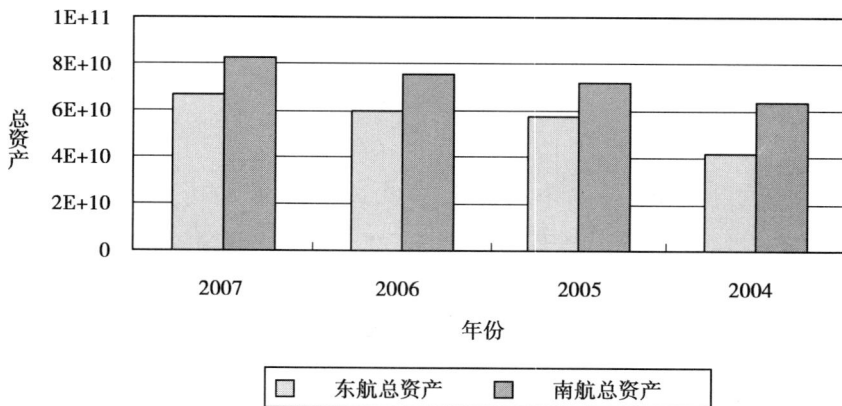

图 1

分析：总资产显示企业规模的大小，虽然规模经营并非必然体现为盈利能力，但是，航空业的规模化经营确实具备一定的优势。一个公司的规模大说明在竞争上是处于比较优势的。南航虽然上市较晚，但在总资产的总额上要大于东航，两个公司四年来的总资产都处于稳步上升的

---

① 证券之星网：http://www.stockstar.com。

状态。

（2）主营业务收入（见图2）。

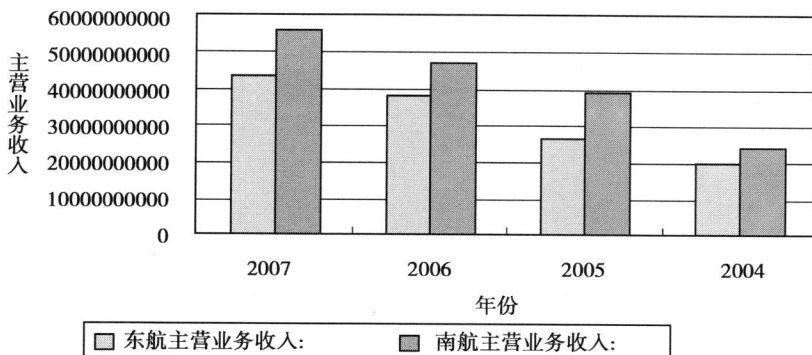

图2

分析：收入是企业利润的来源，公司的主营业务收入更是一个公司运营状况的表现。2004—2007年，东航和南航的主营业务收入都大幅度提高，南航的主营业务收入高于东航，2007年南航主营业务收入突破600亿元大关。

（3）净利润（见图3）。

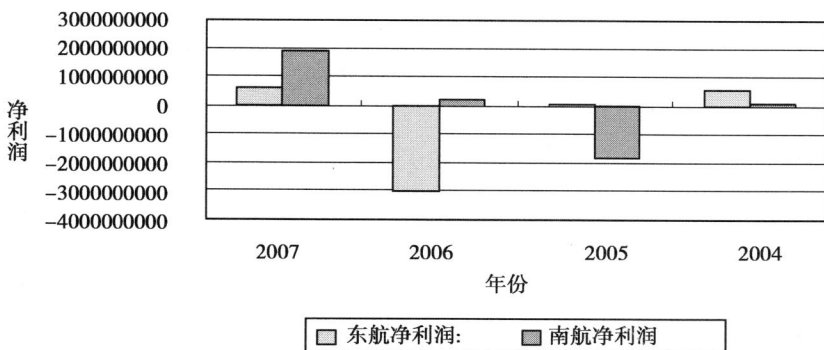

图3

分析：净利润反映公司是否是盈利的。从图中我们可以看出，南航在2005年出现了将近20亿元的亏损，而东航在2006年净利润出现了大幅度的下跌，损失高达30亿元。上图显示主营业务收入是很高的，利润分配表中显示，问题出在营业环节，航油价格、负债率的居高不下，处理不良资产带来的折价造成了东航的巨亏。两个公司的三大期间费用都占了很大的费用支出，严重影响了公司的净利润，应着力控制费用支出。

（4）净资产（见图4）。

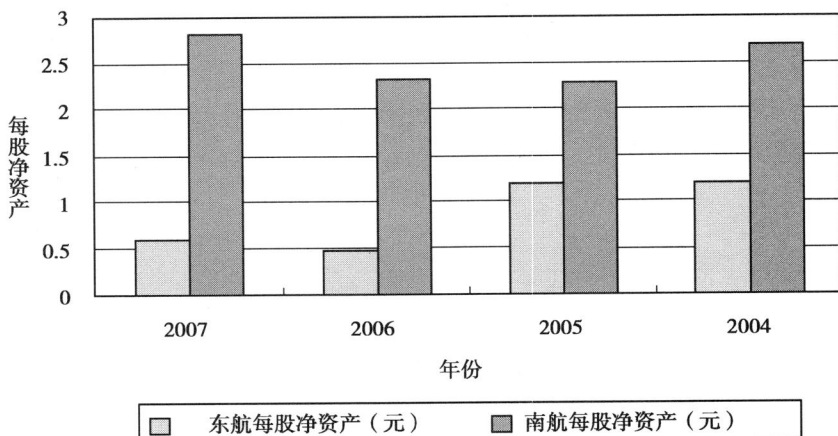

图4

分析：该指标反映每股股票所拥有的资产现值，是支撑股票市场价格的重要基础。每股净资产越高，股东拥有的资产现值越多；每股净资产越少，股东拥有的资产现值越少。通常每股净资产越高越好。上图反映南航的每股净资产是要高于东航的。2004—2006 年两个公司都是下降的，2007 年都出现了逆转。但南航是东航的 4 倍多，说明南航的股东拥有的资产现值是要高于东航的。南航的股票更具有吸引力。

（5）每股收益（见图5）。

分析：每股收益反映企业流通股每股获得的收益，它是分析每股价值的一个基础性指标，是综合反映公司获利能力的重要指标，该比率反映了每股创造的税后利润，比率越高，表明所创造的利润越多。东航的每股收益较不稳定，2006 年出现了较大的负值，而南航在 2005 年出现负值，但总体上呈上升趋势，南航的股票更具魅力。

1.2　核心财务指标分析

（1）净资产收益率（见图6）。

分析：收益率越高说明企业所有者权益的获利能力越大。两家公司从 2004 年净资产收益率看都呈现下降的趋势，但是东航的下降幅度要明显大于南航，尤其是 2006 年净资产收益率降到了 −128% 多，这对东航来说

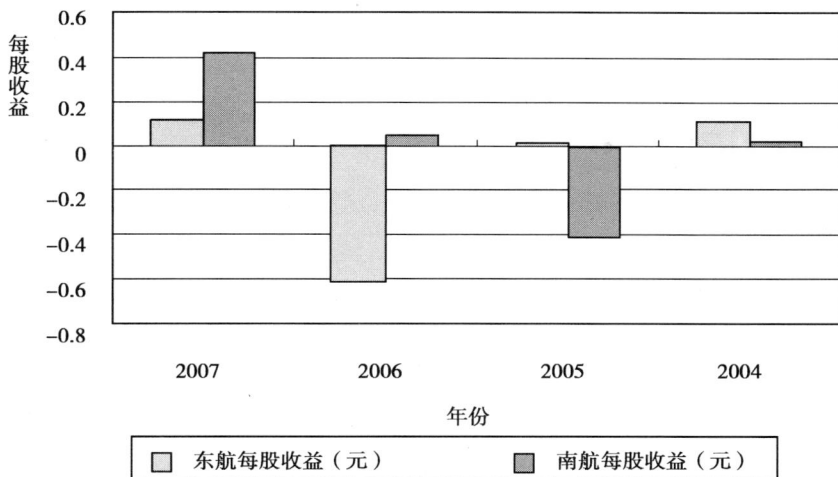

图 5

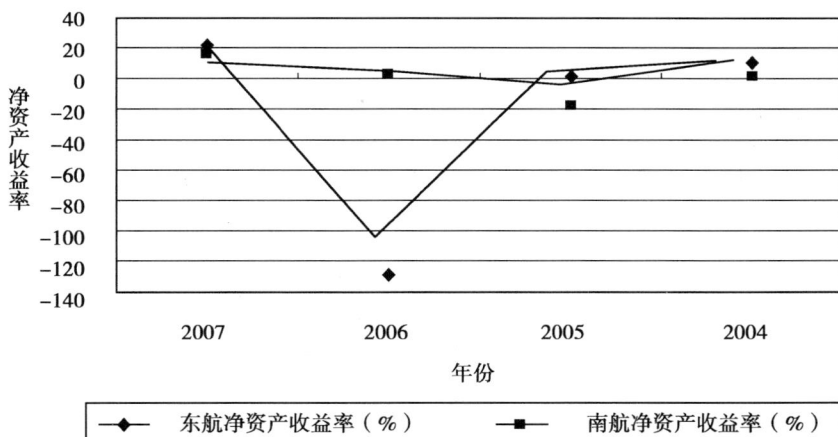

图 6

是一个巨大的打击。

（2）销售净利率（见图 7）。

分析：2005 年南航净利润的减少造成了销售净利率的下降。而 2006 年东航出现了相同的情况，且下降幅度更大。销售净利率与净利润、净资产收益率有相同的变化趋势。但到了 2007 年都恢复了正常水平。

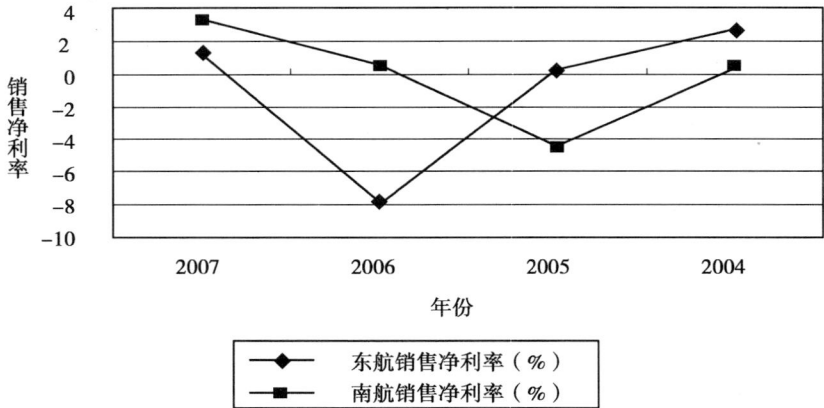

图 7

（3）总资产周转率（见图 8）。

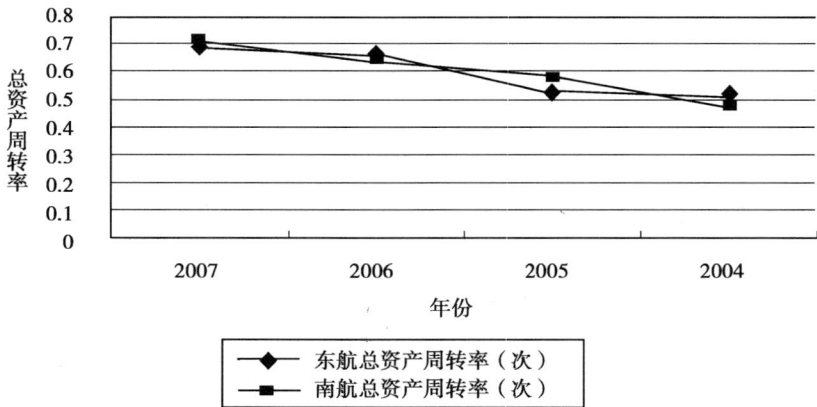

图 8

分析：一般情况下，该数值越高，表明企业总资产周转速度越快。销售能力越强，资产利用效率越高。从图表中我们看出东航和南航的总资产周转率都在稳步提高，相差不是很大。2004 年东航高于南航，2005 年南航又超过了东航，2006、2007 两年几乎相同。说明了两家公司的销售能力和资产利用效率都在提高，竞争的激烈性不言而喻。

（4）权益乘数（见图 9）。

分析：2004—2007 年两个公司的股东权益乘数都呈现下降的趋势。但东航从 14%下降到 4%，幅度达到 60%，南航从 18%下降到 15%，下

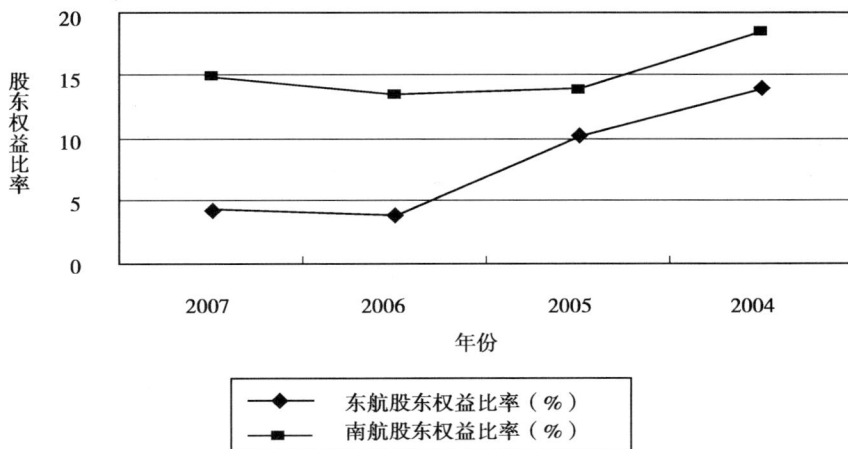

图9

降了1/6。说明两个公司都通过举债来进行日常经营，在抵御外部冲击能力方面有所减弱。南航的股东权益乘数要比东航的高出很多，说明南航的情况要好于东航。

1.3 资产利用效率分析

经营能力也就是资产利用的效率。随着航空业的发展和激烈竞争，两家航空公司不断开辟新航线，应收账款周转率和存货周转率都稳步提高。

（1）应收账款周转率（见图10）。

分析：两家航空公司的应收账款周转率都有了显著的提高，其中南航的应收账款周转率较东航的平均要高出15次。这可能是由于南方航空更加集中于固定资产，而高比例的核心资产配置往往意味着更高的总资产周转率。

（2）存货周转次率（见图11）。

分析：一般来讲，存货周转速度越快，流动性越强，存货转换为现金或应收账款的速度越快。因此，提高存货周转率可以提高企业的变现能力。东航和南航的存货周转率都保持在10次以上，2004年以后更是呈现出增长的态势，到2007年南航的存货周转率达到37次，东航的存货周转率也达到了32次，增长幅度大概两倍。

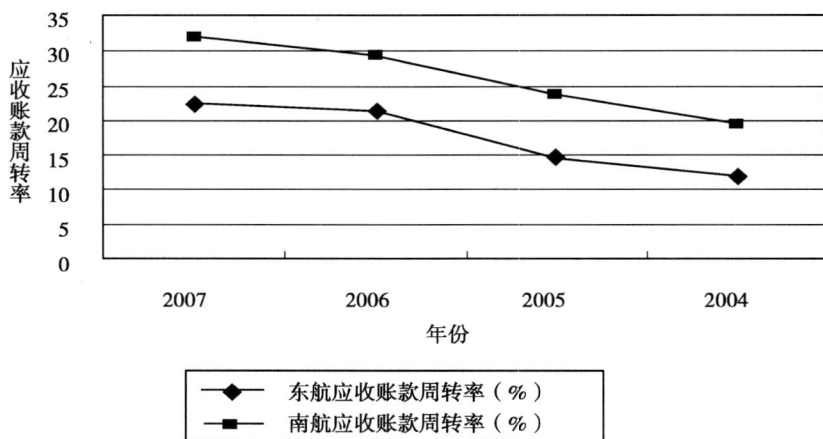

图 10

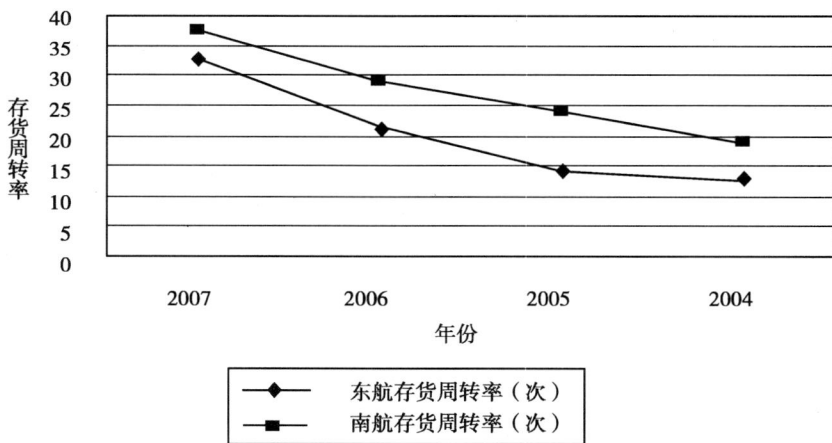

图 11

1.4　偿债能力分析

（1）流动比率（见图 12）。

分析：从上表可以看出东航和南航的流动比率都不是很高，且呈现出逐年下降的趋势，到 2007 年都只有 0.2 左右。这可能和两家公司都在大规模购买大型客机，固定资产增加而导致了流动资产的大规模减少引起的。

（2）速动比率（见图 13）。

分析：从 2004 年开始东航和南航的速动比率明显下降，但从流动

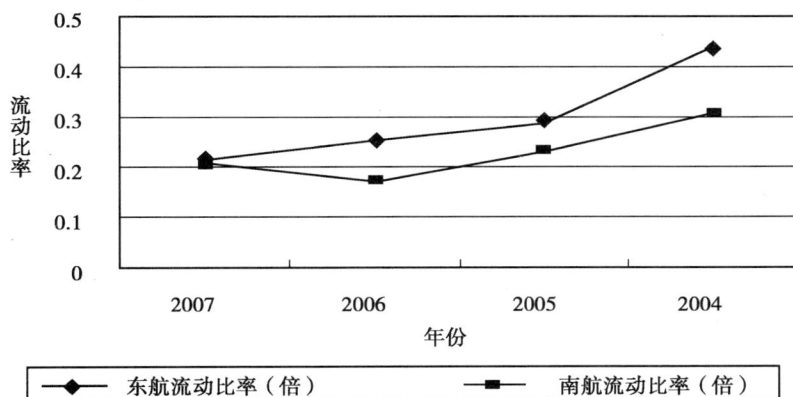

图 12

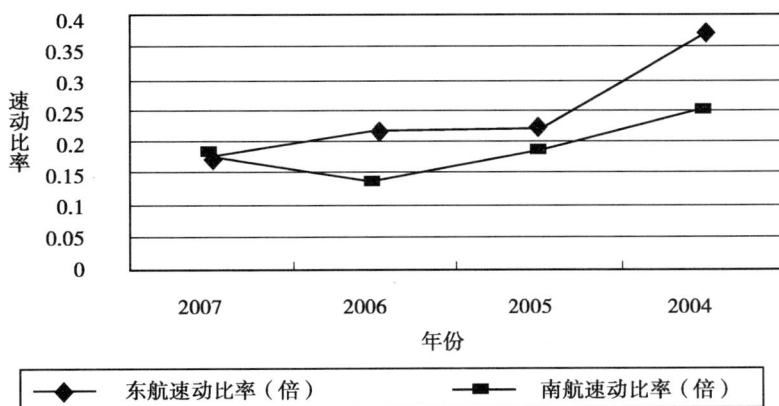

图 13

比率和速动比率上看东航的比值要高一些，说明东航的短期偿债能力要比南航好，但二者都没有达到理论上的理想水平，其流动性仍有待提高。

（3）现金比率（见图 14）。

分析：在 2004—2006 年东航和南航的现金比率都呈现出下降的趋势，到 2007 年南航出现了转机，而东航继续下降。从 20% 一直降到 6%，南航处在 10% 的位置上。但从比率这个相对值上看前 3 年东航的流动性要好于南航，2007 年南航要好于东航。与一般情况比，二者都呈现出流动性不足的状况。

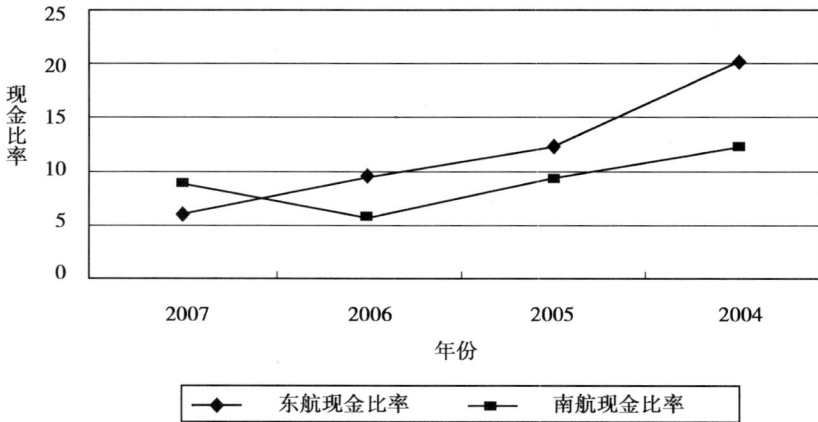

图14

（4）利息保障倍数（见图15）。

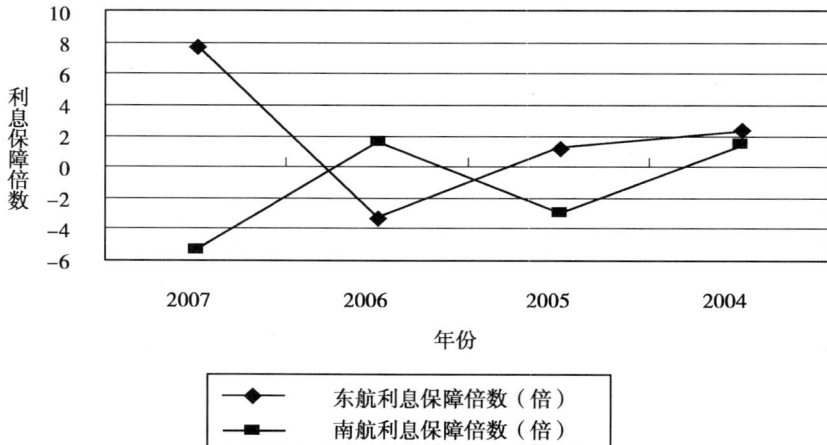

图15

　　分析：东航和南航的利息保障倍数波动是相当大的，东航在 2004—2006 年都在下降，2007 年突然上升至 8％。而南航几乎是下降与上升交替，2007 年出现了最低值 -5％，这说明这两家公司的息税前利润用来支付企业负债利息的能力很不稳定，企业的长期偿债能力不强，但二者相比，东航比南航要强些。

1.5　股本结构分析

分析：从上图表中我们可以看出，东航和南航的总股本都由流通股和未流通股组成，南航在总股本上要大于东航的股本总数，在流通股和未流通股的分配上，东航只有8%是流通股，92%是未流通股，而南航有23%是流通股，77%为未流通股。从股本结构看南航的股本结构较为合理，这也说明了南航发展较为良好的原因。

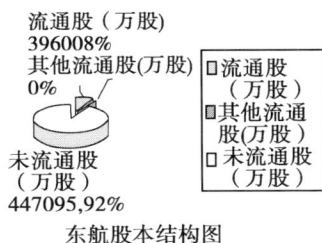

东航股本结构图

图16

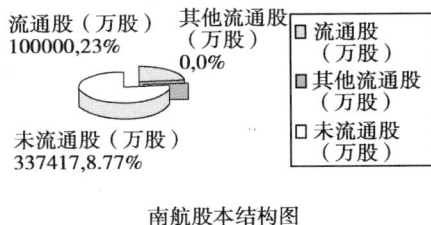

南航股本结构图

图17

1.6　发展能力分析

（1）主营业务收入增长率（见图18）。

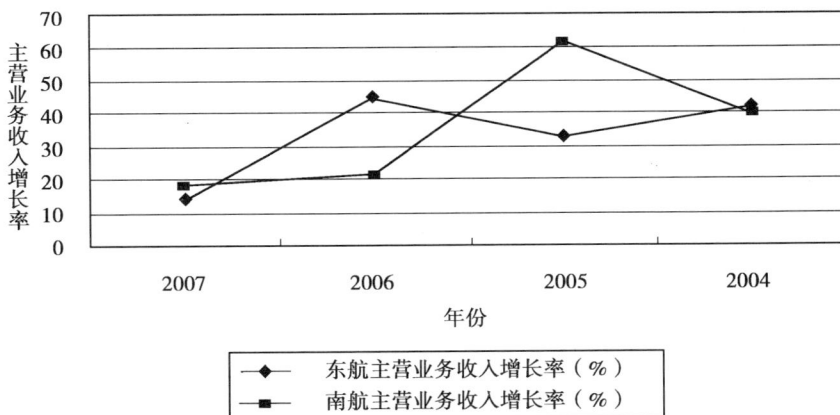

图18

分析：它可以用来衡量公司的产品生命周期，判断公司发展所处的阶段。一般地说，如果主营业务收入增长率超过10%，说明公司产品处于成长期，将继续保持较好的增长势头，尚未面临产品更新的风险，属于成长型公司。如果主营业务收入增长率在5%—10%之间，说明公司产品已进入稳定期，不久将进入衰退期，需要着手开发新产品。如果该比率低于 5%，说明公司产品已进入衰退期，保持市场份额已经很困难，主营业务利润开始滑坡，如果没有已开发好的新产品，将步入衰落。在主营业务利润率增长率上东航和南航是此消彼长的状况，这说明了二者在竞争上的激烈局面，二者在主营业务收入上争占市场份额根据一般情况比较，两个公司都在 10% 以上，仍处在成长期，还有发展的潜力。

（2）净资产增长率（见图 19）。

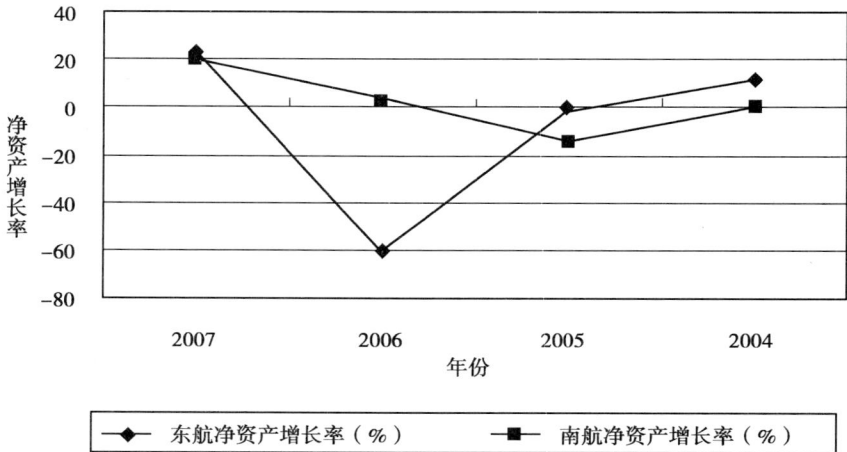

图 19

分析：净资产收益率较高代表了较强的生命力。如果在较高净资产收益率的情况下，又保持较高的净资产增长率，则表示企业未来发展更加强劲。从图表中我们可以看出南航在 2004 年和 2005 年的净资产增长率比东航要低，2006 年和 2007 年由于南航的净资产增加较快，出现了上升的趋势。而东航 2004—2006 年由于经营不善，出售固定资产等决策造成了净资产增长率的大幅度下降，到 2006 年下降到 −60%，但到 2007 年这一局面出现了改善，从趋势上看两个公司都还有发展的势力。

1.7　因素分析法与财务分析体系相结合

在对 1.1—1.6 分析的基础上，运用因素分析法与财务分析体系相结合的方法对两家公司的权益收益率具体分析；在图 6 中发现东航的权益净利率明显低于南航，而且净利率的状况很不稳定，变化较大，此部分主要说明东航、南航的权益净利率变化如此之大，究竟是销售净利率、资产周转率和权益乘数中的哪个因素在影响。

$$权益净利率 = 销售净利率 \times 资产周转率 \times 权益乘数$$

东航权益净利率（2004—0007）

时期	权益净利率	销售利润率	资产周转率	权益乘数
基期	N_0	A_0	B_0	C_0
报告期	N_1	A_1	B_1	C_1
2004	0.0925	0.027	0.4806	7.1394
2005	0.0104	0.00229	0.4585	9.899
2006	-1.2826	-0.0783	0.6380	25.68
2007	0.2049	0.0135	0.6483	23.45

（1）东航权益净利率变化的影响因素分析。

东航权益净利率2006年之所以为负，主要是由于销售利润率为负，资产周转率和权益乘数较2004年和2005年有很大增加。

$$基期指标（2006）：N_0 = A_0 \times B_0 \times C_0 \qquad (1)$$

$$报告期指标（2007）：N_1 = A_1 \times B_1 \times C_1 \qquad (2)$$

该指标报告期与基期的差异（$N_1 - N_0 = D$）受到上列因素 A、B、C 变动的影响

①销售利润率变动（2006）对销售利润率变动（2007）产生的影响

$$(A_1 - A_0) \times B_0 \times C_0 = (0.0135 + 0.0783) \times 0.6380 \times 25.68 = 1.5023$$
$$= 150.23\%$$

②资产周转率变动（2006）对资产周转率变动（2007）产生的影响

$$(B_1 - B_0) \times A_1 \times C_0 = (0.6483 - 0.6380) \times 0.0135 \times 25.68$$
$$= 0.00357 = 0.357\%$$

③权益乘数变动（2006）对权益乘数变动（2007）产生的影响

$$(C_1 - C_0) \times A_1 \times B_1 = (23.45 - 25.68) \times 0.0135 \times 0.6483$$
$$= 0.0195 = 1.95\%$$

结论：通过因素分析法看到销售利润率的变化对权益净利率的影响最大，资产周转率对权益净利率的影响最小。

（2）南航权益净利率变化的影响因素分析。

南航权益净利率（2004—2007）

时期	权益净利率	销售利润率	资产周转率	权益乘数
2004	0.00884	0.004257	0.3821	5.4333
2005	−0.1803	−0.0459	0.5401	7.2660
2006	0.0205	0.004423	0.6204	7.4581
2007	0.1514	0.03315	0.6776	6.7408

①销售利润率变动（2006）对销售利润率变动（2007）产生的影响

$$(A_1 - A_0) \times B_0 \times C_0 = (0.03315 - 0.004423) \times 0.6204 \times 7.4581$$
$$= 0.1329 = 13.29\%$$

②资产周转率变动（2006）对资产周转率变动（2007）产生的影响

$$(B_1 - B_0) \times A_1 \times C_0 = (0.6776 - 0.6204) \times 0.03315 \times 7.4581$$
$$= 0.0141 = 1.41\%$$

③权益乘数变动（2006）对权益乘数变动（2007）产生的影响

$$(C_1 - C_0) \times A_1 \times B_1 = (6.7408 - 7.4581) \times 0.03315 \times 0.6776$$
$$= 0.0161 = 1.61\%$$

结论：通过因素分析法看到销售利润率的变化对权益净利率的影响最大，说明从2006—2007年公司的业绩不错，这可以从公司的利润分配表中看出。

2 反响

（1）通过两家航空公司之间的比较和公司内部基期与报告期之间的比较可以发现，南航的各项指标基本上都好于东航，面对着同样的外部环境，两者之间出现如此差异，东航只能从内部去找落后于南航的原因才是最重要的解决问题之道，究竟是公司的经营链条出错还是管理出了问题。

（2）中国航空业发展比较快，在面对着市场的激烈竞争下，如何更好地提供优质的服务是最重要的，航空业属于受市场影响较大，弹性也较大的行业，受干扰的因素很多（如油价的上涨，金融危机的发生）。

（3）金融危机的发生，给各国经济造成重创，中国实体经济受到打击（当然中国经济的下滑不能完全归咎于经济危机，主要的问题还是中国的产业结构不合理，一味地依靠投资和出口带动 GDP 的增长，而不注重消费，造成大量的产能过剩，即使没有这次经济危机的发生，中国经济也会出现问题，只是时间问题），航空业首当其冲，2008 年业绩明显下滑，但逆境中求发展，在此情况下，中国航空业（包括南航，东航）应该提高自身的实力，对公司内部进行合理的改制的同时，也要有敏锐的洞察力，抓住国内和国际市场。

思考与讨论

1. 航空业的发展为何深受外部环境的影响？
2. 在金融危机的冲击下，我国航空业将何去何从？
3. 东航和南航的发展是否能代表中国航空业的发展趋势？
4. 东航和南航哪一家公司更具有发展潜力？
5. 航空业能否成为我国经济发展的一个标志？

参考文献

［1］王化成：《财务报表分析》，北京大学出版社 2007 年版。

［2］中国注册会计师协会：《年财务成本管理》，北京大学出版社 2007 年版。

［3］W. Kester，W. Fruhan，Piper，Ruback：《财务案例》，北京大学出版社 2004 年版。

［4］证券之星网：http：//www. stockstar. com。

［5］上市公司资讯网：http：//www. cnlist. com。

［6］中国东方航空公司网：http：//www. ce-air. com。

［7］中国南方航空公司网：http：//www. cs-air. com。

携程与 e 龙营运能力分析

范 钛

摘 要 代表中国在线旅游业发展的未来，携程领头羊的位置在未来的 2—3 年内还是无法撼动的。对于 e 龙来说，前有携程，后有芒果网虎视眈眈，应当加倍努力，这一切最终都会得到用户和资本市场的认可。通过对其 2006 和 2007 年的财务报表部分数据的分析，其中包括各项收入分析、盈利能力分析得出两者的差距，从而说明携程领先的原因。

关键字 携程 易龙 营运能力 在线旅游业

引言

近年来我国旅游业发展迅速，覆盖面广，总体还处于一种低消费、大众化、中等水平、中近距离旅游的状况，海外游正在起步阶段。而旅游基础设施、服务设施建设发展很快，但仍不能适应国内旅游发展速度的要求。现在一般游客住中档旅馆，饮食简单。据统计，在旅游消费结构中，游览购物占很大一部分，旅游整体消费水平不低。设立专门接待国内旅游者的一、二类旅行社，目前为止已经有上千家，但是，由于我国国内旅游市场庞大，为国内旅游服务的配套设施的发展远远不能满足旅游消费者的需求，国内旅游者基本上停留在吃、住、行和安全的基本保障上，距离享受性服务差距很大。国内旅游向出国旅游延伸，由于边境旅游口岸的增加，使边境旅游日益成为焦点。中国旅游者到越南、缅甸、俄罗斯的人数日益增长。随着收入水平的提高，一小部分富裕阶层把目光投向洲际旅游，而这些都需要借助旅游公司。旅游业在国民经济中的地位和作用日益加强。在本世纪末，旅游业在第三产业中将会有举足轻重的地位，会对我国经济发展起着巨大的促进作用。

1　企业背景

1.1　携程概况

携程（Ctrip）创立于 1999 年，主要的投资者有美国 Carlyle Group（凯雷集团）、日本 SoftBank（软银）、美国 IDG（国际数据集团）、上海实业、美国 Orchid（兰花基金）及香港 Morningside（晨兴集团）等，总部设在中国上海，已在北京、广州、深圳、成都、杭州、厦门等 10 个城市设立分公司，员工近 9000 人，服务网络覆盖国内 54 个城市。以互联网和传统旅游业结合的运营模式，向 2000 万名会员提供全方位的旅行服务，作为中国领先的在线旅行服务公司，Ctrip 成功整合了高科技产业与传统旅行业，向超过 2000 万名会员提供集酒店预订、机票预订、度假预订、商旅管理、特约商户及旅游资讯在内的全方位旅行服务，被誉为互联网和传统旅游无缝结合的典范。携程于 1999 年 10 月接受 IDG 的第一轮投资；次年 3 月接受以软银集团为首的第二轮投资，2000 年 11 月收购国内最早、最大的传统订房中心——现代运通，成为中国最大的宾馆分销商，并在同月接受以凯雷集团为首的第三轮投资，三次共计吸纳海外风险投资近 1800 万美元；2001 年 10 月携程实现盈利；2002 年 4 月收购了北京最大的散客票务公司——北京海岸航空服务公司，并建立了全国统一的机票预订服务中心，在 35 个商旅城市提供送票上门服务。凭借稳定的业务发展和优异的盈利能力，Ctrip 于 2003 年 12 月在美国纳斯达克成功上市。2003 年 10 月底，携程拥有注册会员超过 700 万人，其中使用过携程服务及产品的常用客户约 50 万人。

1.2　e 龙概况

e 龙 1999 年成立，总部设在北京，公司员工 2000 多名。2004 年 10 月 e 龙在美国 NASDAQ 上市，目前全球最大的在线旅行服务公司 Expedia 拥有 e 龙 52% 的股权。e 龙旅行网（NASDAQ：LONG）是中国在线旅行服务行业的领导者，依靠 www.elong.com 和 www.elong.net 两个网站和呼叫中心为会员提供旅游资讯及预订等一站式服务。e 龙可以提供国内 230 个主要城市的近 2800 家酒店和海外 4000 多家酒店优惠的预订服务，国内 50 多个主要商务、旅游城市的出、送机票服务，以及度假、集团差旅、租车等旅游服务。e 龙与 Expedia（Expedia 是全球著名旅游服务品牌，国际领先的在线旅游产品分销公司。）紧密携手，通过多资源、多渠道的市场整合，将自身已有的国内旅游服务网络与 Expedia 丰富的海外旅游资源、先进的服务理念及服务技术紧密结合，为会员提供高品质的出行服务。

2　案例事实

2.1　营运能力分析

2.1.1　酒店预订数及营业收入对比

酒店预订业务同为两家公司的核心业务，e 龙在该业务上的收入不到携程的一半，两家业务的收入差距有所扩大。同时，携程的每间客房佣金也高于 e 龙。酒店预订业务营收的增长，主要得益于预订酒店客房天数的增加，以及每间酒店客房平均佣金的提升。2007 年第二季度通过 e 龙预订的酒店客房天数为 92.2 万天，比上季度增长 11%。e 龙第二季度每间酒店客房平均佣金为 8.6 美元，同比增长 3%。通过携程预订酒店的客房数为 241 万间夜，比上一季度增加 26%，平均佣金为 9.5 美元。e 龙的酒店业务无论在预定数量和预定质量（每间客房的佣金）上都跟携程有差距。

但是从 2005 年开始，双方的增速都有所放缓，原因主要有以下几个方面：

（1）预订量基数原因。二者的基数已经达到很大数量，要是想保持高速稳定的增长率，在商业领域必然是件不易的事情。其中业务创新，满足消费者意愿尤为重要。基数之所以很大，原因要考虑到宏观经济的作用。我国旅游业的宏观综合功能，是旅游业作为国民经济重要产业的基础，温家宝总理在政府工作报告中还提出"积极发展旅游等消费热点"，使旅游业界深受鼓舞，宏观政策起了一定的作用。

（2）作为全球最安全的旅游目的地之一，中国将继续保持良好的发展势头。预计到 2015 年，入境过夜旅游人数可达 1 亿人次；国内旅游达 28 亿人次，出境旅游约 1 亿人次；游客总量约 30 亿人次，成为全球第一大入境旅游接待国、第四大出境旅游客源国（邵琪伟，2008）。正因旅游业发展的前景好，使得许多国际连锁酒店进入中国，在国内开展直销战略，占领中高端客户，必然导致很大一部分客源被分散。

（3）国内的经济型酒店也开始发展起来，其主要是针对中端客户，例如，如家酒店推行的网上预订及会员卡服务吸引部分客户直接预订。还有就是以芒果网分销公司为代表的新一代酒店的发展，也分散了部分客源，虽然只是少数。

表1 携程与e龙酒店营运状况

年份	2002	2003	2004	2005	2006
携程					
酒店间夜预订量	160000	240000	420000	545000	684000
每间夜平均佣（元）	61	64	66	67	70
酒店间夜增长（%）	N/A	50%	75%	30%	26%
e龙					
酒店间夜预订量	742175	1032069	1966000	2537000	325000
每间夜平均佣（元）	54	58	57	60	64
酒店间夜增长率	N/A	39%	91%	29%	28%
酒店间夜预订量差距	857825	1367931	2234000	2913000	359000

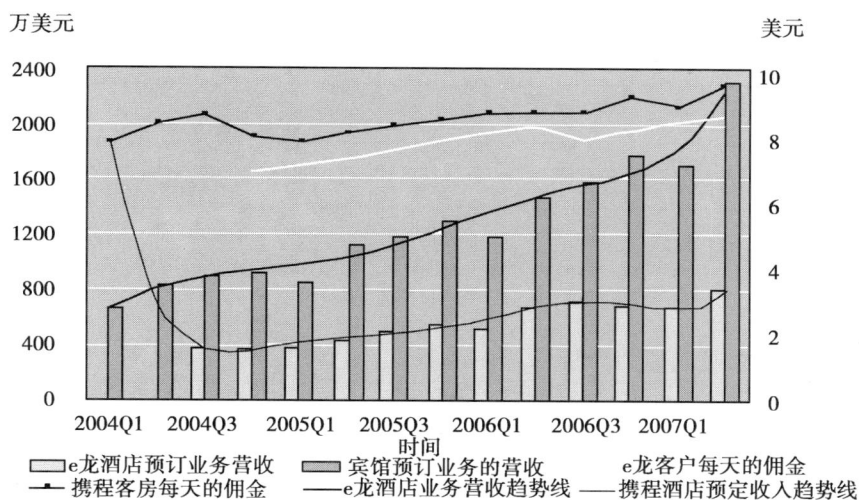

图1 携程与e龙酒店预订业务比

2.1.2 各项业务收入百分比对比

在度假业务方面，从2004年开始启动，其产品目前已经覆盖不少于

11 个出发城市。2006 年度假产品收入达到 4200 万元，比 2005 年增长了 83%。在酒店和机票领域确立了绝对的优势后，大力发展度假业务应该是携程在未来几年的侧重点。因为 e 龙没有单独公布度假产品的收入，无法对双方进行数字方面的对比。而 e 龙已经提供 5 个出发城市的度假产品。从表面的数字来看，携程的度假业务规模大大超过 e 龙。

由数字来看，双方在各条产品线方面的差距是多方面的，这固然与市场、销售、产品、服务等方面的因素有关，但是面对类似的客户群体，双方雷同的业务模式表现出来的在效率方面的差距还是存在的。

表 2（a）　　　　　携程各项业务收入百分比

携程	2003	2004	2005	2006	2007
旅游业务收入					
酒店收入	81%	81%	72%	79%	58%
机票收入	5%	7%	11%	14%	38%
其他业务收入	14%	12%	17%	6%	4%
合计	100%	100%	100%	100%	100%

表 2（b）　　　　　e 龙各项业务收入百分比

e 龙	2003	2004	2005	2006	2007
旅游业务收入					
酒店收入	84%	78%	65%	57%	78%
机票收入	11%	18%	29%	36%	18%
其他业务收入	5%	4%	6%	7%	4%
合计	100%	100%	100%	100%	100%

2.2　总收入能力分析

2007 年第二季度 e 龙摆脱收入负增长的循环，携程 2007 年第二季度营收规模继续增长，携程收入已超过 e 龙收入的三倍。e 龙二季度总收入为 1030 万美元，收入规模为历年来最高。比上季度大幅增长 21.9%，摆脱了连续两个季度的负增长。携程 2007 年第二季度总收入为 4061 万美元，比上季度增长 26%，根据财报分析，收入增长的主要原因是机票业务和宾馆预订业务产品对营业收入的贡献增加。两家公司都实现了利润的增长，其中携程在原有的收入规模的基础上，收入增加了 26%，无论相对数还是绝对数都超过了 e 龙本季度的收入规模的增加，拉大了两家竞争公司规模上的差距。从图 2 中可以得出：携程和 e 龙收入规模随着业务的发展逐渐拉大——2007 年第二季度相差将近 2800 万美元；携程的成长趋势线明显比 e 龙的趋势线陡峭，表明携程的成长性优于 e 龙。国际连锁酒店的进入，国内酒店会员卡的发放以及芒果、遨游等新势力的进入，都对两家公司形成了竞争关系，两家的预订业务都受到不同程度的影响。

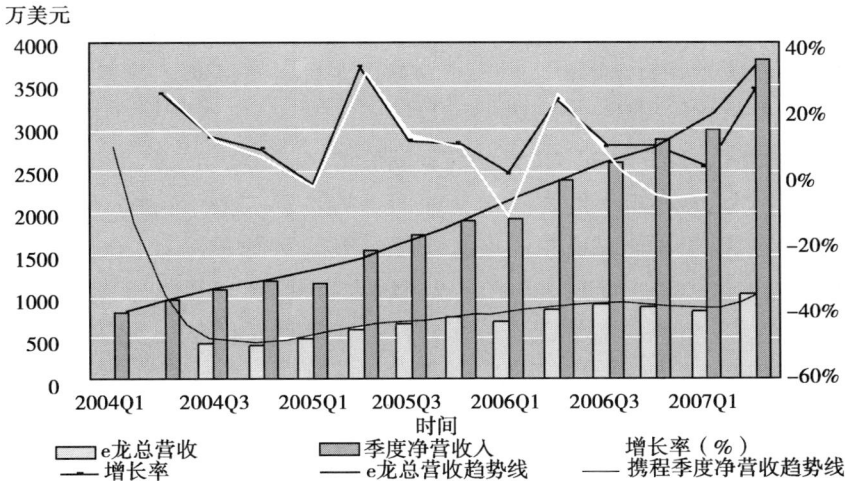

图 2　携程与 e 龙营运规模对比

2.3　盈利能力分析

　　e 龙的盈利能力尚且还不能与携程相比，净利润的差距远大于收入规模的差距（见图 2）。e 龙到目前为止还没有实现真正的盈利。2007 年第二季度 e 龙运营亏损 29 万美元，e 龙总收入虽然实现了增加，但由于业务的成本和费用的增加，并没有实现利润的扭亏。携程自上市以来公司盈利规模稳定上升，2007 年第二季度创造了利润的最高值——1200 万美元。在度过了商务旅行的淡季第一季度后，携程充分展示了作为中国在线旅游市场的领头羊的良好发展潜力。

　　而 e 龙盈利能力一直低于携程，主要受收入结构、汇兑能力等因素影响。首先，收入结构不合理，低利润率产品和服务在营收中所占比例过大，对酒店预订收入依赖过大［见表 2（b）］；其次，汇兑损失这一因素受国际市场的影响较大。随着人民币汇率的逐渐稳定，以及美元贬值速度的放缓，这一因素的影响会逐渐减小。由于二者都是旅游业，可能还会存在季节性因素的影响。

　　e 龙的业务主要包括酒店预订与机票预订，以及其他旅游产品和服务。跟携程相比之下，除了要开发其他高利润旅游产品及服务外，尤其不应该放弃其度假产品的开发，同时提高目前产品中利润率高的业务的比重应该对 e 龙来说迫不及待。从 e 龙各项业务收入比例来看，e 龙的机票预订业务的比重在不断提高，由于这项业务的利润率较高，如果比例能够大幅提高将会有效的提升 e 龙的盈利能力，缩小与携程之间的差距，不过由于携程此项业务的比重也较大，e 龙若想在机票预订业务方面有所突破，必然要经历与携程的激烈竞争（见表 2）。那么如何在提高机票预订业务比重的同时，开发出更多更好的高利润旅游产品和服务，从而提高其企业的竞争能力，盈利能力，缩小与竞争对手的差距，这或许是企业管理层当前急需解决的问题。但是 e 龙的管理层又在频繁的变动，创始人唐越2006 年退出公司后，其当年的创业团队也所剩无几。两年间，市场、销售、财务岗位上的副总裁已经换了两任，管理团队中的其他人也大部分是新面孔。没有稳定的管理团队，就很难保证战略和市场策略的始终如一的执行，e 龙的亏损似乎是没办法避免的了。

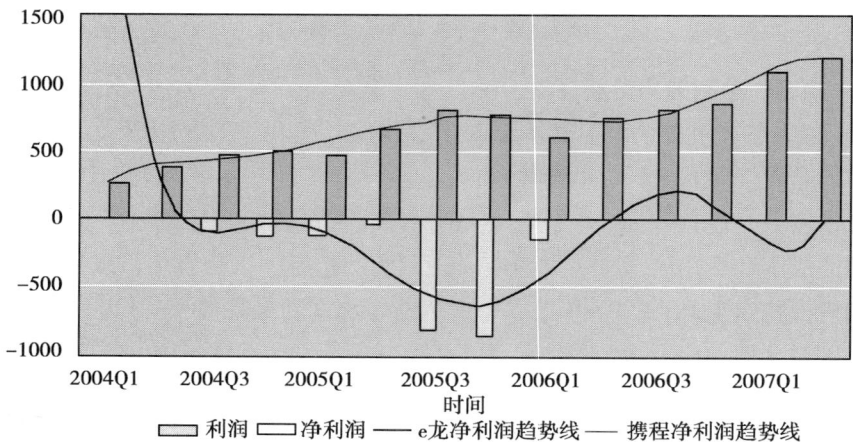

图 3　携程与 e 龙净利润对比

3 反响

随着我国旅游业的发展，公司间的竞争日趋激烈，竞争能力分析是在新经济条件下进行公司经济分析不可忽略的一个重要方面。其评价就是从整体上把握竞争力水平和状况，为公司制定政策和决策提供依据，同时竞争能力还关系着生存和发展。从以上的分析可以看出，竞争能力分析不仅能够使公司洞悉自身的优势和劣势以及行业地位，而且有助于企业战略同外部市场环境匹配起来。就像携程一样，每一个战略布局都紧紧地把握住了行业发展的趋势和客户的需求，三次漂亮的收购，分别将其带入了酒店、机票、度假业务，并获得了长期发展所必需的机票和出境旅游经营牌照。

从分析看出携程美中不足的就是缺少旅游度假产品的开发，产品研发是至关重要的，它是企业营销能力的部分表现。市场开拓对我国的旅游业来说是很重要的，因为一枝独秀对于消费者和商家来说并不是好事。虽然携程目前领头羊的位置无人能敌，但是从其与e龙相加的业务规模来看也只是占有中国酒店预订市场不足10%的份额，机票业务则不足5%，市场的空间和增长的潜力仍然巨大，国际酒店的入驻必然会带来不小的竞争力。度假产品的开发涉及企业的未来竞争，比现有的更加重要。在这个方面，e龙甚至还有意图想要放弃。从行业角度来看，世界旅游组织认为，中国是21世纪全球最大的旅游市场。随着国家假日经济的启动，国家经济增长率的提高，旅游业无疑将会成为国家的支柱产业。政府的投资举措、银行的贷款政策无疑也将与此配合。面临巨大的市场潜力，开发更新的产品吸引消费者，扩大市场占有率，至关重要。

思考与讨论

1. 根据上述分析e龙势必追赶不上携程，那么e龙能否借助金融市场来提高自身的流动性来帮助解决困境？又如何规避风险？

2. 面对同行业的竞争，如何深入分析包括自身、产业链、市场动态等因素对公司竞争力的影响，从而得出切实有效地辅助决策方法？

3. 讨论通过什么有效途径可以控制公司的运营成本？

4. 思考产品研发与竞争发展能力的关系？

参考文献

［1］王化成：《财务报表分析》，北京大学出版社 2007 年版。

［2］携程网：http：//www. ctrip. com。

［3］e 龙网：http：//www. elong. com。

国美电器资本运作三部曲

范　钛

　　摘　要　国美通过占取供货商资金的类金融运作、上市融资、电器零售与地产投资相结合的方式，使得资金供应链相互衔接，通过对行业市场的准确把握和产品的准确定位，使国美迅速地成为家电零售业的佼佼者。国美的运作是成功的，通过本案例的描述与分析可看出国美能够在中国家电零售中独占鳌头是有其原因的。

　　关键字　国美　上市　家电零售　资本运作

引言

　　国美电器由 1987 年北京珠市口一间几十平方米的小店发展为今天中国家电零售连锁产业的龙头老大，其企业规模的迅速扩大和巨额的销售量已经成为中国同行业企业的佳话。而国美公司老总黄光裕以 130 亿元资本连续两年蝉联胡润百富榜中国首富的事实更成为媒体广为称道的企业传奇。中国另两个家电零售企业苏宁、永乐则紧跟国美步伐，使该行业在国内形成三足鼎立的局面。

　　国美在中国市场的成功与其具有"国美特色"的资本运作模式是分不开的，简而言之，国美模式可分为：一、占取供货商资金的类金融运作；二、上市融资；三、电器零售与地产投资相结合，三者相结合作为国美成功的三部曲。本案例在对中国家电零售连锁企业进行简要概述的基础上，集中对上述国美资本运作三部曲进行详细阐述以说明国美在中国家电零售业中处于垄断地位的原因。

1 家电行业背景

在中国家电零售连锁行业中，无论是国美、苏宁、永乐等全国性大型企业，还是大中、五星等地区性中小型企业，它们的基本运作模式都是按照以下四大步骤来进行循环扩张的。

（1）尽力压低上游供货商的进货价格，从而取得成本优势。

（2）以低价策略吸引消费者。低廉的价格就是卖点，就是优势。低廉的价格体现在毛利率，据有关资料统计，家电行业的毛利率与其他行业相比是很低的，平均水平在5%—6%之间。

（3）利用缓期付账的方式占用供货商贷款进行短期融资，即"类金融"运作方式。此方式下的资金拖欠期限短则数日数周，长则达6个月。以国美、苏宁为例，由于这两家公司的进货量大，销售业绩好，深受供货商青睐；加之国美、苏宁强大的市场垄断性，使它们可以在和供货商的议价中处于优势地位。这就造成了供货商与国美、苏宁市场地位的不平衡，这种不平衡加强了两家公司的延期付款能力。

（4）利用销售及欠款等得到的大量现金流投资扩张。扩张的直接影响在于，零售商的市场地位进一步提高，其议价能力也随之增长，于是零售商会继续压低上游供货商的利润以降低进货成本，其利润也得到进一步提升。此模式也因此构成一个循环（见图1）。

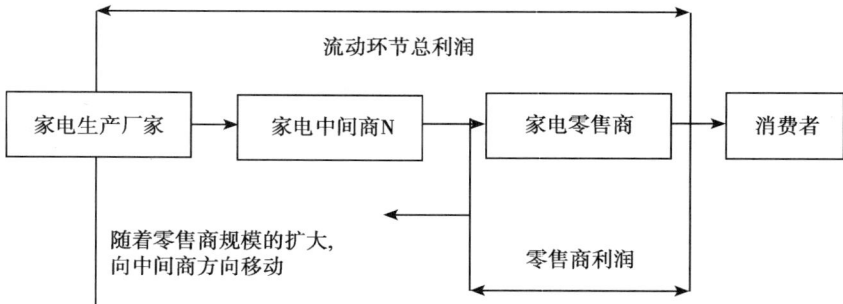

图1 家电业利润组成及演变图

2 案例事实

根据资料显示，国美新增一家连锁门店需要 4000 万元左右的资金，按每年新开店约 300 家计算，国美所需资金约为 120 亿元。然而，据国美电器的年度报表显示，以 2004 年为例，其资产负债表上的现金及现金等价物只有 15.65 亿元，这个数值远远小于扩大规模的需求。究竟是什么因素在背后支持着国美电器在近几年急速扩张呢？我们发现，国美快速扩张的同时又保持强劲盈利能力的根本原因在于其核心竞争力，也就是它的终端管道价值。这种终端管道价值即我们后文将详细介绍的国美的两大盈利模式——类金融模式和非主营业务盈利模式。

2.1 类金融模式

国美在中国内地电器零售商中所处的地位可谓非同小可，这样的市场地位使得国美与供货商交易时的议价能力处于主动位置。通常情况下，国美可以延期 6 个月之久支付上游供货商货款，这样的拖欠行为令其账面上长期存有大量浮存现金，大量的拖欠现金方便了国美的扩张。简而言之，占用供货商资金用于规模扩张是国美长期以来的重要战略战术。也可以说，国美像银行一样，吸纳众多供货商的资金并通过滚动的方式供自己长期使用（见图 2），"类金融"这个词也由此而来。

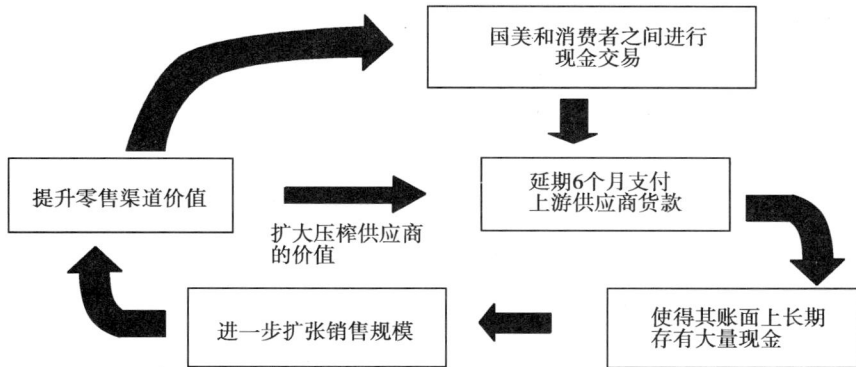

图 2 国美类金融模式的运作

2.2 非主营业务盈利模式

传统零售商的盈利模式是通过提高销售规模来增加自己对供货商的议

价力，从而降低采购价格，用薄利多销的方式获取价差以达到盈利的目的。但是除了这一点以外，国美更强调"吃"供货商的非主营业务盈利模式（见图3），即国美以低价销售的策略吸引消费者从而扩大销售规模，然而低价带来的盈利损失并非由国美独自承担，相反的，国美将其巧妙地转嫁给了供货商，以信道费、返利等方式获得其他业务利润以弥补消费损失。低价策略带来的强大的销售能力使得供货商对国美更加依赖，于是国美的议价力得到进一步提高——以更低的价格采购货物，同时以更低的价格销售，这种非主营业务盈利的模式也便如此不断循环。

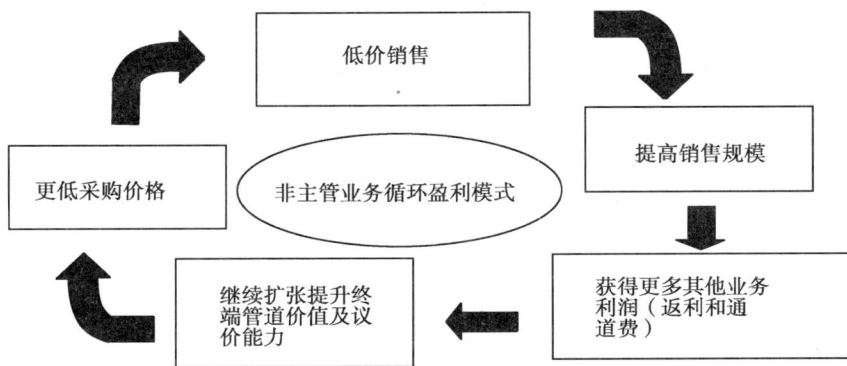

图3　国美非主营业务盈利模式

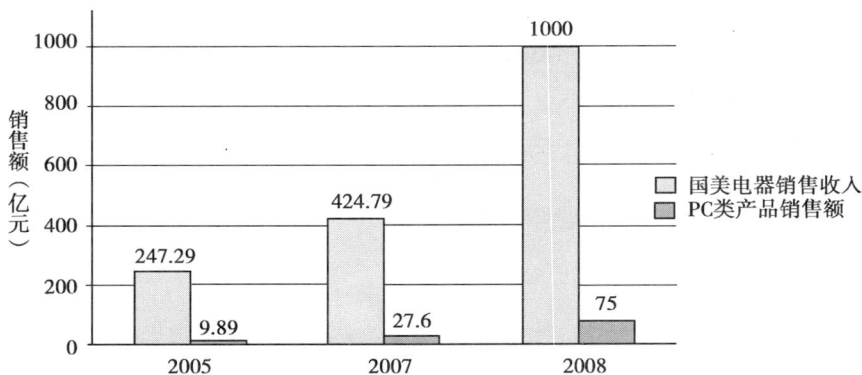

图4　国美电器 PC 类产品销售额数据

资料来源：国美财报。

数据显示国美 PC 类产品在 2006 年开始的销售额数据，分别占 2006

年 4%，2008 年占据 7.5%，预计 2009 年 PC 类产品的销售额将占到国美
电器总收入 10%。虽然 2008 年国美电器的财报尚未公布，不过内部的数
据显示总体销售收入已达到 1000 亿元人民币，其中 PC 类产品占据 7.5%
左右（见图 4）。

这两个商业模式的核心是国美带有垄断特性的渠道资源。正是由于拥
有庞大的管道，国美才可以在压榨供货商的赢利模式基础上，不断巩固和
强化渠道资源。

虽然黄光裕长期占用供货商资金令其运营模式进行得很成功，但是他
意识到这毕竟是一个治标不治本的方法。因为借的钱总得要还，而且庞大
的资金缺口和借债会对公司未来的现金流产生负面的冲击，现金流一旦断
裂将会对企业带来重大的财政危机。参见国美开张新店与占用供货商货款
的关系图（见图 5）。

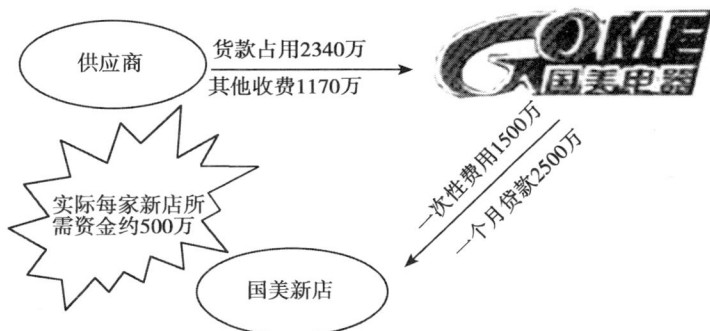

图 5　国美开张新店与占用供货商贷款的关系

占用供货商货款不是国美解决资金问题的长久之策，因此，黄光裕领
会到要真正地解决资金问题，就要上市融资。基于中国国内的资本市场未
全面发展并限制重重的情况，黄光裕将目光投向了香港。

2.3　上市融资

黄光裕的国美电器之所以发展成为今日中国电器零售业的领军企业，
很大程度上要归功于其对资本市场的利用。正是因为国美电器在香港的上
市使得无论黄光裕本人抑或国美都获得了充裕的资金，从而为各项业务的
扩展打下了坚实的基础。黄光裕的国美电器 2004 年通过借壳上市的方式
实现在港挂牌交易，而黄本人也通过一系列资本运作使自己的身价大幅增
长，稳坐中国内地首富的交椅。黄光裕的资本运作按照时间顺序大致可分

为买壳、上市、套现三大步骤，最终实现将 0493 这只"仙股"转为国美的上市公司。

　　黄本人在买壳及洗壳过程中的高超技巧，表现在三个方面：①黄光裕和詹培忠合作，瞄准退化壳。退化壳指正常上市公司由于经营不善而变成"仙股"，通常资产和债务情况比较差，但与清盘相比，其上市地位很有价值，黄光裕看中的正是 0493 的上市地位。②黄光裕与詹培忠逐步洗壳，去除 0493 原有业务，配股增持。黄光裕逐步将部分地产业务置入 0493 换取股份，改善 0493 业务的同时加强控股，可谓一箭双雕。③黄光裕坐拥优质壳资源静待骑牛上市良机。上市公司地位的珍贵性使壳公司成为一种资源，优质壳资源一般具有如下特性：业务稀少或无，债务关系清楚，不少于两个庄家彼此配合，股价长期低迷。0493 在黄的控制下渐入佳境，完全符合借壳上市的条件，此时可谓"万事俱备、只欠东风"。

　　经过前后近 5 年的准备，黄光裕借壳上市的良机日臻成熟。2003 年下半年开始，香港股市全面复苏，恒生指数稳定增长。2004 年 6 月，0493 中国鹏润宣布以 83 亿港元，收购国美电器分拆上市部分 65% 的股权，全部用代价股和股权证：由股份公司发行的，能够按照待定的价格，在特定的时间内购买一定数量该股票的期权凭证进行，不涉及现金。独立财务顾问荷银融资亚洲有限公司及洛希尔父子（香港）有限公司（ABN AMRO Rothschild）对国美进行缩股（40：1），公司同时易名"国美控股"，作为上市的第一步，黄光裕将国美分为上市集团与非上市集团，上市集团主要包括国美内部高利润率且回报稳定的优质资产，而非上市集团则主要是刚刚建立的且营业额不稳定的分店，此举主要是为了暂时去除回报低业绩不稳定的业务并增加上市集团的吸引力。在上市前的重组中，黄光裕在英属维京群岛建立离岸壳公司 OceanTown，而其唯一的业务就是控股国美电器上市部分 65% 的股权，同时，黄光裕还直接持有国美电器上市部分 35% 的股权（见图 6）。显而易见，OceanTown 的创立是为了作为静候国美上市交易的公司载体：在稍后的交易中黄光裕正是将 OceanTown 作价 83 亿港元卖给 0493。而此时 0493 的持股情况经过近 5 年的资本运作，为黄光裕个人持股 69.9%，公众投资者持股约 30.1%（图 7）。

　　此次交易的实质是黄光裕将他本人对 OceanTown100% 的控股权作价 83 亿卖给 0493，此时，黄光裕拥有 0493 的股权为 69.9%，而 0493 拥有 OceanTown100% 的股权，即拥有国美电器上市部分 65% 的股权（见图

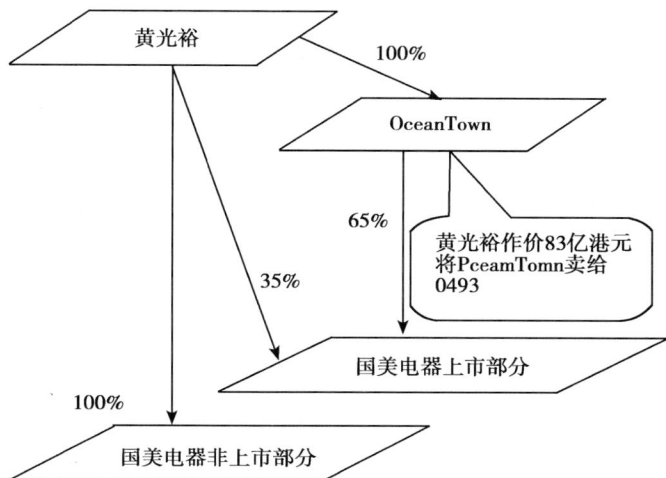

图 6　国美上市前夕股权架构

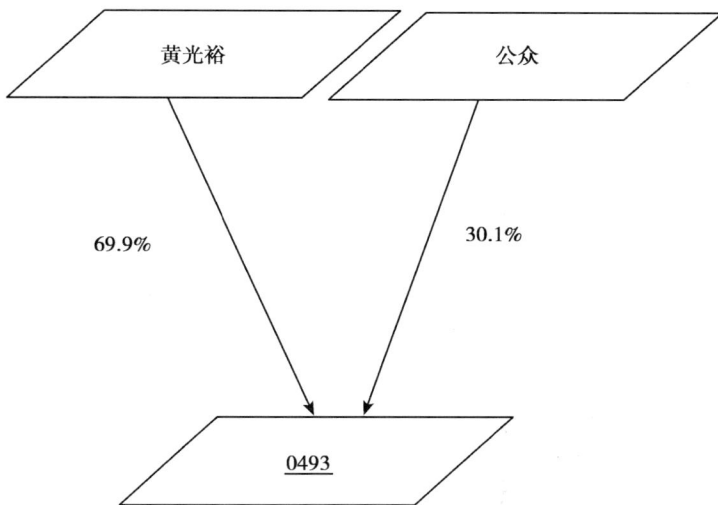

图 7　上市前夕 0493 股权架构

8）。而另一方面黄光裕继续直接持有国美电器上市部分 35% 的股权，如此两层的控股结构有利于加强恶意收购的协调能力。

2.4　地产与家电零售结合

上市前可以在下属公司之间倒换资金，而上市后国美电器已不属于黄

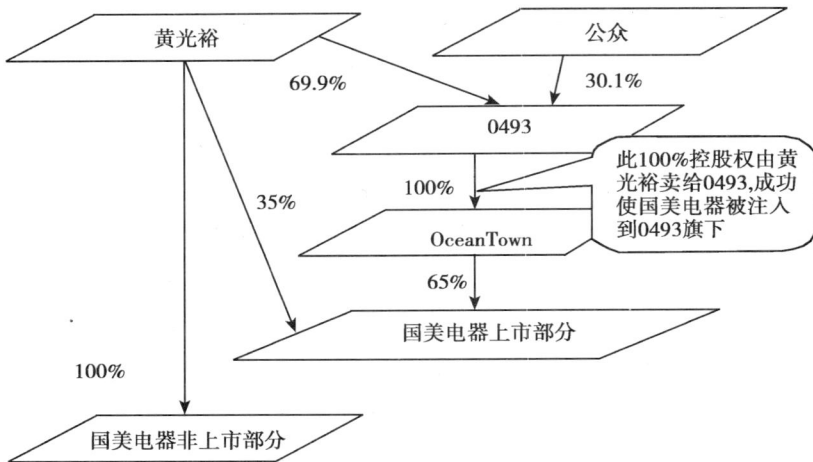

图8　国美借壳上市后的股权构架

光裕的私人公司，那么，资本运作又该如何进行？上市后的国美电器又该如何定位呢？

　　黄光裕在2004年年底分别向公众进行了3次国美电器股票的配售，总计40亿港元。黄光裕将套现的这些现金基本全部用在了他的房地产投资上。在2005年年初，黄光裕为了扩大其地产投资，在原有鹏润地产的基础上，于2005年年初分别成立了明天房地产、国美房地产和尊爵房地产。并且4家房地产公司各司其职。与此同时，将上市的国美电器的非电器业务全部分离出去。也可以看出黄光裕致力于发展房地产业的决心。

　　2005年年底，黄光裕以7.5亿港元的价格将金樽大厦从国美电器购买回来。而这块地皮其实是在2002年黄光裕以1.95亿港元的价格卖给中国鹏润（国美电器前身）的。时隔3年后，黄光裕以将近4倍的价格买回，可以说是对国美电器的一次变相投资。

　　黄光裕利用家电零售和地产进行产业互补，很好的证明了李嘉诚提出的"商者无域，兼容共生"的经营理念。黄光裕有效地利用了地产加零售业务这对黄金组合，其中电器零售业可以提供大量的现金流，而这些现金流又可以投入到地产公司以求得高额回报，二者相互兼容，取得了 1 + 1 > 2 的效果。

3 反响

黄光裕与国美二者是最佳组合，国美因为有了黄的努力而成为中国家电零售业的佼佼者，而黄光裕因有了国美而成为首富，并一跃成为中国改革开放 30 年的"代言人"。在光环的照耀下，黄的发展似乎一切顺利，但自黄光裕被拘后，有关国美以及黄光裕如何成功的负面影响不断暴露，在这段近似传奇的发家史中，没有人知道黄氏兄弟白手起家的背后，到底有着怎样不为人所知的故事。当黄光裕戴上"首富"的桂冠接受人们朝拜时，各种传言随之兴起，很多人都说他是靠走私起家的，"原罪"的包袱始终和他相伴。本文不去评论黄的成功是否是通过违规而得来的，而只就国美通过资本三部曲的运用使得其成为家电零售业的翘首进行一些分析。

（1）从"理性经纪人"的假设角度出发，人是自利的。商人在经商时总希望利润最大化（成本最小化），资金取得的途径越容易越好，而黄光裕在经营时采取占取供货商资金的类金融运作，上市融资，电器零售与地产投资相结合的方式使得资金链很畅通，可以说黄是聪明的。黄通过香港发达的资本市场，将国美电器这一最优资产发挥到了最大作用，同时利用二级市场，通过几次减持，为自己成功套现。

（2）房地产业和家电业结合是黄光裕的杰作。不直接投资地产，而要坚持经营国美并且还要靠地产填补电器零售方面的损失，这正是黄光裕资本运作的高明之处。由于电器零售业可以从供货商处获取巨大的现金流，这些现金流正是投资房地产方面所必需的。用地产高额回报的一部分添补电器零售的损失，并辅助其扩张，为了获取更多的现金流投资与房地产。如此循环往复，获取巨额的利润。

（3）低价销售是国美成功的一个关键部分，以低价作为不二法门，迅速打开了每个地区的市场。国美每到一个城市，都将本地家电零售市场的平均价格拉低 10%—15%，这对于消费者来说，自然是难以抵挡的诱惑。而对厂家来说，尽管传统商场及代理商纷纷要求厂商对国美断货，但国美越来越强大的分销能力，是大多数生产能力处于过剩状态的厂商无法拒绝的。国美已经成为挑战传统销售渠道的新势力。他让中国的大中城市居民把购买电器的第一选择更多的留给了国美，而更多的生产厂商因此也成为了国美的附庸。

思考与讨论

1. 对上文所说的国美资本运作三部曲你有何看法？

2. 如果由你为家电零售业设计一个资金来源和销售渠道的话，你将如何做？

3. 中国家电零售业的优势和劣势何在？

4. 就目前针对黄光裕肮脏的发家史展开议论的行为以及如何做一个成功的企业家，你有何看法？

参考文献

［1］吴红光：《国美苏宁类金融生存解读》，《新财富》2005 年 10 月。

［2］杨晓：《黄光裕 40 亿打造国美帝国》，《北京青年报》2005 年 6 月 30 日。

［3］段志敏：《国美电器 7.6 亿购买“镇壳宝地”》，《京华时报》2005 年 11 月。

［4］青新：《家电连锁取消进场费是不可能完成的任务》，《21 世纪经济》2005 年 8 月。

三峡水利的财务战略选择

周　静

摘　要　本案例通过对三峡水利的上市背景和公司财务现状的分析，指出公司财务中的问题和未来的战略选择，说明企业确立适应外部环境和自身条件及符合利益相关者期望的企业财务管理战略的重要性。

关键词　财务战略　风险水平　战略选择

引言

随着世界经济格局的变化，企业的生存环境出现了新的态势，并且动荡不定、未确定因素增多。如何在竞争日趋激烈、市场复杂多变的环境中求得长期的生存和发展，已经成为企业当前面临的首要问题。而解决这一问题的关键是确立适应外部环境和自身条件及符合利益相关者期望的企业财务战略。为了探讨企业财务战略的选择对企业的影响，本文选择在长江三峡工程进行大规模建设但尚未完成之前，三峡建设急需用电而三峡电站又尚未发电的特定历史条件下上市的重庆三峡水利电力（集团）股份有限公司（以下简称三峡水利）作为案例研究对象。出于对与长江三峡工程相伴而生的三峡水利的命运和前景的关切，笔者到位于长江三峡库区的三峡水利进行了实地考察。通过走访企业主管，召开财务人员座谈会，查看公司年度报表，并涉足葛洲坝长江三峡水利枢纽工程和库区部分区县，开展市场调查，对三峡水利的生产经营过程，特别是公司财务管理的现状、问题和对策，作了全方位的研究论证和理性思考，形成了这份内容比较翔实、思路比较明晰的财务案例。本案例可作为财务管理本科学生以及管理类研究生学习《高级财务管理》的研究案例。

1　企业背景

三峡水利原名为四川三峡电力（集团）股份有限公司，主要从事发、购、供电和水产养殖，担负着重庆市万州区和邻近部分县的供电服务。

该公司 1997 年 8 月 4 日在上海证券交易所上市，股票代码：600116。到 2008 年 12 月 30 日，公司总股本 2.10 亿元，A 股流通数 1.61 亿元，是电力行业中的中型企业。

1.1　企业外部环境

三峡水利上市之日正值长江三峡工程开工建设之时，具有得天独厚的历史机遇：长江三峡工程是当今世界上最大的水利枢纽工程，其防洪、发电、航运三大效益，均居世界同类水利工程前列。工程所需投资中，静态总投资为 900.9 亿元，其中枢纽工程 500.9 亿元，水库移民工程 400 亿元；动态总投资预计为 2039 亿元。库区移民工程费用作为固定资产投入大规模的增加，推动了库区经济的增长，使库区国内生产总值大幅度上升，同时也相应拉动了库区其他产业的发展，如就业人数、社会消费、居民收入、财政收入等都呈上升势头；投资规模增大，经济增长加速，反映到电力消费上，就必然要求电力生产与国民经济协调发展，不仅要求满足当前各项移民工程建设用电需要，而且要求电力生产超前发展，满足日益增大的工程建设的需要，快于国民经济的发展。三峡水利正是看准了长江三峡工程上马，库区建设急需用电这一潜在的电力需求而果断上市。

三峡水利当前经济效益较好，但前景不容乐观。因为它是在特定历史条件下发展起来的，随着这一特定历史时期的结束，它将面临诸多不利因素的制约：三峡工程自 1993 年开始施工到 2009 年完成三期工程，总工期 17 年。工程竣工后，电站总装机容量 1820 万千瓦，年平均发电量 846.8 亿千瓦时。2003 年 9 月首台机组并网发电，2009 年第四季度，26 台机组将全部建成投产；三峡电站的供电范围以直线距离约 1000 千米为半径，全国除辽宁、吉林、黑龙江、新疆、西藏、海南、台湾七省区外，其余各省区的主要城市和工业基地几乎都在这个供电区。作为三峡库区的各区县自然也在它的覆盖范围之内，三峡水利将失去现有的市场；三峡电站建成后，我国电力发展将进入以大机组、大电厂、大电网、超高压和自动化为主要特征的新阶段，原先库区各地单独生产和供电的时代，将被横贯大陆的电网时代所代替。过去三峡水利集发、输、卖电一家独揽，实行一口价的局面将不复存在，电价将真实地反映生产成本，电价高得出格的现象将随行业垄断的打破而消失。

1.2 企业内部环境

三峡水利是以小水电为主的电力企业，从公司组织内部和产业特征来看，具有诸多自然和经济优势：公司处于长江上游，三峡库区，水力资源十分丰富，可开发量达238.6万千瓦，电力总装机容量116.3万千瓦，1997年实际开发21.4万千瓦，水电装机36.1万千瓦，分别占9%和31%，开发率很低，而三峡库区电力生产和消费的人均占有量又远远低于全国人均水平，亟待开发利用这一天然优势资源；水电作为清洁的可再生能源，虽然初始投资较高，但运行费用很低，在整个生产过程中，只需少量人力监控，甚至可自动化遥控。水电企业的这种成本优势，使得水电上网价格较低，利润较高，竞价上网优势较大；我国水能技术可开发容量为3.78亿千瓦，而水电装机容量仅有4919万千瓦，占可开发水能资源的13%，占年发电量的9.7%，低于世界平均水平。"十一五"期间，根据我国电力发展思路，国家已把水电列为优先发展的产业，采取扶持政策加速水电开发的进程。

三峡水利和其他产业相比，也存在许多不利条件：三峡水利所属的各个电站一般都建在边远山区，一方面，修建水坝、堰渠和厂房容易造成生态环境破坏，或诱发新的水害，另一方面，还存在水文、地质方面的自然风险，移民费变动、物价变动引起的经济风险，以及库容变动、市场变化带来的社会风险。同时，这种相对分散的生产网点，给发电厂的管理、输电网的运行、配电网的维修都增加了工作难度，影响了信息沟通和突发事件的快速处理；电力不可贮存性要求发电、输电、配电和用电保持平衡。而水能发电量受来水控制，丰水和枯水季节电量相差很大，年度之间也有差异，电网须准备重复容量弥补。三峡水利采取以水电为主、火电为辅的办法调峰，当电力需求增加时，水电厂转发尖峰电力，火电厂发基荷电力。这种由于水能自身的特点，枯水期和丰水期的水资源时程变化的波动性，造成基荷电力与尖峰电力的差异，影响了用户的生产和生活；前些年，国家相继出台了统一无区别的税收、信贷等政策，没有考虑水电建设的特点，加重了水电建设的负担，例如：统一征收的17%增值税。水电是一次能源和二次能源同时开发，没有上游产品增值税可以作抵扣，需要全额缴纳。另外，水电投资大、工期长，统一的贷款利率和统一的还贷期，以及耕地占用税、矿产资源税等政策，使得水电工程造价偏高、资金回收慢、短期效益差。

2　案例事件

三峡水利在千变万化的资本运作面前，由于财务管理等原因出现了诸多问题：一是公司涉及多起担保赔付案件，仅 2005 年就有重大涉诉案件 9 起，涉及金额 10333 万元；二是非电产业行业发展空间受限，后劲缺乏，未形成新的利润增长点；三是资金问题，发展需要资金，公司目前的规模不大、融资能力有限；四是效益问题，公司要增强、扩大资金能力，效益是关键，要用好的效益来获取更多的资金来源。而公司财务上的问题，归根到底是财务战略的制定上出现的问题。下面我们通过公司 2006—2007 年相关财务数据，查看公司财务管理的症结所在，并说明公司财务战略的改进方向。

2.1　公司资本结构简述

表 1　　　　　　　　　　2006—2007 年公司资本结构

财务类别	1998 年	1999 年
流动负债	46.23%	37.47%
长期负债	14.25%	24.85%
股东权益	39.52%	37.68%
总资产	100%	100%

2.2　公司资产结构简述

通过资产结构分析，可以衡量资产流动性和承担风险的能力。

总资产 = 流动资产 + 长期资产

为了更具体地了解公司流动资产情况，下面列出各流动资产占总资产比重（见表2）。

表 2　　　　　　2006—2007 年公司各项流动资产占总资产的比重　　　（单位:%）

	2006 年	2007 年
货币资金	15.20	12.49

续表

		2006 年	2007 年
应收款项	应收账款净额 其他应收款	4.39	2.14
	预付账款	1.70	2.05
	存　货	1.85	1.56
	待摊费用	0.00	—
	流动资产	23.14	18.24

　　长期资产总量反映企业的发展方向和生产规模。为了进一步地了解公司长期资产，下面将通过表 3 观察各长期资产占总资产的比重。

表 3　　　　　2006—2007 年公司长期资产占总资产比重　　　　（单位:%）

	2006 年	2007 年
长期股权投资	5.60	8.88
固定资产合计	69.22	70.54
无形资产和其他资产合计	2.04	2.34
总：长期资产	76.86	81.76

2.3　公司盈利状况

　　由于公司在 2007 年参与了买卖其他上市公司股份交易获得投资收益总额 1143093.77 元（2006 年投资收益为 22474.94 元）。

表 4　　　　　　2006—2007 公司盈利情况　　　　　　（单位：万元）

	2006 年	2007 年
主营业务收入	46073	50627
营业成本	32926	33615
营业利润	1278	5704
利润总额	1629	5523
净利润	1365	4448

3　社会反响

　　财务管理的方式是决定企业战略能否成功的一个关键问题。公司领导也十分清楚，财务管理工作是公司发展的重要保障，是公司生产经营的"晴雨表"，是公司规范经营、科学管理的重要环节。三峡水利要全方位提升财务管理工作，各分公司、控股子公司都应重视和加强财务管理，提高对财务人员各方面的要求。财务工作不能停留在原始的做账、记账模式里，要上升到管理的高度，应当为公司其他方面的管理提供支撑。目前，就公司的业绩与规模还称不上是绩优的公司，投资者对公司有更高的要求和期望。并且公司上市以来，一直没给股东很好的回报。这就更需要加强公司财务管理的战略研究。

三峡水利的过去，是一个特定历史阶段的产物，三峡水利的未来，将是一个新的历史时期的开始。本文通过对三峡水利的战略分析以及财务数据分析得出公司未来的财务战略选择，旨在提醒该公司决策者：改善财务战略管理，实施科学的筹资和投资决策。而在信息社会化、经济全球化的今天，企业的更新，首先是理念的更新，人才的更新，三峡水利在新一轮的周期更迭中，能否抓住新的历史机遇，寻求新的发展思路，这将是公司决策者们亟待继续解决的又一重要课题。

4 拓展研究

为了更清楚地了解企业的盈利能力和风险水平，下面在对以上财务数据分析的基础上，提出对公司财务管理战略的基本看法。

4.1 公司财务的风险水平

4.1.1 市场风险

从介绍企业背景的文字中可看出，有两种因素将对公司带来市场风险。

（1）三峡电站即将竣工。三峡电站全部建成投产后，将成为三峡水利无法抗争的对手。三峡电站供电范围将覆盖整个库区，三峡水利面临着一个较大的市场风险。

（2）国家即将推行电力体制改革。我国的电力体制改革对电力行业来说是一场深刻的革命，它对三峡水利将产生重大影响。在实行竞价上网的竞争性电力市场中，发电企业间的竞争主要是价格竞争，而上网电价的高低又取决于发电成本。所以，电力体制改革将为三峡水利在内的所有的水电公司带来价格竞争日益激烈的市场风险。

4.1.2 经营风险

经营风险主要来自于以下几个方面：①市场销售：市场需求、市场价格、企业可能生产的数量等不确定，尤其是竞争使供产销不稳定，加大了风险。②生产成本：原料的供应和价格、工人和机器的生产率、工人的工资和奖金、都是不肯定因素，因而产生风险。③生产技术：设备事故、产品发生质量问题、新技术的出现等无法预见而产生风险。特别是在市场销售上：三峡电站即将竣工，将会引起位于长江三峡库区的三峡水利的电力市场需求减少，从而使公司销售收入降低带来的风险；生产成本上：生产成本占收入的比例较大，并逐年上升。加上国家在电力体制改革中所提出的"厂网分开、竞价上网"政策，公司将会失去原先孤网运行时高电价而带来的高利润，使其竞争力减弱而带来风险。

4.1.3 财务风险

（1）在资本结构分析中，公司流动负债所占总资产比重较高，是高风险的财务结构。

（2）在资产结构分析中，流动负债要由流动资产变现后来实现，而公司流动资产在总资产中所占比重降低，使得公司的短期偿债能力在减弱，相应的财务风险在加大。

总之，通过上面对公司的财务报表分析，可看出虽然公司资产总额在增加，收益质量在提升，但是由于公司本身内部管理上的疏漏，以及地处特殊的三峡库区，公司采用了高经营风险和高财务风险的搭配。

4.2 公司财务的战略选择

公司目前风险水平较高，会降低企业的价值，影响企业的经营环境。为了改变三峡水利财务管理不尽如人意的状况，必须确立一套完整的财务战略体系，对公司的财务管理实施适时的、动态的全过程管理，引入国际化、现代化的理财观念，实现财务管理现代化。

4.2.1 加强企业成本管理

从前面的盈利情况中看出，公司的成本管理存在一定问题，所以公司应强化成本管理。

在成本管理中主要是要加强成本控制，要以成本最小化为目标。成本控制不仅是企业增加盈利的根本途径，也是企业抵抗内外压力和求得生存的主要保障，并且还是企业发展的基础。公司进行成本控制的首要环节是建立控制标准，然后是进行成本差异分析。成本差异是反映实际成本脱离预定目标程度的信息。对产生的成本差异进行分析是为了找出原因和对策，以便采取措施加以纠正。

4.2.2 加强流动资金管理

资金是企业生命中的血液，既不可缺少也不可呆滞。资金只有在充分有效的运转中才能体现企业的活力，因此资金管理是企业财务管理的重要内容。应通过统一的财务管理软件，规范的程序和先进的信息网络技术，在全公司范围内，实施统一管理、统一调度、集约经营、集成监控。其中，特别是要做好对投放在流动资产上的资金管理（即流动资金管理），包括现金管理、应收账款管理和存货管理。

4.2.3 加强投资和筹资管理

上述分析表明，公司的风险水平在增加，而控制风险，其主要方法是多角经营和多角筹资。这就需要加强公司的投资管理和筹资管理。

（1）加强投资管理。公司长期资产占总资产的比重高且逐年上升，但盈利情况不尽如人意。说明三峡水利急于想加大投资但是其投资活动并不成功。而在投资管理中主要是做好投资项目评价以及投资项目风险分析，这就需要公司在投资管理上首先要对投资项目有一个定量的分析，然后才会结合外部环境和自身条件作出一个较为明智的决策。比如可利用行业优势，进军公用事业或向其他产业发展。

（2）强化筹资管理。三峡水利在多角筹资中，首先公司凭借上市做到了普通股筹资。另外，在负债筹资中，虽然负债筹资本成本一般比普通股筹资成本低，且不会分散投资者对企业的控制权，但通过公司的偿债能力分析可知道三峡水利的短期和长期偿债能力都在减弱，而公司还在加大短期负债筹资和长期负债筹资，这只会说明公司的风险在加大。所以，公司应在营运资金持有上和长短期负债中进行衡量，制定一套适合公司的筹资政策。

思考与讨论

1. 运用 SWOT 分析方法对企业进行战略分析。

2. 运用案例中的财务数据分析企业在筹资、投资以及盈利上出现的问题。

3. 针对目前公司财务管理上出现的问题，帮助公司的财务总监制定一套适合公司发展的财务战略。

参考文献

［1］陆正飞：《企业发展的财务战略》，东北财经大学出版社 1999 年版。

［2］王忠明、杨东龙：《财务与资本运营》，中国经济出版社 1999 年版。

［3］郭复初：《财务新论》，立信会计出版社 2000 年版。

［4］中国注册会计师协会：《财务成本管理》，经济科学出版社 2008 年版。

［5］张德尧、陈晓军：《1998 中国水利发展的战略性转移》，《中国水利》1998 年第 8 期。

PPG 风险投资案[*]

范　钛

摘　要　PPG 创造了衬衫销售领域的神话，企业的快速成长得益于独特的"PPG 模式"。尽管这种模式备受争议，但 PPG 快速赚钱的模式给中国电子商务指出了新的方向。因此详细研究"PPG 模式"以及 PPG 如何获得风险投资的青睐，使企业快速成长很有必要。

关键字　PPG 模式　风险投资　供应模式

引言

一家 2005 年 10 月才诞生的企业，似乎一夜间就完成了从默默无闻到声名满城皆是的突变。这家没有名店、厂房和流水线，员工不到 500 人的企业，仅靠呼叫中心与数据库，就轻松跻身中国衬衫生产业的前三名。它的传奇震动了整个行业。公司成立至今，借助中国高速发展的互联网技术应用与直销模式的高速传递，在不到两年的时间内，在国内市场取得迅速的扩展。其独特的经营销售理念及市场的高速发展所带来的令人惊喜的销售业绩与财富表现赢得了国际性风险投资公司的关注和青睐。2007 年 4 月，TDF 和 JAFCOAsia 两家风险投资公司继在 2006 年对其首轮投资后进行了二次追加，美国 KPCB 风险投资公司也首次对其大额投资。

1　企业背景

上海 PPG 服饰有限公司是一个专注于男式衬衫生产与销售的公司。

　＊　本案例根据公开信息编撰而成，信息来源包括：PPG 服饰（上海）有限公司网站，中国风险投资网以及本人在中国风险投资研究院成都分院兼职所得的资料。

对消费者来说，直接冲击来自于三个方面：广告、价格和直销。上海的地铁、媒体和电视上，呈现着一个广告的集体轰炸：平均售价150元左右的衬衫，价格比商场同类产品低上一半。而它采用的目录邮购与网络直销——打电话，点击鼠标，报上货号，等着对方送货上门；如果不愿意，90天内再打电话叫人来退货。这让没有时间逛街的男士，有了最好的购物方式。

然而，业界感兴趣的是它创造的另外两个数字。一个数字是PPG每天能够卖掉1万件左右的男式衬衫。而国内市场占有率第一的雅戈尔，2006年在国内平均每天销售衬衫的数字也只不过是1.3万件。另外一个数字是，雅戈尔目前拥有零售网点1500个，还有占地500亩的纺织工业城，而PPG在将品牌男装交给位于长三角地区的7家合作企业贴牌生产后，自己只负责产品质量的管理。没有任何形式的门店、厂房和流水线，只有三个小仓库，却跻身国内衬衫市场前三位。PPG公开的一个预计称：2007年底，他们预计完成销售总额10亿—15亿元，比2006年同期增长50倍。

一个不自己生产衬衫的公司，一个物流也外包出去的公司，却创建了一条快速反应的供应链，它的库存周转天数只有7天，而在服装业库存周转的平均周期为90天。

这一切，出自于那个位于上海青浦的小院内，那里的规模"小"得有点不成比例，一栋办公楼，两个小仓库，员工不到500人。

2 案例事实

2.1 PPG 模式

PPG成立之前经过两年多的调查发现，中国男士一般不喜欢逛街购物，如果能够有一种比较简单的方式买到他们所需的衣服，乐哉！其实，PPG的主导产品是衬衫，因为男士对衬衫尺码的要求不太严格，大一码或小一码影响不大，而女士服装则不同，要求的很多，比如裁剪和款式。所以在未来的发展计划中，PPG还将继续把注意力放在男士服饰品牌的经营上，暂时不会考虑女士服饰。这种习惯的分析也为PPG模式的成功起到了重要的作用。如果用这种模式销售商务男西装则未必可行。

在PPG引进风险投资时，不得不提起一个人——黎勇劲，他2003年在美国麻省理工学院史隆管理学院获得 MBA 学位，1993 年在香港大学以一等荣誉身份获得电脑工程学士学位。同时，他还是澳大利亚注册会计师协会会员。加盟 PPG 之前，他是一名成功的风险投资顾问，第一个投资企业是做太阳能的，一年后上市，为公司赚了 7 倍；第二个投资企业是做音乐无线网络服务的，今年可能在香港上市；第三个投资企业是做大卖场视频的，已在美国上市；第四个投资企业也是太阳能，已在美国上市，2007 年 8 月为公司赚了 10 倍；第五个投资企业是土豆网，已经网人皆知；第六个投资企业是做手机镜头的；第七个投资企业就是 PPG，干脆直接上阵。同时他还是 IT 界的资深人士，先后在福邦控股有限公司、JARDINE MATHESON GROUP 集团控股有限公司担任重要职务，积累了丰富的投资与管理经验。现在是 PPG 的 COO，黎勇劲与 PPG 的结缘，最初还要追溯到他担任集富亚洲 VC 顾问的时候。在创业早期，PPG 的库房只有不到 300 平方米，库存时间长达 20 多天。然而就是在当时那间阴暗潮湿，并不时伴随着苍蝇嗡嗡作响的小仓库里，他却被 CEO 李亮提出的新颖商业模式所打动。在随后不到两年的时间内，以黎勇劲为核心的 VC 团队的努力游说，成为了集富亚洲决定联手 TDF 和 KPCB 两家国际性风险投资公司两次注资 PPG 近 5000 万美元的主要原因。也许正是见证了 PPG 创业时期的艰难，以及历经混沌、重重突围后所带来的事业的高速通胀，使得黎勇劲对他曾经所操刀的这个投资项目给予了更高的热情和更全面而清醒的认识，也正出于此，在 PPG 的创始人李亮盛情邀请他加盟时，他欣然答应。事实上，PPG 公司直销模式的始祖是戴尔公司的电脑直销模式——通过较少的中间环节来降低成本，形成优势。PPG 采用的正是无店铺销售渠道的模式。这是一种让上游和下游紧密相通的渠道，可以有效地降低库存。传统的服装销售企业的库存基本维持在 30 天，但 PPG 这种直销模式使得库存只有 5—7 天。PPG 模式看似十分简单：通过电视媒体、平面媒体和网络媒体投放广告，PPG 产品的信息直接传递给消费者，而后者通过免费电话向 PPG 订购，最终由 PPG 总部的 300 多名营销人员委托第三方物流公司快速送货（见图 1 和图 2）。

　　PPG 公司的阵地不大，人员不多，但有一个部门却最为壮大——呼叫中心。不到 500 人的员工里，206 人却集中在这里。这里是继产品目录和网站之后的又一个直接接触顾客的重要渠道。通过电话交流，PPG 掌握了顾客的详细情况，包括地域、年龄、消费习惯、职业等信息。借助强大的数据分析能力，市场部门通过这些直接的数据，预测下一个7天的生产模式。传统服装企业通过订货会获取市场信息，提前两个月采购面料、生产大量产品，然后将他们存放在各个零售网点。而轻装上阵的PPG天天都在开订货会，这让他的库存不到别人的1/10。鲜有实际库存，但PPG却有非常强大的"虚拟库存"——利用网上的虚拟空间，他们陈列出更多的款式和型号供消费者选择，有人订购再生产，就这样，它能够每件衬衫的售价控制在150元左右，而制造成本却只有30元左右。就衬衫而言，这样的利润率堪称"暴利"。在PPG，所有的业务系统都是互联互通的，前端的呼叫中心系统和采购、设计、仓库管理等系统连接在一起，一笔订单到了以后，从采购到发货的所有流程，都可以在系统里体现出来。

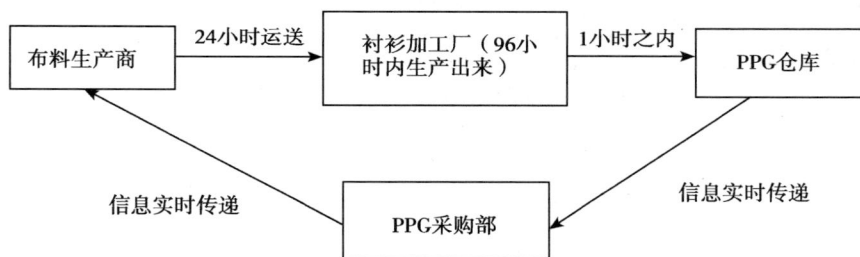

图1 PPG的快速反应供应模式

2.2 PPG业务扩张

较之2006年的销售表现，PPG在2007年已经急速增长了50倍，2007年第一季度财务报告显示，PPG第一季度销售额达到29亿美元，这一数据也是PPG有史以来最高季度销售额，较之2006年增长了11%，公司净收入1940万美元，股票市场每股收益1.17美元。目前已成为国内衬衫行业最大的公司之一，这种高成长性也让嗅觉灵敏的风险资本感觉到了，2006年第三季度，即PPG成立一周年左右，迫切需要资金进行扩张，在与风险投资商TDF、JAFCOAsia接触后，双方一拍即合。2007年4月TDF、JAFCOAsia和KPCB对PPG进行了新一轮风险投资，这三家投资机构在风险界有着丰富的投资经验和投资案例。TDF是一家活跃于中国市场的区域性风险投资公司，成功投资案例有阿里巴巴、百度、分众传媒等等，出色的表现使TDF赢得2005年中国顶尖VC大奖，并在中国最活跃VC榜上位居第三。

作为亚太地区同样出色的投资者，JAFCO集富亚洲成功推出的项目

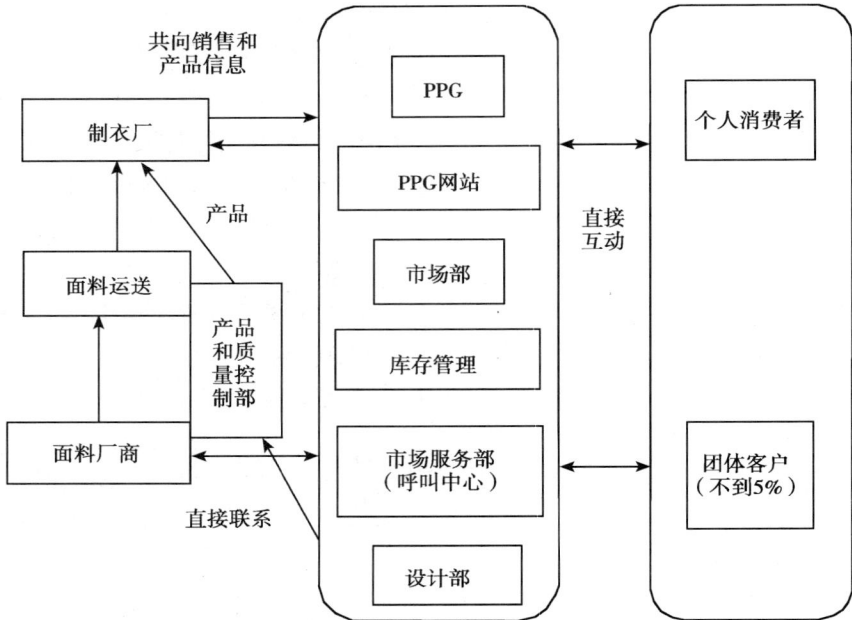

图 2　PPG 供应链运作模式流程

包括 2004 年被雅虎收购的 3721，香港主板上市的中国无线科技以及众多成功在纳斯达克上市的公司 Pixelplus、奇景光电、国人通讯、加拿大太阳能等众多成功投资。KPCB 专业精于投资高科技领域，其投资对象包括亚马逊、升阳、康柏、美国在线等知名企业。基于优秀的团队和重量级的灵魂人物，经验丰富的 KPCB 公司在风险投资决策过程中判断敏锐而正确，最著名的案例就是它曾经一手扶持了 Netscape 和 Google。通过两次融资，PPG 总共获得了近 5000 万美元的发展资金。

　　在公司成立这么短的时间内，获得了这么大的投资金额，从这个角度看，PPG 公司是成功的。而 PPG 与风险资本"结合"再次印证了众多风险投资商经常挂在嘴边的一句话——投资看模式。而这些给那些希望得到风险资本的创业者们的提示是：不要抱怨风投资本的挑剔，应该考虑下自身的投资价值和模式。有了资金的保障后，PPG 的业务扩张步伐加快了，此前，作为一家设立在上海的企业，其市场更侧重于上海和华东地区。据 PPG 公司的 COO 黎勇劲介绍，在未来的推广中，PPG 将会向北京等更宽广的地区扩散。目前 PPG 产品已经能够送到全国 55 个城市，而未来的计划将要向全国 300 多个中等以上的城市进军。而国际市场也成为 PPG 未来的主攻方向，进军美国，与直销模式发源地的美国同行一决高下。

3 反响

3.1 PPG 能否保持自己的核心竞争力

PPG 的商业模式类似于戴尔，基本上是透过强大的 IT 市场，连接制造商与终端消费者，并省去了传统的经销商或代理商。然而戴尔的这套模式在中国进展不太顺利，另外，惠普电脑以传统的经销模式却于去年一举超越了戴尔成为世界最大的个人电脑公司，戴尔的经验对 PPG 是否有所启示？

戴尔电脑销售对象以公司客户为主，网络直销模式不适合个人客户，所以，戴尔现在已开始通过经销商销售其个人电脑。PPG 的产品是男士衬衫，产品价格比起个人电脑要低得多，而且销售对象是个人客户，所以，PPG 在未来的发展不会碰到像戴尔的问题，基本上戴尔是一个产品商，而 PPG 是一个渠道商。PPG 要问自己一个基本的问题，那就是自己的核心竞争力在哪里？别人争相效仿时，自己是否有能力保持领先。根据西方类似企业的发展路径来看，PPG 最重要的能力是通过强大的 IT 系统与数据集成分析的能力，建立一个高效的订货、制造、交货的运营系统。通过 IT 系统，PPG 把终端客户、制造商、运输商、库存都联系在一起。随着市场的日益强大，运营相关的投资强度，包括 IT 以及数据收集等工作，必须大幅加强，才能保持竞争优势。PPG 的另外一个挑战是品牌定位，PPG 并不需要建立某一特定男衬衫品牌，而是要建立渠道品牌。要使消费者对 PPG 树立信心，只要到 PPG 网站去买男衬衫，就可以得到质量保证、迅速交货的产品。所以 PPG 要着力打造自己品牌渠道的形象。

3.2 PPG 的成功在于它的模式

PPG 的成功案例给了我们一个有趣的事实：传统的成衣行业 + 并不新颖的直销模式 + 大量的广告 = 成功的商业案例。可以说，等式左边的各项都不是最时髦的商业元素，无论是概念、技术和营销手段，但为何会在较短的时间内创造一个商业奇迹？模式创造价值。

国内的成衣行业走进了多品牌时代，残酷的市场竞争造成了行业微利的现象，竞争也多体现在营销手段上，找一个代言人，建一个新品类、打一轮新广告，树一个新概念，开一批新专卖店，成了成衣尤其是男装行业的制胜法宝。但与营销表面风光相反的是，账面利润的迅速下滑甚至亏损。如果我们冷静下来反思这种现象的话，会提出这样的疑问：花了大价钱进行营销战的行业，到底创造了什么样的价值？回答是，没有！并且造成了资源的大量浪费。

PPG 恰好找到了一种可以创造价值的新模式，在对男士衬衫行业有了深刻的了解基础上，准确地把握住了消费者的需求，果断地建立了营销的新模式。尤其是在渠道的建设上，其直销的形式不但节省了大量的渠道建设费用，同时也加强了品牌建设和产品更新对市场的反应能力，达到价廉物美。

新模式更好的配置了有效的资源，不但让 PPG 分享了价值成长的好处，站在更高的层面上去看，还优化了整个社会经济的资源配置，提高了社会公众的福利，而且新模式是 PPG 价值的源泉，新模式创造了 PPG 的价值，这也是 VC 之所以青睐的原因。

3.3　PPG 新型商业模式的可持续性

相比风投能否从 PPG 投资中获利，我们更关注的是 PPG 的这种新的商业模式是否具有可持续性①。PPG 这条快速反应的供应链优点在于减少了中间商环节，满足了特定群体对特定商品的消费需求。虽然有人批评说，这种无店铺营销方式削弱了客户消费体验的过程，并给客户提供了零成本的抱怨场所，然而对于男性消费群体而言，在购买衬衫这种商品时，决策因素主要在于品牌、价格、外观、型号以及质量描述，而非试穿过程的心理体验。但是，对于这种商业模式而言，最大的挑战来自于两个方面，一方面是如何构造竞争壁垒，当当网也已经开始了直销自有品牌的衬衫，也许在这种商业模式中，只有品牌形象才能称其为竞争优势。另一方面，能否利用现有的网络平台，增加商品品种，扩张消费群？PPG 网络上除了衬衫外，还销售领带和裤类等商品。从对裤类不一般的折扣可以看出，将衬衫的销售模式完全移植于更注重消费体验的商品不太容易。因此，PPG 的成功还有待时间的检验，就企业自身而言，PPG 赢得了 VC 的

---

① PPG 所开创的"品牌 + 业务外包"的商业模式，提高了服装行业的效率，也因此备受产品质量的困扰，并引发了许多广告纠纷，在本案例编写的时候，PPG 已经受到了"广告门"、"库存门"和"市场门"的困扰。

青睐，就已经迈出了成功的第一步，下一步能否成功，将取决于 PPG 商业模式发展的持续性以及面对新的市场进入者，能否保持竞争优势，或者发展出更加新颖的直销模式。

思考与讨论

1. 结合直接投资的特点，谈谈风险投资的特点。

2. PPG 为何要吸收风险投资，什么条件使得它成功？

3. 你认为风险投资在我国的发展前景如何？

4. PPG 新的商业模式目前看很成功，但这种模式是否具有持续性，你能否为 PPG 公司创造另外一种新的模式？

参考文献

［1］朱清贞、颜晓燕、肖小玮：《财务管理案例教程》，清华大学出版社 2006 年版。

［2］南方周末网：http：//infzm. southcn. com。

［3］MBA 智能百科：http：//wiki. mbalib. com。

［4］批批吉服饰（上海）有限公司：http：//guide. ppsj. com. cn。

［5］《三大国际风投注资 PPG》，泡泡网：http：//www. pcpop. com。